U0541464

中国农村社会形态与村落治理

《满铁农村调查（惯行类）》导读

邓大才 著

中国社会科学出版社

图书在版编目(CIP)数据

中国农村社会形态与村落治理:《满铁农村调查(惯行类)》导读 / 邓大才著. —北京:中国社会科学出版社,2022.8
ISBN 978-7-5203-9831-2

Ⅰ.①中… Ⅱ.①邓… Ⅲ.①农村—社会管理—研究—中国 Ⅳ.①C912.82

中国版本图书馆 CIP 数据核字(2022)第 040195 号

出 版 人	赵剑英
责任编辑	冯春凤
责任校对	张爱华
责任印制	张雪娇
出　　版	中国社会科学出版社
社　　址	北京鼓楼西大街甲 158 号
邮　　编	100720
网　　址	http://www.csspw.cn
发 行 部	010-84083685
门 市 部	010-84029450
经　　销	新华书店及其他书店
印刷装订	北京君升印刷有限公司
版　　次	2022 年 8 月第 1 版
印　　次	2022 年 8 月第 1 次印刷
开　　本	787×1092　1/16
印　　张	34.5
插　　页	2
字　　数	819 千字
定　　价	318.00 元

凡购买中国社会科学出版社图书,如有质量问题请与本社营销中心联系调换
电话:010-84083683
版权所有　侵权必究

前言　弱国家的治理：从关系理解中国乡村

传统中国的乡村究竟怎么样？如何认识中国？如何理解中国农民的行为？国家如何治理乡村社会？这是中外学术界一直着迷的问题。《满铁农村调查》的详细、深入调查为我们提供了一个认识中国、理解中国乡村社会的窗口。

一　关系的乡村

日本人在进行满铁调查时抓住了中国或者东亚社会中最大的特点——"关系"来撰写提纲和从事调查。满铁调查的单元主要有三个：家、族、村，通过家—族—村三个单元构成调查的主轴。调查人员以家—族—村为主轴考察三组关系：一是与市场、社会和国家的关系；二是家、族、村三者之间的关系；三是家与家、族与族以及村庄内部的各种各样交叉纵横的网络关系。

1. 以家为单位的关系

从家的单元来看，以个人为核心考察各种各样的关系及等级制度，一是父—子关系及代际之间的关系，父子关系是中国儒家文化中最核心的关系，它支撑、制约、规训着传统的乡村社会。父子关系是当前、历史、未来各种关系的基础。二是夫—妻关系，特别是当家人的夫—妻关系是家庭单位的重要关系，决定着家庭的生产、生活和交往关系。三是兄—弟—姐—妹关系，兄—弟关系是核心，姐—妹关系是附带关系，四是兄弟—媳嫂关系，附带有姑嫂关系，在家族关系研究中，这种关系是内部人和外部人的关系，兄弟是"内部人"，妹妹是"半内部人"，媳妇则是"外部人"，媳妇要成为"内部人"与是否生育儿子及丈夫是否存在有着重大关系。五是婆—媳、公—媳关系，婆媳关系从属于父子、当家的夫妻关系，但是在涉及家庭内部事务，特别是涉及女性关系时，婆媳关系处于主导地位，婆婆具有专断性的权力。婆媳关系也需要代际传承及其权力转换。六是家长与家庭成员的关系。在满铁调查中，家长是家庭中的权威，是财产所有权的代表，是生产、生活的主导者，因此具有生杀予夺的权力。七是家庭成员与亲戚之间的关系，这主要是妻子及其家庭、媳妇及其家庭的关系，农村俗语"娘亲舅大"就是这种关系的体现。

2. 以族为单位的关系

从族的单元来看，调查者依然是以家庭为核心考察宗族关系及等级制度。一是宗族内部的纵向关系，包括门、房、支等关系，这是一个纵向的伞形结构，也是一种等级关系，辈分决定着人们在家族中的地位。当然这种等级关系只涉及与血缘有关的关系，包括产权的家族社会属性，家庭成员的血缘社会关系等。二是门之间、房之间、支之间的横向关系，即门与门、房与房、支与支之间的关系，以及不同的门、房、支的关系。三是家与门、房、支的关系，家庭分别与门、房、支的经济、社会关系，包括继承、互助、合作、控制等关系。五是家—门—房—支为轴心与祖先的关系，这是"活人"与"死人"的关系，包括丧葬、祭祀等。六是家—门—房—支为轴心与未来子孙的关系，这是当前的人与后代之间的关系，包括后代的出生（添丁等）、后代分享公共资源及权利与义务关系等。

3. 以村为单位的关系

从村的单元来看，调查者以家庭为核心，以宗族为辅助考察村—家、村—族关系。一是村—家的关系。村主要是一个地缘性单位，也是一个行政性组织机构，而且是一个文化认同单位。家是国家统治的最小细胞、最小单元。在传统乡村社会，家是国家治理的基础，人们以家为单元与国家互动。在这个属性下，村—家关系主要体现为税收、摊派、互助、防卫、教育、征兵、选举等家—国关系。二是村—族关系。村与族主要体现为治理的关系，前者利用后者进行治理，或者后者以村行政为依托进行治理。《满铁农村调查》以华北平原的村庄为调查对象，这些地区的家族相对衰落，但是一个村庄依然有若干个家族、家支，族、支的认同感、凝聚性以及族内的等级秩序，依然是乡村社会治理的重要基础。日本人调查的村庄，其实就是自然村。国家以自然村建构行政单元，进行人口调查、征税、征兵及其他摊派。在自然村有两个平行的治理单元，属于国家系统的保长与属于自治系统的村长，当然有些保长可能负责若干个村的行政事务，自治系统的村长也会协助国家从事乡村治理工作。

4. 以乡、县、省为单位的关系

调查者除了从家、族、村为单位进行调查"关系"之外，还从其他单元—乡、县、省—进行调查。一是乡—村关系。在华北，乡是为了方便国家治理而在县与村之间设立的一个管理机构，一个乡村管辖若干个村，但是乡的职能非常有限。二是县—乡—村和县—村关系。在日本人的调查中，县是一个重要的单位，每卷都有相当大一部分考察家、村与县的关系，而族与县没有太多的关系。县与乡、村主要的关系就是征税、摊派，以及维持治安，还有少数的救灾工作。在六卷本的调查中，除了一些治安性的职能外，县政府几乎不提供公共产品。可以很清楚地看到，县、乡主要是汲取功能，再通过治安保障社会稳定及成功汲取。在日本人的调查中，县政府包括县直机构、县警察局、土地管理部门等很有限的几个部门，其主要目标都是为了征税、征兵和摊派。可以说传统的县、乡官僚行政体系主要职能就是汲取及保障汲取。从政治学来看，这种情况属于典型的"弱国家""小国家"和"消极国家"。

二 关系的性质

日本人调查中国乡村社会的关系并不是目的，而是为了了解关系背后的经济、社会、文化、公共性质，并回答中国乡村社会是如何运行的？中国乡村如何才能更好的治理？或者说没有太多的制度化的机构和官僚，乡村社会为何还能够有效运行？当然，日本人详细深入调查的根本目的是统治中国。《满铁农村调查》通过详细的调查关系揭示了关系背后的四大性质：

1. 经济性

在《满铁农村调查》中，经济性主要通过家庭－市场关系来体现：一是家庭生产的组织，包括土地、肥料、用工等生产要素的购买和组织工作；二是家庭生产的产品的销售与分配，一部分是产品按照产权进行初次分配，一部分产品用来对外销售，一部分用来维持生活。其实日本人的调查比这更加详细，一是土地关系，围绕着土地的交易、租佃、质押、继承及相关契约、利益主体的关系。二是肥料获取，包括如何获取肥料。三是种子。四是雇工，包括长工、短工等各类雇工。雇工的谈判、契约、福利等在调查中占用了很大篇幅。四是看青，即庄稼成熟后为了防止偷盗而组织的看护组织。五是收割及分配。六是金融与借贷，包括土地的质押，赊购等金融行为。这部分的内容相当详细。七是为了家庭生产、生活而形成各类市场、经纪人制度及惯习。调查内容涉及农村生产、生活的方方面面，但是最重要的还是土地、劳动力、金融借贷的关系。

虽然调查者以家庭－市场的关系为主轴来调查经济关系，同时也通过家—族—村—乡—县—省的关系揭示经济属性、经济关系，即通过这些纵向、横向关系的展示来体现乡村社会的结构、行为和关系的经济性质。经济关系与社会关系、文化关系、治理关系相互渗透、相互影响。

2. 社会性

关系的背后更重要的是社会性质，表现形式是各种各样、纵横交错的社会关系，即使是经济关系，最后也会转化为社会关系。主要体现为：一是社会网络。华北农村的各种社会关系，构成了一张无处不在，无时不丰，无人不入的社会网络，所有的人都在这张社会关系的网络之中，即使是前往东北、天津、北京打工的家庭成员，也会受到社会关系网络的影响。二是社会等级。社会网络又是由血缘、地缘、财富、文化等网络构成的，这些网络本身就具有等级性，如血缘网络就存在族长，地缘网络就会有村长，财富网络就会就有绅士，知识网络就有以教书为生的"先生"，每个人都在各种社会等级秩序中有自己的位置，人们必须按照自己的身份、地位来行事，才合理、合情，甚至合法。三是社会互动。网络、等级不是静止的，人们在其中行动，因此形成了社会互动。社会互动包括互惠、互助及相互对抗。人们为什么要形成网络，就是为了应对生产、生活中的不确定性，人们以村庄、家族、家庭为单位形成社会网络，建构社会等级，通过社会互动来应对不确定性及对社会的"扰动"进行干预，形成正常的乡村社会秩序。社会互动就包括社会合作，如一起抵抗土匪、看青和抗灾等；社会互惠，包括相互之间的人情关系，以及重大事情如家庭面对婚丧嫁娶等难以解决问题时相互提供的支持和帮助；社会抵抗和社会惩罚，是指对各种打破传统社会关系、偏离正常社会航道的人、行为和现象进行社会性干预，以恢复正常的社会关系。四是社会信任，通过社会网络、社会等级、社会互动，人们之间有了一定信任，进而形成小单位、共同体的信任关系。通过调查可以发现，家、族、村以及村庄内部的小片区、小单元等，越是熟悉的、互动比较多的、网络关系比较的小单位，社会信任的程度越高，社会自主性越强，社会资本就越多。

3. 文化性

关系是一种文化的体现，或者本身就是一种文化，是人生观和价值观的体现。一是关系本身就具有文化性。在《满铁农村调查》中很多关系其实就是一种文化的体现，如家庭关系中的父子关系、夫妻关系、婆媳关系、房支关系等就是中国传统文化，特别是传统儒家文化的体现。文化浸染在关系中，关系本身就是文化的体现。当然不同层次的关系体现文化的程度不同，有些关系本身就是文化，有些关系带有文化的痕迹，有些可能只是文化的结果。二是关系影响着文化。关系也影响着文化，建构着文化，如经济关系中的主佃关系，就形成一种主佃文化；如社会关系中的邻里街坊称呼慢慢也就成为了一种模拟亲属关系；如穷人对富人的依附也是一种依赖关系。分家形成的一定惯例，土地买卖形成的交易习惯，借贷形成的权利和义务等，逐渐成为一种文化。如果有人想改变，就会扰乱乡村生活，受到人们的指责，家族长辈、村庄绅士可能会谴责，利益相关者甚至会起诉。三是深层次的文化塑造着关系。关系影响着文化，反之文化也形塑着关系。当我在审读《满铁农村调查》时，我感觉到整个报告几乎就是儒家文化、传统习俗在乡村实践中的一种体现。传统的文化规制、规训着人们的行为，甚至影响着人们的思维和价值。如果人们没有外来的思想，没有经济、社会和政治的改变，这些文化及对关系的形塑，只会加强和固化。人们难以逃出这种文化及文化对关系的塑造。四是文化—关系的关系决定着乡村社会。关系是一种行为的体现，但是如果只是临时的关系，就具有可变性，不可预期性。但如果是习惯性关系，如果是文化决定的关系，则具有确定性、稳定性，从而有着固有的社会秩序。华北平原的乡村社会秩序其实就是文化—关系的一种产物，就是文化—关系决定的确定性、稳定性关系的结果。如果出现了"干扰因素"，传统文化及其关系就是自动运行，从而将偏离正轨的"干扰因素"变成"正常因素"。因此，关系形成文化，文化决定关系，文化—关系决定着乡村社会及其秩序。

4. 公共性

传统乡村社会的关系还体现为公共性，甚至关系本身就具有公共性。一是关系的公共性。关系一定是两人及以上的互动，除了家庭内部的关系外，超出家庭的关系本身就具有公共性，如家与家、家与族、家与村、家与国，或者族与村、村与国等。这些关系本身就是公共关系，而且也是乡村公共关系的重要组成部分。二是共同体的公共性。虽然有学者称中国人是"一盘散沙"，可是从调查来看，乡村社会是由各种各样的小共同体构成的。如家、支、房、门、族，还有某些"片"、"里"、"弄"、"巷"、"头"等，这些小的共同体、小的社会网络构成村庄。而这些小共同体、小的网络之所以能够成为共同体就是因关系而形成的。从本质来讲，村庄也是各种各样的经济、社会、文化、政治关系自然形成，以关系而形成的村庄称为"自然村"。共同体的公共性还包括非国家的村庄关系的调整，如纠纷、冲突等，这些关系需要通过关系及关系干预来解决。三是政治的公共性。前两类公共性体现的是因为关系而产生的公共性，或者因为村庄治理而产生的公共性，还有一种公共性是国家干预而产生的公共性。从调查来看，国家干预产生的公共性，主要体现在征税、征兵、摊派；体现在建立村庄行政机构，包括选举、任命、行政等；体现在国家推行的合作社、打井等政策的实施。国家强制介入而形成的公共性是按照官僚行政原则设定的议程，但是要真正实施议程还是需要依靠村庄的关系，依靠关系来实施，否则国家在乡村社会寸步难行。

总体来讲，传统乡村社会就是一种关系社会，而这种关系社会又体现为经济性、社会性、文化性和公共性，关系及其性质共同决定着乡村社会及其秩序，即使是国家建设及治理也要依赖乡村社会各种各样的关系。所以说，传统乡村社会是一种关系社会，是一种关系治理，即使没有国家，乡村社会也会自动运行，循环往复，周而复始。经济关系、社会关系、文化关系和公共关系相互渗透、相互影响，其中经济关系是基础，社会关系是核心，文化关系是底色，公共关系是治理的一种体现。

三 无国家治理：关系决定的乡村社会

日本人对华北农村的惯行调查，一方面是为了搞清楚中国乡村社会及其结构，另一方面是为了统治中国。因此，日本人围绕着关系及其功能、行为、秩序及治理进行深度、详细、广泛的调查。根据调查，华北乡村社会主要体现了如下几种关系性治理。

1. 关系—功能

人类学有结构主义和功能主义以及结构—功能主义的调查研究方法，其实日本人也借鉴人类学的方法对华北乡村社会进行调查。但是日本人没有使用"结构"这个词，而是使用"关系"概念。因为中国乡村社会的关系不同于结构，其范围和内涵远远大于结构。在调查中我们可以发现，关系中蕴含着功能，每一个关系，每一组关系都有自己的功能。功能体现为规制、规训的约束和指引功能，或者体现为互助、互惠、互动的合作功能，或者体现为交易、交往、交流程序、规则的规范功能，或者体现为个体之间、群体之间的网络和信任功能，等等。因此，华北乡村社会中的关系并不是可有可无的，每一个、每一组关系都有特定的经济、社会及治理功能。概言之，没有无用的关系，没有无关系的功能。

2. 关系—行为

关系中蕴含着功能，关系也决定着行为。在传统乡村社会，只要每个人确定了其在家、族、村、国家中的关系，也就决定了其行为方式。只要每个人确定了其经济关系及经济地位，也就决定了其行为方式。只要每个人确定了其文化和威望，也就决定了其行为方式。从社会关系来看，如果一位家庭的长子，其行为方式是由家庭、家族及其经济地位、社会地位决定的。比如一位村庄没有土地、没有文化的穷人，也就划定了其行为方式及其范围。比如读过书的地主，就可能是绅士，具有较高的声望，说话有人听，做事有人跟。如果没有读过书的地主，也许就是一位没有社会地位的"土财主"，对社会没有影响力。因此，家庭、家族、村庄和国家之间的关系，以及经济、社会、文化和政治之间的地位和关系共同决定着一个人的行为及行为范围。在调查中我们可以发现许多这样的例子，社会关系及地位、身份决定着人们的行为，即使出现了偏差，这些关系也会纠偏，将其拉回正轨。比如面对着父子冲突，儿子要么会回到家庭，要么永远回不了家庭，其关系和地位决定着他的行为和选择范围。

3. 关系—秩序

关系是一种行为关系，更是一种秩序。中国传统乡村社会的社会关系网络就是一种秩序网络。从家—族—村—国家的关系来看，家的关系决定着家的秩序，族的关系决定着族的秩序，村的关系决定着村的关系，乡村与乡、县、省的关系决定的整个乡村社会的关系。从乡村关系的性质来看，经济关系决定着经济秩序；社会关系决定着社会秩序；文化关系决定着文化秩序；公共关系决定着共同体的秩序。而且关系对秩序不是单因素决定，还体现为经济、社会、文化和公共性的若干组合性决定或者共同决定。所以，一个共同体，一个村庄的秩序是纵向的关系及横向的关系共同来决定的。如果没有其他干扰因素，乡村秩序就在各种关系中平稳运行。如果有了干扰因素，相关系统会进行调整和纠偏。与关系—功能、关系—行为一样，关系—秩序之间也存在着互动机制、引导机制、规训机制。

4. 关系—治理

首先，关系本身就是治理。人们之间相互调整关系，就是为了解决生产、生活中的冲突和问题，因此关系及关系调整本身就是治理。其次，关系的结果——秩序是治理的结果，也是治理的目标。在华北平原的乡村社会，如果没有出现关系本身无法调整的如冲突、战争和灾难，小的冲突、摩擦、矛盾，乡村社会的关系基本都能自我调节、自我纠偏。可以说，华北平原的传统乡村社会是无国家的治理，更是一种以关系为基础、手段和工具的治理。在关系性治理下，国家统治成本很低，但是人们之间的投入的成本很高，对有个性的人的约束很强，关系及其功能、行为、秩序对人们的规制、规训已经禁锢了人们的头脑。如果没有外力的作用，人们很难打破这种关系，个人很难跳出这种关系性结构，很难有社会变革和治理创新。

我们如何理解传统乡村社会呢？从关系来看，主要体现为"两不"：一是不变，因为关系不变，因此乡村社会及其功能、行为、结构也不会改变，按照过去的程序、规则而循环往复，乡村社会再生产着关系，再生产着社会关系及其结构。二是不动，国家与乡村的关系与国家建设理论的观点完全不同。后者认为，国家主动建构社会，前者认为国家适应乡村社会。除了征税和征兵，国家不会主动干扰乡村社会，依循关系而治理。在这种"静止"的社会，以关系就可以治理，不需要国家，因此乡村社会是"无国家的治理"。

本书是对《满铁农村调查》6卷导读内容的一个概括性总结。每卷的导读结构基本相同，即经济、社会、文化、政治，特别是最后家庭、村庄与乡、县、省的关系。笔者在撰写导读过程中，以每卷为单位进行概括、总结和提炼。一是分类。《满铁农村调查》是采取对话形式的一种调查笔录，读者阅读比较困难，因此首先应该对其进行分类。二是概括。概括包括两种，一方面是全文概括和总结，即将相关内容从全文中提炼出来集中进行总结和概括；另一方面按照小章节进行概括和总结。三是系列化。在撰写过程中，将对话进行系列化整理，即形成具有内在逻辑的文本。另外，在撰写导读过程中，忠于调查者的调查，因此尽量使用调查原话，如果无法采纳原话就概括性提炼和归纳。

《导读》的撰写其实是我初审翻译稿的一个成果，导读成文先于翻译正稿。因此，有极少数的概念和提法与中文终稿可能有一定的差异。另外，因为《导读》写作在前，而且要与正文同时出版，因此，无法对写作内容进行注释。《导读》的写作目标就是方便读者阅读，或者方便读者在不阅读《满铁农村调查》对话录的前提下，能够快速了解原调查，因此《导读》主要是提纲挈领式的写作、提炼和概括。

目　　录

村落、家族与村庄治理
　　——《满铁农村调查（惯行类）》第1卷导读 ………………………（ 1 ）
　　一　村落制度及其治理 …………………………………………………（ 3 ）
　　二　社会制度及其治理 …………………………………………………（ 12 ）
　　三　家族制度及其治理 …………………………………………………（ 17 ）
　　四　家户制度及其治理 …………………………………………………（ 20 ）
　　五　几个基本的结论 ……………………………………………………（ 28 ）

家计、田土、钱粮与县村治理
　　——《满铁农村调查（惯行类）》第2卷导读 ………………………（ 30 ）
　　一　家计 …………………………………………………………………（ 32 ）
　　二　田土 …………………………………………………………………（ 43 ）
　　三　钱债 …………………………………………………………………（ 56 ）
　　四　田赋与公摊 …………………………………………………………（ 59 ）
　　五　赋税征收 ……………………………………………………………（ 68 ）
　　六　县政村治 ……………………………………………………………（ 75 ）

家户、宗族、村治与县政
　　——《满铁农村调查（惯行类）》第3卷导读 ………………………（ 85 ）
　　一　村庄治理 ……………………………………………………………（ 87 ）
　　二　家族、家庭治理 ……………………………………………………（ 95 ）
　　三　土地租佃 ……………………………………………………………（111）
　　四　土地买卖 ……………………………………………………………（116）
　　五　土地典当 ……………………………………………………………（120）
　　六　农村金融 ……………………………………………………………（122）
　　七　村庄社会 ……………………………………………………………（126）
　　八　农村市场 ……………………………………………………………（133）
　　九　农业生产 ……………………………………………………………（136）
　　十　县政：行政和司法 …………………………………………………（138）
　　十一　赋税及征收 ………………………………………………………（140）

惯行与治理：历城县冷水沟庄的调查
　　——《满铁农村调查（惯行类）》第4卷导读之一······(149)
　　一　村庄与治理······(150)
　　二　农村社会······(165)
　　三　家计与家族······(170)
　　四　家与村的经济······(191)
　　五　农业生产······(199)
　　六　农村经济······(203)

惯行与治理：历城县路家庄的调查
　　——《满铁农村调查（惯行类）》第4卷导读之二······(230)
　　一　村庄治理······(230)
　　二　村庄设施······(233)
　　三　经济与金融······(234)
　　四　税契与过割······(236)

惯行与治理：恩县后夏寨的调查
　　——《满铁农村调查（惯行类）》第4卷导读之三······(238)
　　一　村庄的基本概况······(238)
　　二　村庄治理······(240)
　　三　农业与职业······(246)
　　四　土地租佃······(250)
　　五　土地买卖······(254)
　　六　农村金融······(258)
　　七　村庄社会······(260)

惯行与治理：满铁对侯家营的调查
　　——《满铁农村调查（惯行类）》第5卷导读之一······(268)
　　一　村庄治理······(269)
　　二　家户······(289)
　　三　宗族关系······(300)
　　四　农村经济······(304)
　　五　农村土地······(309)
　　六　农村金融······(319)
　　七　农民生活······(325)
　　八　县政与国家······(329)

惯行与治理：满铁对吴店村的调查
　　——《满铁农村调查（惯行类）》第5卷导读之二······(341)
　　一　村庄治理······(342)
　　二　家当户和家族······(351)

三　农村社会和文化 …………………………………………………（362）
　　四　土地租佃 ………………………………………………………（363）
　　五　土地买卖 ………………………………………………………（369）
　　六　农村金融 ………………………………………………………（372）
　　七　农民生产和生活 ………………………………………………（380）
　　八　县　政 …………………………………………………………（381）
惯行与治理：满铁对上口子门村及冯家村的调查
　　——《满铁农村调查（惯行类）》第5卷导读之三 ……………（390）
惯行与治理：满铁对华北三省诸县调查概况
　　——《满铁农村调查（惯行类）》第6卷导读之一 ……………（395）
　　一　河北省冀东道京山铁路沿线农村概况调查 …………………（395）
　　二　京津线及津浦线沿线家族制度概况调查 ……………………（425）
　　三　山西省同浦及东路沿线概况调查 ……………………………（431）
　　四　河北元氏、山东诸县调查 ……………………………………（444）
　　五　河北省安次县 …………………………………………………（464）
治水惯行：对河北省诸县水利惯行调查
　　——《满铁农村调查（惯行类）》第6卷导读之二 ……………（474）
　　一　水利与水闸 ……………………………………………………（474）
　　二　船会、桥会及水利纠纷 ………………………………………（493）
　　三　水灾修复和河务管理 …………………………………………（507）
　　四　河务管理与屯田开垦 …………………………………………（516）
后　记 ……………………………………………………………………（537）

村落、家族与村庄治理

——《满铁农村调查（惯行类）》第 1 卷导读

日本满铁调查是 20 世纪最大规模的调查，4000 人 40 年的持续调查，形成了浩如烟海的调查资料。在日本满铁调查中又以"中国农村惯行调查"最为重要，简称"惯行调查"或者"惯调"。[1]"惯行调查"由满铁北支经济调查所第三班（1941 年改为惯行班）共 13 人完成。[2] 惯行调查是在台湾、东北的旧惯行调查的基础和经验上的一次新调查，1940 年开始准备，1941 年 11 月开始调查，1943 年 11 月调查结束，整个调查历时 2 年。调查人员共完成了 114 册调查资料。"中国农村惯行调查"就是根据这 114 册整理出版而成。

第一、二卷的调查对象是靠近北京的顺义县，第一卷以沙井村为主要调查对象，同时对沙井村周边的村庄以及从北京到沙井村路途的村庄进行附带调查，出现在第一卷中的村庄有 35 个。调查人员有完整的调查提纲，按照调查提纲进行调查，当然针对不同的人有不同的内容选择。调查人员首先从顺义县公署的"明白人"，如县政府的人员、商会人员等开始调查，了解全县农村的基本情况。在从北京到沙井村的途中对沿途村庄的村长、会首（会长）以及保甲长、自卫团人员、警察分所人员等进行调查。从沙井村来看，调查人员选择调查对象也有一定的顺序，一是新老村长、保甲长；二是会首（会长）、学校教员、看青的、记账的（也称为司库或司房）、看庙的老道；三是乡、镇长，分所警员及与沙井村有关或者了解沙井村的县公署工作人员；四是沙井村各族（姓）的"明白人"或者族长；五是各个职业的"明白人"，如做蜜供的、做小贩的、做生意的等；六是沙井村 70 户逐一调查。

日本满铁调查员有一个统一的调查提纲，基本的问题会对每一个人进行提问，因此对不同的问题会有不同的结论，或者说法不一，如青苗会是什么时候建立的？有的说是光绪即三十年（1904），有的说是民国四五年。不同的地方会有不同的回答，这些不同的回答一方面说明了即使相隔如此近，也会有地方差异；另一方面说明回答是有差异，这些差异

---

[1] 对于"惯行"这个词的翻译，翻译团队与专业学术团队曾进行过多次的严肃讨论。"惯行"，是一个日语词汇，在汉语中找不到合适的对应词汇。从语言学角度来说，可以翻译为"惯行"，但是这一词汇无法完全包含"惯行"的含义。我们征求了多方面的意见，发现学者们已经约定俗成，在研究中使用"惯行"这种提法。因此，我们也沿用了这个翻译习惯。

[2] 后有 5 位转移到其他调查业务，又有二位新加入进来，不久 2 位新加入者又转去其他地方。

不影响调查的质量，这需要读者有一个甄别的过程。但从总体来看，这些差异能够从共识、多数中辨识出来。满铁调查员如实记载了这些差异性的回答，并没有试图"校正"或者"更正"，当然有些调查员用括号注明了，如"好像在说谎""可能不真实"。调查员对不同的人会有不同的侧重点，如对"明白人"会问更多的问题，对分所的警察会对治安问题问得多点，对负责钱粮的会对田赋及其征收问得更详细。调查员的目标是通过对不同的人问不同的问题或者相同的问题，以便展示一个真实的、全面的、完整的乡村社会。

在第一卷中，调查员在编辑时分为三类：村庄概况、村落和家族。村庄概况主要是调查从北京前往沙井村沿途的一些村庄的调查，主要包括村庄人口、职业、耕地、家族制度、土地制度、金融制度、交易制度、租佃关系、生产情况等，通过对 34 个村庄概况的调查，从总体上了解顺义县乡村社会的情况，特别是从中得出一些共性结论，同时也为深度调查、解剖沙井村打下基础。

村落的调查有完整的提纲，主要包括如下几个方面：一是村落的名称、范围、面积和沿革等；二是村落的聚落形态，包括散居制、聚居制、围居制等；三是村落的地理条件；四是村落人口及职业；五是村的行政组织；六是村落的治理及秩序；七是村落内的纠纷及调解；八是村落的财政；九是村落的产业；十是村落的公共服务和建设；十一是村落中的宗族与文化；十二是村落的对外关系；十三是村落与县的行政关系；十四是村落和家族的关系；十五是村落的变化、解体及方向，以及与村落有关的一些其他问题。

家族的调查也有完整的提纲，主要包括如下几个方面：一是家族制度的历史考察；二是家族的成员及内容；三是家长及其权威；四是家族的社会关系；五是家族的财产关系；六是分家、分居；七是家族成员的职业及家计状况；八是家族的大小、范围及内容；九是家族的集会；十是族长；十一是各种仪式中的同族关系；十二是家族内的经济关系；十三是家族内同族的社会结合机能；十四是家庭在家族中的地位，以及与家族有关的一些其他问题。

虽然在第一卷中主要是探讨村庄概况、村落、家族的关系，但也涉及土地制度、赋税制度、租佃制度、金融制度、市场和交易制度等。因此，惯行调查内容相互交错、相互交叉，要将其彻底分开是完全不可能的。

日本满铁的惯行调查，虽然是对实态进行调查，即调查当时的社会习俗和惯例，但也大量涉及了历史及其惯行的变化。调查时间是 1941 年到 1943 年，但是很多内容涉及 20 世纪前 40 年，主要有四个阶段：一是晚清时期；二是北洋军阀时期；三是民国初期；四是抗战时期。四个时期的治理结构及其形式有较大的变化，很复杂，乡村社会的一些惯行发生了巨大的变化，而大部分的习俗和惯行依然维持。满铁的调查员将这种"变"与"不变"均通过调查予以呈现。

日本满铁的惯行调查目标，"不是为了得到立法或者行政的参考资料，而是为了了解中国的民众是如何在习俗下经营社会生活的。换言之，就是通过了解中国社会的习俗，生动地描绘出当时社会的特点"。即"本调查的特点就是通过调查法律的习惯，从而了解中国社会的特质"。平野义太郎认为，"如果不了解在旧社会民众所创造出的接近民主的庶民惯行，也就不能理解长久的民族文化的特长是如何延伸至今这一革命的根本问题"。或者说这些习俗是支撑中国集权的、官僚封建制度的基础。

根据这一调查目标，我们可简单概括为，在传统时期乡村社会如何自我运转、自我治理；这种自我运转和治理又是如何支撑几千年的专制制度，成为专制制度的基础。满铁调查者认为，农村惯行维持着乡村秩序、维持乡村自我运转，以农村惯行为核心的乡村治理体系支撑着中国几千年来专制主义。从惯行调查的第一、二卷来看，村庄如何运转是核心内容，第一卷侧重乡村运转的隐秘机制；第二卷侧重农民与市场、国家关联中的习俗和惯例。我以"村落、家族与村庄治理"为主题介绍第一卷的调查内容；以"土地买卖租佃、税费与村庄治理"为主题介绍第二卷的调查内容。

一　村落制度及其治理

（一）村治结构及其沿革

1. 治理单元

晚清以来，顺义县村落制度发生了比较大的变化：一是在晚清和民国初年，以村庄为治理单元。从调查来看，顺义县的村庄大多是自然村，即行政村就是自然村。这与南方有很大的区别。从调查员在前往沙井村调查之前的34个村庄来看，村庄人口规模一般在1000人以下，300—800人以上的居多，超过1000人的仅有五个。因此北方以自然村为行政单元，行政村与自然村合二为一。沙井村70户，396人。二是国民政府实放"编乡制"，沙井村与望泉寺村合并成为一个乡，望泉寺为主村，沙井村为副村，望泉寺的村长成为乡长，沙井村的村长成为副乡长。虽然两者之间是主村和副村的关系，但是两村相互独立，没有任何组织上的往来，县政府的文件或者命令也不通过望泉寺村传达，而是直接传达到沙井村。三是日本人统治后实施"大乡制"，以县城（仁和镇）为中心数十个村子被编成一个大乡。虽然名义上存在大乡，实际上各个村庄有自己的公有财产，自己征集村费，还有实际的村庄及其负责人，各村保持着以往的自主性和独立性。可见，虽然治理单元发生了变化，但是村庄作为一个小型的共同体，作为一个基本的治理单元没有改变，"编乡制""大乡制"的成效没有彰显。

从乡村治理机构的变化，我们也可以看到，从晚清的县—村二级治理体系变成了民国或者日据时期的县—乡（镇）—村三级治理体系。在40年的时间，县、村之间多出了一个治理层级，虽然这个治理层级比较虚，但是毕竟增加了治理层级。

2. 治理机构

从调查来看，村庄的治理机构发生了两次变化，在晚清时期，村庄有村长、副村长，还有一个司库，即记账员。参与庙会或者香会的香头，也称为会首或者会长，是村庄治理的重要人员。在沙井村，香会最初是由一些信佛的人成立的，后来村长和副村长要求参加，第一次请求被拒绝了，第二次请求就同意了，村长、副村长也变成了香头或者会首，村长、副村长就会同会首一起治理村庄。

民国初年，县政府要求成立村公会，与此同时成立了青苗会。顾名思义，青苗会就是为了看护庄稼而成立的一个社会组织。在沙井村，村公会、庙会（或香会）或者"五会"和青苗会"三位一体"。村公会就设立在庙中，庙是村公会的办公场所。青苗会成立后聘请看青的，即"青夫""土棍""看青的"。庙里有"老道"。此时村庄的治理机构是村公会，治理的主要人员：村长、副村长，会长或会首，在沙井村会首有10人，这些人构成沙井村治村的组织者、决策者。村公会有"司库"，即记账的；庙里有"老道"，即看庙的；青苗会有看青的，即"青夫"。

民国十八年（1929）顺义县将传统的自治方式转换为保甲制度，有些乡村保甲长取代了会长或会首，有些名义上叫保甲长，其实还是那几个人在做事。保甲长有对上的功能了，即对上负责；会首或会长只对本村负责，没有对上的功能。村公会变成了村公所，后来又成为乡公所，或者变成保甲办公室，村民们不知这些变化，依然称为村公会或者村公所，乡长也称为村长，保长也称为村长。因为沙井村是副村，只有副乡长，保甲制还要求有一个监察员。保长、甲长及监察员成为治理主体。保甲制对保长和甲长有年龄限制，因此很多上了年纪的会首就无法再担任甲长。虽然沙井村按照法律规定建立了保甲制度，但是决定其村庄治理事务的依然是过去的村长、副村长和会首，而且随着保甲制度的建立，因为村庄事务增多，会首或者甲长还有所增加。从满铁调查员对35个村庄的调查来看，大部分村庄会首人员增加了。

（二）治理人员资格及产生

1. 村长、会首的资格

村长、会首选择的依据主要有四个：学识、品格、能力和土地。村长和会首一定要有土地；光有土地不行，还要有能力；光有能力还不行，还要有品格；在村庄里威望还要比较高。村长必定是有土地的，也有人品，还要有能力的人。会首识字与否没有关系，一定要有土地，没有土地成不了会首。没有土地的人、穷人、不会处理事情的人不能成为会首。另外沙井村还有不成文的规定，女性不能成为村长和会首。

副村长，也叫村副，又叫村富，一定是村里最有钱的人，因为副村长要垫支各项临时费用。为什么村长、副村长、会首一定要有土地呢？因为有了土地才有空闲的时间，不为吃饭天天奔波，才会有时间处理村庄公共事务。天天为吃饭而烦恼的人，没有心情处理村庄公共事务的，因此不能当村长、副村长。从沙井村看，家庭土地变少、变穷的人，自己或者后代就不能当村长了。

2. 村长、会首的产生

村长和副村长都是选举产生的。民国以后，要求一年选举一次村长、副村长，但是一旦选出来后，只要自己不辞职，可以一直干下去。在选举日，分所警察会拿着选票过来，老道或者其他人会通知大家去村公所投票。

按照选举法，成年人都有投票权，实际是每家一人投票就行了，愿意参加就参加，不愿意参加也不勉强，妇女也可以投票。每次选举就二三十人，会首大部分会参加投票，非会首也会有一些人参加。在沙井村，乞丐、精神病人不给选票，不能投票。

投票先给会写字的人，然后再给不会写字的人（不会写字的人请别人代写）。不过这种情况比较少。每次警察只带二三十张选票，先到先给选票，给完后就没有了。投票后，不是当场唱票，警察将票拿到分所后计票，然后再公布。民国后村长需要县公署任命。

村长选举时，同族人不参加投票，姑舅也不参与投票，主要是避嫌。村长一般非同族人选出来的。村长和村副决不能同族。如果村公所开会，会首是村长的兄弟，可以参会，但是不能发言。会首参加不了会议，成年儿子可以代替开会，但是发言比较谨慎，或者干脆不发言。

会首可以是大家选举产生，也可以是村长选择、拜托。一般而言，只要家庭财富没有发生变化，父亲是会首，儿子也是会首。

（三）村长、会首职责和报酬

村长和副村长主要职责：一是催收田赋；二是决定村庄摊款；三是负责兵差、力役的安排；四是负责村庄自卫和治安；五是负责村庄公共事务，包括道路、水井、学校、庙宇等的维修；六是草契监督证（土地买卖的见证人）；七是上传下达。村长在村公所（即庙里）办公，每天都会过来。

保甲长的职能与村长有所不同，主要是治安，其次是收税，因此保甲长由警察分局管理，而传统乡村社会的地方，村正或者村长（俗称）由县公署管理。甲长是没有薪水的，每年根据工作辛苦程序找村庄要一点；村长为村里工作也是没有报酬的。后来土地买卖需要购买草契，村长当见证人，可以提取一定费用作为报酬。保长、甲长与过去的村长、会长不同，在村庄中地位不高，威望不高，而且也不是特别有钱，甲长有时还是比较贫穷的人。

在保甲制实施之前，村长和会首年纪比较大，在村庄中威望比较高，比较受人尊重，即便如此，人们也不愿意担任村长、副村长。保甲制以后，由于要催收钱粮，征收亩捐和公摊，村庄内部事务多、会议多，很多有威望的人都不愿意担任。沙井村的村长一直想辞职，就利用保甲制度推荐副村长担任保长。

（四）村务管理、决策和监督

沙井村没有村民大会，也没有户代表会或者家长参加的大会，只有会首参加的会议，会首会议也不是所有的会首都参加，大部分会首参加就具有合法性了。重大事情村长、副村长和会首商量就可以定下来。村长、副村长召集会首开会商议村庄公共事务，主要是村公费的摊派、力役等。只要会议决定了每亩摊派数量，农民一般不反对，即使有意见也没有用。沙井村有人议论过，但是没有作用。

如果没有会首或者甲长参加，甲里的人们单独开会，会议形成的决议没有效力；如果是村庄会议，没有村长或副村长参加，会议形成的决议没有效力。

顺义县各个村庄也包括沙进村没有成文的村规，也没有成文的民约，村庄的管理都是凭习俗或惯例。村民们相信村长及其会首，他们做出的决定，如村费的分摊、力役的派遣以及其他村务活动一般都会被认可。

村庄要将每年的开支用纸写好，贴出来公示。"编乡"制后村庄有了监督员，按理说监督员可以进行村务监督，但是沙井村民大部分人不知道监督员是谁。另外，乡里也有事务员，事务员主要是做预算、做账，也有一定的监督作用。

（五）村庄纠纷和调解

村民不愿意打官司，有了纠纷，一般是请人调解。沙井村的调解主要是村长、副村长、会首以及前任村长、有威望的人。纠纷调解人要有如下能力：一是威望高，有公信力；二是会说话，能劝导；三是年龄一般比较大。有些人虽然有威望，但不会说话不行；有些人虽然年龄比较大，但没有威望的不行；有些人虽然会说话，但没有威望和年龄不大也不行。年轻的不行，不会说话的不行，没有威望的不行。在沙井村有七八位有威望的人做调解。

纠纷产生主要有三种原因：一是土地纠纷；二是分家；三是吵架。土地纠纷、边界的纠纷最多；其次是分家纠纷。调解分为两种，一是被请求调解，或者委托调解，如果某甲与某乙发生了纠纷，甲、乙中的某一位委托村庄中有威望，会说话的人去调解。调解一般是几位有威望的人集体进行，很少有一个人去调解的。二是如果发生比较严重的纠纷，村中一些有威望的头面人物会主动介入进行调解，以避免事态的扩大。

调解是有级别的，或者说是有层级的。首先是有威望的会首或者前村长等进行调解；其次是村长调解，如果会首及其威望的人调解不成功，就请村长出面调解。在沙井村，村长很少参与调解。最后如果村长都调解不了，就只能去县里诉讼了，也称为打官司。村民一般不愿去县里打官司，村长也不愿意村民去打官司：一是打官司成本很高；二是打官司觉得不好，至于为什么不好，调查员没有问。所以有了纠纷尽量调解，即纠纷不出村。

调解一般是两三次，如果多次调解仍然解决不了，也就不调解了。村长调解不了，就去打官司；纠纷当事人打官司之前会对村长说一声，如果不说，沙井村民认为不好。如果不对村长告之就直接诉讼了，村长就不管了，任其发展。调解时，会首和有威望的人可能会劝导，对于年轻人可能会训斥；对于村长来说，也只能训斥训斥，不能惩罚。村长和会首都没有强制的权力。在整个村庄，只有村长和族长可以训斥其他人，前者对不守规则的村民；后者对族人，但是均没有强制力，被训斥者可听，也可不听。

沙井村打官司的人很少，几十年都没有一起，主要是调解做得比较好，调解做得好，主要有两个原因：一是村民之间有惯行，按照惯例行事，就不会有纠纷；二是如果有了矛盾纠纷，按照惯例调解，对越轨的人纠偏，或者双方各退一步问题就解决了。另外，村民视打官司为不好或丢脸的事情，更重要的是打官司成本高昂。

（六）摊款、摊工、摊物及其决定

晚清和民国初年，村庄公共事务并不多，随着民族国家的建设，公共机构的增多，公共事务增多，从事公共事务的人员增多，农民的负担也加重了。

村庄公共事务最重要的事情就是摊款的决定。在晚清，村庄的公共事务很少，国家管理层级也比较少，县直接联系村庄。村庄几乎不需要任何摊款，如果有公共费用也只有一些如修庙的费用，称为会费。对沙井村而言，只凭庙里的香火地就能够解决村庄的公共事务。后来成立了青苗会，同时也有了村公会。在青苗会成立之前，村民各自看青，有钱人也会请一些穷人看青，看青成本还是比较高的。民国初期，县里要求各村成立青苗会，专门请人看青。这就需要钱，这个钱就称为青苗款。同时村庄还有其他的公共事务，如修路、接待费用等，也需要向农民摊款，在香火田收入不够时，村长和会首们就会商量向村民摊款，其摊款与青苗钱一起收，或者说以青苗会的机制来收村庄摊款。所以，村民都称之为青苗款。从沙井村看，村庄收入来源主要有三个：香火地一部分；看青费收款；村庄其他支出的摊派的收款。

村庄摊款。摊款分为两种：一是青苗费，按照土地耕作的亩数，主要是向耕作者收取，即使是佃农也要交，顺义县有些村庄由佃农和地主分摊，在沙井村由耕作者交青苗费。二是村庄摊款，向土地所有者征收，即以家庭所拥有的土地实际面积征收。青苗会成立后，青苗会成了一"筐"，所有的费用都向里装，费用就比较多了，收费由村长、副村长及各位会长决定，支出与收入还是有对应关系，也考虑了农民的承受能力。

白地摊款。还有一些临时摊款，称为白地摊款，即土地上没有庄稼时的摊款，主要是应付县里、警察分所或者军队需要时临时向村民摊款。保甲制后，村长变保长，部分会长变成了甲长，增加了乡以及国家机构，收费由县里根据以前年份的支出进行"预算"，县里的预算叫"亩捐"，收费由县里说了算，村庄没有收费的权力，但是有做事的责任，而且不能收费。

摊款的变化。从满铁调查员来看，农村土地承担费用就有：田赋、亩捐、村摊（要有预算）。田赋为省里征收；亩捐为县里征收；村摊为村庄需要征收。三种摊派的收取对象有差异：所有的土地都必须交田赋（除旗地外）；所有耕种的土地都要交看青费；摊款包括亩捐和白地摊款都是以家庭所有地为征收对象。摊款从青苗费中剥离出来可以减轻佃农的负担。

摊款的历史。从历史上看，摊款经历了会费、青苗费（包括村庄需要的公共开支）、亩捐三个阶段，有些村庄还有白地摊款。民国二十九年（1940）以前，村庄的公摊费用，与县里（国家和政府）无关，但是民国二十九年（1940）以后县里要审核管理村庄公摊费用，有上限限制。

摊款的收取。摊款收取分为两次，一是六月麦子收割时收取一次，称为麦秋；二是九月份收取一次，称为大秋。收取有两种方式，一是青夫收取，再转给司库；二是村民直接交到司库。在第二次征收时基本都能够收齐，即使当时交不了的，等几天也会交过来，在沙井村没有拖欠村摊费用的。记账员记账也比较简单，不给收据，交一个人就在名字上画一个圈。说明熟人社会诚信比较好。收摊款时，青夫会敲锣通知，也会贴告示，告示上写着收费日期，并写"清茶候""粗茶候"，后者是指吃饭。开完谢秋会后就吃饭，只有10亩地以上的家庭参与吃饭，每家一人，妇女也可以吃，如果两个人吃就要交钱了。谢秋会时，只吃饭，不喝酒，菜就很普通。

力役的摊派。除了摊款外，还有力役，力役主要是警察分所、铁路需要人力时向各个村征派劳力。力役按照土地摊派，如沙井村是10亩摊派1个人，不够10亩的不摊派。如果家里男丁不够，需要雇人出役；如果家里有长工时，一般会让长工出役。出役主要是修公路、铁路及其他公共事务。修路时，时间比较长，今天出不了，可以下次去，只要按照土地面积出够就行了。出力役一般不给报酬，也不吃饭，但是在日本人调查的这几年也开始吃饭了，费用从村公费用中支出。日本人修铁路也会要求各村安排劳动力，修铁路是给报酬的。报酬一般交给村长，村长转给出役之人。如果日本人不给，村里就会负责支付。村民们一般不愿意给日本人做事，因为经常会挨打。

干草车马摊派。除了摊款、摊役外，还有摊干草和车马的。这种摊派主要是军队和警备队。一般是村公所购买，然后再将费用向村民分摊。

村里记账有三个人，记流水账一人，即支出账；收入账一人，即谢秋、大秋时收取；老道收"善会款"也要记账，在沙井村称为"五会款"。一般是村长记流水账，然后交给司库（记账的）誊写。编乡制后有了事务员，村庄的账要交给事务员，事务员也要记账。其实事务员记账与否，村庄都有一本账。每年要将这些收入开支抄写贴在村公会的墙上公示，农民也没有提出要查账。在沙井村，村长说是多少就是多少。不过在其他村庄，因为不满村庄开支，村民们向县里告状，请求撤换村长。

摊款、摊工、摊其他的物件，都是由村长、副村长和会首们商量。村长和会首们一经商量确定，就贴出来或者安排青夫去通知或收取。农民一般不反对，也少有怨言，即使有怨言也没有办法，农民只能接受。对于摊工，村里用纸贴出来，农民一般不过问，按照村庄安排出工就行了。摊款、摊工、摊物的确定说明了三个问题：一是整个决策是村庄精英协商来完成的；二是农民接受，其接受说明，农民信任村长和会首；农民没有办法；农民比较老实只能接受；三是随着国家基层政权建设或者国家政权建设，农民的负担在逐步加重。

（七）自卫团、青年自卫团

村庄原来没有自卫组织，都是各家各户自己保卫自己。日本人进驻北平后，社会混乱，土匪增多，县政府鼓励村庄建立自卫队或者保卫团，地方武装开始出现。沙井村也成立了自卫团和青年自卫团。这两种自卫组织也是根据家庭土地来参与，一定的所有土地要有一定的人丁参与。每年县里还会组织训练，沙井村有人参与训练。按照要求，参加训练是不给报酬的，也不供饭食，但是沙井村从村公费用拿出一部分费用给参加训练的村民吃饭。

(八) 共有地类型及使用

香火地。北方多寺庙，少宗族，即使有宗族的概念，也没有多少族山、族田，但是每个村庄都会有一定的香火地，香火地又称为香灯地。香火地主要有三种来源，一是善男信女捐赠；二是寺庙和尚化缘购买；三是村民筹资购买。沙井村的香火地和寺庙均由村民筹资购买。因此村庙和香火地的所有权属于村公所。过去村庙有和尚，但是老和尚死后，就没有和尚了，村里请了一位比较贫穷的人守庙，守庙的人称为"老道"。

如果有和尚，香火地出租、收入均由和尚处理，村庄不得干预；如果没有和尚，就由村庄处理。沙井村有二十亩香火地，香火地对外租赁，开始租赁时就由村长决定租佃者，后来租佃人比较多，因此采取投票。想租佃者自己出价，然后由村民投票。从调查来看，投票都主要是家里比较贫穷的人。谁出的地租最多，香火地就由他来租佃。后来沙井村的香火地由守庙的老道租种。

沙井村的香火地的收入，一部分用来举行庙会或者上供会，一部分用来维持庙里的正常开支，如维修等。如果还有剩余收入，交给村庄，与青苗费一起用来支付其他村庄公共开支。

砂地，无法耕种之地，农民可以清理出来做晒谷场，这类地没有地契，不交田赋，沙井村民均可以自主使用作为晒场，不需要与村公会的人说，自己清理就行了，可以连续使用，老人逝世后也可以传给后代，但是没有契约，没有继承权，也没有清理占用权，只有一定阶段的晒场使用权。有两个基本原则：谁清理谁使用，先占先用。如果被别人占完后就没有办法了，自己想办法建立晒场。砂地外村人不能使用。

粪坑，因为当时没有化肥，需要取土与人畜粪混合做成肥料。要做农家肥就需要取土，只要是村公会的荒地，任何人都可以取土，但是外村人不允许。长年取土就形成了坑，人们称之为"粪坑"。

死坑，死坑也是取土留下的，死坑如果栽了芦苇，就得交田赋，只要荒着就可以不交。

义地，也称为坟地，主要是给村庄的穷人来做坟地的土地，只有穷人才可以使用，自己有地的人不能使用。

村庄只有上述这些公地，所有权在村公会，但是村公会没有契约，这些地如果种植就不交田赋，如果耕种就得交田赋。

(九) 村庄财产

在传统乡村社会，村庄的财产不多，只有村民共同生产、生活所必需的一些设施或者财产，从沙井村来看，除了共有地外，就只有村庙中的一些器具、水井及四村共有的学校。

村庙。沙井村有两座村庙，一座比较大，做了村公所，几十年前由村民筹资进行过比较大的维修，主要由上供会、善会的人筹集会费进行维修和管理。

官井。村里有 1 口水井，水井为全村筹资所建，其所有权为村庄，但是全村人都可以使用。水井的维修，理论上村庄派工，但实际上是村庄周围的人帮助，维修时请木匠，一般两个工，经费从村公费中支付。

村物。村庙中还有一些梯子、夯、墙板、桌椅、器具等，大家都可以使用，不需要付费，借后在墙上贴一张条子就行了，坏后也不赔偿。村庙旁边还有碾子、磨刀石等庙产。调查员问万一坏后怎么办，村民回答，这些东西很夯实，不会坏；如果坏了，也不用赔偿。

村道。村庄的道路从理论上讲属于村庄，但是与共用土地一样没有契约。村道由村庄组织维修。在村公所建立后，维修需要村长向县里打报告申请维修，当然县里也不会给经费。维修费用从村公费中支付。维修道路时各家也要派工，派工按照家庭所有土地数量，需要很多人时，少地或者无地的家庭也会派工出活。

村校。在晚清和民国初年没有公立的学校，各个村有一些私塾。民国建立后开始建立学校。沙井村的学校开始将村庙作为学校，后来与周边石门村、望泉寺村、梅沟营四村合作建立一所县公立小学。学校的建设、运转、维修费用由四个村来分摊，沙井村是一个比较小的村庄，大约承担四分之一的费用。沙井村的村长是小学的校长，主要负责筹资，不干预学校如人事、财务、教学等具体事务。学校的预算或者收支也不向沙井村汇报，而是直接向县里报告。对于教师，村庄没有选择权，但是村庄可以向县教育科打报告请求某位老师来本村学校教学。

（十）其他村庄公务

招待费用。除这些村务活动外，村庄重要的公务活动就是接待。从沙井村的流水账可以看到，除了大笔开支外，在日常开支中，吃饭比较多，80%的记录是吃饭。各类公务人员进村，到了吃饭时间，就得请吃饭。如果到吃饭时间，不请吃饭，也会给一点饭费。如日本满铁调查员调查时的招待费用，也从村公费开支。至于招待公务人员由哪些人、多少人作陪，调查没有涉及。农民对这些吃吃喝喝是否有意见也没有调查。

村务借款。村务活动或者摊款，从村公费用开支，但是当村公费用没有钱时，就由村长、副村长垫付，待收了村摊费用后再还钱。有时还从县城的一些商店借支。借支有时有利息，一般是月息2分，也有3分的；有时没有利息，村庄借款的本息均从村公费开支，由村民负责。

（十一）村庄与外部关系

晚清和民国初期的村庄外部联系主要有两种，一是横向联系，与其他村庄的关系；二是纵向联系，主要是分所、乡或镇公所、县。前者比较少；后者比较多。

1. 横向的关系

从沙井村来看，北方的村与村之间交往不多，联系比较少。概括起来就是三个方面。

连圈。对于连圈的成立时间，调查对象有不同的说法，大体可以确定是民国初年。在连圈成立前，各个村庄之间有边界，但是边界随着土地买卖而变动。为此县里要求各地成立青苗会统一看护庄稼。虽然青苗会成立了，但是土地不断的买卖。这就导致村与村之间存在利益的分割，如何处理这些利益的分割是一个大问题。于是周边村庄就成立连圈，如沙井村和周边的望泉寺、石门村成立了连圈。连圈的意思是相互看护外村人在本村拥有的土地。

连圈比较容易，但是利益分割就比较难。如 A 村的人在 B 村拥有 150 亩地，B 村的人在 A 拥有 50 亩地（指所有地），如果 A、B 两村不是连圈，则 A 村的人将 150 亩地的青苗费交给 B 村，B 村的人将 50 亩地的青苗费交给 A 村。为了避免麻烦，相邻的村庄成立了连圈，如 A、B 两村成立连圈后，A 村在 B 村拥有土地的人，将青苗款交到本村，B 村在 A 村拥有土地的人也是如此，两村之间转差价。如在这个例子中，A 村就要将 150 亩－50 亩即 100 亩地的青苗费交给 B 村。连圈村庄相互看护，费用交给本村，只转相差数据。

虽然邻村之间成立了连圈，但是村庄边界的土地，还是会影响村庄边界，因此县里规定，从规定之日起连圈之间的村界一律不变，即从"活圈"变成"死圈"。在满铁惯行调查中，连圈的调查特别多，调查设计者主要目的是考察村与村之间的横向关系。

仪式交往。除了连圈外，村与村之间的交往就是求水时，游行队伍可能相互通过。当然某一个村求雨时，会邀请其他村民参与求。如望泉寺村求雨时就邀请了沙井村参加，沙井村去了 5 人，5 人的吃饭费用由村公费开支。

学校联结。学校联结主要发生在几个村庄共同办学的村庄之间，如沙井村的县公立小学，由四村合作办学，每年四个村庄的村长要在一起商量学校的预算和费用分摊。除了上述三种村庄交往外，其他公共性交往几乎不存在。虽然沙井村与望泉寺村是一个编乡，但是除了村长去开几次会外，基本没有往来，沙井村直接与县、分局、镇公所联系，或者县、分局、镇公所直接与沙井村联系。

2. 纵向的关系

村庄与外部纵向关系，主要是在第二卷，但是在第一卷也有所涉及，这也是村庄治理的重要内容，在此简单介绍。在晚清时期，村庄、村民的纵向联系只有交田赋，如果村民没有土地，可以不与国家发生任何联系。但是随着民国政府的建立，特别是国家的政权建设，许多公共机构、公共设施的建立，村庄、村民与国家的纵向联系越来越多。

首先，国家要求成立村公所，即将原来村公会改为村公所。其次，设立学校，学校建设、运转以及教师的工资均需要村庄和村民负责。老师每个月 32 元，学款是村民最早增加的摊款，也是村摊费用中最多的款项。再次，警察分所的建立，传统村庄的部分治安事务交给警察，其实这时的警察分所是一个综合性机构，有治安、催税、户口等多项功能，警款费用也摊入所管辖的村庄。又次，是乡公所及事务员制度，每个乡公所或每个村或两个村有了一个事务员，专门传达上级的通知及做报表。事务员是每个月 30 元的薪水。最后，政府其他机构及建设，县政府开始向农民征收亩捐。从沙井村来看，产业和职业没有发生任何变化，但是所有的国家建设、基层政权建设经费需要村庄和村民分摊，农民的负担越来越重。同时国家与乡村的联系也越来越紧密。

二 社会制度及其治理

传统乡村社会公共治理的范围和内容其实不多，大量的治理是社会自身的治理以及家族、家庭内部的治理。社会治理是村庄正常运行，保持村庄秩序的重要支撑。

（一）社会结构

姓氏结构。从日本满铁调查员所调查的35个村庄（包括沙井村）来看，在北方很少有单姓村庄，大部分是杂姓村，每个村少则十多个姓，多则几十个姓。每个姓的家庭和人口所占的比重不大，一个姓最多十几户。为躲避土匪抢劫，大家庭再分小。因此家庭变小是日本人调查时的一个趋势。

在沙井村，同姓之间不选举，所以村长并不是家庭数量最多的姓氏，而是土地比较多，品格比较高的人。会首比较多，但是其选择也不与姓氏挂钩，并不是所有姓氏都要有一名会首，即会首与家庭姓氏不一一对应，而是根据土地、做事能力而定，即宗族对村庄治理的影响很小。

职业结构。顺义县大部分的村民在务农，因为离北京比较近，外出务工经商的人比较多。沙井村大部分的人在务农，但是年轻人在家的比较少，大多外出务工、经商，如当厨师的，也有在商店打杂的，有二三十人做蜜供，也有几人在外面贩买贩卖，还有几人在北京当学徒，学徒每年收入50元左右。村庄有乞丐1人，教员2人，但是教员不属于沙井村人，长工1人。村长及会首10人。

财富结构。财富结构主要是土地。沙井村963亩地，户均14亩，人均2.5亩。没有土地的15户，占全村户数21%；5亩以下的农户18户，占全村户数的26%，即5亩以下的农户占到全村户数的47%。另外1户的土地在60—80亩，1户的土地超过了100亩。沙井村没有大地主，但是土地分化也还是比较大，2户土地最多的农户占了全村耕地的18.9%。31亩地以上的富裕户只有9户，9户占了村庄土地的一半以上。

虽然土地分化比较大，但是整个沙井村的劳动分化并不严重，所有的家庭都劳动，土地最多的2户虽然雇人耕种，但是家庭成员也参加劳动，不劳动的家庭几乎没有。2户土地比较多，其土地是前一两代人辛苦劳动挣钱买地积攒而来。从沙井村来看，土地变化比较大，分家、丧葬、灾害是家庭土地减少的几个主要原因，其中分家最为严重。另外家庭经营不善也是重要的因素。

虽然有土地分化，家庭也有贫富之分，但是贫富并没有固化。在几十年间，有的家庭上升，有的家庭下降，家庭的富裕程度随着土地买卖不断的变动，可以说几十年可以富一家，几十年也可以败一家。在沙井村甚至在调查其他34个村，有阶层，但是没有阶级；有变动，没有固化；有富人，没有剥削。只要勤劳，人人都有希望。很符合俄罗斯农学家恰亚诺夫的家庭"扩张—收缩"模型。

教育结构。沙井村人文化水准比较高，大部分的人识字，但是女人不识字的多，而且女人因为不识字,也无法参与村庄政治。贫穷的人因为没有空闲的时间,也没有财力,所以识字的不多。因为是凭借力气挣钱,因此识字少并不影响其家庭富裕和上升。沙井村建立公立小学后,女孩开始上学。虽然政府倡导小孩上学,但大部分人都读不到小学毕业,不上学和退学的学生比较多。在调查时,沙井村竟然没有一位毕业生。

信仰结构。沙井村村民没有信基督教的,也没有信伊斯兰教的,都是信佛教,信仰比较一致。

(二) 社会组织

沙井村的村庄治理机构不发达,社会组织比较发达。民国政府建立后一些政府推动的社会组织也在发育,不过在沙井村发育得并不好。沙井村最重要的社会组织是青苗会、上供会,前者为生产服务;后者为信仰服务。

1. 青苗会

华北地区最重要的社会组织就是青苗会,即为了看护庄稼而组成的社会组织。在民国初年,为了保护庄稼,政府要求各地成立青苗会,组织专人看护庄稼。全村耕作的家庭均是青苗会成员。青苗会有会长、副会长和会首。一般是村长兼任会长,副村长兼任副会长。上供会和村公会的其他人员兼任青苗会的会首。青苗会与村公会、上供会"三会合一"。虽然它成立时是一个社会组织,但是在现实中它具有一定的行政职能。青苗会在民国十八年后因为保甲制度的实施而取消。

青苗会聘请青夫看青,青夫每年大约50元到100元的收入,每家还给一束麦子秸秆。如果有的家庭庄稼被偷,青夫要赔偿,其实青夫也赔不起,象征性赔一些。在看青期间,青夫每天都会巡逻,以防小偷,抓住小偷后送村公所。每家每户耕种亩数由青夫确定,以此确定青苗款。因为都是熟人,土地即使更换了租佃者,青夫也一清二楚,因此对每家每户耕作面积比较了解。谢秋会由青夫通知。青夫一般是穷人,但是有些村庄和村民对青夫印象不好,认为他们是坏人,称之为"土棍"。

青苗会除了看护庄稼外,还有一个更重要的职能就是村庄的摊款,以青苗款的方式征收。即青苗款中除了真正交给青夫的款项外,还包括村庄所需要的其他村庄摊款。可以说青苗款是一种村庄筹款的机制。一年的青苗款由村长、副村长及会首商量决定。在民国十八年后青苗会取消,村庄再也不允许私下向村民摊款。

2. 上供会

上供会也称善会、烧香会,有些地方的农民称为"吃会",因为祭祀后的祭品可以用来吃。沙井村的上供会又称为办"五会",是光绪二十年(1894)重修村庙时,有人提议成立。"五会"就是五次聚会,即正月十五日、二月十九日、四月八日、六月二十四日、七月三十日,香头聚集到庙里举办宴会。"五会"由十多人发起,发起者称为香头,这些人都是一些信神佛的人。办上供会时,老道会拿着会叶去有关家庭,通知开会,开会的人要交一定的餐费。老道去的家庭,都是有把握参加的,不参加的一般不送会叶。村民可以选择参加，也可以选择不参加。上供会主要是上香，然后再吃饭。吃饭时会邀请教师吃饭。在吃饭时不讨论村庄事务。村民只要申请，就可以当香头。香头必须有土地，没有土地的人不能当香头。上供会有17个香头，其中10人是村公会和村苗会的会首。可以说，上供会是村庄中最重要的社会组织，村公会的人员均是香头。

在晚清和民国初年，上供会会选出值年香头，办会费用由香头支付。但是随着经济的不景气，以及办会比较麻烦，值年香头采取轮换的方式。每年3名香头一起办香会。当然如果不愿意办也可以退出来。办香会是一种典型的自愿、民主方式。

3. 新民会

新民会是一个外生型的合作社组织，是政府要求成立的。要求各村三分之二的家庭参加，按照户口注册，交3元钱就能够入会。新民会有很多分会，如妇女会、青年会、医务会等。加入新民会合作社的人可以借低息春耕贷款，利息只有9厘；在新民会购买商品，价格比一般商店要便宜。新民会会训练青年。沙井村有10人参加了新民会，村长是村里的常务委员会委员。沙井村的新民会会员除了交钱加入外，没有参加任何活动，也没有贷过款，也没有购买过合作社的物质。这是一个外生型的社会组织，村民没有将其当回事，远远没有上供会重要。

4. 铁路爱护村

这是一个外生型的社会组织，由日本人铁路部门组织建立。它是一个以村庄为单位加入的社会组织。沙井村所在的爱护村事务所包括通山、顺义县共60个村庄。每月按照顺序指定某村召开村长会议，主要任务就是铁路两边的植树、分配种苗、巡逻及防卫铁路，还为铁路提供劳工，铁路会给劳工支付报酬。铁路爱护村虽然有一定扶持功能，但是沙井村的农民参与并不深入，良种和植树作用也不是特别明显。

5. 钱会

在日本满铁调查员调查的35个村庄中，有些村庄有钱会。所谓钱会就是农民自己的金融合作组织，每人出一笔钱，然后抽签借给某个人使用，一定时期后偿还，再交给另外的人使用，如此循环往复。这是一种农民相互帮助的合作组织。在北方的农村比较普遍。沙井村没有钱会。据村民讲，以前曾经有过。

6. 打猪会

沙井村没有打猪会，在西杜兰村有。每4户为1组，各户出2元，用来买猪；又出2斗黑豆，4户中的一户收集，收集的那一家买来1头猪养大，到年底的时候给其他3户16斤肉和1斤油。剩下的负责养猪的那一家收下。第二年另外1户按照上述方式饲育。负责买猪养猪的用从其他3户收的钱买猪，钱不够的时候需要自己掏。如果猪死了，负责养猪的要自己在市场上买肉和油，提供给其他3家。

7. 打老人会

沙井村没有打老人会，白辛庄有。其基本原理是：集结 20 家或者 30 家家里有老人的成为一组，在会里设置会头。老人逝世的话，会头就在该老人所属的组里，每家收两三块钱作为办葬礼的费用。打老人会是穷人相互帮助的一种社会组织。

另外，顺义县还有其他一些合作、协作的社会组织，如路灯会、戏会、果供会。这些都是一些民间的社会组织，自我组织，自我筹资管理。青苗会建立后替代了一部分会，随着国家的逐渐介入，很多会被取消或替代，如钱会被合作社取代，路灯会被行政预算取代。所以，近代国家建构的过程，也是传统自治消失，传统社会组织消失的过程。

（三）社会关系

顺义县乡村宗族不发达，人们不以家族、宗族来论亲疏，而是以个人之间的社会关系论远近。在沙井村，村庄是一个共同体，大家相互熟悉，但是还有更亲近的关系，这些亲近的关系体现在，如在借钱时，不见得非得找同族，也许找同村关系比较好的外姓朋友更方便。如在搭套中，也可能与外姓好朋友一起搭套。在婚丧、建房时，关系好的会来帮忙。

在街坊邻居中，也讲辈分。一是同一个村内部都讲辈分，即使非同姓之间也要讲辈分，辈分先于年龄。二是与外人村交往，以年龄来确定位置和大小。三是在酒席上先讲辈分，再讲年龄。四是在公务活动方面，如会首会议，不讲年龄，也不讲辈分，不讲职务，讲是否有道理，谁有道理听谁的。五是长辈直呼晚辈名字，晚辈要尊称长辈，即使不同姓也是如此。当然如果村长是晚辈，长辈会叫村长。按照社会学家说法，外姓之间讲辈分是宗族关系的模仿。长辈称晚辈的职务也有一些以"官者"为尊的意思。

街坊辈分有两种确定方式，第一种，以某一个人为参照，与某一个长辈一起生活和工作过的就以这个人为"参照系"来确定辈分，与之同辈的就是叔伯等，比之大的就是爷；第二种，以引进村的某人为"参照系"，如某人将另外一个人引进村庄，就以这个人为主，确定进入者在本村的辈分。

（四）社会救济

晚清和民国没有建立社会救济机制，如沙井村经常发生水灾，大水来时，大家自己逃向村庄高地，没有人组织，也没有给送饭，更没有组织救济。所以，灾难就是水灾，没有国家和社会组织支援，村民自我救助，自己想办法解决吃、穿、住的问题，或者投靠亲友。这说明了两个问题，一是国家建设能力不强；二是社会组织不发达。

虽然如此，村民之间也还是有一定的救济机制：一是村庄的香火地，一般租给穷人；二是如果穷人没有房子，可以住在庙里，还有一户穷人在村庄的公地上建了房子，不过没有土地产权，死后房子要归村公所；三是如果特别穷的人可以给一点饭吃，当然是相对富裕的人给穷人一点吃的。给与不给在于慈善心，不太稳定；四是穷人死后，可以埋在义地。当然村庄的这种救济不稳定，也不可靠。

（五）社会文化

在传统乡村社会，敬神拜佛比较多。从顺义县祭祀的对象来看有三类：一是拜祖宗；二是拜神仙；三是拜鬼神。从祭祀的地点来看也有四类：一是庙祭；二是家祭；三是坟祭；四是河祭。在此介绍三种祭祀，坟祭在家庭制度及治理中介绍。

1. 家祭

家祭主要是在家中祭拜的神仙、祖先，祭祀时间可以每天上香，可以一年或者一年中某几个时间点祭祀。祭祀时间要根据祭祀对象而定。家祭主要包括佛、关老爷、财神、南海大士、灶王、天地爷、马王。对于佛、财神和灶王，每家都得拜或者上香。房子小的话就不供奉财神。养有家畜的家庭，在过年的时候祭拜一次马王，有的时候买画来供奉。为了保佑孩子健康茁壮成长就拜张仙爷，这需要每天上香，特别是孩子成长得不好的人家多供奉。

祭拜活动。大年三十除夕；正月初一拜年；正月初二祭财神；正月初八祭星；正月十五日元宵节；正月十六日祭财神；二月一日供太阳；二月二日龙抬头（蛰伏初始）；二月十九日（观音）菩萨会；三月三日至五日清明节；四月八日大佛生日；五月三日端午节（一般的地方是五月五日，只有顺义是五月三日，不知缘由）；五月里初伏，夏至后十天（夏至三庚即初伏）；中伏，初伏后十天；末伏，中伏后十天；五月十三日单刀会（以前开始只流传名称）；六月六日"六月六"（没有名称）吃宴席；六月二十四日关帝的生日（关老爷生日）；七月七日七夕会；七月十五日盂兰会，也称为鬼节；七月三十日幽冥教主生日（菩萨的名称）；八月一日来风糕（那天作饼，祈愿风神吹风）；八月十五日中秋节；十月一日送寒衣，即给鬼送衣服；腊八，吃腊八粥；十二月二十三日祭灶君（神）。各种敬礼的日子都有讲究，吃什么，如何拜都比较讲究。因为是敬神的日子，所以不喝酒。菜是素菜，不吃肉（荤菜）。

2. 庙祭

北方没有祠堂，但是有庙，一般的村庄都会有两三座庙，如郝家疃有 3 座庙：九圣庙 2 座、关帝庙 1 座，没有和尚。沙井村有 2 座庙，1 座比较大，1 座比较小。因此村民们除了平时的祭拜以外，还有庙祭，即到庙里去祭拜上香。庙祭的时间是从正月初一到初五，村民各自前来祭拜，每天都会来烧香。如九圣庙祭祀着九位神：观音、关帝、二郎（杨戬）、喜神、财神等。祭祀的时候也会有一些娱乐活动，会首、高跷会和吵子的人们会过来。在庙与庙之间的路上，一边办活动，一边祭拜各个庙。庙祭在阴历的年底那一天（三个庙都是这样）。首先是烧香行礼；然后有高跷会、吵子之类的活动。庙祭的活动经费从村庄摊款中支付。

3. 河祭

为了求雨或者风调雨顺，还祭拜河神；有时为了祈雨，还在各村游行，祈求下雨。在祈雨仪式上下雨的时候会唱戏。这两种祭拜都是家、庙、坟之外的地方。

（六）社会活动

在顺义县，沙井村最重要的社会活动就是谢会，谢秋会与青苗会同时出现。谢秋会分为两种：一是麦秋会，即5月收麦子，6月召开谢秋会。二是大秋会，8月收麦子，9月开大秋会。开会前，青夫会通知，约定在某时某刻参加。谢会主要是督促村民们缴纳村公摊费。村民们带着钱过来交钱。从沙井村看，两次谢秋会后，村民的公摊费用基本交齐，基本没有拖欠。

召开谢会之前写上"清茶候""粗茶候"。"清茶候"的时候只上茶不请吃饭。写"粗茶候"的时候有请吃饭。费用由村公所负责，其实也是从村公摊费支付。一年两次谢秋会，请客吃饭多是大秋的时候。缴纳临时摊款时没有谢会。在沙井村，只有八亩以上的土地所有者可以吃。如果一个人有三亩另一个人有五亩，二人的土地算在一起，可以去一个人吃饭。主要吃面条、馒头。如果当天不交钱，事先打招呼说两三天内缴纳的话，也可以吃饭。也就是说在乡村社会，有规矩但是也有灵活性。在民国初期，有些地方谢秋会时还唱戏。日本人占领北平后，随着物价的上涨，谢秋会已经不吃饭了。

（七）社会意识

坏人。沙井村人对坏人坏事有一个排序，他们认为，最坏的事情是男女通奸；其次是子女打父母；最后是偷盗。

绅士。所谓绅士就是有品格、有学问的人，有一定的公益精神，与财富没有太大的关系，但是绅士都会有一些财产。顺义县的农民认为，光有钱是成不了绅士，光有学问也成不了绅士，一定要有公益精神，品格比较高尚。村民认为，沙井村就只有前村长周绍棠是绅士。

舆论。在村庄，没有村规，也没有民约，即没有文本的东西，但是惯行是有的，即不成文的村庄规则比较多。这种惯行没有强制性，依靠的是舆论和道德自觉。因此遇到不怕舆论，不担心道德的人就会成问题。

三 家族制度及其治理

顺义县宗族、家族并不发达，从满铁调查员所调查的村庄来看，同姓同宗的家族最多也只有一二十家，家庭人口最多也只有二十多口人。在村庄生活中，家族、宗族的作用不特别明显。北方的村庄有族长、老坟，有些家族也有族谱（相对于南方比较简单）和祖屋，但是没有祠堂、没有公田，也没有族规。

（一）族长

顺义县各个村庄都是多姓村庄，很少有单姓村庄。每个姓氏不管人数、户数的多少，都会有一个族长，在沙井村又称为"家族长"。成为族长主要有两个标准：一是辈分最高；二是年龄最大。符合这两个条件就成为本族的族长。一般是同辈中最年长的人。同年的话按出生年月日来定。女人不能成为族长。

族长没有特别权力，也只有一些简单的功能，或者说只有一些仪式性功能。主要是：一是祭祀牵头功能，春节、清明、结婚时，均以族长为中心祭祀祖先，如清明祭祖时站在前面，先拜祭祖先。二是分家，分家前会委托族长仲裁，如果族长仲裁不成功，就请别人仲裁。在沙井村分家时中保人只能是族长和舅舅，否则分家难成。三是纠纷调解，族长在调解本族的纠纷时，可以训斥，但是没有惩罚权，在调解不成功时，族长、会首、村长可以向县里诉讼。在向县里诉讼时，族长一般是证人。家庭、家族内有纠纷，族长可以调解，但是不能惩罚。四是家里死人后，一定会告诉族长。五是在收外姓的养子时，要与族长沟通。

结婚、出嫁并不需要取得族长同意，土地买卖也不需要族长同意。当族长出席这些仪式吃饭时，一般坐上席。春节拜年，首先拜族长，一则他是辈分最高之人；二则也是年龄最大之人。

（二）族谱

北方的家族人数不多，代际不明显，纵向连接薄弱，家族横向联系不紧密，大家只能知道五代以内的事情，五代以外就不清楚了。在顺义县很多家庭没有族谱。有些家族有族谱，但是北方的族谱与南方相比，大多是一张图，主要记载家族祖先系图。族谱一般保存在长房手中，父母去世或者分家时，族谱由长子保管。

（三）老宅子

北方没有华南宗族的祖屋，但是有老宅子。老宅子就是与父母一起住或者自己成长起来的房子，即分家前的房子。分家后，父母可以住老宅子，也可以与儿子住，老宅子不见得就是长房住。这也说明北方的宗族没有祖屋的概念。老宅子没有赋予太多的神圣性。

（四）坟地

满铁调查员对坟地调查比较多，也比较深入。从调查员的调查来看，北方宗族不太发达，大部分的家庭没有祖坟，但是有一些家庭也有坟地。主要有如下特点：一是安葬方式，主要有两种——排葬、人字葬，旗人多是人字葬，体现了与汉民族的差异。汉族人主要是排葬。二是老坟地，如果家族时间比较长，坟就会比较多，这样的坟地就称为老坟地，但是村民也不知老祖宗的坟是哪座。只记得前三代或者五代的坟。过了五代基本不清楚了。可见在北方"五代后不亲"是有实践基础的。三是安葬时比较讲风水，因为要讲风水，所以整个坟地就会比较散乱，这也体现家庭主义，而不是家族主义，即以个体家庭为主，不是以家族整体为主。四是老坟地的资格，老坟地主要是葬成年人，即结过婚的人，一个人30多岁了，还没有结婚也不能称其为成年人。这与南方有些地方不同，南方是有后代就能够进祖坟。五是埋葬时有讲究，一般是夫妻合葬，即两个棺材，丈夫在左边，妻子在右边，如果有两个妻子，第二个妻子在第一个妻子的右边。六是移坟，移坟不多见，很多人离开家乡时并不会理会祖坟，遇上征地等也会移坟，移坟又称为拔坟。

一般的家庭坟地还会有一定土地，可以耕作，这称为护坟地、祭祖田、祭祀田。护坟地有多有少，有的只有一亩左右，多的有十亩，但是没有南方的规模大。护坟地不交田赋，但是要交青苗费和摊款。护坟地一般交给家族中比较贫穷的家庭耕种，但是贫穷家庭要承担清明祭祀费用，即"办清明"，如买祭品和当天会餐费用。如果家族有两家都比较贫穷，就由两家各耕种一半护坟地。护坟地的耕种者的选择，族长无法做主，主要是头一年清明节时，同族人商量决定，族长在否没有关系。也就是说，北方的护坟地也有一定的济贫作用，只是这种作用很小。

（五）祭祖

与南方的宗族一样，北方也祭祖，北方祭祖有三种：一是春节祭祖，即在大年三十，以族长为中心在家里进行祭祀，祭拜祖先。二是结婚时要祭祀祖先，这是一种临时性祭祀。三是清明祭祀，清明祭祀是一种重要的祭祀。

清明祭祀有些地方称为"清明冬儿""办清明会"。在清明节时，各家各户都去坟地，先是祭祀始祖，再祭祀自己比较近的长辈。祭祀时族长站在前面，先添土，再敬香，然后祭拜，有时祭祀时还要植树。

祭祀结束后，还要吃饭，吃饭主要是祭祀田出租的收入，有两种情况：一是让本族人耕种，不交租金，主办清明，即办清明会的费用由耕种者支付；二是土地出租，用租金支付。有些地方可能没有祭祀田，办清明时就采取轮值的方式，每家每年举办一次，轮流进行。

（六）同宗、同姓与亲疏

1. 同宗和同族

北方各个村庄姓氏比较多，区分同宗同族很重要。同宗是指一个老祖宗繁衍出来的后代；同姓是指在自己的知识范围内没有同一老祖宗的同姓氏人。同宗有明显的血缘关系，同姓只能说是相同的姓氏，至于是否为远亲，则不在自己的知识范围内。

2. 亲疏

顺义县讲亲疏关系，认为在五代内都比较亲，出了五代就不亲了。五代又称为"五服"，五服以内为"近当家子"，五服以外叫"远当家子"。有顺义县，"五服"以内为本家，"五服"以外不管多远都叫本族。根据远近还分为远同族、远当家子或近同族、近当家子。

其实，沙井村本族人之间并不见得就会比外族之间更亲密，很多时候如借贷、租佃、合作，并不见得都是同族之间要先于或者优于异族人。同宗只有血缘上的联系，至于情感上的亲近，则是一种个人的社会关系。有时后者远胜于前者。在土地、祖屋买卖时，传统的法律有同族优先的条款，民国二十四年（1935）以后，已经不再强调，按照市场机制来决定，谁出价高就卖给谁。

四　家户制度及其治理

与家族制度相比，北方的家户制可能更为发达，家户是乡村的基本单元，也是参与社会的基本单元。如果说华南宗族依靠"宗族—家户"来维持秩序，北方则依靠"家户—村庄"维持秩序和运转。前者以宗族为先；后者以家户为先，这体现了北方和华南的两种不同的制度及治理。

（一）家与户

族是血缘相同的人群。在南方，宗族是一个比较大的单元，也是一个治理单元，族下面会有房、支、户、家。但是北方，宗族不发达，只有简单的族，族下的单元，从顺义县的调查来看，可能不是户，而是家；户则是具有另外一种功能的单位。因此，从族到家的中间单元比较少，或者说从族到家的链条比较短。这也是宗族不发达的一种表现。

家是在一口锅吃饭的单位。从调查来看，在一口锅中吃饭的人称为一家人，可能还要包括在一起耕作，一起居住。核心标准是在一起吃饭，只要在一起吃饭，就是一家人。分家时要吃一顿"散伙饭"，"散伙饭"后就各自为家，就不是一家人了，而是一族人。

户是一个行政单位。从调查来看，顺义县的户是保甲制度以后才有的单位，即是一个统计人口和以治安为目标的单位。如三兄弟分家后，就有三个门牌，则有3户。当然3户也就是3家。在这里户与家是同一的。其实，如果这一姓氏整个村庄只有3户，则3户构成了一个宗族。有时家长、户长、族长"三位一体"，既是家长，又是户长，还是族长。户长在有些地方又称为户籍长。

（二）当家

家是北方农村的基本单元，家是组织社会的基本单位。在这一组织中有家长，在北方，称之为当家人，或者当家的，或者主事的。日本满铁调查员对当家的调查最多，内容也最丰富。

1. 当家的选择

沙井村的当家人的选择是有规矩的，一是当家人根据能力、辈分、年龄来选择。二是如果一个当家人当家了，一般不更换，直到死都是当家人。三是一般是长子作为当家人。即使是过继儿子、养子为长子，也应该是当家人。四是当儿子尚小，丈夫去世时，妻子可以作为代理当家人,但是当儿子在 15 岁或者 20 岁后当家人要让给儿子。五是比较复杂的是当家人逝世后,还有同胞兄弟两人,且三个兄弟都有儿子情况下,如何接任当家人,有规矩。A、B、C 为三父辈兄弟,分别为长房、二房、三房;甲、乙、丙分别 A、B、C 的儿子,且年龄为甲 > 乙 > 丙,现在 A 是家长,如果不在了,则是 B 接任;如果 B 不在了,C 接任。如果 C 出了问题了,甲、乙、丙分别接任。

当家的是一家的"法人代表",当家的基本原则:有父不言子;有男不言女。即有父亲在时,儿子不能当家;有男人在时,女人不能当家。儿子能够当家主要是父亲年纪比较大时或者逝世后,儿子当家。女人当家只有三种情况:一是寡妇且没有儿子可以当家;二是父母均已去世,也没有兄弟,女儿可以当家;三是丈夫去世了,儿子尚小,妻子可当家,但是代理当家人,儿子再小也是家庭的"法人代表"。

如果兄弟三人分家后,父母健在,跟着长子生活,父亲还可是家长,儿子是户长;其他两兄弟既是家长,也是户长。如果父亲跟着小儿子过,小儿子未成年,则父亲既是家长,也是户长,待小儿子成年后再交家。也有分家后,父母根本不管事,兄弟仨既是家长,也是户长。

2. 交家

如果当家的年纪比较大,或者外出务工经商,长期不在家,或者有病无法料理家务,一是可以将家务委托给儿子,这样父亲是"老当家的",儿子是"少当家的"。儿子以父亲的名义管理家务,如与外签订契约,必须说或者写上"奉父命"。二是父亲可以干脆将家交给儿子,这样就叫"交家",父亲不再是当家人,儿子成为当家人。"交家"时,老当家人将家交给新当家人时,就是移交各种管理权,包括钥匙、地契、家谱等。

3. 当家的权利和责任

当家人负责一家的管理和运行,要保证物质生产和人口再生产的可持续性,责任重大。在顺义县,当家人有如下权利:一是财产以当家人的名义所有,有时父亲健在时还挂在父亲名义下,可以说父亲是家庭单位的"法人代表"。二是在对外关系中,当家人为家庭的代表,如投票、开会,当家人代表全家;如签订协议,当家人签订,其他人签订没有合法性;如祭祀,当家代表全家祭祀。三是当家人安排全家的生产生活,家庭其他成员,包括兄弟、兄弟媳妇都必须听从当家的安排。四是当家人也是户代表,是纳税的责任人。五是当家人具有家庭财政权利,如当家人可以决定借债、买卖土地。虽然当家人有管理财产的权利,但是在做重大决策时要与家人,特别是兄弟、叔叔商量。这些人不在时,要与母亲商量。

结婚时要征得当家人同意,如果当家人不同意,无法结婚;如果当家人不同意结婚,而孙子的父亲同意,也无法成婚。结婚必须得到家长同意。当然也有一种情况,家长(即爷爷)同意孙子的婚事,但是父亲不同意,也能够结婚。因为在婚书上可以直接用家长(爷爷)的印章。结婚时,如果没有分家,孙子辈结婚,在证书上要写祖父的名字。离婚时可以不需要征求家长同意,夫妻同意且女方的父亲同意就可以离婚了。

4. 当家与债务

家长有借债的权利。如果家长比较坏，借债吃、喝、嫖、赌，家庭成员只能规劝，也可以委托亲戚朋友规劝；如果规劝无效，也无法中止其家长地位，可以说家长的权利和地位是"天赋的"。家长的负债，全家人都得负担。家长借债后，如果分家，债务由儿子承担，儿子平均承担家庭债务，即"父债子还"。当然分家时如果还有较多的地，父亲可征求儿子们的意见，如果大家不愿意承担债务就先将土地变卖还债，剩下的再由兄弟们偿还。

如果儿子不经过父亲同意，向外借了债务，也需要作为家长的父亲偿还，即家长对家庭及家庭成员具有责任，即"子债父还"，这也说明了一个家庭是一个具有"无限责任"的"法人单位"。因此家是一个独立的单位，是财产的所有者，是行为的承担者，还是债务的承受者。如果三兄弟已经分家，尚住在一个宅子中，某个兄弟产生的债务与其他兄弟没有关系。

（三）分家

分家也是满铁调查员非常关注的问题，它体现了家的治理及家的分裂和成员之间的社会、血缘关联和义务。

1. 分家

所谓分家，分家就是分割财产另立新家，非常重要的标志就是分灶吃饭；其次是财产分割；最后是人员的分割。分家以后，不见得马上搬出去另立新住处，还是住在老宅子，但是已经分灶吃饭。

2. 分家理由

从顺义县，特别是沙井的调查来看，分家主要有五个理由：一是兄弟吵架，兄弟吵架又来源于妯娌不和，即兄弟之间的妻子不和睦；二是父母去世，一般父母逝世都会导致兄弟分家，父亲去世后分家的比较多；三是为了防止土匪抢劫，家里田地多，就会被土匪盯上，因此分家；四是家里人多了分家；五是家里比较贫穷分家。

3. 分家方法

分家首先要兄弟提出，如果有三兄弟，有一个兄弟不同意都无法分家。只有三个兄弟同意时才能分家，分家时请族长、族人或者村长做见证人。有些地方分家还必须得有舅舅作为中间人参加。分家时，财产一定是平均分配，一般按照财产价值均分。财产分割主要是抽签决定，如果不好抽签时，由家长或者族长来调解。

分家时女儿不能分得财产，但是可以获得一定衣服、工具等，还可以得到婚嫁费，婚嫁费可以土地形式来体现，称为妆奁地或者姻粉地。女儿出嫁时将妆奁地卖掉，一部分作为嫁妆，一部分作为出嫁费用。分家后，如果父母没有财力，兄弟要共摊出资为妹妹购置嫁妆。女儿不分财产，也就不对父母养老。

分家时要为父母留出养老地，养老地一般比较多，如 20 亩可能要留 10 亩，如 12 亩可能要留 8 亩。因为兄弟们年轻，可以挣钱，父母年纪大了，需要更多的地生活。养老地由父母处置，兄弟合作或者单独分开帮助父母耕种。养老地也可以出租。分家后父母可以跟着长子生活，如果小儿子年龄小则跟着小儿子生活。父母死后，养老地卖掉来办理丧事，如果某个兄弟愿意拿出同样多的钱购买也可以。一般是卖掉。卖掉后丧葬剩下的养老地，兄弟平分。如果没有养老地，父母在几兄弟之间轮流居住，由兄弟们轮流供养。

4. 分家权利

分家一般而言只能一次分家，但是父母健在时，也可以长兄先分家，其他的兄弟不分家。分家要保证各个兄弟的权利，如果有一个兄弟在外面，分家时也一定要有他的财产。如果某个兄弟死亡，由他的儿子代替分得财产。分家一定是"诸子均分"。

如果父亲在去世前立下遗嘱，某个兄弟可以多分土地或者财产。这样的遗嘱被认为无效，其他兄弟不会认可，也不会执行。任何遗嘱都不能违背"诸子均分"的惯行。因此在父母去世时，其遗嘱或者遗言也只有"兄弟团结""相亲相爱"之类的话语，而不能涉及财产的分配。

5. 分家单

分家一定要立分家单，分家单上写明房产、土地、财产等数量、位置等。分家单要有中保人或保证人，立字人（兄弟们），代字人。有几个兄弟就得写几份分家单，分家单是拥有财产的凭据。分家单写主要的财产，如土地、房产、牛、猪等，其他的碗、筷等小件就不写了。中保人一般为族长、族人、舅舅、村长等。

6. 分家与契约、家谱

分家后，土地和房产的契约保存在长房手中，分家后土地一般不过割。如果分家后，长兄要将土地或者房产卖掉，则需要立新契，如果卖给弟弟，则新契、老契都要交给弟弟。分家后家谱由长兄保存，家里如有祖宗牌位也由长兄保管。当然父母都在时，仍然可以由父母保管，父母去世时可以交给长房，这叫香火接续。

7. 分家、分居与另过

分家，是财产分割，要按照正式程度写分家单。另过，是家长还在，不分财产，某个兄弟搬出另住。另住时，父亲可以给些田地。分居，如果某家有妻、妾，妻子不愿意住在一起，可以分居。

8. 散伙饭和报告

分家单签署后，全家要吃散伙饭，散伙饭也请中保人、代字人及全家参加。分家后，要向甲长报告，甲长向村长报告，村长向分局报告，以此确定各新家的门牌，也就是我们现在说的立户。

9. 分家的观念

对顺义县的村民而言，分家不是一件好事情，因此不能打听别人分家，也不能问别人分家，更不能谈别人分家。如果有兄弟提出要分家，族长、族人或者亲戚朋友要进行调解，尽量不分家。正如中国的俗话："劝合不劝分"。调解不了的才分家，当然分家分得不好，还可以诉讼。在沙井村，父母都健在时一般不分家。村民认为，父母在时分家是比较悲惨的事情。

（四）婚嫁

1. 订婚和结婚

南方和北方的结婚、出嫁、丧事都有程序和规则。日本满铁调查员没有如民俗学家一样调查结婚的程序、细节，而是探讨个人与父母、个人与家长、个人与族长、家庭与族长之间的关系，以及个人、家庭与村庄、国家的关系，特别惯行的关系。一是结婚的时间，一般男孩十五六岁、女孩二十岁左右就可以结婚了。在顺义县一般女孩比男孩大三四岁，女孩年龄大是为了给家里做事，即找一个做事人。二是结婚需要媒人，媒人在双方说合，然后再请算命先生选择吉日，吉日一般有两个，上旬一个，下旬一个，主要是为了避开女方的月经。在顺义县村民看来，结婚遇到月经不吉利，所以要尽量避开。三是媒人说合后，双方会打探对方，女方主要打探男方家里的财产；其次是品格，至于长相不在考虑之列。如男方家庭有60亩地，但是有三兄弟；另外一家只有一个儿子，30亩地，则后者家里条件要好些。

媒人说合后，双方如果同意就订婚了，订婚后两三个月就可以结婚了。结婚主要取决于男方。订婚后男女双方不能见面，是丑是乖都不能悔婚，只能认命，真有"嫁鸡随鸡，嫁狗随狗"的特点。在沙井村还没有一起订婚后悔婚的事情。通婚一般不找本村人，村民认为这样不好：一是经常见面，原则上要求订婚后不能见面；二是可能打乱辈分，如果女方辈分较低，男方与女方结婚后，男方的辈分会降低；三是夫妻经常吵架，比较麻烦。顺义县农民的通婚圈不大，基本都是邻近村庄相互通婚。

顺义县通婚还有一个习俗和惯例，同宗不能通婚。同族五服外的可以通婚，同姓不同宗可以通婚。

在沙井村结婚就意味着成年了。结婚是成年的标志。如果家里条件不好，结婚需要借钱，但不需要卖地。而丧葬一般需要卖地。这就说明了当时的沙井村或者顺义县，丧葬比结婚更重要。丧葬的花费比结婚要高。

结婚时，祖父是家长，则结婚证明上既要写上祖父的名字，也要写上父母的名字。前面说过，如果祖父家长反对，则无法结婚；如果父亲反对，但是祖父家长同意，可以结婚。父母不在了，哥哥为家长，弟弟结婚，要与哥哥商量。如果哥哥反对，则不能结婚。可见在顺义县，家长的权威最大。另外，订婚、结婚不需要征得族长同意，但是结婚时临时祭祀祖先需要族长参加。

结婚时一般会通知亲友，也会通知同族人，但是不会通知外姓人。结婚需要人帮忙，只有委托时才会去帮忙；不委托一般不会帮忙。丧葬也是如此。这与建房形成了鲜明的对比，建房时街坊邻居没有被委托，也会前去帮忙，关系友好的甚至会雇人帮忙。结婚时外族一般不送礼祝贺。

2. 出嫁

女儿出嫁时，如果家里条件好，娘家可以赠送女儿金钱或者土地。这些土地称为妆奁地或者姻粉地。这份财产为女儿单独保持，可以不交给夫家，甚至不交给丈夫。当然也可以与丈夫共享，契约可以丈夫的名义立，也可以妻子的名义立。妻子或者夫妻可以单独出租，收入完全归自己或者夫妻所有。家长无权干涉。也就是说在家庭为重的条件下，有一些小的个人财产自由。

3. 离婚

在顺义县沙井村，村民们一般不能离婚，真正离婚的很少。离婚的主要原因是夫妻不和，最重要的是夫妻中，如果有一方通奸，就会离婚。当然也有例外，如果家里条件不好，也只能容忍。离婚涉及多方面的关系。

离婚与男方的家长没有关系，夫妻两人商量即可，不需要家长同意，更不需要找族长。仅仅夫妻之间商量，离不了婚，男方与女方的父母商量，如果父母同意就可以离婚；如果女方的父亲、母亲，只要有一方不同意，都得诉讼；离婚不需要女方的家长、族长同意。男方的父母双方或者一方反对，反对无效，只要媳妇同意离婚就行了。

在民国以前，离婚书就是休书，这是民间的约定。民国以后，离婚要到县署判次才能离婚，离婚证明是国家颁发。因此离婚也从民间证明转成了国家界定。这是国家进入农民生活的一种表征。

离婚的女人，马上回家，如果有孩子，不能带走孩子，孩子是男方的。休书由女方父母保管。在离婚前，丈夫将妻子轰回家，妻子还是丈夫家族的人，只有写了休书或者离婚书以后，才不是家族中人了。

4. 改嫁、再嫁

如果丈夫去世后，妻子可以改嫁，改嫁不能带子女，也不能带走财产。如果丈夫去世后，家里没有任何人，财产归妻子，改嫁时可以带走夫家的财产。妻子也可以接一个养子，也可以为丈夫过继一个儿子来继承财产。

如果与丈夫离婚后可以再嫁，再嫁时不需要与任何人商量。如果丈夫去世后，也可以改嫁，改嫁时不需要得到公公婆婆的同意，但是可以征求娘家父母、兄弟的意见。有俗语："初嫁由爹娘，再嫁由自己。"这与南方有一定的区别。

如果一位姓杨的女人嫁到了李家，叫李杨氏；再改嫁到张家，叫张杨氏；如果再次改嫁到王家，叫王杨氏。如果嫁出去的姑娘回到了娘家，不叫其姓，可称为大姑娘或二姑娘等。

如果一位姓杨的女人嫁到了李家，再嫁时不能乱嫁，不可嫁给同宗的李姓，但是可以嫁给不同宗的李姓。如果二婚的丈夫去世，不能再回李家，而只能回娘家。回娘家要征得娘家的家长同意。

（五）丧葬

丧葬是人生中最重要的事情，丧葬花费比较多，少的几百元，多的上千元，而结婚只需要一百元左右。所以丧葬一般要卖地，如果有养老地就卖养老地；如果没有分家，没有养老地，就卖家中的地；如果家中没有地，兄弟就筹措经费，甚至借债安葬父母。

家族有人去世后要通知族长，丧葬会请人帮忙，一般是亲朋好友，还有族人。出殡时近亲全部参加，远亲家庭会有一个人参加，本村每个家庭也会有一人参加葬礼。

如果是本族没有后代人的穷人去世后，本族人会安葬；如果没有族人，则村庄会安葬。

小孩子死后，基本就是用一张草席子裹着丢掉，或者草草浅埋，有时甚至于野狗咬食。至于为什么这样对待，满铁调查员没有进行深入调查。

（六）性别及继嗣

满铁调查员对于生育问得不多，特别是对于生男生女、生多生少涉及得比较少，但是对继嗣调查得多。

1. 性别

虽然日本调查员没有专门调查性别的问题，但是相关问题都涉及性别。虽然北方的宗族不发达，对祖宗的崇拜不多，甚至尊敬也不够，但对性别还是挺看重的。如当家的只能是男人，即使儿子年龄再小，女儿年龄再大，也只能儿子成为当家人；如财产继承只能是男性，财产分配是儿子之间的事情，与女儿无关；虽然北方不看重家谱，但是上家谱也只能是男性，女儿无法进入家谱；如会首、村长只能是男性；女孩基本不上学，只是在调查员调查的这年才开始有女孩上学；在家里女孩基本没有自己的房间，出嫁之前只能与父母住在一个房间；女性没有投票权，没有参与村庄事务的权利，虽然民国后男女平等，女性也可以投票，但是因为女性大多不识字，也无法参与。可见，北方基本上是一个男权社会，也是一个重男轻女的社会。

2. 过继

北方虽然没有宗族，但是对于后代也很重视。有两句重要的原则"绝次不绝长""一子两不绝""爱子过继"。"绝次不绝长"是如果两兄弟，弟弟有一个儿子，则要过继给哥哥。"一子两不绝"，两兄弟一个儿子，如果不分家，则儿子为两兄弟所有，家里财产全部传给这个儿子。"爱子过继"，如果兄弟两人，弟弟有3个儿子，哥哥1个儿子也没有，弟弟要将最爱的儿子给哥哥。

如果父辈三兄弟，只有三弟有一个儿子，一是可以按照前面的方式过继给大哥；二是其他两兄弟可以为弟弟的儿子再娶两个妻子，这两位妻子生育的儿子给两位哥哥，即三弟的儿子可以娶三个妻子，从而保证了三兄弟都有后代传承。虽然在调查中没有娶三个妻子的情况，但是娶两个妻子的情况在一些村子中存在。一个妻子生的儿子为自己家传宗接续；另外一个妻子生育的儿子为兄弟传宗接续。

过继同宗的小孩，只需要兄弟商量就行了；如果过继外姓的小孩就需要与族长商量。过继一般选择近亲，近亲找不到时再找同族远亲，万不得已才过继外族小孩。按照由近至远的原则来寻找。过继时需要写过继单，因此需要族长、族人见证。过继后，过继子的父亲不能反悔，即使过继子父亲的儿子死了（即过继子的兄弟），过继子也不能回去继承家业。当然如果过继子父亲家没有继承人，其财产归这位过继子。

3. 抱养

如果在同宗同族无法找到好的过继子，就需要抱养小孩。过继一般是同族过继，抱养是从外姓中认养。过继时一般是一二十岁，三十岁都会有；养子则比较小。过继会有过继单，养子则不需要证明。如果收养了孩子后，自己又生了另外的孩子，养子和亲子权利平等，父母要平等对待养子，而且养子是未来的家长。

如果某家儿子出生，有人说难养，就要认一个爹，以便好养，这叫认干爹。干儿子不进入家庭，也不进入族谱。只是在礼仪上存在"父子关系"。

4. 妾

男人在40岁时，妻子还没有生育，或者没有生育男孩，丈夫可以娶妾。当然家中有钱，即使妻子已经生育了男孩，也可以娶妾。娶妾后，妻子称为大奶奶，妾称为二奶奶。妾叫妻子姐姐，妻叫妾为妹妹。娶妾后，一般妾在家里做事。妾生的孩子与妻生的孩子权利是平等的，家产平均分配。如果妾生的男孩大于妻生的男孩，妾的孩子今后还是当家的。即使妾的孩子当了家，也不能改变母亲作为妾的地位。妾的孩子叫妻子大妈妈，叫自己的妈为妈。妾的儿子即使当家了，不能也不应该刁难大妈妈。

顺义县和沙井村民对妾并无恶意，如果是没有男孩纳妾，大家都会体谅他，而且也不会瞧不起妾，因为妾都是穷苦人家的女孩。

5. 靠人

如果一个男子没有结婚，也没有订婚，在外面有了女人，这个女人就叫"靠人"。如果"靠人"生育了孩子，特别是生了男孩，靠人也能变成二奶奶，孩子进入家谱，成为家族中人。当然"靠人"要成家中人，还需要得到家长的批准。如果家长不同意，只能孩子成为家中人，而"靠人"不能成为家中人。如果"靠人"的儿子为长，也可以成为未来的家长。

（七）家庭养老

顺义县和沙井村，养老一般与分家结合在一起，分家时就要确定父母的养老问题。如果家中有地，就要设置养老地，如果没有地要确定父母养老的方法。主要有两种：一是父母在兄弟中轮流养老，即兄弟轮流供养父母亲；二是父母跟着某位兄弟，其他兄弟分摊养老费用。

分家时设置养老地的目的是"生养死葬"，即在生时过得好，死后有钱安葬。只有分家，才会设置养老地。如果有三个儿子，分家后，父母有了养老地，与长子过在一起，则父亲的养老地可以由长子处置并负责丧葬，与二男三男无关，这叫"生不养，死不葬"。但大部分情况是三兄弟都负责父母的养老，父母死后，土地卖掉来安葬父母，如有剩余的土地，兄弟平分。

（八）家庭财产

1. 家产

在家庭中，财产为家庭所有成员共有共享、共有，在分家时只有兄弟才能够均分家产。家庭财产以家长的名义占有和使用以及交易。家庭中有不同的财产：家产、祖产、私产。祖产是祖上留下来的；家产就是家里的所有财产，包括地、房、钱、坟等；私产，家里人一般没有私产，也不允许有私产。

2. 贴己地

一个小家庭，不允许有个人财产；如果一个比较大的家庭，可能存在个人私有财产。这种个人私有财产称为"贴己地"，或者"贴己财产"。主要有两种情况：一是妻子嫁过来时，岳父给的金钱以及土地。这些金钱和土地可以为妻子个人所有，也可以为夫妻两人共有。当然也可以拿出来接济家庭，在南方称为"私房钱"。岳父送的土地称为妆奁地或姻粉地，妻子或者丈夫可以单独出租，收入归妻子或者夫妻所有。二是如果家里兄弟比较多，其中一个兄弟或者几个兄弟利用空闲时间租地或者做生意，赚的钱也是归个人所有。

五　几个基本的结论

通过阅读《满铁农村调查》惯行类第一卷，可以证实很多学者的观念，也会有很多有趣的发现，在此主要从治理层面谈谈我的观点。

第一，传统乡村依靠惯行来治理村庄。

在晚清时，国家除征收田赋外，基本不进入村庄。村庄的治理主要是自治，依靠的是长期以来形成的惯行，按照惯行办事就是守规矩，就是正确的，否则就是不正确的。治理者是有地之人、有识之人、有能之人、有道之人。村庄治理有一定的民主性。这种民主性也受习俗惯行左右。民国建立后，虽然国家机构不断向下渗透，但是除了向农民收费外，依然是村庄自治，但是自治受到了一些约束，如治理人员要符合要求，治理费用也有规定。国家介入村庄反而加大了治理的难度，很多人不再愿意担任村长，不愿意治理村庄。

但是保甲制并没有完全取代传统的治理体系，还得依附、依靠传统的治理体系和治理机制。

第二，以"家政村治"维持村庄运转。

如果说华南宗族有一个基本的治理单元——宗族，那么顺义县的传统乡村，家的重要性大于族，家的重要性更大于村。农民以家庭为单元进行生产、生活、交往和政治参与，家是最基本的生产单元、生活单元、交往单元、政治单元，还是一个"法人单位"。在家庭与村庄之间的宗族相当弱化，只有一些仪式上的功能。因此，"家政"是最主要的治理单元，但"家政"的很多活动是在村庄内进行，而且农民很多生产生活都以村庄为单位进行，因此"家政"与"村治"是一种互补的关系。我们可以将顺义县的农村治理称为"家政村治"，即一种以家庭为主的"家户—村庄"型治理结构。不管是家政，还是村治都是以惯行为治理依据。

第三，国家政权建设加剧了农村衰败。

晚清结束后的北洋政府、民国政府和日本统治下的政府都致力于国家建构，国家政权触角不断向下延伸，从学校、警察、乡镇以及其他现代官僚化、科层化的政权建设，给人民没有带来看得见的好处，但是却带来了沉重的负担。因为顺义县和沙井村，产业结构没有发生根本变化，财富没有新的增长机制，但是国家政权建设的所有费用都必须由乡村来承担。可以明显地看到，随着国家政权的现代化、规范化，农民的负担越来越重。农民的负担加重进一步加剧了农村的衰败。可以进一步推断，没有工商业的现代国家建构、民族国家建构可能加剧国家与农民之间的矛盾。

第四，家政体现为家长制和长老制。

家政主要体现为家长治家。家政中有两个支柱，一个支柱是土地；一个支柱是家长。土地是家庭中最重要的物质财富，家长是家庭治理中最重要的因素。家长有习俗规定的权利、义务，家长的产生、接替也必须按照惯行来处理。家长是家政的核心。同时家长又体现为长老制，即家长往往是家庭中的男性长辈，年龄往往比较大。家政与村治还有不同，村治还有一定的民主因素，或者说"集体领导"，但是在家庭中可能更看重等级、尊卑。家庭成员很少有自己的自由和财产。当然以等级和尊卑为重的家政制也会有一定的协商，如兄弟之间协商、重大事情家庭协商，可以称为协商式的家长制。

第五，国家政权建设具有破坏和替代"家政村治"的功能。

虽然晚清以来国家的政权建设没有完全取代村庄自治、家政治理，但是国家政权建设对"家政村治"具有破坏和替代作用。国家实施政权建设过程中基本没有遭遇到抵抗，也就是说，国家政权开始时顺义县和沙井村没有类似于西方的"公民社会"存在，国家政权建设先于公民社会的培育。国家政权建设在一定程度上破坏了乡村的治理体系，特别是警察分所、保甲制的实施，使传统的士绅治理、长老治理受到破坏。另外，由于国家官僚科层制的逐渐建立，很多由村庄和家庭的治理功能逐渐由国家替代。但是国家的替代主要体现在两个方面：一是底线功能，即对乡村秩序的最终维持；二是财政的吸取功能。其他的治理依然是"家政村治"，习俗和惯例超越在形式法律之上支撑着乡村社会的运转。

家计、田土、钱粮与县村治理
——《满铁农村调查（惯行类）》惯行类第 2 卷导读

本卷依然是对顺义县的调查，主要的调查对象还是沙井村。第一卷侧重于调查村落概况、村庄制度、家族和家庭制度。第二卷则侧重于家计、土地、金融、贸易、赋税等经济关系及政府管理。第二卷极其复杂，有访谈，也有问卷；有调查员的调查，也有借用新民会的调查；有口述调查，也有文献的使用；既有面上的一般性调查，也有户别深度调查，而且户别调查又分为三种类型。第二卷在编排上与第一卷完全不同，不是按照调查过程，或者说不是按照时间来编排内容，而是根据内容来进行编排组合。虽然编排在一起的内容更加相关，但是不便于查找，特别是难以确定调查的时间。

本卷内容主要包括五个部分：一是家计，家庭的生产经营情况及劳动力的使用；二是土地，包括土地租佃、买卖、典；三是金融，包括借贷、赊账、当等；四是集市和贸易，其实这部分与赋税是联系在一起的；五是钱粮等赋税制度。这是从内容上进行分析，从治理来看，分为四大类治理：一是家户的治理；二是村庄的治理；三是县政的治理；四是省政的治理。基层治理总体可以概括为：县政、区联、村治、家计。调查者分类探讨了省与县、县与区乡、县与村、县与家户、区乡与村、区乡与家户以及村与家户之间的多重关系。另外，还探索了保甲制度下的保正、地方与各个主体的关系。

调查对象，主要包括：一是村庄，村公所的人员，所有的农户，以及 17 户租佃农户；二是县公署及其服务的人员，如财务科、统税局、粮柜等；三是商会及其管理人员；四是集市及其包商、牙人等；五是区、分所工作人员；六是保正、地方、伙计。通过对这些人员的调查再现了顺义县的家计、田土、金融、贸易及赋税制度。满铁调查也遇到了一些障碍，对于一些时间、数据等比较混乱，前后有矛盾，数据的分项与总计无法一一对应等问题。这也会影响笔者在撰写导读时的选择，因为有些数据、有些答案有多个，为了简便，笔者只采用了自己认为比较可能的数据或者答案。虽然存在这些问题，但是总体上不影响对当时经济、社会、政治的基本判断。

在此先对沙井村的总体经济社会条件进行一个基本介绍。

自然条件，沙井村的自然条件不太好，两条河即白河和小中河从村边流过，经常下雨，洪水很多，"十年有三次洪水"。洪水冲洗，土地就变质或者沙化。光绪末年的洪水，农民甚至吃草度日；光绪末年的冰雹，庄稼基本绝收。民国十一二年霜灾，对庄稼也产生了较大的影响。战争对沙井村没有直接的冲击，民国十五年（1926）直奉战争导致了一部分土地荒芜，最近四五十年来没有匪贼骚扰。从调查来看，主要体现在物价上涨，摊派增多。民国十七年（1928）发生了蝗灾，作物全部被毁，县公署成立蝗会来应对。另外，家雀、蝼蛄很多。沙井村的土地因为河流冲刷，土质比较差。村庄西部有沙土、强碱性土地，占了全村土地面积的四成，村东高地也有少量沙土，占全村面积的一成。村南村北的土地质量相对较好。总体而言，沙井的自然条件不是特别好。

基本条件，沙井村的基本条件决定着家计的状况。一是土地情况，耕地1140亩，其中130亩是不良土地；林地12亩（没有果园）；墓地25亩（另外20亩义地，与25亩没有关系）；村基70亩，共计1247亩（也有说1300亩）。二是人口情况，光绪二十年（1894）191人；民国元年（1912）280人；民国十年（1921）300人，民国二十年（1931）340人；当前69户，394人。三是性别结构，男190人，女204人。四是土地占有结构，20亩以下的农户52户，21—50亩的农户15户，51亩以上的2户；纯自耕农16户，2户有土地出租，50户租佃了土地。五是水井情况，村内3口大井，村外5口小井，其中7口用于灌溉，1口用来饮用，水质较好，带甜味（另外一处说10口井）。六是交通工具，有自行车1辆、轮车1台、载重车10台。六是国立小学一所，校长1名，职员2名，38名学生，其中有1名女生，尚没有毕业生。

土地资源，沙井耕地只有1140亩，其中外村居民和公会在本村拥有土地为584亩，其中外村拥有最多的是顺义县城人（县城人也有很多是农民，只是住在县城而已），拥有208亩，望泉寺人拥有200亩。584亩的所有者共有三十四五户，其中只有7户的土地出租，其他全部为所有者自耕，即外村人来沙井村耕种。

本村人拥有外村的土地466亩，其中拥有最多的是南法信村，有229亩。可惜满铁没有进一步调查这些土地究竟是自耕还是出租，我们可以从其他的数据推测，在沙井村只有2个家庭出租土地，也就是在466亩中，绝大部分是沙井村人自我耕种。大体来说，本村人在村外拥有的所有地与外村人在村内拥有的所有地大体相当，即1140亩耕地大致可以说为沙井村人在耕种。

沙进村人均耕地2.89亩。从分组来看，0—20亩地的农户有52户，占75.36%；21—50亩的农户有15户，占21.74%；51亩以上的农户只有2户，只占2.9%。土地分化还是比较严重。民国三十年（1941），在68户中从事生产经营的农户来看（剔除了乞讨农户），16户是纯粹的自耕农，占比为23.53%；50户为租佃农户（自己有一部分土地，还耕种一部分土地），占比73.53%，其中11户根本没有所有地，占比16.18%；2户出租土地，占比2.94%。但是从总体来看，农民的所有地比较少，大部分农户自有土地不够，需要租佃土地。

从历史来看，民国元年（1912），全村50户，30户是自耕户，占比为60%；纯出租农户6—8户，占比为12%—16%；自耕租佃户8—10户，占比分别为16%—20%。民国三十年，出租农户下降了近10个百分点，自耕农下降了36.47个百分点。大量的有地农民和自耕农户转向租佃农户。可见民国三十年来，沙井村整体趋向贫困化。

社会条件，主要包括两个方面：一是家族与宗族，沙井村总共有17个姓氏，但是按照日本人的调查却有22个家族，有2家李姓、3家赵姓、3家刘姓"同姓不同宗"，分别变成了2个、3个、3个家族。可见在沙井村同姓并非同宗。在22个家族中，杨姓、张姓各有 11 户，一李姓有 9 户，一杜姓有 7 户，再有一李姓有 5 户，另有 12 姓各有 1 户。显然，沙井村宗族并不发达，属于典型的多姓村庄。杨姓当村长，张姓当副村长。这并不以同姓人数和户数为依据，而是他们的财产多，闲暇时间多，有时间处理村务。

二是家与家户，北方的宗族不发达，为家户的发达创造了条件。沙井村主要是以家户为单位，"家户"包括两个，一是纯粹的家，即按照社会学分类的核心家庭、主干家庭和扩大家庭。二是户，从调查来看，户是一个行政单元，在清朝末年才出现，包括若干个家在内的一个行政性单元。在沙井村，随着分家的增多，现代意义上的家比较多，但是在过去以户为单位的家户也有一些，如父母去世了，兄弟们依然生活在一个单元中，特别是有兄弟没有成家时比较普遍。所以，在沙井村，基本的细胞，是家和户的混合，或者可以称为徐勇教授所说的"家户"。家户是一个生产单位、经营单位、分配单位、纳税单位、责任单位，还是一个政治参与单位。

一　家计

对于家计，日本人没有做专门的界定，从其调查表格中可以判断，家计主要是家庭收入与支出及其盈亏，即家庭收入的计算和计量。日本人在调查时除了调查收入与支出外，还对收入、支出及相关内容进行了分类深入调查。如果将收入与支出称为家计的狭义定义，那么包括收入、支出及相关内容的家计可称为广义家计。本部分从广义家计进行介绍，主要包括四个部分：收支、职业、雇用、生产及条件。

家计是本卷重要的内容，为了调查家计情况，调查者从三个方面呈现当时沙井村的家计情况。一是户别调查，对沙井村 69 户（其中生产农户 68 户）逐一进行访谈，了解家庭的收入和支出；二是引用新民会对相关农户的收支及经营情况的调查；三是对 17 户租佃农户进行收支及经营情况的调查。因为家计是对每个家庭生产经营情况的调查。笔者从总体上进行归纳介绍。

（一）收支

家计最重要的构成就是收入和支出，在此主要讨论收入、支出及收支盈亏。其他具体的与家计有关的生产、职业、雇佣等将单独介绍。

1. 收入

农业收入，是沙井村人的基础收入。在 69 户家庭中，7 户不以农业为生，有 2 户仅有一二亩土地，其他农户均以农业为生。不管是从医的、从教的、还是当掌柜的，或是做蜜供的，均要立足于农业。对于比较富裕的农户来说，农业还是很重要的收入来源。从 17 户的专项调查来看，农业收入占收入总数的 77.59%。

务工收入，从户别调查来看，全村 69 户，有 43 户，计 62.3% 的家庭有劳动力外出务工。还有 4 户从事贩买贩卖，2 户从事制造生产，2 户开店铺，合计 49 户从事工商业，占

71.01%的农户外出务工经商，特别是大量的年轻人前往北京当学徒、帮工、做蜜供或者当苦力。从户别调查来看，大部分家庭的务工收入已经与农业收入相当，甚至超过了农业收入。务工经商成了沙井村人重要的收入来源。满铁对17户的专题调查与户别调查和新民会的调查有差别，务工收入只占总收入的6.71%。从打工户数来看，17户调查的务工收入的比重要低于实际收入比重，即17户别家计调查低估了打工收入。

其他收入，主要包括两个部分，一是租金和牲口收入，17户占收入总额的7.8%。二是副业收入，日本人没有对副业进行界定。从69户的户别调查来看，如果只考察养猪、养鸡，从事副业的农户并不太多，有7户农民养鸡，约有250只鸡，另外有50头猪，还有一些羊和狗。只有少数农户进行养殖，收入所占比重比较小。总收入扣除农业收入、务工收入、租金和牲口收入后的收入占全部收入总额的7.9%。

2. 支出

根据满铁的家计调查，支出主要包括伙食、衣物、燃料、租金、赋税、劳务、肥料和其他八个方面的支出。总体来讲，17户不能代表69户，但是笔者只能依据这些家计调查进行考察和介绍。

伙食支出，17户的伙食支出，包括两个部分，自给和外部购买。17户整体的自给率只有72.42%。只有5户农户能够全部自给，不需要向外面购买食用农产品。伙食费用占全部支出总额的56.37%。简单地说，沙井村17户的恩格尔系数为56.37%。自产的产品占44.19%，外购12.18%。

衣物支出，17户的衣物支出占全部支出总额的9.07%。从具体情况来看，几乎家家户户都购置了衣物，最多的农户购买了160元，最少的农户只有20户，55元以下的有7户，占41.18%。

赋税支出，赋税支出主要包括赋税、附加、公摊等费用。17户的赋税支出占全部支出总额的6.33%。

地租支出，在沙井村69户中，有50户租佃土地，但是在17户的调查中，有8户没有租佃费用。这与全村的总体情况不一致。从17户的家计调查来看，地租占全部费用的比重为6.07%。笔者认为，此数据有一定的低估，这与选择的样本有关系。

劳务支出，在农忙时，沙井村很多农户都会雇请短工。从17户的调查来看，劳务支出占支出总额的3.5%。当然农户之间也会换工，而且比较普遍，换工没有计入劳务支出。如果考虑到这个部分，雇工支出的比重会更大。

肥料支出，在沙井村，农户经营面积规模比较小，加上自制农家肥。外出购买农家肥的只有两类农户，一是种植规模比较大的农户；二是种植园地的农户。从17户的家计调查来看，肥料支出占全部支出总额的4.35%。

燃料支出，沙井村的燃料支出主要是生火做饭，家庭都是以秸秆作为燃料。只有遇到了灾害才会购买煤等燃料。从17户家计调查来看，燃料占支出总额很少。

其他支出，这是一个比较复杂的支出，农民也难以回答，它包括本应纳入伙食费的副食、调味料、杂货类、零碎农具、红白喜事的随人情（交际费）、酒烟费、火柴、纸、肥皂等所有零碎费用。这项费用占全部支出总额的比重高达 14.13%。

3. 收支盈亏

满铁调查员根据新民会的调查和自己的家计调查考察了农户的盈亏情况。

从 17 户的家计调查来看，17 户总的收入减去总支出，亏损 1828.8 元，即收入只有支出的 88.72%，即 17 户从整体来看收不抵支。从每家每户来看，有 10 户收不抵支，占 17 户的 58.82%。1 户收支刚好相抵，6 户有盈余。这说明沙井村整体的经济状况不太好。

从新民会调查的农户来看，有完整的收入和支出数据的 18 户，收入与支出的比重是 119.29%，即收入抵了支出后，尚余 19.29%。在 18 户中，有 5 户收不抵支，占 27.78%，即只有不到三成的农户收不抵支。可见新民会的调查和日本人的调查差异比较大。

从新民会和日本人的调查来看，都只是反映了沙井村的一个侧面，选择的样本不同，其结果会有差异。但是从两组数据都可以得出一个结论，民国三十年（1941）的沙井村至少有接近三成的家户收不抵债。从晚清到民国，增长的最快的是赋税及地租。

（二）职业

家计中一个重要的内容就是职业收入。在沙井村职业分化比较大。从总体来看，分为两类：务农型职业和非务农型职业。非务农型职业又分为多种类型。

1. 生产型职业

生产型职业就是除务农外，其劳动能力能够制造产品的职业，如做蜜供、铁匠、木匠、制线香、制席子、制烧饼类，主要是用自己的技术或者自己的材料进行加工生产，然后进行销售获取收入的职业。生产型职业又分为两类，一是有专门的技术，其技术能够带来收入，如制线香、骨刻、木匠、铁匠等；一类是家里贫困出来做点零活，养家糊口，如裁缝和针线活。

蜜供。在沙井村外出务工最多的是蜜供，调查者一直没有解释蜜供是什么，可以知道的是通过自己的技术，为他人提供制造服务。沙井村蜜供的头儿是张文通，类似于一个大包工头，已经做了 50 年。每年带领沙井村及周边的农民前往北京做蜜供。张文通年老后，其儿子张瑞（副村长）顶替他成了蜜供的头儿。做蜜供，实行日薪制，每天最少五钱，最多四角。第一年不熟悉制作流程可能只有 10 元左右的收入。如果熟悉了，一般都可以获得 30—50 元的收入。民国三十年，沙井村有 14 人，邻村有 39 人随张家外出做蜜供。做蜜供的农民与张文通之间也是一种纯粹的市场关系，没有人身依附关系，即使本村人也不会给张文通送礼，更不会免费为其做事。

匠工。在沙井村匠工主要包括两类，一是铁匠，铁匠主要是制造一些农具、家具然后运到县城或者集市销售。铁匠也接受本村或者外村人的订制。其产品在本村销售一成左右，在村外特别是集市销售九成左右。二是木匠，其实木匠也是通过自己的技术为他人制造产品，满铁调查也将其纳入提供劳动力范畴。只是木匠提供的是含有技术的劳动。一般是接受别人邀请，利用他人的材料制造家具或者农具，木匠要在雇主家吃饭。

制线香和席子。在沙井村有两个家庭专门制作线香，线香主要是祭祀时使用。购买材料制成线香，再去县城出售，可得毛收入 500—600 元。另有一农户，从其他地方买材料，制成席子，然后出售，年收入约百元左右。

制作烧饼。在沙井村有 5 户制作烧饼，用来销售，大部分在本村销售。有 2 户以制作烧饼为主业，其他以制作烧饼为副业。每年毛收入约 400—500 元，也有的农户纯收入 30—40 元的。做烧饼也是沙井村人较为重要的职业。

骨刻。有 2 户人家有人做骨刻。有一家父子三人在做骨刻，父亲做掌柜，两个儿子做骨刻。收入比较好，掌柜有 100—200 元的收入，儿子们有 50—60 元的收入。另外一家有 1 人在北京做骨刻，收入不详。

裁缝及针线。在顺义县，女人很少做事，更少外出打工，但是条件不好的家庭，女人们也会外出做事。在沙井村有 3 户的女人做裁缝或针线活。收入不多，只能是补贴家用。

另外，还有 2 家制糖销售，其中一家的年收入达 200 元。另有一家磨面销售，年收入 20 元左右。

2. 贩买贩卖型职业

贩买贩卖主要是低价购入，高价售出的一种经营性职业。从事这类职业的大多是家里土地比较少，家境贫困，以此来谋生的农民。贩买贩卖型农户的收入极不稳定。在沙井村主要有如下几类贩买贩卖，一是贩卖粪肥，沙井村有一人在北京粪场工作，村民委托其购买粪肥，此人将粪肥从北京运过来，然后在家里零售给需要的农户。二是贩卖旧衣服，即从北京买旧衣服，然后在村内或者周边销售。三是从外面卖树给村内人。四是贩卖柴草，每天可获得 0.8 元收入。

3. 经营型职业

所谓经营性职业就是需要一定资本投入，以此来建立生产或者商店的职业。经营型职业都是家里经济条件比较好的农户。在沙井村经营职业的农户不多，开过商铺的有三家：一是村长杨源与人合伙制造、贩卖首饰。15 年前与人合伙各投资 50 元，在县城开了一家制造与销售商店。二是开杂货店，5 年前曾经有位农民经营杂货店，现在已经不做，另外一家在县城开了一家杂货店，年收入 50 元。三是现在还在开杂货店的这家同时也开了一家药店，年收入 150 元。

4. 智慧型职业

如果说裁缝、木匠、铁匠是技术型职业，医生和教师则是智慧型职业。在沙井村有三家行医，一家收入有 150 元左右，一家 50 元，还有一家是中医，也经营一些药材，收入情况不明。一家有人担任小学老师（不在本地任教），收入 50 元左右。另外，还有一家户主在县城同永顺当掌柜，收入较高。在当时的北京、顺义当掌柜的比较多，财东比较少。按照现在的说法，掌柜就是经理，财东就是理事长。前者掌管经营；后者是出资方、所有者。

（三）雇用

除了上述四种非农性职业外，还有专门出卖自己劳动力的职业。从事这种职业的农民比较多。主要原因有两个，一是沙井村土地少，必须依靠打工来维持生存，二是沙井村离北京、县城近，务工比较容易。总体来看，雇用或者出卖劳动力有两大类，一类是务农的，称为雇农，雇农包括长工、月工、半长工、短工和包工等。二类是务工或者经商的，帮助别人做非农生产的雇工。

1. 长工

所谓长工就是长期帮助一个家庭工作的人，其吃、住均在雇主家庭。雇主除了支付工资外，还有少许生活日用品等。长工是家里土地不足，只能靠出卖劳动力为生的人。在沙井村，长工均是男性，没有女性。

长工的确定。户主雇用长工，需要中间人。这个中间人在有些地方称为"来人"。长工先不与雇主见面，由介绍人从中说合。说合主要是协商工资、工作条件及生活条件等。可以由长工委托说合人，也可以是主人委托说合人，协商好后，雇主将工资交给说合人转给长工。雇主和长工均不给介绍人谢礼。长工的确定一般是先年9—10月决定，正月上工，冬至下工。一般是正月初五以后上工，也有迟至正月二十五上工的，下工一般是立冬。长工与雇主之间没有正式契约，雇用关系都是口头约定。

工资和待遇。长工的工资为先付制，一般春季或者协商确定后就支付工资。也有分两次支付的，确定时给一部分，然后在年中再给一部分。如果在同一雇主家工作多年，每年的工资会适当增加。工资都是支付现金，在调查中有一家也有给玉米的，这种情况极少。一般而言，长工吃住都在雇主家。与雇主家庭同桌吃饭，也有让长工在另外的地方吃的，但是饭菜没有不同。在有些家庭，还让长工先吃；如果家里来了客人，可以让长工在另外的地方吃饭。大部分长工住在主人家，本村人当长工，可以不住在主人家。总体而言，雇主对长工比较友好，也比较尊重。

上工和下工。上工第一天要吃上工席，雇主要拿出酒、面，多做几个菜，雇主与长工一起吃饭；冬至下工时，雇主要请长工吃下工席，有酒、饺子和数个菜。上工和下工均没有什么仪式。只是喝点酒，吃得好点而已。

上工的时间。一般是每天太阳升起时上工，日落时下工。在麦秋时可能会凌晨三点左右起床，雇主家人与长工一同下地劳动。如果下雨，长工就在雇主家中做其他的事。每年农历五月初三、初五可以休息两天，在七月时休息十天左右。长工家有婚丧，或者祭祀时，可以不上工。长工每天吃饭前后可以休息半个小时；夏季的中午可以午睡2—3个小时。如果长工住在自己家，每天都得去雇主家，即使没事也得过去，吃饭后回家。当然有时雇主忙，也会偶尔不管饭。

日常待遇。长工住在雇主家时，一般住在离养猪靠近的厢房中。调查员没有问为什么住在这里，是不是便于照看猪。雇主不会给长工买衣服，但是会给一顶草帽钱，或者买一条毛巾给长工。长工如果生病，可以休息，但雇主不出钱治疗。长工生病后有时可以请自己的家人代做工。如果生病严重，只做了一段时间，要将报酬退还。当然也有雇主可怜长工，不要求退的。如果故意说生病一定要退还预付报酬的，可以让中间人或介绍人说合退还。如果不退还，可以上法庭起诉。

工作内容。长工主要是给雇主做农活，偶尔也会做一些家务事，但是不做饭、不洗衣、不看柴房，不照看小孩，也不给雇主抬轿及伺候主人。在权利与人格上长工与雇主平等。在耕作时，长工一般必须先耕作雇主的土地，然后才能耕作自己的，绝对不允许先耕作自己的土地，再耕作主人的土地，更不允许自己的土地耕作地好，主人的土地耕作地差。长工偶尔也会借雇主的生产工具。一般而言，不允许长工做自己的事情。

长工选择标准。雇主选雇工的条件，稳重、勤劳、有农业生产经验、注意细节者优先。雇主在选择之前一般都会打听，以便选择一位勤劳、稳重、可靠的人。

长工及长工、长工与短工之间关系。如果有几个长工，先来者当"大头"，其次叫"二蹚"，再其次叫"随货"。"大头"的确定也可以能力为依据来选择。"大头"不是轮流的，其收入比其他人多五六元。如果还请了短工，一般长工指挥短工做事。长工们在一起做农活时，不分耕地块数，一起耕作。如果长工只有十五六岁，称为"半伙"，其收入只有成年人的一半。

2. 半长工

连续为他人做工一个月以上称为半长工。半长工也可以工作一年，但不是天天上工，而是每隔几天工作一次，在沙井村一般是三天上工一次。半长工也需要介绍人，协商工资。雇主与半长工之间一般不签订协议。也是正月上工，冬至下工。

半长工也是提前预付工资，如果第二年继续雇佣，工资会适当增长。满铁调查时，每年的工资都在变动。如果半长工生病或者身体原因不能干活，也无法退还，但有时也请介绍人协调能否退一点。半长工生病，由自己负责治疗，与雇主无关。

半长工大多是本村或者邻村人，一般不住主人家。正月上工时要吃上工席，冬至下工时要吃下工席；上工席有酒、面、数个菜；下工席时有酒、饺子、数个菜。平时与主人同桌吃饭，只是来了客人后，会在另外的地点吃饭。上工、下工时衣服、鞋子、线、针等都不给。暑伏的时候给钱买顶草帽，秋收前给一个袖套（围袖），三四月时给一条擦手毛巾。

半长工主要是做一些农活，也会做一些其他的家务活，洗衣做饭等不由半长工去做。工作时间是天亮就去主人家，日落时回家，即使下雨也得去主人家。吃饭前后会有半个小时的休息时间，夏天有3个小时的午睡时间。端午节时可以休息。

3. 月工

所谓月工就是按月计算劳务的雇工。如沙井村张瑞家雇请了一位月工，从立秋开始到立冬为止大约三个月，收入60元。月工在丰年时节很多，凶年时很少。

4. 短工

在顺义县和沙井村，农业生产主要以家庭劳动力为主，但是在春播、夏秋收获时，人手会有不足之时，也会换工或者请短工。

提供短工的人一般是家里土地不多的人，需要靠短工补贴家用。短工的供需接洽主要有三种途径：一是雇主去叫。如果在村内做短工，雇主自己去叫，有些短工固定为一些家庭服务，到了一定时候，雇主就会去叫。二是介绍人介绍，在村外就需要介绍人，一般不直接去村外。三是劳务市场寻找，如果没有特定的目标就去县城集市的劳务市场。如果谈成了，随后几天主人也需要短工，短工会直接前往雇主家，不必再去县城。

短工市场，顺义县城的劳务市场是自然形成的，从光绪时代开始在县城十字路、石塔就设立了劳动市场。一般春天100多人、秋天200—300人提供短工。在劳务市场，没有税务，也没监管者，由供给者和需求者直接对接。春天供给者上午四点左右，秋天上午五点左右就站着，等着雇主，也许一整天都找不到需求者。雇主也是早晨过去，与雇工谈好价格后，后者就与雇主回家，先吃早餐，然后上工。每个季节有不同的价格，应该是供求决定的市场价格。一般而言，二三四月份，每个工五六角；五六月份，每个工8角；八九月，每个工一元甚至二元；十月以后，每个工五六角。因为雇主较多，一般都能够找到事做。

雇用短工都是比较忙的时节，一般是早晨5点雇用，马上随主人回家吃饭，太阳出来时就开始工作，直到日落。短工也会带一些简单的农具或者工具。在三月份时可以什么都不带；四五六七月份带锄头；八九月份大多是镰刀；晚秋带小镐。

短工也可以中午歇息，在早饭和午饭之间可以休息半个小时；在午饭和晚饭之间也可以休息半个小时。如果是夏天，午饭后可以午睡3个小时。中间歇息时没有烟，但是有茶喝。短工与长工不同，不会在主人家睡觉。

雇主选择雇工，主要是看其体力、灵活度以及经验。雇工一日三餐，与雇主家人一起吃。春天早上只有粥，中午是小米干饭、豆面汤（或者是饽饽），晚上是水饭，天气凉爽后就是粥。农忙时可能会有白面，收麦子的时候有酒和白面。总体而言，饮食与主人大体一致，在农忙季节，饮食要比平时好一些。

短工按照市场定价格支付，四季有所不同。在村内叫短工，一般不先谈价格，雇主也会打听市价，按照市场价格支付工资。县城和村内价格一样，不会因为在村内价格低。短工是专门的工作，不管多么亲密，都不会免费。雇请了短工，遇上下雨也会依情况而定。如果下午下雨，则付一半的工资；如果在中饭前下雨，则不付工资。短工的工资一般是做完工后支付，即后付。如果连续工作几天，也可以几天完成后再统一支付，也可以当日支付。很少前付工资。

沙井村的短工主要是成年男性，少年比较少，女性基本没有。有少数女性提供短工，也不去集市，而是委托熟人介绍。如果只有十四五岁，称为半短工，支付成年短工一半的工资。

5. 包工

不吃饭的短工，可以称为包工。包工以承包一定的面积为目标，在完成一定面积的工作后支付工资。工资可以一日一结，也可以完成承包面积后统一结算。包工不在雇主家吃饭，其工资是短工的数倍。不过包工的工资总与一定的面积相联系。在春天锄地，每亩3角；五月拔苗，每亩1元；秋天锄地，每亩4角；收获，完全没有包工。

6. 帮工

帮工，实质就是在商店、饭店打工。沙井村的农民，特别是年轻农民主要在北京、顺义县、通山县帮工。有2人在北京点心铺帮工；2人在北京杂货店，其中1位的年收入30元；1人在北京姜店工作，收入60元；1人在北京粮店帮工，收入40元；1人在北京饭铺、1人在北京油盐铺、1人在北京粪场帮工，收入不清楚。除了在北京帮工的外，还有1人在顺义县城磨坊，收入70元。

7. 学徒

沙井村的年轻人还有外出当学徒的，当学徒主要是学习技术，一般不支付工资，有时还需要给师傅谢礼。1位在北京锻冶店，1位在北京饽饽店（没有送礼金），1位在钟表店当学徒。另外有1位在顺义县城的商店（收入10元）、1位在通山茶叶店、1位在牛栏山布店当学徒。

8. 换工

在顺义县或者沙井村，村民不称之为换工，而是称为自愿帮忙，即在农忙时，你在我家忙时帮助几天，我在你家忙时也帮助几天，互相帮助的时间大致相当。换工一般是发生在关系比较好的亲戚或者朋友之间。

9. 其他

除了上述的各类雇用人员以外，还有一些特殊的行业，如在北京当车夫1人，收入300元；1人当厨师，收入200元；1人在北京"放脚"，1人搞搬运，1人当治安军，1人当保安团，收入15元；1人远赴奉天打工，几年无音讯。另外还有一人在邻村的庙里当和尚。

10. 雇主与雇工关系

日本人对雇主与长短工之间的关系比较关注。雇主与雇工关系是一种纯粹的市场经济关系，雇主出钱，雇工出力。雇工只做与工作有关的事情，与工作无关的事情，如家务活，如抬轿，如伺候人均不做，即雇主与雇工之间没有人身依附关系。另外，虽然雇主长年或者经常雇用雇工，但是雇工并不会给雇主谢礼，逢年过节也不会特意拜访。如果雇主家比较忙，雇工去帮忙，也是以朋友的身份帮忙，如村长杨源经常请的短工，在杨源家忙时，会去帮忙一两天，这种帮忙不是雇用契约所规定的内容。反而有时雇主对雇工很好，甚至视同自己家人。

从满铁调查来看，顺义县和沙井村的劳动力市场比较发达，农民有外出务工经商的自由。不管是长工、半长工、月工，还是短工、包工，雇主与雇工之间是一种平等的市场交易关系，两者之间没有人身依附关系，也没有保护和被保护的关系。虽然两者在经济上有差异，但是在产权上、权利上是平等的。劳动力价值就是市场的价格，价格机制发育比较充分。

（四）生产及条件

1. 种子及种植作物

在沙井村，种子一般是自己生产，即将前一年的收获物储存起来，第二年作为种子使用。只有种子不够用时才会从县城市场上购买。虽然地主家有储存，但是佃农很少从地主家购买种子。

在沙井村，可以生产的作物分为：旱地作物、园地作物和水生作物。主要的作物是高粱、玉米、麦子、谷子，沙井村不种水稻和棉花。一般一年一季，也有两年三季，没有一年三季的生产模式。两年三季主要有两种模式，第一种模式：第一年的九月，点麦子；第二年二三月份播种高粱；五月份收获麦子；六月种植萝卜；八月收获高粱。麦子与高粱混种2个月，萝卜与高粱混种3个月。第二种模式，四月种玉米，八月收获；九月种麦子，第二年五月收获；同月种豆子，九月收获。两年三季取决于雨水，只有充分的雨水保障才能够实现。

2. 耕作及其时间

北方作物的耕作大体差不多，主要有如下环节，一是播种，同时施肥；二是疏苗；三是除草；四是堆土；五是收获。满铁调查重点考察了高粱、玉米、麦子和谷子。

高粱，最需要短工的环节是播种、疏苗、堆土、收获，使用人工最多的环节是收获。当家庭有1个劳力且不超过20亩高粱地时，2个劳力且不超过50亩地时，3个劳力且不超过80亩地时，4个劳力且不超过100亩地时，5个劳力且不超过150亩地时，可以不请短工，自己完成，但是一旦超过上述极限就得雇请短工。这只是理论上的计算，但在收获季度还是有不少家庭雇请短工。高粱二三月播种，八月收获，与麦子混种一段时间。

玉米，可以不翻耕，四月立夏时播种，然后撒粪，播种，再盖土；半个月后发芽；再过半个月后疏苗；再撒粪，后盖土；八月白露前收获。玉米最忙的时节是播种、疏苗。玉米生产，当只有1个劳力且不超过30亩时，2个劳力且不超过60亩时，3个劳力且不超过90亩时不需要请短工，一旦超过就需要雇工。

麦子，一般九月寒露时播种，首先耕地，再是播种，施肥，盖土，半个月后发芽，麦子不需要疏苗，第二年的五月收获。收获时最忙。麦子地，当家里只有一个劳力且耕种不超过15亩，2个劳力且耕种不超过30亩时（一般每增加一个劳力可以多种植15亩），可以不请短工，一旦超过就得雇工。

谷子，谷子一般和豆子一起种，也有和高粱、玉米一起种植的。播种前不需要耕地，播种、施肥、盖土，半个月后发芽，再疏苗，在白露前处暑后收获。最忙的时节是疏苗。当自己家只有一个劳力且不超过20亩地时，2个劳力且不超过40亩地时（每增加一个劳力可以多种植 20 亩地），可以不雇请短工。否则要雇工。

3. 收获、储存和出售

收获，满铁调查以高粱来考察其收获，每年的 8 月，白露以后，开始用镰刀收割，然后用瓜镰割穗。再将穗捆起来运到家，接下来在家里的场上晾晒两三天，此后放到囤里舂一回，再晒干就可以了。

储藏，沙井村农民的收获物，一部分储存，一部分出售。各家各户有不同的选择，有将大部分谷子留下吃，将麦子、玉米等出售的。也有部分留下麦子和玉米的。农民会根据自己对市场的判断来取舍，基本原则是：哪个的价格高就出售哪个。

物物交换，除了出售外，还有以物换物的交易，豆 1 斗（新斗）换 40 斤黄豆腐；芝麻 1 斗（新）换 5 斤油；绿豆 1 斗换 3 斤粉；大麻子 1 斗换 3 斤油。另外，还有如生活日用品，废铁五斤换一个碗。物物交换主要在农民与行商之间进行。民国以来，物物交换比例基本没有变动，且不受物价波动的影响。

旱地作物，从前一般拉到北京出售，但是从调查的前一年开始只能在顺义县城出售了。园地作物，一般在县城出售，也有行商来村庄收购的，每年会有一二个商人。从调查的前一年开始，粮食和蔬菜必须在粮市、菜市出售。

另外，沙井村农民市场化程度还是比较高，衣服基本是购买。酱油和大酱自己不生产，也从市场上购买。在光绪年间，灯料主要使用大麻油或者小麻油，现在使用石油。燃料基本是使用秫秸（高粱）、玉米秸、炸子（高粱的根），只有在水灾年份才会使用煤。

4. 水井及灌溉

在沙井村有 8 口井，也有人说是 10 口井，其中 1 口可用于饮用，其他用于灌溉。6 口水井属于个人或者个人合伙所有。4 口属于村公所，由村公所筹资建设，以村公费用维修。公共水井没有特定的管理者，每家每户都可以使用。搬出村外的人不能再使用。

私人水井除了户主使用外，外人也可以使用。如果水少时，户主先使用，也会限制其他人使用。外人使用时可以向户主请求，有时也可以不请求。一般户主会同意。虽然使用他人的水井可以不付款，但是在维修时，也需要出工出力。

土地买卖时，一般连同水井一起买卖。如果水井连同土地买卖了，原来可以使用水井的周边土地的户主，要与新主人协商，只有新主人同意后才能够使用。如果不同意，不能使用水井，因此也有人将园地改为旱地。带水井的租佃价格、出售价格均比较贵，如一般土地的出售价格是 200 元，如果带有水井，则可能需要 300 元。

在沙井村，一般的耕地不用水灌溉，只有园地才会用井水灌溉，一口井可以灌溉 4—5 亩园地，水多时可灌溉 7—8 亩。虽然沙井村的水多，但是村民没有引水、提水灌溉的习惯。只是望天而收，等天下雨。上天比较眷顾沙井村人，6 月几乎天天下雨。

5. 肥料与施肥

沙井村的土质比较差，不施肥就会减产。沙井村不使用新型的化学肥料，而是使用传统的农家肥。农家肥的来源有三个，一是自家人畜的粪便，在便所堆上一堆土，小便就倒在土堆上，在春季将泥土与人粪混合制成肥料。如果家里牲畜比较多的，牲畜的粪便也在春季一起混合。二是拾肥，每家每户的肥料都不足，不管是大户，还是小户都得在马路拾粪，补充肥料。三是购买，全村购买粪肥的家庭占两成，不购买的占八成。湿粪从顺义县城购买，干粪从北京购买。购买有两种方式，需要的多的直接用排子车去北京购买；需要的比较少的委托人从北京购买。一般四五口之家，8亩地，其肥料可以自给，如果有8头猪可以增加到30亩。不能自给的家庭，每亩需要购买二三元的肥料。园地耗费更多，"一亩园，十亩地"，专门经营园地的家庭必须购买粪肥。购买粪肥的时间一年大体两次，即3月和8月。

6. 农具及其购买

满铁调查对顺义县和沙井村的农具进行了细致的调查，各类农具的价格、使用方法、使用时间，但是这些与惯行没有关系，不一一介绍。沙井村的农具基本上在县城购买。村里有一个铁匠铺，制造工具、农具，九成在县城出售，一成卖给村里。村里也有一位木匠，也帮助其他农户制造农具，雇主出钱购买材料，供3顿饭，同时也给木匠工钱。虽然如此，但是购买农具更便宜，大部分的农具还是在县城购买。

碾子，沙井村有3台大碾子，1台小碾子，均在农民自家的院子里。二三十亩地的农家用不起碾子，只有200亩地以上的地主才买得起碾子，1台大碾子约100元以上。磨子虽然只有七八元，但是有磨子的家庭也不多。至于碾子、磨子使用、借用的惯行，满铁没有调查。

7. 役畜及使用

民国以来，役畜变动不多，日本人进据北京后，役畜稍有减少。驴马少了一成。在沙井村，村民拥有一头牛、两匹马、两头骡子、二十五匹驴马、五十头猪（洋猪、本地猪两种），有一户养蜂。这些役畜的价格比较高，一般人家购买不起，如购买一头牛需要二三百元，马三百元，骡四百五十元，驴马一百七十元。另外，购买役畜还得交税，每一百元买卖双方各缴税四元七十五钱。一般而言，一头牛、骡、马可以耕种50亩，驴可以耕种20亩。所以，10亩以下的农户一般不养殖，15亩以上就需要饲养一头牛，骡、马等大牲畜则需要四五十亩以上才会养殖。耕种比较少的农户不会养殖役畜，但是会向其他农户借用。

8. 搭套及条件

两家或者三家共同利用农具、耕畜生产。主要有两种类型，一是共同购买耕牛、驴等家畜、农具，然后共同使用。二是一方有牛、驴；另一方有农具，两家经常配合使用。搭套一般发生在家境贫穷，农具、耕畜比较少，且无力购置各类生产工具时的一种合作生产行为。在沙井村有三四户进行搭套。搭套有两种合作的情况，一是自己带上农具或者劳动力去帮助搭套的朋友，对方也会带上农具，大致相同的劳动力来帮忙。二是如果合作购买耕作牲畜，购买费用共同负担，而且还要包括交通费用；饲养时，轮流饲养一定的天数，饲养方供给饲料；如果是农忙，一方先使用几天；另一方再使用相同的天数，非农忙时可以长期使用。

9. 农具役畜借用

在沙井村，不是所有家庭都拥有所有的生产工具，贫穷家庭会向有农具、耕畜的家庭借用。借用发生在关系比较好的亲友之间，一般不付报酬，只是农忙时才会给少许报酬。如果借用，有时也会用劳动偿还出借方，如免费帮工一二日。从调查来看，谁家的农具役畜闲着，双方关系又好，就去借用。主佃之间很少借用。从调查来看，主佃之间完全是市场关系，人情关系体现的少。可惜满铁没有调查出借者的想法。

二　田土

本卷的第二部分主要围绕土地而调查租佃、买卖、典当等现象及其条件与惯行。笔者从土地类型、土地租佃、土地买卖、典地进行介绍。

（一）土地性质

从顺义县的调查来看，土地分为三类，一是私有土地，即农民所说的"民粮地"、"民地"。这类土地的所有权、经营权、分配权都归以家长为代表的家户所有。二是共有地，即一定单位共同占有的土地，如村庄地、庙产、族产等。三是国有地，即国家占有的土地，所有权归国家，但是收租权、经营使用权为其他人占有，前者如旗人的旗地，后者如匠人的匠役地、渡船人的"渡船地"等。

1. 民粮地

民粮地又称为"民地"，用农民的话说，就是花钱购买的土地，应向国家交纳田赋的土地。成为民粮地主要有四个要件：一是购买，二是立契，三是过割、契税，四是交田赋。如果购买后，不交契税，不过割，不交田赋，虽然事实上为农民所有，但是法律上不承认，农民称之为"黑地"。另外，农民自己开垦的土地，没有登记，也没有税契，虽然为农民所有，也属于"黑地"。"黑地"都不交纳田赋。

在实践中，虽然民粮地以家庭的代表——家长的名义登记所有，实际是家庭成员共有。家长只是家庭所有土地的代表，代表家庭就土地买卖谈判、签约、过割、所有并安排生产经营。其实，家长没有单独处置家庭所有土地的权力。如果分家且只有一人时，此时的土地才是真正的个人所有。因此传统社会的土地所有制实际没有成为个人所有制，而是家庭所有制、家庭共有制。家长是所有、占有和经营土地的代表人。家户所有土地其实就是一个血缘共同体共有，只有在很偶然的情况下，家庭共同所有才与个人所有一致，即只有一人之时才具体化为个人所有。

家户所有是家庭同辈的男丁共有家庭土地的产权。虽然女性是家庭成员，但并不拥有土地所有权和财产分配权。只有在特殊情况下，如出嫁时赠送土地、在家里男丁不在时才会拥有土地所有权。当然女性作为家庭的一员，出嫁时有获得一份嫁妆的权利。虽然女性不能平分家产，但是也可以通过出嫁获得一定的财产。

民粮地为家庭所有，家庭对民地有占有权、经营权和使用权。家长代表家庭占有、使用和经营土地。土地买卖、出典签约只能是家长，其他人签约无效。在家长授权时，长子可以进行土地的买卖，但是必须写明"奉母命"，或者"奉父命"。家长在与家庭成员商量的基础上安排生产。父亲是当然的家长，一般由父亲安排家庭成员的工作。土地由家庭成员共同耕种，也可以出租，土地收入归家庭成员共有。

从沙井村来看，家户土地一般为家庭成员共同耕种，只有少数家庭出租或者雇请长工耕种，即使请长工或者半长工，家庭成员也都参加生产劳动。在播种、收获季节比较忙时，很多家庭都会雇请短工。当时的沙井村，长工很少，短工普遍。沙井村能够劳动的农民均会劳动，不存在纯粹的"剥削者"。虽然有2户出租土地，但是他们的家庭成员也从事生产劳动。

2. 共有地

共有地主要是以团体成员共同拥有的土地。从顺义县和沙井村来看，主要包括：一是村庄共有地；二是寺庙共有地；三是其他团队共有地，如族田、坟地等。

村庄共有地。村庄共有地主要包括三类：一是村庄购买的香火地。二是无主地，如家庭成员全部死后留下的土地，没有人继承，归村庄所有。三是村庄范围内无主的土地。沙井村的共有地主要是各类坑地及购买的部分土地。无主土地也纳入村庄共有范畴。除此之外还有几类荒地。

砂地，无法耕种之地，农民可以清理出来做晒谷场。这类土地没有契约，向县公署申请后可以不交田赋，村庄中的人均可以自主使用砂地作为晒场，不需要征求村公会的同意，自己清理即可，晒场可以连续多年使用。老人去世后也可以移交后代使用，但是晒场没有契约，没有继承权，也没有清理占用权，只有一定阶段的晒场使用权。其原则：谁清理，谁使用；先清理，先使用；用完后就不能再使用。外村人不能使用砂地。

粪坑，因为当时没有化学肥料，农家肥需要与土混合做成肥料，即要制作农家肥就需要取土，这类取土的地，称为粪坑。粪坑属于村庄共有地。对于粪坑，任何人都可以取土，取多少都可以，外村人不允许取土。

死坑，死坑是农民取土留下的坑，也属于村庄共有地。如果死坑栽了芦苇等其他作物，就得交田赋；只要荒着就可以不交田赋。在沙井村，死坑又称为水坑，种植莲藕或者芦苇，有一定的收入。

义地，也称为坟地，主要是给村庄的穷人做坟地的村庄土地。义地，只有没有土地的穷人才可以使用，有土地的家庭不能使用。义地来源有两种：一是村公所指定一块村庄的公共土地，作为义地，供无地农民安葬。二是慈善机构购买土地，安葬因为无地、无法埋葬的穷人。在沙井村，有20亩义地。从调查来看，这些义地与死坑有重合的地方，死坑就是义地。

寺庙地，又称为香火地。香是线香供具，火是僧侣的炊事，即生活费，因此供和尚使用的地就称为香火地。香火地是建庙之时或者建庙以后形成的寺庙财产。在中国，北方多庙，南方多祠。有庙就会有庙产，如香火地或寺庙地。寺庙地主要有四种来源：政府或者皇室赠予，这是官办寺庙，在沙井村仅有其雍和宫 30—40 亩地属于这种类型，在民国初期已经被清产局清理。至于其所有权、经营权归谁，日本人没有调查。除此之外，还有三种来源。

第一种，善男信女捐赠的土地。善男信女捐赠的土地，其所有权归寺庙所有，代表人是寺庙的主持。和尚可以自由处置这类土地，自主经营，自主买卖，和尚去世后，土地继续归寺庙所有，继承人可以继续经营、使用、占有这类土地；如和尚没有法定的继承人，土地归属村庄所有。

第二种，村庄筹资购买，或者村庄使用村公地建寺庙。所有权归村庄，和尚可以经营使用，支配其收入，收入剩下部分必须交村公所，作为村庄的公共收入。和尚不能自主处理这类土地。由于庙产属于村公所，如果和尚不好，作恶，可以赶走和尚。村庄不能随便买卖这类土地，急需钱时可以买卖，买卖时要留足和尚的生活费用。

第三种，和尚化缘购买的土地。所有权、经营权、使用权均归和尚，和尚有完全的处置权，和尚死后，可以由徒弟继承；如果没有徒弟，可以师弟继承；如果没有师弟，和尚归属某个寺庙体系，则归这个寺庙体系（总庙）；这些都没有则归寺庙所在的村庄。

比较来看，三者有较大的差异：

从经营权来看，寺庙住持对三类土地均有经营权，可以自主经营，也可以出租经营，甚至可以抛荒。只要和尚是法定的寺庙主持，和尚就能够经营寺庙的土地。村民和村公所没有干预的权力。即使和尚吸毒、赌博、嫖娼，也奈何不得。

从收入分配权来看，香火地收入主要供庙里祭祀与和尚的生活开支，第一、二类土地收入，除开支外，剩余部分归和尚个人所有。第三类土地收入，除开支外，剩余部分归村公会所有。

从寺庙财产及责任来看，从国家来看，寺庙财产从民地转换而成，因此需要交田赋。从村民来看，寺庙财产主要是维持当地人信仰和祭祀。寺庙财产特别是土地，基本按照市场价格出租、出售，如果没有了和尚，由村公所掌握时，也会支持贫穷家庭，优先由贫穷家庭租种，起到一定的济贫作用。

族田、坟地，除了村庄和寺庙土地外，还有一种属于家族或者宗族团体的土地，如族田。在沙井村，家族不发达，没有如南方一样的宗族社会，但是有些家庭也会有一些族田。在顺义县，族田主要是坟地，坟地既包括坟包，也包括坟包周围可以耕种的土地。坟地所有权为家族的各个家庭共同所有。坟地主要有三种使用方式：一是出租，出租给本族人或者外族人，收入用来清明祭祖；二是交给本族中比较贫穷的家庭耕种，但是要承担清明祭祀的费用；三是家族的各家庭轮流耕种，当年耕种者承担祭祀费用。坟地是购买而来的，可以不交田赋。沙井村有坟地 25 亩。

3. 旗地

旗地是由旗人收租的土地，即旗人拥有收租权的土地，但不拥有所有权和经营权。

旗地产生。根据顺义县被调查者介绍，清初时期，皇帝为了奖励王爷，让他们"跑马圈地"。这些圈中的土地都属于旗地。圈中的土地主要有三种，第一，无主地，如北京周围打仗，地主跑了，土地无主了，无主地不会引起产权问题。第二，圈内本身就有民粮地，因为被圈占而变成旗地。这部分土地由过去向国家交田赋转而向王府交地租。不过农民不太计较，不管是地租还是田赋，只要金额不变就行；第三，农民带地投靠王府变成旗地。有些民粮地为了不交田赋，主动带地投靠王府，可以不交田赋，但是要向王府交租。也有些农民自己开垦出来的土地，无法上户或者不想上户，称之为黑地。因为没有法律手续，为了避免坏人侵夺，往往带地投靠王府变成旗地，其实这时的租就有保护费的含义。

旗地产权。对于旗地，主人只有收租权，没有耕作权，即国家将田赋转交给王府，王府收地租供自己使用，但是王府不能直接耕种土地。无主地当然没有问题；有主的民粮地，其所有权发生了一些变化，即农民由原来的交田赋变成了向王府交租。旗地有三方主体：国家、王府、耕作者。王府只能收租，耕作者有永佃权，即所有权依然属于国家，收租权归王府，经营权归佃农。国家已经将收入权转给了王府，所以国家对旗地没有收入要求，不能收取赋税。只要农民交租，王府就无法夺取佃权，即旗地的租佃者具有永租的性质。

旗地租金。旗地只交租，不缴纳田赋。从顺义县、沙井村调查来看，旗地不交田赋，但是租金要高于普通民地。对于一些民粮地转换而来的旗地，地租其实就是田赋。但是据此可以推测，这部分由民粮地转换而来的旗地，农民遭受了损失。对于一些无主地而形成的旗地，其租佃者交给王府的地租，既包含租金，也含有田赋，其地租比普通民粮地高是能够接受的。

旗地管理。王府为了方便收租，委托庄头管理，庄头一般为旗人。庄头委托催头，由催头向农民收租，催头是当地的汉人，有时催头下面还有揽头。旗地形成了四级管理体系：王府—庄头—催头—揽头。有些王府委托当地的粮柜征收，有些王府自己委托人来征收。

旗地升科。民国三年（1914），有人说是冯玉祥将皇帝赶走后，成立清产局，清理旗地。要求佃耕者支付一定费用，一般为每亩二三四元的升科费，将旗地变成民粮地。旗地变成民粮地后不再向王府交租，而是向国家交田赋。概言之，民粮地变旗地是："割粮为租"；旗地变成民地是："改租为粮"。

4. 黑地

顺义县及北京边的县市有很多黑地。所谓黑地就是在政府统计之外不纳税的土地。黑地产生主要有几个原因：一是圈占旗地时，圈占范围内的土地包括民粮地，庄头不向王府报告，因此成为黑地。二是一些农民"带地投充"，主要是一些开荒土地和有争议的地，农民避免被坏人欺占，而自愿变成旗地，这部分地也成为黑地。三是农民自己开垦的荒地，不申报，不纳税，成为黑地。四是庄头会购买民粮地，但是不上"租账"，即不过割，也会成为黑地。黑地主要是避免了纳税，最大的问题是发生纠纷时得不到法律的保护。

5. 其他共有地

其他共有土地主要有两类：一是匠役地，即皇帝赏赐给工匠的土地，匠役地的性质与旗地大体相当，赏赐土地的收租权，土地所有权依然属于国家。二是渡船地，即在某些渡口，因为要渡船，就拨出一块地作为渡船地，通过收租获取收益，用来摆渡。在调查中，没有明确调查，渡船地、匠役地是否只有收租权，是否可以自己耕种经营权。

6. 荒地开垦

光绪年间，曾经允许对荒地进行开垦。原则是：谁开垦，谁占有。先开垦，后登记，即二三年后再申报，获得政府认可，成为民粮地。开垦有一般的规则，耕地或者宅基地周边的荒地，户主有优先开垦权；两户之间的荒地，两户相互商量后开垦，不允许不经协商而先占。据说沙井村有几百亩荒地，民国后逐渐开垦完毕，在调查时所有的土地都有主人。

7. 土地征用

沙井村也遇到过土地征用，主要有两种，一是铁路建设征用，涉及二三户，有一二十亩土地被征用，农户得到了一定的赔偿，但是远远低于市场价格。二是公路建设也征用土地，有一二十户的土地受到影响。公路征用没有赔偿。当时的土地是私有土地，满铁没有调查征用的程序、征用的赔偿标准以及农民的反映。

另外，还有功能性土地，如养老地、体己地、姻粉地等。在第一卷中已经介绍，在此不再赘述。

（二）土地租佃

土地是满铁农村调查的核心，土地租佃又是最重要的调查内容。满铁调查员在做了69户的户别调查后，还借用了新民会对户别做的调查，同时自己也专门做了17户租佃户的调查。同时还对租佃条款进行专项调查，从土地租佃的原因、时间、程序、价格、租金等进行深入的调查。

1. 租佃程序

在顺义县和沙井村，一般是租地者向地主申请，表达租地的愿望。也有些通过介绍人来表达租地的愿望，并探讨租地的价格，即每年的租金、租期及其他相关条款。如果第二年想续租，佃户要提前向地主表达续租的愿望，表达续租愿望一般在9月以前，越早越好；如果9月份还没有表达续租愿望，地主也不会咨询佃户，直接将土地租给其他人。基本的程序：表达愿望－协商条款－预付租金－使用土地。在沙井村，租地一般不签约，都是口头约定，预交租金即表示契约成立。

2. 租佃期限

在顺义县和沙井村，租期一般是一年，一年一租。在租期结束后，租佃者要向地主表达续租的愿望，否则视为不再续租。贫困户要在8月份表达续租愿望，9、10月份预交租金。租期是先年的9月到第二年的10月15日。从调查的情况来看，秋收后，即麦秋后等同于租期结束，因为剩下的时间已经无法耕种。

虽然租约是一年一订，但是租佃关系也有持续十多年的。在沙井村一般续租三五年。租期结束后，地主可以结束租佃，租佃者也可以不再租佃，双方均有选择的自由。从沙井村的调查来看，有三个特点：一是租期变短；二是佃种人数增加；三是佃种的面积大大缩小。

从调查可以发现，租期比较短主要有几个原因：一是分家，土地变更，家庭自己耕种，不愿意再出租；二是丧葬、婚嫁等事情花费大，出售土地筹钱；三是土地出典；四是铁路、公路建设占用土地；五是因为需求者多，供给者少，加上物价上涨快，地主根据物价调涨地租。

从租佃双方来看，地主要么增租出佃，要么自己耕种。为了提高租金，地主往往借口说，明年不出租了，自己耕种。如果有人愿意接受高价地租，则增租出佃。如果没有人愿意接受，则自己耕种。对于佃户而言，自己主动放弃租佃的不多，大多是地主的原因，要么增租，要么自耕而使佃户失去了租地。

3. 租佃契约

租约是土地租佃的契约。在顺义县和沙井村，租佃期限只有一年，时间很短，加上预付租金，主佃双方均没有签订租佃契约的想法，基本是口头约定。口头约定主要是约定价格、时间及其他的租佃条款。口头约定不需要订约，但是可以有介绍人。同村租佃不需要介绍人，跨村租佃一定要有介绍人。介绍人也称为中间人、说合人。有时介绍人也是租金的转送者。所以，介绍人本身就具有租约证明人的作用。

4. 租金

租金是使用土地的价格。在顺义县和沙井村土地租佃很少有实物地租，基本是货币地租，每年的8月15日到10月15日预交租金。基本原则：先交钱，后种地。租金一般在谈好后几日内交纳，最迟也必须在10月15日后交纳，因为这之后就无法种小麦了。即使是亲戚也必须在10月15日交租。租金也可分两次交纳的，第一期可以称为定金。第二期必须全部交纳。租地价格，按照市场原则确定，不受亲戚关系的影响。在沙井村，即使女婿租种岳父、岳母的地，儿子租种母亲的养老地，地租也不会有优惠。

租金价格也会受一些其他因素的影响，如所租土地质量、距离等。从沙井村来看，不同质量的土地，出租价格不同。假如上等地的租金是25—30元，中等地就是20—25元，下等地就是12—15元。各类土地之间有一定的差价。出租土地与佃户距离也是影响地租的因素，出租土地离租佃者愈近，租金可能愈高。如果出租土地在租佃者家的附近，地租可能要提高 2 元左右；如果离家 1 里地左右，租金减 1 元；离 2 里地左右及以上就是正常的价格。

在沙井村，佃农要提前支付租金，如果发生灾害，地主不退还租金，损失由佃农承担。但是在第二年，如果佃农续租，地主可能会减少租金。

在顺义县、沙井村，民国以来，租金每年都在上涨，地主每年都会提高土地租金。地主提高租金，原佃农接受，可以继续佃种；不愿意接受，或者佃农不向地主表达续租的愿望，地主会在 10 月 15 日前将土地租给其他人，或者自己耕种。在续租时，一般是佃农向地主表达期待，地主很少主动表达续租愿望。

从沙井村来看，晚清至民国三十年（1941），地租一直在上涨，民国十八年开始到民国二十四年（1935）之间，地租比较稳定。日本人入侵北京以后，每年地租金额都会上调。

5. 端牵

随着需求土地的农户增多，土地价格不断上涨，有些农户愿意以更高的价格获得租地，于是这些农民就向地主申请用更高的价格租地。这种情况就称为"端牵"。其他人以高价竞争土地称为"端牵"。

增租夺佃，地主主动提高租地价格，以赶走佃农，称为增租夺佃。从调查的情况来看，在沙井村，地主一般根据市场价格调增租金，并不存在恶意增加租金、夺取佃地的情况。至少在日本人的调查中没有发现这类例子。

6. 租佃介绍人

租佃是一种市场交易行为，在租佃时，可以请介绍人。如果双方是熟人，需求方可以直接去向地主申请租地；如果需求方本身就是佃户，可直接向地主申请续佃。介绍人主要出现在：一是第一次租佃时，一定要有一位介绍人，由介绍人来与地主协商租佃价格、日期或者租佃的其他条件。在双方谈妥之前，主佃双方不会见面；二是如果租佃外村的土地，往往需要介绍人。

介绍人主要的责任是：一是协调双方的价格及其他租佃条款。二是有时转送预付租金。三是续租时佃户也会委托介绍人去协调。因为是预付租金，介绍人也没有多大的责任。

介绍人的资格，一般是品格比较好、值得信任的人，不需要过多的财产，一般人都可以担任，甚至有些穷人也可以作为介绍人。介绍人一般是与地主关系比较好的人，或者是地主的亲戚。

据被调查者反映，有介绍人说合，或许在价格方面会有一定的优惠。不管是地主，还是佃户，都不给介绍人报酬，甚至没有谢礼。

7. 租佃权利和义务

租佃契约产生后，主佃双方有权利，也有义务。对于佃农来说，主要有如下的权利和义务：一是有经营自主权，除了极少数影响地力的农产品需要提前向地主说明外，如种瓜，其他农作物选择由佃农自主决定。即使佃农不耕种、抛荒土地，地主也不得干涉。二是有转租的权利，有些佃农租地后，将土地转租其他人，地主也不能干涉。当然这可能会影响第二年的续租。在沙井村，转租情况很少。三是佃农不能改变土地状态，如不能将旱地改为水田，不能将宽垄改成窄垄，不能改变田埂，也不能在土地上建立永久性的房屋，但是可以搭建小棚子，交地时佃农自己拆走，如不拆走就归地主所有，即佃农不能改变土地的耕作状态，不能建设永久性的建筑。

对于地主来说，有如下的权利和义务：一是决定租或不租的权利，地主有选择佃户的自由；二是决定租金权利，土地属于地主，地主具有决定租金价格的权利，一般而言地主会选择租金高的佃农，也会优先原有佃农，但即使地主选择低地租的佃农，也是自己的权利；三是选择承租者的权利，地主可以自主选择租佃者，在同等条件下会优先亲邻、朋友。总而言之，出租与否，租给谁，租金多少，租多久，使用什么租金方式均由地主决定。但是主佃的选择均受一些惯行的约束，即自主中有约束，权利运行中有规则。

主佃双方还要承担一定的公共责任，即要缴纳田赋或其他公共费用。在沙井村，地主承担田赋、附加；佃农承担青苗费，其他地方可能有所不同，比如第三卷调查中的河北村庄就有所不同。其他的"白地摊款"、役力按照所有土地数量由地主承担。

8. 租地转借

所谓租地转借，就是甲从地主租了地，转给乙来耕种。转借情况不太多，主要有三种：一是家里长者过世，后代无力耕种，而让亲友耕种。二是自己无法租佃其他村庄的公地，委托该村亲友租地，再转给自己租种。三是甲以较低的价格租地，再以较高的价格租给其他人。第三种情况非常少，因为这种情况一旦地主知道，虽然当年不会收回租地，但会影响第二年续租。根据调查者反映，在沙井村很少有这种谋利之人。

9. 伙种

伙种一般发生在一方有土地，但是缺少劳力；另一方有劳力，但是缺少土地的情况。地主出地，农民种植，收获时平半分配。这种租佃方式在顺义县称为伙种。伙种时，种子、肥料、耕作全部由佃农负责。佃农很少借地主的农具、耕畜等，即使是晒谷场也是佃农使用自己的，如果要借也是借亲友的晒场。

伙种时，地主和伙种者平分作物。主要有两种分法，分垄法和分谷法，两者分法都由地主先选择。分垄法时，由地主先选择，后者会选择质量好的一半，剩下的归佃农。在分垄法时，地主会带长工或者短工来收获，佃农不用帮助地主收获。地主收获后自己运回家里。此种分配方式下，谷物和秸秆归地主。

分谷法时，在收获日，地主会过来，佃农收割，然后再将谷物各分一半，由地主选择。此种方式下进，谷物和秸秆归佃农。不过，佃农负责收割，然后将地主分得的部分送到家。在传统社会，顺义县进行伙种的比较多，但是民国以后，地主需要现金，大多是预付现金租制，只有不到二成为伙种制。一般而言，发生大灾后伙种制会增加。在沙井村，一般会有三五户进行伙种。

在沙井村，地主邢与佃农李伙种28亩地，但是李一家种植不了，再邀请佃农周伙种。邢与李、周平分产品，平分后李与周再平分，即邢得50%，李与周各得25%。种子、肥料、雇工李与周平均。伙种一般是两人，现在变成三人伙种，但是邢不与周发生关系，只是与李发生关系。伙种时双方商定了种植的品种。

伙种为地主和穷人解决了两个问题，一是解决了无法预缴租金的问题，二是地主解决了没有劳动力的问题。

10. 永佃

从满铁调查来看，永佃主要发生在旗地。清朝政府给王府一定的封地，或者通过跑马圈地，圈到了土地的王府，享受这些土地的永久收租权。因此，这部分土地又称为租籽（子）地。这部分土地其性质还是国有，但是收租权为王府永久所有，不缴纳钱粮（税收）。此类土地只能收租，不能买卖，如果这部分土地为农民租佃后，只要交租就可以永久的租佃。除非佃户主动放弃租佃，否则无法赶走佃户。这种租佃称为永佃制。这是一种特殊的租佃方式。在江南某些地区，将土地所有权分为田面权（田皮权）、田底权（田骨权），田底权可以有永久的收租权，这也可以称为永佃制。

11. 主佃关系

在顺义县、沙井村，土地买卖、租赁完全由市场决定，亲戚关系、道德关系、行政关系基本没有作用。地主和佃农之间只有买卖关系，没有人身或者经济依附关系。前面已经介绍，即使儿子租佃父母的养老地，也要交租；女婿租佃岳母的土地也要正常交租。土地租佃只有市场关系，鲜有人情关系。社会关系在租佃市场作用也不大，佃农交钱用地，不交钱不用地，交不了租就收回土地，完全是市场经济的规则。

在市场经济条件下，虽然地主掌握主动权，佃农处于被动状态；地主是经济强者，佃农是弱者。但主佃关系依然是市场关系。佃农没有必要巴结地主，地主也没有必要讨好佃农。双方没有任何送礼、谢礼的关系。地主不会让佃农服务，如在家里做家务活等。农民也不会过于巴结地主。从沙井村调查来看，在地主和佃农之间除了交租、收租外，没有其他的交往。租赁关系产生后，地主不负责农具、种子、肥料等一切生产资料、生产工具；佃农一般不找地主借用，而是向亲友借用，即佃户与地主为纯粹的买卖关系。地主与佃农既不是特别亲切，也不是特别不好，就是一般人的关系。调查反映，大地主和小地主与佃农的关系没有区别，不特别好，也不特别坏。

在顺义县、沙井村，土地买卖、租佃为完全的市场经济，人情关系、道德关系、行政关系基本不起作用。市场经济的运行需要制度。这些制度不是国家正式制度，而是历史上长期形成的惯行，农民和地主都不得违背，也不会违背。在土地买卖、租佃市场中，国家基本不在场，与村庄、会首也没有太多的关系。

(三) 土地买卖

从民国初年到民国三十一年（1942），沙井村大部分农民的土地变化都比较大，买卖比较多，租佃比较多。变化的主要原因是：丧葬、分家、不善于经营。下面主要介绍一下土地买卖。

1. 土地买卖程序

土地买卖是一件很重要的事情，有着严格的程序。第一，卖主找说合人，说合人与买卖双方商定价格，双方根据报价，讨价还价。满铁没有具体调查讨价还价的过程和方式。第二，请中保人，一次性土地买卖主要是中人，只有典卖或者质押时才会有保人或者中保人。第三，土地测量，有时测量在签约前，有时在签约的同一天进行。如果比较熟悉和了解，也可以不测量。第四，签约，签约时需要卖家、买家、中人或中保人、代笔人、证监人到场。契约由买家拥有，同时卖家要将老契一并交给买家，如果有多张老契也应全部交给买家。第五，契税和过割，签约后6个月内，买家带着草契前去县征收处契税和过割。过割也称更名。从前契税和过割一并进行，现在是两个分开的程序，可以契税，不过割，用原有人的名义纳税。按照法律规定，只有契税、过割后，交易才具有法律效力。但是农民嫌麻烦，有时就不过割，也不契税。

2. 签约及参与者

对于顺义县和沙井村来说，土地买卖是一件非常重要的事情，相关主体比较多，至少需要6位，即买者、卖者、说合人、中保人、代笔人、证监人。在买卖中，各个主体的功能和地位不同。

卖者，土地卖出方。

买者，土地购买方。

说合人，说合人又称为中间人，或者介绍人，在买卖双方之间传递价格信息及其相关要求，或者说是买卖双方讨价还价的媒介人。

中保人，卖方的保证人，主要看卖主是否有不正当行为。这里要区别一下几个概念：中保人、中人、说合人、保人。中人只是买卖双方进行调解，没有其他的连带责任。保人是对交易负有连带责任的，如果当事人不能支付、偿还，保人有责任偿还。如果既有中保人，也有说合人，则说合人没有连带责任，类似于中人。中保人，既是中人，也是保人，责任比较重大，有连带责任。

代笔人，帮助买主写契约的人，即使买卖双方会写字，也要请代笔人。代笔人对自己所写文字负责。

证监人，有时又翻译为见证人，也有人倒过来称呼，监证人。民国二十九年（1940）以后才开始出现。总体来看，证监人的职责是为交易提供证明，提供草契，同时负责监督契税，督促长时间不契税的买主。证监人一般为村长，大乡制后为乡长。证监人除了为买卖提供政府印制好的草契，成为证监人外，其他职责较少履行。在实践中，证监人多是睁一只眼、闭一只眼，对于契税与否、过割与否不太关注，也不太负责。证监人的报酬从购买草契的收入中提取一部分。

签约后吃一顿饭，由买方负责，印花税中有一部分是证监人的收入；中保人、说合人、代笔人，很少有报酬，但是有时也有一二元。

3. 契约的类型

土地买卖有三种契约。

一是白契，在民国四年（1915）以前，农民之间的土地买卖均是双方签订的契约，若不交税称为"白契"。从理论上讲"白契"没有法律效力。农民为了省钱，往往不去官府办理"过割"，即更名，也就省了契税。当然买家要以卖家的名义缴纳田赋；如果遇上官司，白契不具有法律效力。民国十九年（1930）以前，白契过户时，县里还受理；民国二十九年（1940）以后不再受理。表明国家对土地交易的介入越来越深。

二是草契，田房买卖要签订草契。草契分为买契、典契、推契。民国四年（1915）后，国民政府要求所有的田房交易均需用国民政府统一印制的草契。草契一般由村长批量购买回村，交易双方找村长购买。县公署以3钱5分的价格卖给乡公所，乡长以5钱的价格卖给村民，赚得的1钱5分作为办公费或者自己的收入。然后交易双方签订后就是"草契"，草契一式三份，买主、乡长（有时也称为村长）、县里各一份。

三是红契，草契签定后，在6个月内，买家要带着草契去县契税处"契税"，首先交纳所欠田赋，然后交契税。民国四年（1915）后契税为买价的9.5%。契税由买主承担。最后契税处将契尾（沙井村人又称附契）贴在草契上，盖上骑缝专用章，就变成了"红契"。红契是合法的产权证明。

另外，如果草契不见，买主、卖主可以再补一份；如果红契不见了，可以向契税处申请补发，补发时必须有证监人、亲邻的证明。

4. 土地买卖的顺序

按照村庄传统习惯，土地首先应卖给分家后的兄弟，然后是同族的人、典主，若典主不买，则可自由地卖与他人。在价格相等的情况下，谁出价最高就卖给谁。随着时间的推移，优先亲邻的惯行开始失效。

5. 土地买卖的时间

土地买卖一般在一年的冬天，因为在冬天比较空闲，而且土地上没有农作物。

6. 推或过

推，有的地方称为"过""兑""倒"，是把租地的佃户转让给其他人的意思。推也表示退出，从租借关系中抽身而出，自己没有了土地，所以不能出售了。因为旗地是国家赏赐的收租权，不能买卖，不能自己耕种（避免王府与民争利），只能永久收租，因此就采取推或者过的方式出售租地，以避免出现"买卖"。这种地农民又称"租籽地"，旗人具有收租权，农民具有永佃权。

在清朝时，旗地一直不允许买卖。民国四年国家成立了清查处，民国六七年成立了官产清理处，开始对旗地进行整理升科，旗地才开始买卖。当然这是国家政策要求出售。

从旗地到民粮地有一个过程，分别为租籽地、起粮地、民粮地。在租籽地变成民粮地之前称为起粮地。租籽地也可以出典、指地借款等，与民粮地类似。

7. 过割与过割费

过割，是土地和钱粮的更名，也称为更名、过粮、拨粮。买家拿着草契前往县公署的户房办理。

过割费，按照规定过割需要交纳手续费。在顺义县没有过割费，但是粮柜在更名时，有时也收一点费用，一般是二三元，买主不给也可以。过和推不过割，典也不过割，分家不过割，当然也就不交过割费。赠予没有价格，过割但不交税。

8. 不动产登记

根据民国十一年（1922）的不动产登记条例，不动产买卖时要进行登记。不动产在法院登记。法院有院长、推专等，在登记处办理登记。法院书记官兼登记处任主任。原则上，买者带契登记。如果本人不能前往，拜托他人前去登记也可以，但那时需要证明书。代理登记时，不需要证人，但需要携带契约。调契之时有所怀疑的话，命其传召证人，乡长也可以成为证人，实际上也有前去测算的情况。

测算由法院进行，需要乡长和地邻到场。测算后乡长、地邻签字或者按指印。登记需要收费，如270元的不动产买卖，登记费是1元3角5分，其他还有纸费5钱，绘图费2钱至3钱，还要给予证明书。登记需要不动产登记申请书（申请文件档案编订簿），即登记申请书。申请书需要交钱购买，但是不多，1张2钱至3钱。

测算需要旅费，包含在调查费中，一般距离近的20钱，距离远的40钱。测量结束后可以吃顿饭；如果不吃饭，可以给乡长、地邻一定数量的谢礼。

虽然条例规定，登记是强制性的，但实际上很少强制，农民也很少进行登记，如沙井村很少有农民登记，官司也很少见。从顺义县来看，诉讼前登记的比较多。在民国十二年到二十五（1923—1936）之间，不动产登记比较多。如果进入到诉讼阶段，登记比契约更有力、更有优先权。

9. 卖地的原因

从沙井村的调查来看，农民一般不愿意卖地。农民需要钱时，从借款到卖房，有如下几道环节：第一，借款；第二，高利贷借款；第三，指地借款；第四，典地；第五，卖地；第六，卖房。卖地是不得已而为之的行为。卖地主要有如下几种原因：一是父母丧葬，有养老田卖养老田，没有养老田卖自有田；二是婚嫁需要较多的钱而卖地；三是生重病治疗需要较多的钱而卖地；四是建房需要较多的钱而卖地；五是经营不善卖地；六是发生了水灾卖地。这些急需钱而卖地的案例，沙井村均有，其中以丧葬卖地最多、最普遍。

（四）典地

典地又称"活卖"，是一种特殊的买卖方式。典地的实质是农民需要钱，将土地交给典主耕种，典主借钱给出典者；出典者获得钱，入典者获得土地使用权，土地收益相当于借款利息。出地者，称为出典者；出钱者，称为承典者、入典者或者典主。典是传统乡村社会的一种重要融资方式。它既保证了需要钱的农民不卖地，又保证了能够借到钱，为农民赎回土地提供了一定的缓冲时间和机会。

权利义务。出典者仍然拥有土地的所有权，承典者拥有土地的占有权、经营权和收入分配权。典地还需要交纳契税，都由典主承担。典地后，田赋由出典者承担，青苗费和公摊由典主承担。出典者将土地典给典主后，还可以申请自己租种，即将土地从典主手中租来，这称为"卖马不离槽"。

典契。典地要立契，需要中保人。不过地在典主手中，中保人的责任不是特别大，不会出现要中保人负连带责任的情形。典契需要交纳契税。

典价。典地的价格一般只有时价的一半。如果价格过高，相当于卖地，典主不会同意；典价过低，出典者不会同意。

找价。如果出典者觉得典价比较低，可以申请"找价"，即要求增加借贷金额。"找价"一般有两次，两次后就得卖地了。如果出典者将典地卖给承典方，承典方将典价与卖价之间的差异支付给出典者，也称为"找价"。

典期。在顺义县和沙井村，典地期限一般是3年或者5年，3年期限为多。按照惯例，3年到期后，要么赎回，要么卖地。典地1年后，可以提出赎回，如果典主不同意，也无法赎回。按照有些调查对象的说法，耕种两次后，即两年后就可回赎了。典地的时间一般是三年，押的时间一般是一年。当然典房子（包括宅基地）、菜园的时间是六年到十年。

回赎。典地三年到期，出典者还债后，可以拿回自己的土地。如果关系好，一年后就可以回赎；按照当地的习俗，耕作两次后就可以赎回。这种赎回又称"回赎"。

绝卖。典地称"活卖"，即到期后还债可以赎回的土地。但是三年到期后，如果不还债赎回土地，就必须卖地。典地到期出售称为"绝卖"。如果三年到期无法还债，典主可以继续使用，即典期可以延续。在调查中有农民反映，30年后典地无法还债，土地就归典主所有。民国政府后将这个时间调整为20年。

典地买卖。典主不能随便卖地，因为典主并没有土地的所有权。如果出典者卖地，典主有优先购买权。一般而言，其购买顺序依次为兄弟、族人、典主、本村人。当然如果出典主不想将地卖给典主，可以先与第三方（买家）商量好，第三方先垫付一部分钱，赎回典地后，再与第三方立买卖契约。典地不见得非要卖给典主，出典者有自主选择权。

转典。典主可以将承典的土地再次"转典"，即典主可以将土地再次典给他人，称转典，转典需要告之土地所有者，即A、B、C，A典给B，B典给C，如果A回赎时，B从C赎回，A从B赎回。转典最多只能两次，每一次转典价格都要比上一次低。

典地或者回赎时间。出典或者回赎的时间，一般是惊蛰之前和秋收之后，因为这个时候不影响一年的农业生产。

典地中的租佃。出典时，出典主可以不与佃户商量，因为这与佃户没有关系。典主获得土地经营使用权后，可以自己耕种，还可以出租；出租时不租给原佃户，而是租给他人。典地时不包括佃户的庄稼，典地一般在庄稼收获以后进行。

典地中的村庄关系。典地时可以不告诉村庄，因为有典契，村庄有存根。村庄按照存根收取村公摊费用。典地的词条，在百度以及相关大辞典中都不详细，日本人的调查却非常细致。通过这个调查可以了解多个方面的关系，出典者与典主的关系、出典者、典主与佃户的关系、与中保人的关系、与国家的关系、与村庄的关系。

卖、典、押的关系。卖，是将所有权和经营权等一切权利都转给了买主。典是处于卖和指地借款之间的一种交易行为，将经营权给了典主。押，是一种质押的性质，将所有权抵押给借款人，即找人借钱后，担心还不起，将土地契约给人拿着，这是一种保证。

卖价、典价、押价的关系。后两者的价格是前者价格的一半左右。土地出典了，拿到卖价一半的钱，但是土地归典主耕种，耕种收益归典主（出钱人）；指地借款，同样可以借到地价一半的钱，但是土地依然为借钱者耕种，但是要支付利息。

三　钱债

在顺义县和沙井村，农民的借贷行为比较普遍，农民遇到困难，资金不足时常常借款。借款的主要形式是借债、典当、指地借款、赊账、借粮以及其他借贷行为。农民需要钱时，有如下几个选择，首先，信用借款（100元以下时是这样）；其次，指地借款；再次，典地。这三类行为都具有融资特点。典地已经在前面介绍，在此主要介绍借债、指地借款及典当、赊购等融资行为。

（一）借款

借款类型。借钱分为信用借款、抵押借款，又可以分为无息借款、有息借款。在顺义县，无息借款又称为浮借，或者摘借，即不支付利息。无息借款主要是亲友之间的小额借款，可以不用支付利息。如果家里比较有钱，一时现金不够时，也可向商店借钱，如借300—400元。这时不需要中保人，也不需要立字据。

借据。在30—50元以下时，一般是信用借款；超过了50元，要立字据；超过了一年可能就要利息了。借据上写明借款双方姓名、时间、金额、利息及中保人等。

借款顺序。需要借款时，借款者一般是先向亲戚朋友借款，然后向村庄有钱人借款，再向村外的商店、放高利贷的人借款。从商店借款，并非全是高利贷，有时也只需支付平常的利息。商店放贷主要是为了今后生意，而愿意借钱给老客户、熟人。陌生人、关系不好的人、不讲信用之人无法从商店借款。

借款利息。借款利息体现了更多惯行。一是利率，如果借款需要支付利息，一般是月息二分、三分，二分五的比较多，换算成年息就是24%、36%、30%。如果借款金额比较大，如500元，利息可以低一点，如一分五厘。二是借贷时间，一般是一年。一年后如果无法还本金，但支付了利息，可以再借一年。三是计息时间，按月计息，如果超过了半个月，但不到 1 月，按照 1 月计算。如果不到半个月，不计算利息。如从 2 月 1 日到 7 月 10 日，计算 5 个月的利息；如果到了 7 月 16 日就是 6 个月的利息。四是分期还款。借了 100 元，如果半年后还了 50 元本金，就要重新立字据，50 元按照 6 个月付息，50 元按照 1 年付息。老字据当众烧掉，立新字据，这时需要中保人在场。借款一般是到期后付息，先付利息的比较少。

借款中保人。借款超过 50 元或者 100 元时，就要立字据，还要有中保人，或者介绍人。介绍人和中保人是借贷双方都熟悉的人，介绍人不承担连带责任，一般人都可以担任。中保人有连带责任，必须有偿还能力。如果借款人还不了债务，中保人负责偿还。沙井村就有人担任中保人，借款人去世了，家庭无力还债，只好卖地代还债务。因为中保人有连带责任，所以没有人愿意做中保人。中保人一般没有报酬，在方便时可能会请吃一顿饭，或者借者给中保人的小孩买一点小礼物。

还款日期。借钱的还款日期不同。借钱一般"春借秋还"。因为在春季需要购买肥料和种子等，而农民缺少资金，因此需要多方借款。在秋天收获后还款。不同的店铺还款的时间有些差别，杂货店，9 月 15 日前务必还钱；粮店，10 月 15 日前还钱；布店，12 月 15 日前还钱。虽然有比较固定的还款日期，但推迟一二天也可以，但要计算利息。

借款期限及有效期。如果借款到期后，借款人、中保人都无力偿还，只能延期还债。如果借款人或者中保人一方有还债能力了，有能力者必须偿还债务，即使 30 年后也得偿还。如果借据不见了，只要中保人证明，借款人也得还钱。如果中保人死了，借据没有了，借款人可以不还债，债权人也没有办法。按照惯例，借款永远不会消除，除非债权人愿意；如果债权人不愿意，借款人就永远负债。

父债子还与子债父还，从家户角度来看，父债子还，子债父还。父亲借债，儿子有义务偿还；儿子借债，作为家长的父亲需要承担责任，代替儿子偿还。按照这个原则，我们可以清楚看到，家户是一个共同体，代表者父亲需要为家庭成员儿子的行为负责；家庭成员儿子也需要为代表人的父亲的行为负责。这是典型的家户共责制度。

以工还债。如果借款后，实在无力还债，也可以做长工或者短工来偿还，如欠 10 元，女人做 2 个月工，男人做 1 个月工。这种偿还方式可以在字据中写清楚，也可商量后确定以工还债。不过在顺义县和沙井村，以工还债的情况比较少。

（二）典当

人们需要资金时将值钱的器物典当给当铺，有钱后再赎回。顺义县过去有 2 家当铺，满铁调查时已经没有了。

当物。能够用来当的物品主要是贵重商品，如金银首饰，有时也有农具或者家具等值钱的器具。

当价。即典当物品的价格。当价由典当双方讨价还价形成，首先由当铺根据物品价值提出一个价格，然后双方讨价还价，最后形成一个双方都能够接收的价格。

当息。当铺的借款利息一般是三分，但是年尾可能会有二分利。日本人没有追问，为什么年尾只有二分利息，难道是为了让人们过一个好年，调查时写到"腊月让利"。当铺计息，是按照月计的，如果只超过一天，也按照月来收息。

当期。当物的期限一般是两年半，过了期限，没有还款，物品就归当铺了。如果在期限内支付利息，可以再借两年，叫"倒当"。

当物的时期。当东西一般是腊月，因此当铺腊月一般比较忙。为什么这个时候当东西的人多，日本人没有追问，可惜了。

从满铁调查来看，人们很需要当铺，因为在困难时，让人们有一些缓冲的余地。可惜顺义县这两家当铺，被军队抢了，就关门了。从此人们再也无法典当物品，需要钱时，只能卖粮食或者卖地。虽然当铺对陷入困境的农民来说，有盘剥的一方面，但也有有利的一方面。这属于"一方愿打，一方愿挨"的市场行为。可见，这一惯行制度的设计有内生需求，它是一种民间相互融资的救助行为，只不过这种金融救助以市场的方式进行。

（三）赊购

赊购就是先不支付货款购买商品。从满铁调查来看，赊购行为由一些惯行制度来支撑。

赊购商品，顺义县农民赊购的商品，主要是布匹、煤油和粮食，后者主要是春天没有粮食的农民赊购。

赊购者，赊购一般发生在熟人之间，不是熟人很少赊购。当然如果有担保人，也可以赊购。赊购者一般是有信用之人，没有信用之人，一般赊购不到商品。担保人也是有支付能力的人。赊购不签约，记在商店的账上，秋天付款即可。

赊购价格，赊购价格一般比现金交易要高。高出部分相当于利息。如果春季赊购，但是秋季涨价，依然按照购买时的价格付款。

付款时间，赊购付款日期一般是秋季收获后，大约在 10 月 16 日。赊购者主要在 10 月 16 日前往商店付款，如果非熟人可交给中保人付款。过了日期不付款，商店会安排人去催款。不过这样的情况很少发生。

在顺义县，农民现金交易和赊购的比重是 9：1，即现金交易占 90%，赊购占 10% 左右。

从上述陈述可以判断，赊购者一般是穷人，这种方式解决了穷人的一些困境。可见，赊购也是为解决乡村问题而建立的一种融资制度、一种习俗惯例。赊购是以信用为基础的一种融资行为。

（四）借粮

在北方，贫困农民在缺粮时会借粮。在顺义县和沙井村，借粮的农户不太多。借粮一般发生在收获季节前，农民家里没有口粮了，需要向亲友借粮度日。一般而言，借粮对象是亲友，不需要利息，庄稼收获后还粮。基本的原则：借粮还粮，借钱还钱。从顺义县和沙井村来看，农民一般不借粮，而是借钱买粮。这说明了顺义县的市场经济比较发达。

（五）指地借钱

指地借钱，也称抵押借款，即以土地作为抵押借款。指地借钱一般是指需要比较大额的资金才会使用。在沙井村一般超过了100元就不能凭信用借款了，要么抵押借款，要么典地，要么卖地。指地借款与典地不同，后者的经营权、使用权已经转移给了典主，但是借款者不支付利息。指地借款，土地经营权、使用权依然为借款者所有，但是要支付利息，即指地借款需要借款者支付利息。土地依然归借款者使用，只是到了一定期限后，无法还借款时，就以地还债。

指地借款的金额，一般为买卖价格的一半左右。如果一亩地的买卖价格为100元，出典可以获得50元左右，指地借款40元左右。指地借款期限一般为一年，借款期限到后，如果无法清偿债务，可以转为典地，也可以出卖抵押土地。

四　田赋与公摊

从晚清到民国政府，国家基层政权建设的力度加大，向农民和商人征收的税费也逐渐增多。在晚清时，农民只需要缴纳田赋，后来随着国家建设和政权下沉，有了学款、警款等县款，加上区公所及警察分所的成立，还有了区和分所摊款。同时村庄的公共性事务增多，既要应付村庄的一些公共设施的建设，也要应对政府的各项工作。因此，村庄摊款也逐渐增加。总体来看，农民承担的税费，包括省款、县款以及村庄公共服务、公共建设所需的村庄摊款。此外，商业也承担一部分省款和县款。下面从省款、县款、村摊、商摊对税费进行介绍。

（一）省款

省款是一个总的称呼，按照现在的分类属于国税，即上交给国家和省里的税款。农民不太清楚这部分税收的去向，只知道从县上缴到省里。因此称之为省款。这说明农民没有国家的概念，同时也说明农民因税而与省、国家相连。其实这部分税收包括上缴国家、省的税款。

1. 省款类型、税率及征收方式

地粮，俗称田赋，按亩征收，税率由百分之二分三厘到九分二厘之间。按照上半年、下半年分半征收。征收时根据各村花户直接来县交纳。

组课，组课也是按照亩征收，税率为四分到一角六分，征收方式与地粮相同。

买卖田房税，即买卖田地、房产时应该交纳的税收。田房买卖税收根据交易价格交税，即从价税，税率是百分之九分五厘。立契一个月内投税。

典当田房税，即典当田地、房产的税收。此税以典契征收，根据买卖价值征收，即属于从价税，税率为百分之四分五厘。立契一个月内投税。

推当田房税，即旗产等田地、房产转让应该缴纳的税收。按照法律规定，旗产不允许买卖，为了避开买卖两个字，称为推、过。推、过也要签约，此契约称为推契、过契，也需要纳税。同样是从价税。立契一个月内投税。

契税，田房买卖签订契约后，买主务必在 6 个月内去县公署缴纳契税并过割，契税由买主承担，典契税双方各承担一半，典契不过割。超过 6 个月不交契税的，如果被人举报，交易双方应该受罚。但是很少有人受过处罚。契税不能减免，即使是村公所地、学田也要缴纳。契税是从价税，根据交易价格征税。分家时不纳契税。契税与土地的等级没有关系，主要是根据交易价格。契税的税率是交易价格的 9.5%，即 70 元的土地买卖要交 6.55 元契税。其基本构成是：

省款：正税 0.06；学费 0.006；自治费 0.005；中佣费 0.015，合计 0.086。

县款：地方教育费 0.009。

一个完整的买卖还需要缴纳如下费用：财政厅尾纸费 50 钱（契纸价），注册费 10 钱。在立契的时候，即购买草契时，向村交 0.01，即 1%，70 元缴纳 70 钱。在这中间，乡长或村长为 0.005，即 0.5%；学校费 0.005，即 0.5%。

契纸价，民国政府要求废除白契，实施草契。草契由县统一印刷，村长或者乡长统一从县批量购买。买卖土地时，买家向村长或乡长购买契纸。每张五角，也称为 50 钱，购买草契时缴纳。

契税注册税，在田房过割时，按照每张契约征收的税款，每张一角，过割时缴纳。

屠宰税，宰杀猪、羊、牛等大牲畜时要纳屠宰税，猪按照一口、羊按照一只、牛按照一头为单位征收，税率为 5 角到 8 元不等。屠宰税承包给包商，由包商征收，并按时缴纳。屠宰税在集市随时征收（下面会专门介绍）。

牌照税，需要政府允许、审批挂牌运作的单位、产品需要缴纳牌照税。在顺义县主要是烟酒牌照税。按照不同等级的价格征收，即按等征价，顺义县为 3%。牌照税也承包给包商，由包商缴纳。一年四季都得缴纳牌照税。在 1 月、4 月、7 月、10 月交到县财务科，如销售少量酒和烟草的商店也要缴纳牌照税。

牲畜税，即买卖骡、马、牛、羊、猪所应纳的税。牲畜税按照市场交易价格计算税金，即从价税。牲畜税也承包给包商，包商按时缴纳。

牙税，对谷物、牲畜交易征收的税，包括斗牙税、秤牙税、大牙税、小牙税、猪毛牙税。牙税均是从价税，根据交易的价格征收税金，税率为 3%。牙税承包给包商，由包商按时缴纳。其中，猪毛税每年腊月在沿头村征收（原文如此，下面会专门介绍牙税）。

营业税，进行商业营运的店铺、商号必须缴纳营业税，营业税按照每年的营业总额征税。税率为千分之三。

2. 征解减免和催缴

省款上缴。原则上省款一月缴纳一次，由县送往省里。县里将现金存到储备银行，将存折交到省里。民国二十九年（1940），顺义县一个月大约有 1.2 万元到 1.3 万元上解款。有时也会直接上解现金，将其弄成百元一捆，两个月一总结，放入包中，乘坐汽车前往上解。有时候也会把省里拨下来的钱作为县款，于是上缴与下拨相抵，上缴余额部分。上缴省款需要运输费，也称为征解费，每万元3%，由县里从上缴总额中直接扣除。

税款存放，省款、县款有的存放在县里，有的存放在当地商号或者银行，根据时间长短计息，一月以内没有利息，一月以上计算利息。

灾害减免，发生了灾害时，村民报告，县里给予酌情减免。如县不采取措施，村民可去省里报告。县里接到灾害信息和减免申请后，县长会视察堪灾，根据灾害情况进行减免。一般减免如下：

成灾 5 分　　免税赋 2/10　　分两年滞征；
成灾 7 分　　免税赋 5/10　　分两年滞征；
成灾 9 分　　免税赋 8/10。

灾害减免要发布布告，让所有的人清楚，而且要记入红簿。如果缓征民国二十八年（1939）的税款，从民国二十九年恢复征收。如果正好四月交齐，六月发生灾难的话，所交齐的税款转为次年的正赋，即抵来年的正赋。

民缺，虽然农民都会自觉缴纳田赋，但是在现实中仍然有收不上来的部分税款，称为"民缺"。满铁调查没有问为什么会出现民缺，什么情况下出现民缺。县里按照实际收到数量向省缴纳税款。

拖税逃税，大部分农民都按时纳税，也有少数人拖税、逃税，则需要催税，催税是保正、地方的职责，也可由财务警察（指田赋或国税）催收；催税不成功时，可以采取行政手段或者司法手段。政务警对拖税、逃税者发传票，如果缴纳则罢，不缴纳则收押。从沙井村来看，极少出现这种情况。

免税地，在顺义县，只有黑地不交税，当然黑地不是免税，而是政府根本就不知道，无法征收。在满洲，即中国东北，菜园地、墓地免税，但在顺义县需要纳税；村公地、祭田也与民地相同，需要交税；粪坑、死坑、河边荒地等无法耕种的土地，可以向上申请免税，如批准，不需要纳税。

滞征，因为虫害、水灾，省税实收不足时，必须提前向省里汇报。省派官员进行实地调查。如果承认其报告的事实，减少省税金额，或允许延期纳税。县据此命令处置，前者称为"减免"，后者称为"滞征"。

3. 省借款

省里年收入不足的情况下，就向县里借款。如果县里没有足够的资金借给省里，就会向农民和商人借钱（不是以摊款和征税的形式，而是借钱，而且不会给农民和商人借据，只给一张收据），再转借给省里。县里从省税中扣除还钱。还钱时，作为债主的商人凭收据和印章得到还款。

（二）县款

晚清时期，村摊很少，县款更少。县款随着国家基层政权建设推进而增多。顺义的县款与省款几乎一一对应，省款有什么，县款就有什么。县款就是县财政收入，主要包括两大类，第一大类，县款（县税、省税附加税、行政补助费、征解费）、警备队费（民摊警款、商摊警款）、司法收入；第二大类，自行车捐，民摊警察津贴、商摊警察津贴。笔者从以下几个方面具体介绍。

1. 附加费

在县款中最大的一笔收入就是附加费，附加费用构成了县财政的主要收入来源。按照规定，所有省税都可以附加，但是必须获得省里同意，即县里不能随意加征。

田赋附加，田赋是上缴省、国家的税收，县里在征收田赋时可以征收一定比率的附加费，作为县财政收入，称为田赋附加。据农民反映，民国四年就有了田赋附加。田赋附加按亩征收，每亩 3 分或者 3 钱，随粮附征（县公署标准），同时还征收警款 8 钱。在民国三十年（1941），田赋附加、警款取消，统一合并为"亩捐"。亩捐作为县款，按亩征收，每亩 11 钱，其中 8 钱作为警备队的费用，3 钱用于学务科、建设科、财务科的费用。

契税附加，在征收省款契税时，附加一定的县款，称为契税附加。契税附加的客体是契纸，从价征收，即按照交易价格征收契税附加，契税附加由买主承担。在顺义县，契税附加按地价每元附加 5 钱。契税附加由县公署随正税附征，按月拨交县财务科。

屠宰税附加，其征税客体是猪牛羊，以只为单位，按正税附加的 50% 征收。屠宰税附加由县公署随正税附征，按月拨交财务科。

除了上述的县款科目外，还有牲畜附加、牲牙附加（大牙小牙）、斗牙附加、秤牙附加、猪毛附加与屠宰税附加类似，均按正税附加 50%。

状纸附加，打官司需要购买状纸，印制费用是 15 钱，其中印制费 10 钱，纸费 5 钱，出售 20 钱，多出成本的 5 钱称为状纸附加费用。状纸附加的课税客体是状纸，每张状纸附加 5 钱。状纸附加也是县财政收入的组成部分。

2. 杂捐

杂捐也是县款的重要来源，包括自行车捐、猪牛羊捐、商捐、石灰捐等。

亩捐，按照田亩数量征收县款，每亩附加 5 角 5 分，随粮征收。按照规定，亩捐不能超过正税额的二分之一。民国二十九年（1940）取消田赋附加、警款，统一以亩捐来征收，每亩征收数量有所增加。按照规定，除了亩捐，不能再对农民进行摊派，同时省里不再对亩捐设置上限，县里根据预算决定亩摊规模。亩捐由乡公所代征，按月送交财务科。

自行车捐，即拥有自行车的户主要向县缴纳自行车捐。自行车捐一年缴纳一次。拥有自己自行车的户主前往各分所缴纳。从民国二十八年（1939）开始顺义县征收自行车捐。一辆自行车一年缴纳 2 元 5 角（也有说是 2 元）。此捐由分局代征，送缴财务科。

猪牛羊捐，买卖猪牛羊的人或者店铺都得缴纳猪牛羊捐。这类捐为从价捐，但是每年有定额，承包给相关人士，包商按月征收，上缴县财务科。

商捐，即商会或者各个商业企业、门店需要缴纳的费用。商捐按照资本量缴纳，一般按照商号纳税。加入商会的商店在商会交纳，没有加入商会的商店在分所交纳。因为营业税属于省款且没有附加，所以商捐就是"县属营业税"。

石灰窑捐，进行石灰窑生产、开发的人或者企业要缴纳石灰窑捐。石灰窑捐按照"处"征收。顺义县在牛栏山有六七所窑，每年合计有 30 元左右的石灰窑捐，六七所窑选一人作为代表前往县里纳捐。此类捐也往往承包给个人，包商按月送交。

另外，乡捐是乡公所需要费用，按照村庄大小分摊，由各分所代征。

3. 行政收费及罚款

缮状费。普通民众向承审处提出诉讼，其文件由县公署的代写人代写，根据代写字数收取手续费，称为缮状费。一般每百字 1 角，由购买人承担。代写人为县职员，非承审处的工作人员，由县长直接监督。缮状处有 2 名职员。代写手续费的 4 成作为缮状人员的月薪，1 成为县款，解送省财务厅 4 成（原文如此，合计不到 100%）。缮状费由缮状处代征，按月送交财务科。

司法罚款，对违法人征收的罚款，按照规定征收，由县公署征收按月发交财政科。

违警罚款，对违警人征收的罚款，按照规定征收，由警察所征收按月送交财务科。

烟酒罚款，是依据鸦片捐（吃烟税）、赌博罚款等的司法收入，也构成县财政的收入。由县公署征收按月发交财政科。

以上四类收入构成县财政的司法收入。

4. 学费及学田费

学费，学生缴纳的课程费，每人每年 2 元，由各学校征收后，按年送交县财务科。学费仅限于县立高小学校，不包括村立、私立学校。在顺义县将学费缴纳到县里的总共只有三所学校。沙井村小学是其中一所。

学田费，又称为义学公田，是用来资助学校建设、运转的土地，由县捐赠而来，学田的所有权为县公署。学田的收入主要有两类：一是学田出租的收入，为学校所有，归学校支配。二是出售学田的所得收入。顺义县的学田不多，只有一二十亩学田。一部分学田租要交到县财务科，每亩五分六分不等，由财务科征收，按年入账。

5. 其他费用

征解费，县里征收省款，并向省上解税款。在征解税款时县里可以获得 3% 的征解款。征解款直接从上解中扣除。

征收费，县里征收的牙税，也需要向省上解牙税款项。上解牙税，县里可以获得 10% 的征收费，直接从上解牙税中扣除。

溢征提奖，县里征收的契税，超过部分可以溢征提奖，提取契税的 15%。对于牙税，也可以与契税一样，超额部分溢征提奖，奖励部分是牙税超额的 50%。

（三）村摊

晚清时期，属于一种"消极国家"，对乡村只有田赋需求。虽然国家征收了田赋，但提供的公共服务不多。这就形成了"皇权不下县"的治理格局。民国建立后，推进民族国家建设，实施"积极国家"战略，许多政府机构相继建立，如县公署、分所、学校等。这些机构的运转均需要经费，这些经费只能向商民摊派，为了应对上述机构及其摊款，"无为而治"的村庄，也必须摊款应对上述摊款。因此，村里的摊款就由三个部分组成：县摊款、区和分所摊款、村庄本身的摊款。

1. 村公摊的历史

村摊有两种视角，一是国家视角下的村摊，省款主要是税收。这是以土地及相关物品的交易为载体的税收，不存在向村庄摊派的问题。县款是最主要的摊派。民国四年（1914）为田赋附加，后来又有警款、学款，以及县里的一些临时性摊款。在满铁调查时期，田赋附加和警款变成了亩捐。二是村庄视角的村摊，对于村庄来说，除了税收外，其他均是摊款，包括政府、军队、社会摊款。从政府来看，初期是田赋、警款、学款，后期是亩捐，以及在财政入不敷出时的临时性摊款。从社会视角来看，有新民会的一些培训开支，军队的一些力役、柴草、马车等征用。从村庄视角来看，主要有两大类，外面的摊派，如县摊、社会摊派、军队摊派等；村庄内部的公共事物，会费、看青费、招待费、公路维修费、村庄办公经费等。

从增量的视角来看，顺义县和沙井村的摊派，随着国民政府的建立而增加。在晚清时，农民只有田赋，很少有其他的摊派。随着国家建设的推进，警款、学款、村公所和区公所的费用增加，最后县里以省税"附加"的形式固定下来，随后又将多项摊派集中为"亩捐"。除了亩捐外，还会有一些临时性摊派，县区、分所各职能部门下村，也会要吃饭等。与晚清相比，亩捐、临时性摊派是新增的摊派。从满铁调查来看，晚清时期村庄基本没有固定的公摊，临时性公摊也很少，随着国家政权下沉，村庄任务增多，公摊也增多。除了自愿性的会费外，最大的支出就是青苗费，村庄所有的费用开支，包括县、分所公摊均通过青苗费征收。加上军队、铁路、新民会等社会摊派增多，农民的负担大大增加。

2. 经常性公摊

经常性摊款分为两种，一种是以土地为对象的摊派，如税收附加、亩捐等；二是通过村庄征收的摊派，如乡捐、警款、学款。除此之外，还有村庄本身的经常性公摊。

（1）以土地为对象的摊派

附加，随着县级政权职能的扩大，基于支出压力的摊派增多。为了维持县级政权，县在省款的基础上征收附加，主要有四大类附加，一是田赋附加，民国四年开始征收；二是契税附加，三是牙税附加，四是行政状纸附加。这些附加都具有税收的性质，属于县政府的财政收入。这样县级政府就有了稳定的收入来源。

亩捐，按照田亩征收的摊派。民国三十年（1941），取消警款、田赋附加而设置的一个地方性收费项目，称为亩捐。这是比较固定的非税性摊派。这种征收不需要村庄征收，从田亩随税征收，农民主动前往粮房缴纳。

（2）以村庄为载体的摊派

警款，传统乡村社会的治安由村庄士绅或者精英负责，也可能由地保之类的基层治理人员负责。民国政府成立后的最重要的事情就是成立了警察分所。警察分所负责辖区的治安。因此地保或保正的治安职能弱化。警察提供治安公共产品，辖区农民负担费用。于是政府向农民征收警款。民国十四年（1925）称为"村摊警款"，民国二十八年（1939）更名为"民摊警款"。

学款，在传统乡村社会，学校是私人事务，很少有公立学堂。民国政府的国家建设，将学堂作为一件重要的公共产品来建设，每几个村庄就要建立一座公办小学，沙井村、梅沟营、石门村与望泉寺四村合建沙井村公立小学。小学所需费用全部由四村负担。因此，需要向村民征收学款。

区、乡公所及事务员费用，顺义县设立了 8 个区，实施大乡制。随着行政区划的设置，区公所、乡公所也就建立起来，虽然明确规定其办公经费由县拨付，当然县拨付大部分也来源于农村。既便如此，还是有一部分费用由村庄负担，如每乡一名事务员，其月薪为 30 元，这笔费用就由村庄负担。另外，每个区在县城设置了办公场所，以便保正、地方有办公地点。办公场所的建设及其日常运转费用由村庄分摊。

（3）村庄本身的公摊

村庄本身的摊款源于村庄的公共开支，要弄清村公摊必须首先弄清村庄开支。

村庄开支，村庄的开支主要有县款、学款、贴钱、青夫费、乡长办公费、招待费（村公所）等。据沙井村的村长杨源介绍（与其他农民的介绍有差异），民国二十九年（1940），支出结构如下：一是招待费 500 元（包含保正、地方的报酬 200 元、新兵安家费 200 元）；二是学款 310 元（2 名小学教员的工资、1 名学校夫役的报酬、学习的纸、墨、石炭等费用、备品的修理费、建筑修理费、书物费等）；三是县款 400 元（包含警款、警备队制服费 30 元、其他的有马草、买木、县杂款等）；四是贴圈（贴钱）及青夫费 200 元；五是乡长办公费 200 元；六是青年训练生饭费 150 元（包含长短期的训练）。从历史来看，村支出也在逐渐增加，民国二十年（1931）是 400 元左右，民国二十五年（1936）500 元左右，民国二十八年（1939）900 元左右。村庄的开支都会变成村庄摊款，由农民负担。

青苗费是村庄最常见的摊派，在第一卷导读中已经介绍了青苗费。从公摊角度来看，青苗费是一种制度化的公摊。因为在传统乡村社会，村庄公共事务很少，公摊很少。农民自我看青，或者少数家庭合作看青。民国初年，顺义县政府要求统一成立看青组织，建立固定的连圈。沙井村因而成立了青苗会，收取看青费。青苗会的会首与村公会的会首基本重合，青苗会与村公会合二为一。村公所就利用青苗会收取包括看青费在内的所有摊款。青苗费的征收对象是经营土地，种植庄稼的土地都必须缴纳青苗费。从此青苗费就变成了一种固定的村庄公摊，既包含政府、社会对村庄的摊派，也包含村庄本身需要的公共费用。

为了规范摊派，县公署统一规定，村庄不能再进行摊派，所有的公共开支纳入亩捐。因此各个村庄不能再征收青苗费，也不能再向农民摊派各种费用。村庄要摊派必须征得县公署同意。现在问题是，县公署通过亩捐解决了县公共开支，但是村庄若干公共事务还得建设、还得运转，不允许征收公摊，如何保证村庄运转。对于村庄的具体情况，满铁没有调查，但是村庄与国家紧密的联结在一起，没有公摊，村庄寸步难行，进而政府寸步难行。而且村庄合理的公共建设、公共服务也无法保障。从理论上讲，村庄不得、不许公摊的政策难以实现。

青苗费分每年两次征收，麦秋，5月征收一次；大秋，9月征收一次。青苗费以土地经营数量为依据征收。青苗费在逐年增加，民国十八年（1929）大秋为10钱，民国二十一年（1932）15钱至20钱；民国二十六年（1937）26钱。民国二十九年（1940）（调查的前一年），大秋60钱，麦秋20。同一年，望泉寺，石门村，大秋为80钱，麦秋为60钱，可见沙井村的公摊比周边村庄要低一些。在沙井村，农民都会缴纳青苗费，上半年缴纳不了，下半年一定会缴纳。只有死亡、失踪的人无法缴纳。

在沙井村，青苗费不够用时，一般会向商店借款，第二年征收青苗费后再偿还。借款的对象是县城的商店。沙井村每年的村庄支出，会用纸贴出来公示。但是借款不写出来，合并在支出中。

3. 临时性公摊

从满铁调查来看，村庄公摊费除具有税收性质的附加、固定性的公摊外，还有若干临时性、不定期的公摊费用。主要包括三类。

白地摊款，所谓白地摊款，就是田地里没有庄稼时向农民公摊费用。导致白地摊款的原因主要有三个，一是政府的摊派，从县政府来看，最具代表性的就是乡民摊款，即县财政入不敷出时向农民摊款。二是社会的摊派，如军队、日本人的铁路及新民会的摊款。三是村庄本身无法解决的赤字。沙井村主要以青苗费解决，没有白地摊款，如果万一出现赤字，则先借款，第二年偿还，但在顺义县的其他村庄存在白地摊款。

力役，力役是一个比较古老的摊派，在古时称为"劳役"，满铁调查时称为"力役"。从沙井村来看，力役也是三个部分组成，一是政府征用劳动力，如修建公路、水利设施等，政府征用一般不给薪酬。二是社会征用劳动力，如军队、铁路征用力役，军队征用一般不给钱，日本铁路征用会给一些钱，但是日本人对农民比较粗暴，大家不想在铁路干活。新民会要求各村安排人培训，如军事、妇女培训等。社会征用力役，如果不付薪水或报酬，村庄会负担一部分及其伙食费用。这也变成了村庄的公共负担。三是村庄征用劳动力。主要是村庄的公路、设施的维修需要劳动力。力役也是一种重要的公摊形式。

力役分配，村长从区里接受分摊任务返回到村里，召开会首会议，根据土地账簿，决定力役的日均比率，依据土地的所有亩数进行分配。在沙井村，一般是5亩所有地出一个劳动力。力役的决定不会召开大会，也不会单独张榜公布，但是农民都比较服从安排，很少有怀疑的人。

力役顺序，村庄按照顺序安排力役。村庄在公布青苗费时会将力役同时张榜公布。由看庙的通知。就近修路，轮到某人出力役，但家中有事可以不去，下次再参加，相对比较灵活。如果家里有长工，也会安排长工出力役。如果特别需要人，没有地的家庭也可能会被要求出力役。农民一般会服从村公所的安排。

力役报酬，为县里、军队、新民学会、村庄出的力役没有薪酬。前两者，村庄可能会有一些伙食补贴。为铁路出力役有一些薪酬；如果不支付，村庄会补贴一部分。

柴草，也称为马草、军草，军队需要柴草时向各个村和农民摊派，属于临时性的摊派。在县城的新民公园内设有军草处。军草处向各村征派柴草。有柴草时，由各户分摊；没有柴草时，由村出资购买，费用进入村摊。柴草主要由村长或者农民送到军队或者县城军队驻扎地。

柴草处，为了给军队征集柴草，民国十六年（1927）军队在县里建立了柴草处，其中有一段时间军队收回了。民国二十五年（1926）又建立起来了。柴草处有一名经理，一名办事人员。经理的薪水为每月 16 元，由各区平均承担。柴草主要是满足日本人和治安军的需要。警备队不需要，因为警备队员都是本地人，知道在哪儿购买柴草。军队需要柴草时与县里沟通，下发文件。县里召开县政会议分配；如果数量比较少，柴草处会直接下发到各区。柴草征集一般需要提前三个月。各个村或乡，收到征集柴草摊派时，就会先垫付经费购买，一般不需要向各家各户征收。购买柴草后，由各村村长直接或者委托农民送到柴草处，柴草处会开具收据。如果军队会给付柴草款，将通过县里支付，柴草费直接给到村或乡里，抵扣摊款。警察或者监狱收到的柴草按照市场价格支付，日本人出价比市场价格低。给付的柴草费不足购买费用时，不足部分纳入摊款，由农民承担。

（四）商摊

县款的摊派最后会由农业和商业承担，由农业承担的摊款称为民摊或村摊，由商业承担的摊款称为商摊。

1. 商会摊款类型

商会的摊款主要有三种：一是"全县摊款"，即县公署摊派下来的款项。二是"商联摊款"，即 5 个商会开展共同活动需要费用的摊款。三是"各商会自身的摊款"，5 个商会独自开始工作所需要费用的摊款。全县商摊要召开商民联合大会或者绅商联合大会，确定商与民的比重，最初商民分摊的比例是 35∶65；现在商民比例为 30∶70。

2. 商摊的征收

加入商会会加重负担，商店一般不愿意加入。参加者大多由县里强制而加入。尽管如此，小的商店也有不参加的。加入商会的商店、商号，其税、捐、公摊由商会代收，转交给县公署或者统税局。没有加入商会的商店、商号，直接交给分所、县公署或者统税局。一般而言，商店都会自主缴纳税收、商摊，很少有不缴纳的商店。

3. 商会及治理

顺义县的商会成立于民国二十年（1931），它是处理商人、商业之间事务的专门性社会组织。在顺义县有 5 个商会，县城一个，四镇各一个。5 个商会没有联合会，权利和义务平等，都可以直接与县公署沟通。每个商会都有会长、董事，一般有 5 人。全省没有省联合商会，民国十八年（1929）曾经召开过全省临时商会会议。商会是一个协议性的组织，没有执法权，也没有处罚权，只起上传下达的作用并代收税费。

商会主要的工作是代表各个商店说话，与政府进行沟通，代收税费。如果县里有公文和通知，可以通过商会传达到各个商店；商店有要求、建议，通过商会转达给县公署。商会最重要的工作是代征营业税、所得税、商捐、公摊。这些费用均根据商店资本量和经营情况分配。税费由商会收集，然后交到县公署或者统税局。

商会代征营业税之时，商会得到其全额5%的手续费。商会也为统税局代征所得税，但没有任何报酬。另外。商店也会做一些代购事项，其代理购买仅限于日本守卫队和县公署，不接收普通人的委托。

商会负责人都是掌柜，没有报酬。商店有两类人，一类是掌柜，拿工资的；一类是财东，拿利润的。商会负责人掌柜比较多，没有财东。商会有稳定物价的作用，有义务每10天向日本宪兵队或者县公署报告物价情况。

五　赋税征收

赋税征收主要包括四个部分：一是统税征收；二是田赋征收；三是集市牙税的征收；四是契税征收。

（一）统税征收

1. 统税

统税又称为国税，主要指由国家直接征收的货物税。统税是对流通领域和部分特殊的商品所征的税。征税的商品主要有盐、酒、海关、所得税。与县款不同，统税由统税局及其分局、分所征收。其中，盐对生产者和买卖者征税，由盐务局征收，再转统税局或统税分所。酒对生产和买卖单位征税。烟对生产者征税。所得税主要是在出卖发票时征税，税率为1%到5%。后三者均为统税局直接征收。

2. 统税局

统税局是为了征收国税而成立的税务征收机构。在华北设置了华北统税局，下辖唐山统税局，后者下辖4个分所。管理顺义县的分所有9人。其纵向机构是：顺义统税分所—唐山统税分局—北京统税局—统税总署。统税局主要对矿产品、棉纱、火柴、啤酒、火酒、卷烟、水泥、麦粉国税的征收和查验。一是对烟叶生产征税，税率为每百斤征4元50钱。二是对烟的生产征税，税率为每16万斤征税2400元，制造年数额不能超过16万元，或者按照每100斤2元25钱的税率征收。三是对购买账簿征收印花税，印花分为四种：1钱、2钱、10钱、20钱，账簿在3元以下免印花税，3元以上1钱，10元以上2钱，100元以上3钱。四是所得税，按照资本量超过2000元的征收所得税。顺义县约有120家商店和企业要缴纳所得税。

3. 统税与县的关系

统税局属于国税系统，与县公署没有直接的关系。当统税局征税遇到困难，向县请求支持，县公署会提供帮助。如果有偷漏税的商店、个人，统税分所将会以公文形式将名单发给县公署。县公署会处理、处罚，督促其向统税分所纳税，但不会对偷漏税者进行搜查。商会与统税分所没有关系，只是代为传达通知，并代缴所得税。所得税是民国二十八年开始征收，实施不久，工作不多。

（二）田赋征收

民国初期，田赋征收由财务科下属的征收处负责，征收处下辖征收所，后者负责征收田赋和附加。征收处和征收所的建立导致了传统征收系统的衰弱，但是由于征收所力量不强，依然依靠传统的田赋征收室或粮房、粮柜征收。

1. 粮房性质

粮房，粮房又称为粮柜，是晚清时期田赋的征收机构。清朝时期，县衙内设为吏、户、礼、兵、刑、工各房。户房掌管田赋。户房又分为吏房、西粮房、东粮房（两间）、东户房、户盩房（两间）、老户房。田赋征收室就模仿县衙的六个机构建立了若干个粮房。民国十七年（1928），田赋征收机构称为田赋征收室，共有6家，合计15人，分别为东粮房2人、吏房3人、西粮房2人、户盩房2人、老户房3人、东户房3人。

粮房性质，从调查情况来看，粮房是一个私人机构，以家为单位，代行公共职能。粮房为数代世袭，每年位置不变，农民每年前来缴纳田赋。粮房如同包商一样，个人负责为政府代收赋税。民国十七年，粮房改为了田赋征收室（与财务处的田赋征收处不同）。虽然粮房取消了，但至今还在发挥作用。县公署的财务科有征收处，征收处下设征收所，其力量有限，仍然依赖原有粮房或粮柜收取田赋和县款。

粮房职责，粮房的主要责任是征收和核算，负责撰写年度初期的所有台账。现在还承担调查土地的工作。征收时，粮柜每日都要向县里汇报收的金额，必须和串票吻合。粮柜的收入全部要送到县里，数额不足的时候，自己补上，收到假币自己负责。

粮房分工，顺义县原来只有户房，后来粮房从户房中分离出来，两者有一定的分工，户房征收民粮地的赋税，粮房主要是为旗地代征租金，后来也征收民粮地赋税。各个粮房之间没有横向关系，收到赋税收入也不尽相同，有的多，有的少。农民可以自由选择在不同的粮房缴纳赋税，可以在一个粮房纳税，也可以在其他的粮房纳税。黑地升科时，农民在哪个粮房登记，其赋税就由哪个粮房收取。在分配官产地时，会适当平均收取的地亩，农户少的粮房就会多分配一些升科地。

2. 粮房机构

从民国二十五年（1936）开始，粮房内部有了分工，设立了三个岗位：主任，稽核，书记。一般书记比较多。三个岗位做的工作大体相同，如果书记忙的时候，大家都做书记的工作。

书记，田赋的征收人，称书记。在晚清时，属于粮柜的征收人员，粮柜其实是民间的征收机构，识字、会算的人都可以担任，这些人称书记。主要写"台账"和"串票"。钱粮到的时候，写串票给送过去。记台账的时间是每年的一二月份。当前正在进行土地调查，等调查结束后制作新的台账。顺义县的征收员，即书记有 16 人。与职员不同，书记地位低，收入也低。月薪分为三等，一等 16 元，二等 14 元，三等 12 元。

稽核，主要工作是细算正税和附加税。一二月的时候稽核比较清闲，负责写台账，这个时候稽核和书记的工作相同，写台账需要两个月。只有农民将钱粮送来时，书记与稽核的工作才明确分开。没有钱粮时在一起工作，区别不大。

主任，负责督促一切工作。主要由熟悉粮柜的一切工作，精明强干，善于核算的人担任。主任一般为中年人，年龄太大的话，就不合适了。在粮房中比主任年纪大的人很多。年纪最大的可能是"先生"。主任由县里和粮房共同商量确定。工作稍微熟练的叫稽核，年轻的叫书记，其实只是名称不同而已，工作一样，报酬差不多。

办事窗口，每个粮房有多个办事窗口，每个办事窗口需要 3 个人，1 个负责核算，1 个负责核查台账，还有 1 个负责写串票。其实这三个工作都是书记在做，书记是最忙的人。工作忙时也会请人帮忙，来帮忙的人大都是农民。

3. 粮房报酬

粮柜的报酬，粮柜没有报酬，主任也没有收入。县里不给钱，不给礼物。粮柜也不能向缴纳赋税的人收费，更不能从收入中提成。其收入主要来自于收取田赋中的一些零头、酒钱和差钱。零钱和茶酒钱，两者有明确的区分，茶酒钱比零钱少。零钱是粮房的收入，茶酒钱是先生的收入。过割、更名的费用归先生所有。转移财产手续的时候有酒钱，但是征粮时没有酒钱。虽然多出来的零钱很少，因为纳税的人多，日积月累钱就比较多。总体而言，粮柜及其人员的工作都是义务性的。也有被调查者说，农民缴纳 1 元田赋，向县交 99 钱，粮房可以得 1 钱。真实与否，笔者无从查实。

零钱或零头，每 30 元或者 40 元有 10 钱左右的零头，如果纳税人不要时，可以归自己，但要表示感谢。先生们一年有 40—50 元的收入，在粮房吃饭，粮房也会给服装。在粮房帮忙的农民，可以得到 10 元左右的收入，每天可以在粮房吃 2 顿饭。粮房的工作人员及帮忙人员，无法依靠粮房工作维生，因此并非长年在粮房工作，粮房没事时就在家里种田。

4. 粮房账册

征收账册，它是田赋征收的依据，田赋征收以红簿等账册为依据。征税账簿（红册）包括地粮、公产、升科租、广恩库、西河岁修、马馆租、红簿。其中，红簿最为重要，全县有 73 册。

粮房总账本，由粮柜负责人填写。平时由两人一组轮流写，到了卯期，两人中的一人负责核算，一人负责填写，忙的时候也有其他人帮忙。两人一组的值班者称粮柜负责人。

辨卯人汇报十天间的全部收入，由这两个人进行核算，粮柜负责计算自己在十日内的收入，也负责计算哪个地方的哪个村的收入数量，然后交给辨卯，辨卯人纵向计算一下，然后算出各个地方的数量，辨卯日大家都把工作放一放，集中核对。粮食总账本出来后，保正、地方要来县里集合，了解自己的业绩，业绩好的话，年底就可获得很多奖金。然后带来自己管辖花户的名簿，参考财务科的账簿，待农民缴纳后进行销毁。

5. 征纳方式

纳税有三种方式，一种是偏远的地区，农民交给乡长、副乡长，由乡长、副乡长代交给粮柜。二是由村庄汇集后代交粮柜，主要有下西市村、赵各庄、小店村、李遂店。三是一般而言，农民自行去粮柜纳税。每个粮柜都有账册，也称为红簿。农民只去自己习惯的地方纳税，不同的农民去不同的窗口（粮柜），同一个人也许去不同的窗口，或许长年去同一窗口。满铁专门调查同姓是否一起纳粮，调查表明农民纳税很少有同姓汇集在一起后交给粮柜的。这说明顺义县的宗族意识、同族意识比较弱。

6. 征收时间

田赋一般是农民自行缴纳。缴纳时间：上忙从阳历4月1日开始到6月末；下忙从阳历10月1日开始到12月末。有三分之一的农民知道田赋金额，如果不知道就拿上一年的收据，交给书记，让其核算当年田赋并缴纳。一年当中，征收最忙时候是初夏、立秋之后、春天和秋天。

7. 土地调查

粮房或者征收室还承担着土地调查的任务。土地调查也是为了了解土地数量，准确征收赋税。民国二十九年（1940），顺义县开始进行土地调查，田赋征收室共有5人参加了调查，调查员又称清查员。土地调查的主要任务是粮银、科则、未投税、今年的粮银缴纳情况等。调查需要填写两张表格：田赋查报表和土地申请书，前者给民粮地填写；后者给没有上户的无粮地——黑地和租地填写。也考察土地质量，称科则，分为上、中、下、沙碱四种。清查员通过视察土地，根据位置和土质对科则进行判断。

根据调查员反映，调查报表的地亩实际数量和田赋征收室的红簿里的数量一致，但是村落的大秋账和调查报表的地亩数量不一致，前者多于后者。原因在于农民有所隐匿。征收室里的账比大秋账多，这是因为即使征收了田赋，村里也没有记录。调查报表的地亩数、田赋征收室的红簿数、地亩实际数量不一致。说明自古以来，中国农村的数据就没有准确过。

（三）契税征收

契税以所有权发生转移变动的不动产为征税对象，向产权承受人征收的一种财产税。在晚清和民国时期，主要在田房买卖时征收契税。但并非所有的田房买卖都要交契税，国家购买可以不交税，如修铁道、道路、学校等购买土地。在前面介绍契约时已经对契税进行过介绍，在此主要从契税的角度进行补充介绍。

验契，民国三年（1914）开始，进行验契。红契交纳验费，白契除交纳验费外，必须再立税契。验契费全部送缴国家财政。对于草契来说，契税为：买价、典价在 30 元以上的称大契，30 元以下的称小契。大契验契费 1 元，注册费 10 钱，合计 1 元 10 钱；小契验契费 50 钱，注册费 10 钱，合计 60 钱。与草契不同，白契必须缴纳 3% 的契税。在河北省所有的县都是这样施行。

民国十七年（1928）政府为了收取更多的税金，把作为省款的田赋转为国款，验契费必须全部缴纳中央。大契的验契费为 1 元 80 钱，小契 1 元 10 钱。这时即使拿来白契，也会与红契同样处理。

相关处罚，验契属于强制性的措施，会张榜通知。如不自行交纳会受到惩罚。在民国三年，期限一过，验契费便会上涨。以 3 个月为一期，每 3 个月上涨 1 元 10 钱。1 元 10 钱涨到 8 元 80 钱为止。此处罚措施民国十七年终止。

县里对验契积极性不高，因为所有费用都是省款。虽然如此，县里还是有一点手续费，即从验契费中只抽出几分之一作为办公费，具体比率不清楚。

契税账簿，买主将草契自行缴纳到县契税处（在顺义县称收发处），交换收据，将收据存根留在县里，并且记入税收文簿。草契（每百张）交到乡长处后，记入草契簿，由乡长保管。契税的征解依据是税收文簿或交款簿。

补契和补税，失去契约的时候，失契人拿着乡长或者邻居（地邻）的证明，向税契处申请补契。补契也需要契税，补税与买卖契税相同。补契是基于申报，而不是县请求，或是调查的结果。补契的时候，虽然规定必须提交如同"呈为恳请补税投税恩准案事"这样的行政状，实际上大部分人没有提交，只有极少数人提交。行政状应写下地邻姓名，如漏写，会立即催促补上。补契与红契有同样的法律效力。

（四）集市及其税收

在目前的介绍框架下，集市与牙税不好安排，因为牙税是流通税，属于省税，但工作又是县里在做，而且牙税也有附加部分，与农民的生产、生活紧密相关。从满铁调查来看，主要是征收惯行，因此放在税赋征收中介绍。先简单介绍集市，重点介绍各类牙税的征收及惯行。

1. 集市

顺义县的集市主要有两类，一是县城内的集市，即县城集市；二是物流比较多的乡镇集市，主要有牛栏山、杨各庄等 4 个。乡镇集市并非每天都开集，而是按照逢单或者逢双的原则等来确定。农产品一般不在村庄内买卖，而是在集市进行。城镇商人也很少到农村购买农产品，农民不直接将农产品卖给店铺。主要有三个原因：一是不知道真实的市场价格；二是熟人之间不好讨价还价；三是更重要的是要纳税。顺义县的集市主要有三大类。

粮食集市，即粮食交易的市场。农民将粮食运到集市，买卖双方谈好价格，或者牙伙做中介协调好双方的价格，然后买家去新民会（以前是包商）开票，交斗税，1 元交 2 分

5 钱，卖家和买家各承担一半。双方一手交货，一手交钱。一般而言农民购买粮食不在集市，而是在粮铺或者粮店。按照法律规定，只要有粮食交易就得交斗税，小量的粮食买卖可以不交斗税，1 斗以上才交。

牲口集市，即牲口交易的市场。牲口集市分为大牲口集市，如牛马驴，还有小牲口集市，如猪羊等。牲口买卖也要在集市中进行，还要缴纳牙税。大牲口缴纳大牙税，小牲口缴纳小牙税。买卖双方先谈价，或者牙伙做中介，协商好价格然后进行交易。小牲口买卖，1 元交 9 分钱的牙税，买卖双方共同分摊。但是大牲口买卖交款与交货有一定的讲究。

小牲口买卖一手交钱，一手交货；大牲口买卖，则有特殊的规定。如大猪有一个规矩，谈好价纳完牙税后，买家将猪先牵回家，等几天后再付款，原则是 2 日购买，8 日付款。因为这是大宗买卖，担心猪有病，要观察几天。如果猪没有病，则付款；如果有病，则还给卖家，但是牙税不能退还。牙税由卖家买家各自承担一半。驴、马是大财产，程序与大猪买卖一样，只是付款时间还要长两天，2 日购买，10 日付款。

其他集市，除了粮食和牲口集市外，还有其他农产品集市，如蔬菜等，这些农产品不需要交税。这些农产品可以当场交易，既可以在集市交易，也可以不在集市交易。

2. 包税

由于县征收人员不足，很多税收要承包给个人征收。主要有屠宰税、烟酒牌照税、牲畜税、诸牙税。包税人的选择有两种方式，一是知事（或县长）选择方式，即与知事认识的人向知事申请包税；二是投票决定方式，县公署发出招募公告，从投标人中选择出资最多的人。顺义县每年至少要招募 31 人，总人数从 31 人到百余人不等。包税人不见得都是县城人，每个村都有。包税人每年都更换，也有做十年、二十年的包税人。民国二十八年以前称包税人、包商，民国二十八年以后称为承征人。

3. 牙行、牙人与牙税

对于比较重要的农产品交易需要在集市交易，同时还需要缴纳牙税，牙税由牙行负责。牙行并不完全指机构，而是指农产品交易时的征税人、纳税人、纳税事项等的总称。牙行的主要目标是收税，同时兼做一些中介工作。

牙税的征收员称牙人，以前又称包商、贴头，即将某一市场的牙税包给某个人，让其收税，然后交给财务科。包商雇用牙纪，牙纪又称为牙伙。在民国以前，牙行人员分为三个层级：总包税—分包税—牙伙，分包税是各个区或者镇的征收员，分包税雇用牙伙。后来包商改为承征员或者征收员。在满铁调查时，包商变成了新民学会。

牙税一般采取承包性质，如某个市场每年要交 120 元，则每个月应该交 10 元，但是实际上包商只交 9 元，剩下的 1 元作为自己的生活费。超过部分全部归包商所有。当然如果不足，则由包商补齐。

4. 牙税的种类及税率

斗牙税，即粮食交易的牙税，每百元纳 1 元，附加 50 钱；

秤牙税，即水果、麻、花生油、木炭、棉花等交易的牙税，每百元纳3元，附加1元50钱；

大牙税，即骡、马、驴马、牛等交易的牙税，每百元纳3元，附加1元50钱；

小牙税，即猪、羊交易的牙税，每百元纳3元，附加1元50钱；

猪毛牙税，即猪毛、猪鬃交易的牙税，每百元纳3元，附加1元50钱。

5. 征收员、牙伙和办事员。

征收员，又称为承征员，承包某一市场的牙税。承征员有征收牙税的权力，也有雇用牙伙的权力。承征员在承包前要交一定的保证金，即总税的20%左右。如果不能完成任务，就用保证金抵税，如果完成可以退回。对于征收员的收入，在调查中有两种说法，一是超额部分归征收员；二是总额的10%归征收员。

包商的条件，包括总包商和分包商，对于包商有几个要求，一是识字，有文化；二是能够办事；三是与知事要比较熟悉。从前包商还要能够缴纳保证金，在满铁调查时，因为包商变成了新民会，因此不需要保证金了。

牙伙的产生，牙伙是周围的农民，年龄在20—65岁之间，如果年纪大了就干不了。如果农民与包商认识，直接向包商申请；如果不认识，可以请介绍人向包商推荐，后者认可即可。

牙伙的资格，牙伙可以识字，也可以不识字，但是要对交易比较熟悉。当然不熟悉也可以先学习。包商要求牙伙勤劳认真，不能背后收钱。其实，在现实中，牙伙一般不变，变的是包商。牙伙有干十几年或者几十年的。新包商承包集市牙税后，既可以找新人，也会续用老牙伙。

牙伙的报酬，牙伙的报酬由包商支付，一般是后付。每个牙伙的收入不同，根据其工作完成程度来确定。有些时候，如大牲口交易，牙伙可以买来缰绳，以缰绳的名义收一点小钱。有时交易双方也会给些酒钱。

牙伙的要求，牙伙不能私下收钱，也不能私下收牙税。牙伙可以做交易双方的中介，成交后带双方到办事员处交牙税。交易双方达成协议后找办事员开票。

牙伙的活动，市场都有牙伙，全县有一二十位牙伙。牙伙之间没有正式的组织，也不召开会议。当然如果有时间，牙伙也会在一起交流情况，但不是正式会议。

办事员，在正式的集市，征收员请了办事员，办事员又称为"先生"，主要是开票收牙税。

6. 屠宰税

在农村，除了缴纳牙税外，更多的是屠宰税，农民宰杀牲口需要交纳屠宰税。宰杀一头猪，交正税60钱，附加30钱。宰杀一头牛等大牲口，交正税3元，附加1元50钱。屠宰税可以包给某人，如果是承包给包商，包商则到各村打听屠宰情况，也可以委托其他的农民帮助打探，发现了屠宰就去征屠宰税。屠宰税也可以承包给村庄，如村里每年实际宰杀10头牲口，村公所就承包5头，多余的部分就成为村公所的收入。如果当年实际屠宰数量少于承包额，则需要村公所补偿。

如果说田赋是国家渗透到农村的一个代表，牙税则是国家深入农民生活的一个体现。前者让农民意识到国家；后者让农民感觉到国家无处不在。当然由于农民的市场化程度不高，国家向乡村生活渗透能力不强，牙税、屠宰税对农民生产生活影响有限。

总体而言，田赋及其附加由县公署、财务科、粮房征收，农民主动缴纳，保正、地方、财务警察催缴。县款及各类公摊，主要是由县公署、分所、乡长或村长征收。这是两套不同的征收体系。

六 县政村治

从满铁调查可以清楚地看到，顺义县的治理，主要有两个层级，一是县公署的治理，二是村庄和商会的治理。省政府会进行一些调控，调控主要通过县公署进行。而区、分所是县与村之间的连接机构。可以将民国前三十年的基层治理概括为：县政、区联、村治，即县是政治，区是联系，村是自治。

（一）县政

所谓县政，就是县公署通过政治权力来管理经济和社会。从调查来看，县是一级典型的政府，有决策机构、执行机构、司法机构，还有公共财政。日本人主要进行农村惯行调查，所以笔者以赋税为重点来介绍县政。

1. 县政决策

从顺义县来看，县政决策主要包括三个会议：一是县政会议，二是行政会议，三是商民联合会议。三大会议决定县里预算、决策和县款的分配方案。

县政会议，就是一个由政府各个部门组成的政府工作会议。出席者包括县财务科、教育科、建筑科、公安科、县知事或者县长。如果说"商民联合会议"具有民主协商的性质；"县政会议"纯粹是政务工作会议。从民国十七年（1928）开始一直到调查时为止，县政会议都在召开。其中从民国十七年（1928）到民国二十四年（1935）规定，一周必须召开一次会议。此后只在必要时候召开，次数逐渐变少，即使开会也主要是讨论民主党和政府间的联络。最初县里收支预算、决算都在县政会议上讨论，随着时间推移，县政会议不再研究具体的事务，只讨论一些政治关系。

行政会议，民国十九年（1930）开始有县行政会议，其出席者包括县政会议的出席者，以及国民党部各团体代表、各区代表（8区的代表、区长和绅士出席）、各机关代表（学校、商会的代表）等。行政会议的规模比县政会议大，参与人员的范围更广，人数更多。行政会议具有合议的性质。行政会议主要研究县的政治关系、警款的分配标准、保正取消、教育改善、土匪肃清、绅商摊款确定、公益建筑等工作。与县政会议相比，行政会议就是一个执行会议，县政会议决定的大事，由行政会议来落实和执行。

商民联合会，也称为绅商联合会议，即商业从业者和农民从业者的代表联合召开的会议，绅即民，商即商人。商民联合会议决定商业和农业负担的县摊款的比例及其他一些重大问题。决定临时摊款时，农民和商人按照"民七商三"的比例安排代表，即农民有七成代表，商人有三成代表，共同决定摊派的总额、征收方式等。商民联合会具有一定的协商民主性质。

出席县政会议的人全部都要出席绅商会议，有县长、顾问、秘书、财务科长、建设科长、学务科长、警察所长、以及其他建设学务民事等的科员。其他出席的还有绅、商代表。商会代表由商会确定，每个商会2名代表：会长和行业代表。绅士代表由各分所通知各乡长、副乡长开会选出出席会议的代表。大多是口头表决，被推选参会的多是有名望的乡长。一个乡可推1—2名代表，也有的乡推选3名。商民联合会议的主席一般由乡长担任，没有的话可以由顾问或秘书担任。

商民联合会议讨论最多的是摊款的分配，即由商民联合会议讨论决定商民分配比例，凡是涉及农业和商业摊款的分配均需由商民联合会议讨论。根据商民联合会议的规定，从民国二十年（1931）到民国二十八年（1939），商民摊款：商为35%，民为65%。根据民国二十八年八月的商民联合会议规定，决定负担比率是7对3，即民为7，商为3。

如果说县政会议是典型的政务会议；行政会议则是包括各种代表的一种合议性工作会议；商民联合会则是民间社会组织召开的协商会议。三个会议确立县政决策的基本架构，共同确定了县政的决策及县款的摊派。

2. 财务组织

县公署最重要的经济组织就是财务科。财务科有科长，下设三个股：会计股，负责收支现金；县款股，负责收支县款；库款股，负责对省征解库款。每个股设有科员和办事员，后者是前者的下级。税契处、田赋征收处、牙杂税征收员、土地整理处附属于财务科。科长平等地对各股进行监督，大家都在科长的监督下工作。可见，财务科就是一个纯粹性征税、征费部门，没有其他的公共建设职能，也没有经济调节职能，与当前的财政局有很大的差别。这也说明当时县政也是一种"消极行政"。

税契处，在顺义县又称为"收发室"，收发室原是传达室的意思，但是因为县公署办公房间不够，税契处在收发室办公，农民称之为"传达室"。税契处设有主任、书记和临时雇员。从满铁调查来看，税契处受两处节制，一是在财务科长的监督下工作，二是在秘书处（总务科）的管辖之下工作。由县知事或县长任免，民国二十七年（1938）以后开始支付月薪。

田赋征收处，也称为田赋经征处，主要负责田赋的征收工作，设置有主任、稽核及若干书记。田赋征收处在财务科长监督下工作。负责人和契税处一样，主任是总监督，稽核是被监督者，书记是征收事者，从民国三十一年（1942）起开始支付月薪。

土地整理处，对旗地、黑地进行整理升科的机构，设置若干土地清理员，在财务科长的监督下工作。

财务稽核专员，主要是监督财税的官员。从前省县均没有设置这样的官员，县只需将省款送往省里即可，现在专员负责监督。财务稽核专员在县公署内办公，监督顺义、密云、怀柔的税收。稽核仅限于省税的征收。县里交给专员旬表。稽核员职务相当于县长。省财务厅长是总督政官，县知事是经征官。虽然财务稽核员拥有监督责任，但是没有组织，也不需要提交月报表。

财务警察，在顺义县设立了财务警察，共有10人，隶属警察局，其功能就是催收田赋，协助地方催税人催税，如有人不听地方劝告，财务警察就去督促。财务警察的月薪是15—17元。

3. 警察司法行政

政务警，民国二十九年（1940），从警察中选出一批人担任政务警察。1名警长，9名政务警察。其职责是负责有关县公署司法行政方面的工作，传人、传达消息、司法行政（村公所关系）联络、协助催缴粮银。政务警属于警察署，只负责执行县里的命令，与分所没有关系。政务警到村里不被人讨厌，也不会有好感，农民对他们总有畏惧感。民国二十九年之前，在警察中有10人在做这项工作，但是没有明确为政务警。

政务警从警察里挑选，要求有经验、工作踏实。政务警可招募，也可以推荐。当有空缺时，乡长们可以推荐。政务警察不需要考试，但是警长需要考试。熟悉村里情况、与村民感情融洽、熟悉所有警务的人会被选为政务警察。特别是年龄比较大，熟悉司法，且有殴打经验的警察更容易被选中（一般分工是：承审员审讯，政务警察殴打）。与普通警察相比，政务警危险性比较小，不用夜间巡逻，也不用上街。

政务警察的收入不高，根据等级有20元至24元的月收入。政务警察下村时，会被招待喝茶，如果赶上吃饭，也会请吃饭；如果不吃，会给一些酒钱、跑腿钱、鞋钱。一般是三四角，多则一元。政务警与农民发生争执，或者行为不检点，县公署会安排特警去村里调解。当政务警威胁普通老百姓，收取不正当钱财的时候（村给适当给一些饭费是允许的），会被免职。只有县长有权罢免政务警。

司法，负责与人民诉讼有关的事情。如原告起诉县里的时候，承审处给司法送来传票，让司法通知和传送给原告和被告。司法相当于地方法院，相当于如今承讯处的承审员。法院时代的承审员又称为"推事"。

行政，满铁调查没有具体解释或者询问这一职务，从调查中可以发现其职能，如负责乡长、乡副、学校老师的替换。村民想让乡长、乡副、老师辞职的时候，行政部门的人就过来处理，由负责乡长（秘书室）和教员（学务科）事务的县公署负责开具传票并送至政务警。

4. 县款分配

县款分配是重要的县政治理，满铁调查用了大量的时间对此进行调查。

县款的类型，县摊款分为"经常摊款"和"临时摊款"。从规定上讲，县摊款需要得到省的批准，但实际情况是，即使省里不批准，县里也会征收。从民国二十二年（1933）开始的8年间，只有"经常摊款""村摊警款、村摊保卫专款"两项，可以简称"经常摊款"和"警察摊款"。民国二十九年（1940）以后取消，两项摊款合并变为"亩捐"。临时摊款是不定的，如民国二十九年有"服装费"（警察）。经常摊款一年分四季征收，临时摊款一年征收一次。临时摊款不列于县预算，有很多秘密，一般不对外公布，但要列入"特别会计"。民国十七年（1928）到民国二十八年（1939）左右的时候县摊款大体上都是警察费，春（夏秋冬）摊警款和村摊警款属于定期的经常摊款，其他则属于临时摊款。

"特别会计"，民国二十六年（1937）开始没有写入预算表的临时摊款，计入"特别会计"，写入其中的有"剿匪费""外宾招待费""清乡费"（青年团训练费）。省里临时给予的"治安会议费"也算入其中。一般不对外公布。

县款的分配，县款分配是"县政"很重要的一件事情。县款分配主要涉及四个方面：一是县款在商业与农业之间的分配，前面已经在商民联合会议中进行了介绍。二是县摊民款在各区分配。民摊款按照平均方法分配给8个区。三是按区分配的摊款要在各村之间进行分配，其分配方法有所不同，第一区按照所有土地数量进行分配，如果是警款则按照车股分配，其他的则依据警款进行分配。四是商款在商人之间的分配，5个商会，根据商会大小进行分配，杨各庄占35%，县城占30%，牛栏山占20%。县摊款争论比较多，民商之间争论，各区之间的争论，各村之间的争论，各商会之间也会争论。

县款分配方式，县款分配额度下到区后，区里召集各乡长、副乡长召开会议，进行说明，区长或者分所所长告之各乡的分配数额，然后各乡长回到村里摊款。分配摊款时，县里会下发简单公文书（摊款的分配额通知表），一份给村长或乡长，一份给分所。收齐摊款后，各乡长或村长将摊款金额交到区里（有时区也派人来收取），区里会给各村长"收据"。

顺义县各种摊款的分配标准和依据

	县	区	村
马车	以区为单位分配	以车股为单位（警款）	以所有土地为依据
力役			以所有土地为依据
青苗费			以经营土地为依据
田赋	所有土地	所有土地	所有土地
税收附加	所有土地	所有土地	所有土地

上面从总体上介绍了县款类型、县款分配及县款的分配方式，下面专门介绍几种县款的分配办法。

警款分配，警款按照车股分配，第一区分为9车股。每次进行分配之时，召集各村村长举行"开会"。在分所召开分配会议其出席者有村长、乡长、书记、警长。开会时除了村长，每个村还可以安排一二位代表出席会议。

车股，民国二十一年（1931）到民国二十二年（1932），军队要求提供军需品，其中车马是重要的军需品。军队会向村庄摊派车马。为了分配摊派的车马，县里按照区进行平均分配；区也有分配方式，第一区按照车股进行分配，共有 9 车股。所谓车股，就是决定谁出车、马，出多少车马的单位或团体。比如第一区有 40 个村，如果分摊到每个村比较麻烦，因为每个村不足出一台车，因此几个村成为一股，合作提供车马，可见，车股是为了凑齐摊派车马而成立以"股"为名称的组织、团体。有了车股后，各村之间交替提供车马。这样车股就成了分配摊款的组织。车股有车股代表。警款也按照车股进行分配。用车股分配车马就有了一定的标准，不会混乱，县里也可以省去繁杂的手续。在村庄，分摊车马费时，则按照所有土地亩数分配。可见，从县、区、村有三种不同的分配方式，县按照区平均分配，区按照车股分配，村按照所有土地数量分配。

团警摊款及分配方法，团警摊款包含警款和自卫团摊款两方面。为了维持村的治安，根据省的命令，各区均要组织自卫团。由区团长（区长兼任）、副团长、班长等组成。自卫团和警察的工作相似。团款是自卫团的费用；警款是警察所需要的费用。两者均按照警款分配依据进行分配，即按照车股进行分配。团警摊均要交到县里，一个季度一次，然后县里按月再送到区里。

桥梁道路的临时摊款，依警款的标准分配，再依据不同的层级而定：修理的工作是遵从县或区的规定，交纳到县或区里使用。该道路在区管辖之内时，区内直接使用；在县里的情况下，缴纳给县，由县里支配使用。

军事支应摊款，军队命令临时派出货车和马草。如果各个区、乡有这些物品，直接收齐后送给军队；如果没有这些物品，则以摊款的形式收钱，再购买所需物品。中国军队驻扎在区里时，就以区的名义征收摊款。军队驻扎在县里时，就以县的名义征收摊款。

5. 摊款的层级干预

省对县款的干预，省对县干预包括三种，一是对省税附加的干预，县里按照规定征收，超过部分需要向省里报告，批准后方可征收。如果没有省的许可，县市不能擅自增额。二是省给县补贴。过去省款从来没有给县里补贴，现在省款对县有两项补助，第一种，行政费，包括行政经费和行政补助费；第二种，司法费，包括司法经费和司法补助费。三是省对公摊的干预，省对县的亩捐做了规定，不能超过正税的 50%。

县对村的村费干预，县里要求乡、村制订预算。在预算时村费、村摊有一定的上限，不能超过上限。民国三十年（1941）每亩不超过 1 元 50 钱；相反，村对县里的摊款不能提出异议。

（二）区联

如果说县是政治，区就是联接，即区包括分所就是上接县，下连村的一个中间性组织，可以说是县的派出机构，也可以说是县的一个执行机构。

1. 区公所

区的历史，区是一个行政区划，其主要工作是地方自治和地方治安，包括户口调查、间邻编制、良民身份调查、乡长的监撰、监察委员会的组建等。顺义县有 8 区。民国二十年（1931）以前，设置区公所，有区长。区长之下有助理员1人、书记1人，相当于一个缩小版的县公署。民国二十年区公所取消，没有行政机关，仅有分驻所（分所）。民国二十年以前区公所是实体机构，现在只有一个名称，区有办公费，却没有办公机关、人员。

区的职能，县里的公摊，如亩捐，警款，民摊等均通过区来分配，再由区分配到乡或村。警察分所本身与税、摊款没有关系。在区公所虚化后，其职能由警察分所、分局承担。区还是一个分配单位，很多县的摊款以区为单位分摊。所以区变成了一个分配单位，而不是一个实体性的执行单位。区实体化时也有摊款，主要包括军事支应摊款、"保卫团服装费"、"枪支费"（铁炮、弹丸费）。

2. 分所或分局

分所即警察分所，以前称警察分局。民国二十八年（1939）改为分所。分所和警察所的组织一样，分为四个组织，分别为警务、保安、司法、特务。虽然分为四个部门，但是因为人手不足，大家都在一起工作，也没有什么明显的区分。其实，警察分所原有的职能是警察的职能，在区公所取消后，警察分所还承担了分配摊款，催收摊款的职责。

分所的构成，在顺义县，有4所分所，分所下有4所分驻所，各区有1所。分所下设书记1名、警长1名，辖警士16名。

分所的职责，主要的职责就是治安。区公所取消后，分所还承担了其他的职能，主要包括行政、治安、传达、催税，具体有治安、摊款、道路桥梁修理、保甲自卫团、户口、指纹（身份证明书）等相关工作，与治安相关的工作是户口调查、保甲编制、对匪贼的保护。

分所经费及摊款，县拨给分所的经费一般是50元，不够用时只能向所辖村庄摊派。摊派以"招待费""分所备品修理费"等居多。招待费是招待到分所来的人的费用或是分所的人出差的费用等。备品费、修理费的摊款每年都有，其名称不定，其摊款按照各村所有土地数量分配。各村分配率每年相同，将各村村长叫到分所开会，分配摊派数量。

3. 区分所会议

会议与决策，分所拟每个月召开一次乡长（村长）会议。一般在实行联席会议制度，会议参加者有乡长、村长、分所所长，有些时候也有村里的代表，主要研究事项有募集新兵、摊款、修缮道路、调派青年训练等，摊派款项、车、马、柴草分配时召集开会的情况比较多。区或者分所不能直接将任务下达到各个乡或村，必须通过乡长会议才可以。区分所会议并不是一个法定的会议，而是为了解决问题而进行安排和协商的会议。

分配摊款，县政会议确定了摊派额度后，各区会召开区会议。区或者分所接到县的临时摊款通知后，一般不会直接下命令，而是召集各乡长、副乡长召开会议，进行说明。区长或者分所长公布各乡的分配数额，然后各乡长、副乡长带着县里的文书回到村里落实摊派任务。

缴纳摊款，摊款主要包括经常性摊款如警款，临时性摊款如车马、柴马，均由警务部门分配。车、柴按照车股分配给各村，其他摊派按照田亩分摊。摊派方式、分配方案都已形成习惯，大家没有意见。如果无法形成共识，则向县公署报告。各村收到款项后，大额的交到分所，分所会开具收据；小额的交给商号，由商号转交给县公署。

推选代表，县里通知召开商民联合会议后，各区或者分所就召开各乡长、副乡长会议，推选参加商民联合会议的代表。一般推荐有名望的乡长参加会议。

4. 分所与乡村、保正的关系

区分所与乡村关系，两者没有直接的上下级关系，也不是领导和被领导关系。区分所是县公署的下属机构，村或乡长是县长委任的社会名义职务，均接受县公署的领导。区和分所主要是接受县里的任务予以落实，在落实过程中需要村或乡协助完成，两者之间是协助和被协助的关系。可见分所并不是乡或村的直接上级机关，而是县里的一个派出机构，在乡长或村长的帮助下完成工作。

分所和保正的关系，两者之间没有关系，但也会相互协助工作。保正每天都会去县公署的收发室，县给分所的很多文件由保正带来。如果分所有人去县里，也可以自己带回。在分所成立以前，保正、地方具有治安职能，但是有分所后，保正、地方的工作不多了，也没有多大的价值。但是现在保正、地方可深入民间，解决问题比较顺手，当前主要协助分所警察处理各种事务。

（三）村治

第一卷的导读已经比较详细地介绍了顺义县、沙井村的治理，但是第二卷也介绍了一些村庄治理，在此仅就第二卷涉及的村庄治理进行介绍。

村长的产生，村长由村民选举产生，选举时各家各户安排一人去投票，选举村长和副村长。在沙井村如果候选人同姓同宗，则不参加投票。在投票日，分所将选票带到村里，庙里的看守或者看青的人会通知各家开会投票，先来先投票，直到选票发完为止。发选票时，一般发给会写字的人。小孩、妇女不参与投票，但是家长不在时，也可以参加。投票完后，分所将选票带回，择日宣布结果。

沙井村的村长有很多职务，村长、校长、爱护村的村长、新民会在沙井村的负责人等。主要工作有以下几项，一是开会，前往县、区开会；二是招待县、区来的人；三是组织村务决策；四是参与需要村长参加的纠纷调解；五是土地买卖的证监人；六是催缴各类摊款。摊款的催缴者主要包括县公署、分所、村庄（村长）。

会首的产生，会首没有严格的投票，村长拜托某人，如果某人同意，间邻不反对，然后村长、会首开会同意即可。也没有什么特别的仪式。会首一般是家里有财产、有土地的人。没有土地和财产的人会自动提出辞职。会首的主要职责是参与会议商量村庄事务。

治理机构，村长、副村长和会首构成了村庄的权力机构。村长与副村长、各个会首之间也没有领导和被领导的关系，基本是合议制或者协商制。当然村长具有主导地位。村庄没有村民大会，也没有代表大会，只有选举村长时才会召开村民大会，其他的事情很少召开大会。在谢秋、庙会时会有聚会，但并不是政治意义的会议。村里除了村长、副村长、会首外，还有司库，或者记账的，也称为"会先生"。另外，还有 1 位看青的、1 位看庙的，这两位做一些"跑腿"的工作。

村务决策，村里重大事情主要有三项，一是摊款的决定；二是力役的分配；三是村公田的出租。摊款、力役的分配，主要是村长、副村长和会首一起开会商量，大部分同意即形成决议，一般没有反对的意见。然后将摊款、力役张榜公布。从调查来看，村民没有意见，有人说，有意见也不起作用。村公田的出租，从前由村长选择租佃者，在民国三十年（1941）改为投标决定租佃者。

（四）保正与地方

1. 保正

保正俗称保长，以前也称"捕头"，有些地方叫"路头"。顺义县有十路，路头下面有三四名兵，还有一二名伙计。路头的主要工作是讨伐盗贼、社会治安、催缴钱粮等。民国以后，路头成为警察。路头下的伙计，负责分送县公署、新民会、警察所的文书。原来由路头所承担的治安工作改由警察负责，保正不再负责治安工作。当前保正不是官职，而是义务性职务，一区一名保正。

保正的职责，主要是传递公文、催收税款。在顺义县保正有8人，均为城里人，住在县城。各个保正之间虽然熟悉，但是没有横向联系。区、分所和保正没有特定隶属关系，担任保正的人员每天去县里上班，发送区、村的公文。

保正的资格，保正没有财产，没有职业，但不是农民，也不是商人，而是在当地比较活跃的人。保正既要熟悉官吏，也要熟悉村庄，多少还要懂点农活，一般农民干不了。

保正的地位，保正的地位不太高，依靠其收入可以过日子。保正一般是父子一起做。保正处理各种公文，儿子传送各种公文。如果儿子只是偶尔在保正外出时帮忙，则称为"半伙"。

保正的报酬，其报酬不确定。由所辖的村公会，保正的报酬既取决于自己的工作质量，也取决于与乡长（村长）的关系，如乡长（村长）来县办事时，招待的好，可能村里会多给点报酬；招待的不好，可能会少给点。每年立夏、立秋时，每个村会给2—3元至10元左右的报酬。第一区的保正就是与儿子一起干，因为收入不稳定，比较苦恼，但是又不能不干，因为担心乡亲们议论。如果保正不想干，可以向县政府提出辞职申请，一般会批准。

保正的选派，保正由各村的村长和分所联名上书向县知事申请，本人同意，县长或知事就会许可、任命。如果各个村长反对，则会被免职。保正没有明确的任期，如果业绩好，10年、20年也可以；业绩不好，干一二年就不让他干了。很多时候是子承父业，具有世袭性质。

保正的考核，其考核主要是辖区的农民，依据对地方监督的勤奋程度，对人民的亲切程度决定其业绩。如果保正做了坏事，全区代表开会，决定保正是否继续工作。如果确定不让其担任保正，由县长（县知事）通过文书判决其免职。

保正办公地点，保正在乡公所、区公所有办公地点，其所在辖区的各个村集资在县城建立一个办公场所，办公场所和办公费用由各个村分摊，以警款的名义征收。保正、地方在此办公，乡长或村长来县城公干时可以在此落脚。

保正上班，保正和地方每天都要来办公地点上班，一般早晨五点就过来，晚上回去时到收发室查看公文。地方平时传送文件没有报酬，但是在卯日给村里传送文件会有报酬。保正就是地方的代表，在卯日带地方来县里汇报，称为"带卯"。

传达公文，保正把县公署发布的命令或者公告传达到村里，把新民会的工作传达到村里，无论什么事情，只要是必须传达到村子里的，都要负责传达。保正让伙计跑着通知各个地方，然后通过地方传达到各个村。特别紧急重要的事情，会把村长们召集起来传达公文。村长离县城比较远且又比较晚时，县里会提供住宿。

催缴钱粮，保正知道开征日期，会提前告知地方在开征日来办公室，然后一起来县里，领取一村一册的账册。保正凭借这进行调查。封面上写的有年月日，还盖有印章，里面记录的有人名、亩数、征税等信息。交清钱粮之后，会销毁这些册子。地方一年来拿一次。在催缴钱银期间，保正、地方每10天去财务科汇报一次（称为辨卯），了解催缴业绩，即根据粮房的调查报告由财务科通知给保正和地方。

2. 地方

地方是保甲、闾邻体系中的一个部分，受保正管辖。

地方的任命，在顺义县，地方有53人。地方由保正提名，县公署任命，并出具委任状。任命地方，保正要与村长、乡长商量，后者不同意时，不能任命。如果地方做得不好，可以撤换。县公署、村民和村长、保正可以提出撤换地方。一般保正提出撤换地方的比较多。但是如果村民中意地方，即使保正提出撤换，也不会成功。

地方的报酬，地方属于联络员，由保正指挥，没有固定的工资，主要依靠从村里得些谢礼，或者每年向每家每户收一些小钱维持生活，即每户人家给地方少量的谷物，称"攒粮食"，有时也会给一些钱。地方的收入比保正要少，但是传达公文和各个节日的时候，应该能得到一些东西，特别是卯日时会有一些小报酬。地方去村里公干时，有时会管饭。保正不会给地方报酬或者劳务。

地方的地位，由经济、社会地位比较低，没有财产的人担任。有些地方也种地，大部分很穷，有些甚至不识字。地方可以是本村人，也可以不是本村人，但是距离本村近比较好。保正不能任命与自己关系好的人。

地方的职能，地方是一个苦差事，也是一个义务性的职务，但还是有多项工作：一是将县里的政策和要求传达给村庄，二是催收钱粮，地方主要接受县公署的命令，对田赋进行催促。地方绝对服从保正的指挥。地方的事务比较多，地方比保正的责任要大。催缴钱粮是一件大事，对于保正和地方来说，也有一些环节和程序。

开征，上忙的时候，即开始征收时，保正与地方会去各村通知。保正会在各村张贴布告，地方"打锣"通知村民集合。保正和地方也会前往村公所与村长交流。保正回去后，地方到各家各户催缴粮银。

粮名簿，地方在催粮时没有红册等账簿，只有从财务科持有的"红账"中抄写来的滞纳者"清单儿",也称"粮名簿"。滞纳者不是很多时,科长递交给保正公文,保正让地方阅读,地方上门催缴。

催缴,当有延迟缴纳或者没有缴纳粮银的时候,由"户房"提供各管辖村庄的滞纳人的名单,地方到各户去催缴。如果不缴纳,将由政务警催缴。政务警催缴需要有正式公文。公文由财务科出签,政务警签名,有签名的公文书由政务警执行,保正、地方协助完成。

比卯,这是催缴田粮时的一个专门的活动,即各个保正、地方相互比较催缴粮银的业绩,即集中到一起,汇报催缴粮银的情况,汇报业绩称为"辨卯"。每隔10天一次,财务科会召集全县保正和地方汇报催缴情况,这种集会称为"比卯"。比卯也是催粮的一种方式和手段。

公布成绩,赋税催收的业绩由财务科长公布。榜上有自己名字的话,就能知道自己的成绩。如果业绩不好的话,就不用来了。如果业绩好,地方可以得到3元左右的奖励,保正可以得到5元的奖励。这些奖励也称为"花红"。如果催粮业绩不好,地方会被训斥,甚至会被送到看守所。

代缴,代缴就是代替其他去缴纳赋税。一般而言,农民不会委托保正、地方代缴赋税,因为农民不相信保正、地方。但是农民会委托甲长、教员、同族以及亲戚代缴赋税。帮忙代缴没有报酬,也没有谢礼。

粮房与保正、地方没有关系,后者不为前者做事,前者也不能训斥后者。只有财务科的科长可以批评或表扬保正和地方。粮房负责代收钱粮,负责将滞交的名单转给财务科,财务科交给保正、地方,后者负责催缴。

3. 伙计

伙计是地方以下的职务,又称"下路"。在晚清时,路头下也有一二名伙计。伙计由保正直接安排,在身边听从调遣的,主要负责联络"地方"。在不景气的时候,伙计都很少,事情就由地方来完成。伙计每天都去县里,负责向各村传送文件,村里会招待吃饭。伙计传送公文时一般会骑自行车。新民会的文件也由伙计传送,现在由合作社的伙计传送。县公署、保正都不会给伙计报酬,村里每年多少会给一点小报酬。伙计去铁路、商会传送文件时,铁路不会给谢礼,但是商会在过年过节时会给几元谢礼。

4. 各主体的关系

保正与县的关系,保正是县公署任命的,两者之间有领导和被领导关系,但是县公署不给保正发薪水。

保正与地方的关系,保正领导、督促地方工作,两者之间也是领导和被领导的关系,但是地方由保正提名,保正提名时要征求村长的意见,县公署任命地方。县公署、保正不会给地方报酬。

保正、地方与区公所、警察分所的关系,两者之间没有关系,有时后者委托前者做一些顺带性的工作。保正和地方除了催税外,对村民没有指挥能力,也没有权威。保正和地方也会协助区、分所做一些协调工作。区、分所不会给保正、地方报酬。

家户、宗族、村治与县政

——《满铁农村调查（惯行类）》第 3 卷导读

寺北柴村是一个贫困村庄，在栾城县城北面，距县城 3 千米左右。全村约 146 户，714 人。全村农民自有土地 1377.1 垧，出租地 627.3 垧，佃耕地 1372 垧，承典地 28 垧，代付地 66.1 垧，自耕地 682.2 垧。经营总面积 2074.2 垧（按照银两计算寺北柴村的土地数量约为 1799.56 亩，钱粮 64.269 两，每垧 0.8676 亩）。平均每户自有土地为 9.43 垧（8.18 亩），经营面积 14.20 垧（12.32 亩）。全县每户平均拥有土地为 18.96 垧（16.45 亩），寺北柴村远低于全县平均水平。在栾城县，1 人需要 5 垧地（4.34 亩）才能够生存，如果是佃种需要 10 垧地（8.68 亩）。

土地。寺北柴村没有大地主，拥有三四十垧地的所谓"大地主"也要佃耕别人的土地，大部分农户是佃农，自耕农很少。即使佃耕土地，平均也不到 15 垧，自耕规模约为 10 垧。10 垧以下的农户大多将土地出租。大部分农户佃耕县城地主的土地，占全村佃耕土地的 60%。寺北柴村的人均耕地低于全县平均水平，农民比较贫穷。

从耕地质量来看，寺北柴村有 800 亩上等地，其中 400 亩归村里的地主所有；800 亩下等地，其中 300 亩归本村地主所有。寺北柴村的小地主大多将自己的地出典，成了佃户。村里地主的土地加起来有七八百亩，其中有五六百亩出典了。

职业。寺北柴村大部分农民从事农业生产，少部分人从事非农业。在县公署工作、当警察的有十多人，有 10 位农民为雇农，有 14 位去石家庄做苦力。在外地或者外村做长工的有 20 人，其中三四人去石家庄打工，四五人去满洲打工，在满洲打工的人至今未回。有 3 名外村人在本村做长工。全村有 20 人乞讨，其中一家 6 人均乞讨。乞讨者均因生病而乞讨，村民不会嘲笑乞讨者，但也不会特别尊重他们。农业之外的副业主要有两个：男的"推脚车"，女的"纺花织布"。

具体职业。一是长工，一般 11 月外出，第二年 10 月末回村。只有极度贫困的人才会去做长工。长工契约是一年，也有在同一东家做三四年的。二是办公人员，村里有能力的人有十多位，这些人多半会写，财产虽然不多，但是都能够为村里做事，农民称之为办公室人员。三是上户，比办公室人员富裕的人称为上户。一般是指有四十垧以上土地的家庭，在当地算是"富裕户"。

寺北柴村是密居型村庄（村落聚居分为三类：散居、密居、围居）。密居制是为了防止匪贼。

边界。村与村之间没有明确边界,以前曾经在十字路打过木桩,现在没有了。村庄的界线由本村土地的广度决定。如果在边界处的土地卖给了邻村,税就到了邻村,边界也会移动。这一点顺义县不同,顺义县村的边界基本是固定的。

柴村的土地。指寺北柴村地主所拥有的本村和外村所有的土地。[1] 住在城里的地主所拥有寺北柴村的土地,如果登记在县城里就是县城里的土地。一个村的土地应该以县经征处的粮册为准。

水井。全村有耕地用水井42口,饮用水井12口。有43台水车,水车使用驴子、骡子71头。2头牲畜一天可以灌溉4亩地。一口好井可以灌溉一百亩,普通井能够灌溉十亩左右。

公共设施。寺北柴村除了五座庙的房子外,没有庙产,也没有香火地,庙里也没有其他的公共设施。村里没有义地,也没有为了取土而设立的荒地、粪坑等废地。

私塾。寺北柴村有一所私塾,此私塾为村长委托前村长而建。1941年私塾有十一二名学生,1942年一共有九名学生,全部是十岁到十三岁的男孩。女孩基本不上学,也不识字。孩子们一般在十五岁时就不念书了。私塾主要教授《三字经》《百家姓》《论语》《孟子》《大学》等。

关于调查说明一。寺北柴村是一个多姓村,每个姓就是一个宗族。因此在调查过程中,每个宗族的行为方式会有一些小差异,因此在调查时各个宗族会有所不同,但是总体的规则大同小异,如族长、门家长的权力和仪式性的权力等。满铁调查员在栾城县的调查与顺义县不同,先是进行一般性的调查,然后就逐个人问具体的事例。所以本书前面一般性的调查具有规律性,后面的具体事例具有鲜活性。如对宗族礼俗和规定,聂家与郝家、刘家就完全不同,前者与顺义县没有差别。对于某些说法,被调查者的回答有相当大的差异。

关于调查说明二。对于田赋的计算,调查者有些采用银两制,有些采用地亩制。两者有一个换算关系,一两银相当于28亩(准确是28.12亩);换算成地亩制是八分三厘。田赋附加是一亩八分二厘。如果采取的是银两制应该换算成地亩制,在阅读时要注意换算。田赋附加是民国时期县级政府的财政收入,在此之前没有田赋附加。

关于调查说明三。对于土地面积,有些采用垄,有些采用亩。为了便于换算,笔者通过《各村庄清查银两清册》,查到寺北柴村全年应交银两是64.269两,按照每两28亩计算,柴村的土地为1799.56亩。如果1799.56亩对应全村所有经营垄数,则每垄0.8676亩。

关于调查说明四。对于有些数据之类的调查,不同的人有不同的说法,在撰写导读时笔者只能根据自己的判断确定真伪,也许我的理解是错误的。为了避免这种问题,有时我将另外一种说法或者另外一种数据用括号放在后面,供读者判断。

---

〔1〕 为了方便有时称寺北柴村为柴村。

一　村庄治理

（一）村庄权力及其架构

村里的组织机构。栾城县村公所的组织架构为村长、副村长、书记各一人，管账一人，有时管账与书记是同一个人。另外还有若干村警，俗称"地方"。村长和副村长由村民选举产生。其他由村长任命。村民认为村警是村长的随从、跟班。这些人都是村里有势力的人。村长、副村长一般要有财产。村警和书记可以没有财产，穷人也可以担任，但是穷人不能管账。

村长选举。民国初年开始选举村长。村长选举主要是"知识阶层"参加（一人话语），由村里有实力的七十多人投票选举村长、副村长。按当时的规定，每人都有投票的资格，但实际上每家都由户长或者家长投票。"没有知识的人"主动放弃参与的权利，其他人也不愿意他们参加；乞讨者从来不参与投票；佃农、贫农也很少投票。一户一人，家长参加，但是很多人有事，脱不开身，一般只有七八十人参加。如果家长不能参加，就由家人代表投票。村长任期为一年，按规定每年都应选举。选举时间从十二点开始，一般会持续两个小时，选举结果直接向县公署报告。其实，民国以前，村长是根据村公约选举产生，据说已有一百多年的历史。

选举程序。选举前，县公署会给村里送来公文，公文上面写着选举的方法以及选举结束后要尽快报告的内容。县自治指导员或者警察分所的警察会先下到村，与甲长们商量村长、副村长人选，选出最适合的人选。然后甲长们召集户长们开会，通报候选人名单，最后召集村民选举。寺北柴村选举时第一分所会安排监证人，如果没有官员过来，当选者会拒绝担任。非常有意思，在栾城县，只要是县政府下命令或者安排的事项，农民没有不服从、不同意的情况。

选举与同族。村长和副村长一般不能是同族人，村长与地方可以是同族人，因为地方是出钱雇用的。选举村长时，如果知道候选人，同族人不参加投票；如果不知道候选人，可以不写同族的候选人。

村长更换。在事变后，[1] 很多人不想当村长，一是政府找农民摊派多，要向农民收钱，收不到钱，政府要批评，甚至有牢狱之苦；如果把农民逼狠了，农民不高兴。二是土匪索要钱财，要求村长打开村庄的大门，村长不开门，就要打、杀村长；如果村长开门，其他农民被抢，又要被农民骂和恨。三是可能自己还要受损失，如果收不到摊款，村长要垫付摊款。因此，没有人愿意当村长。在寺北柴村，事变前后换了几任村长：第一位，郝国樑，不想当了，委托郝老振。第二位，郝老振，通过郝国樑与郝老振私下商量的方式，让后者担任村长。第三位，赵二丑，郝老振不想当了，就与郝国樑商量说交给赵二丑，赵也不想当了，就跑了。第四位，徐孟朱，赵跑后，郝国樑与郝老振、甲长们商量，让徐孟

---

[1]　"事变"是指日本人1937年入侵华北的事件。以下相同，不再做说明。

朱担任，徐做村长后，赵二丑就回村了。第五位，郝国樑，县里找徐孟朱，因为徐不在村里，找不着，县里又将任命书给郝国樑，并说今后不管谁担任村长，都由他负责。

人选协商。村民们提出名单，知事或县长根据自治指导员的意见确定。如果自治指导员和甲长提出的候选人，户长不同意，也难以实施。县长任命村长时，必须与自治指导员商量。如果村民们反对村长，向县里提出更换，知事或者县长也会同意。从栾城来看，被撤职的村长主要问题有：能力不足、财务有问题、有不良嗜好如抽鸦片等。

村长任命。县长根据选举结果，确认村长、副村长，并授予委任状。也有县公署直接任命村长的例子。如果县里认为某人为适合人选，就直接任命为村长。这样可以不投票，任期也可从一年延长到两年。

村务决策。村长不能单独决定村务，必须与村里有能力的人聚集起来一起商量。涉及治安问题可以不开会，可由村长和自卫团长两人商量决定。对于经过商讨决定的事情，村民几乎没有反对，即使不公平也无埋怨。

村长职责。主要有三项职责，一是协助县政的工作；二是教育普及工作；三是催促田赋和摊款。村长最主要的工作就是催税、摊款、土地买卖的监证等，最棘手的是摊款的征集。村长没有惩罚权，即使村民摊费拖延很久，也不能惩罚。村长是一个名誉职务，没有报酬。据说县里会给钱，但一直没有实施。村长担任土地买卖的证监人，有一定的提成收入。另外当证监人也会有些代笔费，不强制，不固定，如十钱、二十钱不等。在正月等节日时村里人有时会给村长送些食物。

村长的资格。一般要求以下几个条件：一是家里有相当多的财产；二是行为诚实；三是品德较好，有威望；四是办事能力强。但是在事变时，许多村长被杀，没有人愿意当村长，此后放宽了担任村长的条件。即便如此，也很难选出好的村长。事变之后，正直的人不愿意当村长，村里有势力的人以贫穷人的名义当上村长，实际上做很多其他事情。副村长一般要求由有威望、识字的人担任，如果村长不在时能够顶替履职。副村长也要有一定的财产，如果太贫穷了，就得为生存而忙，无心公事。村长、副村长和甲长有时也会为公事而代垫费用。

（二）保甲制与邻闾制

保甲制。每十户为一甲，每十甲为一保，两保以上成为联保。一百六十户以下有保长一人、一百六十户以上设保长两人，也就是成为联保。保长依据保甲法由村长担任。

邻闾制。民国十八年（1929）曾经实施过邻闾制，五户为一邻，二十五户为一闾。内容与保甲大体差不多。在治安、收取摊款方面，邻闾制比保甲制更方便。总体而言邻闾制作用不大，只是空有名号。邻长、闾长等拿不到工资，无法开展实际工作。寺北柴村有邻长二十三人，闾长五人。闾长每年都会有变动。

保甲长的权限。自卫团加入保甲组织，保甲长有组织自卫团的权限。因此，村长常常兼任保甲长、自卫团长。十八岁到四十岁的男子均是自卫团的成员。保甲是共同作业单位。在同一保甲中，如果有人违法，则一甲人均受连带责任，其中甲长责任最大，村长责任稍小。

甲长。在保甲制中，连续十户为一甲，户长推选甲长。甲长的主要职责，一是通报甲内的人口变动；二是报告甲内出现的可疑人；三是通报在村里开会的信息，并将本甲农民的意见传递给村长；四是组织本甲人员参加村民会议并清点参会人员；五是参加村长召开的会议，决定村庄事务。

地方。当地农民又称为村警。他接受村长和董事的命令催促田赋，并负责村庄与县的联系。地方一般由贫穷人担任，地位比较低。有时地方也可以由看青人兼任。[1] 寺北柴村的地方每年的报酬为五十元（一说为三十元），到秋天还可以向农民收一些粮或草。

地方和牌。在没有村长的年代有地方，其主要职责是催粮、处理村庄事务。地方由选举产生。过去有牌，从牌中选出一人，作为地方，处理全村事务。每年地方要向全村报告一次工作，每年的十二月二十五日轮流替换。选出地方后要以"喝地方"来庆祝，即喝酒祝贺当选。庆祝结束后就正式成为地方。地方的选择是一种习惯。由谁担任地方，县里不清楚。当有诉讼的时候，先依靠地方仲裁，仲裁不了向县里提交。在地方负责村务的年代，地方的权力很大，普通农民很害怕地方。如果没有缴纳钱粮，或者钱粮不足，可能会被地方拘押。地方一般由品行很坏的人、流氓无赖，特别是没有土地的人担任。地方没有报酬，但是有些收入。俗话说"敛秋敛夏"。所谓敛秋，就是大秋的时候，地方去村里找各户收些钱，或者粮，或者柴草，地方也会利用职务索要钱财。虽然地方也不全是坏人，但是一般人不愿意做地方。俗语："班里到乡里吃地方，地方到城里请班长。"地方与县衙门"三班"之间联系比较多。地方可以连续担任，也有担任十年或者十五年的。现在村长取代了过去的地方，地方只是村长的跟班，相当于村警。

帮办。帮办就是帮忙办理地方事务的人。在没有村长的时候，地方相当于村长，因此需要人协助，协助之人就称为帮办。有村长后，地方成为了村长的"帮办"。

村警。在栾城县，村公所除了村长、副村长以及甲长外，还有村警。所谓村警就是村公所当差的。村警也就是地方，由村长和甲长们共同选择决定，一年一换。村警的主要工作是通知开会、督促缴纳村费等。

（三）董事制

董事调解。在民国以前的寺北柴村，如果同族有纠纷，先由同族自行调解；如果调解不成时再请各门董事调解，两位董事了解事情原委后汇报给其他十位董事，委托十位董事进行调解。同族纠纷大多在同族内部解决，由族长、同族的董事负责。在同族解决之前，不能请他族人员调解，也不能请村长出面调解。因为请求村长调解，村长也会委托同族的董事解决。本村与外村人发生纠纷，先由地方出面调解，地方解决不了时就由董事出面。

董事—地方—帮办。在民国以前，村庄事务由董事们决定，董事决定地方，并选出帮办。可见当时村庄的决策者为董事，执行者为地方和帮办。参与村庄事务的还有看青的、观音会的会首，也就是当时村庄有实力、有能力的人。后来董事制由邻闾制取代；民国二

---

[1] 看青是指看护庄稼；看护庄稼的人又称看青的人。1949年以前，华北平原村庄经常请人看护庄稼。

十五年（1936）邻闾制又为保甲制取代。

董事。本是积谷会的组织者，有人称公正，寺北柴村共有十二位董事，分属八个家族，每个家族根据户数确定董事的名单，因此有些姓氏有两位董事。董事们不仅决定积谷会的事务，还决定村庄事务。一是董事产生，董事一般为世袭，如果没有儿子由近亲继任。产生过程为：当某位董事去世后，其他十一名董事商量之后，从去世董事同姓的家族中选出一位。近亲担任董事，不能由同族商量，只能由其他董事商量确定。二是辞退，董事没有特殊的理由，一般不能辞职，如果家里比较贫穷，从事村务工作会影响生存时，可能不会让其再担任董事。三是是权利与义务，董事们权利平等，没有谁牵头，也没有谁为中心。四是董事与村的关系，对于积谷会，村长和副村长没有决定权，全由董事们商量决定，即采取民主的方式。邻闾制后，积谷会主要是邻闾长们商量。保甲制后，积谷会的责任就交给村长、副村长。五是董事是荣誉职务，没有报酬。董事们在像村公所这样的地方集合，大多时候在私塾讨论事情。

董事的职责。民国之前，董事是村庄的权力机构，根据惯例，各族选出十二位董事，村庄事务由董事们决定，不必要召开村民会议。董事主要有如下职责：一是决定村里的摊款，即由十二位董事确定村庄的摊款。二是决定地方和帮办，每年十二月更替"地方"，并且选出四人"帮办"，同时决定保甲团团长。三是仲裁村庄纷争、雇用看青人，在冬天的时候雇用更夫（夜警）。四是董事会也指导治理蝗虫，修缮水井。每年三月，十二位董事拿着地垄账在村内转，问土地变动情况、水井运行情况。五是如果要想获得本村资格，也要获得董事的谅解和同意。六是董事也进行调解，如果发生纠纷，近邻调解不了就请董事调解。董事的产生与各族有一定关系，也可以说是各族的代表，各族根据家庭数量决定董事人数。后来邻闾制取代董事制，闾长取代了董事。董事都是比较厉害的人，没有受到过村民的弹劾。

董事与县的关系。一般情况下董事不会去县里，按照规定一年去两次。春秋两次交差钱的时候会去，董事集合起来一起前往，那时候不允许地方前往。

董事与族长。如果族人有问题，先拜托同族的董事了解，若不方便的话再与他族董事联络。族长可以与董事是同一人，但很少有这种情况。从村庄来看，董事作用更大；从同族来看，族长作用更大。

（四）村务管理

村规。在栾城县，村庄也会制定一些制度，称为村规。制定村规时全体村民参加，征求意见，过半数同意才能制定。村规制定后在村庄显眼的地方贴出公示。主要有如下几类村规：一是村内公德基准；二是马、牛不能吃田地里的谷子等规定；三是其他规定，如不能荒废耕地，不能折庙里的树等。事变前，村长会在每座庙门上贴着，如果谁折庙里的树，将会罚款、送官等。

村费。村费又称为"杂派"。杂派主要从所有土地中征收，也有个别村庄根据家畜数量收取。没有土地而佃种的农户不交杂派。需要用钱的时候会随时收村费。费用包括爱护村铁道看护员费用、保甲自卫团费、挖惠民壕费、大乡公所费、亩捐借款等。一亩地收取七八元（不同的人有不同的答案）。对于村费，县里不监督，村庄自主收费。收取村费时，村长与甲长们要商量；邻闾制时与邻闾长商量，一般不会与户主们商量。在以下三种情况下可以征收村费：一是要给力役发补贴；二是学校所需费用；三是村公所的办公、招待经费等。除此之外的其他任何情况都不能征收村费。村费是一个总体概念，主要包括三个部分，第一部分，除了田赋和附加以外的县里的临时摊款；第二部分，分所的一些摊款；第三部分，村庄本身的公共开支。前两个部分要分摊到村，按照田亩征收。

村费分摊。根据土地的亩数或银数进行分摊。没有土地的人以及外村人不用负担村费，只有住在柴村的地主负担村费。在寺北柴村，自己所有的土地在5亩以上、自种出典地10亩以上、租种他人土地25亩以上的要交村庄摊款。一是自有地，地主的土地1亩算1亩，本村人在外村的土地1亩算1亩。二是租佃地，北关的地被寺北柴村人租佃，5亩算1亩；柴村人去外村租地5亩算1亩。三是典当地，典当再租佃的地2亩算作1亩。县里摊款根据粮银来计算，称为田赋附加，没有土地的村民不缴纳（其实田赋附加有税的性质，不能称之为摊派）。如果在柴村居住五代以上，即使搬到别的地方，其原籍也在柴村，所以要作为原村民负担摊款。

县款和村款。1941年柴村向县里交摊款八百元，1942年1000元。村本身的费用或者村摊款，1941年三四百元，1942年五百元左右。费用主要用于自卫团，1942年9月开始每天安排一人到东关桥上警戒，一人一天一元50钱，仅此一人一月就花费50元。另外自卫团的指导员每月需要五元。自卫团三十多个人有时会被召集去县里，此时每人每天又多给一元。1941年向城里派出了六名青年训练生，每人每天也需一元，一共花了二百元。村摊费用在村内用得比较少，农民对此意见比较大。

村费管理和减免。在寺北柴村，摊款征收、使用的明细账由村长保管。村费由各户分摊，没有预算，临时征收，需要多少征收多少。村费也有滞纳的，滞纳部分可由有钱人垫付后再征收。"要饭的"、长工、短工约二十户免除村费。

力役分摊。力役又称催夫、人夫、劳役。道路修整、县公署维修、公共设施建设等都需要力役，由各户按照土地分摊。从人口来看，主要是十五岁以上五十岁以下的人口分担。从依据来看，根据土地的所有垄数分摊力役。土地所有者一垄算作一垄，佃农五垄算作一垄。如果地主移居到城内或者其他地方，不负担力役，由佃农负担。如果地主住在村内，地主负担三分之二，佃农负担三分之一。

柴草分摊。寺北柴村每年要交三千斤柴草，分次缴纳，按照每百斤一元的价格征收，但是市场价格是每百斤四五元。农民不愿意"卖给"县里。因此村庄统一购买，再向村民分摊费用。柴草由村民或者村里安排人送到指定地点。

（五）村庄民主

村民会议。为了商量重大的村庄事务，村长会召开村民开会，这个会议叫村民会议，也称为村民大会。在寺北柴村一般是春秋两次大会，按理说所有的人都得参加，但是每次都只有半数人参加，当然也须有半数人参加才合规矩，否则另择日期召开。女的可以参加，但一般不会来。土地卖给邻村人的村民还算是本村人，可以出席本村的会议。例如，县里命令要派出几名治安军，谁都不想报名，村长不能擅自决定，必须与村民商量。再如，每年十月后开会商讨防御土匪、保护谷物等事宜。

在民国二十年（1931）以前，不召开村民会议，如果有事就是村长、邻长、闾长等有见识的人聚在一起讨论决定。决定后由闾邻长或者村警通知各户执行。在村民会议前，村长和甲长们会先讨论，解决不了时才召开村民会议。在召开村民会议时，甲长会清点本甲参会人员。除了村民会议外，还有一些其他的会议，如办公人员开会讨论分配摊款；研究积谷会的谷物使用；商量新民会"发花子"或是"放款"。村里没有佃农的专门会议，也没有地主的专门会议。有调查对象说村里想召开改进耕作的会议，但还在议论之中。

村民表达。寺北柴村开会时，村长有两种表述方式，一是先说出自己的意见，然后大家发言；二是先征询意见，然后村长和甲长们决定。一般是采取第一种方式。按照村长们的话说，一般采纳多数人的意见，但是如果多数人的意见是错误的，则采纳少数人的意见；正确与否由村长和甲长们商定。发言的原则：谁有意见，谁发言。村长认为，一般比较笨的人才会提意见，聪明的人会保持沉默。

村民协同。在寺北柴村，村民协同的事情不太多，主要有三类：一是协同看青，棉花开始收获后，其看青需要协同进行。村民会协商雇用八人至十人看青，经费按照棉花种植面积分担。二是协同抗灾，如驱除害虫也是全村或者部分受害家庭共同进行。三是协同合作，如伙种、伙养、伙买等。

布告及讲习。布告是向村民公告、通知的途径，如有重要的事情，村里会将布告在村庄最显眼的地方张贴出来。在柴村召开过新民会以及由县里主办的关于农业知识的演讲会，但是没有召开过讲习会。

（六）村庄协调

村庄调解。在事变前，政府要求建立调解制度，每村三人至五人为调解员，组成调解委员会。村里发生了纠纷后，先由调解员调解，调解一般在当事者双方的家里进行。当事者是调解员的朋友或家人时，调解员自发调解；否则，调解委员会等当事人过来申诉时再调解。调解员没有处罚权力。如果当事人不服从调解，可去县里裁判、诉讼。

村庄纠纷。在事变前，村庄纠纷和犯罪屡屡发生，如青黄不接时偷窃作物。大盗就送到县公署，小事件由村长解决。村内纠纷主要是土地边界和财产纠纷；村与村的纠纷，村长之间协商解决；其他纠纷主要是水的问题、土地的界线问题等。

（七）村庄防御

保甲自卫团。以前各个村根据政府的命令曾经组织自卫团，合并成立联乡自卫团后，匪徒很少，就解散了。事变前村里治安很好，县里又有武装，村里不需要自卫团；事变后，匪贼很多。为了防止匪贼，1942年村里成立了保甲自卫团，团员由十八岁以上四十以下的村民组成，自卫团主要是维持本地秩序。自卫团主要在冬季组织起来，因为夏季农民比较忙，治安比较好，不需要自卫团。柴村在自卫团成立前，每晚有村民十人换班当夜警。自卫团有团长一人，班长四人，团员四十人，团长、班长等由村长指定，一般村长兼任团长。团员日夜都当班,夜里每隔三个小时换班值守。

团员根据年龄和家中男丁数量来决定,比较富裕、男丁比较多的家庭参加自卫团的不多;家里很穷,即使耕种都不能维持生活的家庭也不会参加。自卫团员由村长和甲长选拔。团员不是终身制,如果要去外地工作就不参加了;如果从外地回来又得参加。另外一说(村长郝国栋樑),村里有自卫团十二人,这十二人由村民选举产生,交替负责村庄的自卫工作,只在晚上工作。自卫团不需要多少费用,只是在县城集合的伙食费由村费负担,征收小米作为伙食。团员没有报酬,每人每月需要四元的费用。自卫团武器主要包括两个部分,一是县里给的长枪;二是自家的土枪。寺北柴村有习武的传统,村民将老师请到家中教导子女习武。

联乡自卫团。为了强化治安,特别是促使各个村庄协调行动,共同自卫,栾城县分为五个区,每个区建立一个联乡自卫团,设团长一位。全县建立总团,设总团长一位。

佛教会。在自卫团成立以前,佛教会负责村庄防卫。佛教会成立于1940年,自卫团成立后取代了佛教会的功能,后者于1942年解散。佛教会分为总会和分会,全县有总会,在各村有分会。会里有会长、队长、队员,会长由虔诚的佛教徒担任。佛教会主要有两个功能,一是信仰的普及;二是防匪。佛教会是独立的组织,与县公署没有关系,但是与宪兵队有联络。

祈雨与戏剧。如果很久不下雨,人们就会祈雨。祈雨由村长、族长或者受灾较为严重的人提议。这些人提议后,如没人反对,就会组织祈雨。祈雨时在庙前烧香,许诺如在三日之内下雨就举行戏剧表演。祈雨时从东关的龙王庙借来木像在村内巡回,在各个庙前烧香祭拜。祈雨一般以村庄为单位,不与其他村庄合作。如果三日之内下雨则兑现承诺,举行戏剧表演,或者还愿。寺北柴村民国十年(1921)开始有戏剧表演,戏剧表演一般由牵头人组织,也可以抽签决定组织者。戏剧表演需要钱,因此祈雨需要村民们同意,首先是会首、村长、甲长们商量,其次是召开村民会议,最后是通知村民出钱。

(八)村庄与其他主体关系

同族与村治。一般来说,在栾城县、寺北柴村,同族之间更加团结。但是在处理有关村务时,同族的影响不大,有时甚至在选举村长时同族还得回避。

与他村的关系。寺北柴村与外村主要有四个关系,一是和北五里堡合作建学校,学校设在北关,由北关、北五里堡、柴村三个村庄共同建设。二是修路时相互联络,如把通往各村的路一分为二,协同修理(此说与后面的说法冲突)。三是协同治安,冬季治安协同合作,如匪贼侵入时,被侵入的村庄敲响警钟、铜锣,发出警报。寺北柴村主要与北关联系,因为北关有保卫团,如果有匪贼,敲响村里的铜锣、放洋炮,通知村民,联络保卫团。四是互观庙会,有些村庄举行庙会时,其他村庄的人也参加。

村与村之间的道路。道路属于官道,不属于任何一个村。村里不负责修路,由道路两边的土地所有者在必要时维修。村庄也不会通过征收摊款维修村与村之间的道路。这种道路需要县公署负责,但是县里财力不足,往往得不到维修。

县、区、村的关系。全县分为五个区,每个区设立了警察分署。从县里来命令,一般直接传达给各村。只有警察方面的事务经过区，即先从县传到区，再从区传到村。在区里没有其他的机构，只有警察分署。寺北柴村隶属第一区的警察分署，当得到分所的通知后召开村民大会，由村长将通知传达给村民。村里向县里报告、请愿时主要有两种方式，一是治安方面的事情，村长直接与警察分所交涉；二是治安以外的行政事项，直接前往县公署交涉。村民与县不发生直接关系，所有的事均要经过村长。即使两个村民之间吵架，在县公署审判时也要经过村长。

区与分所。事变前区里有区长；事变后由警察分所长兼任。县公署的官员一般不会下村，但是法警会下村，主要任务就是催粮、摊款，或者裁判村庄事务。

县长与村的关系。以县长名义向村下达的命令主要包括三项工作：一是关于村庄包税事宜，县里直接通知村长，如果包税人在村庄，村长会转达给包税人；二是关于治安事宜，如保甲制的实施、冬季警戒等命令和通知，县长或知事也会下达到各个村；三是其他行政事务，如果是比较重大的事情，县长会召开村长会议下达通知。

村长会议。每月二十六日会定期召开村长会议。一是下发通知，全县各个村的村长到县公署集合开会，汇报村里情况，县知事向村长下达相关的指示或通知。二是宣告事情，如宣读县公署的公文，向村长公开各机关的政治、治安以及其他各方面的计划书或者决议事项。

村向县请愿。在栾城县，村里向县请愿有三个方面：一是关于求雨的请愿，闹旱灾的时候村里向县公署请愿，希望允许举行"求雨"仪式。二是关于摊费的请愿，希望减少县摊款；希望调研摊款分配，如请求区分有地者和无地者之间的摊款分配比例。三是关于撤换村长请愿。对于寺北柴村，前两项事情有过请愿。请愿前，召开村民会议，然后村民联名。如不经过会议决定，就违反了村民意愿，村长就不能代表村民请愿。

征派治安军。征派治安军时一般要开大会商议。如有一次县里征派治安军，村长说让男丁多的家庭派出男丁，但是遭到这些家庭的反对，这些家庭表示，只让自己家出男丁，不公平。大家都是村民，应该共同出钱雇人去做治安军。村长和甲长将此情况向县里反映，县里说柴村男丁多的有好几户，抽签选出一户派出男丁做治安军，大家出钱给予适当补助。村庄按照县里建议去做，村民就没有怨言。

（九）看青

看青。寺北柴村看青有三种，一是家庭自己看青，即自己家人看守庄稼，如果家里有长工，可以让长工看青；如果长工比较忙，家人照看。二是几家人一起看青，主要有两种类型，土地相邻几家一起看青；另外就是刚分家的家庭一起看青。三是村里请人看青，村里一般会请一个或者几人看护全村的庄稼。

看青人的要求。一是条件，看青的人一般是村庄比较贫穷的家庭，为了支持他生活请他看青。二是工钱，看青要给工钱，有给钱的，也有给物的，工钱由村长收齐后转给看青人。根据看青面积的大小确定工钱。三是看青范围，看青一般是本村人所有的土地，既包括本村人在本村所拥有的土地，也包括本村人在外村所有的土地，不包括外村在本村的土地。四是工钱分摊，工钱由耕种者支付，所有者不负责。五是看青责任，如果庄稼被偷，则会扣减工钱，但是看青的不会赔偿。如果抓住小偷，村长、邻闾长会呵斥小偷，要求返还作物。

公看地亩。以前都是各自看护庄稼，1943 年 8 月开始分街道照看庄稼。以街道为单元，每个街道出十人照看本街道的土地。人数由街道所在的所有家庭开会决定，这类会议没有什么名称。安排看地的人数不是根据土地垄数，而是按照顺序轮流看地，具有互动或者协同的特点，因此不给谢礼。一般是十个人，有时也有七八人的，各个街道自己组织和决定。看地人不仅照看棉花，还照看菜地。看地人只照看本街道的土地，如果其他街道的地真有偷盗也会干预。在寺北柴村还没有发生过偷盗，即便如此，每年八月时，人们还是会去地里睡觉，既可以乘凉，又可以看地。虽然没有偷盗，但有时顽皮的孩子会破坏庄稼，即使破坏了庄稼，也没有要求家长赔偿过。公看地亩由村长发起。

棉花增产计划。政府要求实施棉花增产计划，1942 年春命令各村实施。寺北柴村原来由村长负责，现在由郝四妮负责。棉花增产计划由棉产改进会负责，每个村任命一位劝导员。郝四妮在县里听过课，他负责指导村民生产。棉产改进会规定全村增产数量，但是对于每户则不干预，由村庄决定每户的生产面积。过去由村长根据耕地垄数决定面积，后来由劝导员决定。通过这种方式，棉花还是增产了，但是粮食却减产了，农民只能买粮吃。

二　家族、家庭治理

（一）宗族和家族

族长。同一族中辈分最高的长辈为族长，家庭中年龄最大者为家长。同族，是指具有相同血缘的人，又称为"当家子"。在栾城县，"当家子"用得比较多。只有共同祖坟的"当家子"，才会有族长，否则不会有族长。在栾城县，祖坟是宗族的重要纽带。

族长的职能。结婚、分家、土地买卖是家长的事。过继子、祭祀、调解是族长的工作。族长主要根据辈分确定，终身制。俗话说，"族长辈分大""家长年岁多"。只要辈分大，即使年龄小也应该当族长。年长的族长可以兼任家长。族长因为年龄大、阅历多，分家、纷争时会请他做"公证人"。"公证人"就是向年轻人提问，做个公证。族长主要有如下几个工作：一是主持分家，族长将财产平均分配，兄弟抽签决定，族长也可以委托家长平均分配。有争议时只能族长分配。分家时，族长的权力比家长的权力大。二是过继，在族长的监督下制作过继单，族长、中间人要在过继单上署名。中间人是同族人，族长不会写字时，可以由中间人代写。三是结婚，族长坐在最前面的车上，这叫"镇忠"。四是调解，打架时由族长裁判，族长调解不了就上法庭。在法庭上审判官也听族长的意见。

同族同宗同姓。在寺北柴村，同宗是指一个祖先传承下来的人。同族是指以自己开始，上四代，下四代，包括自己在内的九代人。同姓是指非同族，也非同宗，但是姓氏相同的人。如果属于同族，即使居住在外村也是同族。如果居住得很远，五代以上就不是同族了；五代以内即使居住得很远，也是同族。在远处的同族人，如果有事需要得到族长许可，近的直接回来报告，远的写信商量，结婚证书要写上三代的名字。同族会议只有同族人参加。同族人保存有族谱,同宗的人只在头脑中保留着记忆而已。在寺北柴村,调查者有时会将同族、同宗、同门、同姓相互混淆,而且并没有试图弄清楚。

门家长、宗家长、户家长。本门的家长称门家长。本族的家长称宗家长,宗家长由门家长中年长的人担任。通常所说的家长,是指户家长,即所说的小家庭的家长。同族有族长,但是同宗没有宗长。因此,依次为宗家长、门家长(家族长)、户家长[1]。门家长也许住在一个院子中,如果住在同一个院子,门家长也是本院的家长。可以说是每族有一个家长,称族长;每组或每门有一个家长,称家族长;每户有一位家长,叫户家长。

族、组、门、家、户。在寺北柴村,因为回答者比较乱,因此理得不是特别清晰。族,是由一个老祖宗开枝散叶的人组成的。"组",相当于族下的单位,有人也回答为"门",其实相当于南方的"房",组或者门也会有一家长,也称为家族长。住在一个院里的人又可以称"一家子",一个院里辈分最高的为家长。一个院里可能会有很多户,这些户其实就是"小家"。因此,一家子、一户、一家又可以通用,但是说一户最普遍。一户会有一个门牌。因此即使在一个院里,只要分家,有几户就会有几个门牌。

门和门的规则。根据访谈,门是随着人口增多、世代增加,建立了自己的坟地而形成的。柴村以共同祖坟为依据形成门。这与南方以祠堂形成一房大不相同。各门有门家长,同族有族长。门家长、族长主要与过继、分家、丧葬有关,有时结婚也需要。而且在过继、分家、丧葬时必须有门家长和族长同时出席才行。寺北柴村,同门之间没有共同的土地、水井,也没有专门的集会。在过继、买卖土地、出租土地时可以先征询同门人的意见。当然遇到困难也会向同门求助,同门也会互相帮助,一般的生产相互帮助的不多,主要是灾害或者建房等大事。有调查对象说,五服之内称为"一门",五服以外称为"外门"。以五服为单位进行祭祀家坟或者门坟。

本家。五服以外是同族,五服以内是本家。本家与同族、当家子的意思大体差不多。五服以外是同宗异族,五服以内是同宗同族,也称本家、同族。有些家族有族产,当地农民称族产为"会地"。在栾城有会地的家族不多。

同族财产。同族一般没有其他的财产,但有共同的祖坟,也称为族产。有祖坟的家族不多。拥有墓地周围土地的契约里写有"内有老坟一座"的文字。分家的时候,祖坟归长子,只交地粮,不能耕种。坟地可以卖,但没有人买。法律规定,不能铲平坟地。从调查来看,祖坟在买卖时剔除了坟茔的面积,如果有人购买了坟地,也不能铲平祖坟。

同族互助。同族之间会有一些帮助,主要体现在以下几个方面:一是同族之间在房屋的建筑和维修时会互相帮助,建房帮工时只请吃饭,不给谢礼。二是同族之间会相互借钱或者借谷物,不签订契约,不需要担保,也不收取利息。同族之间的借贷主要是一种信任关系,信任比契约更重要。借贷不能超过一年,往往会有利息。同族之间借贷超过一年没有归还,会请族长协调。三是同族之间平时不会互相帮助,只有在结婚或者丧葬时帮忙。

---

[1] 满铁调查员将宗放在门之前,宗、门、家都有族长。通读全文,调查者没有试图将此理顺。因为寺北柴村姓氏比较多,每个姓回答有所不同,因此很难统一理出一个顺序来。这种分法与南方宗族社会是有差别的。

同族之间没有为结婚、丧葬、健康等原因而存钱建立自助组织的情况，需要时都是临时相互借钱。在土地出租方面，同族与外族之间没有大的区别。外族之间的借贷，不仅需要利息，还需要押金。

族长的葬礼。普通人的葬礼只需同辈、晚辈参加，长辈一般不参加晚辈的葬礼。但是族长的葬礼，辈分高的人会去看看，然后直接回去，晚辈一定要陪灵。根据乡规，外族人也会参加族长的葬礼。他族的葬礼，族长作为总代表参加。族长的继承与家长一样，在葬礼时决定。

家及家族。住在同一院子里的人称为"一家"。家族是家长和家里成员的总称，家长是一家之主。一门与一个院子的意思相同，一家与一个家族（家庭）相同。

祭祀。清明节扫墓既扫本族的墓，也扫本房的墓地（在寺北柴村称为门或组）。只有男性扫墓，女人不参加。扫墓主要是烧黄纸、上供品。供品有馒头、点心等。供品由各家分摊，或者坟地耕种者提供。祭拜时东边为上，各位参拜者只拜兄以上的人，不拜晚辈。

主祭和与祭。如果哥哥与弟弟为一家，哥哥去世后，哥哥的长子为主祭，其他人为与祭；弟弟去世后，弟弟的长子为主祭。如果长子去世，长子的大儿子为主祭。

同族关系。同族之间的关系主要体现在以下几个方面：一是土地买卖，土地买卖要先卖给同族，再卖给本村他族，如果没有人购买就卖给外村人。如果没有征求族人意见将土地卖出，族人会聚集开会商量，指定一位族人将土地买回来。二是聚会，在清明节、春节（年贺）、结婚、葬礼时，同族会在一起聚会。三是互助，同族人会帮助比较贫穷的族人。四是会地，如果同族有共同的土地称会地，即父子会的土地。五是会首，同族人按顺序耕种，收入作为父子会的费用。耕种这片土地的人叫会首。

同族扶持。如果家中有人在外面遇到困难，需要求助，首先是家长筹集经费资助。如果家长无法解决，就与本门的家长商量解决。如果再无法解决时，就与族长商量。族长会从本族所属的门中筹钱。如果本门中筹集不到所需要的钱，就向其他门中筹集。在此类族务事中，族长是责任人。如果儿媳在外面遇到困难，家长和妻子的娘家协商出资解决。如果家中能够拿得出钱，可与娘家商量，但不需要娘家出钱。如果家里筹集不到钱时，可与娘家分摊，谁家里条件好，谁就多出一点。如发生水灾时有些家庭的房子倒塌了，需要维修，一般是本族特别是本房或者本家的男人们帮忙维修。帮忙不需要谢礼，不给报酬，只管吃饭。

同族、同房聚会。同族或者同房之间聚会，主要在五个时间点或者事件上：结婚、葬礼、分家、清明节和正月。结婚和葬礼时去办事的那一家。正月在辈分最高的本族家长家聚会，除了家长，妻子和孩子也可以参加聚会。正月聚会主要是下跪磕头，不吃饭，也不带礼品。大家也会去族长家问候。

族产及租佃。寺北柴村的族产不多，只有一些祖坟，祖坟旁边有一小块土地，可以耕种。族产由全族人共同所有。族产按照市场价格出租，谁的价格高就租给谁，并不一定会租给本族中比较贫穷的家庭。族产收入用于祭祀，剩余部分交给族长，至于如何使用，满铁调查员没有调查。清明节前各家家长去族长家集中，决定租佃者，选择租金最多的租佃者。集会时还要估算扫墓的费用，如果租金不够，每家要分摊经费。

（二）当家和家长

当家的。一户的户主叫当家的。家里人称当家的，外面的人称掌柜的。这是一种书面尊称。通常情况父亲成为当家的，当然也有儿子做当家的情况。如果情况特殊，小儿子也可以成为当家的，还可以让能力强、身体好的人为当家的。长子作为当家的时，父亲就称老掌柜的。土地依然在父亲的名义下，买卖土地必须与父亲商量，不能单独买卖。父亲将当家权交给长子时，会口头告诉村民，说儿子当家了。有的大家族会有堂号的土地，堂号的土地是共有财产，当家的土地是私有财产。满铁调查时，已经不允许以堂号购买土地。在栾城县，分家时堂号财产也要分（与南方宗族有区别）。

一家。在寺北柴村，保甲制实施前后有所不同，保甲前只要没有分家的人，即使有住在其他地方的人也称为一家。保甲后，只有住在同一院子里的是一家。包括以下几种情况，一是一个小家是一家；二是住在同一院子，没有分家是一家；三是住在同一院子，分家后也是一家；四是虽然没有分家，但是住在院子外面就不是一家。另外，调查对象又说，分家了住在同一个院子里有两个门牌号码，即有两个家长，也是两户。所以从调查来看，"一家"是一个俗称，可以是小家，也可以是大家，也可以是家族。这与调查者对中国的家、户、族没有搞清楚有关系。

家长的确定。家长的确定，不需要开会商议，族长确定就行了。不需要向村长、县里报告。也不需要什么手续，在父亲去世时，在棺材前面痛哭，举着旗子的人就是家长，或者说是家长的继承人。

家长接任顺序。主要有三个原则，同辈依次接任，"同居弟承兄职，分居子承父职"。一是兄弟之间。长兄去世后，二弟接任，二弟去世后三弟接任，这称为"同居弟承兄职"。如果兄弟辈都去世，长兄的儿子接任，然后依此类推。长兄去世后，即使其儿子比弟弟大，也必须由弟弟接任家长，其儿子帮助理家务。二是妻妾之间。丈夫去世后，妻生的大儿子接任，如果妻没有儿子，妾的儿子接任。如果妻妾都有儿子，即使妾的儿子年龄大，也是妻的儿子接任。用人的儿子不能接任，如果用人成为姨太太，其儿子可接任家长。如果妾有儿子，妻没有儿子，妾的儿子接任家长，即使妻再生儿子，也不能更改，但在一种情况下可以更改，即在丈夫去世前立下遗嘱：如果妻子生的是儿子就成为家长；生的是女儿则妾生的儿子成为家长，这种情况称"遵遗嘱承父业"。三是子女之间，只能儿子成为家长，女儿不能成为家长。如果妻生的是女儿，要让给妾生的儿子当家长。当妻妾都没有生儿子时，家里全是女人，门牌号码上写：某（丈夫的姓）门某（妻子的姓）氏。如果有三个女儿，前两个女儿出嫁，门牌号码上写：某三女。四是如果兄弟已经分居，但同居一个院子，兄长去世了，由兄弟的儿子接任家长，这叫作"分居子承父职"。五是其他情况，如果长兄、二哥均去世，三弟去世前即使立遗嘱要自己的儿子接任家长，也不行，不会被人接受。如果兄弟两人，兄长多病且头脑不好，兄长成为家长，门牌写兄长名字，但由弟弟做家长的工作。六是家长年纪大了，可以将实际工作交给儿子办理，但父亲依然为家长，门牌写父亲的名字。

家长的代理。家长去世后，如果家里都是女儿，可以选择同族最亲的人作为家长代理。在葬礼时，称为"代办人"。葬礼结束后，称为"代办家务人"。只要家中有男孩出生，立刻取消"代办家务人"。孩子年龄小时，可以让母亲辅佐家务。如果母亲多病，可以拜托族人代办家务，只有同姓人可以代办家务，称"同族代办人"。如果父母都去世，可以请伯父、叔父代办，称"与兄（弟）代办"。所谓"兄弟代办"是指分家的情况，如果没有分家，弟弟直接成为家长，不需要代办。代办人只能代办，不能成为家长。

女儿代理。如果家中没有儿子，全是女人，门牌上可以写上"郝门朱氏"（郝是家里的姓，朱氏是妻子的姓）。如果父母去世，只有三女在家，门牌上写：郝三女。女人不出席村庄会议，村里也不会通知。如果兄弟代办，可以通知代办人参加。

家人。如何才算一家人，寺北柴村有如下规则：一是儿子在外面工作，一年回来一次，算是家人，即使十多年不回家，也称家人。二是用人算家人，但长工不算家人。三是如果男人在外面娶了二房并生孩子，二房和孩子也是家人。二房和孩子即使不回来，在门牌上也写上他们的名字。虽然现在不回来，但是不会永远不回来。四是家长与妾以外的女人生的儿子不是自家人。五是如果家长没有生儿子，向族长申请，将婢女纳为妾，可以成为自家人。六是家长与别人的太太要好，生下的儿子，不属于家人。

驱逐家人。如果家里的人不与家长商量，或是不顾反对，擅自到其他地方去，这种不听从家长的命令，将家置之不顾的人，可以将其驱逐。驱逐时会给一点钱物。此后不再将其当成家人或者族人。如果兄长为家长，则称"分出去"；如果父亲为家长，则称"赶出去"。赶出去后不能再回来，即使家长去世也不通知，更不能接任家长。当然一般"分出去"或"赶出去"都是有多个儿子的家庭，一个儿子的家庭不会将儿子"赶出去"。如果父亲不在，母亲可以驱逐儿子，但祖母不能驱逐孙子。如果家长做了坏事，家人商量并接到族长命令后，可以将家长驱逐出去。这一点与顺义县不同。

分居与家长。分居是指不分财产只住在别处的家人。分居后仍是家庭中人、一家人。分居主要是不与家长住在一起，指犯了法律上不允许的罪行，或者做了有损家族名誉的事情的人。分居后，如果后悔做错事，可以拜托族长说合，取得家长的谅解后回家，不过要写下保证书：今后决不再犯。分居后如果家里没有其他儿子，分居的儿子也可成为家长，但必须要族长任命。如果长子与父分居，次子与父同居，父亲去世后，在同一条街，由长子接任家长；如果住得比较远，由次子接任家长。驱逐和分居不同，前者不能回家接任家长；后者可以接任家长。因为长子不回来，就没有人主持葬礼，没人举旗子。实在太远，可由次子主持并接任。如果父亲去世后，分居的长子不愿意回家，只能继续分居，而且要将家长位置让给弟弟，不能要家里的财产。称之为"弟承父兄之业"。

家产与家长。在寺北柴村，一家的财产并非全部都为家长私有，家长不能自由支配。大事需要在家庭会议商议。当然家长可支配的私产和一家的公产很难分清。如果家长有私房钱，则不会挪用家产。在卖地时，家长必须与孩子、兄弟商量。这一点与顺义县不同。

户长。户长是保甲制度出现后的制度，即民国二十九年（1940）以后的制度。户长主要是政府使用，平时一般不用。按照习惯，一户中辈分最高的人、同辈中间最年长的人为户长。户长主要是辈分，没有能力的人也能够成为户长。一般一户一个门牌，如一个院子分成两家后要挂两个门牌。

门牌及内容。每家有一个门牌，门牌上写上家长的姓名及家庭成员数量和性别，如男二口，女三口等。长工因为有自己的门牌，不写进东家的门牌；用人虽算家人，但不写进门牌。分家以后，一定有门牌。不分家在一个大院子里，只有一个门牌。

当家与结婚。哥哥与弟弟为一家，当家的哥哥已经去世。哥哥的长子当家，买卖土地时必须与弟弟沟通。弟弟当家时，买卖土地时必须与哥哥的长子商量。哥哥的长子当家，长子的儿子结婚时，叔叔不同意，能够结婚，婚书写长子的名字。弟弟的儿子结婚，当家的哥哥的长子不同意，也能够结婚，婚书上写弟弟的名字。如果弟弟当家，哥哥的长子想结婚，弟弟不同意，无法结婚，因为婚书上写弟弟的名字。如果哥哥的长子的儿子结婚，弟弟作为当家人，不同意这门婚事，能够结婚，因为婚书上写哥哥的长子的名字。如果哥哥的长子与弟弟已经分家，哥哥的长子结婚，弟弟反对，能够结婚，因为婚书上写哥哥长子的名字。

结婚征询。如果离家很远，要结婚，应写信征求父母家长同意，但不需要征求族长同意。如果父母不同意，也可以结婚。如不告知父母就结婚了，回家后父母还不同意就分居。

婚帖署名。孩子订婚时主要是与父母商量，但要向祖父家长报告，以家长的名义向女方求婚，小帖上署名家长，而不是父亲（但也有说，婚帖署三代的名字，通读全文，家长同意与父母同意的问题，没有调查清楚，顺义县是家长必须同意）。

子女与家长。如果丈夫过世了，儿子成为家长；没有儿子，女儿不能成为家长；妻子也不能成为家长。在此情况下有三个选择，一是过继一个儿子，一般从同族过继，妻子将过继子抚养大，财产由其继承；二是改嫁，找一个丈夫，丈夫必须改姓，改姓后当家长；三是可以找妻子的弟弟当家长，但要改夫姓，弟弟改姓当家长称为"在那边住"；四是如果只有女儿，可找一个上门女婿，这种情况称为"完婚"。

家长、父母与子女。如果孩子外出打工，需要与父母商量，但不需要与非父母的家长商量；土地买卖既不需要与非父母的家长商量，也不需要与族长商量。子女结婚也是如此，只需要父母同意，不需要与非父母的家长或族长商量（这一点与前后有一些冲突，因为前面的内容显示，孩子结婚需要家长署名，父母同意。父母同意，家长不同意，也无法结婚）。

亲族和亲戚。亲是指亲戚，族是指族人。在寺北柴村，亲和族是两个词，不能一起用。婚姻关系形成亲戚，具体包括自己妻子的家、孩子的妻子的家、女儿的丈夫的家、姐姐的丈夫的家、妹妹的丈夫的家等都是亲戚。亲戚之间没有亲戚会议。母亲的娘家叫作"老娘家"；姐妹之间的孩子互称"姨家"；自己的孩子与妻子兄弟家称"姑舅家"。

（三）族和家的会议

同族会议。同族之间召开会议称为同族会议。同族会议每家安排一人参加，也可以请代理人参加。十五岁以上的人可以参加同族会议。同族会议主要商量过继、分家、祭祖及其他的族内纷争。同族会议在族人家里召开，没有什么特别的规则，当意见不同时以族长的意见为主，不同意见者要服从。会议决定的事情通知族人，直接执行；过继也在同族会议上决定，然后制作过继单。同族会议只有前后九代人参加，超过九代的人就不参加。

宗族会议。同宗各个族之间也会开会商量事情，这个商议叫同宗会议。同宗会议由各族族长和家长各派出一人参加。年纪最大的族长或家长主持会议。会议主要讨论同宗之间的事情，如祭祀、修家庙、修祖坟等有关的事情。同宗也会一起祭祖，主要是清明节和正月。一般是全部同族一起祭拜，如果同族之中有人成了官吏，则分开祭拜。

本门会议。族以下称为门，每门会召开会议，称为本门会议，本门会议主要讨论本门的事情。随着人数增多，就会分门，一般五服以外，就得分门；形成两门需要六代以上；形成三门需要十三代以上。门有门长，主要根据年龄来确定门长，而不是根据辈分。本门会议主要是讨论本门的事情，可以不向其他门或者族通报。主要讨论买地、盖房子、雇用长工等。婚姻和过继也在本门会议上讨论，然后交同族会议决定。分家一定会在本门会议上讨论，买地盖房可以商议，也可以不商议。同族或同门之间的土地买卖要商议，决定谁购买。向外族人购买土地可不商议，也不需要得到家族长许可，不过丈量时本门或者本族人还是会帮忙。向本门人或者本族人卖地时与卖给外族人一样的价格。

本族代表会。有时不需要召开同族会议，只需要各门安排一位代表参会就行了，这种会议称为本族代表会，代表会是同族会议的预备会。

亲戚的会议。各类亲戚之间不会召开会议，只有母亲去世或者媳妇去世，母亲的娘家和媳妇的娘家会与家庭成员一起召开会议，商议丧葬的规模、服饰、饰物、贵重品、棺材等事情。家人希望节俭，娘家人希望隆重。如果娘家人不出席则无法下葬。

同族与亲戚共同会议。同族与亲戚之间也会召开共同的会议，如孩子被绑架后，同族与亲戚开会，会议由本门家长主持，做出决策，然后向族长报告。族长安排人送赎金。上述情况时亲戚不参加也会召开会议，同样由本门家长主持。

当家的集会。当家的一起集会的情况比较少，只有各户最高长辈去世的时候、卖公共财产等重大事情时，才会有当家的集会。有文化的人称为同族会议。

（四）分家

分家及条件。分家是指财产、房子、吃饭的分开，但是被调查对象说得比较乱，存在相互之间、前后之间相互否定的情况。第一种情况，住在同一个院，房子分开，但是财产、吃饭在一起，不算分家，但是可以有两个门牌，其实两个门牌就是两户。第二种情况，土地一起耕作，但分开吃饭，算分家。第三种情况，住在不同的院子，一起耕作，一起吃饭，算是分家了（与顺义县有差别）。第四种情况，住同一个院里，但分开吃饭，算是分家。从这里可以看出，在不同的院子一定是分家，不在一口锅里吃饭一定是分家（但是后面又说还是一家），即分院子、分灶吃饭、分财产，只要有其中一项，一定算是分家。

分家及时机。与顺义县不同，父母健在时也可以分家；父母去世后也可以不分家。分家主要是兄弟关系恶化，特别是妯娌关系不和时的选择。如果父子不和，不会分家，父亲会将孩子"打出去"。婆媳关系不好，也不会分家。分家前要商量，如果父母健在，父母、兄弟参与商量，族长也需参加商量，即父母、兄弟、族长和家族长共同商量分家。

分家与家长。一个家庭或者家族必有家长（在寺北柴村的调查中，满铁调查员在家庭与家族、家长与户长之间分得不清），地位最高的人当家长，被调查者又将家长称为户长。

有几类情况：第一种情况，两兄弟住在同一个院子，房子是分开的，伙食和耕种在一起，哥哥是家长。第二种情况，土地分开，伙食也分开，弟弟成为自己家的家长。第三种情况，土地在一起，伙食分开，弟弟成为家长。第四种情况，院子分开，土地和伙食在一起，弟弟成为家长。从中可以发现，只要分家，兄弟成为自己家的家长，同时各有一个门牌，即使在同一院子中也会有各自的门牌。

分家单。分家必须制作分家单，分家单上要写上兄弟、见证人、族长的名字。见证人可以是族长，也可以是家长。如果父母健在，要写上父母的名字。分家时族长反对，有人说可以分家，也有人说不能分家。这要视不同族对族长的尊重程度。

分家程序。一是兄弟和父母商量；二是请中间人和族长；三是先把财产平均分成平等的若干份，可以是族长分配，也可是族长委托父母分配，也可以请其他人分配；三是做阄；四是在祖先的排位前点香拜祖；五是在祖先牌位前用茶碗抓阄决定；六是撰写分单；七是签名，包括兄弟、族长、见证人、父母等；八是吃散伙饭。

分家及分单。哥哥与弟弟为一家，哥哥有两个儿子，当家的哥哥去世了，一般由弟弟当家，只有弟弟能力非常差时就由哥哥的长子当家。如果分家，则由哥哥的长子与弟弟先分，哥哥的长子的名字写上分单，然后哥哥的两个儿子再写一次分单。在栾城县必须写分单，也称为分家单。

家产分割。家产由兄弟平均分配，即使有兄弟去世，也由其儿子或者妻子参与分配，分别称"子承父业""妇承夫财"。如果长子在外面赚了五百元，回乡死了，这笔钱变成了家庭的钱，长子的孩子还小就由家长帮忙管理这笔钱（这句话本身就矛盾）。如果为了家庭花费了五百元钱，则在分家时要给相当于五百元的土地。

（五）养老

养老地。兄弟分家时要给父母留出养老地。养老地归父母，作为父母养老和丧葬的费用。如果父亲去世，兄弟轮流供养母亲，母亲在几兄弟之间各住几天。如果有养老地，兄弟们各耕种一部分，或者按年份轮流耕种，收入归母亲。养老地的收入除供母亲使用外，还是嫁出的女儿或者外甥回娘家时的吃饭费用。如果还有未出嫁的女儿，养老田也可以作为女儿的嫁妆费用。

养老房。分家时既要留养老地，也要给父母留"养老房"，即要在老房子中专门给父母留出房间养老。

养老钱。如果家里没有土地，无法给父母养老，兄弟们要租佃土地或者外出打工挣钱，给父母养老钱。养老钱在分家时会写在分单中，否则族长不会同意分家。

养老粮。分家后，如果父母与某位兄弟生活，没有养老地，每位兄弟要拿出一定粮食供养父母，这称为养老粮。在寺北柴村又称"奉养"。兄弟还要给父母做衣服，这可以通过中间人族长等来与兄弟们沟通。有时既给粮，也会给钱，还要做衣服。

养老地的管理和使用。养老地可以由儿子们分块耕种，也可按年份轮流耕种，收入归父母。父母也可以将养老地按照市场价格出租给儿子、女儿，租金归父母。养老地的处置：一是父母去世时，如果兄弟们筹钱丧葬，养老地由兄弟均分。二是可以出售养老地安葬父母。三是如果父母与某个兄弟，如最小的儿子居住，养老地不能归这个儿子，依然按照上述两种方式处理。另外，如果父母去世后，还有姊妹没有出嫁，则养老地归这位姊妹（顺义县并非如此），其嫁妆以养老地来筹集。

兄弟扶持。分家后兄弟之间也会相互扶持，如果哥哥家里条件好，在弟弟不做坏事时，哥哥会扶持弟弟；如果两个哥哥条件好，则两个哥哥会平等地扶持弟弟；如果哥哥们虽然条件好，但是也有差异，则根据经济条件或贫富条件进行扶持。如果弟弟条件好，也会扶持哥哥。

家长遗言。家长去世前会留下处理祖业的遗言，这称为"遗嘱"。家长遗嘱一般是公平的，如不公平，一是族长和本族家长不会同意；二是兄弟们也不会同意。遗嘱一般以书面的形式存在，否则口说无凭。遗嘱可以自己写，也可以请人代写。立遗嘱时，一定要请本族家长出席见证，如果本族家长无法出席，则要其儿子代理。如果家长房长去世前还有话要说，则将全体家庭成员和本族家长叫来听。

（六）丧葬

葬礼。分家后父母安葬，费用可以从养老地支付；如果没有养老地，兄弟们筹集。如果兄弟们拿不出钱，就必须借钱。葬礼由族长和家族长操办，以家族长为中心举办丧事。族长和家族长操办丧事，但不参加出殡。在葬礼上，长子为丧主，其他儿子为孤儿。

服丧及禁忌。家里长辈去世还得服丧。丧期分为三年、一年、八个月、五个月，一年称期服，八个月称大功服，五个月为小功服（与传统的服丧期有些差异，但是这是调查的结果）。也有人认为是这样的：斩衰（父母）三年，齐衰（祖父母）三年，期服（伯叔父母）一年，大功（祖伯叔父母）九月，小功（曾祖父母、曾伯叔父母）七月，缌麻（高祖）三月，袒免（高祖伯叔父母）一月。服丧只给长辈，不给晚辈服丧。父母、祖父祖母是一样的时间规定。三年服丧，头一年穿白色的衣服；第二年穿白色或黑色的衣服；在三年内袜子、鞋子和帽子必须是白色的。亲人过世后的一百天内，不能散发、剃须、入浴，也不能吃肉，不能去村外，不能田间劳动，不能上学，不能分家和结婚。但是调查员在后面的问话又有否定前面的调查的情况。下葬后的第三天扫一次墓，之后一周一次，一直到第七周。同族只服丧一天，辈分低的人参加长辈的葬礼。

坟地与埋葬。寺北柴村的坟地埋葬分为排葬和一字葬，前者是兄弟几人时形成排葬；后者是几代都只有一个孩子时形成。也有人称分为排葬和昭穆。单数为穆，双数为昭。坟地分为老坟和家坟，前者为祖坟；后者为以门为单位的坟地。安葬时有如下规矩：一是夫妻是男左女右。二是如果有妻和妾，则为挟葬，丈夫在中间，妻子在左边，妾在右边。三是夭折小孩子埋葬，八岁以下直接埋进老坟周围荒地。八岁以上十五岁以下的男孩死亡，先是埋葬在自家田地的一角，即在角造坟，也称为寄埋，然后再找阴亲，当地称"死夫妇"，即找夭折的女孩，合葬在一起。"死夫妇"也需要媒人，不写婚书，不拜天地，只需要媒人或者介绍人宣布即可。阴亲的两家没有亲戚关系，也不吃饭。寄埋的坟形状稍小，灵牌也一样。四是夭折孩子的父亲去世，则寄埋的孩子可以移进祖坟，埋在父亲的脚下方。这称为"顶差"。但是母亲去世，父亲健在，不能移进祖坟。五是 15 岁以下的孩子死亡时一般不举行葬礼，当天死亡，当天埋葬。当然条件好的家庭，会吹号等。六是15岁以下的孩子死亡，长辈不能给晚辈扫墓，但可以给同辈人扫墓。七是如果风水不好，坟地要造后山，后山一般在第一座坟时就要建造。

坟地类型。在寺北柴村有三类坟地：一是老坟，这是开基祖的坟；二是一门的坟，就是五服以内祖先的坟；三是家坟，最近家里的长辈的坟。老坟和一门的坟地又称为"伙的坟茔地"，家的坟地称为"自己的坟茔地"。祭祀时，首先是全族一起去老坟祭拜；其次是一门的坟祭拜；最后是家坟祭拜。

（七）过继

过继规则。一是过继规定，过继要经过族长同意并主持。如果兄弟没有儿子，弟弟有儿子，即使只有一个儿子，也必须过继，这是"绝次不绝长"。二是过继只能是同辈过继，晚辈和长辈均不可以。三是生前可以过继，生后也可以过继。生前过继的多，生后过继要经过嫂嫂同意。四是如果家里贫穷，生后也要过继，族长会要求，主要在坟墓旁边立一块碑。五是如果兄弟没有儿女，弟弟有一个女儿，女儿也要过继给兄弟，这叫作"爱继"。六是过继时，兄弟之间不会拒绝，但其他人可能会拒绝。如果兄弟之间关系不太好，族长和家族长会做工作。七是过继要做过继单，过继单具有法律效力，族长要在过继单上署名。八是过继要有中间人，主要有族长、其他兄弟以及同族关系近的人。九是过继时要年纪比较小，一般在十岁以下，这样便于继父继母的养育。

过继顺序。如果兄弟之间有人没有儿子，可以从其他兄弟的儿子中过继一位。一是过继的顺序，首先是兄弟儿子；其次叔伯父儿子的儿子；再次是祖父的兄弟儿子的儿子；最后是亲戚家的儿子，亲戚主要是姻亲。姻亲中又以太太的亲戚优先；然后是母亲的亲戚；最后就是外姓过继。二是同辈的过继顺序，在兄弟的儿子中，以最适合的先选，然后再选次适合的。

兄弟之间过继顺序。弟弟给哥哥过继子的时候，哥哥是长子，就把长子过继给哥哥；哥哥是次子，就把次子过继给哥哥，这叫作承继。哥哥给弟弟过继子的时候，由弟弟选择喜欢的孩子。

兼祧。如果几兄弟只有一个儿子，可以将这个儿子过继没有儿子的兄弟，这几兄弟帮助这唯一的儿子娶几位妻子，每个妻子生的儿子就是兄弟的传承人。这种情况称为兼祧。

入赘。当只有女儿，没有儿子时，一般不能招养老女婿，但是如果同族血缘关系非常远，自己又只有一个女儿的时候，可以招女婿上门，称为"倒插门"。

过继和过继单。哥哥没有儿子，可以将弟弟的儿子过继给哥哥，过继时要写过继单，否则哥哥去世后会引起纷争。如果哥哥去世，可以由嫂嫂主持过继。哥哥去世后由继子祭祀；如果没有继子，可以由弟弟祭祀，财产归弟弟；也可以由弟弟的儿子祭祀，财产依然归弟弟。

过继地。在过继的时候，过继子带去过继家庭的土地叫作"过继地"，在过继单上写作"带产"。如果是钱就写作"带财"。如果过继子为家长，在正当情况可自由地处理过继地，不需要跟本门的家长商量，本门的家长也不会阻止。所谓正当是指用于吃饭、烧柴、生病、红白大事等。与嫁资地一样，如果需要卖掉土地，要先卖掉家里原有土地，不得已才卖过继地。

过继诉讼。家族官司主要是财产和土地。如果有三兄弟，长兄绝后，二弟有一个儿子，三弟有两个儿子，在确定谁过继时会产生纠纷，就会告官。最后会判为：长兄财产分成两份，二弟的儿子可不过继，得到一份财产；三弟一个儿子过继，两个儿子共得一份财产。

过继子、义子和养子。同族之间称过继，其儿子称为过继子；非同族之间过继称养子，要改名的，在寺北柴村称"代管子"；义子不改姓名，即让孩子保持原有家庭姓名。

过继和顶缺。所谓过继就是生前事，即在兄弟在世时，将儿子过继给其他兄弟，过继要写下过继单。所谓顶缺是指生后过继，即兄弟死后把自己的孩子埋在兄弟坟后称为顶缺。

（八）孩子

孩子上学。一般的家庭都会送孩子上学，读过书的父母尤其如此。只有家里供养不起时就不会送孩子上学。如果家里条件不太好，也不会只让一个孩子上学，而是几个孩子一起上学。家里条件不好时，会送孩子去城里做佣工。有时也会让最聪明的孩子上学，不太聪明的就干农活。可见孩子上学与否既与家庭条件有关，也有家庭公平和效率的考量。

孩子买卖。在寺北柴村，很少有家庭会将孩子送给别人换钱；即使有也只有刚出生的孩子，称为"血娃子"。三四岁后就没有了。"血娃子"的价格是二三十元。买卖孩子是在孩子尚未出生时，孩子的父母会与家长、本门家长商量，经本门家长与族长商量并同意后才可以。没有将女孩卖给城里人的情况，只有从小就订婚的，七八岁订婚是为了拿钱；十二三岁订婚，要做小帖；十七八岁就是"成亲成家"了。

对孩子的惩罚。如果孩子不听父母的话，父母可以将孩子"赶出去""打出去"，或者"送衙门"，有时也会打死。打死孩子后，族长和村长去县里汇报，县里派人调查，确认是家长打死的，罪名不成立。有俗话，"老子打死儿子白打"，"不听教育父打死子无罪"。

父兄的连带责任。如果孩子偷了别人东西，父亲将偷的东西送回去，同时责骂孩子。如果偷了钱，父亲负责赔偿。如果孩子将别人伤了，父亲要赔偿医药费和补助。如果父亲去世后，兄嫂有与父母一样的责任，"嫂嫂比母"，"兄承父业"。兄嫂的责任直到弟弟十七八岁结婚时为止。

（九）纳妾

谁会纳妾？ 穷人娶妻都成问题，不会纳妾。有以下的情况可能会纳妾。一是妻子没有生儿子的，可以纳妾。如果妾还没有生儿子，还可再娶妾。但纳两位妾后再没有儿子，"命里无儿不求子"，就会放弃。二是丈夫在很远的外地，妻子在村庄，有儿与否，丈夫会在工作地纳妾。三是家里有钱，即使有儿子，也会娶妾，这种情况在县城当官的比较多，但是在寺北柴村比较少。妾又称为"二房""姨太太"。

妾的地位。妾的地位比妻要低，比仆人稍高。妾不能在同一个餐桌上用餐，还要参与上菜或收拾餐桌。妾不能参与与家庭财产有关的事务，这些都由妻子负责。自己的花费一般是丈夫给钱。妾会被承认为家族成员，但其地位较低，只比用人高点。妾从来到这个家里到死都不能去丈夫任何亲戚家，也不能出现在来客面前。妾如果生了儿子，地位会提高。在哺乳期，待遇会提高。妾生的孩子在能够吃饭时，会带到妻子居住的地方养育。即使妾的儿子比妻的儿子大也不能当家长。如果妻子去世后，姨太太的娘家会与本门的家长商量，给予妾正妻的地位，再举行一次婚礼，这次婚礼与正妻的婚礼一样。

妻与纳妾。如果妻子没有儿子，丈夫可以自己决定纳妾，妻子也不能抱怨，但是纳妾前丈夫一般会与妻子商量。如果妻子反对，又住在乡下，就没有办法。如果妻子反对，则本门的家长会做工作。

妾如何成为家人？ 如一开始妾就与家人同居算一家人，但是一开始就住在外边不算一家人。这时需要丈夫带着妾回家，与家长、族长一起到墓地参拜，这样就算作一家人了。同时妾能否成为一家人，还要通过同族会议，否则不能成为一家人。

妾生孩子的地位。在外居住的妾生了儿子，要马上向族长申告，族长、家长商量同意后才被认可为家族的一员，但是妾不能成为家庭成员。如果妾生的是女儿，则根据情况来确定，如果与家庭成员同居，是一家人；如果居住在外地，是别人家的人。妻有儿子，妾也有儿子，同居的情况比较少，住在同村也比较少。即使妻子在外地生了儿子，也需要向族长报告。从中可以发现，寺北柴村的族长比顺义县的族长的权力要大。

夫死后的妻与妾。妾的儿子叫正妻为母亲，叫自己的母亲为姨母，正妻与妾以姐妹相称。如果正妻和妾均有儿子，一定是正妻的儿子继承家业。分家时正妻和妾均可以分得养老地，不分家时没有。分家后的养老地由正妻管理，收入也由正妻掌管，主要担心妾趁年轻逃走。如果妾需要钱从正妻那里拿。正妻死后，养老地就会被当作墓地使用。剩下的由正妻的孩子管理，妾不能管理。妾去世后，葬礼比正妻要简单些，费用也从养老地支出。正妻和妾均去世后，养老地只有正妻的孩子继承。如果妾有女儿，可以从正妻的孩子处得到金钱和物品，得不到土地；如果已经结婚，则什么也得不到。

妾的儿子与家长。妾与妻同居，如果双方都有儿子，正妻的儿子去世了，妾的儿子可以继承家业。但是如果妻子又生下男孩，会让妾的儿子暂时代理家长。

家长的儿子的妾。在如下几种情况，家长的后代可以娶妾：一是如果家长的长子没有儿子，长子可以纳妾，但是要首先召开家庭会议，其次召开本门会议，最后报告族长后才可以。二是家中只有一个儿子，这个儿子没有生儿子时，在召开家庭会议同意后，向族长报告即可。即使有儿子，纳妾也要召开本门会议和同族会议。三是儿子的正妻和妾都没有儿子，还可以纳妾，一直纳三位（与前面一位的回答有差异），如还没有儿子，就是命中决定，也就会放弃。四是长子年龄比较大，且没有儿子，二儿子可以纳妾，生了儿子后过继给长子。五是兄弟两人都有妻子，哥哥的妾没有生儿子，只要家中有钱，弟弟也可以纳妾，即使有三儿子也可以纳妾。但是如果长子没有纳妾，弟弟不能先纳妾。

妻和妾的养老单。丈夫去世后，分家时，妻与妾能够分得养老地，养老地记载在养老单上。妻和妾以各自的名义拥有养老地，实际上还是正妻在管理。养老单妻和妾各持一份。

妾的称呼。在寺北柴村，妾与家人分居时，称"糊麻"，意思是谁也不知道的意思。糊是指糊涂，麻是指无法区别。也可以称偏妻，或者二房，或者姨太太。公认的名称是"二房"。糊麻生的儿子称"后小子"（方言）。后小子称父亲为叔父，母亲为母亲（与前面的有差异）。"后小子"如果征得族人认可后，叫"赶管儿"。"赶"是指被承认之后可以加入父亲一族；"管"是指收到一族管理的意思。如果夫死后，妻带着孩子改嫁，其子称为"代官"。

（十）家庭与家长

家庭分工。家族有明确的分工，家长掌管全家，地契、金钱由家长掌管。男人们做农活；女人们做饭、洗衣服、带小孩；小孩子读书。如果几兄弟成家，没有分家，则妻子们共同做饭，农忙时会将饭送到地里吃。在农忙时女儿们会收棉花、谷子，其他的农活则不做。如果家里有妻子和二房，则这样安排：家长是家计的出纳，太太监督小老婆，男的做长短工，二房做饭。如果家里有60岁以上的老年人，一般不再做事；在60岁以下时会做一些比较轻松的事情，如翻土、碎土、施肥等。

所有收入都必须交给家长，即使已经成年且结婚的儿子、媳妇也不能掌管收入。只要是工作挣的钱必须交给家长，属于全家的收入。家长会给家人一些零花钱，一般会交给妻子，再由妻子转交给家人。家人需要钱时要向家长申请，家长可以拒绝。有的家庭会给每人几斤棉花，让其做衣服，如果不做衣服，也可以出售，收入归自己。

女孩除了做家务活外，还可以收割、除草、择苗、看水车，女人能够做的事，孩子都能够做。女孩14岁以上就开始下地帮忙；18岁以上就能够独立干活。男孩子12岁以上开始下地；15岁以上就可以干大人的活；18岁就能够独立地从事农活。

家长与家人。家长有权惩戒打架的一方，安抚另一方。家中的大事，家长要与家人商量，主要是土地买卖、住宅建设、女儿出嫁、新娘迎娶等。家长一般都会与家人商量，如果不商量也会通知。如借钱时会与妻子和子女商量。家长不能不与家人商量就购买土地，也不能在不通知家人的情况下将钱交给二房，由二房购买土地。如果瞒着家人借钱给二房购买土地，家人知道后可不予承认。

家长权力的限制。如果家长瞒着家人做了不应该做的事情，且家长的意见与家庭成员的意见有分歧，一般由本门的家长或者同族会议定夺，父亲向儿子道歉，立"善后字"，还钱。一般程序是先开本门家长的会议，由本门家长向小辈公示，再开同族会议，再立"善后字"。

如果家长不想参加同族或者本门会议，可以由小辈通知，然后族长或者门家长会在会上命令小辈作为家长参加会议，这样家长会失去家长权力，但是门牌上还是刻着父亲的名字。父亲失去家长权，俗称为"家长不成才"。如果是孩子成为家中的家长，其他孩子也不会称其为家长，而是叫他哥哥，父亲仍称为父亲。很少有直接称呼为家长。

如果家长不能参加同族会议，可以派代表参加会议。孩子在代理的时候向族长报告说家长因为有事无法参加会议，由我代表。这样的情况叫作"遵命代表"。

家长的责任。家中有人在外面遇到困难时,是家长而不是父亲要给予援助。孙子上学需要费用,不是由父亲,而是由家长负责筹集。儿媳妇在外面遇到了困难,以家长的名义进行资助。

儿媳离婚与家长。家长对儿媳妇不满意,但是儿子却不愿意离婚时,这要视儿媳妇的行为而定,假如其行为不检点,不论儿子多么同情妻子都要离婚;假如妻子行为没有过错,家长就不能强迫离婚。儿子希望离婚而家长不同意,则应在五伦纲常之内考虑。根据风俗习惯来看,即使妻子相貌不佳,儿子想要离婚也无法离婚。

离婚及条件。离婚时,娘家的家长不同意就不能回娘家,婆家的家长不同意就不能离婚。被家长赶出去不称为离婚。离婚后,如果娘家不同意离婚的理由,可以送回去,丈夫家一定要领回来。如果女方有打丈夫或双亲、偷盗、奸淫的,娘家不同意也可以离婚。

外出务工和家长。丈夫外出务工的情况下,假如丈夫希望妻子跟随自己一起出外务工,并且妻子也愿意,这可视情况而定,如果家里还有其他兄弟,应该可以同去;假如家里是独子,家长会制止。如果本来不能去的妻子,不告而别去找丈夫,家长会加罚。假如家长性格比较暴躁的,有时会打人,甚至将儿媳赶回娘家。家长在不与外地的儿子商量的情况下,不可以要求媳妇去做其他事情,如不能让媳妇去当乳母或者女佣。

外出务工收入与家长。儿子在外地赚的钱不能够自由支配,必须全部交给家长。在已经分家的情况下,可以不给弟弟。家长可以支配儿子在外面挣的钱。儿子在外面挣了钱,有合理的理由并得到家长同意时可以使用这些钱。在外地挣了钱可以回家买地。通过信件交流,外地务工的儿子也可以在外地购买土地,这些土地属于儿子。如果儿子卖出这些土地,不需要得到家长的同意。

更换家长。兄弟三人,长兄为家长,但是家中不和,弟弟们对家长不满,可以召开家庭会议,征得大家的同意后,报请本门的家长和族长,将家长之位传给弟弟。虽然如此,但是不会改变门牌。因为一家的家长必须要由年岁大的人担任。

(十一) 嫁资地和嫁资钱

嫁资地。女儿出嫁时,娘家会陪嫁钱物或土地。这些土地称"带来的地",也称嫁资地。嫁资地不能擅自卖掉,租赁时要经由丈夫向家长报告。假如兄弟多人的情况下,土地不由父亲管理,而是委任丈夫管理。只有丈夫一人的情况下,由家长寻找捎地的情况比较多。在这种情况下地主是新娘。租约写新娘的名字"某门某氏"。新娘带去娘家的土地一般叫作"带来的地",也可以叫作"嫁资地"。

嫁资地与转契。嫁资地一开始在娘家父亲的名义下,三年左右生了孩子后,夫妻两人感情好时,娘家会转交地契给丈夫,丈夫再转给家长,将地契改为丈夫的名字。在这之前都由娘家的父亲管理。嫁资地转到丈夫的名下后,捎地都以丈夫的名义。

嫁资地的处理。虽然嫁资地如普通地一样,可以租赁,但不能随便买卖。如果要卖地,也要先卖家里原有的地,最后才能够卖嫁资地。卖掉之前要召集岳父和亲戚召开家庭会议,在得到同意后可以卖掉。丈夫无法独自卖掉嫁资地,只有得到妻子的同意后才可以。但是当岳父来家里的时候，妻子会将事情告诉父亲，以求得理解。

嫁资地与养老地。嫁资地是父母送给孩子的土地；养老地是子女奉给父母的土地。孩子分家的时候，必须将嫁资地作为养老地分给父母，除此之外还应将其他土地作为养老地。

嫁资钱。出嫁时娘家也会给女儿一些钱，这些钱称为嫁资钱。如果丈夫不清楚嫁资钱，由妻子单独使用，即使丈夫知道了也不能随便使用。女方带去的嫁资钱不用写在结婚证书上。如果结婚后感情好就会告诉这笔钱的存在，感情不好就不会告诉丈夫。一般而言不会给嫁资钱。不管是女方带来的土地、钱或者衣物，家长都不能自由地典当或者处理。

（十二）祖产及处理

家产与祖业。家产的土话是"庄伙"，指土地和建筑。在家中，一般没有个人可以使用的土地，即家长也不能单独随便使用。在寺北柴村，"庄伙"和"祖业"合起来称祖业。祖业是父亲从祖父手中分来的财产。财产以祖父的名义登记，即使祖父去世了，也按照契约中已经写的保持原样。父亲去世后，孩子们分家，土地的名义依然不变。

有人将家产和祖产进行区别，如果是祖先留下的遗产就是祖产，也称祖业；如果是自己买下的东西就称家业。家业和祖业均包括土地、房屋、家具等财产。

祖产更名。祖业分给孩子辈以后，依然以祖父的名义纳税。如果要更换纳税人则要交税。如果不更名就以祖父的名义纳税。如果是两兄弟，可以春天哥哥交税，秋天弟弟交税。

祖产买卖。那对于不能更改名义的土地，弟弟想把自己得到的那份卖掉，要先征求哥哥的意向，哥哥不买的情况下可以卖，而且要以原名义来卖。名义上是祖父的，实际上按照弟弟在卖。税约也是按照弟弟的名义签订，不过要把祖父的名字添上，税名改成新的买主，即卖掉的部分以新买主的名义纳税。卖地契约上写孙子的名字，税约上写祖父的名字。进行土地调查时，祖父的名字就要换成现在家长的名字。

家产的管理和处分。祖业是全家的财产，由家长管理，卖和租都要与家人商量，家长不能单独处理。其实家长只能处理一些小事情。祖业出租或者出售时，同族有优先权。然后再考虑邻居。在祖业当中，没有得到族长许可，不可买卖土地，只要有正当理由，如吃、烧、病、葬、娶的话，祖业也能卖掉。墓地不能卖掉，如果要卖，先卖土地；再卖房子；最后卖墓地。不过卖墓地时要在同族会议说明理由，同族有优先购买权。

祖产分配。分家时祖产也要分，在留出养老地后，由兄弟平均分配。分家时姐妹分不到财产，但是可以典当或者卖掉母亲的养老地购置嫁妆。在这种情况下，兄弟不能干预。如果养老地很少，嫁妆无法从养老地筹集，则本族的家长会让家里经济条件好些的兄弟负担。如有两兄弟，可以一兄弟买嫁妆，一兄弟买衣服。另外，其他的财产，如墓地的林子、钱铺等不分。做买卖的话店铺不分。资金的名义就是商号的名义。建筑物就归兄弟的名下，三年后再分利益。

祖产处理反悔。如果家长卖掉了祖产，受到家人的反对而反悔。在只是丈量且家人不知情下签订的契约，可以收回祖产；如果已经付款就无法反悔。

（十三）债务的处理

债务的处理方式。寺北柴村的债务与顺义县完全不同，这里有点赖账的味道。家长去世后遗留下的债务有三种处理方式：一是父账子还，家里没有一点财产，父亲去世后，几个儿子平均承担，偿还债务。二是做长工偿还，如果没有财产，就将债务人转为子女承担，不计利息，去债主家做三五年的长工偿还债务。一般一百元做一年长工，还大概四十元。三是破产归债，按照当地习惯，有三种情况可以不还债，即"三不要"：走、死、归无。在这三种情况下，即使卖了房子，也只有一点钱，远远不及债务时，可以申请"破产归债"。

债务处理类型。如果兄弟已经分家，哥哥欠债，弟弟没有偿还的义务。如果兄弟没有分家，兄弟要平摊债务。如果哥哥去世，则可以申请"破产归债"。一般情况下破产的比较多，当众将借条烧掉，以便以后有一个宽松的日子。

多位债主的处理。如果家长分别欠多位债主的债务，如一百元、一百五十元、二百元等，现在有一些财物，则按照比例来分，这称为"均锅"。

破产的程序。如果家长去世且欠债务较多，偿还不了，本族家长、族长会过来，写好"请债主帖"，将债主召集起来，告诉他们，现在就只有这一点钱，如要就拿走，不要也没有办法。这样申请破产，如果债主同意就当场烧掉借据。如果符合"三不要"的情况，债主也就会同意。如果家里没有财产，不能一开始就主张"三不要"而不还钱。破产决定者是族长和本族的家长。

典当抵押资产处理。如果家长去世，子孙无法偿还债务，债主不能随意拿走祖业，有子孙后代、祖业抵押典当的情况下是不允许的。债主也不能将土地卖掉来还自己的债务。家长死后，没有后人，由兄弟处理，将典当和抵押的土地卖掉来还债，剩下的就用在葬礼上。

（十四）其他

提蓄。在顺义县家庭中的个人一般不允许拥有个人财产和土地，但是在寺北柴村，家庭中的个人可以拥有财产和土地。个人拥有的财产和土地称为"提蓄"。"提蓄"为个人所有，不交给家长，也不为大家庭所共有。娘、太太、小孩均可以有"提蓄"。在顺义县称体己地。笔者怀疑，"提蓄"与"体己"，读音相同，是否是同一个写法，而是调查员写错了。

三　土地租佃

（一）租地、捎地和包地

租佃类型。土地租佃给他人，收取货币地租称租地；收取农作物称包地；如果包地收入为收获物的一半称捎种。在栾城县包种最多，其次为租地和捎种。包地约占八成，租地和捎地约占二成。在非常贫困的村庄，包种最多；在比较贫困的村庄，租地较多。租地和包种有时需要中人，捎种不需要中人。对于租佃类型，地主有决定权，可以将捎地改为包地，也可以将包地改为捎地。

包地。包地制其实就固定地租制，即地主和佃农确定好地租比重，无论收成好坏，都得按照约定的比重交租。包地制无论收成好坏，无论灾害大小，佃农都得缴纳约定的地租，风险由佃农承担。包地需要中间人，如果主佃不认识，还需要保证人；如果没有保证人，需要有保证物。

捎地。所谓捎地制就是佃农与地主平分收获物的租地方式。若将自己的土地出典，然后再租回自己耕种，称为捎庄地或捎地。如果地主和佃户之间感情好，相信对方是老实人，就采用捎地方式，否则就采取包地方式。如果土地质量不好，没办法取得定额时，采取捎地方式，否则就是包地方式。按照专业术语，捎地制就是分成地租制，风险共担，收益共享。

大捎地。地主承担种子、肥料，将地交给某人或者某家耕种，所得比重更高，这称为大捎地。又分为两种情况，一是把土地出租给在自己家干活的长工，长工吃住在地主家。所有生产费用由地主承担，地主获得更高的收获物比重。二是地主出地和生产费用，包给其他人种植。一般土地比较多的地主会选择大捎地的租佃方式。

租佃方式选择。包地又称为"死庄稼"；捎种称为"活庄稼"。土地质量好，佃农愿意包地；土地质量不好，佃农愿意捎地。从寺北柴村来看，包地逐渐增多，捎地逐渐减少。前者七八成；后者二三成，即固定租增多，分成租减少。租佃方式的变化主要有两个原因：一是发生了水灾，水灾后土地质量会变好，佃农愿意包地。二是因为治安不好，生产环境和条件不确定，地主也愿意包地，得到固定的收入。

死种和分租。包地称为"死种"，分租称为"捎地"。寺北柴村的佃租全部都是用谷物缴纳，没有将谷物换算成钱缴纳的情况，即没有货币地租。有水井的土地为定租；没有水井的土地（白地）折半交租（捎地）。分租方式一定是折半交租。不管是定租，还是分租，秸秆都归佃农。有些地主可能通过少收地租或者提供肥料获得一些秸秆。

借贷和租赁。东西借给其他人，不收任何费用称为借。如果收取费用，钱与物又不同，借钱收取利息，称借贷；借物收取费用，称租赁。租赁又分为两种：如果是房屋，称赁；如果是地，称租。

（二）租金、租期和租帖

租金类型。租金支付有三种形式：一是提前支付称上打租。二是收获后支付称下打租。三是提前预交一部分，收获再交其他部分，称分期打租。在栾城县，分期打租最普遍；次是下打租；上打租比较少。

租金差异。佃耕自己的出典地和佃耕地主的地，在权利方面有差异。前者每亩地缴纳四十斤棉花和一石谷子，包地的话给一半；后者即便同样是包地，也需要缴纳五十斤棉花和一石二斗谷子。佃耕地主本业地，如果地主要求五十斤棉花，佃户不答应，地主可以不让佃户佃耕。

租期。在栾城县，土地租期一般为三年，最长五年，租期为一年的比较少。租期到后，地主可以不与佃农商量直接将土地转租给他人。但是一般会续租给老佃户。从寺北柴村来看，契约上并没有写明期限，只要佃农正常交租就能够继续佃耕，不需要特别说明。地主也不喜欢经常变动佃农。白地和园地也有区别，白地较易变动佃农；园地一般不会变动，因为园地施肥较多，需要长期耕种才会有收益。

租帖。佃耕需要签订契约，称租帖。一是租帖签约时间。一般从头年的十一月到第二年阴历三月惊蛰之前要签订租帖。二是租帖的范围。租帖一般是异姓之间的约定，外村之间租佃一定要契约。同族之间不需要租帖，但是需要族长、门家长参加，作为证人。亲戚之间也不需要租帖，但是本家的族长、亲戚那边的族长作为证人参加。如果族长们不参加就不能形成契约。如果是两门之间的租佃，需要两门的门家长为证。三是租帖的书写和保管。租帖只有一份，由中人书写，或者佃农书写，也可中人、佃农、地主三人书写，地主保管。四是租帖署名，租帖要写村长、见证人的姓名，如果不写村长的姓名，为无效合同。五是租帖的内容。租帖还要写期限、佃租数量、坐落、四至等。如果来年不租了，地主将租帖交给佃农。六是税费规定，租税、杂派全由地主负担。典地与租地有差别，可以出典者承担，也可以承典者承担，或者两者共同承担。具体的承担者要写进典契。

（三）中人、保人、监证人

中人。中人又称中间人，是主佃双方的联系人。在主佃之间说合、协调，见证契约的签订。中人需要在租佃契约上要签字。中人的条件：一是与主佃双方都熟悉；二是有无财产关系不大；三是与地主没有债务关系。在第一年佃农交租时中人会出现。因为中人没有报酬，所以对于契约的履行没有责任，也没有催促责任，但是中人可以劝说佃农交租。主要程序，一是中人在双方说好价格；二是带着佃农去地主家；三是双方签订契约，中人给双方看，如无异议就交给地主。主佃双方都不给中人报酬，但是可以简单地请吃顿饭。

保人。保人是租佃双方的保证人，即保证佃农不逃走，对于佃农是否履行契约没有责任。但是从对地主的调查来看，如果佃农不能交租，保人有责任代交租金。

监证人。监证人也称为见证人或证监人。在事变以前，栾城县由"五尺行"担任中间人或者监证人，此后由村长担任，县里还颁发了委任书。如果是村内的土地典、卖要测量，监证人要参加签约；如果土地在外村，监证人可以不参加。村长利用监证人资格来工作，草契一张收取十钱，不需要手续费，代笔费随便；土地典卖的时候，签上监证人的名字，典契一元则收三厘，卖契一元则收五厘。监证人只对契约的真实性做见证。典佃地既要有中人，也要有监证人。如果是一般的佃地，只需要中人。监证人的收入是买价的千分之八，即一百元的买价，印契费为十二元六角，从中抽八角给监证人，由县里支付。一般积存在县里，一年两次支付给监证人，分别是阳历的六月和十二月。典的印契费是一百元交五元三角，给监证人二角五分，也就是二厘五毛的比率。

（四）租地条款

签约。一般在地主家签约，签约时有租佃双方、监证人、中人，有时还有保人。双方签约后可以吃顿饭，费用双方分摊。如果在村外，一定要吃饭，在村内可以不吃饭。

担保。租地担保有三种方式，一是以人担保，即人保；二是以地担保，即地保；三是以房子作为担保，以房为担保在寺北柴村称"庄伙房子担保"。

押款。提前向佃农收取一定费用，称为押款。在寺北柴本村，没有押款的现象，只有将地佃给不认识的人时，才会收押款。押款一般在租金的二成左右。如果到时无法交租，押款抵租金。如果地主收回佃地，则退回押款。

（五）拖欠、减免

佃租的拖欠与减免。佃租耕地，因为灾害，治安不好，可能会有拖欠，拖欠者第二年仍然要交租，即可以拖欠佃租，但不能减免。但对不同的租佃方式会有不同，对于包地来说，即使被抢、遭灾也得按照契约交租；对于捎地来说，如果遭抢等原因，可以只将剩下部分主佃双方平分。

减免的请愿。如果受到大灾害，佃农们会聚集起来商讨向地主请愿，一般情况下村长是请愿的中人。佃户们各自去相应的地主家请愿。佃农请愿，有时会吓倒地主，但是地主也不会减少地租，只是推迟地租缴纳的时间，第二年补交。农民请愿，地主也害怕，不敢收回佃地。农民也可以委托村长向县公署请愿，但是县里很少干预。

租佃拖欠的处理。从地主的角度来看，租佃拖欠要视情况而定，一是如果是天灾导致的歉收，地主会原谅，也会适当减免。二是如果是故意拖欠，则会要求租地转为典地。三是地主还会看佃农的能力，如果第二年有能力交租，会继续租地；如果没有能力交租，则会收回土地。从寺北柴村来看，拖欠对佃农极为不利。因为物价在上涨，前几年的拖欠，要按照时价交租，或者按照契约交实物地租。这都会增加农民的债务和负担。

拖欠佃租和收回土地。对于普通佃耕地来讲，只要拖欠佃租，地主就有可能收回土地。对于典佃耕来说，拖欠的佃租，按照契约当年的价格折算成钱，然后进入典当的"坐价"。在折算并进入"坐价"时，中间人需要过来，写入典契。所有的拖欠都不支付利息。

（六）主佃关系

主佃关系。在顺义县主佃之间只是一般的村民关系，但是在栾城县寺北柴村，地主家如果有事，如建炕、建房或者其他的事，佃农会去帮忙；有时村庄修理道路，佃农也会帮助地主出工。当然这要视情况而定，同村的佃农一般会去地主家帮忙，外村的地主不会去帮助。在农忙时，佃农也会帮地主家做事，地主不给报酬，只管吃饭。

主佃权利。从佃农来看，有安排佃耕地的权利，有选择作物的权利，也有抛荒的权利，还可以在耕地旁边搭建临时性小屋的权利，但是佃农不能建设永久性的建筑，也不能毁坏水井、设施等，如果损坏，要赔偿。从地主来看，有时地主会指定耕种作物，如果佃农不能按时交地租，地主可以收回佃耕地。虽然地主有权随时收回佃耕地，但是也要遵循当地的惯行。佃农如改善土地，或者建设了水井，地主不会给予补偿。在地主收回佃地时，其收益归地主。当然如果水井坏了，佃农要求地主修缮，地主应该修缮；如果地主同意，佃农先修缮，地主承担成本；也可以地主出钱，佃农出工共同修缮。

主佃实力。虽然租佃是市场关系，但主佃双方权利不一样。在寺北柴村，主强佃弱非常明显。一是地主可以随时收回佃地，当然农民也可以主动退出佃地。对于解除契约，一般是地主比较多。二是在交租时，每次地主收租（棉花），以地主的秤为准，即使在佃农家称重为五十斤，如地主回家称只有四十九斤，也得以地主的秤为准。如果反复出现这种情况，地主就会自带秤去收租。三是如果佃农不满，地主会说那等几天来收租。棉花因为时间而干燥，重量还会下降。在这种情况下，农民不得不同意地主的主张。四是主佃都会记账，但是地主能看佃农的账，而农民不能看地主的账。

佃耕纷争。佃耕纷争有四类五种情况，一是没有到时间，提前收回土地引起的纷争，农民可以申请仲裁。二是地主在佃农施肥以后将土地转租给他人会引起纷争，这时地主要向佃农支付肥料费用，也可以由地主向新佃农收取，再转交给老佃农。三是地租的质量，农民经常将低质量的产品交给地主，由此引发纷争。四是地租的数量，对于包地来讲，农民受了灾，无法交地租，地主不愿减免从而引起的纷争；另一种情况，对于捎地来讲，地主觉得产量低了，认为是肥料用得不够从而引起的纷争。

许辞不许收。由于地主不守契约，只要有人出价高就将土地佃给出价高的人，甚至在原佃农已经施肥后还要夺佃。为了避免这种情况，主佃双方就会进行约定。如在调查的前一年，租佃契约上写上了"许辞不许收"，即只允许佃农辞地，不允许地主收地。用契约的方式来约束地主的夺佃行为。

佃地作物的确定。佃地的作物一般由佃农确定，有些地主也可以要求佃农种植指定的作物，在这个时候，可以写进契约，也可以平时提出。地主指定生产作物时，要提供一定的补偿，一般会提供肥料，如与农民共同分担生产的肥料，主要是自家的农家肥；有时会折算成钱，直接从佃租中扣除。

佃租被抢的责任。如果佃租在佃农家被抢，在包地租佃方式下由佃农负责；在捎地租佃方式下主佃双方负责。如果地主在运到家里过程中被抢，由地主负责；如果佃农运到地主家时被抢，由佃农负责。满铁调查时治安不好，地主不敢收租，佃农也不敢送租。这样造成的损失由双方商量解决，但是当时也没有找到好的办法。

地主提前收地及仲裁。如果出现如下情况，地主会提前收地：一是佃农用次品交租。二是佃户由于投入不足，导致土地产量不高，质量也不好。三是缺租。在这三种情况下，地主会收回佃耕地。如果佃农正常交租，地主要收回佃耕地，佃农可以申请仲裁。

转佃。佃农可以将佃耕权转给其他人，转佃前要征求地主的同意，否则不能转佃。这与顺义县不同，因为顺义县只有一年的租期，而栾城县一般是三年到五年的租期。也有被调查者说，这种情况根本不可能出现，也不允许。

租地的变更。有时租地也会发生变更，主要有三种情况，一是如果租佃价格有变更，必须重写契约；二是如果协商的亩数与实际的亩数不一致，需要另立契约；三是父亲去世后，儿子向地主报告，表达续佃的期望，可以继续佃耕。在这种情况下，只是契约人发生变化。

（七）佃地赋税

佃地的田赋。佃地一般由地主缴纳田赋。如果是出典地，可以由承典人缴纳，也可以由出典人缴纳，或者双方共同承担，这由租佃双方自行约定。

地租的征收与计量。由于寺北柴村土地大多种植棉花，不管是包地，还是捎地都得多次交租、多次收租。在交租或者收租时，有时农民通知地主收租，有时地主前去取租。一年交租或者收租可能有三五次，也可能有十多次。地主直接去农民家收租的情况比较多。在交租时，一般用佃农的秤称重，回家后地主还会再称一次。如果地主不信任佃农，也会带上自己的秤，与当地的秤比较，使两者大体相当，再称重。有时佃农将质量好的棉花归自己，质量差的棉花给地主，如果地主觉得质量太差，会要求将棉花折算成钱，向佃农收钱。

佃地的杂派。杂派按照村里粮银为标准负担，以村庄作为一个整体来征收。在地主为本村人的情况下，村里向地主征收三分之二，向佃户征收三分之一。在地主为外村人而土地在本村时，只向佃户收取三分之一，剩下的三分之二不征收（另外三分之二地主交在自己村庄）。自耕地每亩交十钱；佃耕出典地每亩交五钱；佃耕地主土地每亩交两钱。对于出典土地而言，如果承典者为本村人，交五钱；如果承典者为外村人，不交钱。

（八）旗地租佃

旗地外关。也称外寄庄。这是旗地的一种田赋缴纳方式。土地、地主、旗头，三者均在一个县时，称为本县的土地；如果地主在外县，土地和旗头在本县，为本县的土地；如果土地和地主均在外县，旗头在本县，称为外关。这种钱粮关系是历史形成的，以旗头为中心确定钱粮。政务警催讨旗头，旗头先垫付，然后去外县收钱粮，一般是三年去一次。

旗头。旗地按照占有关系，形成一个钱粮圈，在这个钱粮圈中拥有"本粮地"的人担任旗头，如果有几人，轮流当旗头。旗头负责催收钱粮，也可以种植本旗中的公有地，如果有几人为旗头，就轮流耕种，没有公有地就不种。旗头不想干也不行，别人不能干，一直是世袭。旗头只负责旗地的钱粮，没有行政和自治关系，如与村长没有关系。

四　土地买卖

（一）土地买卖概述

土地买卖程序。土地买卖主要有如下的程序：一是委托中人，卖方和中人制作走契，买方可以不参加，走契由卖方书写，并盖上卖方的章子。二是找买主，中人会先与兄弟、同族、邻居交流，咨询其买卖意向，如果没有人愿意买，就找其他买主。三是在达成初步意向后，买主自己或者与中人去看地，主要是目测面积、土地的状态、水井状态及位置等，确定是白地，还是菜地。四是中人将走契出示给买主看，买主确定后支付定金。五是买主测量土地，一般在查看走契十天左右测量土地。六是购买官纸，即向村长购买官制草契，费用由卖方负责。七是录入官纸，即将走契中的内容录入官纸。八是签约、缴费，在完成上述环节后，买方、卖方、中人、证监人、邻居聚集在一起，签约或书写草契，各方认可后签字，然后缴费成交。九是请客吃饭，签约和缴费后买主请客吃饭，费用由买主承担。十是税契，即在经征处缴纳契税，贴上契尾。十一是完粮和过割，即在社书处将钱粮名字改为买方名下。最后白契或草契变成了红契。

土地购买顺序。在寺北柴村土地买卖有一定的先买权利或者购买顺序，大体如下：第一是兄弟；第二是同族或同门；第三优先邻居；第四承典者；第五是本村人；第六是外村人。只是在同等价格的情况下，有先买权；如果出价低，就没有先买权。基本上是两句话：谁的价格出得高，卖给谁；在同等条件下，有先买权利者优先。既尊重市场原则，也尊重了传统习惯。

买卖参与主体。土地买卖涉及很多主体：一是买卖双方，即买方和卖方；二是中间人，也称中人，可以分为买方中人和卖方中人，少则一位，多则三五位；三是监证人，代表国家监证土地买卖，表示购买的真实性；四是四邻，即土地四至的邻居；五是测量人，土地有专门的测量的人，称为"五尺行"。另外可能还涉及契税处、社书等主体。

土地买卖费用。土地需要各类费用：一是中人费用，一般是买方三分，卖方两分，称为"破二成三"；二是纸费，即草契费一角，其中八厘为手续费，纸费由买方承担；三是监证人费用，监证费八厘；四是测量费用，丈量原来由"五尺行"进行，后来由"成小交"进行，丈量费包括在手续费中，不再单独支付丈量费，一般是五十钱；五是饭费，由买方承担；六是税契费用，六分六厘；七是社书过割的手续费。

（二）土地买卖过程

委托买卖。家长不在家时弟弟不能单独买卖土地，但是家长可以委托弟弟买卖，这时要专门写委托信，同时要写走契，并附在信后。家长患病以后，土地买卖，有弟弟的，弟弟代理；没有弟弟的，儿子代理。必须有地主亲笔写的走契，才能够买卖土地。如果没有走契，有地主盖章的字据也可以买卖。

走水文书。也称走契，由卖方制作，用纸随意。中人拿着这个找买家。走水文书的主要内容是：土地位置、数量、四邻、中人、所有人、大致的价格等，以便中人以此找买家。中人先拿着走契在同族和亲戚转转，如果有人愿意买，就将走契交给对方，然后交下定金；如果无人想买，再去别处寻找买主。然后用走契兑换官纸，即草契。如果没有走契，证监人不能证监；如果证监，就是伪造契约。走契只有一半的权利，没有完整的权利，如弟弟签订了走契，哥哥不同意，也不能卖地。走契订好后，就要找监证人购买草契，这中间的时间有句俗语："过三不过五"，即可以超过三天，但最多不能超过五天。

定金及解约。契约内容写在官纸上后，买方就支付定金。定金一般是地价的百分之一到百分之五。一是如果买方不买了，定金也不能返还。二是如果卖家收了定金，不想卖地了，则要多给买家三成的定金赔款，作为利息。三是如果同族要买，则可以解约，退回定金，卖给同族。即使是印契完后，若同族想买，可以将契约取消并购买，周围邻居也是如此。四是如果买方遇到不可抗拒的力量，无法筹措资金，可以返还定金。另外也可以再让买方寻找新的买主，让新的买主退还定金。

地价确定。土地买卖的地价一般由买卖双方通过中间人沟通，多次协商确定，土地价格又因水田和旱地有差别，水田的价格约是旱地的两倍。

请客费用。签订买契并签字后，一般会请参加者吃饭，主要有买卖双方、中人、监证人、邻居、测量人。会餐费用一般由买方承担。

测量及测量费。在交给买方走契后，约十天要进行测量。一般是买方委托中人，中人通知测量人。测量时需要同族见证，可以不通知族长，而是通知分家了的兄弟，委托其帮助测量。测量时要依次使用两根杖杆丈量。那时候买方的兄弟不能离开，必须注意杖杆之间的接缝不能太大。卖方如果分家了，没有儿子就委托同族，让其在使用杖杆时多加注意。证监人可以参与测量，也可以不参加测量。测量后可以制作新的界标。如果做新的界标，一般由买方承担。买卖土地和典当土地必须测量，测量费为每人五十钱。兄弟之间土地买卖只需要四邻证明，可以不测量。

（三）参与主体

中人及其责任。自古以来土地买卖就需要中人，其主要任务：一是对买卖进行协调及办理签约前手续；二是土地买卖记入草契后，没有付清定金的情况下，证明其余额在以后交清；三是测量时通知邻居；四是不售卖或不购买时传达原因及上交手续的利息；五是诉讼时做证人，中人没有赔偿的责任。

监证人。在实施草契制度前，不需要监证人，有中间人见证，双方就可以签约，此时的契约为白契，也为官方认可。但是实施草契制度后，村长成了监证人。村长从县公署购买草契，买家向村长购买草契，然后请村长监证。监证人的主要职责是监证交易过程的真实性，并执行草契政策。

中人及费用。土地买卖一定有中人，原来"五尺行"可以做中人。中人不一定要有钱，但是要明白事理。中人一般是一位，也可以是两位，即买方中人和卖方中人，最多可达五位中人。做中人可以得到一定的手续费。中人的手续费由买卖双方承担，卖方承担两分，买方承担三分，称为"成三破二"。中人主要是协调作用，在测量结束记入官给草契后，其责任就全部结束了。

小交。在栾城县，晚清或者民国初年，土地买卖的中间人称为"小交"，或者"成小交"。"小交"主要的任务就是：推荐卖方的土地，负责土地的丈量，通知四邻，商谈价格。"小交"或"成小交"是在"五尺行"结束后的一种中间人。按照惯例，每百元的价格支付六角钱，由买方负担。

经纪。又称为红名经纪。房地买卖都需要经纪人，一般由有空闲的人来做经纪，一个村会有一二名经纪。晚清时，经纪必须持有县公署发约牌，春冬两季向县里各缴纳两吊钱。经纪必须持有杖杆，即做测量人。所以经纪既是监证人，又是中人，还是测量人。民国八年，实行监证制度后，经纪才由村长取代。经纪人有一定手续费，俗为"成三破二"。所谓"成三破二"，即卖价一百吊的情况下，卖方出两吊，买方出三吊，作为中介费、测量费等。如果是典当，出典人出五厘，承典人出一分。

五尺行。五尺行既是一种丈量土地的工具，也是一种职务。在事变前，每个村都有一个人在典、卖土地时进行丈量、做监证和中人。这个人称"五尺行"，也可以称"红名经纪"。"五尺行"给县里纳税，获得"牌子"（方言，许可证、执照的意思），这方言叫"官中人"。缔结佃耕契约的时候，他必定出席并收取手续费。那把尺子是从县公署里名叫"度量衡"的机关里面购买而来[那里还发放了市斗、市尺、市秤（十四两）]。"五尺行"每年都是同样的人在做，但是每年都要缴纳一定的税金。因此，制定租帖的时候，每一吊收取三分的手续费，每年纳税五元。"五尺行"由专门的人负责，村长不兼任。事变后，"五尺行"取消，由村长当契约的监证人。

连环保人与代还中人。连环保人必须是借款人的兄弟，要两人以上；代还中人是外人，只需要一人。连环保人针对自家事务；代还中人针对别人的事务。前者对内；后者对外，责任大体相同。连环中人的人数多，如果是三人就按比例赔偿财产；代还中人只有一人就全额赔偿。所以做代还中人必须要赔偿契约书上标明的金额。

（四）契约、契税和完粮

契税。草契签订后，在十天内要缴纳契税。交契税又称为税契、印契。契税由买方承担。交了契税后，将契尾贴在草契上，并盖上县公署印后，草契就变成了红契。然后再提交印契过割。

过割。契约签订后，买方拿上草契去县经征处过割。所谓过割就是更改田赋缴纳者的姓名，即买卖双方将自己的名字和纳税额写在纸上，交给社书，社书将卖主的名字改为买主的名字，也称为"完粮"。过割需要一二元的手续费。土地买卖整个过程：购买草契—签约—完粮—提交草契—交契税—契尾贴在草契上—盖县公署印—草契成红契—更改户名。

老契处理。土地买卖后，老契有三种处理方式：一是土地全部卖掉了，当众烧掉老契；二是老契上有分家兄弟的财产的情况，在一部分土地卖掉后，卖掉部分制作新的契约，老契依然保存，也不做改正；三是兄弟之间买卖可以将老契交给买地的兄弟，即兄弟之间有时可以不立卖契。另外，典当土地时因为立了典契，老契是否交给承典者关系不大；指地借款，也应立借款契约，可以不要老契。抵押贷款就需要上交老契，契约中可以写明"随带老契一张"。

白契及处理。民国八年（1919）以前，田房买卖主要使用民间的用纸，不需要监证人，也不用官纸，买卖双方签订后即具有法律效果，这种契约称为白契。

走契、草契和红契。走契是卖方在与买方商定买卖时拟的一份比较随意的契约；草契就是官给用纸上的写的契约，即将走契录入草契，录入后，走契就可以烧掉；然后各方参加，在草契上签字，形成正式的契约，这个契约纳税完粮后就成为红契。

补契。遗失了红契的时候，卖方要拜托四邻出示地券，根据四邻地券判定四至和边界，再次测量那块地后申请补契。假使丢失的红契上写的是十亩地，测量结果是九亩地，也以实际测量结果为准。红契遗失后可以向县公署申请补契。

（五）买卖规则

祖业的买卖。祖业的买卖需要出示红契证明，证明这块地属于自己，如果祖业分家后，其中一位兄弟要变卖祖业，还需要提交分家单。测量时要出示红契。买主也会实地查看，观察是否有水井，是否有坡度。如果看后满意就会接受草契，交定金，定下丈量日期，面积吻合就商定价格，制作草契。

小分单字据。兄弟分家后，一位兄弟要将自己分得的土地卖给另外的兄弟，可以不立契，而是立小分单契约，附上购买者的分家单即可。

三辈之内的买卖。三辈之内的田房买卖，主要有两种形式，一是分家单上有的财产，如土地和房产，不需要新立契约，直接写一个小分单字据，并附上原有分单即可。二是如果是分家后新买的土地、房产卖给兄弟，则直接将红契交给兄弟。刚分家的兄弟之间的田房买卖，不需要中人，族长做证就行，不签订契约，不印契。如果典当土地还是需要签订典契。

土地边界。大体上土地间的界限如下，即在边界线处埋石碑，从那条线开始双方都空出五六寸的间隔，约定耕作范围直到那条线为止，稍稍越过定下的那条线耕种就直接抗议。若是井地，双方都要修建沟渠，也必须在定下的界线以内修建。

买卖的物证和人证。田房买卖需要物证，也需要人证。文契称物证，四邻称人证。从古至今按照规定，卖地一定要通知四邻，如果不通知，四邻就不会承认新的地主，不会承认这桩买卖。公有地买卖或者兄弟之间土地买卖，只通知族长，可以不通知四邻。

署名、盖章、画押。晚清时期重信用，契约只要求盖章就行了。民国后，既要盖章，也要画押。所谓画押就是按下手印，盖章既可使用私章，也可以签字。

（六）其他相关问题

借帖、典帖、卖帖。帖就是契，三种契约可以互相转换，借帖如果到期不能偿还，可以转为典帖；典帖到期不能偿还，还可以转换成卖帖，即从指地借款到典地借款，再从典地到卖地。三种契约说明了土地逐渐买卖的过程。

借额、典价、地价。三者之间有一个合理的差额，如当土地价格为一百元时，指地借款可以借到大约五十元；典价为五十元至七十元左右。

五　土地典当

（一）典当概况

典地。需要钱的农户，可以将土地出典给承典人。承典人支付典价给出典人。赋税由出典人缴纳，但是承典人承担二角的杂派。典期一般三年，三年到期后不能回赎还可以继续出典。在寺北柴村，典地一般都是由出典人租种，采取的是捎种方式。只有出典人种得不好时，承典人才能够收回土地自己耕种，或者租给其他人租。出典人自己租种叫"不撤地"。另外，家长不在家时不能典当土地。典地的日期一般是春天、夏天、冬天，秋天一般不出典，因为是收获季节。

典地的程序。典地主要有如下的程序：一是出典人找中人，中人找承典人；二是找到后制作走契，书写走契时可以由出典人书写，也可以由中人书写，承典人一般不书写；三是录入官纸，即草契，录入草契时，承典人可以参与也可以不参加，由中人或出典人书写；四是签约和缴费，中人和出典人出示契约，如果亩数和金额没有错，承典人就支付费用；五是缴纳契税。

典契。典当土地需要签订典契。典契主要记载时间、土地、价格、参与人员，与土地买卖契约一样的要件，在典契上也会出现。

典期。土地典当一般是三年，最长是五年。在典契上可以写期限，也可以不写期限。不写期限，就按照三年期限的惯例进行。

典价。典期与典价有一定的关系，典期越长，典价就越高。典期是三年，卖价六十元则典当四十元；典期是五年，卖价六十元则典当四十五元到五十元。

典当费用。按照规定，出典时，中人不收取手续费，实际上由承典人负担八厘，同时承典人负担税契费、监证费，后者为出五厘。五尺行的手续费与买卖契约一样，依然是"成三破二"。

典价、押价与地价。地价与典价是正向关系，地价越高，典价越高。但是一般而言，典价是地价的百分之五十至百分之六十左右。指地借款是地价的百分之四十至百分之五十左右。

典地税费。典地要承担县、村摊款，一般由耕种人承担。但是钱粮杂派每亩二角由承典人支付。

（二）借增

坐当。坐当也可以称借增，即出典人想增加典当价格，增加借款。承典人可以拒绝，但是如果关系好，也可以同意。

坐价。当出典人将土地典当后，自己佃种出典地，如果拖欠佃租，则承典人可以要求将拖欠折算成钱，然后变成典价，这就称"坐价"。

坐帖。典契一般一式两份，出典人和承典人各一份。借增时需要拿出旧文书，在旧文书上写下借增数量、日期等，一般是相互写在对方持有的典契上面。借增不需要印契，因为钱契只与亩数有关，与典价无关。借增的文书称坐帖。

（三）典权变化

转典。如果承典人需要资金，而出典人无法赎回的情况下，向出典人说明情况后，可以再次转典。再次转典不影响租佃者。转典后由第二次承典人缴纳公摊费用。转典的价格比典当的价格要少。如果转典的价格与原来价格一样，就称推典，也可以称典卖。转典时出典人可以不参与。

让渡典权。转典有两个前提条件：第二次典价低于第一次典价，期限在原有期限之内。如果第二次转典的价格与第一次相同，则称为让渡典权或者卖典、售典。让渡典权时，出典人、承典人和转典主商谈。如果要回赎，则出典人、承典人一起去找转典主协商回赎。让渡典权不交税契了。让渡只有在期限内才可以。让渡典权时，如果是春天让渡为全价；如果是秋季让渡是半价。

典地指地借款。按照规定，典地不能再指地借款，但是如果地价是八百元，而典价只有四百元，还是可以凭借同一块地指地借款，但是必须押上老契。

（四）回赎

典地赎回。典地赎回期一般是三年，典地赎回有如下规定：一是期限到后，如果对方要求赎回，就交给出典人；如果对方不赎回，就继续耕种。二是提前赎回要商量，制作典契、税契等各种费用，需要赔偿，没有赔偿不能赎回。三是如果拖欠地租，要先补交地租和典价后可以赎回。四是拖欠的地租，按照当时的价格换算成钱。

回赎及文书。出典人有钱后可以回赎典地。回赎一般是两年以后才可以。回赎主要是支付典价。如果提前回赎或者卖地，需要赔偿中人费用、契税及一年的租金。典当的中人费为每百元支付两元。典当时有两份典契，一份官契，保存在承典人手中；一份白契，保存在出典人手中，当回赎时相互交换契约即可。

回赎日期。回赎也是有日期的，到清明节为止可以回赎旱田；到惊蛰节为止可以回赎井地；在惯行日前，承典人要去出典人处，让对方拿钱来回赎，否则就由自己来耕种。

回赎的手续。出典人先叫来中人准备好自己应付金额，一起去承典人家。因为监证人可以不去，向承典人陈述回赎理由。承典人交出典当契约，出典人当场将典当契约烧掉。另外回赎不必去县公署。

寄放。寄放也称为寄存，回赎必须是出典人向承典人全额支付典价，但是如果只支付一部分则称为寄放或者寄存。

（五）典权处理

典地的出售。典地可以在期限内出售。在期限内出售，承典人有优先购买权，但是排在同族和邻人之后。在两年内出售，出典人要赔偿中人费、契税及一年的租金。如果在期限结束后出售，承典人有一定的优先权。但是出典人不愿意出售给承典人也可以，出典人从第三方买者手中拿得出售款，然后回赎典地。如果还拖欠承典人佃租，则要先支付佃租，再支付典款。

卖罄或买罄。还未回赎出典了的土地就卖给第三方称为卖罄。承典人不买的情况下会采用这样的方法。称"罄"的原因是，其土地的所有权就像罄中出现了空洞一样，是用来形容出典地的所有权不完整的用语，因为是买卖带有这样的负担的土地。如一块地，市场价格是一百二十元，典价是七十元，现在出典人要出售这块土地，如果承典人不要，可以卖给第三方，契约上写作一百二十元，其实只支付五十元。不过在卖罄之前，可以向承典人申请"坐钱"或者"借增"，如果拒绝，就可以卖罄给第三方。即使有买了"卖罄"的地，也不能立即耕种。

典不押卖。典不押卖是指出典人在典期内卖掉典当的土地，按照惯例应该允许回赎，但是必须赔偿承典人的中间人费用、契税。民国以后规定，只要交了契税，典期一律三年或者四年，如果是典期是四年，三年后可以回赎。

（六）典地的赋税

承典者自耕承典地，田赋以外的杂项等由出典者支付，但是有些典契也规定承典人可以承担二角的杂派。出典土地的时候，需要向县里缴纳赋税，按照典价来计算每一百元支付五元六角的契税，由承典者支付。假设典期是三年，如果在典期内赎回，出典者必须负担这五元六角，三年以后赎回不必负担。

六　农村金融

（一）借款概况

借款类型。在栾城县农民主要从城内的放账铺或是从亲友那里借款。主要有三种类型，借款、使账和典当，在栾城县使账比较多；其次是典当；再是借款，借款就是没有抵押物，只有代还保人向他人借款。典当时是当契，前两者都是使账文件。本部分主要是指除典当以外的借款。

借款渠道。借款有多种渠道，也有不同顺序。按照借款顺序来看，分别为同门、同族、亲戚，然后再是地主或者粮店。一是向粮店借钱，一般期限为一年，利息为月息两分；二是向地主借钱，也需要利息，但是利息比粮店低；三是向合作社借款，利息较低，但并不是每人都能够借得到，有一定的条件；四是如果向地主、粮店都借不到款时就押地借款，或者指地借款，再不行就典当土地或者卖地。

合作社借款。种植棉花家庭可以用村长的账簿向合作社申请借款，一亩能借三元，利息是七厘，那些钱用作购买肥料和种子。秋季有收获前景就有借钱的资格，种十亩棉花的人可以借五亩地的钱，即能到借十五元。合作社的借款也是春借秋还。合作社主要是春耕贷款和凿井贷款。如打井，每口井可以贷三百元，寺北柴村有三四户使用贷款凿井。在寺北柴村有一百六十元的春耕贷款，利息八厘。平均每人可借三元或五元，具体数额不固定。贷款由村里几位志愿者借来分配。

连环借款。在有中人的情况下，如果信用比较好，可以只写一个简单的字据（非契约）就能借款，如 A 向 B 借五十元；B 拿着原始字据向 C 借四十元；C 拿着原始字据向 D 借三十元。在这种情况，如果 B、C 没有还款，D 拿着字据找 A 要三十元借款，则全部债务关系解除。A 少付二十元借款，则 B、C 分别损失二十元、十元借款。如果 C 向 A 直接要求还款，则 A 付四十元，债务关系全部解除，B 损失十元。并且 B 再也无法获得还款，因为已经没有字据。

借款期限。借款期限一般是一年。一年交一次利息，只要交利息，可以不还本金。借款利息一般是月息三钱。在栾城县，典当土地的期限一般是三年，最长五年。

借款日期计算。借款期限一般为一年，最少是一个月。借款时间越短，利率越高。"五天以内不算，五天以外算小月"（小月指三分之一），就是按五舍六入计算；六号到十五号是三分之一；十六号到二十五号是三分之二；从二十六号到月末（下个月五号）交一个月份的利息。一个月分三个小月。

利率决定。对于利率，国民政府有规定：月息一分到三分，超过三分属于违法。利率受贷款主体、贷款担保、贷款时间的影响。如果有担保，利率比较高；如果时间比较长，利率比较低；亲戚朋友之间借款，利率比较低。跟亲戚、朋友借钱，期限短不需要利息，长期的利息也不会超过两分；向地主借钱有利息，坐价不收利息（坐价是指对出典土地的人增加借贷）；向粮店借钱利息为两分到三分（期限三个月为两分，七个月为三分）。借款一般是年末还款，而且是一次性偿还本金和利息。

借钱证书。在栾城县，借钱在十元以上，一般要写证书；如果是同族，可以口头约定。商铺的借钱证书称为借帖，非商铺称为使账文书，农民都称为文书。文书上写借款人、收款人、中人三人的名字。借款一般需要利息，月息三钱。官方利息一般为二钱，民间为三钱，最高不会超过三钱。亲友之间借款可以不要利息。当家子之间借款视情况而定，主要是看交情。当家子之间如果时间长，也需要写证书；如果时间短，即使是大额借款，也可不写证书。一般六个月以上就写证书了。

使钱文书又称为借帖，或者借款契约。在上面不仅要写借款数量、利息、偿还日期等，还要写上抵押物。如果是土地就要写上土地亩数和四至，以及到期不还由贷款人自行处置。如果未按期偿还时必须撤销使钱文书或借帖，依照规则制定典当文书。借款时由借款人、贷款人、中人三方共同商定并签约。借款人一定是家长，不是家长则没有借款的资格。

（二）质押贷款

指地借款。农民之间可以借款、借粮，但是金额或者数量比较多时，需要以土地为抵押，即将土地地契交给贷款人，借款人支付利息，利息一般为月息二分到三分之间。借款期限是春借秋还。借款期限到了，如果付了利息，还是可以延期，不写字据。相比于典地，农民更偏向于指地借款。指地借款要制定借帖，即使是分家了兄弟之间也要拟定借帖。指地借款也可"借增"，借增不能超过五次，一般是两三次，不能超过卖价。借帖有时会写："到期不还，债主自便"，利息转入本金算作本金。如果到了一定的程度就可以转为出典。若到期未还，且写了典主自便，一是可以将土地拿来，贷款者自己耕种；二是可以要求借款者出典土地。当然也可以出典给贷款者。一百元以上一般要指地借款。指地借款可以不出示红契，有中人做证即可。

指地借款程序。如果有人需要借钱，拜托中人向有钱的人申请，双方谈妥就写借帖。借款人会写字就自己写借帖，交给出借人借款；不会写就让别人写，交然后给出借人。指地借款一定要签订契约。

指房借款。以房屋作为担保借款称指房借款。指房借款同样要签订协议，写上金额和利息。

指借帖借款。如果出借人需要钱用，也可以以借帖向其他人借款，即用借帖作担保借钱。只要低于所借金额就可以担保，与所借金额相同就不能借钱。这称为"指借帖借钱"，也需要立契约。

抵押借款。只签订借帖，不附上土地红契，则称为指地借款。如果附上红契，则称为抵押借款。如果不愿意借款者再将土地典当出去，可以要求抵押借款。抵押借款或者指地借款包括周边的树木和房屋；如果到期未还钱处理土地时，另算树木和房屋。抵押贷款可以用土地、房屋、农具等，但是家畜不能抵押贷款。

转押。出借人可以将用作担保的土地担保给其他人指地借款，但是期限和金额必须在契约之内。

重押。一个人已经将一块地抵押给其他人了，如果再用这块地抵押借款就称为重押。不过重押一般难以实现，一是没有人愿意担任中人；二是没有红契。

指和押农具或工具借款。"指"是用自己使用农具作为抵押借钱，农具仍然为自己使用。"押"是让对方使用工具来贷款（类似于典地）。两者均有利息，但不写利息，记入本金中。"押"的利息高，借五十元，写作借六十元（三个月）；"指"，借五十元写作借五十元（三个月）。押，如果出借人弄坏了农具会进行赔偿。"指"和"押"的期限都是五个月。"指"，到期不还将水车拿到出借人那里，让出借人使用，还钱后可以拿回来。"押"，如不还钱就成为贷款人的财产。到期后如果借款人还钱，"指"能拿回担保物；"押"不可以拿回担保物。

以工还款。如果借款人到期后无法还款，则可以帮助贷款人做工，以偿还借款。这种形式不太常见，但这也是一种还款的方式。

均锅。借款到期无法还款，可以用牲口、农具等代替还钱，这称"均锅"。

（三）中人和保人

中人、保人、代还保证人。中人只是借款的中介，可以督促还款，但是不负责代还款；保人和代还保人都具有代还借款的义务。另外在沙井村还有中保人，既是中人，又是保人。代还保证人在借款人没有能力偿还时，有义务偿还；在借款人有能力偿还，但不偿还时，代还保证人有义务偿还。代还保证人一定是有一定经济实力的人。

担保人与担保地。农民向亲戚借款，不仅不要利息，还不立契约。向外族或者城里人借款时，需要立契约，还有三种情况，一是只有担保人的情况，当有担保人时，如果借款人无法还款时，担保人还款。担保人又称中人，也称代还中人。这种代还中人，一般人都不愿意担任，只有兄弟、亲戚或者同族才愿意担任。二是有担保人，也有担保物的情况，如果有担保物特别是土地时，担保人的责任比较小。如果借款人无法还款，出借人可以直接将土地拿过来耕种。利率与期限长短没有关系，而是与有无担保有关系，有担保利息会高些。一般是春借秋还，如果秋天还不出来，可以只付利息，明年再返还本利。

借钱交款时，先是出借人数一次，然后中人数一次，交给借款人。证人一般不数钱，当然，有时证人与中人为同一个人。俗话说："眼见为证人，说合为中人。"另外，如果土地不能使用，代还中人或者担保人的责任就重大，需要负责还款。代还中人还了钱后，借据拿到手中，可以要求借款人还款。如果借款人与中人是亲戚、同族，在借款人不偿还的情况下，借帖上即使未写代还中人，中人也会偿还。需要注意的是墓地不能作为担保的土地。

代还中人。中人分为一般中人和代还中人。代还中人有时有两人。如果有两人，在借据上可以写上"代还中人甲、乙平均承担"；如果还款人不能还款，甲、乙两人平均承担。甲或者乙只承担一半的代还责任。如果契约上没有写，则两人都应负全责，如果某一方有能力全还了，则可以向另一代还中人索要一半的款。

（四）特殊的借贷

印子钱。印子钱也称为"月印"，也称为"阎王债"。借了一元则每月收十钱的利息，一年是一元二十钱，所以叫月印。长期的有一个月的称为月印，本金一百元，每月就收二十元的利息。例如，甲把马卖给了乙，甲到期要钱，如乙无力付现，乙可以利用月印垫付给甲。在"月印"条件下，在五天内，每一百元利息是三四元左右，期限越短利息越高。

黑利。黑利也称为加一利钱，即借款一百元，只给九十元，十元作为利息先预付。政府不允许这种借贷。这样的例子不多。

本利坐座。如果还款期到了，借款人不仅无法还本金，也还无法支付利息，则将利息计入本金，重新立一张字据。这种情况称为本利坐座。对于利率，民国政府有规定是月息一分到三分，超过三分属于违法。

（五）其他借款及惯行

当。当分为两种，一是当地，一是当物。当物主要是当铺，农民将值钱的东西交给当铺，当铺将钱交给当者，如果到期不能还钱，物品归当铺。栾城县原来有一家当铺，但是日本人占领华北后，当铺关闭了。当铺的利息一般为月息一钱八厘。当地其实就是指地借款或者称押。在栾城县，指地借款称为使账。

飞账。按栾城县的习惯，向杂货店、饭店、酒店借钱，过了十年就不能要求还钱了，俗语叫"飞账"。各类店铺，出资人是财东，在店里经营的是经理人，以六年为一期结算店里各种账簿的出纳，这称作账期。到了账期不还贷款就记入"飞账"，将结果报告给财东，财东换人了，收回"飞账"的概率就变小了。原财东在有钱了的情况下，也会免除所有"飞账"；也有在营业的时候会说店里的人都辛苦了，收取了"飞账"后分给店里的人；也有自己和店里的人对半分的情况。

财产偿债顺序。借款者最先用地来还债，然后是农具，再是家畜，最后是房屋（建筑）。锅和衣服均可以用来还款，但是坟地不能用来还款。如果借款人只有五十元，欠两位贷款人均是五十元，这样两个贷款人平分，各获得二十五元。

放花账。在棉花开花的时候，在收割前将预估秋季的产量卖掉，称作"放花账"。"放花账"很便宜，秋天时棉花一斤二十钱的话，春天十五钱就能买到。俗话说"花见四十八天"，即从棉花开花到能看到棉花为止有四十八天，如果价格下跌，贷款人蒙受损失。"放花账"从借钱后到还钱有一百天左右，从阴历六月中旬到九月末。在收割棉花的时候出借人来收棉花，"放花账"的人大多是轧花人（采棉花种子的人）。主要是趁部分农民青黄不接，需要钱时购买。

七　村庄社会

（一）庄、村与村民

村。很多人家有相当数量的土地，其周围种植着树木，这样的聚落叫作"村"。也许不以人数为标准，很多人聚集在一起，耕作土地，共同在一定的区域生活，也称"村"。从中可以发现三个标准，一是有一定的人数；二是有一定的土地；三是在一定的固定区域。符合这个三标准就是村。寺北柴村的人，即使在别村拥有很多土地，也不能出席别村的村民会议，不属于别村的人。

村与庄。人数比较少就称庄，人数比较多称村。满铁调查员认为，此回答与地方志上的记载不一样。另外，满铁调查员还问过寨的问题，被调查者说寨就是原来的军营驻地。

庄与家。人数不多的几家聚集在一起就是庄。一家人持有土地，住在那里，就叫庄户。在村名中没有带家的，但庄总是带有"家"字的，如张家庄、李家庄等。家与庄联系紧密；家与村联系不太紧密。

村与社。寺北柴村在过去属于宁远社，一个社包括多个村，社比村大。但被调查者对于社、村、庄、家并没有完全分清楚。有人说有过社，有人说没有听说过社的事情。这说明农民对比较大的单元，或者离农民生产生活比较远的单位不太熟悉。

本村人。满铁调查员对本村人的标准调查比较详细。一般而言，坟墓在村庄的人就是本村人。如果一个人已经搬到其他村庄，但是其家的坟地还在原村庄，仍是本村人。如果他在外地买了坟地，他本人还是本村人，他的第二、三代不再是本村人。坟地成为判定一个人是否为本村人的依据。另外，还有一种说法，成为本村村民有两个条件：一是坟；二是房。坟墓要有三代、房子都在本村，就是要本村人。所谓的三代，是指已故三代人，活着两代人，共五代，满足五代要求，加上在村中有住房，就成为本村人。在顺义县是根据坟地和永恒居住来确定本村人。这也说明坟和房是判断一个人是否属于本村的主要依据。

村民与土地。在满足五代的条件下，在村里有住房的人是本村村民。可见村民资格与土地没有关系。一是在本村居住，没有一点土地，也是本村居民。二是在本村居住，土地全部在外村，也是本村居民。三是土地全部在本村，但是居住在县城或者外村，不属于本村居民。四是在本村有房子，但是在外村也建房子，其本人仍然是本村居民；在外村生了孩子，孩子可能属于外村人（与上述条件有一些冲突），但父亲依然是本村人。只要是本村人，其土地不管是在本村，还是在外村，都属于本村的土地。由本村村长督促其缴纳田赋，征收村摊款。

（二）会首

会首。又称"观音会会首"。在寺北柴村，民国之前就有会首，负责庙的事宜，包括庙会的戏剧。会首每年更换一次。农民认为，因为有佛的保护，成为会首的人的田地都会丰收，因此争相成为会首。

会首的资格。会首只需要一个人，所以由抽签决定。方法是将纸揉成团，其中有一个中签。一家一人抽签，有多少家就需要做多少个签，抽中者为会首。会首可以是富人，也可以是穷人，董事也可以成为会首。

会首的职责。一是负责庙会的戏剧；二是代替僧人的工作，如庙的打扫、购买贡品，负责本村几个庙的工作；三是负责庙的维修，如果需要维修，会首向董事或者村长申请。村长或董事根据土地册向村民分摊维修费用。全村一起维修，不会只有一姓或者几姓进行维修。在寺北柴村没有会员，只有会首。

积谷会。根据县里的要求，在民国六年（1917）农民自己组织的一个互助组织，在丰收年份积累谷物，遇到荒年拿出来使用，所有村民都是会员，有十二位董事，农民也称为"公正"。此组织从民国六年开始直到民国二十五年（1936）。在丰年，做事务的人，根据董事们倡议，到各家各户收点谷子，储藏起来，以备荒年使用。一是积谷物的使用，积谷会的谷物并不分掉，而是在荒年做饭吃。二是积谷物出借，也可以将谷物借给村里的贫穷人，但是需要支付利息。三是非会员借谷，没有入会的人也可以借，除了付利息外，还得有保证人。一旦借者还不了，保证人负责偿还。一般是春借秋还，不能超过一年。四是积谷物的收集，按照所有地的垄数，一垄地一升粟，耕种者即租地者不出。只要是寺北柴村的人且有土地，就得积谷物。五是储藏，谷子不收藏在村长或者副村长家，而是大家商量决定，选择在房间比较宽裕的人家。在寺北柴村主要由三家人保管，除了保管谷物外，还保管借条。积谷会采取董事制，全村十二位董事，在董事下有一名做事务的人员。

新民学会与合作社。寺北柴村有五名新民学会会员，还有一百多名合作社会员。入社时交两元股金，每月交二十钱。五人代表合作社员，需要购买东西时，一起购买，主要是购买石炭。有贷款时，由五人代表借款，再分贷给其他会员。

拔会。拔会主要是一种互助的钱会，有二十元会和三十元会，多是十六个人，一年交两次，也有交三次的。如果每人交三十元，合计四百八十元，先分两桌吃饭，然后将钱交给发起人。下一次各人将低于定额的金额写在纸片上，写最低金额的人向各人收取所写的最低金额。那人从下一次开始是三十元就出三十元，越往后，收钱人收的钱就越多。一般多是十六人，但也有二十四人和三十二人的会。此外，有称助会的组织，靠着朋友关系的面子，一开始请客吃饭。假如是十六人，一年交两次的话，第一个人就说八年还钱，并且不收利息，靠抽签定下序号，按顺序还钱，不用十年八年结束不了。拔会或互助会在事变前有，现在没有了。

朝山会。朝山会是为了去拜山成立的团体，事变前有这个团体。此团体不是为了去泰山，而是去苍岩山而成立的组织。参加朝山会的有男性，也有女性，其中女性较多。不仅富人参加，穷人也可以参加。人数不固定，三十人或者五十人。每个朝山会有一名会头，会头之下设有小头，三五人不等，会头又称为大头。参与自愿，会头不会劝说。麦收季节后参加者交两三升麦子，秋天交几升小米。一般由小头收集捐赠的粮食，然后向会头报告，并记在账册上。收到的粮食要么由会头保存，要么将粮食卖掉，作为去山里参拜时的花销。朝山会不限于同族、同姓，各个姓都有；也许一个村为一个会，也许几个村一个会，由信徒自愿组织。大家在一起吃饭，然后参拜，主要在村庙里参拜，也有上山参拜的。在参拜时，会搭建一些棚，过往行人可以在棚里免费吃饭喝茶，小费随意给。

红白会。又称为白社，普通人为了筹办喜事或者丧事经费而建立的组织。每次每人交一元、五元或十元不等，发起人召集同村（不限于同族）人，谁都行，不是先集资，而是先定下金额，如会员家办喜事的时候，就把所定数额的钱款给他。然后其他人家里办事时，再将经费给其他人。办喜事和丧事只限一次，体现了平均分配。寺北柴村没有红白会，其他村庄有这类组织。红白会一般出现在诚信和风俗习惯比较好的村庄，否则村民不愿意参加。

（三）同族会

同族会。又称为父子会、寒食会、清明会。这些会包括三个部分，一是会款，这些会款作为本金，可以对外出借，收取利息，利息用来举办清明会扫墓及吃饭。本金不能动用。二是有坟地，坟地可以出租，租金用来举办清明会。三是如果租金、利息不够支出，则需要向同族筹集经费。

父子会和寒食会。同族之间有父子会。大家拿出钱作为清明节、春节等的扫墓费用。虽然都是在清明节举行仪式，但寒食会是指祭祀祖坟时聚集起来的会；父子会是指祭祀祖坟当日结束后会长举行仪式的意思。寺北柴村四个族有父子会，三个族有寒食会。父子会更普遍些。两会都是扫墓后回来一起吃饭。父子会每五年选出五人，五人按照顺序担任会长，组织当年的扫墓。五人不通过投票，而是通过协商确定。五人的轮值顺序则根据抽签决定。决定会长时一般在族长家聚会。父子会以族长为中心。父子会、寒食会的会长是义务工作，没有报酬。

同族会的组织。同族会的组织有些不同，有些小族就是由族长负责，有些比较大的族，在族长外要选出大头、小头，五年抽签确定五位大头，每人负责一年。小头由前一年的小头推荐，村庄账簿由小头管理，小族由族长直接管理。小头负责收租、收利息和采买；大头负责做饭，包括清明节的各种事情都需要其负责。同族会的大头或者族长，在清明节时要向全族人报告收入、支出，并确定下年坟地的租赁者。主要包括：一是谷物和买卖经过；二是利息的收取；三是清算购物清单；四是剩余金额及其处理。

会钱。筹集清明会的钱称为会铆，也称为"归收"，往往在清明节前几天前往各家各户筹集，一般由清明会的组织者如族长或者大头、小头负责。

会食。清明节扫墓后要吃饭，十五岁以上的男性均可以参加，不受人数的限制，一人参加可以，三五人参加也可以。如果家里只有女人，则不参加。如果是小族，在族长家吃饭；如果是大头制，则在大头家吃饭。吃饭时有讲究，北大南小，辈分高的坐在北面，辈分低的坐在南面。吃饭前族长也不会讲话。在大头家或者族长家并没有这么多桌椅，需要从各个会员家借用。吃饭时安排座位，族长坐上席，然后再按照辈分高低依次而坐，如果辈分相同，年龄大的在上，十五岁以下的男孩不允许入席。

祭拜。在祖坟祭拜时，如果是小族，则族长站在前面，烧纸点火，跪拜。如果是大族，则是大头站在前面，烧纸点火，跪拜。在族人比较多的情况下，族长抽到大头签就站在前面。其他人按照辈分排列，辈分高的在前面，低的在后面。外嫁过来的女性不能参加祭祀，也不参加吃饭。

（四）结婚及规则

结婚对象选择。寺北柴村一般在村外找结婚对象。虽然没有明确规定不能在本村找对象，但是找本村人结婚的人很少，每五十对中只有一二对。这主要是习惯。一般而言，村庄之间的纠纷不会影响结婚对象的选择。

结婚参与主体。在寺北柴村，结婚需要男女双方的父母同意。这与顺义县不同，不需要家长同意，即使非父母的家长不同意，如爷爷家长、叔伯家长不同意，均可以结婚。婚书的书写也与顺义县不同，只需要落款父亲姓名。结婚不需要家长同意，更不需要族长同意。可见在寺北柴村，结婚成了家庭的事情，而不是房或者族的事情（但是也有一位调查说，如果爷爷是家长，还是需要爷爷同意）。

定亲和结婚。在寺北柴村，定亲又称订婚，前者用得比较多。一是定亲，不同的家庭，定亲的时间不同，家庭条件好的，十一二岁定亲；家里条件差的，二十岁也不会定亲。定亲需要媒人介绍，媒人一般二三人。通过媒人交换小帖后婚约就成立了。二是打听，在媒人介绍后，一般双方会打听，主要是打听男女双方的品行，再就是健康、财产、长相一般也会问问，但是农民都知道家庭的情况。俗话说"庄稼人嫁给庄稼人"。同时还打听双方父母的情况。三是彩礼，定亲时男方要给女方送上彩礼，如果女方家里比较贫穷，就会送些钱；家里条件比较好就少送点。彩礼在交换小帖后由媒人带过去。媒人带过去后就交换大帖。四是定亲商谈，定亲时不会向家族长、族长报告和商谈，只和妻子商量，也不会儿子商量。儿子只是到交换小帖、定亲宴会时才知道。五是定亲宴会，在交换小帖后就宴请客人，这时要通知族长，并邀请他参加宴会，还邀请媒人，已经分家的兄弟、邻居、女方家人不邀请。六是定亲的男女在结婚前不能见面，这是当地的风俗。结婚后不管对方是瞎子、瘸子只能接受。七是定亲后双方就按照亲戚进行交往。八是结婚，定亲和结婚要选择吉日。结婚前媒人会拿娶帖前往女方家，然后双方交换娶帖，一般是结婚前三天男方送到女方家。总体的程序是：小帖—彩礼—大帖—婚宴。

结婚与家族。定亲时父母可向族长报告，也可以不报告，但是一般都会讲讲。迎亲时族长坐在第一台车上。新郎新娘要在第二天给父母磕头，同时还要向哥哥嫂嫂请安，还要找时间去扫墓。第二天新郎还要给新娘的父母拜亲。

彩礼。在寺北柴村，定亲后要给彩礼，彩礼价值在五十元到一百元之间，要视男女双方家庭关系的亲疏而定。彩礼又称为"花钱"。有些女方家庭希望得到"花钱"，有些希望得到物品。这些物品称"食萝"。如果用钱代替食萝，又称"押食"和"萝礼"。花钱在交换大帖的当天交给女方。如果定亲后，男方去世了，彩礼不退回，在去世时解除婚约，女方可以再次与其他人订婚，且无须与过去订婚的男方商量。

离婚及理由。在寺北柴村离婚的很少，离婚的主要原因一是奸淫；二是夫妻感情不好。女方不伺候小姑子和小叔子；对男方父母不孝但程度不深，没有生小孩，女方偷盗但能自我反省等都不是离婚的理由。女人一般不能提出离婚，但是丈夫与其他人私通、赌博、把钱花在其他女人身上，或者家中贫困，这些可以成为女人提出离婚的理由。女方离婚后不能带着孩子回娘家。

续弦。在寺北柴村又称为"后续"。妻子去世后，男人可以随时续弦，不会受到任何约束。如果父母健在，要向父母请示。续弦与娶原配夫人一样的礼节。以父亲的名义求婚，然后定亲，再结婚。一般要求原配夫人去世一百天后方能够续弦，也有不按照这个规矩的。续弦时可以娶妻子的妹妹，也可以娶妻子同族的人，但是必须辈分与妻子相同。

改嫁。在寺北柴村，丈夫去世后，如果婆家比较富裕，就待在婆家，不再改嫁；如果婆家不富裕，就会回娘家，回娘家后可能改嫁，也可能不改嫁。不改嫁的比较多。改嫁有几个规定：不能找同村人，也不能找同族人，不能改嫁给丈夫的兄弟。妻子去世后，丈夫可以娶妻子的妹妹，这样选择主要考虑后者对孩子会比较好。

（五）村庙与祭祀

庙与祭拜。寺北柴村有关帝庙、观音老母庙、三官庙、真武庙、五道庙五座庙，每座庙村民都会去祭拜。祭拜时供物、烧香、读经，但是不会吃饭。祭拜时各自前往，没有集体组织。除了本村人祭拜外，外村人也有来祭拜的。现在五座庙都没有僧人，没有人管理。但是在祭拜时，信仰者会自己打扫，也会焚香和诵经。民国以前，寺北柴村曾经有僧人，但是民国后禁止僧人，从此庙里就没有僧人了。村庙也没有地产。民国以来，除了只有庙址的三观庙外，其他的庙都维修过。

村庙祭祀。十月十五日有观音庙祭祀，成年的女人们聚集在一起念佛。这由善友会的会员组织，大多是五十多岁身缠疾病的人，想得到神的庇佑。祭祀时会将油倒进神灯里烧纸祭拜。各家不会请吃饭，也不休息。主要是妇女参加，不影响其他的工作。

（六）家庭信仰与祭拜

一月祭拜。正月初一，要去拜年，初一首先要礼拜天地，家人互相拜年；然后拜本族、本门的长辈；如果是同辈，则同时去拜；然后再去给同村其他人拜年。一般是晚辈给长辈拜年，如哥哥的媳妇二十八岁，弟弟的媳妇三十岁，也是后者给前者拜年。拜年后就去扫墓。

二十日在家祭祀花神（棉花的神），花神是白虎神位或者花楼神位，在放棉花的房间墙上贴神的贴纸、焚香、男女老幼一同祭拜，全家要好好吃一顿。

二十五日祭祀粮仓神，在放谷物的房间墙上贴神的贴纸、焚香，所有家庭成员一同祭拜（仓君神位）。

二十八日祭祀火神，不在家做什么，只须去火神庙祭拜。

二月祭拜。初一祭祀太阳神，二月初一做肉菜（太阳的生日）在家大吃一顿，先在自家院子里焚香、大家一起拜太阳。男女均可以参拜。

二月初二祭祀土地爷，给土地爷上贡品，焚香，家庭成员一起磕头烧纸。土地爷是家庭的神，祭祀时不换衣服。问他们为什么祭祀土地爷？回答说：因为祖先这么祭祀，所以我们也这么祭祀。

二月十五祭祀老君，据说这一天就算不下雨也会刮风。普通的农民什么也不做，只是铁匠和瓦匠的家里会祭祀。

五月祭拜。祭拜关帝庙，五月初五去关帝庙祭拜。村里各家各户都好好吃一顿。

六月祭拜。六月初一吃肉包子。六月初六，晾经，即家里有藏书的晾晒藏书。

八月祭拜。八月十五中秋节，白天好好吃顿饭，晚上向着满月磕头，中秋也不休息。给月亮的供品有月饼、葡萄、桃、梨、核桃（胡桃）、苹果，祭拜后分给家人食用。

十月祭拜。十月初一给祖先扫墓。

其他祭祀。寺北柴村家里有没有祖先的灵牌，要祭祀祖先，一般在坟地祭拜，不在家里祭拜。正月初一黎明时上坟扫墓。另外，对于父母、祖父母、叔伯父母等，在死者去世一两年以内的忌日、正月、清明节、十月十一日、死者出生那天上坟祭拜。

神栅会。就是全村村民在村里的一条街上庆贺新年的意思。在街道正中立神栅挂提灯祭祀天地诸神，在各家门口也挂上提灯，每年有人担任大头、小头，由他们买蜡烛、建栅栏及焚香，这个活动从正月初一持续到元宵节。在寺北柴村，直到去年还举行了神栅会，后来物价上涨花销多了（一个神栅大约七十元），就办不了了。神栅会大头一人，小头四人，每年轮换。在其他村，神栅会还有会地，但是寺北柴村没有会地。

（七）扫墓

寺北柴村扫墓主要有如下几类：一是媳妇进门时，要去祖坟扫墓，一生就这一次。二是正月初一，男的要去给老坟、家坟扫墓，也有只去家坟、不去老坟的情况。三是十月初一给祖先扫墓、烧五色纸，为祖先提供过冬的衣物。每家各自前往扫墓。四是清明节会去扫墓，各自扫墓，家中会好好地吃一顿。五是如果丈夫去世了，妻子要去上坟扫墓，也只去一次。

（八）生育、取名及丧葬

取名。人一生中会有三个名字：一是乳名，小时候使用的名字，只有家里人知道，一般由父母或者长辈取名。二是学名，在上学时请先生起名，也有自己家里取名的。三是字或号,只有少数人有字号,字号是年纪大后使用的。字号一般请有学问的人取,在公布号这一天,还会一起聚集庆祝,让大家知道有了这个号。在寺北柴村一般请学问最高的人取号,曾经有四十多人一起请先生取号。取了号的人并不见得就会读书。在与政府打交道时,使用容易写、容易叫的名字。在契约中也是如此,既可以写学名,也可以写字号。但是民国以后只能写学名。

堂号。有些地方有堂号,如修德堂等。商店有商号或者店号。原来在契约特别是典契上,可以写堂号,也可以写学名,还可以写字号,但是民国政府以后对外交往只能写名字,不能再写堂号。

生男孩及庆祝。生了男孩后,在第十二天庆祝,一是要给家长或祖父脸上涂黑;二是同族和亲戚会过来庆贺,关系好的会带些礼品,如荞面、点心、包子、鸡蛋等;三是村里的人也会过来,但是不会带礼品;四是外婆会带来衣服、帽子(一切贵重金属的饰物)、斗篷(小孩的外套)、装饰手腕的斗、印、布等;五是在十二天前,一般人包括祖父都不能看男孩,父亲随时可以看;六是在小孩出生十二天后,娘家会将女儿和外甥接回来,主要是补充营养,精心照顾,丈夫可以去看妻子和孩子,也可以不去,大约一个月后娘家又会送回来,男方不接;七是小孩一周岁时也不会庆贺,因为在当地只给上了年纪的人庆生,不会给小孩庆生;八是小孩出生后的前十二天不会给起名字;九是孩子出生后也不报告祖先,一般要等孩子能够走路后才去扫墓。

生女孩及庆生。生了女孩后,不会进行庆祝,只有外婆及其家人会过来庆祝。女孩一般不上学,也不取名。只有上学才会取学名。男孩子不管是否上学都会取学名。

庆生。庆祝出生只是给老年人的一种仪式,给老年人磕头。有钱的家庭,亲戚同族会过来祝贺。被庆贺的人也不会给钱,但是大家会一起好好吃顿饭。

年轻人的丧葬。如果有了后代的年轻人去世,但父母、祖父等还健在时,其丧葬要比老年人简单。丧葬主要参与的人员,一是同辈人;二是晚辈;三是亲戚,自己同胞姐妹及男性后代,母亲娘家亲戚及同辈人,姑姑及其后代。一般都是带着几斤或十斤包子过来。为什么带包子,不带钱,或者其他的物品如布等,满铁调查员没有询问。死者的长子是孝子,其他儿子是孤儿。长辈可以张罗葬礼,但不会出席葬礼,也不会出现在出殡队伍中间。

(九)其他事件

有钱人或者财主。寺北柴村人将有土地、每年吃的谷物都是自家生产的人称有钱人,也称财主。

有名望的人。有钱人不见得就是有名望的人,要成为有名望的人还要会办事,通晓事理,受人尊敬。

送礼。村民之间赠送礼物根据关系程度而定。一般是送礼物,而不是谷物、钱。比方说结婚的时候,亲友送帽子、帐子、衣服、鞋、书籍、花瓶等日用品。如果以村庄作为送礼主体则会送贺礼,由几人联名捐赠书画。在寺北柴村,在婚礼前三天,有男方每天给女方送礼物的习惯。

上学。寺北柴村与北关、五里堡一起办一所小学。但是很少有人去这所学校上学。事变前有十多个学生，去年有三人，现在一个都没有了。因为前村长办了一所私塾，孩子们就不去五里堡的学校了。因为孩子们喜欢村里的教学方式。在村里上学的都是家庭比较富裕的孩子。私塾暂时没有别村的孩子上学。

办学经费。五里堡的学校经费，由五里堡、北关、寺北柴村共同负担。寺北柴村承担一百元的费用，根据地亩数量进行分摊，作为学款摊款，附加在田赋中征收。办学经费由经征处征收，然后再转交给学校。教师的工资由县里支付。

八　农村市场

（一）商业市场

集市及管理。在栾城县最大的集市被称为东关集市。在清朝时栾城县就开始有了集市，是自发形成的一种商品集散地。以前集市在城里，分为四关，南关卖粮食，西关卖牲口，北关卖布，东关卖杂货等其他各样商品。事变后集市搬到了城外的东关，南关也有一些买卖，北关、西关已经没有集市了。东关集市阴历一、六日是大集，人非常多，一万人以上；三、八日是小集，有五千人以上。另外还有一些村庄小集市。一是集市没有统一的管理机构，在地主的土地上摆摊，就给地主一些使用费；在村庄的土地上就向村长交一些费用，这称为保街费。二是集市只对卖家有规定，不能在马路两侧摆摊，买家在哪儿买都可以。当然农历十二月份以后可以在路边摆摊。三是农产品的买卖一般要在集市中销售，不准在村庄或者家里销售，也有一些大户人家，如土地在一百亩以上的，在家里销售产品，一百亩以下的在集市销售。四是集市中设有牙行，集市交易要交牙税。

粮食经纪。也称粮食摊儿，即为买卖粮食的牵线、说合，可以从卖方获得五钱的收入。粮食经纪要向县里申请并批准。一个粮食经纪每年向县里交四元的税，其他的归自己所有。寺北柴村的粮食经纪只有一个人，父子两人一起干，全年二三百元，秋天经纪收入最好。但是这位经纪认为，还是种地好，因此将自己出典地收回后，就开始种地，这样安心。

商会、同业公会。宣统年间栾城县就成立了商会。商会是处理与商人有关的一切事物的团体，出了什么事情先通知同业公会，再通知各商人。某个行业达到了七家商铺以上就可以成立同业公会。全县共有十二家同业公会，它们是粮业、布业、杂货、棉花、酒业、油业、肉业、饭业、木业、线业、鞋业、药业公会。并非所有商铺都进入商会，有些磨面的、开小饭馆的就没有加入。有些大地方的商会还可以协调一些纠纷，如设有商事公断所，它可以处理一些财务纠纷，栾城的商会没有这方面的功能。

（二）短工市场

所谓短工就是每天出售自己劳动的人。短工要么在家里等待，要么去劳务市场，按日计算工资，以市场价格付酬。

人市。人市就是短工市场，愿意提供短工的人在此聚集，供雇主选择。在栾城县，短工市场有两个：县城南关和较远的五区。人市不是全年都有，主要在谷雨后到旧历十月左右，冬天是农闲期没有人市。开市是从凌晨三点开始，到五六点结束。雇主大约四点左右去人市，找好人后回家，日出的时候就必须开始劳作了。短工雇用要么在村庄，雇主直接去叫；要么供需方都去市场，鲜有中间人或者介绍人。

短工休息和食物。在人市找好短工后，雇主将短工带到家里，马上开始干活，因为到早餐之前有一小时左右的劳作时间。一个小时后天就亮了，开始吃早餐。短工和家人吃一样的食物，饭后休息半小时再劳作。午饭是十二点左右，正常劳作直到七点。晚饭后支付工资。也有上午在地里吃完东西，再干农活的情况，分两次休息，总共可以休息一个小时。下午也有休息两三次的情况，每次休息二十分钟左右。整体来说，有"南京至北京，务农五大工"的俗语。"工"就是休憩的意思，休息五次是惯例。

短工的工具。短工有时需要带上自己的工具。三月不需要带工具，四五月带着小锄子、拔锄，五月中旬到六月带着大锄，六月中旬到七月中旬带着镰，八月以后不需要带工具。短工主要做定苗、除草、收割等工作。

工钱。短工工资在人市商谈好，按照市场价格支付。当天劳作结束后支付工资，随着季度不同，工资会有差异。有时今天低，明天就高了。从一月到八月工资逐渐升，然后逐渐下降，八月是收割季节，工资最高。在人市和在村里直接找的短工，工资会有些差异，后者要稍高于前者。还有几种特殊情况：一是如果在人市雇用短工领回家后就开始下雨没法干活，这种情况管短工早饭，吃完饭就让他回去。二是工作做一半就开始下雨，通常一上午给六成工钱，下午给两成。

柴村短工。寺北柴村有四十多人常年做短工，近年来随着自有土地减少，不少农民失去土地而做短工，多的时候全村短工达到一百二十人左右。老人、小孩和妇女不能成为短工，只有年轻的壮劳力。谷雨到麦子收获期间有不少十五岁到二十岁的村民去做短工。收获季度一般是中年壮劳力。

特定短工。所谓特定短工就是经常的供给方和需求方，即一位短工经常去某个雇主家做短工。这种短工工资要比平常的短工稍高，而且雇工和雇主会建立比较稳定的雇用联系，私人关系也会比较好。雇主会在正月、端午、中秋等给短工送猪肉、月饼和糕点等。短工一般不回礼，而是通过中午不休息，努力劳动回报雇主，也有不等雇主来叫，主动去雇主家里干活的。短工家里有红白喜事，雇主可能会给短工一些钱，比如短工家人去世，雇主会给短工二十元左右的丧葬费；如果短工需要，可能会给他二三十元，甚至短工缺钱也可以直接告诉雇主。在寺北柴村大约有三对这样的雇工和雇主。

（三）季节工市场

季节工也称秋班儿，即在七月、八月、九月连续为雇主做工。但是随着事变和经济波动，长工和秋班儿都减少了。秋班儿不在人市上雇用，也不是直接商量，而是通过熟悉的中间人介绍。

选择秋班儿。如果某个雇主需要季节工就会拜托中间人物色，中间人在雇主和雇工之间协商，以确定工资、待遇以及其他各项内容。

签约和定钱。双方谈好后，雇主就会支付定钱，定钱类似定金，一般是一元，最多二元。然后中间人转给雇工。交付定金后可以签约，也可以不签约。如果收了定钱，没有去上工，雇工要加倍赔偿，但是如果生病无法上工，也要退还定钱。

支钱和工钱。秋班儿在雇主家里干几天活后，先能得到一些钱（这要视秋班儿的要求而定）。先付的这部分钱（包括定钱）总称为支钱。再等所有的工作结束再补上差额，这叫工钱。

待遇。秋班儿有如下一些待遇，一是如果好好干活，会给很多支钱，而且有的雇主还会给"心附"，一般是一元到四五元。二是对踏踏实实干活的秋班儿，劳作两三周后会给他一些烟草费。如果秋班儿乱花钱，就最后再给他工钱。三是有两成的雇主会给值三四元的粗布让他做衣服，八成不给。雇主家里有妇女时，也可能会给他们做裤子或者上衣。像这样给衣服的就不会再给"心附"了。四是干农活需要用到的草帽（五角）、手巾（五角）、腰带（二元）。如果秋班儿有这些东西就直接给钱。

工作内容。秋班儿一般住在雇主家，主要是干农活。除此之外秋班儿还要上晚班、喂牲口，不用做饭，住在棉花地或者菜园的窝棚或者土房子里，偶尔也会看地。

食物和休息。秋班儿的食物和主人一样，中午在地里劳作，所以在地里吃午饭，由雇主家的孩子送饭。七月下旬到八月初，除了向秋班儿供应三餐之外，还会给他们饼、油饼、馒头和菜等加餐。这样特别的饭菜叫作"贴日南"（零食的意思）。上工的时候没什么特别的，只有家常便饭。但下工时会有"犒劳"，雇主请秋班儿喝白酒，吃肉和大米饭。每天的休息与短工差不多，都是"五大工"，即一天可以休息五次。

特殊情况的处理。一是秋班儿通常是干三个月的活儿，如果干完第一个月后，因为生病没法继续干活儿，估计能治好，就给他药，让他静养，即便不干活也付工钱。二是如果秋班儿自己回家，按月计算工钱。三是如果秋班儿没有病，自己不干了，按月计算，给六成工钱。也可以让秋班儿退还定钱，不过这样的情况比较少见。四是如果秋班儿家里出了事，可以获取雇主许可回家两三天，如果要请十天以上的假就需要找人代班。休息三天以上就按日计算扣除工钱。

损失赔偿。秋班儿在工作时，不小心损坏了农具、工具及其他设施，一般不需要赔偿。如果故意毁坏高价农具，宰杀牛马等，雇主会辞掉秋班儿，要求赔偿。如果秋班儿拒绝赔，可再让其干一两个月赔偿损失。

中间人责任。秋班儿的中间人没有赔偿责任，但是有协调义务：一是协调价格和待遇；二是如果秋班儿违约，中间人可以协调收回定钱；三是如果秋班儿毁坏了工具、器具、设施等，协调秋班儿赔偿。

（四）长工市场

长工。长工是长年给东家做工的农民。长工吃住在东家，按照年给报酬。主要的工作有：耕、种、洒水、锄、割，耕是耕田，种是播种，洒水是给地浇水，锄是锄草。闲时打扫庭院，冬天挖坑制造肥料。另外，长工不照看家畜。长工称家长为掌柜，称家长的儿子为小掌柜。

雇农。在某种程度上，雇农可以称长工。寺北柴村有十位雇农，雇农与雇主没有血缘关系。雇用的条件是：提供一件夏天穿的单衣，每年工资五十元。

九　农业生产

（一）合伙生产

伙喂。贫穷人家一般与他人一起喂养家畜。一般是两户喂养一匹马。喂马可以是五天轮流一次，也可以三天轮流一次。全村有两组人合伙喂养家畜。喂养家畜不限于同族，主要是穷人之间。在寺北柴村，农户之间很少借家畜，相对而言同族之间借家畜要多些。

工换工。没有家畜的人和有家畜的人结成一组互相帮助：没有家畜的人出劳动力，有家畜的人出家畜，这叫工换工。从生产环节来看，在种地（播种）、拉地（收成的搬运）的环节中换工比较多；从群体来看，同族之间的工换工比较多；从阶层来看，富人与穷人之间的工换工也比较多。工换工一般是两家结为一组。寺北柴村以工换工的家庭约有十组，但是不存在长年以工换工的情况。

（二）水井及使用

伙井。在寺北柴村，有灌溉水井，也有饮用水井。后者为私人所有，前者既有私人所有的情况，也有共同所有的情况。共同所有即几户人共同挖井，共同使用。全村有十分之三的灌溉水井是合伙所有。伙井按照各自的耕地数量来出资。一口灌溉井，需要八十个工，砖五千块，四百元。一般二三户共同所有。在挖井时，同族帮忙的较多，关系好的朋友也会来帮忙；如果事多人少，他族关系好的人也会来帮助。帮忙的人与土地远近没有关系，有同族人，也有他族人。共同挖掘的水井，共同所有，但是因为种植的庄稼不同，各自灌溉。水井没有地券，但是在水井的砖上刻有挖掘者的姓名。也有些家庭借别人的井灌溉，借井可以不给报酬，但是会给一些礼物。

挖井及产权。对于佃耕地，佃农不能自主决定挖井，需要水井时，佃农向地主建议挖井，地主有钱，就会挖井；没有钱，不会挖井。挖井费用由地主承担，但是佃农可以帮忙。如果在租佃时包括了水井，但是租佃后水井坏了，或者不能使用，佃农会要求地主修缮水井。在寺北柴村也有这样的例子，佃农挖井后，找地主要费用，主要是材料费用，人工由佃农承担。有水井后地就能够变成上地。对于典佃地，承典者挖井，需要得到出典者同意。挖掘水井时费用由承典者承担，并将其作为"座价"，在出典者前来赎回土地时，全部由出典者承担。对于典佃地，承典者把钱借给出典者挖水井的情况多。灌溉水井买卖时一定要与土地一同买卖。土地价格与灌溉水井有很大的关联，有水井，价格要高；否则，价格低。

水井的使用。水井要么由个人所有，要么共同所有，所有者有优先的使用权。按照惯例，不管是饮用水井，还是灌溉水井，周边的土地和住户也能够使用。使用时一般不需要给报酬，也不需要给谢礼；可以向主人说，也可以不说。在水量比较少时，所有者优先使用。在土地买卖过程中，周边如果有水井，其地价包括了水井的使用（即便不是自己的水井）。当然也有特殊情况出现，土地买卖后，水井的主人不允许买家使用。如果是伙井，在水比较丰富的时候，可以随便使用；如果灌溉量大，或者使用者都需要用水时，则要按照日间、夜间轮流使用的方式来解决。

贷款打井。新民学会可以贷款给会员打井，一口井贷款三百元，三年后偿还。调查者没有探讨是否需要支付利息，是否为优惠利息。在寺北柴村想打井的人很多，因此，一般召开村民大会选定打井人选，寺北柴村拟贷款打三口井。

（三）合作购买

伙买。两三家一起合伙购买商品称伙买，主要包括肥料、石油等。伙买可以降低买价。购买量比较大的家庭不会伙买。伙买不局限于同族之间，搬运比较方便、居住比较近的家庭会伙买。

水车及购买。寺北柴村有六十组水车，大部分为地主或者佃农个人所有，但是也有五组为两家共同所有。双方共同出资购买，共同使用，共同维修。共同购买水车主要是考虑地邻关系，而不是同族关系。水车灌溉与人力灌溉效率不同，水车一天能够灌溉五亩，人力只能灌溉一亩。

（四）合作和协作

帮忙。建房时农民之间会互相帮忙。帮忙的人数取决于家里名望。名望高的人，帮忙的人就多。帮忙有同族人，也有非同族人，一般是同族人帮忙，只有最忙时他族会帮忙。帮忙不给报酬、不给谢礼，只是请吃饭。另外，农民之间也会一起犁地、种地，即相互会帮忙，同族之间相对比较多。结婚、丧葬时也会互相帮忙。在帮忙时，会选出一个适合的人当指挥，主要是拜托同族或者他族中见多识广的人担任。

防御蝗虫。每隔几年都会发生蝗灾。发生蝗灾后，受灾厉害的人就会找到村长，然后村长将召集大家一起治蝗灾。一是方法，主要方法是去地里用手处理趴在叶子上的蝗虫。二是合作，消灭蝗虫不是全村人一起整治，也不是一甲、一族，只有关系好的人一同整治。有些地里蝗虫很多，有些地里没有蝗虫。地里有蝗虫的人共同整治，有时没受灾的人也会帮忙。从蝗虫最多的地开始整治。三是命令，关于防御蝗虫，县公署只是命令处理蝗虫，并没有给予方法指导。晚清或民国初年由董事们商量治蝗，邻间制后村长组织大家治蝗。四是帮忙，村民帮助驱蝗不会得到金钱，也不会得到礼物。如果村民受了蝗灾，没有政府、社会的救济，农民自己借款、借粮渡过难关。

村庄与同族的协同。一是共同耕种，在寺北柴村，同族或者好友之间共同佃租一块地，然后共同耕种。二是共同使用水车，在分家前为一家所有，分家后为兄弟们共同使用。三是共同使用大车，也与水车类似，原来是一家，分家后兄弟共同使用。四是共同使用水井，全村的水井，包括饮用水井和灌溉水井均为共同使用，即水井周边的住户均可以使用，使用时不缴费，也不给谢礼，在维修时所有者出钱，其他人出力维修。五是共有猪圈，与水车、大车类似。另外，农具和房子没有共同使用的情况。

（五）地邻关系

耕地积水不能将水排到别人的地里。如果某家的土地为其他人所包围，必定会留出种植路；如果某家的树根深入其他家里，可不管，如果碍事可以砍掉；如果一人家的树枝伸到其他人家，可以不管；如果有果子，依然归所有者所有。住宅的水井归所有者，但是周围的人家可以使用。

十　县政：行政和司法

（一）县务

县长。县长过去叫正堂，后来叫知事，知事后改称县长。在调查的年份又改称知事。

县财政科。从与县款相关的方面来说，民国十年（1921）就有了财政所，也有了所长和出纳员。出纳员实际上没有承担任何工作，被叫作主任科员。民国十五六年，变成了财政局，有了局长。北伐成功之后，变成了财务局，也有局长。民国二十二年（1933），变成了第二科，有了科长，也就是所谓的"改局为科"。知事对财政科的科长或局长只有监督权，不能随意任免。财务局或科下面有三个办事员，保管县的出纳和地方财产等。财政科进行收支核算，主要处理现金出纳、预算的编成、省款县款的管理、解款、庶务（县公署的）等，然后记入"现金日记账""县款经常收入分户表"等账簿。

经征处。经征处是征收税款的机构，包括三个股：田赋股、税务股、捐务股。在初期三个股各自独立工作，满铁调查时一起工作。主要征收地粮、牙杂税、亩捐、契税、营业税、烟酒牌照税。田赋股征收与土地相关的税费，包括田赋、田赋附加捐、维持会摊款、警团费等；经征处征收后转交给财政科进行收支。经征处的月薪从财政科领取，主任每月五十元，其他人员各不相同，最低的二十四元。

税务稽征所。在调查的当年，县公署将包税制改为直接征收制，为此成立了税务稽征所。税务稽征所录用、培训了十名工作人员，其中五人是过去的承征员，其他有当过警察的，也有在财务股干过的，都是熟悉征税事宜的人。每天开市时去集市，一是收税；二是调查纳税情况。十个人分别去不同的市场，为了避免贿赂，每天所去市场不定。据调查，直接征收制度比包税制度所征收的税金要多。

调办所。在事变前称支应局，人员属于县公署，拿机关的薪水。设主任一人，书记一人，此外还有杂役五六人。调办所对知事负责，主要任务就是为部队和公署摊派物品和力役。事变前根据军队的需要调配置办军草、劈柴、车辆、马匹、力役等。如果需要家具等，先借后还。征调这些物品时，有一个内定的价格，其价格比市场价要低，一般事后支付。如果县城里能够筹集就在县城里筹集，县城里筹集不了就向村庄筹集。各个村庄轮流负担，以求公平。调配的物品主要是部队所需，县公署主要是人力，前者多，后者少。

县政会议。如有重大事情需要商量，就召开县政会议，参加人员为县长、各科科长、警备部队长、警察所长、城内两个学校校长，等等。研究商捐时商会会长和副会长会参加。农民代表不参加县政会议。因为他们认为，各科科长都是有土地的地主，熟悉情况。县政会议如果讨论财政预算、决算，参加者有：知事、顾问、各科长（三人）、警备队的队长、城内的小学校的校长（二人）、警察所长（分所长不参加）、秘书（石耀玉一人）、财政科员（林是记录员、财政科是科长和林二人）。讨论财政预决算是财务科的工作，经征处不参加会议。这与顺义有很大的区别，顺义的县政会议有一定的代表性，也有一定的决策功能。

村长会议。如果遇到重大问题，县公署会召开村长会议，全县各村的村长全部参加。村长会议也不讨论问题，只是宣布决定而已。据被调查者说，因为税费比较轻，农民并不反对。因此，村长会议只是接受决定，而不是决策，不具有决策功能。

（二）区务

区长。在栾城县，有一段时间设立了区长。区长是由县知事将人选上报到省，然后再到省里接受一段时间的训练。先由县知事委任，再到省里加任，等到县政会议的时候，就作为一区人民的代表。现在已经没有区长这一职位了，由警察分所长来承担。原来区长和分所长分设时，分所长承担负责维持治安的任务，区长承担行政和自治方面的任务。现在由分所长兼任其职能。区长委任选举产生，主要依据民意推选，不进行投票。其程序是：召集全县的绅董，从中推选，由县知事调查并申告省里。所谓的绅董，都是各村的村长代表，一个区中，大概有两三人。区长在事变前也会兼任区团长，主要工作还是地方自治。

分所。分所又称为警察分所，民国初年成立。在民国二十四年（1935）前，有分所，也有区长，前者负责治安；后者负责地方行政和自治。此后区长职位取消，警察分所承担了区行政任务。现在区分所主要有两项任务，一是田赋摊款、力役的催收。催税主要有大车捐、自行车捐、防止棉花漏税，还可以催收田赋和亩捐。分所有时也执行县公署的命令，如建设科要抽调人力修路，分所也要协助落实。二是治安和行政事务，如治安调查、户口调查、传案、修路、自卫团等其他事项。有些重大的事情会召集村长开会，有时一个月会有几次会议。分所所长代表区参加县政会议。分所的经费由县款提供，但是分所也会有一些费用要摊派给所辖的村庄，如治安军费、车捐，在户口调查时提供餐饮。

分所和法警。警察只是催促，不收取赋税，但是法警就要收钱。法警的工作很多，县公署内的一切工作都要做，也需要催促田赋。对于田赋催收，开始先由法警督促，征不上来时就要依靠区分所。传案也是法警的责任。当有匪贼，发生恐慌，法警的力量不够的时候就要警察来接管。

（三）法务

民事审判的规范。根据《民法》的第一条规定，民法中有条文规定的依规定；没有规定的依法理；什么都没有的依习惯。习惯必须是好的习惯。刑事判决，必须依据条文；没有条文，不能判决，必定无罪。

民事案件。在冬季，刑事案件较多，如匪贼、绑架等，有过来检举的，也有被绑架家属来报案的。中秋节到清明节期间民事案件较多。因为中秋节后，农忙期结束，大家就有了空闲，借钱等事情会发生，这样就会产生民事纠纷。清明节以后，就进入了农忙期，农民有不满也会忍着，民事案件比较少。

民事案件的类型。民事案件中土地、债务、婚姻等较多。一是有关土地的诉讼，第一类因土地所有权不明引起的争端，第二类卖主卖地时，同时有两个买主都想买的情况，第三类土地界限不明，第四类与土地赎回相关的纠纷，如地主不让佃户赎回土地等，第五类与房产相关的。二是债务的诉讼，债主起诉债务人不偿还债务，苦力起诉雇主不付工资等。三是婚姻的诉讼，主要是离婚和解除婚约等。四是赎回土地的诉讼，通常是未到期限，出典者想赎回土地，其次是承典者将土地再次出典，出典者想要赎回时却没有土地，但是这种情况并不多。

十一 赋税及征收

（一）赋税及县款

省款。省款是省政府征收的赋税，包括田赋、田房契税、烟酒牌照税、营业税、牲畜税、屠宰税、各类牙税。牙税主要包括籽花牙税、糁籽牙税、木货牙税、牲畜牙税、斗行牙税、山果蔬菜牙税、土布牙税等。山果菜蔬牙税之前属于县款，但依据县令，去年开始变为春省款。省款股掌管以上税收。田赋、契税、烟酒牌照税由经征处征收。营业税依据商家的规模大小确定税额，由经征处征收。牙行营业税在调查的当年从包税变为直接征收，由承征员、协征员、牙纪、牙伙依规征收。

县款。栾城县款收入主要包括四大类，一是田赋附加。二是捐，主要包括车捐、输入捐、套花捐、镶花捐、杂货捐、粮食出境捐、煤炭捐、商捐（或商款）。三是牙税附加，牙杂税附加就是从牙税中收取附加——主要包括籽花牙税、屠宰税附加、牲畜税附加、糁籽牙税附加、牲畜牙税附加、木货牙税附加。后来取消牙杂附加费，收取亩捐和商捐。四是维持会款、警团费。上述四类县款按照税收形式收取。输入捐后来改为了商捐，包括杂货捐、粮食出境捐。另外还有教育基金生息，学田地租，学产地址租，学产房租，违警罚金，地方行政罚金以及其他等。

县款增收。在事变前几年，栾城县在千方百计增加县款收入。一是建立了屠宰场，征收屠宰税及附加。二是对商人征收穰花捐，每个月都征收，由商会代收。事变后开始征收商捐，将商店分为六等，根据资本和营业额收费。三是征收车捐，即对自行车或者其他车辆征收，由警察分所代征。四是汽车收入，主要是两台汽车的行李运费，在调查前一年开始征收。五是违警罚金，由秘书室对那些行政行为的违反者罚款，警察带来，由秘书室秘书收取。六是缮状费，即缮状的人（代书人，县的差役）每一百个字就征收二十钱。

留拨。因为县的地方收入不足，向省报告，申请从省税里得到补助。待省里同意后，从省税中拿出几成留给县里，这几成就是留拨，一般为百分之三十。

代征学款。因为各村的学校费征收困难，县公署决定，由经征处代收。征收额度由各村村长和校董确定，教育科审核，同意后征收。学款按照田亩征收。各村村长将代征学款交到教育科，教育科再转给各个学校。教育科本身不使用。

民缺。民缺是指应纳粮银但缴纳不了的数额。民缺不能减免，如果无法缴纳，要征收滞纳金，也就是一种罚金。滞纳的时间越长，罚金就越高。如果民缺比较多，省里就会训斥县知事，甚至让他辞职。民缺对知事的处分依其顺序分别为：申斥、记过、议虔、撤职。

（二）田赋及附加

田赋。田赋就是所谓的"皇粮国税"，也称钱粮、粮银等。田赋属于省款，按照田亩据实征收。田赋每亩征收五角，全部上缴省里。从晚清到民国，栾城县的田赋变动不大。

田赋预征。据调查，在河北省栾城县，田赋一直存在预征的情况，当然并不是所有的省款都预征，只有田赋存在预征的情况。民国十二三年开始田赋预征，直到调查时期。田赋预征为河北省、山东省的军司令张宗昌（军阀）创造出来的。当时被称为"预征"，现在被称为"递征"。

田赋附加。田赋附加主要是保证县公署正常运转而向农民征收的经费，包括警捐、保卫团费、学费等。田赋附加根据田赋总额确定比例，与田赋一同征收。一年征收两次，比例不确定。民国二十八年（1939）上忙粮银每正粮一两加收警费六角、保卫团费六角、学费三角、建设费二角；民国二十八年下忙粮银每正粮一两加收警费一元、保卫团费一元、学费四角、建设费三角。田赋附加归地方负责，用于警、学、保卫团、建设等方面。

田赋及附加的缴纳。田赋按照土地所有数量来征收，所有的土地都应交田赋，即使是菜园子、房基、坟地等也不例外。各类土地承担的田赋相同，与土地等级无关。田赋均以现金缴纳。缴纳时，县公署通知村长，村长通知土地所有者，土地所有者自己去县里缴纳。田赋每亩收洋八分三厘，田赋附加为八分二厘。旗地每亩为六分，附加为五分九厘。

田赋的滞纳。一般要按时缴纳田赋，实际上滞纳十五天左右也是可以的。如果滞纳超过一个月，县里法警（也称政务警察）就会去村长处督促催收。接到催收令后，村长会督促滞纳者。如果滞纳不交，一是村长用村里的费用代垫，然后再催收。二是村长可能会被县里留置，也称为扣押。这说明村长对田赋缴纳负有一定的责任。寺北柴村因为滞纳者比较多，村长曾经被留置在县里一个多月。事变前，田赋滞纳需要交滞纳金，三个月以内，每元交一角；然后每增加一个月增加一角。事变后只拘留，不用交滞纳金。

田赋的减免。如果遇到灾年，省里会减免田赋，但是在栾城县，被调查者反映没有减免田赋的情况。也就是说田赋减免在理论上存在，实际并没有发生过。

田赋收据。田赋收据叫"串票"。一般是一式两联，一联是通知联，一联记事栏，写上地亩数，再归还给缴纳者。

田赋承担主体。佃耕地每亩地钱粮五角，附加二角二；县摊款（前年征收一次，用作警察和保卫团费）二角，共计九角二。钱粮、附加县摊款都由地主负担。典佃耕地，田赋由出典者支付。如果需要承典者负担，则会在契约中写明确，如"钱粮杂派每年每亩洋二角"。承典者支付田赋、杂派不是根据县里规定，而是约定俗成。

（三）杂派与摊款

摊款类型。由于田赋附加不够时，县里会征收临时摊款。这些摊款包括：兵差摊款、维持会摊款、演剧摊款等。兵差摊款是指军队所需要的费用，事变后兵差摊款没有了。维持会摊款是维持会正常运转所需要的经费，维持会成立时的费用没有让村里承担，治安恢复、建立秩序后，才开始将费用分摊给各村。演剧摊款是县公署招募剧团，进行公演而征收的费用。这些费用按照村的钱粮分配到各村，然后村里再按照土地所有的数量分配。

商捐和亩捐。捐是对牙税附加的替代，即以捐取代了牙税附加。捐又分为商捐和亩捐，前者也称为商摊，后者称为亩摊。县里费用不够时就向商业和农业摊派。亩摊（捐）就是从土地上收取的摊款；商摊（捐）就是从商铺、市场中收取的摊款。在事变前，商捐和亩捐是三七分成，即商业承担三分摊派，农业承担七分摊派。事变后变成了一九分成，即商业承担一分摊派，农业承担九分摊派。在调查的当年，杂货捐、粮食出境捐、牙税附加均取消，预算不足时就增加亩捐（摊），称为追加亩捐。

捐的征收。田赋由农民直接缴纳，牙税包给别人征收，还有一部分税捐需要安排人征收。这些税捐有：穄花捐（派人征收）、杂货捐（派人征收）、食粮出境捐（同上）、商户摊款（商会代征收）等。安排人员征收不同于招商征收，即不同于包税征收，由县公署直接安排人员征收。这些人员均是临时人员，不属于政府雇员系列，但是会支付一定的工资。

摊派规则。摊款按照所有土地、租种土地的面积征收。一是所有地，对于地主在本村的土地，不管是地主耕种，还是租给本村人耕种，一亩地算一亩缴纳杂派；二是出典地，地主和佃户都是本村村民时，出典地通常是由承典者耕种，杂派一亩算作一亩，由承典者缴纳。承典者在外村，土地由出典者佃耕时，佃耕地二亩算作一亩，杂派由出典者承担。承典者只需要按照惯例支付每年每亩钱粮二毛钱，其他杂派和承典者无关。土地一旦出典，由出典者佃耕时，说明佃户缺钱，所以村里从人情出发，二亩算作一亩。这样就能减轻出典者的负担；三是佃地，地主是外村人，佃农是本村人，以五亩作为一亩征收杂派。

摊款的计算。只要佃户是本村村民，不管土地在村内还是村外，不管是地主还是本村村民，只要土地面积少于二十五亩，都不需要告知村长。因为超过二十五亩的佃耕地（不管是不是死种）才需要支付摊款，二十五亩以下不需要。地亩账换算成缴纳摊款的面积，仅记录人名和换算面积。二十五亩为五亩，三十亩为六亩，五十亩为十亩。对于所有地，五亩以上就要缴纳摊款。外村人在本村拥有的佃耕地不纳摊款。

寺北柴村摊款情况。据寺北柴村郝国樑村长介绍，民国三十年（1941）共有八次派款，第一次，正月二十八（阴历），一亩二十钱；第二次，二月二十八日，一亩二十钱；第三次，三月十一日，一亩四十钱；第四次，四月八日，一亩一元；第五次，五月二十三日，一亩四十钱；第六次，闰六月二十日，一亩六十钱；第七次，七月八日，一亩四十钱；第八次，八月五日，一亩五十钱。寺北柴村平均每亩约四元的摊款。在调查的前一年，寺北柴村要缴纳的摊款有：城西水灾摊款和保卫团摊款一共一百四十元；新民会青训生摊款七十五元；戏剧摊款四十四元；治安军摊款三百三十元、花税六十三元、小米九十五斤等。

接待费及摊派。县公署的官员一般不来村庄,但是法警、分所警察会前往村庄公干,村庄要接待并吃饭。这类费用属于村内公摊费用,寺北柴村一年大约需要五六十元。每年实际发生的招待费用以土地面积为依据进行分摊。

力役摊派。县里需要人力时会摊派力役。力役按照土地面积进行摊派。如县公署每个月定期征用马车一辆,力役十人。承担摊派的力役没有报酬。对于村庄来说,不能用钱代替力役。但是村里有钱人家可以雇人去服力役。对于家庭来说,不是特别严格,出人或不出人都可以,有人的家庭原则出人,即使是小孩子也可服力役。县里经常摊派力役,村庄没有摊派过力役。

现物征调。县里有时要征调干草、鸡蛋、柴薪、土砖等。这些征调的物资会给一定的报酬,但是远低于市场价格。农民都不愿意征调而卖给县里。于是村里统一购买,然后交给县里,费用摊派给农民。干草按照所有土地摊派。调查当年,县里向寺北柴村征调了大约六千斤的柴薪(一百斤相当于七角)、一万二千斤的干草(一百斤相当于一元三角)、八百个鸡蛋(一元二十五个)、二十只鸡(一只鸡五角)、一千块土砖(一千块相当于六元)等等。

(四) 契税及手续

税契及变迁。在清朝时,田房买卖就需要契税,民国八年(1919)典当开始征收契税。民国初年的契税需要将买卖价格换算成银两,契税的税率是每百两交三两。例如,五十吊或五十两就是一两半的契税,一两付三分的比例。典当契税为一元支付四分五厘,买卖是九分。宣统年间开始有了银圆,一元相当于七百文,一千文相当于一吊,一吊相当于一两。在那之前以吊为单位,民国八年开始用元为单位。

契税和过割。契税和过割是田房买卖的最后两道程序,一般由买方拿着官制的草契,缴纳契税,获得契尾,粘贴在草契上,然后拿着粘贴有契尾的草契前去过割。契税也称印契。田房买卖的契税,价格每百元为十二元六角;典当契税,价格每百元为五元三角。契税后十天左右可以拿到契尾。过割是粮名变更手续,又称更名、更改征粮册、过粮。过割在田赋处进行。在栾城县,田赋处的人员有的还兼任社书。印契时,可以由村长陪同;村长没空时,副村长或者地方可以代理,代理需要村长的亲笔信。印契也可由买卖双方或者买方单独完成。过割有时间限制,一般一年一次。

过割与社书。田房买卖过割时,卖方先从自己的社书处拿到改正好的账簿和书类,然后再与买家一同前往买家的社书处更改粮名。在社书处更改钱粮名,有时需要给一定的手续费。

契尾。契尾是一种官方证明,证明契约成立。契尾通过缴纳契税获得。契尾记录着年月日、买主的姓名、印契费金额等。买方缴纳契税后获得契尾,再印契,然后粘贴在草契上,这样草契就成了一张完整的红契。没有"契尾"的草契是无效的,无法主张所有权。当土地再次卖掉后,老的红契就废除了。

契税及相关费用。按照田房买卖价格,省税为八分一厘,附加税为四分,经征处手续费为五厘，实费六十钱。例如，价格为一百元的买卖，省税为八元十钱，附加费为四元，经征处手续费五十钱，实费十钱，合计十三元二十钱。典契税较低，价格一百元的买卖，其契税及相关手续费为五元九十钱。

（五）牙税及征收

田房买卖要交契税，其他交易要缴纳牙税。牙税征收机构称为牙行，牙税征收者为牙纪、牙伙。牙税征收分为两个阶段：包税阶段和直接征收阶段。前者的征税人员有：总包税人、包税人、牙纪、牙伙。

包税。包税是指承包征税的工作。包税金额由包税人和县公署一起协商决定。包税人由县公署规定，一年一定，但依个人意愿也可以承包两年或三年。要想成为包税人需要向县里申请，并报告承包金额，将其中的十分之二作为最初保证金，交了保证金后就颁发包税证明书。除去保证金后的剩余金额，也就是十分之八的税款，在四月和十月分两次缴纳。征收的税金少于包税额，包税人必须补足；征收的税金多于包税额，剩余部分归包税人所有。屠宰税、籽花税、豆饼税、牲口税、套花税、买卖猪税、年节宰猪税等都属于包税征收税种。

总包税人、包税人和牙纪。包税又分为总包税人、包税人。总包税人对某类牙税总承包、总负责。总包税人采取投标方式决定。按照省公署指定的方法，县公署要发广告，招募有意愿者，决定招标日期，然后投标决定。承包金额最高者中标，获得县公署许可证。总包税人下面又有包税人。包税人可以包某个集市的牙税。包税人由总包税人选择，与县公署没有关系。

牙纪是包税人雇用的交易中间人，负责供需方的沟通和牙税征收。牙税可以向买主征收，也可以向卖主征收。栾城县从买主处征收。一般而言，总包税人只能承包一个税种，当然也可以承包多个税种，但必须分别投标。包税人只要是本县人都可以投标，在县内没有地域限制。省税的由省里确定包税人，县税由县里确定包税人。事变后，不再设总包税人，只有包税人，包税人直接与县公署打交道。包税人需要保证人，如果包税人无法缴纳应交的税金，保证人负责缴纳。

入札。入札又称"投票"，或者投标。现在不投票了，改为面谈确定。申请者会先报出数额，十位左右的包商聚到一起，与县知事、省专员和科长一起商谈，告之省的指定额，出价高者入札。面谈会由知事主持，面谈者们进行口头议论。面谈结束后，县知事、省专员、科长一起协商确定入札者，再由知事传达给相关人员。被指定为最高额的人不需要办理手续，需指定一个具有经济实力的保证人，这就叫作"报结"。这些手续完成以后，得到了省的许可，就会给予证明书。有了许可证明书就可以征收牙税。这个证明书的所有人从调查当年开始称为"征收员"（以前称"包商"）。

牙纪。牙纪相对于牙伙，地位稍高，但没有明显的区别，两者均是分包商雇用的人员，与县公署没有关系。对于牙纪的招聘和组织，县公署不清楚。牙税税率一般是买卖价格的三分，可以从中间人处征收，也可以直接从买卖双方征收，分别收取三分和二分（收取额为五分），其中三分作为牙税缴纳，二分作为经纪人的报酬。

牙纪的确定。在直接征税前,牙纪由总包商、分包商确定;直接征税后,籽花牙税的牙纪由村长为担保人,从各村中选取,寺北柴村有4人。其他牙税,先申请,交保证金,然后得到稽征所主任同意后当上牙纪。

牙纪保证金。从事牙纪要交保证金,一年一交,年末返还。保证金为:猪牙纪十五元,斗行二十元,牲畜税二十元,粉条、山药蔓牙纪三十元。籽花税,银两在一百两以上的为五十元,五十两以上为四十元,五十两以下为三十元。各村的籽花牙纪自己将牙税送到稽征所。

牙纪佣金。也称手续费。牙纪主要是促成交易,收取牙税。因此他要获得手续费。手续费如下,籽花税,每一元为两分;牲畜税,在城关每一元为三分,城关以外每一元为两分;猪牙税,每一元为三分;斗行,每一元为一分;粉条、山药蔓税,每一元为两分;土布牙税,每一元为一分。

牙税承征员。在满铁调查的当年,牙税由包税制改为直接征收制,直接征收人员称为承征员。承征员来雇用牙纪、牙伙或者协征员来征收牙税。牙纪、牙伙或者协征员将税收交给承征员,承征员交给经征处,再由经征处交给财政科。承征员是直接征收制下的税征人员,但是与包税制没有多大的差别。很多承征员为原来的包税人。

斗牙及牙纪。斗税是对粮食作物交易进行收税。寺北柴村村长张乐卿的父亲就是斗牙牙纪,干了三十年。在交易市场成立前,每个月向县公署交四元。每斗交易收五钱手续费,牙税每一元交一钱。另外还收票据费每张一钱。在交易市场成立后,向商会交钱,作为粮行的通捐费,每年由商会收取。要成为斗牙税的牙纪,要向新民会提出申请,交二十元的保证金。

花税及牙纪。花税又称为子花税,即以棉花种植面积为对象征税。县里按照田赋来进行分配。农民根据田赋总额来纳花税。调查当年为每两田赋征收一元。花税以村为单位征收,村长是包税人,包税人下有牙纪。大家统一交给村长或者村长统一收齐。如果没有收齐,村长必须代缴,然后再征收。在寺北柴村有四位牙纪,四人每人交十元的保证金,以一个人的名义在县里登记。然后引导卖家将棉花卖给轧花场或者集市,每次称重手续费是每一元为三分,牙税两分,每张票据费五钱。获得的手续费四人平均分配,超过承包税的余额也是平均分配。

木货税及包税。木货税指木材买卖时需要征收的税。木货税是由包税人征收和管理。按买卖价格每元抽取三分的比率从买卖双方收取。木货税以区域进行征收。柴村没有木货税经纪人。

籽花税与牙纪。籽花牙税采取包税制,经纪人从买卖双方征收,一般从买主处收取价格的三分作为牙税,其中一分上交给税征所。对于买卖双方来说属于牙税,对于政府来说,相当于经纪人税。全县与籽花牙税有关的人员有一百多人,经纪也有一百多人。

糁籽牙税。糁籽牙税由经纪人统一从交易双方征收,属于从价税而不是从量税。经纪人从买方按照每元征收三分,从卖方按照每元征收两分。其中,每元的三分作为牙税缴纳给征收员。糁籽牙税的征收人有五六人,经纪二三十人。征收人有监督经纪征税的责任,经纪之间没有太多关系。征收员根据集市而设。事变前每个区都有集市。事变后，只有东关、冶河、实妪镇、西营村四个集市。糁籽牙税实收额在调查的当年为四千五百元。

其他牙税及牙纪。山果菜蔬牙税，按价格征收，向买主征收三分，卖主征收二分，其中三分交给征收人。全县征收人有七八人，经纪有五六十人。土布牙税，也是按照价格征收，买主分担三分，其中一分交给征收人。全县有征收人一人，经纪六七人。套花牙税，按照价格征收，买主承担三分，卖主承担两分，其中三分交给征收人。全县征收人二人，经纪十人。煤炭牙税，向经纪课税三分。经纪人向买主征收三分，向卖主征收两分。全县征收人有三四人，经纪二十人。菜牙税由县财政科直接征收。

（六）牲畜税及集市

各税征收所。征收所就是承征各类交易税收的机构。全县只有一个征收所。屠宰税、牲畜税、各牙税均通过征收所向财政科转交。征收所有征收员（各税每区一人）、协征员（四五人），协征员按照任务量分配，哪个区税务的工作多，就分配到哪个区。牲畜、籽花税各两人；糁籽、木货各一人。征收员和协征员都是由县公署任命，任期为一年，没有月薪。实收额（税金）的一成（各税都是一成）为征收员和协征员的报酬，还根据征税成绩，获得奖金。

集市买卖费用。集市交易需要缴纳如下几类费用，一是佣金；二是牙税；三是新民学会手续费，每一元五厘；四是票费，即开收据所需要的钱，每张两分。后两种费用均是买方支付。

牲畜税和牲畜牙税。牲畜税和牲畜牙税是牲口买卖时应缴纳的税收。牲畜税主要在集市由牙纪收取，但是在有些村也委托一些牙人，负责探查牲口交易并征收牙税。按照价格的百分之三征收牲畜税，由买主支付。如果直接征收则称为牲畜税，但是比较困难，因此委托牙行征收。牙行征收就称牲畜牙税，比重也是价格的百分之三，由牙行收取。栾城县的牲畜税包括牛、骡、马、驴马、猪、羊的交易。每十天会开四次市（一、三、六、八日），上午的八九点开市，上忙时候为中午开市，下午五点关闭。

屠宰税。屠宰猪、牛、马、羊等大牲畜需要缴纳屠宰税。屠宰税按头征收。如果逃税，发现后要缴纳十倍的罚款。征收标准为：牛一头为一元七角（另一说有三元），猪六角，羊四角，马和驴两元，其他按照交易价格的百分之二计算牙税。以前主要在肉店或者在自己家宰杀，但是在宰杀之前要向包商处取得执照并纳税。全县有五人有收税执照。这些人住在征收所，城内一人，每区一人。征收人每月向县纳一次税，五个人均通过"各税征收所"向县缴纳。调查的前一年开始，一律到屠宰厂上进行宰杀。

屠户屠宰及牙税。在寺北柴村，牲畜在屠户家宰杀，宰杀时税金统一为六十钱，屠户手续费五十钱。如果猪粪归老板，则请屠户吃一顿饭。屠户将税金收好后再交给包商。交易市场成立后，屠宰牲畜必须在屠宰场进行，每头税金三元三十钱，票据十钱，加起来三元四十钱，远高于村庄屠宰。

（七）税费基础

社书。社书是保管钱粮册的人员。社书主要的工作，一是保管、记录钱粮册；二是钱粮的过割。社书按照村庄的数量确定，可能一村一位社书，也可能几村一位社书。社书不是国家工作人员，也没有报酬，主要以钱粮过割的手续费为报酬。栾城县有十七个粮柜，因此有十七位社书，其中四位是县公署的人员兼任。社书一般要看重能力和信用，要了解田赋和土地，由县里指定。在清朝时期，社书也有世袭的情况，职位可以买卖，约为五百元左右。调查时社书需要县里指定，想当社书要申请，县长或者秘书，或者财政科长面试，如果能够胜任，县长就任命。社书的收入主要是过割的手续费，按照每亩一角的比率从买主收取。社书之间会相互联系更改好自己的底册，但是没有社书联合会议，县公署召集社书开会并不是为了底册，而是为了田赋整理。

社书与村长。社书属于田赋征收人员系列，但是没有编制和固定薪水。村长是一村的代表，村长地位比较高，但是从利益角度来看，社书收益高。因为村长只有义务，没有收益；而社书有比较丰厚的收益。因此很多人愿意当社书，而不愿意当村长。

底册和粮册。底册是制作粮册的基础性账册。它是记载着土地所有者姓名、亩数、钱粮数的册子。每年要对底册进行订正，主要是记载买卖变动的土地。底册由社书保管，每年阴历正月进行订正。社书根据底册制作粮册，交给经征处的田赋股，以此为据征收赋税。

流水簿。流水簿主要反映串票的内容，因为串票写的是缴纳田赋的亩数。流水簿的内容分为两栏，一栏是姓名，一栏是钱粮（以亩反映钱粮，因为二十八亩为一两，有亩就可以核算钱粮）。如，流水簿上有写着"一月二十日共收地二千五百二十五亩一分四两四毛"的"财政科收讫"，一般十天一次，或者是半个月一次。

田赋清查。栾城县成立了一个临时机构——田赋清查处，抽调了八位人员对全县的土地进行清查。调查人员进驻农村，在村长、副村长的协助下进行土地清查工作。其实在清查过程中，村长做了相当多的工作。主要是清查整顿有无地券或纳税关系等问题，例如，发现了契税手续尚未完成，田赋负担不均衡等问题就会增收田赋。

（八）省县减免

勘灾。根据勘报灾歉条例（事变前实施的），发生了灾害要进行调查，根据章程县知事必须亲自勘验，这被叫作"诣验"。县里报告的是"初勘"，省里派来，调查出来的报告是"覆勘"。根据勘灾报告确定免除赋税。灾害达七成称为"成灾"，六成称为"歉收若干"。当发生了不可抗拒的灾害，如风、雹、雨、虫、蝗等灾害时，县长要停止工作，进行救灾。如果县长抵制救灾，会被辞退。当发生此类灾害时，县长就会马上奔赴灾区，制作表格或者拍照片向省里报告，省里会进行调查。

豁免和缓征。豁免就是完全免除赋税，缓征就是延期征收，将来还得征收。受灾七成以上可以豁免赋税，受灾三成以上缓征赋税。民国二十八年（1939），栾城县受水灾蠲缓地亩粮：受灾九分，蠲免十分之八，缓征十分之二，缓至民国二十九年（1940）秋后起分三年征收。受灾七分，蠲免十分之五，缓征十分之五。缓征时间为五六成分三年征收；三四成分两年征收；一两成是分一年征收。附加、亩捐根据"随同正银蠲缓"，模仿正税处理。

灾害调查。县里接到灾害报告后，县的办事员和建设科的人前去调查，根据那个报告，在县内召开会议，决定援助的办法。

灾害救济。发生灾害后，县里也会组织对灾区进行救济。救济分为两类，一是给钱，十钱、二十钱的；二是给米。前者向县的职员、商人们募捐；后者向没有受灾的村庄收集，如收集摊款一样，名字就称为"救济米"。

惯行与治理：历城县冷水沟庄的调查
——《满铁农村调查（惯行类）》第 4 卷导读之一

满铁农村调查第四卷包括三个村庄的调查报告：一是历城县冷水沟乡的冷水沟庄；二是历城县董家区梁王乡路家庄；三是恩县后夏寨庄。因为冷水沟庄调查难度加大，满铁调查员转到了董家区的梁王庄乡的路家庄（庄其实就是村）。最后又转到恩县六合乡的后夏寨村。为了对一个村庄形成一个完整的印象，笔者以每个村为单元整理专题和撰写导读。

冷水沟庄位于济南和青岛之间，从济南出发乘坐火车向青岛方面行驶一个小时就到达了历城站。历城县设置在一个叫王舍人庄的集镇，集镇没有城墙，只有远离集镇的县公署有围墙。冷水沟庄在距离县公署的西面约 3 公里的地方。

据说冷水沟因泉水而得名，以前在小学所在地方有泉水，所以称为冷水沟，后来有一个积水池，现在也没有积水了。实际上是庄里有一条从东南流向西北的弯曲小河，平时没有水，相当于一条水沟，所以就叫冷水沟庄。从李姓家谱记载来看，冷水沟最早的居民是明朝洪武年间为开发山东从河北枣强迁移而来，现在有 376 户人家。华北地区平均每个村 100 户左右，冷水沟庄算是一个大村。有的家庭还有白色的高墙。与华北其他村庄一样，冷水沟也是密居制。

冷水沟庄是一个杂姓村庄，376 户中有李、杨、任、谢等十多个姓，其中李姓 188 户（关于此数据有两个说法，说法有些差异）；杨姓 50 户左右；谢姓 40 户左右；李姓占了全村的一半，三个姓占了全村人口的七成多。冷水沟庄有一定的同族聚居的特点。李姓还有一座家庙。

土地与占有。冷水沟庄南北长 1.5 公里，东西宽 1 公里，面积为 42 顷。其中稻田 14 顷，旱地 28 顷。每户房基平均 4 分，370 户共 1500 分，家周围的空地 500 分，其他道路加起来有 280 亩，约为旱地面积的十分之一。旱地包括了道路和墓地。村庄 42 公顷土地基本归村民平均所有。100 亩以上的只有 1 户，50 亩以上的约 10 户左右，完全没有土地的人很少，拥有 10 亩左右土地的农户比较多。[1] 村民大多数是自耕农，自耕农兼佃农约 25 户。村庄没有不种地的地主，地主的土地大半自耕自种，剩下的出租的大约有 10 户左右。本村的贫富差距比较小，生存和生活没有问题。在华北平原算是一个比较富裕的村庄。

产业和职业。村民以农业为生，同时也兼营副业。农业主要种植作物是水稻、小麦、

---

[1] 这里的亩是指大亩，一亩约为亩方规定一亩的 2.5 倍。

高粱、谷子等常见农作物,其中水稻比较很大,这在北方是一大特点。副业主要是做草绳,几乎每家都做草绳。农闲时有百数十人外出打工,很多人去打短工,或者去济南工厂干活,但是很少有举家外迁而放弃务农的。

土地类型。在冷水沟,没有荒地、湿地、林地、沙地,但是有碱地,约14顷,可以种高粱,但是收成不好。全村的耕地可以分为上、中、下三个等级,各有14顷,分布在各处。虽然土地分等级,但税收相同。三种不同的耕地有不同的颜色,碱地是白色,不能种菜,每亩价格四五百元。在王舍人庄土地是红色,每亩700元左右。不同类型土地的收成差别也较大,冷水沟庄的碱地每亩收2斗左右,王舍人庄的土地每亩收4斗。

交通与通讯。冷水沟庄距离济南50里,步行4个小时;距离商埠30里。每天有两三人至七八人去济南或者商埠。村内有通往村外的道路。王舍人庄的公路去年修好,以前是马车道。大车道通往杨家屯、滩头庄和沙河。有从济南经过王舍人庄开往章丘的汽车,每天往返一趟,往返济南、商埠乘车的人很少,一般是步行。村庄有10人有自行车。冷水沟庄没有邮局,往来的信件要寄到历城站的邮筒,然后去历城站附近的代办所取信,信件也可以加急,但是需要支付小费。村庄也没有电话。

水井与灌溉。全村有50口水井。一半在村内;一半在旱地。由于雨水比较多,担心水多,不担心水少,因此水井不多。灌溉除了水田冒水外,主要是利用井水灌溉。三、四、五月每个月要灌溉3次。地下水比较丰富,地表下5尺就有水,但是挖井一般在一丈深左右。一口水井可以灌溉10亩地。一般井深三四尺,有的地方要挖五尺才会有水。

公共产权。冷水沟庄没有旗地,也没有屯田。庙产过去有一点,但是道士不好,将庙产卖了一些,现在庙产建筑归村里所有,没有地券,也没有在县公署登记。学田2.5亩,离小学一里的距离。村庄以庙为基地建成了小学,操场比较小,就将学田与小学周围的地进行对换,扩大操场面积。冷水沟的学田没有纳入县有财产,学田及其收入归学校,用于学校的维持费和经营费。以前的学田采取的租佃方式出租经营。学田属于下等地,种植高粱,由本村一位寡妇租种。冷水沟庄没有祭田、义田,也没有放牧地、砍柴地、苇塘。没有村庄所有的采土的土地,但是有一块私人所有地,所有者想将此地变成水田,允许别人采土。全村的沟渠均为私有,属于沟渠附近的土地所有者。在冷水沟庄没有会几个共同购置的共有土地。

一 村庄与治理

(一)村庄治理结构

1. 基层治理架构

历城县的基层治理历史有三个阶段:第一个阶段,首事制度。晚清时期冷水沟庄分为8段,每段一名首事,在首事中推举一名庄长,负责全村事务。第二个阶段,邻闾制度。民国初期实施邻闾制,25家为一闾,全村分为14个闾,每闾一名闾长,各户投票选出闾长。在闾长中推举一人为庄长,负责组织全庄事务。第三个阶段,保甲制度。每 10 户为一甲,每 10 甲为一保。冷水沟分为 4 个保,每保推荐 1 人为保长,共有 4 名保长,全村推选一位村庄负责人。按照保甲制,多保的村庄负责人叫总保长,冷水沟庄民依然称为庄长。

2. 基层治理层级

满铁调查时期,历城县分为六个治理层级,县—区—乡—村—保—甲,县里有县公署,负责人为知事;区里有区公所,负责人为区长;乡里有乡公所,负责人为乡长;村里有村公所,负责人为总保长(冷水沟人称庄长,其实就是村长)。全县有 14 个区;冷水沟所在区由 13 个乡构成;冷水沟所在的乡由 4 个村构成。总保长由选举产生,乡长、区长由各个村、乡推选产生。

3. 庄长

冷水沟庄的村长名称经过三次变化,在首事制、邻闾制时期称庄长;在保甲制时期是总保长。由于习惯,不管是保长、闾长,村民都称其为庄长,其实就是村长。庄长有如下职责:一是收税。过去庄长只是催缴税收,不负责具体的收税工作。在调查时要收税,收齐后交给县里;二是协助户口调查。庄第要协助警察做户口调查工作;三是填写保甲簿。每年庄长要找 10 位左右的人花几天时间调查,登记保甲簿,再交给县里;四是调整村民之间的纠纷;五是接待视察人员;六是召集集会。集会主要有两类:一类是村里有威望的人开会,如甲长、保长。一类是召集全体村民开会;七是主持修缮道路、庙和学校;八是分摊村费及分摊县、区、乡的各类摊派;九是参加爱护村、新民会、县公署的会议。

4. 庄长的权限

庄长没有单独可以决定的事情,很多事情要么是执行,要么与村民,特别是保甲长、邻闾长商量。一是治安要联系县警卫队;二是婚丧嫁娶,大家会邀请庄长,庄长坐在长辈之上。葬礼时,庄长给予指导;三是村里的活动,庄长组织;四是与邻村有纠纷,如边界问题,庄长出面调解,但是没有纠纷。与邻村没有共同的建设,也没有共同的防御;五是接受乡长、区长、县长的命令,传达给村民;六是接受上级的命令,维修公路,庄长自己不能决定;七是村民会绝对服从庄长的命令,村民可以反对,但是从来没有反对过;八是村民不能直接与区县交涉,通过庄长向区县反映情况;九是庄长只有仲裁权,没有处罚权,庄长的命令,如果村民不执行、不服从,也不能处分。另外,庄长也不会指导大家务农或做副业。

5. 庄长、乡长资格

区长、乡长一般需要有学问的人担任。村长主要是选人缘好、讲信用、积极热心、公正、跟谁都能无话不谈的人。庄长没有年龄、财产、识字的限制。冷水沟庄现任庄长就不识字,家里也只有 2 亩地,250 只鸭,没有财产。家庭生活一般。不过民国以前,庄长必须是有土地的人。在首事制度时期，有财产者且有声望者任庄长。民国十多年以后，有想当庄长的人，也有不想当庄长的人。有钱、有实力的人不想当庄长，因为征收摊款太麻烦；想当庄长的是没有固定职业，有些嗜好的人，如一些吸鸦片的、赌博的人。

6. 庄长报酬

庄长没有薪水，反而还要自己垫钱交税。在山东省历城县，土地买卖与庄长没有关系，庄长不能当担保人。但是在年底时，各闾长或甲长会商量给庄长送钱，每年最多120元。这个钱由全村人按照土地亩数均摊。庄长的报酬，在首事时期由首事决定；在闾长时期由闾长们决定；在保甲长时期由保长决定。从冷水沟来看，庄长的报酬在逐渐增加。调查的三年前只有50元。

7. 庄长助手

庄长不能单独决定事情，需要与保甲长商量，特别冷水村的庄长不识字，更需要助手。但是庄长是县公署和村民共同认可的人。调查时的这任庄长，虽然辞职了3次，最后还是被选为庄长。4位保长协助庄长工作，其中1位保长帮助记账。庄长还有一位助手——地保，属于杂工，负责做一些行政事务。

8. 地保或庄丁

地保属于给庄长跑腿的人，或者说是庄长的助手，属于村里的杂工，也称庄丁。地保主要职能有三项，一是协助庄长工作。如向各户发放田赋通知，通知保甲长开会，分发选票；二是参与接待。如果县政务警来催收田赋，地保与庄长共同陪同和接待；三是参与调解。地保也会参与村民之间纠纷的调解工作，但是必须与庄长、首事们共同进行。地保的工作没有报酬，但是缴纳田赋的农户会给其一些小麦小米，一年合计3石左右。地保的职位一般是世袭的，如果地保没有儿子，就推荐其他人。地保的地位不高，相当于长工、杂工之类的，有些村庄的地保由无赖之人担任。

9. 村公所、乡公所、区公所

冷水沟庄的村公所设在三圣堂，乡公所设在关于玉皇庙。村公所、乡公所都没有办公设施，也没有账簿。保甲长开会一般在村公所，如果是人数比较多的村民会议则在小学举行。庄长会议一般在乡公所召开，但实际办公地点一般在庄长家中。区里有区公所，区公所有区长、助理员、秘书。

10. 村界

村庄没有村界，也没有村碑，但是村民自己的土地界线会有变化。村民将土地卖给外村人时，土地就不再算本村的土地了，税费也交给买家所在村的村庄。村民在外村购买了土地，土地就变成本村的了。所以村庄的土地是变动的，村界也会随着变动。

11. 本村人

如果地和房均在本村，则是本村人。如果在外村买了地，但是房在本村，属于本村人，再在外面买房居住在外村，则成为外村人。如果寄住在外村，但是地在本村，且向本村交纳附加和摊款，属于本村人。在外村所拥有的土地称为"外庄地"。村庄土地是指本村人所拥有的土地。本村人所拥有的土地都向本村缴纳摊费。一个外村人成为本村人有两个条件：一是在本村购买土地、房子；二是住了很长时间，如十几年，也就自然成为本村人。

12. 离村者

本村人带着家人搬到他村就不算本村人。如果那人的土地、房子、墓地还在本村则属于本村人。即使很多年没有回来，但房子、土地还在，而且还交纳摊款，依然是本村人。搬出去的人会委托亲友管理土地，交纳摊款。如果只留下墓地，家人、房子、土地都没有了，不算本村人。

13. 归村者

曾经是本村人，后来搬到了他乡，最后又回来了。这种人即使没有房子、土地，也算是本村人。

14. 世居

所谓世居就是很多代就居住一个地方。对于世居而言，世代数不限，三代左右都在本村居住，且在本村有墓地，就算得上世居。两代左右不算世居。世居的家庭和不是世居的家庭在村里的生活没有差别。

15. 寄住及寄住者

外村人在本村没有房子而临时住在其他人家，称寄住，这些人称"客庄户"。只要是本村人就不称为寄住，即使：一是自己没有房子，在别人家住，也不是寄住；二是在别人家寄食不属于寄住。寄住是在本村没有村籍且没有房子的人。寄住需要保证人，也需要庄长同意。如果购买了房子、土地，在庄长同意的情况下可以成为本村人。如果客庄户在本村偷盗，保证人必须赔偿损失。在保甲制前寄住不算一户，但是保甲制后算一户，要在保甲簿上登记。客庄户与本村人没有太大的区别。客庄户不用缴纳田赋，交摊款，也不承担劳役。

16. 家和户

在冷水沟庄家和户是一样的，家比户常用。村民认为，户是清代使用的词。财主就称为大户，和家相同。如一个院子里，分家后，父亲、兄、弟，称三户，也是三家。没有分家在一个院里称一户、一家。

17. 灶户

分家就会分灶，灶就是户，有门有户就是灶户，乞丐也算灶户。户要登记在保甲簿上的。

（二）保甲制

1. 保甲制

1942 年历城县实施保甲制，邻近的 10 户为一甲，每 10 甲为一保。冷水沟庄分为四保，有 4 名保长，负责人为总保长，由县里任命。冷水沟庄的庄长为总保长，统一管理全村事务；冷水沟乡的乡长是联保主任，统一管理全乡事务。村与村之间的保甲没有联系。乡与村下面的保与甲也没有联系。保甲制是一个监视和共同防御的组织制度。按照规定保甲制下的各甲居民有一定的连带责任，但是如果发现问题能够及时报告，则可以免除连带责任。

2. 保甲长

保甲长都是公推产生，甲长从 10 户中推选，保长从 10 甲中推选。保甲长没有任期，也没有报酬。有才能、识字的人可以担任保长，家里有无财产关系不大。保甲长由原来的闾长转任，在村里地位比普通村民略高。保甲长的工作是：上遵命令，下听民意。协助庄长做村民纠纷的调解，做户口簿，向庄公所报告外乡人的出入，庄公所再向县公署报告。县公署向庄公所、庄公所向保甲长下命令或者委托。有些时候区公所、乡公所也向庄公所下达命令，保甲长的工作大多由县区安排。如果村里有坏人，从甲长、保长、庄长、乡长、区长到县知事，依次报告，紧急时可以由乡向县知事报告。保甲制下的户长主要义务是报告外来者及家人外出情况。冷水沟庄分为 4 保，38 甲，有 4 名保长、38 名甲长。

3. 保甲自由团

按照县里命令，村庄成立了保甲自由团，一家出一人，年龄在 18—30 岁，家里没有适合的人可以不参加。自卫团成员没有制服，主要工作是值夜班，每晚 30 人左右轮流值班，值班时拿着白蜡杆子（棒子）、杆（枪一样的东西）。

4. 保甲费

实施保甲制需要经费，经费由全村按照所有土地分摊。费用有两种：一是向上交的保甲费，每亩（小亩）一分五，春秋三分，由县里收取，作为保甲指导部的经费，如春季的纸张费、笔墨费和差旅费，秋天的门牌费和旗账费。费用由县里决定，村庄只是传达和征收。向县里交纳的费用不会发给村庄，村里还要买三份保甲簿，一份交给县里，一份交给区里，一份村里留存；二是村里保甲自卫团的支出，如购买保甲簿、调查记录费等需要 150 元，由花户分摊（花户是有土地需要纳税的农户），其实还有保甲自卫团的训练费等也由花户分摊。

5. 连庄会

在保甲自由团以前，村民自发组织自卫活动，称为连庄会，村里的壮丁全部参加，每组 8 个人至 10 个人，拿着火炮，每晚交换警戒。如果发生匪患，就敲钟召集村民。冷水沟公推会长。连庄会主要是村庄的自我保护组织，没有部署，也没有训练，不需要费用。后来被保甲自卫团取代。

6. 爱路青年团

保甲制之前有爱路青年团、少年团，保甲制后废除了。这些组织主要是保护铁路，所需费用由各庄分摊。以前的保护区有十几个庄，现在扩大到 60 多个庄。这个爱护区在冷水沟乡编成，李家庄 1 人，沙河 4 人，冷水沟庄 4 人，共 9 人通宵守护铁路。晚上 3 人睡觉，6 人巡逻，然后交换。每人每月报酬是 21 元。如果雇用外村人需要保证人。冷水沟庄负责的 4 人均是本村人，看护铁路成了本职工作，经费每月合计 84 元。在 9 人中，3 位是少年，5 位是年龄较大点的青年人，这些人每月一、三、五、九日要去历城训练，训练时每人每天费用 1 元，共 96 元，每村需出一匹马，经费 200 元。

7. 间长

历城县于 1935 年实施邻间制，每 25 户为一间，间有间长。没有任期，没有报酬。间长可由庄长推荐讲信用的人，然后 25 户商量决定，不用投票。在调查时，庄长表示，间是由 25 户记名投票选出来的，在本间某个家里开会投票。一般是有声望、讲信用的人就可以担任间长。保甲制后间长变成了保甲长。其实首事、间长、保甲长，只是名字变了，工作没有变。间长的主要工作是协助庄长工作，上传下达，参会村庄会议，协商村务。间与间之间没有共同作业、共同防卫、相互帮助、连带责任。村民反映，保甲制小，方便管理，邻间制太大了，有点麻烦。

8. 邻长

邻间制时，除了间长，每 5 户有一邻长。间长因为要协助庄长工作，事很多，很忙，但是邻长基本没有事，只是一个名称而已。后来邻间制为保甲制取代，间长变成了保甲长。在邻间制时，邻和间也是分配役畜、村费的单元。邻间内没有自发的活动，没有以间或者邻为单位的共同生产、活动。同一邻或者间之间也不见得会更亲密。可见邻、间只是一个工作单位，并不是一个生活生产共同体。

9. 首事

在邻间制之前，是首事制度。冷水沟庄分为 8 个段，每段的家庭不固定，每段有 1 名首事，首事也可以称会首。一是首事产生。各段的人商量，公举出合适的人选。庄长一般不反对段里推出的人选。首事没有任期限制。如果年纪太大，首事就会提出辞职。如果做了坏事，段里就会向庄长申请免职；二是首事的职责。首事与闾长、保甲长的职责相同，主要是上传下达，参与村庄决策，选举庄长，协助庄长工作，比如求雨、征收摊款。庄长不在时小事可以由首事决定。1928年庄长是由8位首事公推产生，并不是投票选举。首事代表各段的名义，先与段里人商量，内定庄长人选，然后8位首事商量推选庄长；三是参与调解。首事还有一个重要职责是参与纠纷调解，首事调解不仅仅限于本段，小纠纷首事个人可以调解，如果比较大的纠纷需要与庄长一起调解；四是首事的资格。首事主要有三个条件：地多、有能力，而且都是世居的人；五是首事开会的地点。全村的首事商量工作时在庄公所，即现在的小学内进行，各段的人开会在首事家里进行。各段开会时，由家长参会，如果不能参加就让代理人参加，女人和孩子不能参加，即使是女家长也不能参加。

（三）乡、区治理

1. 区长、乡长和庄长的选任

乡长和庄长均是投票选举产生。区长从乡长中公选或者推选；乡长从保长中公选或者推选。一是庄长产生。庄长由全庄村民投票选举产生；二是选民资格。只要是花户（田赋纳税人），即使是雇农、佃农、贱民、乞丐也能够投票。一般一户一票，由家长投票，如果家长没有时间，可以委托代理人投票。女家长也可以投票；三是选举地点。投票选举在小学进行；四是选票填写。投票时会提前发选票，大家可以在家里填写好，再去小学投票。在选票正面写上被选举人姓名，反面写上选举人姓名；五是选举组织。投票时县里或者区里要派人组织选举，结束后区公所向县公署报告；六是其他规定。在投票前候选人有时会去拉票。庄长、前任庄长不能推荐某人直接担任职务，县公署也不能直接安排人选，必须选举，然后由县公署"加委"。

2. 乡与编村

所谓编村就是几个村庄编成一个乡，一般一千户左右为一乡。冷水沟乡第一次编村由冷水庄、杨家屯、孟家庄、李家庄、水坡五个村组成。第二次由冷水沟庄、东西沙河庄、李家庄四个村组成。除了超越村庄的乡的结合外，村与村之间没有其他共同关系，比如联合防卫、设立学校、开设集市。保甲自卫团也是以村为单位行动，没有形成联村自卫团，乡长也没有当过联合自卫团长。

3. 里与乡

民国以前，乡村最基层的行政单位是"里"。冷水沟属于闵孝三里，2名里长分管17个庄。里长归县长直接管理。冷水沟乡公所设在西沙河庄。一般乡长在哪个庄，乡公所就设在哪个庄。在前清时期，与乡对应的是里，区下面的行政单元是里，第二区由五个里组成，冷水沟庄属于闵孝三里。里长与现在的乡长差不多，管几个村庄。

4. 区

区是县公署的代理机构，由几个乡组成。全县划分为14个区，区里有区长。

5. 村与庄

村庄名字有村的就是村，有庄的就是庄，前者治理人称村长；后者治理人称庄长。编村以后称庄长或者总保长。对于庄长，村民除了称呼他为庄长外，也称他为大爷、哥哥，或者叔叔。

6. 村与村关系

村庄与村庄之间不发生横向联系。各个村之间既没有共同的公共设施建设，如水利、道路，也没有共同的防御，更没有共同的生产合作。各个村之间相互独立，互不隶属，互不往来。即使被编村为一联保或者联乡，也不会有横向的合作。村庄之间发生了纠纷，村长或者庄长出面调查，如果调解不成功的，就由乡长向县公署提出仲裁。仲裁后，如果两村达成了协议，要向县上交仲裁者同意的呈文，还要交和解保证书。村庄之间的纠纷一般不打官司，因为打官司需要很多钱，因此往往申请仲裁。冷水沟庄旁边的李家庄是一个例外，因为村小，学校、治安、求雨等都与冷水沟庄发生联系。

7. 乡丁

在乡里有一位乡丁，杂工兼书记，以前工资 6 元，现在 10 元。每天都要去乡公所上班。主要工作也是协助乡长，如向上反映情况，向下传达信息。在冷水沟所在庄、乡的庄丁、乡丁都是老实人，很讲信用，由各庄长、乡长决定。当然也有些乡村的乡丁是无赖地痞。

8. 县与村、民的联系

县里的命令以县、区、乡、庄（村）、保、甲、户的顺序向下依次传达。县里的命令不能直接传达到农户，必须通过庄长传达。村民向县里反映情况，按照庄（村）、乡、区、县的顺序依次反映。如果村民不满庄长的调解，可以直接向县里投诉。县里不会直接与农民发生关系。田赋由县经缴处让庄长拿着串票通知村民，村民不会直接交给县（但是在清朝和民国初年农民直接交到县里）。田赋附加、保甲费、修路费由各村分摊。除了保甲和修路外，县里不会干预村庄事务。

（四）村庄治理

1. 村民会议

村里有重大的事情就会召开村民会议商量决定。一是会议内容。这些事情包括：村庄道路和桥梁的修整；村费的征收；村费的分派；偷盗事情的处理；收割后牛马放牧的问题、治理兔子和鼹鼠灾害问题等。村民会议不会讨论产业发展、合作问题，也不会讨论财务监督、社会救济问题，因为救济是同族的责任。1942 年对冷水沟庄召开了 2 次村民会议，均是为了解决经费问题开会；二是会议类型。会议有村民会议、保甲长会议，在冷水沟，没有地主会议、佃农会议、商人会议。但是佃农私下讨论倒是有，主要是讨论租佃条件，讨论后请庄长与地主交涉；三是会议时间。不管是县、区、乡，还是村庄，会议均是在晚上召开；四是会议参与人员。村民会议原则上所有人都能够参加，如果一人参会则为家长。当然实际上有所不同，一家不限一人，两三个也可以。具体来说参加村民会议的人有庄长、甲长及其他村民。一般有四五十人参加。这些人都是村里见多识广的人。甲长、庄长是确定好了，甲长以外的人随意参加。拥有土地少的人也可参加，拥有土地多的人没有不参加的。有意思的是，女家长可以参与投票选举庄长，但是村务会议一般不邀请她们参加，而且女性都不参加会议。如果是征税会议，只需要家长参加，没有土地的人可以不参加。开会没有规定人数，但是有一半人以上就行了。重要的事情只需要保甲长参加，再由保甲长向各户通知结果。不出席会议也不会受到处罚；五是会议管理。会议一般由庄长主持，大家都可以自由发言，村民也可以反对庄长的意见，但是冷水沟庄没有出现过。发言最多的都是有威望的人，普通村民一般只听。议事也不是少数服从多数的原则，由庄长酌情决定，即使反对者比较多也是如此；六是会议结果。会议结果由地保通知、传话，或者农民自己打听。从理论上讲农民可以反对会议结论，但是没有发生过。村民也可以违反结论，但是也没有发生过，就是违反了也没有惩罚。村民会议及其决定的事情，县、区、乡也不会干涉；七是紧急事情的处理。紧急情况无法开会，先由庄长决定，然后通知村民。如果需要花钱，庄长先垫付，或者借钱，再向农民收钱。但是需要花钱的事情一般都需要开会讨论，再筹集。另外，在历城没有乡民大会，过去曾经有县民会议，也称为民众大会。

2. 村庄监察

在村庄没有监察委员会，也没有做监察的人。如果庄长有不当行为，也不向县里反映，村庄内部开会解决。当然村民说，没有发生庄长有不当行为的情况。如万一庄长有不当行为，可以反对，还可以通过开会解决问题。有重要的事情，庄长与保甲长或者闾长商量，不会让庄长一人担责。

3. 纠纷与调解

整体来看，冷水沟庄很和谐，纠纷比较少。一是纠纷类型。占用界线、窃取作物、借钱纠纷等，每年都会有一两件；二是调解人。调解人一般是德高望重、讲信用的人，如保甲长（闾长）、庄长、学校老师，还有四邻，同族中辈分高的人；三是调解形式。调解一般是几个人一起开会讨论。调解人之间没有区别，没有什么主持人，大家商量解决；四是调解地点。一般在当事人家中调解。大多会提前商量，再去当事人家中解决；五是调解受理。有时是当事人委托，有时调解人主动调解，有时不得已必须出面调解；六是调解顺序。家长不作为等事由同族调解，夫妻吵架由四邻调解。一般顺序：首先是四邻调解；其次是首事、保甲长调解；最后是庄长调解。庄长调解不了，就去县里诉讼，但是即使诉讼，最后还得回庄里调解。因为打官司要花很多钱，俗话说："穷死不做贼，屈死不告状。"村民一般不需要打官司；七是调解原则。调解的原则是以和为主，如果偷盗，就将偷盗物拿回，或者赔偿。如果比较严重，就得交罚金，罚金归村公所；八是调解程序。受害者告诉庄长，庄长向受害人或者四邻了解情况，再调查另外一方当事人，接下来再商议，最后解决问题。调解后，村民一般会接受调解意见，如果不接受就去告状；九是特殊调解。如家长不作为，或者女家长的事情由同族调解。本村村民与外村村民发生纠纷由庄长出面进行调解；十是调解结束后，当事方需要出饭茶烟等费用接待调解人，没有硬性要求，根据家里情况自己决定。如果庄长和村民发生纠纷，由保甲长调解，保甲长不会故意偏向庄长，会公平处理；十一是连带责任。农民之间的纠纷，相关人员不会受到牵连，保与甲之内也不负连带责任。未成年人发生的损害，家长要负责；涉及老人，全家负责；十二是调解执行。一般由庄长安排人执行，要东西就给东西，赔偿就给钱；十三是纠纷的自求。如果欠钱不还可以搬东西，有时可以安排力气大的人去搬；十四是纠纷诉讼。如果村民不服调解，当事人可以向法院提起诉讼，庄长无法干涉。诉讼不会影响村庄，但是诉讼者会花很多钱，因此很少有人提起诉讼。

4. 账簿和预算

村公所有收支总账，乡公所有收支总簿、附记总账。用流水账、日记账记下日期和收支金额。摊款记在总账上。村庄没有预算，发生多少经费征收多少，需要多少经费就收多少。先按亩数从各地征收，用完后不够再收。有时先用后收，可由庄长垫付，也可向地主借款。

5. 村费分摊

村费按照各花户地亩分摊。村费分为三类，一是村本身发生的费用分摊；二是区乡分摊的费用；三是县分摊的费用。向县里交摊款，按亩计算，春天每亩4角，麦田每亩三合，秋天每亩6角（有人说是2元）。没有土地的人不用交村费。当然请人求雨时，是按照灶户来收取，没有土地也要交纳。调查者反映，张宗昌时期收得比较多，韩复榘时期收得比较少。向上级交纳的村费，1941年是3000元。1942年已经交了4000元，合计6000元（也有人说是2万元，仅10月就交了2000元，说事变前每年4000元左右，分3次缴纳，1942年已经交纳了5次）。交给区的摊款会有收据。村费滞纳不会处罚，到时补上即可。村费与田赋不同，前者有粮无地不交；后者则需要缴纳。不缴纳会被县公署拘留，家人交纳后才能够回家。每年村庄会用黄纸公示总收支；四是村费的征收。没有专门的征收人，庄长安排甲长征收，也有人自己交过来的。收后记在总账上，写上姓名、亩数、金额、交清（缺）。村费统计后一起征收。原来田赋是由专门人来征收，但是以后由村长或者庄长负责征收；五是征收方式。有定期征收和临时征收，定期征收一年2次，临时征收有很多次，根据支出来收取；六是借村费。如果急需花钱，可以向有钱人借钱。借钱的对象一般是村内的人，如果村内借不到时再向村外人借。借钱时要立字据，一般以庄长的名义借钱，村公所的人担保。借据与普通的借据没有区别，有时也需要以地指钱，主要是用庄长的地作为担保。如果庄长生病或者不在村庄时，可以由副庄长或者副保长负责。偿还时也由庄长偿还；七是收粮食的处理。向农民主要是收粮食，然后出售后还账，出售和还账均由庄长负责。

6. 村庄公产及管理

冷水沟庄的公产比较少，只有三圣堂和三官庙各有 7 分土地，关帝庙和学校有 6 分土地。庙和学校有一些建筑。房地均没有契约。本村也没有债务。涉及财产问题，庄长不能一人决定，要开会决定。如之前买操场，乡长、庄长、校长决定后，再开庄会得到大家同意。庙产由庄长、保长协商管理。学校由庄长和 4 位学校管理员管理。如果庙、校需要维修，需要向农民摊款。

7. 共同耕作和指导

农民不会在一起耕作，没有潘青会、治蝗会等，也不会一起兴修水利，如池塘、井等。农民不会一起使用设备、农具、施肥，也不会相互借钱。在农忙时，村庄劳动力不足会向外请短工。村庄的老农、村老和官员、合作社、水利合作社及农作物包商、购商不会指导农业生产，耕作和生产完全是农民自己的事情。

8. 新民会贷款

新民会是一个合作组织，有经济、社会等功能。加入新民会要交 2 元会费，会员可以优先购买合作社的石油、柴火、盐等商品。新民会收购粮食，也给会员贷款。据调查，冷水沟庄有新民会员 6 人，合作社员 195 人（没有具体介绍，这说明新民会是一个比较大的组织，合作社是下面的一个组织）。在冷水沟庄没有打井贷款，但是有春耕贷款。农民为了购买农具、役畜、肥料，会向新民会贷款。有地的人最多可贷款 60 元，全村 5 人共贷款 300 元，月息为一分二厘，贷款不需要抵押，但需要 6—10 人连环担保。新民会不会免费发种子、奖励稻作及其他农作物。

9. 公路和桥梁建设

为了警备、产业需要，冷水沟修建过道路和桥梁。修建工作由县公署下令，庄长负责组织，村民出力、出材料，没有摊款。一是土地。道路占用地主的土地，土从道路两边的沟里挖掘，相当于地主承担道路所占地；二是人力。每户都出劳务，一般每户出一人，也有的出两三人。一天 500 人，4 天就完成了公路和桥梁的建设。每人从沟里挖 2 米的土地，一共 4 米。如果家里没有男人，就请有男人的家里帮忙，以后再还工，不用出钱；三是决策。土木工程不能由庄长单独决定，必须与村民商量，材料和劳力分摊由庄长决定，在修建过程中没有人捐赠，也没有花费金钱，只有劳动力和材料；四是管理和维修。公路需要修理时，县公署会下发通知，庄公所让上户（地比较多家户）出力。桥梁还没有维修过，如果需要维修，就由桥附近的人维修，需要重建由庄里负责。

10. 小学教育

冷水沟庄有一所小学，此小学由以前的很学识的县督学建议建设。一是学校性质及费用，后来小学改成县立小学。以前学校经费全部由村费负责，改为县立小学后，学校每个月支付140元。修理费由冷水沟负责。修理学校时不收费，年底年节时会请老师吃饭；二是学生情况，学生主要是冷水沟的，也有其他村的学生，不收学费，学生只出书本费。穷人也能够上学，同族会准备书本费。学校没有女生，因为如果有女生就得有女老师，又要增加成本。很少有人会缺课，生病、婚丧的时候可以请假；三是教师情况，教师由县公署任免，工资由县里发。4位教师中有2位是本村人，在本村还有地。有1位日语老师；四是教师与村民的关系，本村的老师会参与村里的纠纷调解，老师会参加学生家的冠婚，其他老师与本村没有关系，老师们住在学校。村民对老师会稍稍尊重些。学校有一位校勤杂人员，本村人，地不够，为学校做事，以卖学校的粪赚钱；五是学生毕业情况，村里人大多是小学毕业，有两成儿童因为家里困难上不起学。上学的人识字的占八成，会写名字占九成，三成能够看报纸，一成的人能够看懂公文、布告；六是政府与教育，冷水沟小学本身就是县立小学，由县公署负责，县里还鼓励儿童、女孩子上学；七是村里鼓励村民识字，以前小学有夜班，教成年人学习，现在已经取消。

11. 村庄表彰

以前村庄会表彰孝子，但是数量不多。村里节妇比较多，现在还剩下4个石碑。表彰由村长推荐，要花费很多钱，民国以后就没有表彰了。

12. 义桥义地

冷水沟庄没有义仓社仓，也没有义井，村庄也没有共同储存谷物的组织和谷仓，以预备荒年。村庄有一座义桥，大家公用。有两块义地，村西三分，村南半亩，也称为乱葬岗子、舍地。这块地没有管理者，村民不会去使用，主要是安葬乞丐。

13. 村民救济

村里有七八家以乞讨为生，有的家庭虽然有地，但是吃不饱，村民会救济这些穷人，同族也会救济。发生天灾时，村里没有统一的组织，如果有人乞讨会给吃给穿。这都是自愿。村庄没有固定的救济规定，也不会临时搭棚安置灾民。

14. 看坡

看坡就是在庄稼成熟期间看护庄稼，在顺义县沙井村又称看青。看坡的人称为"看坡的""看坡人"。一是看坡人的决定，看坡的人由庄长（行政架构为段时期）决定，8个段每段雇请1人看坡；二是看坡人选择，看坡人一般是比较穷的人，也有比较坏的人。前者是想照顾穷人；后者是想给坏人一些事做，避免做坏事。看坡人不交押金，但是需要保证人；三是看坡时间，看坡一般一年2次，第一次是3—5月，小麦成熟时候；第二次是在休息一个月后，6—9月，秋天作物成熟时候；四是看坡人负责区域，8位看坡人自己协商决定，要保证全庄的庄稼安全，划分看坡区域与庄长没有关系，决定区域后也不告诉地主，看坡人会在负责区域里找一个面向道路，方便看护的地方挖一个二尺四见方的坑，村民就知道看坡人已经决定,这种称为"号坡";五是看坡人的酬劳,负责区域的地主给看坡人报酬,主要是粮食,5月每亩半斤小麦,10月每亩半斤小米,看坡人上门找各户收取。8人一起收取,然后平分;六是看坡人及看坡人的关系,看坡人自己看自己的区域,互相之间没协助,看坡人之间没有为头的人,权利和义务平等;七是偷盗处理,看坡人所在区域的作物被偷后,由看坡的保证人来赔偿,每位看坡人有一位保证人,看坡人的报酬不会减少。虽然有赔偿条款,但是冷水沟庄没有发生过偷盗的事;八是外村土地看护,如果外村有本村的土地,请外村的看坡人看护,要给外村人两倍于本村的报酬。同理,外村人在本村的土地,也请本村的看坡人看护,并付两倍于本村人的报酬;九是看坡结束仪式,看坡结束后,看坡人会到玉皇庙集合礼拜,感谢顺利完成一年的工作,然后8人在庙的前院吃饭。这已经形成了习惯;十是庄长与看坡,庄长的主要职责就是确定看坡人,其他一概不管,各个庄之间的庄长也没有相互商量看坡事宜。

每年全村土地都列入看坡范围,但是如果有些土地比较难看,看坡人就会与庄长说,看不了,地主自己看坡。如果是分成地租,看坡费由双方负担;座典座租,借钱的人不负责;出典地由承典者负责。看坡人均有土地,在不看坡时打短工或收粪便。

15. 义坡

看坡效果不好,庄长和首事们商量,取消看坡,实行义坡。按照拥有土地的多少为依据,安排人力义务看护村里庄稼,因为是义务看护所以称"义坡"。其实义坡在晚清时期就已经开始,县里也曾经要求实施义坡,因为看坡人素质太差,弊端较多。民国九年(1920),冷水沟庄曾经实施过义坡。义务看护庄稼制度,地主和看坡的时候一样,按照每亩小麦、小米各斗升,交给庄公所。庄公所卖掉这些粮食后作为村费。为了规范义坡,县里还规定了义坡的规则,称"义坡定章"。

16. 连坡

看坡人会与外村人联系,即相邻各庄的看坡人在玉皇庙聚集在一起,商量相互联系之事,就叫连坡。连坡达成后,看坡人每晚巡视的时候要与外村的看坡人联系,否则就表示看坡人偷懒,会受到指责。连坡也会一起商量互相看坡的报酬,但是没有谈拢。连坡是看坡人之间的相互联络,与庄长没有关系。

17. 打更

在看坡结束后,从10月到年底,为了防火防盗,需要安排人巡逻打更,打更之人称"更夫"。一是打更的决定,由庄长提议,庄长与保甲长商量决定;二是打更安排,冷水沟打更是全村村民义务参与,每晚80人,10人一组,分成8组,巡视原来的8段。每个组分成2组,一组休息,一组巡逻;三是更夫选择,更夫按照地亩选择(周边小村按照户出更夫),每5亩(官亩)出一人,10天为一期,村里有打更值班表。没有地的人不打更。打更主要是年轻的男人,如果家里没有男人,可以让同族、亲戚、朋友代劳,或者雇人打更,或者女人来打更;四是更夫没有武器,携带着棒子;五是雇用打更人,村民义务打更的同时还雇用 4 人来监督打更的人，每 2 组分配一位雇用打更人，负责这两段的打更监督、监督、督促义务打更的村民；六是打更与保甲自卫团，本来在有保甲自卫团的地方，应该是自卫团打更，但是冷水沟庄自卫团员很多人没有地，不会安排打更，另外没有地的人很穷，在外面过夜没有衣服很冷，特别自卫团中也有靠不住的人。因此在冷水沟庄就没有用自卫团打更，而是组织有地之人打更。

18. 求雨

求雨是村里的大事。一是求雨的提出者。一般是庄长提出，庄长和保甲们商量确定，确定求雨日期、分工、临时摊款分配和收纳；二是求雨的组织者。求雨的组织者是庄长、保甲长及村里德高望重的长老。求雨期间每天都会召开保甲长会议；三是求雨参与者。求雨是一项重要的集体工作，很多村民都会参加，要么参与做事，要么参与游行，要么参与跪坐，大部分的村民会参与；四是他村参与者，当雨轿到了邻村后，邻村的村民会帮忙抬轿，如果下了雨，会给钱粮，主要是烧纸钱，上贡品。外村的没有一起求过雨，但是李家庄会来帮忙。求雨时李家庄不会出钱，但是下雨后，谢神表演时会出钱；五是求雨的费用。每户收 30 钱（也有说 50 钱），因为经费不够，所以作为普通摊款追加了每亩 20 钱。求雨一般是自愿参与，有地的都会参与，没有地不交费，当然有些有地的人如果不交费，也不会惩罚，像是捐助。捐助者的名字会在玉皇庙贴出来。求雨也要给道士谢礼，3 个道士 46 元，道士在求雨的三天和收钱粮的三天，共工作六天；六是其他特殊规定，女性不能参与游行、跪坐，因为村民认为女性不干净。下雨后，女性可以参与谢神。求雨时有讲究，不能吃牛羊肉、猪肉、葱蒜，男女不能同寝。不能吃葱蒜是因为这些菜味重，属荤。因此不能吃。

19. 火灾与赔偿、支援关系

如果有家庭引起了火灾，还将别人房子或者财物也烧掉了，要根据不同的情况及家里的财力处理：一是如果故意或者大意引起的火灾，就要道歉；二是如果家里条件好还要赔偿受牵连的家庭，没有钱的可以不赔偿。火灾不会让同族负连带责任，不让人替代赔偿。道歉信要贴在玉皇庙的墙壁上，第一行写道歉话语；第二行写本人姓名及失火原因，最后要写"特此鸣谢"。对于受火灾的家庭，村里不会援助，但是同族、朋友等会给建筑材料、金钱、谷物，给多少随意。

20. 旱灾与支援

旱灾发生后粮食产量很低，村里不会特别照顾，也没有储谷会、钱会之类的组织或者准备以备荒年之需。农民家庭自己想办法，家庭之间会一些相互帮助。

21. 公共设施及使用

没有公共泉水、公共灌溉水井，泉水都可以使用，水井为私人所有，周围的人可以使用，可以不给谢礼，水井由主人维修，周围的人不用出钱，是否出工也不清楚。不能将鸭、猪放在别人收获的田地里。田埂上的草，谁都可以拔走，即使外村的也行。地里的高粱秆别人不能拔，但是主人拔剩下的可以。村里没有公共的挖土的地，也没有公共用的碾子、打谷场，可以向别人借碾子、打谷场。

22. 植树

每年春天历城县有植树的习惯，用村费种植的树都在村公有土地上，也就是庙地、学校、公路等，所以都属于村有财产。村里的树，个人不能随意砍伐，但是可以砍树卖钱来修庙。

23. 庙及捐款

冷水沟庄有五座庙——关帝庙、玉皇庙、三官庙、三圣堂、观音庙，村民去庙里祭祀的人比较少。葬礼、求雨时去玉皇庙，请当会的给病人祈祷去观音庙祭拜。祭拜时不需要交钱，只需要烧香，上贡品。发起人主要是庄长和首事，闾长、保甲长等有势力的人会劝说各户捐款。

24. 香火地与看庙人

冷水沟庄虽然庙多，但是没有庙产等香火地。有一位看庙人，看庙人睡在庙里，但是不以供品和香火捐赠为生，自己有一点地，平时还打点短工。看庙人主要职责就是别让庙被破坏了。冷水沟庄相对比较富裕，以村费来维修，由庄长负责组织，与看庙的无关。本村修庙时，其他村不会送钱，会送礼品；但是外村修庙，本村会送钱。这是关系比较好的村庄之间的往来。

25. 村庄处罚

村庄没有处罚权力，村民不服从庄长的命令，也不能处罚。抓到小偷，一般不会挨打，但是要退回财物，交罚金。如果是看坡人抓住偷盗者，则交给庄长，庄长听取保甲长的意见进行处分。如果不交罚金，可以交给县里。如果偷盗者是外村人，在所在村庄的村长或者其他人保证的前提下，可以放回家。如果偷盗者是本村人，不能参加庄长选举，因为偷盗者，家里本身就很穷，原本也不会参加选举。

26. 看、修铁路

村里要安排人去看护铁路或者维修铁路，冷水沟安排3人看护铁路，每人每天1元补助。看护铁路的人晚上在铁道旁边的小屋睡觉，白天回村。根据县、区要求，村里还要安排人员为铁道服务，一般村里会花2元雇用村民，车站再出70钱。

27. 县与村的关系

县与村的关系，一是县向下传递信息和通知，其路径是：县、区、乡、庄、保、甲、户。如果是通知到村，传达到村后，在比较显眼的地方张贴出来。如果是通知到户，由通知到庄长，由庄长通知到户；二是农民向上反映情况，原则上农民可以直接向县反映，但是往往也是逐级反映，即甲、庄、乡、区、县。

二　农村社会

（一）钱会

1. 钱会

以出钱形成互相帮助的一种社会组织。主要是村民因为婚礼、葬礼、买农具和牲口、肥料等急需要用钱的农民参加。钱会有很多种类型，有亡社会、喜社会等，村庄的会很多。一是根据出钱情况来看，钱会分为5元、10元、15元等不同类型的会，可以按次交钱。在苏家庄村，一年交四次，交三四年，10元以上的称大会，5元的称小会；二是根据组成人员来看，也分不同的会，由16人组成的居多，还有10人、24人、32人的会；三是根据参加会的性别来看，有男会和女会，女会会请男人为会头；四是发起人一般要品行比较好、家里条件比较好，否则没有人愿意参加，也没有人愿意帮助他；五是请会的高峰时期在春天比较多，因为结婚、家畜被盗、葬礼等，大家会因为同情而出手相助；六是请会的程序，发起者在得到大家同意后就发出帖子，请参加者在自己家里聚会，吃饭后发起者进行说明，如需要100元，参加者10人，每人拿出10元，帮助发起者。也有人称"虎头会"；七是拔会，每年大家聚集在一起共三次或者四次，如果是三次分别是三、七、十一月，如果是四次，则是正月、四月、七月、十月；八是会规和会账，发起人有会账，会规会写在上面，甚至连请客吃饭均会详细说明，其他人按照同样的规格请吃饭。会账为第一次集会时制作，会有会友的名字。第一页写上规则，再写会友的名字，最后当天吃饭的种类，第一次集会时给大家看。第一次集会场面会比较大，以后都比照第一次；九是集会的地点及保人，首次集会在发起人家中，从第二次开始就在会员的某个人家中，由上一次请会决定。第二次请会的人需要2个保证人，第二次请会决定第三次请会的地点，决定在哪里请会的行为称"拔会"，或者说确定谁得会称拔会。这个得会的人称为"得会人"；十是转摆和坐摆，得会人使用下次收集上来的钱称为转摆，即上拔下使；得会人使用本次会上收集来的钱称为坐拔，即现拔现使；十一是保证人，第二次请会时需要有保证人，因为他拿了一次钱后，以后都得出钱，所以需要担保。担保分为内保和外保，内保就是内部的会友担保；外保就是会友以外的人担保。保人必须得有田地。

2. 拔会及程序

所谓拔会就是确定决定得会人的方法。满铁调查员在问请会的同时，又专门问了拔会的方法。访谈者说得很详细，但是有些地方逻辑不清，在此以原文为基础整理。假设10人入会，牵头人称会头，会头以外的9人随意用手指头表示出1个数，形成一个总数，这个数字超过9就可以了。如果这个数是15，从第2个人开始循环数数，15就落到了第7人头上（这里不明白为什么会落到第7人头上），这个人就称头儿，从头儿开始，拿着3根筷子，以 1 元（底钱的一成）为坐根（最低金额），首先转 1 根筷子，想要用钱的人说 10 钱或者 20 钱，如果是 20 钱，加上底钱就有了 1 元 20 钱。第一回结束；第二回转动 2 根筷子，第 2 回的底钱是 1 元 20 钱。想要用钱的人加 10 钱或者 20 钱，如果是 20 钱，就变成了 1 元 40 钱；第三回转动 3 根筷子，假设 4 号再加 10 钱，就变成了 1 元 50 钱。如果再也没有人加钱，且最后的人也不擎会，那么最后得会人就是 3 号。如果最后的人想用钱，他可以擎会，即根据规则他也可以加 20 钱，这就变成了 1 元 70 钱，最后这个擎会的人成为得会人。所谓擎会就是最后一个人加钱，成为得会人，只有排在最后的人才可以擎会。

3. 会头及职责

钱会的牵头者或者首先借钱者称会首或者会头。钱会没有契约，但是会首制作钱簿或会账，里面写上会友、会期和金额等规定，以及某月某日某人借出多少，会簿放在会首那里。参加钱会的不见得都是家长，但是会首必须是家长。有些人为了筹集更多的经费，可以参加几个钱会。一个人不可能担任几个钱会的会首。会头主要职责：一是牵头组织并维持运转；二是负责督促交钱，如果无法交钱，可能还要垫付；三是有时还要充当保人。会首一般是信用比较好且家里条件比较好的人。没有信用的人或者家里没有财产的人想牵头组织钱会，没有人愿意参加。

4. 短牌和长牌

每次集会都有会单，写上哪位是短牌等内容。所谓短牌就是没有使用过钱的人；所谓长牌就是已经使用过钱的人。比如上次得会人以 1 元 20 钱拔会，则长牌每人每次拿出 10 元，短牌每人每次拿出 8 元 80 钱，从中可以发现以多少钱拔会，就是短牌每次少出的钱，也是长牌每次多出的钱。所以拔会的程序就是决定长牌和短牌出钱的数量。

5. 死会和活会

死会又称为善会，纯粹依靠别人的帮助得到钱，不用还钱，与钱会没有关系。在济南存在这样的会，但是在农村很少。所谓活会就是钱会，用钱后需要还钱的，大家所得与所出还是相同的。

6. 明拔和暗拔

如前面用筷子转动的方式确定得会人的方式称为明拔；大家在纸片上写下希望的金额，然后一起打开看，以确定谁得会，这类似于投票决定。这种方式就是暗拔（没有具体的程序）。

7. 擎会、得会人和加会

最后一个人称擎会，如果最后一个加钱，成为得会人，收下钱，得会人就是得到了会钱的人。每次都是得会人得到钱，其他会友出钱。筷子转过来，表达想要用钱的希望，这称为加会。

8. 会底钱及其他规则

会底就是会头最先需要的金额，如每人出 10 元，这就是会底钱。坐根就是会底钱的一成，10 元的会底，坐根就是 1 元。行走就是每次加会的时候的加钱，如自己想用钱，每次加 10 钱或者 20 钱就称为行走。擎会的时候，如 10 元的底钱，一般加 30 钱或者 50 钱。这些规则都是第一次商量而定的。

9. 请会的额度

请会最高的额度是 240 元，如会底是 10 元，24 人总计为 240 元。最低是 30 元，1 人 3 元，10 人合计为 30 元。一般在 30—240 元之间，会友为 10—24 人之间。如果人数太多，就很难管理。

10. 缺席与代理

如果短牌有事缺席，可以委托代理人。代理人只要拿钱来就行了。长牌缺席也采用代理人制度。如果代理人没有参加，或者没有钱，由直接从保人处拿钱。

11. 内收和外缺

短牌和长牌不能带钱来时，有两个办法：一是内收，所谓内收就是在会前两三天，去得会人处告诉他这次没有钱，过四五天后再交。会头会将这个钱交上。二是外缺，就是没有提前申明且不带钱过来，会头负有催要责任，也可以垫付。

12. 会帖和与会原则

所谓会帖就是告知会期的纸，只要亮出纸，就不会来催促。钱会的基本原则是：概不催请。

13. 亡社会

山东有些地方也称孝帽子会，主要是家里有老人的家庭，一起入会，以便筹集购买棺材的经费。因为棺材购买经费比较大，有老人的家庭往往一起成立一个亡社会，只要家里有老人去世了，大家都给一定的钱给这家人购买棺材，所有人都拿到一次钱后，亡社会就解散了。亡社会主要是众筹棺材钱，而不是葬礼费用。在亡社会中大家都得到相同的经费，所以不需要还钱。在冷水沟庄有 70 多户，以前每人一吊，现在每人一元，已经运行了三四年了。亡社会有会首，主要是讲信用有能力的人，由这些人牵头组织。

14. 喜社会

与亡社会的性质一样，只是筹集经费的目标不同。预计未来家里有婚礼的家庭将参加喜社会，如果某家有人结婚需要经费，其他会员就出一定的钱给过事的家庭，依次进行，入会的人都享受一次筹资后且得到相同的金额后就解散了。喜社会主要是结婚所需要的费用，包括婚礼费用、彩礼费用等。冷水沟有亡社会，但是没有喜社会。外人或者寄住的人不能参加，只有世居的家庭可以参加。

（二）邻居与朋友

1. 朋友

朋友是指关系"不错"的人。同族之人不见得都是朋友，当然"不错"的同族人也有些是朋友。财产差别大、职位差别大的人也可以成为朋友，如果邻居是乡长也可以成为朋友。但是年龄相关比较悬殊的人一般不会成为朋友。朋友可以参加结婚典礼或者葬礼，但是不通知就不会参加。朋友参加这些典礼时，和家人一样，可以发表意见。当家人和朋友意见不同时，如果家人的意见不正确，可以根据朋友的提议来商量。田地买卖时，朋友可以成为保证人，在不履行契约的情况下，朋友与亲戚一样承担责任。朋友之间也相互赠送礼物，结婚典礼称为喜礼，葬礼是吊唁，既可以是现金，也可是物品。有人表示，朋友无厚薄，但有远近。

2. 街坊辈分

在冷水沟，街坊之间也会如同族之间一样，具有辈分。街坊辈分最初按照年龄来确定，如父亲同辈就称叔伯，如自己同辈就称哥哥、弟弟。也有辈分按照与父母辈分来确定街坊辈分。称呼也可以带姓，如李家哥哥，李家伯伯，不过带姓的很少。街坊辈分绝对不会出现错位的情况。街坊之间，晚辈一定要称呼长辈的辈分，如叔叔、伯伯等，但是长辈可以直呼晚辈的名字。另外，同族的辈分是死的，由血缘关系确定的，而街坊的辈分是活的，如果是初次见面，可以根据年龄来确定，自己的子女则根据自己的父母来确定。陌生人见面，年龄又大体相当，往往以兄弟相称。

（三）红白喜事

1. 婚丧中的各类关系

婚丧时可以看出家与家的关系：一是送礼，有关系的就送钱粮，没有关系的就不送。送礼金一般在1元以下；葬礼比较少，3角左右。因为办事的家庭要招待客人，会亏损。所以大家要送礼；二是帮忙，婚丧事时，同族、近邻、熟人会帮忙，不是每户必定要出一人帮忙。一般是关系好的同族，亲戚，及关系好的朋友会帮忙；三是庄长保甲长参加，如果不通知庄长保甲长，就不会参加；通知了肯定会参加，也会送礼；四是婚丧的主持，如果亲戚同族有擅长的就让亲戚或者同族人来主持，如没有就让邻居来主持；五是坐席的安排，年长者坐首座，亲戚中有年长者，但是他们不是客人；六是结婚宴席，村民、同族会参加，但是新娘方不出席。客人中有男有女。婚丧时没有人会排除在外。

2. 红白喜事与请客

结婚时，朋友、亲戚、邻居会送现金、布匹、酒肉等礼品和礼金，称"喜仪"。如送现金，朋友为两三元，亲戚多至 5 元，邻居不送现金，略送少量的礼品。娶媳妇两三日后，新婚夫妇要去亲戚朋友家磕头，一次得 50 钱或 1 元。生孩子时，邻居、亲戚、朋友送饼米、鸡蛋等有营养的礼品。葬礼主要是现金、烧纸、馒头、酒肉等，称为"吊仪"。生小孩子一般不请客，但是亲友会送礼。生日只吃寿面。结婚或者葬礼，家里贫穷的只请亲友，富裕的会请全村。

（四）换工和帮忙

帮忙

村民之间会相互扶助，主要是婚礼和葬礼时，葬礼时帮忙抬棺、挖墓及帮忙招待客人。婚礼时帮忙抬轿子、拿灯笼等。给礼金不算帮忙，这是朋友同族的祝福。

（五）信仰

1. 占卜

在冷水沟庄，有三种情况下需要占卜以考虑风水：一是建房子需要占卜；二是选拔坟墓时需要占卜；三是结婚时需要占卜以便确定良辰吉日。占卜之人称风水先生。占卜时，阴宅依据玉天经，阳宅依据阳宅大全。占卜阳宅时要以门的方向为中心，要看门的方向以便避免"太岁"。所谓"太岁头上动土"就是这个意思。

2. 信仰

村民信仰神和玉皇大帝，村内有三座庙，即玉皇庙、三圣堂、关帝庙，都是道教的庙，只有三圣堂有一个道士，道士主要卖丧葬用品，不念经。村内有一个观音堂，路边有个很小的佛堂。村民遇到事或者一些日期会去庙里祭拜，祭拜时只烧香，不给钱，不上供。生病了去哪个庙祭都行。祭拜时有时会上供钱和书籍。即使丰年也不会上供粮食。玉皇庙主要是用来求雨。另外，冷水沟庄民还信风水，本村没有风水先生，但是王舍人庄有，如果婚丧、建房时会请风水先生占卜。给风水先生的谢礼比较随意，不给钱，只送一些东西。

（六）其他社会

1. 亲戚

女儿嫁给别人家就形成了亲戚关系，即亲戚是指姻亲关系。亲戚关系可以包括两类，一是媳妇形成的亲戚，祖母的娘家、母亲的娘家、妻子的娘家、儿媳的娘家；二是女儿形成的亲戚，包括各代女儿（五代以内）的婆家。这些构成了亲戚关系。

2. 学名与乳名

人生有几个名字，小时候的名字为乳名；六七岁就会有学名，即上学就会取学名，学名一般请先生取。先生根据辈分取学名。因此从名字中也就能够知道同族之间辈分的高低。

3. 名与号

人们除了乳名、学名外，还有号。七八岁取学名，十七八岁取号。号一般请先生来取。也有在写婚书时，请写婚书的人取号。几种情况下要说号而不说名：一是与陌生人来往时，只说号不说名。二是人死后，只说号不说名。三是朋友之间称呼，只说号不说名。四是外出交往多的人，往往取号。五是在写婚书时要写上自己的号。冷水沟的人每人都有号。

4. 教育和娱乐

晚清时，村里有七八所私塾，每所有两三个学生，全村有一百多个学生，没有女生。现在还有两个私塾先生在教书。私塾主要是教授"四书""五经"，《百家姓》《三字经》《千字文》。七八岁入私塾，学完"四书""五经"后大约十八九岁。本村出过举人和秀才，学生读私塾的也有考试的目标。但是大部分没有能力继续上学。既没有学风，也没有时间。在冷水私塾学习的一些人以后也会继续当私塾老师。民国三年（1914）建立了初级小学，后来孟庄的初级小学因为没有经费，与冷水沟通合并为一所包括初级和高级的小学，毕业后也没有继续求学的。在冷水沟，只有少数人下象棋，没有其他的娱乐活动。实际上农民仅干农活就精疲力竭了，没有农闲，即使冬天也必须收集肥料和豆子叶，没有其他的娱乐活动。如果父母有知识会教孩子们学算盘。

5. 当会的

专门给人祈祷的一种组织或者人员。人们得病后先看中医，中医治不好，就去找当会的。冷水沟有当会的，生病的人可以去找当会的，也可将当会的请到家里来，当会的给病人从早到晚祈祷，病人需要跪坐在祈祷者前，也有人说家庭年长的跪坐，主要读《观音救世经》。病人找当会的需要上香费还要供豆腐、白菜等。病人痊愈后，要带贡品去送礼。谢礼比较随便，大体是三五角的。

三 家计与家族

（一）家长及家产

1. 家长

满铁调查员没有对家长定义，但是根据访谈可以对家长做一个基本的界定，家长就是一个家庭中当家事理事之人。家长有权利，也有义务。其权利包括：一是家长代表全家处理家庭内外的事情，如村庄有命令直接通知家长，村庄开会，家长负责参加，家长参加不了，代理人参加；二是家长代表全家占有和处理财产，并对外负责，如劳动力、费用直接由家长负担；三是家长安排家务活动；四是家长代表家庭参加同族的活动，如果家长参加不了，代理人参加。家长有责任保护家庭财产的安全，也要保护家庭成员，承担家庭支出，代表家庭与社会和国家交往。家长在吃住方面没有太多的特权，如家庭成员、长工吃一样的东西。家长的行为必须符合当地的惯例，如果不符合家庭成员可以不认可。但是在财产处理方面、家庭成员的行为方面，家长具有否决权和独断权。

2. 代理家长

家长年纪比较大，由家中比较聪明，有经验的人代理家长。代理家长一般是儿子，但是如果几个儿子均想做代理家长时，就得协商。当家长生病时，妻子可以代理家长，但是如果儿子年满 20 岁，则让儿子代理。没有女儿代理家长的情况，因为女儿 20 岁时，一般都已经出嫁了。

3. 家长与家人的关系

家里的事情全家人一起做，家长是指挥，家人要服从家长的安排。一是收入由家长保管，日常开支也由家长支付。一年有结余的钱用来买地；二是家人在外面挣的钱全部要交给家长，需要零花钱时，再找家长要。也有的家人在外面挣钱了，说花了多少，向家长少交钱，但是大部分的还是老实交给家长；三是零花钱，家长会给家人一些零花钱，如果非家长的儿子需要零花钱，拜托自己的父母找家长要钱。有些家人甚至一年也花不一文钱，即使喝酒抽烟也是如此；四是儿媳要回娘家，丈夫同意，家长不同意，不能前往。家长弟弟的儿子外出，不需要家长同意。如果家长弟弟孙子想外出，侄儿侄媳同意，弟弟和弟媳也同意，如果家长不同意，也不能外出（与前面的说法相悖）；五是家长的父亲与自己的儿子意见对立时，儿媳一般会采取中立的态度，如果跟着丈夫会很不好；六是当儿子有一定的年纪后，家庭事务会与儿子商量，但是决定权在家长手里；七是当家长的意见与所有家人不一致时，大家会反对家长，但是家长仍然有决定权；八是娶妻时，家里人都同意，家长不同意，也无法结婚；九是父母与孩子发生纠纷的情况很少，如果发生了，家长可以单方决定，也可以请庄长和邻居调解，家庭内部如果儿媳比较通情达理，也可以调解父母与丈夫的矛盾；十是家人擅自向外人借钱，家长没有责任。如果借钱不还，被警察带走，家长也可以不承担责任，但是要承担道德责任。有些人在好友或者邻居的相劝下，可以替家人还债，但是这不是责任。这一点与顺义不同，顺义是子债父还；栾城也是如此，只是一个破产机制；十一是妻子要外出做工或被雇用，需要得到丈夫、父母和家长的同意，家长和丈夫的父母同意，但是丈夫不同意，不可以；不过可以请本家、族长、分家的家长说服丈夫；十二是某人的婚姻，本人结婚与否都可，家长同意，但是其他人反对，这桩婚姻也可行。但是如果本人不同意，这桩婚姻不可以；十三是家长想借钱，即使全家都反对，家长依然能够借钱。

4. 家长与收入

家庭所有成员的收入都要交给家长，变成家庭财产。家庭成员在村庄外面工作，这种家庭成员的财产不需要交给家长，但是一般情况下家庭成员会向家长交一部分收入，必要时会全部交给家长。如果家庭成员生病后，家长会保障其生活。

5. 家长与财产

没有以家庭成员的名义存在的土地，但是有当家人以自己的名义所持有的土地，不过这些土地为家庭成员共有。地契、典契、租单等由家长保管。这些财产没有经过家长同意是不能进行处理的。保管在家长名下的这些财产，在家长去世后转到下任家长的名下，如果分家则均分给各位兄弟。墓地、家庭成员的私放地、家庭成员个人的衣物、钱物，以及成员个人所饲养的家畜等，家长不能随意处理。如果处理了，要说明情况并索回。家庭所有财产以家长的名义占有、使用、登记。家庭收入或者财产收入也归到家长名下（实际为全体家庭成员所有），当然家庭生产和管理所发生的费用，也由家长支付。对外借贷也以家长的名义进行。

6. 家长与代理

家长不能抛弃自己的资格和地位。家长因为得病或者其他原因不能履行家长责任时，当家的代替行使。在冷水沟没有反对家长的地位和否认家长的情况，也没有不服从家长的情况。家长不能由外家庭成员以外的人代理自己的地位。家长因为未成年、精神病或者其他疾病、失踪、服刑役等不能履行家长职务时，可以选择家长代理人，但是不变更家长的地位和权利。家长任性或者浪费时，近亲者和同族给予提醒。

7. 家长与当家人

家长是一家之长，就像名义的法人代表一样，一般是家庭中辈分最高，年龄最大之人；当家人就是当家理事之人，就像企业的经理一样，是有能力处理家务的人。在一般情况下，家长与当家人是同一个人，但是有几种情况下，家长与当家人不一致：一是家长年迈，不能当家时就需要选择或者任命当家人。如果不任命，自然由长子作为当家人；二是家长生病时需要选择当家人；三是家长长期外出时需要选择当家人；四是有时家长能力不如孩子的情况，也可以选择当家人。立了新的当家人后不需要通知四邻，大家自然明白。在既有家长，也有当家人的情况下，家长是名义的，当家人当家理事。但是当家里有重大事务时，也要经过家长同意。当家长与当家人意见不一致时，以家长的意见为准，这类事情主要包括土地买卖、借贷、结婚等，这些重大事情即使当家同意，而家长不同意也办不到。家长是外面的人称呼，当家人是自己家人的称呼。

8. 家长责任

家长一般有三个责任，一是统筹家务；二是继承和管理财产；三是祭祀。其实，家长最重要的工作是财产的管理，钱不够时家长要想办法筹措。再就是统筹家务。祭祀，一年只有两三次，不是最重要的职责。

9. 家长、家长意见

对于一个人的行为，如果父母同意，而作为家长的父母的哥哥不同意，不能行为。对于一个人妻子的行为，如果丈夫和父母都同意，而作为家长的父母的哥哥不同意，妻子不能行为。如果某个家庭成员的行为，家长反对，其他家庭成员都赞成，这个家庭成员不能行为。家长可以不受其他家庭成员的约束，自行决定。如家产，家长可以自行决定买卖、租佃，但是一般家长会与家人商量。

10. 家长接任顺序

家长一般是最年长、男性年长者、辈分高的男性成为家长：一是家长去世后（假设家长妻子已去世），留下一个12岁的男孩，由男孩接任家长；二是家长去世后（假设妻子已去世），有男20岁和女22岁两个儿女，儿子接任家长；三是家长如果去世后（假设妻子和儿子均已去世），儿子的妻子43岁，儿子的儿子（家长的孙子）17岁，家长的女儿19岁，去世儿子的妻子接任家长；四是家长去世后（家长的妻子和长子、次子已经去世）三子已经成为别人的养子，可以再把养子当成养子。如果当养子三子没有儿子，可以从同族收养，若族也没有，家里香火就绝了；五是家长去世后（妻子已经去世），只有一个女儿，女婿倒插门时，女婿成为家长；六是家长去世（妻子已经去世），家长的弟弟的儿子30岁，其妻子31岁，家长的儿子25岁，其妻子32岁，他们的孩子10岁情况下，家长弟弟的儿子接任家长；七是家长去世后（妻子和妾已经去世），正妻的女儿20岁，妾的儿子15岁，由妾的儿子接任家长；八是家长去世（妻和妾已经去世），妻的儿子15岁，妾的儿子20岁，由妾的儿子接任家长。妻子和妾的儿子在担任家长时资格上没有差异；九是妻子生的全是女儿，妾生的是儿子，由妾的儿子接任家长；十是叔父25岁，侄子30岁的情况下，叔父为家长；叔母25岁，侄子30岁时，叔母为家长；丈夫50岁，妻子55岁，丈夫为家长；十一是家长的长子30岁，次子15岁，长女17岁，次女16岁，可以成为家长依次为长子、次子、长女、次女。

11. 特殊情况下的家长

如果有三个儿子，长子懒惰，挥金如土，父亲为了家庭未来考虑，可以将家长位置传给次子。如果次子与三子能力、品格相差不大，则由父亲决定将家长位置传给次子还是三子。如果三个儿子能力、品格相差不大，则要按照惯行确定家长。家长确定时，同辈人按照惯例，不能打破辈分。

12. 代理家长

家长行踪不明，生病，被处以刑罚长期服役时，不能履行家长职务时，不会重新选家长，而是会确定代理家长。代理家长也称当家，是指家中实际行使家长权力的人。代理家长不管年龄和性别，往往是有工作能力，又识时务的人。家长行踪不明，长期服役的情况下，妻子不能离婚，应该等到确定死亡或服役结束以后。

13. 女家长及丈夫

如果丈夫去世了，没有其他长辈，也没有其他男性，妻子成为女家长。如果家长是女性，家长与丈夫结婚后，丈夫就成为家长，原家长即妻子名下的财产全部转移到丈夫的名下，但是可以不更名。

14. 年少家长的辅佐

在家长年少时，可由同族人或者年幼家长关系最近的照料和辅佐。如果家长14岁，姐姐19岁，或者家长14岁，侄子23岁时，可以由姐姐、侄子辅佐。

15. 遗嘱及遵守

有人在临死时将许多事情写出留下来的材料称为遗言或者遗书。遗言一般要书写出来，否则没有证据常常引起纷争。遗书没有确定的格式。相关尽力遵守遗书。如果遗言是家长擅自决定，即不按照规定留下遗书，可以否决遗书中指定的家长。如果家长不按照惯例，而是以遗言方式指定家长，遗言无效，家人也不会接受。家长不按照惯例安排分家，如有些兄弟财产多，有些少，也会不被接受。

16. 家庭成员住处变更

家庭成员不经家长同意不能变更住址，否则将会受到家长处罚。冷水沟的人们外出打工均得到了家长许可。

17. 家庭成员的入籍、复籍、离籍

有新成员要加入家庭，需要得到家长的同意，但是如果有家庭成员不同意，也会产生家庭矛盾，如果家庭所有成员都反对，也不能入住家庭。离婚或者离籍也要得到家长的同意。

18. 家庭成员的监督和教育

家长是一家之主，从世代祖先接过监督、保护、教育家庭成员的责任，这也是家长重要的工作，家长掌握家庭的一切。当家庭成员因为其他人的加入有损害时，家长有赔偿的义务。

19. 家产

家产称"我们财产"。以孩子名义的财产，如果家长不知道，是个人私产；如果家长知道，就变成了家产。在家里，不承认私产，分家后承认。不明确属于谁的财产都属于家长的财产，也就是全体家庭成员的财产。因为家长支配的财产中，除去家长个人的财产，其他都是家庭成员的共同财产。家长不能以孩子的名义购买土地。也不能以妻子的名义购买土地。

20. 个人私产

因为不允许家庭成员拥有财产，但是有几种情况可以在家庭中保留私产。一是家庭成员自己挣钱，在外地购买的土地，此时地契由购买者保管；二是结婚时妻子从娘家带来或者购买的土地，这种土地叫私放地。此时的土地，不需要告之家长，丈夫买卖，土地契约以丈夫的名义，但是地契由妻子保管。买卖费用可以由妻子直接交给卖主；三是结婚时妻子得到的钱和财产，由自己保管，如果信任丈夫可以交给丈夫保管。没有家长保管妻子带来的财产的情况。妻子结婚时带来的财产，不需要家长承认，妻子自由使用；四是妻子自己可以饲养少量的鸡、鸭，其收入归自己所有，但是如果数量多了，需要更多的饲料，也需要更多的精力，影响操持家务。所以少量饲养也需要丈夫还有家长同意。如果丈夫同意但是家长不同意时，妻子不能饲养；五是正月里结婚的妻子会给丈夫的弟弟两三元钱，弟弟可以不将此钱向家长报告，也不上交。

21. 私放地

用妻子陪嫁的钱买的地，叫作私放地。家长只有一个儿子时陪嫁购买的土地，不叫私放地。私放地是以丈夫的名义购买。买卖、租佃私放地时，丈夫可以与家长商量，也可以不与家长商量。买卖私放地时，丈夫必须与妻子商量。私放地一般出租，收入归夫妻所有。也可以由全家耕种，给家庭其他成员一些耕作费，剩下的归私放地所有者，如收获10斗，2斗给家庭成员，其余归私放地所有者。

22. 私房钱

妻子陪嫁过来的钱，也称私房钱。私房钱由丈夫保管，可以不告诉家长，夫妇可以不与家长商量就自由使用。丈夫可以自由使用，当然一般会与妻子商量。家庭成员自己积攒的零用钱也称私房钱，自己养鸡的一些收入也称私房钱。个人可以不与家长商量，自由支配自己的私房钱。

23. 年轻人与老年人的关系

冷水沟的人一般认为，年轻人反应快，年老人反应慢。一是家庭内部，对于年轻人做的事情或者想法，如果家长不理解，就不会认同；如果年轻人是正确的，家长又能够理解，则会认同。但是在家还是家长说了算；二是村庄内部，村庄行政事务，不能无视年轻人的意见，但是也不能照着年轻人的想法来办；三是青年团，虽然村庄成立了青年团，村庄事务或者其他事情也不能完全按照年轻人的想法来办，还要看庄长和其他人的意见。

24. 家长与家庭商量

家里有大事需要商量时，家长与谁进行商量，首先家长与弟弟、弟媳妇进行商量；然后与儿子们进行商量。家长一般不与儿子的媳妇商量。也不是专门与弟媳妇商量，而是将大家聚集在一起商量。

25. 家长与子孙管教

年幼的孩子不听话，要打屁股。如果孙子不听话，一般让孙子的父母来打，家长一般不打，因为孙子由父母监管。当然如果家长打了，父母也不会有意见。访谈者认为，孙子与作为爷爷的家长之间不可能会闹矛盾。如果孩子做了恶作剧，可能其他人会打孩子。即使如此也不会产生矛盾，父母会打自己的孩子。

26. 夫妻吵架和家长

夫妻之间吵架，丈夫有时会打妻子。如果妻子做了不好的事情，丈夫也会打妻子，但是作为公公的家长不能打儿媳妇。如果妻子受了委屈，或者挨了打一般会找婆婆投诉，不会找公公投诉。

（二）家庭生活

1. 吃饭

家庭成员吃饭在一张桌子上吃，家长与家庭成员、长工吃同样的饮食。一般男人先吃，然后女人再吃。冬天在厨房吃饭，夏天在凉快的地方吃饭。有时农忙时男人在地里吃饭。按照规定，父亲不能与儿媳一起吃饭，即使祭祀和新年也是如此。女性也不能跟其他的外人一起吃饭。总之，男的只跟男的一起吃饭，女的只跟女的一起吃饭。老年夫妇可以一起吃饭，年轻夫妇不能一起吃饭。

2. 家庭指挥

家庭指挥和工作安排一般由家长进行，如果家长与当家人不一致，当家人也可以安排。主要安排不同的家庭成员干什么工作，或者早上吃什么食物。家庭成员要服从家长或者当家人的安排。

3. 家庭分工

男人和女人做不同的工作，母亲和妻子的工作差不多相同，母亲每天监管孩子、做饭、做衣服，妻子也制衣做饭，农忙时帮忙干农活，主要是不需要力气的农活。以上工作主要是妻子在做。做饭由母亲指挥，妻子不能单独做饭，必须与母亲商量。

4. 儿媳商量

儿媳如果有事要找人商量，一般找婆婆商量。主要商量自己父母的婚、葬、祭等事情，一般不找公公商量。如回娘家与婆婆商量就行了。媳妇春秋各回娘家一次，回家10—30天。

5. 家庭团聚

除了吃饭，家庭很少在一起团聚。饭后父母与儿子聚在一起聊天，但是妹妹和媳妇不行。因为公公与儿女不能同席，而妹妹没有必要参加。父亲与儿子也不经常聚集在一起，只是有事时才会在一起商量。兄弟成家后，弟弟和母亲可以进自己的房间，父亲和妹妹不行。母亲有事就过来，弟弟在成年前可以，成年后就不过来了。大约 9 点或者 10 点工作结束以后大家回各自的房间休息。

6. 儿媳妇的指挥

一般由婆婆指挥儿女工作，如做饭、制衣等。有婆婆在，公公一般不指挥儿媳妇。如果婆婆不在，公公与儿子说，让儿子转达给媳妇。公公几乎不指挥儿媳妇，儿子很少指挥媳妇的。

7. 家庭财务支出

物品买进和卖出时，由家长父亲做主。儿子偶尔代理。家里的钱财由家长父亲保管，母亲、儿子很少参与。如果家长外出，依然由家长管理。家长外出后，家里需要钱，可以向邻居借，等父亲回来后再还。

8. 零用钱与支出

家庭成员不从家长那儿拿零花钱。如果需要钱，就找家长要。妻子在农忙时帮忙了，父亲会给一点零花钱，妻子可以用这点零花钱买自己想买的东西。妻子如果想给丈夫或者孩子添置衣服，则通过母亲找家长父亲要钱购买。如果丈夫想给妻子买衣服，则会向父亲说自己需要购买衣服。家长父亲一般会给家人一些购置必要物品的零花钱。公公家长与儿媳妇一般不直接发生关系，如果儿媳妇要零花钱，一是向婆婆说，婆婆与公公说，公公将零花钱让婆婆转给儿媳妇；二是向丈夫说，丈夫向婆婆说，婆婆再向公公说，公公将零花钱让婆婆转给儿媳妇。

9. 家庭协商

对于丈夫和公婆的意见，妻子更重视公婆的意见，因为要尊重长辈。如果父母与儿子发生了争执，媳妇一般站在公婆这一边，也有中立的时候，但是如果站在丈夫这一边不太好。对于妻子的意见，丈夫与婆婆不一致的时候，丈夫和婆婆商量，一般会支持母亲的主张。

10. 伯母与家庭

如果伯伯去世，只有伯母，而且没有分家。伯母可以指挥侄媳妇，但是家长及其妻子不能指挥嫂子，有事一起商量。伯父的祭祀一般由父亲和侄子来做，主要是周年祭祀，去墓地烧纸、供点心、祭酒和挂面。时间是清明节（也称为寒食节）、七月十五、十月初一、死去的第四天。

11. 妻与妾的工作

家中有妻和妾时，一般是妻指挥妾，两人一起做事，主要的工作有烧饭、推磨、洗衣服、做衣服、下田。妾的儿子由妻子抚养，妻可以直接管教妾生的孩子。

12. 夫妻关系

在历城县夫妻之间，一般妻子比丈夫年龄大，夫妻之间的事，妻的地位高，但仍受夫支配，家庭内部的事务妻也掌有实权。也就是说按照纲常，夫为妻纲，但是在很多家庭，实际上妻的地位并不是如此低。另外，一般妻比夫的年龄大，主要的考虑还是家里人手不足，娶一位年龄大的媳妇可以多做事，少请短工。

（三）婚姻与生育

1. 结婚及夫妻关系

一是订婚，冷水沟庄按照惯例，12 岁订婚，15 岁结婚。同姓之间可以结婚，但是数量不多。大体上是本村内部姓氏之间不能通婚，与外村通婚的不多；二是调查，订婚时不会调查财产，只调查家世。如果男方家变穷了，女方家也不会资助；三是矛盾，夫妻之间有矛盾主要是两家之间的经济差异较大，妻子很丑等。虽然如此，但是也很少有离婚的情况。因为如果离婚，会成为他村人的笑柄。即使丈夫不喜欢妻子也只能忍耐。没钱无法找小妾；四是夫妇不和时，会向家长投诉，如果家长解决不了，再请邻居调解。一般而言，夫妇不和时，向婆婆投诉的比较多，不向公公投诉；五是结婚时，妻子家条件比较好，会给很多嫁妆，岳母来时也会给五元、十元的不等；六是如果丈夫失踪或者进监狱，妻子也只能留在家中，不能改嫁，否则会不光彩，即使被判无期徒刑，也要给丈夫送饭。

2. 父母与子女婚姻

子女订婚时，家长不与子女商量，也不会让子女知道。只有占卜人确定吉日成婚后，子女才知道。冷水沟的人认为，订婚时与子女商量是有违廉耻的。虽然子女们不服父母订的婚约，但是也没有办法。订婚后男女之间也不见面。同村订婚可以不相亲。男孩一般十三四岁结婚，女孩一般二十一二岁结婚，大体上女孩比男孩大三四岁，因为要女孩子做家务才娶进来的。

3. 妾与及妻妾的关系

一是娶妾的理由。当妻子没有生男孩时，男子在 40 岁以后可以娶妾。在冷水沟庄也有一户人家妻子身体不好娶妾做家务活的；二是谁愿意为妾，妾一般不是本村的，都是给媒人一些钱，让他从外县带过来。妾的年龄一般在 20—30 岁之间，多是再婚。做妾主要是经济原因，丈夫要给妾的娘家 300 元左右；三是娶妾时不举行婚礼，只有简单的仪式，也不请客，只会购买两三斤猪肉吃顿饭；四是妻妾关系，在同一家里，妻与妾分开住，因为妾是为了生孩子才娶的，不会多漂亮，两者分开居住，也不会不和，因此一般妻与妾能够相互理解。如果发生矛盾，受委屈的一方会回娘家住几天，然后再回来。因为妾没有太大的权利，所以妾一般不会生事端，往往是妻受委屈后回娘家的比较多；五是丈夫死后，如果妾有孩子，与妻住在一起；如果妾没有孩子可以住丈夫家，也可以回娘家。一般情况下，如果妾没有孩子大多回娘家；六是称呼，外人称妻为"大夫人"，妾为"二夫人""二太太""姨太太"，或者"二房"。丈夫称妻、妾均为"我家""某某孩子他妈"，也有对外人称"大的""小的"。孩子称正妻为"娘"，称自己的妈为"妈"。也可以称妻为"大妈"，称自己的妈为"妈"。妾的孩子尊称妻子为"义母"。妾称妻为"姐姐"，妻称妾为"妹妹"。丈夫的弟弟、妹妹称妻、妾分别为"大嫂""二嫂"；七是妾有的住在东西厢房，也有的住正房，当妾有孩子后，丈夫一般与妾住在一起。因为没有用钱的地方，家长或者丈夫不会给妾工资或者零花钱；八是妾的地位，妾不能参与婚丧嫁娶，家里由妻掌权，即使丈夫宠爱妾或者妾有了孩子也不能掌权，依然由妻掌权；九是纠纷与调解，夫妻之间、妻妾之间的纷争，妻子一般去找族长或四邻商量，不会再去找媒人，因为一旦完婚就与媒人没有关系了；十是族谱上正妻就写"显妣"，妾写"嫡妣"或"继妣"。妾生了男孩，记为正妻的孩子，妾生了女孩，一般会嫁出去，所以女孩一般视为别人家的人；十一是如果妾没有生孩子，可以再娶；要是妾生了三个女孩，同族人会允许收过继子，但是不会同意收养子；十二是妾没有权利，生了男孩后，妾可以免除体力劳动。在丈夫和妻子均去世后，家中没有男孩时，妾可以成为家长，但是不能将家产变卖回娘家，因为同族不允许，会让其招过继子。在农村，如果夫妻之间没有男孩，招过继子比较多，娶妾比较少；十三是因为冷水沟的姑娘不愿意做妾，因此村里人比较轻视妾。虽然娶妾是为了要孩子，但认为是不光彩的事情。这一点与顺义县的沙井村明显不同。

4. 订婚及男女方关系

订亲又称订婚，也要写婚书。订婚时要招待近亲四邻吃饭，男女分开吃饭。订亲的日子一般请风水先生占卜确定。订婚一般是门当户对的。订婚后男女不能见面，结婚后才初次见面。如果不守规矩就会被驱逐出去。女方一般十五六岁订婚，男的一般十四五岁。订亲一般六月六，二月二比较多。订亲需要媒人，媒人可以是男人，也可以是女人，也可以夫妻两口都是媒人。如果订婚后，女的死亡，把女的葬在男的家族墓地，男的再结婚后，最后三人合葬。男的在婚约后死亡，男的要埋葬在女的家旁边，然后找阴亲。女的死亡后，男女双方家庭还是亲戚关系，但是男的死亡后，就没有亲戚关系了。

5. 结婚费用

结婚一般有两种费用，一是男方给女方的礼金或者礼物；二是结婚仪式所需要。因为男女双方一般是门当户对，如果是冷水沟平均17亩左右的家庭，男方会给女方30元礼钱，男方要花费200元左右；如果是50亩的家庭，男方会给女方40元的礼钱，结婚费用大约是400元左右。女方一般会带自己穿的衣服，还有衣橱、桌子、椅子、镜子、茶壶、茶碗、方柜子、大立柜、两个蒲团。财主家也是这些东西，只不过质量会好些。穷人家也许只带两个蒲团。结婚第二天，夫妇要一起去娘家，丈夫家要拿出20元（17亩左右的家庭）招待娘家的近亲吃饭，不够部分由娘家负担。

6. 生育与娘家

女儿生孩子后，娘家会送鸡蛋、米饼、小米等，有些家庭还有生孩子后一个月只吃娘家送的东西的习惯。不管生男孩，还是女孩，娘家送的东西都是一样的。

7. 媒人

男女订婚需要媒人，媒人一般外姓的比较多，可以是男的，也可以是女的，还可以是夫妻两口子。媒人只是双方订亲时做介绍，只要结婚后就与媒人没有关系了。

8. 离婚

冷水沟庄的人们不愿意离婚，一方面是娶亲不容易；另一方面离婚后觉得不光彩，即使没有一点感情，也得忍着一起过日子。离婚主要有如下几种原因：盗窃、奸淫、不孝、不顺。最多是奸淫而离婚；其次为盗窃；再次为不孝。冷水沟庄没有离婚的，离婚又称休妻，休妻要写休书的。离婚要与双方的家长及本家家庭成员商量。

9. 成年与结婚

男子15岁算是成年了。其实男女结婚就算成年。女儿嫁到别人家需要劳动，因此一般是16岁以上结婚。

10. 后妻与前后妻娘家关系

在冷水沟庄，在妻子病重可能无治时，就有人开始上门给丈夫介绍后妻了，当然在介绍时是偷偷的，不会让病重的妻子知道。其实，在冷水沟普遍如此，所以即使不让人知道，大家也心知肚明。这样介绍后妻是为了不妨碍家务。但是如果生病的妻子好了，要立刻取消。前妻娘家将后妻认作自己的女儿继承，称为续亲。前妻娘家的父母叫后妻为续闺女；后妻那边叫前妻娘家的父母为续妈家。前妻娘家要对后妻的出嫁准备礼品。后妻把续妈家当作自己的娘家，在归省、正月等时候，甚至比自己的娘家还要来往得多。另外一个访谈者则表示，娶了后妻后，后妻与前妻的娘家没有太多的关系。

11. 续弦的婚礼

前妻去世后，娶第二个太太称为续弦。续弦时，婚礼与前妻的婚礼不同。一般不请客，同族、街坊也不送贺礼，也不向亲友发请帖。

（四）过继和抱养

1. 过继和退继

当夫妻两人没有儿子时，可以从兄弟或者同宗同门中过继一位来作为儿子。一般是从近亲到远亲的顺序过继，如果同宗同姓没有适合的男孩就从外姓抱养，不过这种情况很少，因为家族不希望财产分给别人。如果有女儿也可招赘，入赘女婿称为招赘子。如果是父亲来招就是过继子，如果是爷爷帮助父亲来招就是过继孙。过继后，也可以断绝父子关系，称为退继。如果没有结婚，直接退继；如果已经结婚，退继时夫妻均要回家，一般是女方的家（原文如此）。但是一旦过继子结婚，特别生育了后代后就不能退继了。过继子一般年龄有 20 岁左右，如果丈夫死了，妻子也可过继 30 岁左右的过继子。领养过继子一般是 40—60 岁的人，估计无法生育男孩后才考虑过继。领养过继子时不需要介绍人，但是需要监督人，族长、亲友、姻亲、朋友、街坊邻居可以成为监督人。过继并不需要仪式，只需要一起喝酒吃饭就行了。

2. 兄弟与过继

两兄弟，哥哥没有孩子，弟弟有两个孩子，弟弟将长子过继给哥哥。哥哥有两个孩子，弟弟没有孩子，将哥哥的次子过继给弟弟。如果两兄弟都没有男孩，哥哥娶妾，或者过继子。

3. 抱养和养子

自己没有孩子，同族中也没有可过继的孩子，从他姓领养后嗣称为抱养，抱养的孩子称为养子。可以发现从本族抱养称为过继；从外族抱领养称为抱养；为女儿招一个上门女婿称为入赘。

4. 兼祧

如果几兄弟只有一个男孩，则将这个男孩子过继给没有男孩的兄弟，有几个兄弟就给这个孩子娶几个妻子，这些妻子生的孩子就是没有儿子的孙子。这男孩成为几兄弟的后代。这种情况称为兼祧。兼祧的原因是避免分家，避免财产变成别人的财产。在冷水沟兼祧的比过继的要多。兼祧可以保证"一子两不绝"。如果有三兄弟，只有一个兄弟有儿子，给这个儿子娶三个妻子，也称为兼祧。当地俗话称为"借种"。

5. 主继人

所谓主继人就是主持过继事宜的人。

6. 过继单

过继时要写过继单，过继单有两张，一般是"长次两兄各执一纸"。过继单主要写过继的理由，过继人员以及事由，过继单具有法律依据。过继时还有很多参与者，主要包括：街坊邻居、亲戚、族人，还有书写过继单的人。

7. 阴亲与过继子

如果男孩 20 岁没有结婚就死了，可以领养过继子。这有两种情况，一是没有结阴亲，直接领养过继子。二是结阴亲，再领养过继子，结了阴亲后一定要领养过继子。如果领养的过继子死了，可以根据死者的年龄来确定是否可以领养第二个过继子。如果过继子在10岁以前就死了，可以领养第二个过继子。如果过继子年龄比较大，可以直接给死者领过继子。

（五）分家

1. 分家

分家就是兄弟之间分割财产并分灶吃饭。其中分割财产是分家的最重要标志。分灶吃饭也是判定是否分家的重要依据。分居与分家不同，分居是在外地工作，与家庭其他成员不住在一起，没有分割财产。

2. 分家的理由

有以下几种情况会分家，一是兄弟不和时一般会分家，只要有一兄弟提出分家，就表明家里出现了不和，就会分家；二是家里比较穷，很难维持生活，家长无法承担责任，儿子们又比较多时，便分家让孩子自立门户，独立劳动。另外，有一个调查对象从人的关系角度将分家的理由分为四种：一是妯娌不和；二是婆媳不和；三是兄弟相争；四是父子不和。在四者中最多是婆媳不和，其次是妯娌不和，再次是兄弟相争，父子不和的比较少。访谈者认为，分家最终还是女人因素，即十有八九是女人问题。

3. 分家的选择

一是如果兄弟要分家，父亲不同意，不能分家；二是如果家长想分家，儿子们不同意，不能分家。冷水沟没有出现这种情况；三是如果一个孩子希望分家，其他人不同意分家，如有养老地情况下可以分家，如没有就会将想分家的孩子"赶出去"；四是两兄弟，哥哥去世后，哥哥的儿子希望分家，可以分家，叔侄平分财产；五是长孙希望分家，次孙不想分家时，这是孙辈与叔父的问题，等长孙30岁左右时，就算叔父是家长，也可以分家，不能反对。

4. 分家的时机

分家一般在四种情况下出现，一是父母去世；二是父亲去世，母亲健在；三是母亲去世，父亲健在；四是父母均健在。分家最多的是父母均去世；其次是母亲健在，父亲去世；再次是父亲健在，母亲去世。父母均健在时分家的比较少，但是也存在。

5. 如何分家

分家主要是分财产，包括土地、钱物、住房等所有的财产。分家一定是平均分配所有的财产，按照兄弟数量分成相同的份额，然后抽签决定。女儿与家庭财产无关，不参与分家。如果土地很少，要按照地价来分割。分家里首先要留出养老田，如果有姐妹，其嫁妆也从养老费中支付。如果家里没有田，兄弟们要负责赡养父母，并负责姐妹的嫁妆。如果家里残疾的孩子,也一视同仁,当然也有父母悄悄为残疾孩子留下一点钱,但不能公开做。如果兄弟中有没娶妻的,可以多拿两三百元作为结婚费用。

6. 分家单

分家时要写分家单,有几个兄弟就写几份分家单。分家单上写明财产、土地及养老田,如果有养老田也要写在分家单上。分家单由会写字的人撰写,写完后要展示给亲戚、附近的人看,还要呈给村长。分家不分地契,红契依然以父亲的名义纳税。

7. 分家与家长

分家后父亲是家长,如果父亲去世后,母亲是家长。长子只有等父母均去世后才能够成为家长。如果有三个孩子,年纪都比较小,土地由父亲管理,如果变更后,由某人管理,三个儿子不能成为家长。只有结婚后各自分开伙食后才能成为家长。三个儿子小,与父母在一起吃饭,三个儿子家没有家长,也不被看为一家。三个儿子一起在次子家里吃饭时,三个儿子均是次子家庭成员。此时也是分家。三个儿子各自从父母或者次子家里独立出来,自立门户,就称"自己过日子",或者称"自己过",或者称"各过各的"。分家了,虽然与父母、兄弟一起吃饭也是分家。可见分家是以分割财产为标志。三个儿子在次子家长大,结婚时由父亲做主,不需要得到次子同意。三个儿子在分家前的财产由父亲管理,如果分家后在次子家一起吃饭,其财产由次子管理,与父亲无关。

8. 分家与债务

分家时财产平均分配,债务也平均分摊。债务由几兄弟平均负担,同时父母的养老地也要承担部分债务。如果家长是为了个人利益而产生的债务,可以不由其他人分担,但是也有同情家长而分担的情况。即使家产全部还债后都不够,也不能免除债务。

9. 祖坟地与分家

祖坟地的面积由风水先生决定,祖坟所在地,或者坟包周围的土地叫作护坟地。分家时坟包不能分,但是护坟地可以分割。祖坟地也可以由分家者们共同所有并一起管理。

10. 分家与财产分配

一是分地。如果家长有两个孩子,一个弟弟,家长去世后分家,先是家长与弟弟分家,各两亩;然后家长的两个孩子分家,各一亩。如果家长弟弟有一个孩子,则这个男孩得到家长弟弟的两亩地;二是特殊财产,马匹等不好分割的财产,由一个人得到马匹,然后按照马匹当时的价格二分之一或三分之一,再分给其他兄弟。房子也要按照兄弟数量平均分配,但是不设界线。三是地契保管,地契没有必要指定保管人,也不一定是长子保管,选出一个保管就行了。分家后地契可以不变,保持原样。保管地契的人虽然只有一部分土地,但是他也无法利用保管地契之利,变卖土地,因为土地买卖时要请四邻到场作证并进行丈量的。分家后某位兄弟出卖自己的土地,不需要得到其他兄弟的同意,但是这时要设置土地界线；四是不能分割的财产，除了墓地（祖坟）、家谱、私放地、家庭成员的衣物、钱物外，其他的财产均应分割。

11. 分家与灵牌、家谱

分家后，父母持有的灵牌分别由兄弟们持有。但是父母的灵牌由长子持有。分家后，家谱原来放在哪里就由分得这间房子的人持有，不能挪动。祭祀时，聚集在老宅就行了。在冷水沟没有明确家长有祭祀的责任，每个兄弟都应祭祀祖先和父母。

12. 去世家庭成员的财产与分配

在家庭中一般不允许有个人财产，但是也会有些私放地等少许财产。如果家庭成员去世后，这个人的私放地、衣物、钱物、工具等由妻子继承，而其他物品为家长所有，但实际上都为妻子所有。

13. 分家人

分家人是平分财产的人，一般由有过分家经验的亲属来担任，也可是四邻来做分家人。只有极少数家庭分家时由父亲来分家。在冷水沟还没有人不同意分家人的分配的。

14. 分家后祭祀

分家后祖先的灵位供奉在长子家，每年费用大约三四元，由兄弟年底分摊。祭祀主要是叩头拜祭。

15. 分家参与者

分家被称为破产，因此一般人不请不去参加。但是分家需要3名保证人，一般是亲戚1人，友人2人，亲戚一般是姻亲。分家时一般参与者三老龄化人。分家时四邻不参加。只是参加者聚集在一起吃饭。

16. 分家后关系

一旦分家，兄弟虽然还是兄弟，但是在感情上就不是很好，但因为面子还得交往。山东有句谚语："分家三年愁。"分家因为兄弟分离，一般认为比较凄惨。

17. 分家仪式

分家里，在院里立上石头，将此看作天地的神，焚香烧纸，分家的人三叩首，然后抽签。签上写好房子、田地和家具，抽签确定。有几兄弟就做几个签，将签做好后放在陶器中，各人依顺序从中抽取。抽签时，由长子先抽。因为分家人已经将财产分配好，一旦抽中不可反悔。

18. 分家后的称呼

分家后，称呼原来的家为"老宅子"，或者兄弟家，哥哥家，弟弟家。不叫老家，或者本家。

19. 分家后的家长

分家后，如果父母与某个兄弟住在一起，父亲在，则父亲是家长；如果母亲在，则母亲是家长，这位兄弟是当家的。如果父母亲去了其他兄弟家，则离开这家的兄弟变成了家长，另外的兄弟则将家长之位让给父母，自己成了当家的。家长改变理论上要向庄长报告并更换门牌，但是没有经历过。

20. 分家后的有关决策

分家后，如分成了三家，母亲住在大哥家，如果二弟结婚，虽然二弟本人是家长，也要请示母亲；哥哥的女儿结婚，即使自己是家长，也要请示母亲；母亲住在哥哥家，三弟的女儿结婚要请示母亲。请示主要是尊重母亲。母亲不在了，哥哥卖地时，可以与弟弟商量，但是不商量也可以；哥哥的女儿结婚，也可以与弟弟商量，即使是弟弟反对自己也可以做主。

（六）养老

1. 养老地

分家时首先要划出养老地。如10亩地，3个儿子，平均每个儿子3亩，剩下1亩为养老地。这1亩地要写进分家单的。如果家里有20亩时将6亩作为养老地。如果只有父母某一方健在，则留四五亩地作为养老地。如果父母健在且有一位未出嫁的女儿，也要留6亩左右。如果用粮食代替土地称养老粮。养老地在父母某一方去世后，也不会减少，只有父母均去世后，兄弟平分。如果土地比较少，要折算成钱后再平均分配。如果有姐妹没有出嫁，以养老田置办嫁妆。

2. 分家与养老方式

分家时父母可能存在三种情况，一是父母仍然有自己耕种土地的可能性；二是父母不愿意自己耕作时，接受来自孩子的养老粮；三是父母没有耕种的能力时，必须接受养老粮，或者兄弟轮流供养。虽然留出了养老地，但是父母不愿意耕种时，可以出租给儿子，按照市场价格出租。如果提供养老粮，分家时孩子们商量好一定的时间，交替给父母粮食，也有父母轮流住在各个儿子家。父母养老留下养老地的最多。因为有养老地，父母的生活就有保障。分家后父母的零花钱自在养老粮中，如果父母辗转于孩子家，轮流照养，父母的零花钱由兄弟们按月负担。父母有养老地，女儿的嫁妆从养老地筹集。

3. 轮流管饭

所谓轮流管饭就是父母轮流到孩子家去吃饭。有时也是父母轮流去儿子家拿饭。如果父母与儿子们的住处离得远，则将饭放在圆形的容器中，然后将饭菜带回来。

4. 分家与胭粉钱

分家后为姐妹筹集出嫁费用的钱称为胭粉钱。如果父母有养老地，胭粉钱从养老地中支付；如果没有养老地，则包括在养老粮中；如果家里不富裕，分家时事先取出来。胭粉费用一般在五六十元至 200 元。有养老地时，就不会有胭粉钱。出嫁费用包括两个部分，一是嫁妆 200 元左右；二是婚宴费用 200 元左右。父母均去世后，养老地称为胭粉钱，为姐妹出嫁筹集嫁妆。如果兄弟们愿意分摊嫁妆，则给钱，不给地。

5. 驱逐孩子

驱逐孩子也称将孩子赶出去。兄弟关系不好，特别是某个兄弟不能与其他兄弟相处时，父母会让其独立，有时甚至会将其驱逐。被驱逐的孩子自立门户，成为家长，可以在村里租佃土地。被驱逐的孩子不称分家，因为无法回家见父母。如果这个被驱逐的孩子在外面赚了钱，购买了土地，实际上成了父亲家的财产（原话如此），不过在冷水沟没有这样的例子。在冷水沟庄，被驱赶的孩子有几个继母与媳妇关系不好，被赶出去的。被赶出去的孩子在父亲去世后，可以回来参加葬礼，葬礼结束后分家，不会回家当家长。

（七）家族

1. 族长

根据族谱，同族中辈分最高的人为族长，如果同等辈分中有好几个人，那么其中年龄最高的则为族长，族长通常为男性。族长不换届，如果辈分高，年轻也可以当族长。族长没有报酬。家长更换后，也没有必要向族长报告或者拜访族长。其实冷水沟很多家族没有族长。

2. 长支

冷水沟没有如南方一样族、房、支的家族系统，族下称为支，没有房与门的说法。与南方宗族社会对应，长门的这一支称长支；二门的称二支；三门的称三支。不分家就不分支，分家后才形成支。支也是一种血缘的关系。

3. 支长

每个家族可以分为若干支，每个支有支长。支长的地位仅次于族长，协助管理同族事物的人称为支长。结婚、卖地不需要通知或者与支长商量。支长也不召集五代以内的人商量事情。

4. 同族

同宗同姓的人称同族，也可以说有同一祖先的人称同族。也有人认为，有族谱的是同族，没有族谱的也有的是同族的。同族中关系最近的称本家，也有自家、本族、族家的说法。一般以自己为中心，将五代以内的同族称本家（或自家）；五代以外的称族家。同族也称当家子、一家。异性一定不是同宗，同姓不一定同宗，而同宗一定同姓。没有"一族""亲属""亲族""家族"的说法。同族有一个族长。同族之间仅仅制作族谱，没有特别的关系。一般在年底时记载族谱。同族之间，除了特别亲近的人或者住得比较近的人以外，跟一般的村里人没有什么不同。姻亲和四邻比同族远亲更亲。因为同族意识不太强，因此没有出现同族会更亲，或者同族与其他族对抗的情况。

5. 族产

在冷水沟，同族很少有族产，有些家族会有些坟地，而坟地也只有少数有护坟地，即可以用来耕种的土地。除此之外没有宗祠，也没有家庙（只有李家一支有家庙，但是也没有使用过，更没有一起进行祭祀）。所以虽然为同族，但是并没有族产等公共财产。

6. 三代宗亲

以自己为中心的父亲、祖父、曾祖父、祖父的兄弟及父亲的兄弟。

7. 同族集会

同族中几乎没有集会，只有十月一日扫墓时会集会。另外对同族中贫困者的接济、结婚或葬礼，以那个人五代以内的同族聚集。富裕人家在婚丧仪式上也会邀请本族人。如果某个堂叔兄弟贫困，但是他很有信用，五代以内的同族都会帮忙。帮忙时会聚集在需要帮忙的家庭中。在冷水沟庄，同族之间没有同族会议。很少有同族能够全部集中在一起的情形。

8. 祭祀

在冷水沟庄，也祭祀祖先，祭祀分为两种，一是家祭，除夕的晚上在家门口祭祀祖先。也有人说是正月初一的早晨进行祭祀，两者的说法有矛盾。祭祀时只祭祀八代以内的祖先，这称为"老祖宗"。祭祀时各自在长孙家祭祀。祭祀时供奉鱼、肉、酒、馒头等，同族带上烧纸和香。这些费用由长孙和同族共同负担；二是墓祭，主要有三个时间点，清明节或者寒食扫墓，七月十五的祭祀，十月初一的祭祀。另外，埋葬后四天也要墓祭。如果有护坟地，大家可能一起去祭祀，但是这种情况比较少。如果没有护坟地，各家各户自己去墓祭。祭祀时也不见得就是家长主祭祀，如果家长有事，也可以让儿子祭祀。

9. 族谱

族谱也称家谱。在冷水沟庄，有些家族有族谱，有些没有族谱，族谱一般供奉在长孙家中，放在族谱箱中，而族谱箱可放在正房空闲的地方，也可以放在没有自觉睡觉的房子里。谱箱一般要上锁。年底时记载族谱。正月初一向族谱叩头。拿出族谱时要选一个比较好的日子。族谱不能由他人带到其他地方，必须由家族的长子带去。

10. 同族援助

同族之间相互援助没有特别，既会援助本族比较穷的人，也会援助外族比较穷的人。这说明了在冷水沟庄，同族之间的关系与其他族相比没有特别亲。同族或者四邻会在春节、端午等节日给非常贫穷的人以物质帮助。

11. 同族纠纷及调解

同族纠纷一般族长出面调解，族长调解不了时，就请保长、庄长出面调停。

12. 族家的称呼

五代以内叫族家，过了五代叫族家兄弟，第五代也叫堂叔兄弟，五代以内不叫族家某某，六代以下的叫族家伯父、族家叔父。一般称呼的时候，仅仅是哥哥、弟弟，特别问候时，可以称为某某兄弟。五代以内的人称为本家。没有他家的叫法，只称为老李家、老张家等。

（八）埋葬和坟地

1. 祖茔

祖坟又称祖茔、祖坟、老坟、祖坟地，冷水沟庄有祖坟的不多。祖坟一般族中最穷的人耕种，收获为其所有，但是要在十月一日同族扫墓时，购买烧纸。坟茔地的耕种由族长和族家商量决定。

2. 坟地买卖

如果是祖坟，产权归同族人所有，族长管理。坟地一般不买卖，因为卖墓地，会被人看不起。但实在没有办法了，也会卖家族的墓地。只是卖时要除去坟包，如果只有一两座坟就不除，如果多了就除去坟墓。卖了坟地后，卖主还是可以在坟包周围栽树，买主也不能干涉。买主购买了坟茔地后，不能破坏坟地，但是如果多年没有人祭祀，坟地会自然变小。

3. 祖坟祭祀

清明节和十月初一祭祀祖坟，祭祀时要烧纸钱、烧香，进献供品。除夕也祭祀祖先，但是不是墓祭，而是晚上在路边烧纸并祭酒，即安慰亡灵，请祖先吃饭。

4. 墓地

孩子墓地是小的，3岁以下孩子的墓是平的，如果墓地长久没有人祭祀，也会变成平地。如果风水先生觉得风水不好，会建议家人用瓦将坟围起来，这种为圬。如果夫妻在同一个墓中，夫左，妻右。如果有妾，则妻在左边，妾在右边。有墓的土地一般不出租，自已耕种。出租或者出卖时，佃农或者买主不能破坏坟墓。女儿去世后不能埋在祖坟，因为女性应该埋葬在别人的坟地中。埋葬时，辈分高的在前面，然后按照世代由左向右排列。按照道理坟墓要有墓碑，但是很多人没有钱，就没有立碑，时间久了，就不知道谁的辈分高，谁的辈分低了，所以一起拜祭。

5. 祖坟和护坟地

坟地如果面积比较大叫护坟地，面积比较小叫坟地。护坟地是可以耕种的，坟地一般已经无法耕种。在冷水沟庄，有护坟地的家族不多。护坟地一般不卖，分家时也很少有分割的。这样就变成公共坟地，成为同族的共同财产。当祖坟无法埋葬时，就会在另外地方埋葬，形成家坟。护坟地可以耕种，耕种时按照辈分从大到小耕种，或者按照贫富，从贫到富进行耕种。耕种者一年提供两次祭祀的费用。但是一般不吃饭。护坟地也可以出租，出租时不一定非要租给同族的贫穷者，也可以租给外人，出租者的选择主要是族长决定。

6. 家坟

所谓家坟就是祖坟不够用时，开辟的新坟地。祖坟是埋葬的辈分比较高的前辈，家坟则是辈分比较低的长辈。在清明、七月十五、十月初一祭祀时，既要祭祀祖坟，也要祭祀家坟。但是祭祀时不是统一进行，各家各户单独祭祀。

7. 未成年人的埋葬

如果小孩在七八岁死了，不管是男孩子还是女孩子都不能埋葬在祖坟或者正坟里，要等着结阴亲。女孩要埋葬在别人的坟地，女子不结婚就不能成为合格的女人。如果孩子在七八岁以下死了，会做一个坟，但很小甚至是平的，通常会进行耕作。这样小孩子死后，就像扔掉一样。10岁以下的孩子死后，不埋进家坟；15岁要埋进家坟；五六十岁没有结婚，但是死后也要进家坟。

8. 迁坟

迁坟也称起坟、挪坟、移坟，当同族墓地太小不够时，就迁移到自家的坟地。这只是另外地方建立不同于祖坟的家坟。同一个访谈对象表示，已经埋在祖坟不能再迁移到家坟的。从调查记录来看，迁坟其实就是新建一个新的坟地，用"迁坟"又有些牵强。如果未成年或者未结婚就死，也没有结阴亲，但是在后来安排过继子后，可以移入祖坟，这也称迁坟。

9. 阴亲与埋葬

死后结婚。未婚女死后，埋在订婚男方的坟地，等男方去世后再合葬在一起。如果没有订婚的人，则要找一个男人合葬。结阴亲时也要有媒人，双方也是亲戚往来，双方称亲家，但是两家没有经济往来。结阴亲时没有年龄的问题、死亡先后的问题，也没有地域限制。死了十多年后都可以。结阴亲埋葬时也要看风水。一般媒人也会找门当户对的家庭，或者家境条件相当的家庭。阴亲时会抬着轿子去拿遗牌回来，仪式在坟地中举行。

10. 坟的类型

在历城县，坟墓有两种类型，一是人字葬，人字葬适合人数不多的家庭。二是排骨葬，适合人数比较多的家庭。不管是人字葬，还是排骨葬，都是以死人仰天而睡为参照，左上右下。如果是夫妻合葬，则丈夫在左边，妻子在右边。如果丈夫与妻妾合葬，丈夫在中间，妻在左边，妾在右边。夫妻的坟一定要做神道碑。

（九）葬礼和服丧

1. 讣闻

人去世后要通知同族、亲戚、朋友，这种称为讣闻，也称报丧帖。一是讣闻的用纸。讣闻的信封为白色或黄色，比普通的稍大，将纸三折之后在表面写上"讣闻"；二是讣闻的范围。讣闻发给全部的亲戚和朋友，在本村的朋友不发。亲戚也有一定的范围，如妻子的妹妹的女儿家就不再是亲戚，不用发讣闻。同族会让儿子们去挨家挨户通知；三是讣闻的落款。讣闻一般只写晚辈的名字，如果是父亲去世，落款为孤儿，母亲为哀子，父母都去世为孤哀子。如果父亲先死，母亲后死，落款也是孤哀子。如果是哥哥去世，弟弟可以称期服弟，但是弟弟与哥哥是同辈，不在讣闻上落款。按照不同的辈分可以分为：孤哀子、期服侄、齐期孙、五月曾孙。女儿的名字不写进讣闻，因为女儿是要嫁到别人家的。丈夫去世后，妻子也不能出现在讣闻上；四是特殊情况。如果有孩子，讣闻会写孩子的名字，如果没有孩子也不能写妻子的名字，有甥侄可以写甥侄的名字，如果甥侄也没有，就写上"寒门不幸"；五是讣闻的格式，讣闻如果比较多，可以印刷，如果比较少就手写。

2. 葬礼

人去世后要安葬，安葬要举行的礼仪称为葬礼。葬礼的时间要选择吉日，一般可以安排两三天或者六七天，一般为四五天。葬礼主要以孩子为主。哥哥葬礼，弟弟是重要的主事人。主办葬礼的家长叫丧主。

3. 讣闻的解释

讣闻有一些特殊的词汇，能够反映对死者的尊敬。一是承重孙，重是指重量，三年服丧的意思，后来延伸为代替父亲服丧的孙子；二是死的说法，男性死了是正寝，女性死了是内寝；三是死者年龄的大小，60岁以下为艾寿；60岁以上为耆寿；80岁以上为耋寿；90岁以上为耄寿；百岁以上为期颐。要注意，30岁以下不能称寿；四是成主家，指制作灵牌进行祭祀；五是扬幡，是指在家门口树立旗子，一般男左女右。在送葬的路上举的旗子称为引魂旗；六是扶柩与发引，前者是指人抬着棺材，一边前行一边抚摸，表示依依不舍；后者表示将棺材指引到要埋葬的地方；七是殁荣存感，指死者光荣，生者感恩；八是有些名字是红色的字体，表示这些人家里没有白事。

4. 服丧

服丧一般是晚辈对长辈服丧，长辈不对晚辈服丧，同辈也不服丧，只限于葬礼期间。具体而言：一是父母去世后，子女要服丧三年，但是一般两年多就停止了。不过有文化、守规矩的会服丧三年，否则别人会笑话。儿女在葬礼期间要穿戴白衣白帽白鞋，女儿还要戴麻绳，称"披麻戴孝"。白色表示给父母报恩。女儿在葬礼结束后白衣、白帽、麻绳就可以脱了，但是白鞋要穿三年；儿子一直要服丧三年。服丧开始的头一个月内不理发。服丧期间不能穿戴大红大紫的衣服，不能饮酒，不能进入别人家，也不能去别人家拜年。不能贴春联，如果要贴春联，只能贴蓝色的纸，且用白色或者黑色的字书写；二是祖父祖母的服丧期是一年，也是穿戴白衣、白帽、白鞋；三是曾祖父母可以不服丧，要服丧也只有一个月；四是妻子为丈夫服丧三年，丈夫不为妻子服丧；但是丈夫在妻子葬礼期间要穿孝衣，戴白帽；五是弟弟不用为哥哥服丧，出嫁后的姐姐也是如此，但是兄弟之间稍有差别，在葬礼期间，弟弟要穿孝衣、白鞋、白帽，而哥哥只戴白帽；六是孙子服丧则穿花花服，也称为五月曾孙，即指出棺就自由的意思。

5. 护葬

帮忙料理丧葬事宜称为护葬。一般是死者的弟弟帮助料理丧事。弟弟在讣闻中称"护丧期服弟"。在哥哥的葬礼上，弟弟没有特别服丧，只是葬礼期间戴白帽，穿孝衣就行了。

6. 家长的葬礼与长子

父亲葬礼时，兄弟们的服装相同，即使长子成为家长，也与其他兄弟没有区别。只是在出殡时，长子抱着灵牌，走在出殡队伍的中间，两边由兄弟搀扶。

四 家与村的经济

（一）劳动力使用

1. 长工

长期被一家固定雇用的人称长工。地多的家庭会雇用长工，也称伙计。长工主要是耕种和养牲口。长工雇用时需要中间人，也需要签订契约。一是雇用长工需要介绍人，但是不需要保证人，也需要签订契约。长工和雇主都不给介绍人谢礼；二是长工一般是家里比较贫穷，没有土地，生活困难的人；三是长工一般是20岁以上的人；四是长工工作的时间是12月初一到第二年的12月初一；五是长工的工资根据年龄不同有差异，一年至少有20元，多的五六十元，一般是40元。一般年底支付工资。长工是给现金的，可以年底一次性给，也可以先给一部分，或者需要时再找东家要就行了。如果工作了多年，也可以提前支付一年薪水的；六是雇主会给长工被子，但是衣物要长工自己准备，一年会给2斤烟草，一般在麦子收割时给1斤，在收割豆子时给1斤；立夏的4月上旬会给1个夏天的帽子和一块手巾；夏天会给瓜吃；七是长工与雇主一起吃饭，饮食完全一样，同样作息时间；八是长工睡在牛棚旁边的房间。如果是本村的长工，也可以回家睡觉，但是外村的一般在雇主家里睡觉；九是长工主要的工作是拉土、割草、打草、打绳子、拉、打水、磨面、喂牛等，长工要参与耕作；十是长工的工资一般是年底支付，如果中途生病，如9月份就回家了，此时收割已经全部完成，可以付全部工资；如果是6月生病回家，则按日计算工资；十一是如果长工是外村人，一个月可以回家一两次。距离家比较近，长工也可以经常回家，距离家比较远，在不忙时也可以回家四五天；十二是如果结婚或者丧事可以休假一个月，照常给薪水；十三是长工签订合同一般是每年的8月15日签订；十四是如果长工比较好，村民会将其当成普通村民，但是不会邀请他参加集会。婚丧的时候，长工不用自己送礼物贡品，只需要帮主人的东西送到就可以了。如果办事的家庭是长工的熟人或者朋友，长工就请假前往；十五是长工不能擅自从事副业；十六是长工的类型。根据年龄和能力，长工分为一等、二等、三等，也可以称大伙计、二伙计、三伙计。不同等级的长工，收入是不同的。40岁以上的人一般是大伙计，年龄越大，收入越高，但是在50岁以后收入会下降，会从大伙计变成二伙计。15岁以下的人不能做长工。一般大伙计指导二、三伙计工作；十七是长工职责。长工只做农活和养牲口，不做劳役。在冷水沟，本村民有3个长工，其中2人在本村干活。21个外乡人在本村的15家干活，有4人在同一家干活。大部分是附近村庄的人，有2个保证人。

2. 长工与雇主的称呼

长工与雇主之家称呼有讲究。长工一般称雇主为掌柜，不能称为弟或者老弟。如果雇主为长工的祖父辈，则称大爷，也可称老掌柜的；如果雇主为长工的叔父辈，则称叔叔；如果雇主与哥哥相当，则称哥或者掌柜。如果雇主为女性，不能年龄太小，均称老太太，不能称老嫂。雇主家的孩子叫长工，称伙计，不用敬称，也不用带上姓。长工称呼未成年的雇主家的孩子，十五六岁时可以称呼乳名，如果20岁以上或者结婚者则称小掌柜的。吃饭时长工与雇主家在同一桌吃饭。不熟悉的情况，一般称掌柜、老掌柜、少掌柜、二掌柜的，但是如果是熟悉的，则以街坊辈分来称呼。短工时间短，一般以掌柜来相称。

3. 短工

短工也称日工，每天雇用，每天付薪，一般是晚饭后付薪，也有连续工作几天付薪的，但是雇用是按照天来计算的。一是雇用的季节。一般农忙期人手不足时雇用，五月收小麦的时候，收割高粱、谷子的时候，需要更多的劳动力，因此就雇请短工。每家需要短工数量要根据自家土地的数量和家庭人数来定；二是短工工作休息的时间。短工3点去短工市场，日出开始工作，日落时结束。正午时吃饭，休息2个小时。上午和下午各休息2次，主要是喝茶、抽烟；三是短工的伙食。短工一日三餐均在雇主家吃饭；四是短工的工资。工资每天都不同，夏天比较高，每天七八十钱，其他时间四五十钱。因为物价上涨，短工的工资也在上涨。有时还会给一点烟叶；五是雇用短工的标准。雇用短工时主要考虑经验、能力、身体强健等因素，也会考虑工资要求低的人选，不会考虑住宿与雇主的关系等。短工与长工不同，长工是家里比较贫穷的人；短工则是家里农活做完了，有空闲的人。短工不在雇主家睡觉，远道而来的短工则睡在关帝庙，不用付费，第二天继续干活。

4. 短工市场

在历城县有短工市场，主要有杨家屯的关帝庙和王舍人庄的真武庙。每天凌晨3点的时候去，日出时开始工作。做短工的人就去这两个地点，雇主也去短工市场寻找，当面直接交涉，约好后就带回家，如果还需要一个短工，就让已经约好的短工，再找一个一同回家。一般而言，在短工市场的工资会适当高些。短工聚集在这两个地点是历史上形成的。没有人管理，也没有人收费，短工们也不需要给庙里交费，也不捐助。两个短工市场有一定差异，杨家屯一般是会种田的短工比较多，王舍人庄会种田的少些。

5. 外出务工

冷水沟庄有四五人去济南水泥厂打工。这些人只有两三亩地，生活比较困难。还有十多人在店当学徒。这些人要么与店里有关系，要么家里困难。外村来本村打工的有七八人，他们主要是做用人，已经有很多年了。200多人会在空闲时节外去做工，其中有120—130人哪里工资高就去哪儿。

（二）土地租佃

1. 佃农与地主的关系

一是佃农不会给地方送礼，相反也是如此；二是佃农不会从地主那儿借农具、牛马、种苗、肥料等，要借也从自己的亲戚朋友家借；三是除地租外，土地上生产的蔬菜、水果、鸡蛋等也不会拿出给地主；四是地主家如需要修缮房屋，佃农不会因为租地就去帮忙，要帮忙也是以村民或者邻居身份去帮忙；五是地主有红白喜事，也不会因为租地就会刻意改变村民之间或者邻居之间或者同族之间的关系，如果要送礼，也是以村民或邻居或同族之间的关系送礼；六是佃农去地主家交租，地主也不会额外招待；七是佃农家娶媳妇也不用与地主商量。结婚仪式也没有必要请地主参加。如果地主是邻居，则以四邻之礼招待；八是佃农去地主家会比招待一般人稍稍热情些，地主去佃农家，佃农会比其他人更尊重和热情些；九是地主直呼佃农的姓名，佃农会叫地主为大爷；十是地主和佃农家的孩子会一起玩，但是佃农家孩子是否有顾虑，不太清楚。

2. 租佃土地的限制

一是不能在田地里种植水果；二是不能将宽垄改为窄垄。反之也是如此；三是不能把种植庄稼的土地改为养鸡，因为熟地会变得荒芜；四是农民可以在田地挖井，但是交地时要恢复原状，不过在冷水沟没有出现这种情况；五是租佃的土地可以更改作物，但是因为是实物地租，如果作物差别太大是不允许的，如种粟的改为种高粱问题不大，但是如果种植小麦的改为种高粱就不允许；六是一般租佃情况下，地主不会就肥料、除草、耕作方法干涉佃农，但是发现对收获会有明显影响时就另当别论。

3. 中保人及其资格

土地租佃需要中保人。中保人一般是 2 人。只要比较讲信用，且有一些财产，谁都可以做中保人，如邻居、亲人、朋友，女人也可以，只是没有女人做中保人的先例。如果佃农出现了滞纳，可以请中保人催促，甚至代替交租粮。中人或者中保人只对地租负责。不过在冷水沟庄没有让中保人代交租粮的，也没有发生纠纷的事情，更没有因为租粮比较高不缴纳租粮的情况。如果保人死亡，租单要重写。如果 2 个保人，其中 1 位死亡，如果还有 1 位保人信用好，可以不重写租单。过了期限，如果不重写租单，保人还有责任。当然如果保证人以过期不负责，就会变成纠纷，根据村里的习惯都是保人的错，庄长会调解。

4. 租单

租单又称租佃契约，也称租契地。租单主要写佃农、地主姓名，地亩数、租粮数、缴纳日期、保人、代笔人、中人，有时还有保人。租单一般是 1 份，佃农制作，交给地主。很少有地主制作租单交给佃农的情况。也有一式两份的，地主和佃农各持有 1 份，如果土地返还回时，一起烧掉租单。如果是亲戚、同族、亲友可以不制作租单。如果租期结束后，继续租佃，可以不写租单，但是如果地主在济南，则需要重写租单，以前的租单作废。如果地主和佃农不识写，可以请中间人写租单。如果中间人不会写字，则请其他人写。租佃契约一般是正月、二月没有作物时签订。租单署名：中人、保人、代笔人。租佃契约达成时，地主不会请佃农吃饭，佃农也不会请地主吃饭。在冷水沟没有押租，也没有预交地租。契约签订后，不会通知其他村民，也不会向村庄报告。

其他的访谈人反映，同村之间土地租佃凭信用，不需要租单。不同村庄之间的土地租佃，有些有租单，有些没有租单。访谈者说，没有租单也没有发生过纠纷。这位反映者说，没有出现佃户集会与地主谈租佃条件的事情。

5. 分成租佃

所谓分成租佃是土地的收获由地主和佃农平分的一种租佃方式，又称分种地户。分成租佃可以不制作租单，因为租粮在现场公证，且与地主在田地时平分，不用担心滞纳。租种米、麦、杰、高粱、豆等作物，按照带穗的作物一起平分（高粱只带穗，茎归分种地户所有）。分成租佃基本是平均分配，没有地主多占或者少占的情况。同族之间租佃基本是分成租佃，济南地主没有佃农分成租种情况。非同族之间即可分成租佃，也可以普通租地。

一访谈者认为，分成租佃也称分种、分粮食、分种地，分种将粮食从土地运到佃农家中，然后叫地主过来，让其带一半回去。分种不能带穗。他认为分种的第一年地主会去地里看产量，但是此后很少有地主去田地看产量的。从这个访谈可以发现，冷水沟庄的地主和佃农的关系比较好。对于佃农而言，分种收益较大，比较喜欢分种。

6. 租佃与其他

佃户分家时，租佃土地也可以分割。如果家长去世了，其继承人可以继续租佃。此时不需要重写租单。

7. 地租

在冷水沟庄，地租又称租粮、租米、租麦。地租可以分为普通地租和分成地租，又称为分成地户，前者按照契约约定缴纳地租；后者地主和佃农平分收获物。地租还可以分为实物地租和现金地租，大部分是前者，后者比较少，有时可以将实物地租转换为现金地租，要以当时作物的价格进行转换（极少）。租单上规定了缴纳作物，就一定要按照规定缴纳，但是也有互换的，如租单规定缴纳粟，但是如果粟不够，也可以申请价格更高的高粱。如果发生天灾可以免除地租。正常年份如果不缴纳地租，地主就会收回租地，但是先缴纳一点，来年再缴纳也是可以的。地租由佃农送到地主家，在地主家称重。米、麦、高粱带皮送过去。地主收了地租不会开收据，也不会记在账面上。如果作物是两种，地租也是两种。在冷水沟庄，没有地主在契约内提高租粮的，但是有因为天灾受损，而减免租粮的，地主与佃农之间尚没有发生过纠纷。在冷水沟租粮一般为每亩：高粱地 4 斗；豆子地 2 斗；麦子地 1 斗半；粟 5 斗，大米为每亩 5 斗到 7 斗，很久以前就形成这种惯例。与顺义、栾城不同，最近一段时间，地主也没有提高地租。在冷水沟，高粱、麦子、豆子、粟在旱地生产，土质不同对产量影响不大。但是水稻的产量与要依据土地质量的好坏。另外，白、黑、红、黄四种类型的地与租粮没有关系。

8. 土地与地租、田赋和价格

土地类型与地租、田赋没有关系（水稻田除外），但是土地类型与土地买卖价格有很大的关系，优质土地，买卖价格高，否则价格就低。土地等级可以分为 5 等，但是冷水沟的土地都是二等地。另外，土地的产量也会因泉水的有无而不同，即泉水也是影响土地产量的重要因素。

9. 水稻田的地租率

水稻产生有 9 斗（4 袋 15 袋）、10 斗（5 袋 16 袋）、12 斗（6 袋 17 袋），地租分别为 5、6、7 斗。地租率分别为九分之五、十分之六、十二分之七。

10. 地租缴纳期限

租单上会写明地租交纳期限，一般的期限是十月初到十月十五，征得地主同意，可以分两次交纳，但是也必须在这之前交纳，否则就是滞纳。不同的作物，交纳的时间点有差别：米是农历 10 月中旬；麦子是农历 5 月中旬；粟是农历 8 月中旬；高粱是农历 8 月中旬；豆子是农历 9 月中旬。如果迟于这些时间点就滞纳地租的交纳。如果佃农不能交纳地租，地主不会征收佃农的家财、工具，但是可以收回佃地。滞纳地租也不能转为借款。滞纳地租也不能征收利息。滞纳地租，万一交纳不了，在征得地主同意的情况下，可以给地主家做。

11. 租地期限

在冷水沟庄，租地时间一般为5年，短的有3年。租佃期满，如果地主和佃农都不提的话，就按照原有条件继续租佃。租佃时间一般是在农历的正月、二月，租期结束后也在这个时间返还土地。

12. 地租交纳

一是交纳时间。地租交纳的时间是8月下旬到11月下旬；二是延期交纳。过了11月无法交纳，就得向地主请求延期交纳。延期交纳不会收取利息。延期交纳部分可以与第二年租粮一起交纳；三是租粮搬运，租粮一般是地主来收取，当场称重，如果地主在一个村有多个租户，也是各交纳各的租粮。因为收租时正是佃农正忙的时候；四是地租计量，称量时使用共用的枡，一般一个甲有一个枡，其容量是30斤。枡一般放在甲长家中；五是受灾减免，如果有天灾，农民可以向地主申请减免，地主因为收不到地租，也会减免。如果是外地的地主，如济南，则会安排信得过的人去看看，然后决定减免。

13. 租地的相关事项

租地时一般是佃农委托中间人询问地主，或者佃农直接询问地主。后一种情况比较少。没有地主、佃农、中人3人一起商量租佃的情况。缔结契约时，中间人和佃农会去查看土地，有时地主也会过去，但是不会丈量土地，也不会请四邻作证。

14. 佃地买卖

假设租佃契约是5年，2年后地主将土地卖掉，买主允许佃农在剩下3年继续租佃，这时需要重新签订一个3年的契约。制作新的契约时，地主一般不做中间人，需要重新找中间人。此时租粮要重新商量决定。如果地主将土地及上面的作物一同卖掉，则土地上的庄稼归买主，但是地主要按价赔偿作物。一般而言，地主在出卖正在租佃的土地时，会与佃农商量。如果没有作物，可以不与佃农商量。租佃土地卖掉后，地主将租单交给佃农。如果租佃期限已到或者佃农滞纳地租，地主可以不与佃农商量，将土地卖掉。

15. 转租佃及租佃权担保

没有得到主要的许可，佃农不能将土地转租给其他人。如果佃农生病，可以将土地让其他人代耕，租粮以租佃者的名义直接交给地主。如果代耕者没有交租，租佃者承担责任。租佃农户也不能以佃权为担保贷款。在冷水沟转租又称为"让给"，即佃户将租地转租给其他人，其他人将租粮直接交给第一任佃户。这种情况可以不告诉地主，但是此种情况极少出现。转租也要写租单，一般是熟人和关系友好的人之间转租，不以获得为目标。如地主有6亩，他希望将这块地直接租给一个人，而这个人只能耕种3亩，因此就会将3亩转租给他人。

16. 租地的类型

租佃分为四种：租地、坐租、分种、转租，农民主要选择前两种，后两种比较少。如果土地质量比较好，佃农愿意选择固定地租（即租地）；土地质量不太好，收成不确定，佃农愿意选择分成地租。

17. 地租减免

有访谈者说，如果遇到火灾、盗窃、洪水，粮食受损，可以与地主商量，可以减免或者不交地租。如果因为灾害减产，只有一半收获物，则只交纳一半的一半租粮。再如一亩正常年份可以收获9斗，租为7斗，若当年只收获8斗，可以少于7斗，但是至少要交5斗。但是只要不是天灾年份，必须全额交租。佃户不能欺骗地主。地租减免，一方面佃农申请减免；一方面地主也会主动减免。分种是自动减少租粮。说明了冷水沟比顺义、栾城地主和佃农的关系要好。

18. 天灾与地租

土地受到天灾，只有平时收获的六成就是天灾，天灾就得减免租粮。如果收成只有平时的二成以下就不用交租粮。这种约定可以写进租单，也可以不写进租单。

19. 转租和回地

所谓转租就是将佃地收回来转给其他人。所谓回地就是将佃地收回来，自己耕种。转租一般是佃农无法交纳地租，或者延期交纳地租，往往会转租土地，或者回地。

20. 租期与毁约

转租或者回地要讲规则，因为租地都有租期，地主不能随便在租期内收回土地。有如下几种情况：一是如果地主要卖出土地，即使在租期内，地主也有卖出的自由，佃农无法干涉；二是如果佃农无法交纳地租，或者延期交纳地租，地主可以收回土地；三是如果佃农近期交纳地租，或者地主以地主要种为由收回土地，佃农可以拒绝。如果地主强行中断租佃，佃农可以申请仲裁；四是如果佃农交了劣质的租粮，地主也会收回租地。

21. 租佃土地买卖

租佃土地可以买卖，一是如果土地上没有庄稼，地主可以不与佃农商量，直接买卖，卖后再告诉佃农，一般会先与佃农商量或者告知佃农；二是如果土地上有庄稼，一般地主会等庄稼收割后再交付土地，如果要立即交付土地，地主要赔偿农民的庄稼；三是如果土地已经施肥并已经有了作物，则地主要考虑赔偿。在后两种情况下，如果主佃双方没有谈拢，庄长、保甲长们会调解。

22. 佃地续租

如果租佃土地到期，地主没有说收回，佃农一般会主动向地主申请续租。如果有信用，续租不用再签订租单，即使续租 5 年也可以不用租单。当然也有在原有租单上写上续租的。当然也可以重新制定租单。

23. 一块地与界线

一块土地是一个地主所持有一个地方的土地。如果这块地是 100 亩是一块地，如果是半亩也是一块土地。如果一个将邻近的一块地购买后，将边界去除，两块地就变成了一块地。一块土地交给三个人租佃，但是中间没有界线，这也不能称为有三块地。所有地和邻接地有界线，将这两块地卖给一个人，这时只需要制作一份契约。如果一块土地租给甲乙两人，可以不分别制作契约，而是以某人制作契约，立约的人承担全部责任，如果另外一个人不交租，立约人负责代替交租。

（三）典地

1. 典地

在冷水沟，典出土地借款称"典"，双方均称典主，没有出典者、承典者之分（只有一个话语，究竟是否如此？）。典地的期限一般是 3 年或者 5 年，最短的 1 年。典地需要中保人，此人与立典契的人比较亲密。承典人可以自由使用土地，即可以自己耕种，也可以租佃出去。承典者可以租佃土地，但是不出卖土地，因为土地不属于承典者。承典者不能挖掘这块土地。

2. 座典座租

所谓座典座租就是出典者租佃出典地，但是要给承典者交地租。在签订出典契约的同时会签订租佃契约。普通租佃，地主可以随时出卖土地，但是从典坐租，承典者则无法随时出卖或者出租给他人。

3. 转典与典地担保借款

承典者可以再次将典地转给第三方。典价要低于第一次的典价，期限要在原有承典的期限之内。另外，承典者也可以典地进行抵押借款。

4. 典地赎回

典地到期后，出承者要赎回典地。如果出典只有半年，则不允许赎回。一般一年后可以赎回典地。

5. 田赋与村费

田赋和村费都由地主负担，一亩土地不管质量好坏，产量多少，一亩交 9 毛田赋，分三次缴纳。一亩地交村费 2 元。

五 农业生产

1. 农作物及单产

水稻亩产 150 斤；高粱亩产 100 斤，谷子亩产 90 斤；豆子亩产 100 斤，小麦亩产 120 斤；菽子、胡萝卜等家食用。

2. 农作物销售

以前将米卖到济南，现在卖给新民会。高粱、小米、豆类（黑豆）、小麦拿到王舍人庄的集市上去卖，但是量很少。冷水沟庄民不吃大米，全部卖掉，然后买别的粮食回来。集市在农历的每逢 2、7 日。

3. 肥料和农具

冷水沟庄，主要有两种肥料，一是豆粕，在滩头的油坊去买。二是大粪，去济南买。每个季度铁匠从章丘县过来，给需要的农户做农具。

4. 贸易

农民的日常生活必需品去市集购买，特殊物品（如婚丧用品）就去济南购买。村庄有小卖铺，卖一些油盐杂货，很多东西买不到，于是就去市集，甚至去济南，一般不去县城。村庄的小卖铺和市集的商品，如火柴、盐、布匹等杂货从济南进货。市集的商贩一部分来自于附近的村庄，一部分从济南过来。村民买卖东西时，把货物装在袋子里用肩扛着，或者背着，有时候用驴子驮，一般不用马车。

5. 寄居

在冷水沟庄有一批寄居户，一共有 8 户，有卖药的、贩卖的、做锅盖的、讨饭的、卖烧饭的、吹唢呐的、经商的。这些人寄住在村庄时，要有保证人，寄住某家或者某个地方，不加入保甲户口。这些人都居住了很多年，与本村人友好相处，不会受到村民的歧视，有时也会借钱给寄住户。村庄不会给寄住户承担义务。如果住某家，只给主人家干活。

6. 役畜

冷水沟庄 140 户有牛，其中 8 户有 2 头；6 户有驴，16 户有骡子，每户都只有 1 头。拉车的骡子共有 14 头，其中 5 户有 2 头，4 户有 1 头。

7. 副业

冷水沟庄的副业主要有如下几种：一是做草绳，大家在田里就地取材，用来做草绳。有 1 位外乡人有 1 台制绳机。不能家家都卖，否则产品供过于求。二是做席子，以稻草为原料来做草席子，全村有 300 户做席子，其中有 1 户以芦苇为原料。做席子是女人的活。三是做瓶子的草包装，约有 50 户在做草包，男女都做，需求量比较大。四是有糖坊 2 户，1 户以务农为主，1 户为做糖为主；小卖铺 5 家，2 家以务农为主，3 家以经商为主。副业主要是在有空时候进行，以女人劳动为主。

8. 小商业

村庄有小卖铺 3 家，卖油、酒、酱油、香烟、火柴、烧纸等。每个商店投资约二三百元。村庄原有饭馆 2 家，其中一家老板病倒关闭，现在只有一家在经营。商店和饭馆的商品和原料从济南或市集采购。商店和饭馆的生意不太好，农民大多从济南或者市集上采购商品。商店和饭馆都是自己经营，没有雇请人员。这些店铺家庭都有一些土地，杂货店家庭土地收入要高于商店收入，饭馆则是生意收入多些。

9. 手艺人

冷水沟庄有十多个木匠，建房子、做家具、做农具，还有 1 人带着弟弟在济南做棺材。村里有十多个瓦匠，也是建房子。这些都不是本职工作，是空闲时的工作。手艺人的工钱是每天 6 角，其人数有逐渐增多的趋势，仅能够吃饱肚子。虽然手艺人的经济条件不太好，但是村民没有叫他们穷人或者看不起他们。

10. 教员

冷水沟小学包括校长和教员共 4 人，2 人是本村人，2 人是外县人。校长工资是每月 32 元，教员中 1 人 28 元，2 人 25 元。校长工作时间是 19 小时，其他教员为 28—30 小时，除了学生回家吃饭外，教员从早到晚都在学校上课复习。校长和教员都是有学历的人。

11. 官员

冷水沟庄也有一些在政府机关上班，1 人在县公署上班，家里也有地，父亲耕种，虽然在县公署工作，但是村民不会特别尊重他，与普通村民一样。3 人在区公所工作，1 人的收入有十八九元，家里有 20 亩地。生活不是特别富裕。另外有 2 人为区丁，收入十一二元。两人家里均有地，生活压力比较大。还有 1 人在浏阳县公署警务局做保安股长，工资为 50 元。家里有较多的土地，比较富裕，此人受村民尊重。

12. 乞丐

冷水沟庄有 4 户要饭的或者讨吃的。有一家三口，包括妻子和儿子，原本两三亩地都卖了，春天和冬天外出乞讨，夏秋做短工。有一家因为吸鸦片，家产没了，身体也垮了，与儿子一起要饭。再有一人只有一亩地，无法养活人，所以乞讨。另外有一外乡女人，不久前过来，也以乞讨为生，住在地窖里。对于乞丐，村民不会觉得他们低贱，但会觉得他们可怜。

13. 学徒

冷水沟庄有 20 人左右在济南商铺当学徒。学徒一般是家里困难，想学手艺的人，有学木匠的，也有在腌菜店工作的。学徒没有工钱，但是认真干活，一季度有 5 元、10 元的生活补贴。学徒一年回家一两次，每次回家七八天。

14. 富农、中农和贫穷

在历城县，五口之家需要 20 亩地才能生活，一人需要 5 亩左右。完全租种别人的土地需要更多数量，只是没有这样的例子。所以具体不太清楚。家里土地比较少农户一般会外出打工，而不是租种土地，因为租种土地需要买役畜和农具。在冷水沟能够算得上富裕的只有 1 户，家里有百亩地，还在济南城外开了杂货铺和点心铺。有 50 亩以上的土地算得上中农，大约有 10 户。中农只需要务农不用做别的工作就能过日子。不到 10 亩的家庭算贫农，村里三分之二为贫农。

15. 地主

有田地的人统称为地主，冷水沟庄真正称得上地主的有两家，一是杨家，有 100 多亩地，有最大的房子，家里酿酒，请长工 4 人，短工不定。二是外出任姓地主，有 80 亩地，家住在济南，请人照管土地。除此 2 外，其他家庭平均 11 亩田地，都有水田和旱地。冷水沟庄的贫富差距比较小。

16. 换工

冷水沟庄没有共同种地的情况，但是有换工。所谓换工，就是以自己的劳动换别人的劳动。主要是除草、割麦子。换工一般是耕种面积差不多的两家换工，你给我干一天活，我给你干一天活。如果一家的面积是另外一家的两倍，换工时就要出两倍的劳动力。另外，还有役畜和人的换工，一般是没有役畜的家庭和有役畜的家庭交换，如使用别人的牛耕种一天，则给别人帮忙一天或者二天。

17. 借用

如果不换工，没有农具、役畜的家庭会向有农具、役畜的家庭借用。只要有空闲，谁家的都可以借用。借用别人家的农具、役畜也不需要给钱，顶多在中秋端午时，请别人吃顿简单的饭。

18. 合具或合伙

所谓合具就是两家共有一些农具、役畜。也称合伙。合具不同于换工，因为前者是持续的；后者是临时性的。合具一般是家庭条件相当且农具、役畜不足的家庭。根据经验，20 亩以上的家庭需要有全套农具、役畜；5 亩以下的家庭，土地太少没有必要；10 亩左右的家庭会用合具。合具时间比较长，有两三年，也有十几年的。但是随着一家衰败，或者一家兴旺，两家条件发生变化后合具就会解散。合具都是关系比较好的家庭，甚至比同族关系还要好，合具也不见得是同族。合具的家庭会共同劳动，家里有事也会主动帮忙，互相支持，如借钱等。合具家庭不会共同聚餐、祭祀，但是在农忙时会在一起吃饭。

19. 土地买卖

土地买卖会影响村界，也会影响村庄的收入，因此土地买卖必须先要卖给本村人，如果本村人不买时，就可以卖给外村人。但是如果外村人出价比本村人高，可以卖给外村人。从买卖的顺序来看，同等价格下同族先于本村人，本村人先于外村人。

20. 泉水的使用

冷水沟庄除了使用水井灌溉外，还使用泉水灌溉。如果自己田地里没有泉水，就使用其他人的泉水，使用不付费。当然如果泉水比较少，主人不会给别人使用。如果是这样，田地没有泉水的家庭就不会种植水稻。

21. 水井与灌溉

村内的饮用水井属于共有，其他的井均是私人所有。土地所有者挖井，近邻者帮忙。用水时所有者先使用，然后近邻可以使用。雨水少时，相互商量，交替使用，也不会产生纠纷。村内没有全村共挖的水井。对于饮用的共有水井，建设和维修时费用都是随意出的，出力或者出材料均可以。村内的水井都是在院子内，属于私有。建设和维修均由所有者负责。共同拥有的水井，不能单独出卖使用权。购买了耕地，能够自然而然的使用耕地周边的水井，虽然灌溉水井均为私有，但是没有给报酬的情况。耕地转让也包括使用周围的水井。灌溉时修建水路、水沟从井引水。灌溉农具属于井主的，有辘轳、水斗。村里挖一口井约 100 元。挖井可以向新民会借款 100 元，有人申请过，但是没有借到。即使同族共有水井，他姓也可以使用。佃农可以使用地主的水井，不用付费，有无水井，租佃条件也不会改变。因为在冷水沟庄，只有涝灾，没有旱灾，水比较丰富，灌溉并不是件难事。因此，井与地价没有关系。

六　农村经济

（一）土地出租

1. 水田出租

冷水沟庄田地出租，百分之八十以上是水田。原因有两个：一是水田虽然收益较高，但是比较费时费工。二是水田投入成本比较高，每亩需要 20 个豆粕，每个豆粕 1.2 元，需要 20 多元的肥料成本。另外，在历城县农民将土地类型分为金银铜锡铁，土地质量依次下降，最好的为金地，最差为铁地。在冷水沟只有银地和铜地。

2. 赠送粮食和蔬菜

亲戚之间还会互相赠送粮食和蔬菜，如果亲戚赠送了我蔬菜，我就会给亲戚赠送大米或者其他亲戚没有的粮食，但是高粱和谷子不行，因为家家户户都有。反之亦然。只是亲戚之间互相赠送，同族之间没有。

3. 没有保人的调解

在有保人的情况下，租佃关系可以通过保人调解，如果没有保人，因为天灾影响，佃农大多向庄长反映希望能够减免，因为庄长是领导，地主也会同意。但是借贷不能向庄长反映，因为借贷是个人的事情。

（二）土地买卖

1. 卖地原因

卖地主要因婚礼、葬礼、还债需要费用；其次是家道中落，贫穷需要钱；最后是赌博、奢侈生活需要钱。卖地多是半亩一亩的卖，很少有整块卖的。因为黄河改道，旱灾增多，旱地买卖增多。在历城县，典地比较少。

2. 买卖中人

土地买卖需要中人，中人也称中间人、中友人。土地买卖一定需要中人，买卖双方不直接交易。中人一般是卖方中人，由卖方委托，即卖方拟一份草契，交给中人去找买主。中人一般是卖方比较熟悉且讲信用的人，同族可以当中人，但是兄弟不能当中人，因为不能做到公正。中人主要责任是见证买卖，调解纠纷。买主不付款时，因为买卖不会成立，中人没有责任。有时有中人，也有介绍人，有时一人兼两者，这时在契约上只写中人，这时中人兼任介绍人。冷水沟经常担任中人的有 8 人。中人选择没有什么先后顺序，选择自己信赖的人。如果有债价，签约后不吃饭会将债价交给中人；买主还会款待中人及参与签约的所有主体；第一个正月里招待中人，同时还有丈量人、代字人，土地的四邻。中人在买卖土地中会注意几个方面：一是如果是子女卖地，会注意与母亲沟通；二是会注意先买权，及时与相关主体交流和沟通；三是会监督土地丈量；四是督促各方落实买卖。

3. 债价

签订土地买卖契约后，买主必须履行契约，为了确保履行契约，可以让给买主给卖主支付一定的金钱，这就是债价。债价大约三五元，买主交给中间人，中间人交给卖主。债价与土地买价没有关系，也与违反契约的赔偿没有关系。签订实卖契后，卖主用债价请中间人吃饭，或者将债价交给中间人，前者比较多；后者较少。当然债价比较多时要从买价中扣除。

4. 丈量

土地买卖过程中，在签订实卖契（也称实契）前要丈量，丈量就是用一根带有刻度的长棒子量地，丈量时买主、卖主、中人、四邻要到位，四邻到位是要确定四至的边界，避免以后的纠纷。冷水沟有专门的丈量人，全村有五六人会丈量。丈量后埋下石头做标记。确定丈量时间后，会出帖，如果四邻看到出帖后，如果自己会丈量，就先丈量，如果不会丈量就在丈量的当天再丈量。首先丈量四邻的土地，再立一高粱秸秆，这样卖方地的界线就出来了；其次丈量卖方的土地；再次，如果卖方的地有错，就再丈量四邻的地，如果四邻的地没有错，再丈量四邻的四邻，如果有错，可能有人占多了，或者移动了界石，如果四邻的四邻没有错，最后就只能减少卖方的面积，即由卖方负责。如果有四邻或者四邻的四邻移动了界石，一年之内的要罚 2 升粮食，动了界石 5 年的，要赔偿损失。但是大体都是村里人，只需要移动者请客吃饭、赔礼道歉就行了。丈量完后，丈量人、卖方、中人、四邻在买家家里吃饭。如果第一次测量不准确，要再测量第二次，第一天测量完成不了，第二天还得继续。第一次测量以买方为主，要明确购买的土地数量；第二次测量以卖方为主，要搞清楚为什么不正确。第二次测量时，四邻可以不参加，但是涉及自己土地的四邻还会参加，第二次或者第二天测量可以不吃饭。在第二年正月，买方还会请丈量人、中人吃饭，四邻会陪同参加。在北方，特别是冷水沟，"吃"是相当重要的一种赔偿、道歉、款待的方式。

5. 卖契签名及撰写

土地买卖参与主体有买主、卖主、中人、代写人、介绍人、丈量人。一般由卖主撰写草契、实契，但是如果卖主不会写字，就请中人撰写，如果中人不会写，就请代写人撰写。但是白契一般必须代笔人写，即使买主、卖主会写字，也必须请代笔人写，写契约时一般各参与主体去买主家，写完后，代笔人要读给大家听。如果写错了，就得重新再写，也有些字写错了，可以改写在旁边；如果数字写错了，必须重写契约。卖签签约与支付售金同时进行。一般是签约的同时要支付售金，不会出现先签约，再支付售金的情况，但是也有签约后支付一部分，然后在约定的时间再支付剩下部分的情况。

6. 卖契记载事项

卖契一般记载如下事项，一是土地的方位，包括四至边界；二是土地数量；三是土地类型，如水田、旱地和碱性地要写，不写上、中、下等；四是土地价格；五是其他记载事情，如坟、树、井等都得写清楚，否则卖主或者买主会毁掉；六是相当参与主体的签名和按手印；七是签约立契的时间。

7. 老契的处理

土地买卖后，老契可以烧掉，也可以由卖主留着，但是已经没有价值。卖主也可以将老契交给买主。即使卖主拿着老契也不能进行第二次出售，因为买卖必须丈量，丈量就要请四邻出席。不可能会出现第二次卖地的情况。当分家获得的土地，因为只出售了一部分土地，老契不能给卖主。分家时没有必要写契约，因为分家单上明确规定了兄弟们的土地数量、位置边界等。

8. 土地买卖纠纷

土地买卖要优先同族，如果没有优先同族，可能会产生纠纷，有如下几种情况可以中断买卖：一是买主还没有付代金，同族提出购买，可以中断买卖；二是已经签约，买主拿到卖契，也可以中断买卖；三是已经付了债价，也可以中断。只不过在后两种情况下，卖主要向买主赔偿，主要是给茶钱、烟钱，再将多余的钱退给买主。如果买主有意见，一般不直接与卖主交涉，而是通过中人交涉；反之也是如此，如果卖主对买主有意见，也是通过中人传达。另外，如果是丈量有误，边界有误，由卖方和中人负责赔偿。

9. 田房买卖呈报

田房买卖要呈报，呈报主要是在里书处呈报，让里书改粮照，即田赋纳税人姓名。一般是买主向里书呈报。如果甲卖给乙，乙卖给丙，丙卖给丁，不能丁直接呈报，需要各自事报，即乙、丙、丁分别到里书处呈报。向里书呈报改粮照需要给一两元的手续费。然后里书报给县公署的田赋征收处。田赋征收处下达纳税通知给买主。

10. 田房买卖契税

田房买卖先签订的是白契，要向契税处交契税，将白契变成红契。田房买卖的契税是买价的百分之六，出典是百分之三，由买主承担。主要的程序是，农民在契税处交纳契税，拿到契税领收书。然后契税处，拿出已经印制好的"买契纸"，"买契纸"的右边印刷有"存根"并"缴查"，在县知事的监督下写上序号，在右边贴上申请者的白契；在左边，县公署发行的"田房契约"里贴上记录必要事项的东西，本省发行的"契约"、白契和县发行的"田房卖契约"三者贴在一张纸上，这就形成了红契，20 天后农民拿着契税领收书换红契。除了契税外，农民还要支付县公署和省发行的买纸契 60 钱。

11. 土地买卖手续费

土地买卖要给中人手续费，一般是"成三破二"，即买家给三分，卖家给二分，100元手续费为5元。如果中人是2人或者3人，也是5元，2人或者3人平分5元手续费。出典和借钱时，中人没有手续费。

12. 先买权

在历城县，对于田房买卖，有些人有先买权，第一是五服内的叔伯及其子孙的先买权；第二是同族的先买权；第三是出典者的先买权（有两位调查说有，有两位说没有，说有的一人还说，只问问）；第四是四邻的先买权；第五是本村的先买权。亲戚与其他人一样，没有先买权。如果违反，这些人会反对，中人有责任。这些只是在出价相等的条件下的先买权，如果价格高，卖者可以选择价格高的买主。如果指地借款，如果借款比较多时候，也具有一定的先买权，如土地价格是700元，贷主借了600元，则贷主具有一定的先买权。

13. 草契、实契、白契和红契

一个完整的土地买卖程序会形成四种契约：一是草契是卖家书写，交给中人去找买主的契约，上面写是期望的卖价，可以不写上卖主和买主的姓名；二是实契是找到了买主，写下买主的名字，即称为"落名"，确定买卖实际价格，这时的契约就变成了实契；三是后丈量，在实契上签名，交付售金，形成了白契；四是买家拿着白契去税契处，购买"买契纸"，将"买契纸"、白契、"田房卖契约"三者贴在一张上，盖上印，形成红契。

14. 田房买卖程序

在历城县，田房买卖的程序如下：一是找中人，写草契，委托中人找买主；二是中人拿着草契，先依次找同族、四邻、本村人，如没有人购买，最后找其他人；三是找到买主后，就落名，写下买主姓名，并交部分定金；四是中人拿着买主姓名和实际价格的实契向卖主报告，并获得债价；五是大约10天左右，一般会选择一个吉日，请丈量人丈量，丈量时，卖主、中人、买主和四邻会参加；六是丈量后即签约，实契变成白契，签约后会请相关人员吃饭，同时买家交付售金，并得到白契；七是向里书呈报，改粮照，即纳粮人的姓名；八是契税，白契变成红契；九是第二年正月，感谢中人，并邀请丈量人、土地四邻吃饭。买卖最终结束。

15. 毁约和定金

将实契交付买主后，如果买主不想买了，不能毁约，必须购买。如果付了定钱，如300元的地价，付了100元，毁约后，定金不能拿回。如果家里有人出事，没有钱了，也得卖地、借钱购买。总之签订实契后，不允许反悔。当然买主也可以请村长吃饭，请他调停。如果卖主毁约，一般不允许，除非在实契签订前，同族要求购买。如果万一要毁约，除了退回定金，还得进行一定的赔偿。当然卖主也可以请村长调停，买主看在村长的面子上放弃。一般而言，不管是买主，还是卖主，中人都不会允许。特别如果有人说，实契不见，这样全村都会知道，自己就会成为没有信用的人。

16. 卖地的时间

一年之中卖地比较多的是秋天到年底，一般农历十一、十二月。因为过年了就不需要花钱，也不会卖地。在冷水沟，民国十年因为水灾卖地多，民国二十六年（1937）因为旱灾卖地多。农民一般不愿意卖地，有钱人家不卖地还要考虑面子问题。

17. 典期出售

土地出典期间也能卖地，有俗话说："典不押卖。"如果5年的典期，只出典1年也可以卖地。如果卖地，地上有作物，出典者必须赔偿。对于出典的契税，有访谈者说，不需要这些费用。另外，据访谈者介绍，只有本村的承典者才有"先买权"，外村的没有，俗语说："当庄收当庄富。"

18. 里书与过割

里书是负责田赋底册的人。里书并不是政府工作人员，是社会人员承担政府的工作。冷水沟的里书是花费了250元购买的岗位。一是里书职责。里书不催缴和征收田赋，其工作为：钱粮过割；书写底册；田赋征册及册单的书写。其中，底册的用纸钱是里书负担；田赋征册及册单的用纸是县公署支付。分管冷水沟、孟家庄、李家庄的里书负责757户，可以收到用纸钱4元60钱，不过一顷土地还要向堆放处交纳30钱；二是里书的报酬。里书没有固定的官方报酬，但是土地买卖过割时会收手续费，一亩大约1元，如果土地买卖比较多，会稍微多点，5亩就是5元50钱，10亩就是12元。手续费主要是买主，有的多给，有的少给；三是修改底册，即过割。修改田赋底册主要有两个方面：一方面，买家找到两边的里书更改底册；另一方面，里书在每年纳税前前往本辖区有土地买卖的涉及的里书，与其他里书对照修改。然后在纳税前向征收处交钱粮底册；四是分家与过割。分家可以不契税，也不过割，按照原有家长的名义交钱粮就可以了。分家如果过割称为"均退"，同样要缴纳更名手续费。另外，这位访谈者又提出了一个概念"均粮"，即如有兄弟三人，要过割则需写三张"分粮单"或者"均粮条"，某位兄弟拿着给里书，然后里书才会给"均粮"，即更名。因分家而分摊钱粮称为"分粮""均粮"；非分家土地买卖而更名粮册称为"拨粮"。前者比较少，给里书交的手续费比较多，有五六元的；后者比较多手续费稍微少点，过去大亩1元，现在小亩1元。

19. 地价与土地类型

在土地买卖中，首先要看土地类型，属于水田还是旱地，在水田和旱地中有可以分为上、中、下等地。如水田是否方便给水和排水，如果用水方便则是好地，价格就会高。如果有水井也要写明有水井一口，这样可以灌溉，价格也会高点。"抬牛地"由于位置不太好，价格会适当便宜。

20. 兄弟之间土地买卖

兄弟分家后，土地契约由长兄保管，各兄弟的土地可以立界石，也可以不立界石；土地可以过割，也可以不过割。如果要进行土地买卖，有两种选择：一是如果是兄长卖给弟弟，直接将契约给弟弟即可，如果是弟弟卖给兄长，则不需要办手续；二是可以办过割手续，即去里书处办"均粮"或者"分粮"手续。另外，兄弟之间的土地买卖，同样要找中人，同样要写草契，因为兄弟之间不好谈价格，写草契是卖方希望的土地价格，找中人是为了方便谈价。但是兄弟之间买卖可以不写白契。但是最好有文书，这样日后好证明买卖为真。但是调查员没有问，这个文书是"实契"，还是"白契"。另外，如果是分家的叔侄等也可以采取这种方式。有些兄弟之间、叔侄之间的土地买卖可以在分家单上写明，但也有不写的。如果是护坟地，兄弟、叔侄之间买卖一定要有文书。

21. 土地买卖商量

如果一个家庭土地要买卖，如果母亲健在，先与母亲商量；再与兄弟商量；再与妻子商量；最后与儿子商量。卖地不与女儿商量。

22. 均粮与拨粮

所谓均粮就是兄弟之间分家后，要将钱粮分摊缴纳，称均粮，也称分粮。拨粮是土地买卖一定要去里书处更名，这就称拨粮。均粮是由一家分为多家；拨粮是由一家转为另一家。

（三）界线和界标

1. 水沟边界

在冷水沟，所有的水沟都属于私人所有，水沟的边界以水深线为界线。因为即使沟本身会变化，但是沟不会变，所以以水深线为界线。

畦草。一般而言，畦草可以自由采取，但是旱地的畦草中有谷物，孩子分不清，不允许采取。道路边的草、墓地的草都可以采取。

2. 土地界标

分家或土地买卖后要设置界标，如果是旱地，可以埋下石头，或者在上面种植马兰草。如果是水田，埋下灰顶，打下木桩，形成空穴，在里面填满石灰，然后在两个连接线上修成垅（畦道）。买卖土地时，界标设置费用由买家负担，但是为两家共有。

3. 抬牛地

所谓抬牛地，就是自己的地被其他的地包围，只能人自由进去，牛和车不能进去。旱地的抬牛地如果种植高粱，在高粱还矮时，不能把牛牵进去，长熟后可以牵牛进去，但是车依然不能进去。抬牛地一般会先于邻地耕作。抬牛地经过四邻土地时可以与所有者商量，也可以不商量，但是经过后需要整理一下。抬牛地不能借地修道，与四邻商量后人可以自由通行。因为总是从邻地通过，不太方便，所有者一般会将抬牛地卖掉。

4. 相邻地通行

如果从自己的地到公路去，如有作物时，必须绕行；没有作物，可以自由通行。婚丧时，如果要通过邻地，得到邻地所有者许可，叩头后可以自由进入，一般不会给报酬。如果在界线或者其附近建造房屋的时候，需要进入或者使用邻地，要是七八月有庄稼，拒绝使用；其他时间可以使用，使用不会给报酬。

5. 相邻地的使用

邻地的树枝或者树根越过界线，对于树枝，请求所有者砍掉；对于树根，可以自由砍掉。如果砍掉会导致树木枯萎，则请所有者处理。要是果树的果子长到邻地上方，可以摘掉。

6. 建筑物的相邻关系

建筑物的建设要离境界线大约5寸，这称为滴水管。从屋檐流下的水不能直接到邻地上。如果是房屋还必须建造一步半的伙巷，形成能够走路的私家小道，房屋高度没有限制。如果是挖井要离界线1尺左右，水井的深度没有限制。地窖、厕所在自家院里，不会影响邻居。肥料池建在场院。石栏、囤都没有限制。如果某家的建筑物地基动摇，产生危险，所有者有修理的责任。但是冷水沟庄没有发生过这样的事情。农民都是按照惯行行为，一般不会违反。

7. 房基、场园的界标

房屋的地基以围墙为界线，埋下石头界标。场园也是在界线下埋下石头。土地相邻，盖房子时以已经建好的邻家的围墙为界线。如果围墙坏了，由先建的人负担。

8. 公私有地的界线

在冷水沟庄，庙与其他的土地没有界线。玉皇庙与后面的房子有界标，但是与前面的土地没有界标。虽然没有界标，但是不会被侵占。

9. 墓地的界线

墓地都是在自家所有地内，没有界标。但如果是公茔地，选择一块做坟地，则需要界标，埋下石头。墓地一般不可以挖树，但是谁都可以割草。在冷水沟庄，墓地周围的土地逐渐被侵占，坟地越来越小，区划越来越狭窄。

10. 水田与旱地界线

水田与旱地的有界标，一般是埋石灰的棒。

11. 旱地与地基界线

旱地与地基之间主要是在界线上埋石头。

12. 河的界线

在冷水沟庄有一条龙背河，有时在一家的土地流过，有时在两家的土地流过，如果在两家的土地流过，以河中心为界限。流向小清河的水沟水深五六尺，宽约5尺，以河中心为界线（与前面有些差异，前面说以水深沟为界线）。

13. 道路界线

在冷水沟，道路和沟都是私有，一般以道路中心、沟为中心确定界线。水沟的话在进入自家土地和出自家土地的位置设置界标。如果道路两侧均有房子，则道路中心线靠自己的这边为自家所有；如果只有一侧有房子，全部归自家所有。如果房子没有在道路旁边，则一定要修建伙巷。只要是不在道路旁边修建房子，必须修建伙巷。

（四）农村金融和借贷

1. 借款机构及融资

在事变之前，借款有两个渠道，一是村内借款，可向财主借10吊、20吊的；二是在济南钱铺借款。但是"五三济南事件"后钱铺垮了。农民需要资金只能村内拆借。"五三事变"后虽然有中国、日本的银行，但是借款金额要大，而且还要一两个店铺做抵押，所以农民不会找银行借款了，也借不了款。"五三事件"前在济南有当铺，事件后就没有了，王舍人庄、冷水沟庄事变前后都没有当铺。农民需要钱可以从钱铺借，如10吊钱，1天150文利息。钱铺的利息是按照天来计算的，虽然可以是5个月、10个月，但是随时可以还钱。民国以前从钱铺借款的就不太多。现在村庄中的利息，是2.5分，在济南是3分；在事变前，1个月以上，村庄是1.5分，最高2分；在济南是2分，2.5分。在济南利率要比村内高些。

2. 信用借款

在冷水沟借款分为三种：信用借款、有担保借款和指地借款，大部分家庭都借款。信用借款也称无偿借款，属于亲友之间的小额、临时借款。当地农民称为"通融"。一是借款原因，婚丧嫁娶大事、春天没有粮食吃、春耕贷款，如借款买肥料，还有经商和小手工业的农民借款也比较多；二是借款额度，一般是10—30元左右，再多就必须是担保借款或者指地借款；三是借款利率，一般临时性借款没有利息；四是借款对象，一般性临时借款是亲友、同族之间的相互帮助。少数也向村外的亲友借款。同族之间借款最多；五是借款期限，一般是一个月以内；六是纠纷，主要纠纷是到期无法偿还导致的纠纷；七是担保，小额信用借款，没有担保。也没有保证书。

3. 有偿借款

亲友之间的小额借款不需要担保，也不支付利息，但是这无法解决一部分农户的资金需求，因此就会人担保借款。如果需要较长时间、较大额借款就是有偿借款了。一是金额，需要金额比较大，如四五十元以上；二是时间，需要时间比较长，但是即使有偿借款也是当年借，当年还；三是利率，一般是 2 分、2 分半、3 分，按照 3 分计算，即月率为 3 分，即年利率百分之三十六；四是还款，年底或者 1 年期限后，本利一起偿还。当然如果没有钱，也可以先支付利息，然后再延长借款期限的。5 个月、10 个月的比较多。借款金额多，利率越低；有担保人，利率相对低些；五是借款对象，有偿借款也是亲友之间的拆借。在历城县没有银行，也没有当铺，因此没有银行借款。与顺义县不同，小商店太小，赊购也不多。另外，佃农向地主借款也不多；六是担保，有偿借款需要保证人，或者以土地担保，也需要有保证书，如果借款人偿还不了，需要保证人偿还，或者需要借款人卖地、卖房偿还。没有以农具、房子作为担保来借款的；七是借款的后果，借款可以缓解资金不足的困难，但是也有因为借款而卖地变成佃农的情况。还有些到期无法还款，家长出逃的。

4. 借款的顺序

为了解决资金困难，冷水沟的农民如果有粮食就卖粮食，如果没有粮食就向人借款。如果一个人借了不够，就多向几个人借款。通过处理财产筹钱，其顺序是最先典当土地，其次卖土地，再是卖牲口。没有用牲口和房子抵押借款的，房子和农具要留下来住和生产。从借款的对象来说，首先向本家借款；其次从朋友借钱。一般不向亲戚特别是儿女亲戚借钱，这样太没有面子了。哪怕典当土地也不会向亲戚借钱。最后向放高利贷的人借款。

5. 借款与家庭成员

家庭借款有一个基本原则：父债子还，子债父不还。因为家长是一家之主，为家庭的法人代表，因此他以家长名义，为家庭事情而借的款，兄弟们要负责偿还。当然如果父亲借款不是为了家庭事情，则兄弟们可以不偿还。儿子在父亲不知道的情况下，或者弟弟在家长哥哥不知情的情况下的借款，家长父亲或者家长哥哥可以不偿还。

6. 钱铺融资：活期和定期

如果在村庄中借不到款，可以向钱铺借款。向钱铺借款要设定保人。从钱铺拿单，借主和保人一起署名，盖章。一般是铺保，个人不能担保，即店铺来提供担保，还必须有信用的店铺。借贷利息要按照钱铺的规则，主要有活期和定期两种。所谓活期就是年底一次性连本带利一次性算清，有钱的时候随时还钱，需要钱的时候随时借钱，利率每个月都变，根据月初的利率计算月末的利息，然后加入到下个月的本金中，然后一年清算一次。所谓定期就是要确定期限，类似3个月、5个月的期限，利率是当时借贷时决定的。金融景气时利息就高，萧条时就低，临近年底时利率就高，低的时候三四厘，高的时候有2分多。

7. 新民会贷款

春耕、盘井贷款是新民会的合作社贷款。在历城县春耕贷款总共贷出45000元，申请者很多。贷出金额是每人60元，第二年一二月回收。没有一直都无法偿还的人。利息是每天2钱5厘，一年9分。保证人是6人，10人负连带责任。一个人可借60元，6个人相互保证能够借360元。由村长、庄长担保。盘井贷款根据井的大小分为50元、100元、150元三种，期限三月末。利息与春耕贷款一样，不需要担保。

8. 计息的时间

如果借款期限是5个月，3个月就有钱了，可以还钱，只计息3个月。三月初五借钱，五月初十还钱，计息2个月，5天可以不要息。五月十五还钱，也按照2个月计息。五月二十日还钱，计息2个半月。五月二十五日还钱，仍然计息2个半月。五月三十一日还，计息2个月20天，剩下5天可以不计息。六月一日还依然是计息2个月20天。

9. 倒座利息

借1元10天内每天还6角，分三次偿还，有中人（也称过付人），没有担保人。还有借10元，当时拿到7元，到期偿还10元。期限为1个月。也是有中人（过付人），没有担保。

10. 高利贷与家人借款

想借钱，但是又不想让家长知道，这时就借高利贷。土地由家长管理，不承担家里其他人的借款责任。家长一般不会为了家事而借高利贷，一般会卖地筹钱。家人之间不会存在"通融"。不通过家长是不能借款的，因为不让家长知道，家长可以不偿还。

11. 借款保证人及责任

借款一般需要保证人，也称保钱人。保证人一般为1位，也可以有2位，但是比较少见。一是保证人资格，保证人一般是有财产，有地，信用比较好的人。保证人与借款人多是关系好的亲友，也与贷主比较熟悉；二是职责，具有督促还款并负责赔偿责任；三是借款，借款时贷主将钱交给保证人，保证人交给借款人，因为有时保证人还不认识借款人；四是偿还责任，如果贷主不能还款，保证人要负责偿还，保证人只负责偿还本金，不负责偿还利息。如果有两位保证人，则两位保证人有同等的偿还义务。如果只有1位有钱，则2位保证人商量，1位偿还后，另外1位也要出钱；五是保证人与贷主的关系，如果保证人偿还了借款，则保证人有向借主索要还款的权利，即有索赔权。保证人可以索还垫付款，但是不能索要利息；六是保证人与贷款人均有地的情况下，先卖贷款人的土地还款，再卖保证人的土地；七是大额借款一般既需要保证人，也需要财产担保。担保借款的贷主不可以将担保土地再担保借款。

12. 双保人的责任

在借钱时一般只有一个保人，如果有两个保人，当借主无法偿还本息时，两个保人分别承担偿还责任。如贷款 100 元，借主无法偿还，两个保人分别偿还 50 元。但是另外一位访谈者说，如果有 2 位保钱人，2 位都有钱，则 2 位平均负担；如果 2 位均没有钱，都有土地，则典地或者卖地负担；如果 2 位只有 1 位有钱，则有钱的保钱人代还全部债务，如果另外 1 位保钱人有钱后，在两三年内可以让其承担一半，但是时间久了，就不了了之了。如果借主有钱了，保证人可以向借主催还，催还时只能要本金，不能要利息。如果借主有财产、耕牛、土地时，应该出售这些财产来还债，不应找保人代还。

13. 过付人

过付人也称经手人，一般是与借主和贷主都熟悉的人。过付人从其他人借钱转手借给另外的人。如果存在过付人，过付人的债主和过付人的借主没有经济关系，也可以相互不认识。过付人与中介人、中间人大不相同，后者仅仅是介绍，前者责有经济责任，其实是两个借贷关系。过付人在一个借贷关系中是借主，在另一借贷关系中是贷主。中间人可以出现过继、土地租佃、土地买卖等多种经济关系中，而过付人只能出现在金钱的借贷中。例如，甲向乙拜托借钱，乙自己没有钱就去丙那儿，丙将钱借给乙，让乙负全责，乙再将钱交给甲。但是在借据上，贷主是丙，借主是甲。乙作为保钱人（保证人）出现在借据上。程序：甲拜托乙，乙同意；甲写好借据，乙带给丙。签订好契约后，丙将钱交给乙，乙再将钱转交给丙。利息也按照这种程序来转交。

14. 借贷担保

在冷水沟没有用房子做担保借款的，但是在济南有。坟地不适合做担保借款。买地时，如果钱不够，不能用已经买的部分做担保。对于洼地、沙地、地基、院地是否可以做担任，访谈者没有说明，只是说村里没有这样的土地。用土地作担保借款期限为 5 个月或者 10 个月。如果非担保借款，必须写还款期限，支付利息的借款至少是 3 个月，没有只借十天半个月的。借 10 元，还 11 元也没有。

15. 赊账与信用

在历城县或者冷水沟庄一般是现金交易不赊购。赊购需要两个条件，一是熟人；二是有信用。如果不认识，不能赊购；如果认识，但是没有信用，也不能赊购。在冷水沟有一个商店可以赊购商品。赊购后一般一个月内还钱，但是也有赊购比较长，在几个节日还钱的，如端午、中秋、春节前一定要还钱。赊购的价格，按照当时购买时的价格，即使在还钱时，涨价或者降价了，依然按照购买时的价格结算。赊购的店老板会有一个流水账，赊购者也会有一个总金额。如果赊购后万一无法付款，即使天天见面也不给钱，也就算了，金额不是特别大。按照赊账规则，赊账金额不能大于自己拥有的财产，但是实际上冷水沟的商店都是小商店，赊账的金额都不大。

16. 借钱与取钱

借钱就是不要担保，不要利息的朋友之间临时的小额借款。取钱就是"真正"的借款，需要担保，需要保人，也需要支付利息。借款的期限比较短，如10天、15天，最多一个月；取钱则是5个月或者10个月，期限比较长。借钱时没有保人，不需要财产担保；取钱时需要保人，也需要财产担保。取钱者大多以土地为担保。当然取钱时也可以信用借款，即如果借款人信用比较好，即使没有财产担保也可以借到五六十元。济南钱铺是日利，所以什么时候还都可以，一般是5个月或者10个月。取钱多少与期限没有关系。

17. 家人的取钱

一般而言，家人是不能借钱，更不能取钱的。但是在家长允许，有赚钱的方法，在有担保的情况下，家人可以借款，不过借款后，如果家长无法偿还，家长可以不偿还。一般情况下，如果得到许可，孩子们还不了账，债主会每天都会讨债，让人头痛，也有些亲戚朋友会做工作，有些邻居和亲戚会相劝，家长会还账，有时会偷偷给钱还账，但也有家长不还账的。如果家人擅自贷款，即使还不了钱，保人、贷主也不会找家长，否则会被骂一通，只能等家长去世后，儿子继承家产再还账。按照家规，女性是不能借款的。

18. 无法偿还借款处理

担保借款可以用担保物来还款，有保钱人借款可以由保钱人来还款。如果没有担保，也没有保钱人，则可以用借款人的地来还款，如卖地、给地来偿还。如果没有地，可以用除祭祀以外的所有家具、农具还款。如果一个人向两个人借款，则两人平均分配财产；如果其中一人有指地借款或者抵押借款，则要优先指地借款或抵押借款的借款人。也有些借款者无法还款而逃跑的，面对这种情况，借款者不能强抢妻女抵债。债务过了多少年都得偿还，如果父亲死了，儿子负责偿还；如果保钱人死了，儿子要偿还责任。

19. 本金偿还与利息支付

借款期限一般是5个月或者10个月，到期后偿还本金和利息，但是如果没有钱，可以先偿还利息，再延借5个月。偿还本金时必须一次性付清，不能分期偿还本息。如果在借据上写，利息可以用粮食来支付，也可以支付粮食。

20. 借主死亡的债务

如果在借贷期限内，借主死亡，且没有儿子和财产，保人负责偿还。如果借主有财产，但是没有儿子，出售财产还债。如果借主有儿子，则由儿子偿还债务，即使儿子不知道，也得偿还。即使没有借据，儿子也不抵赖不偿还。另外，贷主死亡，其儿子可以向借主要求偿还。

21. 还债的连带责任

父债子还有如下规矩，一是如果父亲死后，儿子还债；二是父亲死了，儿子死了，儿子的儿子，即孙子还债；三是如果孙子年龄尚小，则儿媳妇偿还债务；四是这些都还不了，就得保钱人代还，如果保钱人死了，就保钱人的儿子偿还；五是如果保钱人死了，保钱人家里无钱，只有地，则卖地代还债。如果父亲死了，有两个儿子，两个儿子平分债务，负责偿还。如果父亲死了，儿子偿还，如果家里没有至亲，找族人出卖土地、房产，其顺序是：首先是出卖土地；其次是房子；再次是牲口；最后是农具。如果这些出卖后仍然不足还债，则不再偿还。

22. 赊账债权和请求

农民也有在杂货铺和饭馆赊账的情况，赊账一般会偿还，如果不偿还，过年时店铺会催讨。如果赊账人外出打工，几年后回来，也应还钱。欠账不管多久，都有效。只是多年后，还一部分就可以了。如果一直都收不到款的债务称为瞎账。

23. 大还账

所谓大还账，就是欠债比较多，即使将家里财产卖掉后也还不清时，就进行"大还账"。一是分配者，主要是有能力、有威望同族人和邻居参加，同族中最有威望和有能力人担任分配的主持人或者调停人，不一定是族长（但是王舍人庄的说只是邻居参加，同族人不参加）。庄长、乡长和介绍人也会参加。借主一般不参加偿还分配会议；二是分配标准，财产卖掉后按照负债比例来分配，比如负债 20000 元，但是财产收入只有 2000 元，各个债主按照债务比重进行分配。如果有典地则先全部还清典地债务。指地代钱是有担保的，可以比没有担保的多得一些，如没有担保的还一成，有担保的则三成（王舍人庄说法有一定差异，所有债务一视同仁）；三是财产出售顺序，首先出售土地；其次售房子；最后出售牲口等财产（王舍人庄不卖农具和牲口）。如果家里有父母，可以适当留些土地和房子居住。四是手续，借主拜托调停人，商量分配还债方案后，请介绍人将还账事宜告诉贷主，债主同意后实施大还账。借主卖掉土地和房产，然后向债主发出帖，邀请来家里偿还债务；也有不写帖，由借钱的介绍人口头通知债主，债主一般没有反对的，只是走个形式而已。四是债主拿到分得的钱后，将借据交给借主，借主当场烧掉。五是大还账后，主持人或调停人、四邻、介绍人及债主、借主要一起吃顿。

24. 债务融资及其他还款

在冷水沟庄不能用债权担保借款，既不能用借条借款。也不能拿典契借款。指地借款得来的耕种土地是别人的，也不能用来借款，或者再次指地借款。如果借款人欠账不能让太太或者孩子们去打工还钱。在冷水沟不能用牲畜质押借款。

25. 担保物的处理

如果是指地借款，到了还款期限如果不能还款，就将土地交给贷主耕种。在冷水沟借贷时即使是指地借款也不将地券交给贷主。农民认为有没有地券都是一样。说明当地的借贷惯行都在被人遵守。债主耕作这块土地不管多少年都不能变成自己的土地，只要借主拿钱并支付耕种前的利息就可以拿回土地。到期还不了账时，也可以转为出典，但是债主不会强迫。债主不能将借主的土地出租，只能自己耕种。也不存在债主将土地再出租给借主的情况。借主有土地时，保证人不代还本息。到期后无法偿还债务，一般会卖掉土地还债。债主即使拥有借主的地券也不能卖掉土地。在借款人卖掉担保土地时，在价格相等的情况下，债主有一定的先卖权，抵押土地有卖给债主的情况，但是比较少见。

26. 借据签字与还账

借据也称为字据，就是指借款的凭证。一般而言，借据必须借主签字，调查的当时也要按手印，如在一个十字或者圆圈上面按上手印。也有不签字，也不按手印的借条。据农民说，即使这样的借条也没有人要赖不认账的。如果借款的是父亲去世了，儿子们也要还账，因为有中人，如果儿子不还账，则会产生纠纷。如果贷主强势，一般会要到账，如果借主家强势一般不会还账。

27. 同族、亲友借款及担保、利息、期限

向同族借款，如果是小额的、临时性借钱，不需要担保，也不给利息。但是如果金额比较大，时间比较长，且超过了一个月，虽然最初没有谈利息，但是在还款时，也应带上利息，如果贷主不要就拿回来。朋友亲密的也是如此。直接向朋友借短期小额的款，可以不要利息，但是间接向人借款，需要支付利息。向亲戚朋友借款，一般没有确定的期限，但是有大致的期限，平常也就是10天或15天左右就会还钱。

28. 保证的变迁

借贷需要保人，保人有一个变化，开始称保证人，是对人的保证，即对借主保证，如果借主不能还账，将借主引到贷主就行了。后来保人变成了保钱人，是对钱的保证，如果无法借主无力还账，则由保钱人偿还。

29. 担保物及还账

不是所有财物均可以作为担保物，只有土地、房产可以作为担保物。家具、农具、牲口不能做担保。因为牲口需要吃饲料。也没有用劳动抵债的情况，更不能用妻女还债。

30. 替人还债

如果甲无法向乙还债，丙替甲还债，在乙收到钱后，烧掉借据。甲与丙签订新的借据，丙凭借此据再向甲收款。

31. 地主与佃农的借贷

具有常年租佃关系的佃农也会向地主借钱，地主会帮助佃农，不要中人、保人，也没有字据，不会收利息，期限还是按照惯行 5 年或者 10 年。有时佃农需要肥料或者农具的时候，或者佃农家的婚丧，地主也会帮忙。

32. 东家与短工、长工的借贷

有时经常在某个地主家做短工，如果家需要钱，也会向地主家借贷，如借给短工粮食，从当年的工资中扣除，10 元的谷物按照 7.5 元价格计算。长工在地主家打工多年，如长工需要钱，地主也会借给他，并不收利息。只有这位访谈都说到这种情况，看来地主与佃农、东家与短工、长工之间的这么和谐的关系并不多。

33. 借粮

在春季里，没有粮的家庭会向有粮的家庭借粮。借粮后还粮，不需要字据，也不需要中人，更不需要利息。在收获后再偿还，借多少还多少。借粮一般是从邻居借得比较多；其次是朋友，从亲戚那里借得比较少。因为与朋友和邻居关系比较好，借得多。亲戚因为不好催还，很没有面子。如果去借，家里有钱也说没钱。其实更多的时候是借钱买粮。

（五）指地借钱

1. 指地借款定义

土地担保金融有两种情况，一种是典；一种是指地借款。指地借款又称为指地使钱，就是以土地做为担保来借款，如果到时无法偿还借款，将土地交给贷主使用和管理，直到还款为止。在土地担保金融中，十有八九是指地借款，典地只十之一二。指地借款是借款金额比较大时的一种选择。

2. 指地借款期限

指地借款的期限一般是 5 个月或者 10 个月。如果能够偿还利息，则可再延期还款一二期，即 5 个月或者 10 个月，不能持续不还款。

3. 指地借款限制

土地一般都能够指地借款，坟地要除去坟包，未交纳地租的土地不能指地借款。如果是以房子借款称为"指房借款"。

4. 指地借款的额度

指地借款一般可以借到地价的百分之八十。

5. 无法偿还的处理

指地借款在还款期限内，贷主无法使用土地，但是过了还款期限，可以使用土地及获得土地收益。如果贷主可以使用土地及收获收益，则不再支付利息。如果到了期限，应该向贷主给付土地，但是借主还在耕作，此时借主如同佃农，向贷主交租。虽然如此，但地契不会交给贷主。如果万一再无法偿还，借主要卖地还债。如果卖地偿还仍然不够，将宣布"破产"，不过调查者没有继续追问，如何破产？另外，还有指房借款，但是没有指牲口借款的。

6. 指地借款与保钱人

指地借款，如果借主还不了，贷主可以耕种土地，这与保钱人没有关系。但是如果贷主不愿意耕种土地，则保钱人代还，贷主将借据交给保钱，保钱人凭借据向借主讨账，同时保钱人耕种土地，直到借主还账。指地借钱时，保钱人会劝借主卖地还账。

7. 指地借钱与出典

指地借钱后，也可以将土地出典给其他人，在出典之前，要偿还指地借款，然后再出典。

（六）典地

对于贷主来说，最喜欢的是土地出典，即借主和贷主签订典契，以土地收益来借款，即将土地及其收益交给典主，出典者获得借款。

1. 典约

出典土地一定要签订契约，以契约规定相关内容，典契有介绍人、代笔人。典约又称典字，字据等。借贷可以写字据，但是出典土地必须写字据。出典土地需要介绍人，也称为中人，介绍人必须在字据上签名。立字日就是交钱日，即立字就得交钱。当然本村可以先立字，再缓几日交钱，外村必须签字就交钱。家长出典土地不需要画押，但是如果叔叔去世了，侄儿出典土地，必须画押。出典土地不需要丈量，但是要去地里看看土地的界线。出典土地时不需要出示地契。如果承典者丢失了典字，写好"失迷字"后，交给出典者，主要是为了之后找到了引起纷争，不会让出典者重新写典字。典约只制作1份，交给承典人。

2. 典限

在冷水沟，出典一般是3年，也有5年和10年典期的，最多不能超过30年，最短的期限为1年。如果到期不能回赎，则变成无期限的出典。尽管如此，承典者也不拥有土地的所有权。因为典契上没有四面的界线，地邻也不会证明。典契与租约不同，后者可以不写期限，但是前者必须写明期限。

3. 典税

在历城县或者冷水沟庄，出典一般不会契税。因为出典时间比较短，如果时间比较长，需要税契。一般5年或者10年需要契税。这是县里的命令，如果不遵守，典字没有法律效力。大多数情况下没有契税，也不登记。

4. 典价

所谓典价，就是出典土地所借得的钱。典价低于土地卖价，一般为土地买卖价格的七成左右。如土地价格为1000元，典价可以为700元。如果地价涨，出典者可以申请增价，冷水沟称"爬崖"。

5. 回赎

在典期结束后交付典价就可以拿回土地，称回赎。回赎结束，如果典期未到，一般不能回赎，但是如果关系好，也会同意回赎。如果典期是3年，出典本人要求回赎，在一年后可以回赎，但是其他人，即使是同族人也不能回赎。但是承典者不同意提前回赎，也不能回赎。如果典期到了，不能回赎，自动延续。也不需要再确定典期，出典者有钱后可以随时回赎。在土地上有庄稼时不能回赎土地，一般而言，麦地不过年，春地不过清明。收割完庄稼后可以回赎土地。回赎土地时，可以逐步还钱，但是不能还一部分钱拿回一部分土地。回赎一般是出典者提出，承典者一般不会主动提出。赎回时双方将介绍人请过来，一手交钱，一手交典字，出典者将交给介绍人，介绍人数过后交给承典者。

6. 转典

如果典主需要钱，一方面可以建议出典人回赎土地；另一方面可以转典，在期限内转典，可以不与出典者商量，如果典期结束，则要与出典人商量。转典的价格一般低于原典价。转典主与出典人之间没有关系，如果要回赎，原典主向转典主回赎土地，然后出典人向典主回赎土地。转典时也要介绍人，还要立转典契约。转典期限在原典期限之内。转典主也可以再转典，因为期限短，价格低，所以这样的情况比较少。转典时可以只转典一部分土地。转典必须征得出典者同意，转典时典主要给转典主看典契。

7. 典权的让渡

如果出典者无法回赎土地，承典者可以让渡典权，土地交给接受典权者耕种。如果是在期限可以不与出典者商量，但是在期限之内要征求出典者的意见。

8. 增价

在冷水沟称"爬崖"，即要增加典价，如果土地价格上涨，出典者要求"爬崖"，典主也会同意。如果地价上涨，承典者不同意"爬崖"，出典者可以出典给别人。不过在期限内不能再出典。但是地价下降时，承典者不能收回部分钱，但是出典者可以转典。"爬崖"一般是秋天结束后从十月、十一月到第二年春天，有庄稼时不能"爬崖"。

9. 座典座租

出典者将土地出典给其他人后，自己仍然耕种土地，每年给承典者交租。这种情况称为座典座租。这时要双方还要立租约，也称为租单。一般的土地租佃可以写租单，但是座典座租一定要写租单。如果出典一年后，出典者将典地租种过来时就是普通的租佃，不再称为座典座租。

10. 出典地的出卖

出典地不能卖给别人，如果想卖，必须先回赎后再出卖。如果出典者没有钱，可以先向买者拿到钱，赎回土地后，再出卖。出典地买卖时，一般是出典者、承典者、买方和两位介绍在一起时进行。买主看着将钱交给承典者。如果土地上有作物，在年前地主支付典主肥料和种子费用，指导作物一起出卖。如果是年后出卖，则买主和典主平均分配收获物。这时出典者可以不支付肥料和种子费用。清明节前均可以采用上述方法处理，但是清明节后，典主一般不会同意。一般而言，出典者出卖土地时，不管是在期限内，还是期限外都可以不通知典主，有一个习俗：典不押卖，或者押典不押卖。

11. 出典地使用限制

不能将旱地变成水田，也不能将耕地变成非耕地。其他人作物种植，典主自己决定。承典地上可以挖井，但是坟地有风水，不能挖井。如果没有向出典者商量自己挖井，则由承典者负担，如果与出典者商量，费用可以商量分摊。如果不经出典者同意挖井，回赎时要承典者要填埋水井。如果原来有井被埋起来了，疏通费用，可以与出典者商量，双方共同负担。如果没有与出典者商量，就由承典者负担。井的维修费用，承典者与出典者商量时，可以双方承担。

12. 不能出典的土地

养老地不能出典，如果父母自己出典则可以。坟地不能出典，但是坟周围的地可以出典。

13. 典地钱粮与摊派

出典地的钱粮，除非契约规定，一般由出典者承担，但是如有约定，则典主按照约定承担。附加和公摊费用均由出典者承担。在冷水沟庄，典主要承担钱粮，过去是每亩负担3角，事变前是五六十钱，现在是每亩1元。这是村庄里决定的。典主承担的费用要写进典契的。

14. 出典与佃农关系

出典与佃农没有关系，出典人可以不告诉佃农，但是也可以告诉佃农。一般而言，如果土地上有庄稼，要通知佃农；如果没有庄稼，也可通知佃户。如果是典主耕种土地，即使地主不通知佃农，佃农也会明白。也可以请介绍人通知佃农。在土地出典前，地主也可以通知佃农，如果佃农有钱，可以将土地出典给佃农。一般情况，介绍人会问佃农承典的意愿，如果是外村人，住得比较远，不会与佃农商量。也就是说，佃农有优先的承典权。

15. 典地的特殊情况

一是承典地的指地使钱。承典地也可以指地使钱，但是必须在原有典价和期限之内进行；二是典的永续性，除了赎回出典地外，没有其他取消典的关系的方法。不管过了多久，出典地都是地主的土地，典主只有耕种的权利，没有处置的权利；三是典地出卖时的先卖权，价格相同的情况下，同族有先买权，其次是承典者，再次是四邻；四是典地时可以不通知同族，但是出卖时必须征求同族的意见。

16. 押与质

以动产为担保借款称为押。将土地给人使用借款称典。在冷水沟没有以人为质的借款，只有在少数情况下，如果欠款还不了，去贷主家干活的情况，劳动力干活还钱，只能还利息，不能还本金。可以以农具为抵押借款，抵押农具交给贷主使用，如果损坏要负责修理和赔偿。如果无法还款，则将农具拿走。

17. 典与指地借钱

家里困难，短时间内没有可能偿还的，就选择出典土地，有可能近期偿还的，就选择指地借钱。在卖地、典地、指地借钱、信用借钱四者之间，借钱最好；其次是指地借钱；再次是典地；最后是卖地。

18. 典与画押

典地只在最后写上介绍人的名字，但是不画押。卖地时，介绍人、中人不画押。典地、卖地时，如果不会写字，可以请代笔人，代笔人要写上名字，但是不画押。只有分家单、过继单要画押。

（七）交易关系

1. 集市

在历城县有几处集市，不同的集市赶集的时间不同，集市开市的时间一般是早晨 8 点到中午结束，最迟下午 1 点结束。赶集人的范围是距离集市 6 里以内，大约都是集市周边的村庄。农民根据不同的商品去不同的集市，蔬菜或普通日用品去王舍人庄，买豆饼去东王庄，买牲畜去坝子。集市没有大小之别，只有商品之有无。坝子和东王庄一年四季都有牲畜买卖，王舍人庄只有秋天才有畜牧集市。除了集市外，还有庙会，庙会也会有集市，买卖的商品与集市大体相同。

2. 商品交易

商品交易主要有三个地方：一是家口的买卖；二是集市的买卖；三是农民在济南买卖。一般而言，自己家里的粮食等要卖个高价就去济南；婚丧等重要的用品和大板车轮周围的铁等就去济南去买。不买这些东西时不去济南，因为要检查良民证，比较麻烦。

3. 商人

在集市里农民与商人之间买卖，商人就是收购商品或销售商品的人。农民卖自家制的棉、棉布不属于商人之列。商人有巡回的商人，农民称他们为掌柜的。

4. 贩子

有一类商人，专门进行贩买贩卖，他们又称经纪人。如菜贩子、粮贩子。前者低价收获蔬菜，高价卖出；后者主要是收集杂粮卖给济南的谷商。绳子和稻草经纪人是济南人，住在村里。粮食经纪人是要村地少的人。有人扛着蔬菜、洋油、豆芽、洋火、馒头，还有布来村里叫卖，其价格不见得会比集市低。也有人用驴给别人拉磨，代替劳动力，以此换取大蒜。妇女经常这样做。

5. 合作社交易

新民会合作社收购大米，冷水沟三分之一的大米为合作社收购。在王舍人庄的赶集日过来，买米，然后卖给济南的日本人谷物商。也买洋火、面粉、石油、肥皂等，最近开始买鸡蛋和蔬菜。

6. 稻草交易

冷水沟庄的稻草，除了自家使用外，由经纪人收购后运到济南销售。1 捆叫作 1 个草，3 斤，值 5 分，经纪人的运送费为 2 元，2 人用一辆大板牛马车运送，一天能够赚 8 元，收购 5 元，伙食 1.5 元，剩下 1.5 元。这些运送的人被称为"拉脚"，冷水沟有 12 人。

7. 物物交换

在历城县，在冷水沟庄，物物交换不多，有高粱草与砖头交换的，1600 斤草能换 1000 块砖头。还有高粱和大豆交换，因为两者的价格差不多，不过家家户户都有，物物交换的也不多。村庄的大米是用来卖的，麦子可以用高粱来换。交换地点在集市，1 斗麦子相当于 10 天的粮食，与 2 斗的高粱交换，这样就会有 30 天的粮食。

8. 商品购买

农民从集市购买豆子、豆饼，用来做家畜的饲料；从济南购买大粪。在集市里，买衣料,自家做的样式不好,但是耐穿,但是自制很少。杂货大部分在集市购买,也有少数的如洋火、洋油、纸在村里的杂货铺购买一些,大部分在集市购买。日用杂货在集市和村小铺购买,木制农具在集市购买,章丘人会将铁制的农具销售到村里。去济南购买大粪肥料,然后再加点灰就会凝固,农民把凝固的固体打碎加点土就是肥料。粪一般在3月购买。1000斤为25元。也可以集市购买豆饼做肥料。事变前后,主要是新民会合作社开始购买大米。另外,在冷水沟商量购买没有共同进行的,都各家分别进行。

9. 农作物销售时间和地点

一般的农民在农产品收获后就会出售,但是也有一部分农民等待价高后再销售。正月货物缺乏,价格会上涨。一般而言,5月卖麦子,8月卖杂粮,9月卖大米,10月到12月送草,6月末和7月赶牛,年底卖鸭。集市的蔬菜便宜,济南的鱼便宜,杂粮在集市里稍便宜,虽然如此,农民基本在集市上卖。米有三分之二在济南出售,三分之一卖给合作社。在冷水沟没有在作物成熟前就约好贩卖的事情,佃农再缺少钱也不能卖青苗田。

10. 地摊费

一整年都在别人土地上摆摊,要支付使用费,而且还要送礼物。根据买卖的大小,占用费有所不同。大体上杂货商为三四元,粮食商为二三元。一般是年底支付。购买商品的农民不交地摊费。地摊费交给土地所有者。

11. 集市的税金

在历城县,集市牙税不太普遍,大部分的商品不交牙税,只有少数商品才交牙税。杂粮要交牙税,1斗2分。牙税由买主支付。另外,在粮食交易方面还有两个专门的词:掉落和过斗。所谓掉落就是掉在地下的粮食;过斗就是计量的意思。粮食没有牙税,但牲畜都有牙税,如猪的牙税为总价的百分之二。

12. 粮食搬运

农民销售粮食一般有几种搬运方式:一是用大板车将米运到新民会;二是用牲畜(多为牛)运输;三是自己挑或者用小车推。没有借板车或者牛来搬运的情况。

13. 计量工具

在历城县,面积为五尺杆子,容量为斗,重量用秤。集市的斗过去都是和尚做的,被官方认可,称官斗。但是没有官尺。冷水沟庄有很多丈量人。其实也有官亩,即240步。一直没有实施过。

14. 牲口交易

牲口交易都是现金交易,一手交钱,一手交货,但是如果有保证人,可以推迟10天左右再交钱。如果不交钱,保证人就带人去购买者家里去。如果牲口不见,就打官司,关押买家。正因为风险比较大，保人一般不愿意做保。牲口交易特别牛马骡等大牲口，一是需要保人；二是需要保障期；三是需要定金，一般是成数，如先付一二成等，其余延期付款。如果在保障期内牲口生病就退给卖家，如果没有生病就给经纪人全额价款。如果在保障期内死了，由卖家负责。如果超过了保障期，虽然没有付款，也由买家负责，必须付全款。如保障期是5天，付款期是10天，在第7天死掉，也是买家损失。

15. 婚丧费用

一般结婚和丧葬花费都是在100—200元之间，多的也不超过300元。如果婚礼是100元，50元请客，50元是聘礼。如果葬礼是100元，50元请客，20元购买棺材，其他的用来挖坟或者其他杂费。

16. 区长及区公所

区长由乡长推选，县长发委任状。区长没有任期。区长不是官吏，县里不给报酬，由区里负担。区长每年月薪水70元（另有一处为50元）。区里有区公所，有一名办事员，也称为区长助理，薪水是每月30元。区长一般是有财产和讲信用的人。区长的主要工作，一是田赋督促，主要是督促乡长；二是预借田赋，当县里急需用钱时，就会向各区预借田赋，由区长负责。区长与警察分所没有关系。区公所主要有区长1人、助理1人、会计1人、文案1人、书记1人，勤务（区丁）6人。每月从乡收集的经费五六百元，300元为工资，其他为办公经费。

17. 乡长及乡公所

各区以下是乡，乡有乡长，在乡公所办公。乡长由各庄长推选，县长委任。乡长接受县公署、区公所的命令，包括看铁路、修路、栽树、催粮、区公所的经费、爱护村的事情、新民会的工作等，概括起来就是三个；催交田赋、催民夫、催摊款。乡公所接到命令后传达给庄公所，重要的事情要开庄长会议，这些事情包括看铁路、修汽车路、摊民夫等。乡公所催粮主要是通知，因为政务警会催粮，但政务警过来时要提供饭、支付烟卷费，每次约二三元。乡公所全年的经费6000元左右，每月300—400元，具体明细，区公所费160元、乡公所费80元、爱护村费60元。乡公所的办公经费主要包括乡丁的工资、零星的纸张费用、请客费等。临时摊派的费用不确定，调查当年是200元。乡公所摊款均按照地亩分摊，每月一次从各庄劈账。

18. 预借田赋

如果县里经费不足，会向各区预借田赋，各区向各乡、各乡向各庄预借。预借数量各区可能一致，也可能不一致。预借田赋要退返的，所以多一点、少一点没有关系。有些预借写有"抵完"的字样，就不退还，而是用收据直接抵田赋。预借与预征不同，后者是提供征收田赋，征收后不退还的。预借田赋时，县长要召集庄长开会。预借时，县里通知区里，区里通知乡里，乡里通知县里，庄长收齐后，可以直接交给县里，也可以交给乡里，然后由乡交给县里。

19. 预借恤金

恤金是县警察队死人时救恤其遗族的费用。按照各个区乡庄的顺序来收取，县公署按照户数收取，各个庄按照地亩收取。这笔款不能返还，不能抵完，也不会有收据，其实就是一种摊款。

20. 摊款及层级

历城县的摊款比田赋要多，概括起来主要有如下几类：一是县里的摊款，纳入预算的有田赋附加和附捐，没有纳入预算的是赈捐，主要警备队、警务局、日军的临时补充费；二是区公所的人员、办公经费及招待费用，由各乡摊派；三是乡公所的人员、办公经费及招待费用由各庄摊派；四是爱护村、新民会也会有一些摊款，这些摊款通过乡摊派，也有些直接向各庄摊派，县里不干涉；五是各庄本身的人员、办公、招待费用，由各户摊派，而且前四个层级的摊派全部由有地的农民负担。

21. 摊派及方式

从县到村的这些摊款，其内容和方式主要有如下几类：一是摊派内容，摊现金、摊人夫、摊实物，实物主要包括柴草、马车、电线杆等。摊人夫主要是修河、修路及给日军搬运货物；二是摊派标准，各级的摊派均按照地亩负担；三是摊派的顺序，县里的摊派下给区里，区里的摊派下给乡里，乡里的摊派下给庄里，庄里的摊派下乡有地农户。重要的、大额的摊派要召开庄长会议；四是摊派夫一般不给报酬，有时会有一点点劳务。

22. 杂费摊款

村庄也会有杂费需要摊派，因为村庄没有预算，因此随收随支，或者先垫支，再征收，征收也没有固定的日期。杂费摊派按照地亩征收，没有地的佃农不负担。村庄杂费收支也有账簿，由保长掌管，但是保长不识字，由会写字的记录。垫支时由土地比较多的财主垫付。保长并不富有。杂费有青年团、青少年团费用，保甲自卫团、应酬费等。村庄出苦力，每天要2元，由杂费支付。自卫团训练，每日要支出2元5角。青年团、少年团的训练时的饭费等。全年杂费每亩约三四元左右。每年底时会用表格贴出来进行公示。找农民收杂费时不仅要告诉金额，还要告诉原因，农民也没有抱怨的情况。

23. 村庄费用

民国二十九年（1940）摊款5次，金额分别为：二月1毛五；三月3毛；五月麦子3合；六月5毛；十一月1元6角。村费主要包括：摊款、花费、花项、摊花项。民国二十六年（1937）全村村费3000元左右；民国二十八年（1939）6000元左右；民国二十九年7000元左右，民国三十年（1941）（调查的当年）至今已经超过7000元，全年需10000万元，其中铁路摊款有2000多元。村费按照地亩分摊，没有土地的农民不负担摊款。村庄费用包括：一是政务警等公务人员来后的饭费；二是送函件的人的小费一二元；三是村里人去县里、铁路开会的饭费；四是看护铁路人的补助；五是修理庙宇的费用；六是请人看风水的费用；七是自卫团受训练的费用，主要是吃饭补贴；八是修理学校的费用。

24. 土地征用

历城县公署和城墙的修建要占用民地，因此需要征用。征用价格是 120 元/每亩，但是市场价格是 500 元/每亩。

25. 政务警

政务警由财政科任命，主要任务是催粮、传票，处理钱粮纠纷，揭发不法事件。还将有些事务传达给各个区。政务警催粮只找乡长、庄长，不直接去粮户。钱粮开征后，政务警不许随便下乡。传案也只是将事情交给县长，政务警不做审判工作。政务警去庄里拿着训令、指令、红谕、手谕。指令和训令留在庄里，红谕和手谕要带回来。政务警下到乡、村，需要提供饭，烟卷费，大约二三元。政务警只做与钱粮有关的事务，刑事案件由警察所负责。政务警和警察均直属于县长。全县有政务警察 34 人，警长 1 人。

26. 警察所

警察所隶属于县长，负责治理和刑事案件。警察所不进行裁判，交给县长处理，大案子要移交给法院。

27. 地保

地保也称地方，都是一些地位比较低微的人，穷人居多。地保负责跑腿。在钱粮开征时，在发放了通知单后在村中巡回打锣。地保由庄长选择，呈文于县长。地保没有固定的收入。

28. 里书

县公署称总房，乡村称里书。一是里书的职责，里书主要是拨粮，或者赋税过户，里书要负责整理辖区内的田亩札子，即田亩底册，也称粮册（钱粮征册），还有订传票（地丁通知单）；二是里书的选择。里书一般是世袭的。冷水沟的里书估计出了 300 元购买获得这个岗位。里书一般是兼业的，自己还有其他的职业。当然里书也可以请人帮忙，请的人不叫里书，称"请先生帮忙"；三是里书的资格。只要会读、会写、会算，且有信用就可以担任里书，不见得要有多少财产，大户不会做里书；四是里书的性质。里书并不是财政人员，而是社会人员，负责土地买卖的田赋过户，没有固定的工资收入；五是里书的收入。里书每年春秋两季去村里过户，过户时每亩 1 元手续费。这个手续费还负责粮册费用。田赋过户或拨粮时不给吃饭。也可以买家向里书申请，带着契约，然后拨粮，卖家可以不在场。因为里书为专门的村服务，每年麦秋时，村庄会给里书送二三斗小麦。在冷水沟小麦由十甲长收取。各户根据土地数量承担。佃户不交田赋，也就承担这笔费用；六是里书和推收处。如果买家和卖家不是一个里书负责，要去买家所在的里书拨粮。如果买卖家的里书认识，可以相互收和退。如果不认识，买家的里书就会拿个"条子"去县推收处，卖家的里书也在推收处拿到"条子"，找到"退主"；七是里书拨粮的程序。一般程序是，买家将有关买地情况向庄长报告，庄长汇总，每年秋天庄长委托地方（或地保）将里书请过来拨粮，当场支付手续费，拨粮者不请里书吃饭，里书可在庄长家吃饭，一天即可以完成。整理不完的，第二年春天可再来一次；八是里书与庄长、征收处的关系。里书与庄长没有关系。里书做完粮册和通知单后，带去征收处，临近开征时，征收处发放通知单，规定在一定的时期提交。里书也不会在县公署办公，而是在家里工作。有时县长会召集里书讨论粮册的编造方法和过户的事情，但是没有里书单独的会议；九是历城县里书的情况。历城县有 108 个里，有 108 册钱粮册，包括一个外县的里及钱粮册。全县有 97 个里书。里有大小，有的里大，可能有几个里书；有的里书，可能管几个里。

29. 拨粮

就是将田赋缴纳户头由卖家转到买家。由买家去找里书拨粮。或者里书春秋两季去里过拨后，记载在推收册上带到县里去。农民也仅有过拨，但是不契税的。

30. 税契

其实就是土地买卖成立后，买家前往县公署地财务科去交契税。交契税就是国家认可以土地买卖，确认了所有权。也有人说，白契只是确认了横向的权利；红契，即交了契税后的契约，则是国家认可了财产权利，可以对抗国家。

31. 拨粮和契税的程序

过拨时将条子交给里书，里书拿着推收册去推收股，然后推收股制作传票，催促契税，在传票来之前，农民会交纳契税。可见，过拨在契税之前。

32. 钱粮征收及程序

开征前，征收处会通知庄长，召集地保，分发各户的传票，然后把这些传票分发到各户。开征时，征收处把谕单分发给庄长，地保把谕单贴到管辖的各个庄子。农民自己自封投柜，即自己前去缴纳。但是如果过期，则委托庄长去缴纳，庄长先汇总，然后再向征收处缴纳。庄长有一个接收钱粮簿，记录过期没有缴纳的名册。在催收钱粮时，由政务警催庄长，庄长让地方催促没有交纳的农户。政务警一般不会直接催促各户。如果有些农户万一交纳不了，庄长会垫付。然后向各户催交。如果万一交不了，就从村庄杂费中扣除。庄长垫付钱粮因为时间比较短，没有利息。如果农民交纳不了，庄长又没有能力垫付，庄长会被县里扣押。

33. 屠户及屠宰税

在冷水沟庄有四位屠夫。农民过年或者丧葬、婚姻时，宰杀牲口一般请屠夫。请屠夫宰杀一般不给钱，只是给猪毛、胰子、腰子，小肠不给，大约价值在 2 元左右。也有 1 人说，猪毛和小肠作为礼物给屠户，其中小肠作为屠宰税，猪毛可以赚到五六元。给了礼物，一般不吃饭。如果屠宰的猪比较多，比如 5 头，猪毛也归屠户，但是屠户要出 5 元买回猪毛。宰杀猪的人家要交 30 钱的屠宰税，交给屠夫，后者去集市交给包税人。屠夫一般不会少交，因为如果发现后要惩罚的。杀猪一般是节日、结婚、葬礼时比较多。农民自己杀猪自己吃，也有不交屠宰税的。在王舍人庄有一个人收屠宰税，收税后在猪肉上盖章，每头猪交 30 钱的屠宰税。收税后不给收据。

34. 民众看家

邻间制时期，在农历十月到年底，要组织人员看家，称民众看家。一是由庄长组织，每次每间出按照地亩出工，因为土地数量不等，每间或出 3 人、或 4 人、或 5 人，然后从中选 1 人在全村巡逻，冷水沟 14 间就有 14 人，每间剩下的 3 人或 2 人在本间巡逻，如果有人休息就替补上去；二是民众看家主要是冬季，因为冬季没有事做，小偷多，夏季可以打工，每天有 30 钱、50 钱的，没有人会做小偷；三是巡逻时农民自带土炮，来四五个小偷都不怕；四是民众看家按照地亩数量出工，一般 5 亩一个工，地多多出工，地少少出工，没有地的不出工，出工看家一般是一个月一轮或者 20 天一轮。有时 3 亩也会出 1 个工，3 亩以下就不出工。正好 3 亩，家里没有男性，可以不出工；五是出工看家一般是年轻男性，从 15 岁到 50 岁。也可让长工代为出工；六是如果家里没有男性，五六亩的人家可以不出工，但是超过 10 亩，一般会有长工，就请长工出工，如果没有长工就得出钱请人出工，一般 1 日 1 元 50 钱或者 1 元。生病时可以不出工，婚礼时可以暂缓一两天；六是在冷水沟有土地，但是不住在村里的不出工；七是庄长、地方做公事，可以不出工。

35. 保甲看家

保甲制以后，依然要看家，由保长负责组织，其规则与邻间制时看家大体一样，但是有些小区别：一是每天巡逻 80 人，除了 80 人外，还有 4 个带头人，每个带头人带领 20 人，分为 4 组。每晚 2 组 2 组轮换，即 2 组休息，2 组巡逻；二是巡逻时，1 组从南向北巡逻，1 组从北向南巡逻。每 10 天轮换一次；三是 2 组到达南北的庙后，轮换休息；四是 4 位领头的人是本村人，没有多少土地。在青年团受过训练，也有从区丁退下来的人。选择 4 人领头，主要是因为他的能力。4 人没有工作，土地又少，每天给补助 1 元；五是夜晚看家不吃饭，但是要烧炭，经费由庄公所支付。

36. 修路出工

修汽车路要各庄出工，从庄通知到保，保分配到甲，按照地亩分摊人数。民国二十九年（1940）修济南的汽车路，命令出车 80 辆，每辆车 2 个人，合计起来 300 人。有车的家庭出车，有人的家庭出人。如果距离比较远，则要管饭，由庄公所负担，当然最后按照地亩分摊给农民。除了修路，看铁路和车站，青年团、少年团训练也需要出工。

37. 看护铁路

每晚要安排人看护铁路，冷水沟和李家庄共出3人，其中冷水沟2个半人，李家庄半个人。每天每人补贴1元。看护铁路出工也是按照地亩分摊。

38. 爱护类费用

每年从区、乡公所还有爱护村费用、爱护区费用、爱护路费用，反正区、乡只管收，庄长们也不知哪个是爱护村费用，哪个是爱护路费用。除了这些直接收的现金外，还得摊工。

39. 庄务会

收取摊款时，庄长一般会召集保长、甲长开会，称为"庄务会"。主要按照收集摊派任务。然后由甲长通知到各户，交纳时各户交给甲长，甲长交给副保长，副保长交给庄长。

40. 本村土地

凡是本村人所有的土地，不管土地在本村，还是外村，都属于本村的土地，其摊款交给本村。即使本村人在很远的外村的土地，也属于本村的土地。

41. 村庄边界

本村的土地是按照本村人所有的土地来衡量边界，只要村庄边界的土地买卖，边界就会调整，因此村庄的边界会因土地买卖而进行调整。村庄的摊款也会因为土地买卖而变化。

42. 钱粮及摊款缴纳

在冷水沟，所有的钱粮、摊派均由地主缴纳；租地的钱粮、摊派由地主缴纳，但是看坡费由租户支付；典地的钱粮、摊派由地主支付。

惯行与治理：历城县路家庄的调查

——《满铁农村调查（惯行类）》第 4 卷导读之二

因为冷水沟庄调查难度加大，满铁调查员转到了历城县董家区梁王庄乡的路家庄（其实就是村）。路家庄的北侧有一座平安桥，有了这座桥，与其他村就通了路，所以叫路家庄。根据关帝庙前的石碑记载，大约在 200 年前路家庄有姓路的人家。村庄以住房为中心，大概有方圆一里的规模。全村所有耕地 11 顷（包括本村所有的外庄地），其中水田 20—30 亩，在村的最西北角。荒地 6—7 亩。全村有 131 户，670 人。种植麦子、粟、高粱、大豆、玉蜀黍（少量）、大麦（少量）、稻（少量）。村中有菜园 17 亩，分成 3 分、5 分左右，为村民所有。小麦主要出售，因为土地不多，卖得比较少。

村庄地主有一二户，约有 40 亩左右的土地；纯粹的佃农一二户。土地分配比较平均，考虑赋税负担和其他因素，路家庄的农民生活绝不轻松。村庄最多土地为 40 亩，家中有 20 多人，人很多，生活很苦，最近要闹分家。无地农民约二三户；5 亩左右的二三十户；10 亩左右约 20 户；30 亩左右的农户比较少，其中 10 亩地左右的农户最多。土地出租给别人的没有，向别村租地的人也没有。没有土地的人做工，全村有大工 2 户、长工 2 户，小商人 1 户。5 亩以下土地的人靠做短工为生。5 口之家勉强度日需要 4 亩地，农民比较贫穷，一般卖出小麦，买进高粱。村庄没有长年吃小麦的农户。

全村有一户人家有长工，家里有十七八亩地。本村农户的土地不多，七八个家庭男劳动力不足，需要雇请短工。另外有二三人在济南店子里打工。除了济南外，没有去其他地方打工的人。村里小学老师 1 人，非本村人，居住在本村，他家在离本村 6 里地远的潭头村。村庄没有在县里工作的人，有一人在种畜厂工作，晚上回村居住。在路家庄，几乎没有副业。有人养猪，每家都会养二三只鸡，主要是为了肥料。村里过去有两户财主，虽然土地、收入都没有变化，但是税金高了，人口增加了，因此家里变穷了，现在已经不是财主了。村里没有乞丐。村庄婚礼花费三五百元；葬礼也要花费三五百元。

一 村庄治理

1. 治理变化

村庄主要经历了三个时期：一是段首制，全庄分为四段，段有段长或者首事。一段有两名首事，没有正副之分。至于段按照什么标准划分不太清楚。家庭划归为某段一般不再进行调整。首事要由全体村民选举产生；二是邻闾制，民国二十四五年，全村有 5 闾，24 邻。闾长 5 人。闾长由村民选举产生，有一定的任期；三是保甲制，邻闾制后，即日本人入侵事件后实行保甲制。全村有 1 个保长，13 个甲长。年龄分别为，60 岁以上的 3 人；50—60 岁的 5 人；40—60 岁的 3 人；30—40 岁的 2 人。甲长由本甲选举产生，保长由甲长选举产生，实际上路家庄是由 13 甲长和 5 位合作社、新民会的人共同选举产生。

2. 集会

选举保长需要集会，修理道路、壕掘摊款等也需要集会。集会时除了甲长外，合作社和新民会的人也会参加。选举时会有村民集会，集会一般在小学进行。没有全甲的会议，但甲中的每户、每人要服从甲长的指挥。

3. 村长和甲长资格

担任村长和甲长的资格是要公平处事，并非要有土地。在以前是有土地的担任村长，不过在调查时有土地不是担任村长的条件。现在村长 30 岁，会处事，家里只有 5 亩地。5 位甲长，分别拥有的土地为 40 亩，37—38 亩，30 亩，20 亩，17 亩。在路家庄这样的较为贫穷的村庄，甲长们还是土地比较多的人。

4. 甲长的工作

甲长主要的工作是将县、乡、村的命令传达给本甲的 10 户。如挖沟或者交钱粮等命令传达到本甲各户。甲长也可裁决小的纷争，较大的纷争交给村长（其实为保长，农民愿意叫村长）调解，大的交给县里处理。纷争尽量在村里解决，不交给县里。甲长还负责征集村费后交给村长。

5. 征集村费

村费由甲长征收，然后交给保长（在路家庄，保长也叫村长，或者叫庄长）。村费征收前保长和甲长商量，然后以保长名义甲长去收取。一亩的村费约七八元（估计包括钱粮）。村费以区、乡公所的摊派为多，还有青年团、看铁路的费用。村费分 4 次交纳。村费又称为"秋民富儿"，收费称为"收杂款"。杂款按照所有地收取，佃户不缴纳，荒地和菜地都得缴纳。村费随买家而走，买家在哪个村，村费就交给哪个村。1941 年路家庄村费为五六千元，最多的为自卫团饭费、保安大队的食费、爱护区的经费、模范区的经费。

6. 外庄地

本村人在外村拥有的土地，称外庄地。外庄地的摊款交给所有者所在的村。只有看坡费交给土地位置所在村。根据一般惯例，外庄地的村费摊款随买家走，看坡费用交给土地位置所在村庄。如果外庄地在本村东方，在地券上就会写上东××庄。

7. 本村人

在本村有家、有地、生有孩子，且住得时间比较长，就成为本村人。从外村来的人经过七八年就可以变成本村人。本村人均有墓，但是日本人没有调查：墓是否是成为本村人的最重要的条件之一。

8. 看坡

每年庄稼成熟时需要请看坡人看坡。一是看坡人一般由庄长和甲长决定；二是看坡人一般是比较穷的人，土地比较少，在路家庄有5人看坡，每年都是这几个人；三是看坡主要有两个时期，春季四月，麦结穗时。其次是7—9月。本村看坡的范围没有发生过变化；四是看坡人的收入是地里的庄稼，一般是每亩3合。如果不给粮食也可以折算给钱。看坡的收入称坡粮或者坡费。外庄地也要给粮食或者钱；五是看坡的区域按照沟、堤、坝等分为五份，面积各不相同，分区时村长和甲长会参加，由村长做签，然后抽签确定每个人的看坡区域；六是小偷偷盗后，由看坡人赔偿，但是如果看坡人比较认真负责，也不会让其赔偿；七是小偷被抓后，由受害人、小偷、看坡人、村长共同处分。一般不殴打小偷，这样会引起仇恨。有时盗贼会出钱请吃饭解决，或者盗贼发誓今后再犯就赔几倍以上的钱，然后再释放。一般会立下保证书，需要保证人。盗贼请人吃饭也比较简单，杯子有酒，盘子有菜就行；八是裁决地点在庄公所（观音庙），吃饭也在庙里，吃饭前由会长向神礼拜；九是小偷以本村人为多，如果小偷没有钱，可由"汇集人"出钱请吃饭。

9. 连坡

本村看坡的与外村看坡的一起商量看坡事宜，称连坡。路家庄与周围徐家庄、胥家庄、梁庄和纸房为连坡区域，这些村之间也交换土地。五个区域的看坡人，每年春秋会召集一起开会，交换盗贼的信息，开会时会喝酒。

10. 连庄会

根据县公署的要求，各村之间要共同抵抗土匪。因此周边相邻的村庄会组成连庄会。如果某个村庄有土匪，就会发出警报，其他村庄就会来帮助。路家庄与周围的裴家营、杨庄是连庄会。全体村民都是自卫团员，也是连庄会员。

11. 打更

根据县公署的要求，各村要雇请人打更，打更时间一般是每年的2—4月，9—10月。打更人由村里雇用，由村长和全体村民开会决定。路家庄有5位打更人，都是本村人。每人每月一斗粟，不给钱，粟按照地亩数量收取。打更的人与看坡人性质大体一样。

12. 自卫团夜警

自卫团夜警是根据县公署要求成立的，有年轻人，也有老年人。全村有20人。根据土地数量出人守夜，地多的家庭每晚都要出人。有土地但男性不够的家庭，雇人出夜警。原则上是5亩一晚，也有3—7亩一晚的，7亩半就要出两晚。农闲时每15日一晚，农忙时是每5日一晚。这些都在青年团的账上写着。夜警的时间是从正月到4月，9月到12

月。夏天村民都睡在外面，所以不需要夜警。夜警与打更有区别，打更是彻夜值守，而自卫团夜警是督促打更的人认真值班，一晚要看两三次。自卫团夜警由甲长按照顺序监督。自卫团值班时一般在村公所，有棒、枪和刀。

13. 纠纷和仲裁

村民之间发生了纠纷，一般在村庄内仲裁。一是仲裁人及其资格。村民之间的纠纷一般由会仲裁的人仲裁，全村有六七人有仲裁经验。这些人一般年纪较大，家里有土地，可以公平定评事情。如果这些人仲裁不了，就请村长来仲裁。一般不会到县里去解决纠纷，因为要花很多钱；二是纠纷的事件。土地边界纠纷最多，其中婚姻纠纷，再次为分家纠纷。分家纠纷，族长会参加，村长在有闲暇时会参加；三是仲裁地点。一般在掌事的人家里，不去村公所，因为去了村公所多少要花一些费用；四是仲裁回避。族人之间的非分家纠纷，同族人一般不参加，最好是同族以外的邻居参加。

二 村庄设施

1. 庙

路家庄里有3座庙，分别是观音庙、关帝庙、土地庙。观音庙最大，其次是关帝庙，土地庙最小，庙地属于庙产。3座庙只有一个看守。庙的祭日不同，观音庙是5月13日和6月24日。祭祀日不会一起吃饭，仅仅是烧香。烧香不是集体参与，而是村长向村民每人收取1元，请看庙的买香上供，主要是祈求降雨和丰收。村民个人自己决定去庙里祈福。庙里有2亩地，由看庙人耕种，看庙人比较贫穷，不能生存时，村长会向富有家庭借钱给他度日。如果庙需要维修，由会首或者村长发起，向村民收钱来维修。

2. 义地

村里有七八分土地为墓地，也称义地，为没有坟地、土地的贫穷家庭提供墓地，这块地是200年前冯姓捐给村里的。

3. 公共设施

村庄没有公共碾子，个人所有的碾子有七八个，没有碾子的村民可以借用，不需要付费。村里没有供村民取土烧砖的土地，也没有共同的取柴地。农民都将自己农作物的根作为柴草。如果有人去别人地里偷柴草，一般而言主人也不会出声。

4. 水井

全村有四五十口水井，包括饮用水井。水井全部为私人所有，其中有一户有4口水井。没有水井的家庭会借用在附近的水井，但不会给报酬。分家时，有井的地会分给兄长，弟弟如需使用，就要借用兄长的水井。

三　经济与金融

1. 共同饲养家畜

在路家庄有共同饲养家畜的情况，这种"公有"或者"公买"。一般是两家共养，没有三家共养的情况，全村共有两组。其中有一组是叔侄两人，养的是牛。价格150元，各出75元。农闲时10天轮换喂养，农忙时3天一换，有时甚至1天一换。

2. 换工

在路家庄，换工一般是有土地和没有土地之间换工。全村有四五组，换工一般是两家一组。换工持续时间不长，仅仅是不得已才换工。换工一般要求两家感情比较好。同族之间很少有人换工，双方都有土地的家庭也很少组合换工。换工主要条件：一是换工家庭关系好。二是两家用工时间具有互补性质，即需要用工的时间能够错开。换工的家庭之间也会相互借钱，相互帮助。

3. 合伙

合伙也称合具，就是两家一起做事。如两家各有一匹马，一家一匹马耕作比较困难，有马的两家就会合伙耕种。一家有牛，一家没有牛不能合伙。另外合伙只是两家，不可能是三家，两家也要求土地差不多。如果有一家购买了新的家畜或者土地增加，就会放弃合伙。只要是合伙一般很少换人，还是有一定的稳定性。合伙的家庭也会相互帮忙，相互借贷。

4. 土地买卖价格

1942年路家庄土地买卖价格一般是：上等地每亩365元；中等地每亩200元左右；下等地一百七八十元。上等地一般有水井。稻田价格比较贵，上等稻田七八百元；中等地五六百元；下等地四五百元。日本人入侵事变后土地买卖多了，农民表示，卖地多是因为雨水不足，收成不好，很多家庭没有饭吃，不得已卖地，主要卖给村内有钱人。

5. 土地买卖约束

土地买卖要先问同族，再问四邻，最后问本村人。如果本村人不买，可以卖给外村人，否则即使外村人买了，也无法耕种。如果外村人的价格稍高，本村人价格稍低，也会卖给本村人（这与其他地方有些区别，稍高是多少，不太清楚）。

6. 典地及其顺序

在路家庄家里有困难需要钱，会先典地，再卖地。一是典地对象。典地的对象主要是本村人，先是在同族、亲戚、朋友当中，这些人不承典土地时，再典给别人。一般是出典给本村人；二是典地中人。典地时一般需要中间人，也称中见人、中人。由中人说定这件事后，再立字据（契约），然后再喝酒。如果出典期间，中人死了，中人的孩子继续做中人；三是典地价格。值100元的地，其典价最多为八九十元，最少为七八十元；四是典期。出典期一般是三年或者五年，典期不到，经商量也可以回赎。当然如承典者不同意也不能回赎。如果没有钱，承典人继续耕种，期限二三十年，甚至五十年也可以回赎土地；五是座典座租。出典者自己耕种出典土地称座典座租。座典座租另立字据，如果出典期间，字据丢，要写"退字据"，"退字据"一般由持典契人写，回地时交出；六是爬崖。在协议期间，出典者向承典者要求提高典价称为爬崖。爬崖不会再立字据，只是添写在旧字据中。爬崖的最高限制是典价允许的最高额。如果承典者不同意，出典者会收回土地；七是转典。如果承典者需要钱，可以再次将土地转典，转典必须在原有的典价、典期之内。转典不写期限，但是在原典期之内；八是典地出售。典地也可以出售，出售有两种方法，一种是出典者，赎回土地再出售，一种是直接出售后由买者赎回，如地价150元，典价120元，买者给卖者30元，卖者将老契交给买者，买者根据老契赎回土地；九是出典时节和赎回时节。出典一般在阴历十月，需要钱时，什么时候都可以出典。出典时如果土地里有农作物，典价会高些。赎回一般也是在秋天，农作物收获后赎回；十是赎回。典期到后，与中人一起付款赎回土地。赎回一般是在秋收以后，田地中没有作物时。有一个俗话："麦地不过年，春地不过寒（指清明）。"如果出典者钱不够，也可以部分赎回，如出典2亩，先赎回1亩，当然这必须承典者同意。

7. 取钱

取钱是农民融资方式的一种。一是定义。如果家里急需钱，可以以土地做担保借钱，每月支付利息；二是字据。取钱时，如果关系好，可以不立字据，否则要立字据；三是取钱中人，也称保钱人。取钱时如果需要立字据，则需要中人，也称中见人。不立字据，不需要中人。取钱中人一般是两人；四是取钱期限，三个月或者五个月，如果无力偿还，只要继续支付利息，可以延期，三五年都可以；五是无法还债。如果无法支付利息，家里有土地，中人就会建议将土地交给债主耕种。如果借款人没有土地，则由中人负责偿还。中人偿还后，字据交给中人，中人再向借款人还钱。六是利息。取钱的利息一般是3分，即本金100元，月息支付3元，年息支付30元。利息与借款金额有关，金额越大，利息越低。最高的利息是3分。民国二十年（1931）时最高也只有2分息。

8. 借钱

如果只需要少量金钱，如10元、20元时，就采取借钱方式。所谓借钱方式就是没有利息，也没有中人，时间在一个月以内。如果一个月无法还债，则与债主商量延期。如果债主要求立即偿还，借款人则需要再向其他人借款还债。借钱一般是关系比较好的朋友、亲戚之间一种融资方式。在路家庄找妻子娘家借款的比较多，但一般不找自家人借款。在路家庄主要有四种借钱方式：借钱、取钱、典地（当）、请会，其中取钱比较多，请会比较少。在指地借钱和依靠中人借钱之中，指地借钱比较多。

9. 请会

请会是一种借钱方式。一是请会的原因。婚丧嫁娶、粮食不足、做买卖缺钱、买牲畜差钱时会进行请会。请会一般由需要借钱的人牵头发起；二是请会的人数。有 16 人的请会，也有 24 人的请会。一般是 24 人；三是会费。有 5 元的会，也有 10 元的会，凑够数后就结束了；四是请会的间隔。有两个月一次，也有三个月一次的；五是请帖。如果某人需要钱时，可以自己的名义发出请帖，邀请参加请会。在发请帖之前要和被邀请人进行商量，得到同意后发出请帖；六是会首。发出请帖的人称会首或会头，其他参加的人称会友；七是拔会。决定第二次使用会费人的方式称拔会，拔会一般是给出最高利息人。比如有人出 1 元的利息，则 5 元的会费，会友只带 4 元，但是会头每次都支付 5 元。拔会分为两种：上拔下使和现拔现使。用三只筷子，每人申告三次利息，利息最高者使用会费。会首不能使用；八是长分和短分。已经使用过钱的人称长分（儿），没有用的称为短分（儿）；九是吃饭。每次使用钱的人支付吃饭的钱；十是保人。用过钱的人要有保人，保人一般为两人。保人主要是内保，即会友做保人；也有极少数外保人，即请非会友作为保人。如果用过钱的人无法支付以后的会费，则由保人支付；保人支付不了，则由会首支付。会首不能当保人；十一是会账。所谓会账就记录请会事项的账册。第一次聚会时就要做会账，主要记载会头、会友、拔会次数、会费及某年某月某日某人用多少利息，使用了钱，还有保人等也会记录在会账中。请会结束后，烧掉会账。在历城的路家庄有三四组请会。还有女会，做法与请会一样，只是利息不写在筷子上，而是写在纸上。女会一般是吃喝玩乐的会，有老年人会，也有年轻人会。

四 税契与过割

1. 里书与推收股

里书是负责土地买卖过割的人员。一是里书的产生。里书的一般由所负责村庄的村长们认可，然后接过工作，再去推收股（或处）去备案，即在姓名账簿上登记，推收股不会颁发任命状之类的证书，因此推收股知道里书的更换情况。二是里书与县长的关系。里书与县长没有关系，县长也不知道里书。三是通过推收股过割。里书负责登记的面积不是固定的，每年都在变动。土地买卖过割也有直接转交给推收股的，这种人一般是与推收股相熟悉的人，这样比较快的办理过割。土地过割的人就将"条子"交给推收股，推收股记录在推收簿里，再联系所管里书。一年通过推收股交给里书的全县大约有 100 件，大部分过割直接找里书办理。四是通过县过割。有些人还直接找县长，县长转交给推收股。推收股只收"条子"和登记，但是不收费，里书直接找买方收取手续费。五是有几个关键词。"领"，里书收取"串票"（旧时缴纳钱粮的依据）时写"领"。"交"，在串票上记入受持分，再次提交给征收处时会写上"交"。"领交"，里书记载着各个村的面积的账簿做成之初就写上"领交"。

2. 契税

田房买卖时的交税行为称税契，其税收称契税。只有上交纳了契税，土地买卖才会获得官方认可，使这种权利有了法律保障。历城县的契税分为两种，一是契纸费，典契每张为1角，卖契每张为5角；二是契税，按照买卖价格的6%，典价的3%缴纳。曾经在民国初年的阴历十月到第二年三月的半年期间减半征收。民国三十年（1941）撤销了这一政策。历城县的土地买卖一般是立白契，不交契税。写白契时也不用官契纸，因此在契税时只是将官方指定的契约用纸贴在白契上。按照法律规定，超过六个月再办理契税的需要处罚，如果农民主动契税，虽然超过了六个月，也不会处罚。所以民间田房买卖不办理税契的情况比较普遍。为了督促田房买卖办理税契，会派政务警去各村督促，这时政务警会让里书制作"推收"名簿，然后政务警拿着名簿直接找当事人督促其办理税契。政务警手持"传票"去督促，没有人敢反抗。

3. 税契的账簿

税契有三种账簿，一是先在契税暂记簿上受理，同时收取契税；二是登记在契税红簿上；三是再根据缴款簿每日将现金送至会计处。

4. 补契

如果契约丢失，可以补契。补契时，请村长和四邻在场，代笔人作为"立补契人"写成文书。如果要税契，则使用"买契"用纸，只将内容改成"初契"字样即可。

惯行与治理：恩县后夏寨的调查
——《满铁农村调查（惯行类）》第 4 卷导读之三

在历城县调查难以进行后，日本满铁调查员选择了恩县六合乡后夏寨进行调查。与历城县的冷水沟庄、路家庄相比较，后夏寨调查还算比较成功，被调查对象比较配合，但是没有顺义的调查充分和完整。在后夏寨的调查中，调查员比较关注一些农村的基本概念，即从概念的角度来理解惯行和关系。

一　村庄的基本概况

（一）村庄情况

后夏寨离恩县县城约 5 里路。全村有 127 户，有 5 口井，其中 2 口井能够饮用。村庄采取密居制，两口水井刚好够用。村庄周围没有围墙。一是土地面积和质量。村庄面积有 30 公顷（也有人说 32 公顷）。本村好地有 20 顷，其他都是碱地和砂地。在恩县，后夏寨的土地质量比较差；二是河流、水沟、池。村庄没有河流、水沟，但是有 3 个水坑，村内 1 个，村外 2 个；三是自然气候。九月降霜，二月结束。本地雨水充足，但是春天播种时雨水也有不足的时候，六月降雨最多。十年有五年会发生旱灾。阴历正、二、三、四月风比较大；四是集市。集市主要是县城南关集市，相隔 5 里，单数日期为集市。村内商店四家，主要是出售食物、烟草、杂货等。商品很少，农民不常去。每天有从邻村来的卖油和烟草的行脚商。村民购买物品主要去县城的南关市场，此市场为隔日集市（奇数日）。村民平均每月去集市四五次，多的达 10 次左右。一般步行去集市。全村只有一辆自行车，是棉花收购人的；五是外出务工。后夏寨外出务的有二三十人，前往东北地区（当时称满洲国）的 10 人，去邻近的固县做篮筐的五六人。外出务工人员比以前少了，因为不方便将钱从满洲国带回来；六是长工和短工。本村有 4 名长工，长工又称"抗活"，农闲时会有不少人打短工，短工称"打短"。五、六、九月是比较忙的季节，短工需求最多，做短工的一般是本村比较贫穷的劳力。女性也得干活，帮助除草、收割等（是否打短工没有调查）。

(二) 村庄作物

后夏寨种植如下作物：一是作物种类。本村种植谷子、小麦、落花生、棉花、玉米、大豆、高粱、甘薯等；水果有梨、杏、桃等。二是作物产量。土地产量，上等地高粱产量130斤；谷子200斤；棉花60斤；玉米100斤；大豆80斤；小麦80斤左右。一般而言，高粱80斤左右；棉花三四十斤。三是作物种植时期，高粱阴历三月，小麦八月，谷子四月，棉花三月十五左右。四是作物收割时期，谷子、高粱七月，小麦五月上旬，棉花八月下旬到九月。五是作物食用和出售。村民们出售棉花和落花生，谷子、玉米、高粱、小麦自己食用。

(三) 村庄沿革

据说后夏寨的居民是明朝永乐年间从山西洪洞县迁移过来的。当时有一寡妇带一个儿子，移居前夏寨，后来繁衍，有一支迁移到了后夏寨。寨是因为本村曾经有过军队在本村驻屯，所以就有了"下寨"之称。邻近的前夏寨有过军户（卫兵），还有过军地（卫地）。村内有口康熙年间的钟的铭文上写作"后夏寨"。被访者认为，因为"下"与"夏"同音，后来就改为"后夏寨"。至于为什么从山西洪洞县迁移过来，大家都不知道原因。据被访谈者介绍，在先祖从山西过来时，这里的居民姓韩，20多年前已经没有韩姓人家了。先祖姓王。民国初年，后夏寨有100户左右，现在已经接近130户（1942年）。

(四) 村庄灾害

村庄发生过许多灾害，民国七年（1918）遭遇过土匪，邻村很多人被抓走当人质，因此由村里出钱换回人质。这件事情后，几个村打算共同防御，但是作用不大，最后大家都到城里避难。民国二十三年（1934）发生了蝗虫灾害，吃光了所有的作物，虽然挖了壕沟（壕沟由谁建的不清楚），但是无济于事。民国二十六年（1937年，即日本入侵之年）发生过水灾，低地作物全部被淹，但是房屋少有受损。最近两年发生过冰雹灾害、蝗虫灾害。

(五) 村庄边界

村与村之间没有明显的边界，只是居住一起的住户的土地增多了，才会有大致的边界。但是这个边界经常会变动，因为土地买卖，一些土地会变成其他村的土地；一些土地会在其他村。所以村庄土地面积、村庄边界每年都会变动。土地属于买主所在的村庄，向该村纳税和摊款，不过看坡费用属于土地位置所在村。

(六) 土地占有

在后夏寨村，家家户户都多少有些土地，包括开店铺的家庭都有地。全村拥有土地最多的有2户，约40亩地；大部分人家为20亩地左右；10亩以下的自耕农占全村的一半。租佃别人土地的有10户左右，因为本村土地少，想租佃也没有土地。没有耕作出典后的土地（典地称"当地"）的现象。租种他人的土地称为"租地"，租地的家庭比较少。总体而言，在后夏寨自耕的家庭比较多，即使土地较多的地主也是自己耕种，没有完全雇用长工或者短工耕作的家庭。在后夏寨当时的条件下，如果要让一家6口人过上普通人的生活需要30亩地。因此，大部分的家庭无法满足生活的需要，因此需要去做行商，做篮筐，或者做短工补贴家用。

（七）生活费用

在后夏寨，一家6口的中等收入的农家，在事变前一年的生活费用约是600元，如果不行商，不做短工，需要40亩地；事变后生活费用1000元左右，大约需要50亩地。

二 村庄治理

（一）治理架构

1. 治理结构

在庄长制时期，村庄有庄长1人，牌长3人，另外还有首事1人（相当于副保长），乡保1人（相当于地方）。牌长、首事、乡保协助庄长工作，庄长与这些辅助者共同组织村务，管理村庄。后夏寨村有过邻闾制方案，但是没有实施。在保甲制时期，有保长1人，副保长1人，甲长13人，地方1人，学校管理人员1人。这些人共同构成了村庄的治理架构。除此以外，还有1位看路人。

2. 庄长

在保甲制以前是庄长制，庄长其实就村长，在清朝时庄长下面分为牌，在后夏寨有三个牌。恩县制定过邻闾制，但没有实施。庄长也是选举产生的，只有一个庄长，没有副庄长。大庄有庄长和副庄长，但是后夏寨只有庄长一人。决策时庄长和牌长一起商量决定，庄长不能单独决定。如果非常重大的事情，会击鼓召集村民开会，但是没有出现过这种情况。村庄修建设施、举行仪式一般由庄长指挥。主要是事前分配相关工作，编排所有参与人员。庄长一般是由有财产的人担任，在后夏寨没有世代世袭庄长的情况。

3. 保长的资格和责任

担任保长需要一定的条件。一是资格。保长一般是人品正直，会做事的人。是否有财产、是否识字没有关系。从实际当选者来看，保长、庄长都是土地比较多的人，5个保长、庄长有4位土地在30亩，一位有50亩，在村里都算土地比较多的人；二是保长的职责。收取田赋，商量并决议村中相关事务；村庄职务的分配；与学校管理人员一起管理学校；从事户口调查；组织植树、修路；组织村里的警备工作，主要是保甲自卫团的指挥。

宗庙祭祀的司仪，祭祀在真武庙，每年三月三日举行；负责村内纷争的调解及县、区、镇来人的接待工作；三是任期，庄长一般没有任期，但是保长有任期，基本上年年都会选举保长，保长任期短主要在于生病、做坏事、外出等理由；四是辞职，庄长和保长要辞职，向区公所和县公安局提交辞职书（被访谈者表示是公安局），批准后可以辞职。庄长或者保长辞职可以不与村民商量，因为县里马上有官员来选定继任的庄长或保长；五是辞退，如果村民不满意庄长或者保长，村代表拿着村民的联名呈文去区和县，请求辞退保长或者庄长。也有不问村民意见直接辞退庄长或保长的情况，但是这些事情，后夏寨都没有发生过；六是报酬，保长或庄长均没有报酬，也没有津贴。为村民办事后也不会得到礼物。只有帮忙土地买卖或者充当分家证明人时，当事人会私下给二三斤肉，或者小礼品作为谢礼，但是村里不会另外给物品。保长、甲长开会时，会供饭，当然这也不算额外报酬。平均每月二三次吃饭。一般是吃馒头和肉，不喝酒；七是权限，保长或者庄长不能单独决定某件事情，保长要与甲长一起商量，甲长再与全甲的人一起商量；八是与上级联络，保长负责与镇、区、县联络，要按照区、镇、庄的顺序，依次传达县里的指令和分配摊款。有时联络事宜也可以交给地方办理；九是办事地点，保长办公的地点称为保长办公处，在后夏寨不称为村公所。如果村民不能缴纳田赋和县摊款，保长要负责做催收，如果实在无法缴纳，保长要代垫；十是村民不遵从保长指令时，保长也不能随意处罚，要向县里申诉后请求处罚，主要有如下几种情况时可以向县里申诉：不交税，不同意修路，或者勾结匪贼。保长做出的决定，村民一般会服从。在村民婚丧嫁娶事件中，保长不是指挥者，只是普通的帮忙者。不管是谁有事，保长都要参加并帮忙，主要是写字、买东西，商量一切事情，村民也会听取保长的建议。当然这种建议是作为一个帮忙者提出建议，而不是以保长的名义提出建议。

4. 保长选举

保长是由全村居民选举产生的。一是选民资格，有土地的且负担摊款的村民均有选举权；二是选民单位，每户家长去投票，如果家长没有空，可以由 20 岁以上的儿子投票，女人和小孩不能参加，即使女户主也没有投票权；三是候选人推举，在后夏寨的选举中没有候选人，由有资格的选民直接选举产生。县里没有推行候选人，乡村有威望的人也没有推选；四是参加投票的人数，每次参与投票的人数大约有一半人，当年的选举有 60 多人参加投票。有投票权的人不参加投票也可以；五是选票的书写，选票由村民自己书写，不会写字的过去可以由会写字村民代写，但是当年的选举由在场的官员代写；六是选举监督，每次选举时，县、区、镇各安排 1 名官员到场，监督和指导选举；七是点票，投票结束后当场点票，票多者当选为保长，其次为副保长。保甲制后后夏寨设置了副保长。计票后当场宣布结果，不用再向县里报告；八是当选者的选择，当选者如果有病，可以向县里申请解任，得到许可后可以拒绝就任。其他理由不行。九是任命，县里向当选者发委任状；十是罢免，如果庄长做了坏事或者不当行为，村民开会商量罢免，然后由村民代表申告到县公署，县里命令警察或区公所秘密进行调查，查明情况后给以适当的处罚，免职，还会罚款。最易发生不当行为的是职务分配和摊款；十一是监督，保长主要是由村民监督，由镇长、区长进行外部监督。

5. 保长或庄长与村民

在后夏寨，保长或庄长与村民关系比较友好，一是村民家里有婚礼、葬礼，保长或庄长一般会参加。按照惯例，保长或庄长会参加葬礼。贫民家庭更希望保长参加自己家里的婚礼或者葬礼；二是保长或庄长参加婚礼、葬礼的和有学识的人一样，都安排在最好的席位。村民喜欢保长或庄长参加自己家里婚礼或葬礼，因为他们受人尊敬；三是分家纠纷会请保长或庄长调停，就算不服从保长或庄长调停，也会按照他的指示来解决问题。因为如果把事情闹大，申诉到县里，会花很多钱；四是本村的老年乞丐因为生活问题也会找庄长或者保长商量，这时保长或庄长会给老年乞丐一些食物；五是有些村民拜托保长或者庄长写信，商量土地买卖的事情。保长一般在新建的办公处办公；庄长一般在家里处理事情。

6. 保长辅助者

保长要做好工作，依赖于几位辅助者。一是副保长。副保长协助保长工作，经常和保长一起商量事情。副保长由村民选举产生，票数排在第二位人当选为副保长；二是甲长。甲长由本甲所在的家庭推选产生。甲长传达保长的指令，与保长一起商量村庄事务；负责征收本甲的摊款；三是地方。地方接受保长的命令后联络甲长，不用向村里每家每户传达命令。也受保长委托前去区公所陈情和汇报工作。现在地方每月有 2 元的工资，一年有 300 斤谷子，从本村获得；四是学校管理员。主要是对学校相关设施进行维修，购买学校所需必需品，教师的选任等。学校管理员由保长任命。学校所需费用由村庄摊派筹集，但是教师的工资由学生所交学费及县里每年 40 元的补助解决。保长的辅助者有不当行为，保长可以罢免，有时也会罚款。

7. 庄长辅助者

在庄长制时，庄长也有几位辅助者，一是首事，相当于副保长；二是牌长，主要是摊派费用；三是乡保，相当于村警察，有犯人就带到县里去。但是不联络和传达村中事务。事变之前都存在乡保。牌长、甲长、首事都没有工资。乡保平时务农，也没有工资，但是后夏寨每年给他 500 斤左右的谷子。

8. 村代表

保长代表村庄交涉事件就是村代表。主要是祈雨、防范土匪、修路等，主要由庄长或者保长来代表。与别的村庄发生纠纷也由庄长或者保长代表本村与他村进行交涉。一是向下传达命令，县里命令的传达。县里有命令时，直接传达给保长，保长经过甲长传达给各户；二是向上陈情汇报，向县里汇报由庄长或者保长直接前往，如果是区公所，一般就由地方代理保长去。不允许村民不经保长同意而直接去县里陈情；三是如果村民想辞退保长或庄长，可以由本村有学问、有名望的人作为临时代表去陈情汇报。这种陈情汇报因为有村民联名签名，县里一般会承认；四是本村村民与外村村民发生了纷争时，一般找一个合适的人去调解，如果问题比较严重，则由各村保长出来仲裁。

（二）传统治理

1. 牌

事变前本村有庄长，庄长下面3个牌长。牌起源于清朝。牌长协助庄长办理公事。庄长有事通知牌长，牌长通知各花户。后夏寨有3牌，东、中、西部各一个牌。牌是以区域来划分的。

2. 牌长

庄长制时期类似于甲长的基层单元管理者。牌长不由庄长任命，而是由本牌各户户长选举产生。如果牌长做了坏事，也可以罢免，但是庄长不能署名牌长，只能由本牌户长投票确定。罢免之后马上选举继任牌长。牌长一般由各牌家庭口头选举产生，其实有影响力的还是各牌中能够说得起话的人，他们的推荐很重要。牌长一般由有土地、经济上较为富足的人担任。牌长协助庄长管理村务，主要是商量村庄中的事务，向本牌居民传达指令，同时也将本牌的想法传达给庄长。牌长不是世袭的，但是也有父子相继的情况。

3. 首事

首事是庄长制时的一个职务，选举时票数最多的人担任首事。首事与庄长、牌长等商量决定村庄事务。因为首事由选举产生，因此不可世袭。首事没有工资收入。

（三）防卫

1. 保甲自卫团

按照县里规定，调查的前一年成立了保甲自卫团。保长是团长，甲长是班长，18岁至45岁的男子是团员。团员要进行训练。训练时主要佩带红枪、青龙刀。保长也参加过新民会的训练。团员训练时没有补贴。后夏寨村的保甲自卫团成立后就没有出去过。按照当地农民话说，保甲自卫团与红枪会是一样的。

2. 红枪会

被调查者说，后夏寨有红枪会，也叫同心会、白吉会。红枪会拜真武帝，也有说信仰祖神爷。加入红枪会的称"在道的"，其成员称"徒弟""壮丁"。一是红枪会的起因。因为民国十四年（1925）有匪贼，很多年轻人都成为红枪会会员；二是红枪会的老师。红枪会有会长，也称老师，经过老师教导后接受老师的信仰就成为徒弟，也就加入红枪会。后夏寨的会长或者老师是德平县人。会员不向老师交钱，也不交会费。老师来后在村里住一个晚上，费用由会员承担。另外，某些会巫术的人也可以成为老师。老师也不向徒弟下达命令；三是红枪会信仰祖神爷，虽然不将画像挂在家里，但是会放牌位供奉。信仰比较好的人称"功夫好的"；四是红枪会的指导者。后夏寨红枪会的指导者是庄长，附近几个村的会长都是庄长；五是集会。红枪会每天傍晚聚集在一起祭拜，后夏寨集中在本村房子比较大的一家中祭拜、烧香，费用由村里承担；六是信仰。加入红枪会的会员相信，只要坚持祭拜，打仗就不死。祭拜不唱经文，主要是默拜，也称"打坐"，每天大约 3 个小时。50 岁以上的会员就不祭拜了；七是戒律，会员不可图财、骂人、做土匪。一、三、六、九、十五日不可与妻子共寝。后夏寨有 70 人加入了红枪会，老师有两个，一个是德平县人，一个是前夏寨有点巫术的人。后夏寨的红枪会因为死亡或者外出，会员在减少。有些人就参加前夏寨的红枪会集会，每月向前夏寨交 1 元的祭拜费用，由村里支付。

3. 看路人

1941 年后夏寨与周边的村庄形成了爱护村，设置了看路人这一职位。看路人由爱护村的村长选任。看路人每月去爱护村的区域内巡视一次，如果有破损，就向爱护村长报告，小破损就自己维修。看路人的工资是 15 元，由爱护村来发放。爱护村的费用由各村每月按照地亩数量上交，一亩大约 1 元。主要用于爱护村的联合会议，特别是接待费用。

4. 眺望楼

维持治安还有两类设施，一是眺望楼；二是鼓。眺望楼为 3 户人家所有，其中有一家在事变前两三年修建，当时家里有土地 90 亩左右。为了保卫自家修建了眺望楼。修建眺望楼需要 80 元到 100 元。钱由修建者出，但是村民会去帮忙。修建者会提供帮忙人的伙食。一个眺望楼每天需要 20 人，需要 20 天才能够完成，约 400 人次。修建时，因为是农闲时分，全村的人都会去帮忙。眺望楼修好后只有自家人才能上去。调查员问，为什么大家都愿意去帮忙呢？农民回答，后夏寨有一个习惯，一家有事，全村人帮忙。当然修建眺望楼只是关系好的人去帮忙。

5. 击鼓

调查前 4 年村庄里做了鼓，2 里远的地方都能够听到。如果有匪贼袭击，就会击鼓，外村人也会听到，听到后前来帮忙。在恩县每个村都会有报警的鼓。一只鼓大约 20 元左右。村民约定，平时不击鼓，只有重大事情才击鼓。

6. 打更

村庄每晚都有人值班，称打更。事变前每晚十人左右打更；事变后每晚 30 人打更。时间是 9 点到 12 点有 15 人，12 点到 5 点有 15 人，轮流值班。打更的人有老年人，也有年轻人。如果家里没有适合的人，可以找人代替。打更的人又称更夫，或者打更的，带着红枪和钟。打更的人不会停在一个地方，而是交替不断地在村内巡视。更夫由有土地的人承担，10 亩出 1 个人，20 亩出 2 人，每 10 亩加 1 人。值班打更的记录在轮流值日簿上。村庄不为更夫提供伙食，自己解决。如果家里有事，向甲长说明情况后，可以不参加。如果遇到可疑人就带回村公所。每晚打更人在村公所集合和休息。后夏寨打更还有相关规定，写在轮流值日簿上。这个规定由当时的保长和甲长等商量后决定。地方每日会通知打更人。如果地方通知，镇公所查验不到者要重罚，曾经有两人被罚。打更的与外村没有联系，只有需要帮助时才会击鼓联络。

7. 公看义坡

后夏寨村有公看义坡，公看义坡禁止羊或家禽进入耕地，防止偷盗。公看义坡是村民义务照管，看青是雇人照管作物。在后夏寨周围的村庄都是公看义坡。义坡主要在阴历五月上旬到八月下旬实行。每天照看的人也不固定，各人分开照管自己的田地，同时也注意别人家的田地。公看义坡如果发现有人破坏庄稼，会抓起来，说教一番，但是不会处罚，也不会赔偿作物损失。虽然后夏寨有公看义坡，但是没有专门看青人，也没有负责人，没有青苗会，更没有看坡规定。

8. 联保

后夏寨所在的六合乡镇长朱长河是六合乡的联保主任，六合乡由 17 个村组成。

（四）村费

1. 管账

后夏寨客账先生是王庆昌，从民国九年（1920）到民国二十三年（1934），主要管村公所和乡社的账。一是将各种收支记入账簿；二是与庄长去城内的银号借钱，向银号借钱利息为三分，秋后还钱，需要签订借帖，但是不需要担保和保证人。民国二十五六年银号没有了，调查时需要钱就只能摊派，即麦秋、大秋时超额征收一些。管账要做流水账，五、八、十二月各一次，三次都要将清单贴在村公所的墙上。管账先生受保长委托，没有报酬，自己家里有钱，生活不成问题。管账先生一般选择家里没有困难且有作用的人担任。

2. 村费账簿

后夏寨有记录村费收支的账簿，称"公乡杂费支收账"。但是调查的当年没有，准备口头向村民报告。为什么没有记账，解释比较勉强，说现在是现金支付，不准赊账，所以没有记账。调查对象是后夏寨的地方，他说，村费没有预算，也没有决算。以前有过精算，又称"清单"，可能就是流水账。"清单"也不贴出来，由庄长口头说明。地方表示，虽然如此，村民也没有不满意的。庄长、牌长、首事怎么决定，村民就怎么办。

3. 村费分摊

村费分摊一般是庄长、首事、牌长或保长、甲长共同商量确定，分摊主要是按照田亩数量。佃户不缴纳摊派款。小生意人也是按照所有地的数量缴纳摊派款。摊派数量由甲长通知各花户，甲长负责收齐，然后交给保长。

4. 摊款

村里有不少摊款，摊款由所有土地负担。1942 年一亩 3 元 60 钱，1941 年一亩 6 元 50

钱。摊款的种类包括：银子钱、兵花费、自卫团费、爱护村费、政务警花费、学校费。摊款分大秋和麦秋摊款，分多次收集。

5. 摊工

摊工也是按照所有地摊派，租地不负担。1941年摊工70次。10亩一人，13亩也是一人，15亩到20亩是两人。对于租地的家庭不摊工，也不摊款。

6. 庙地

后夏寨村有庙地49亩，为了支付学校工资，即先生的月薪典当了5亩。庙地可以典当，典当时由村长、副乡长（也就是村长）、甲长一起商量决定，农民一般不会参加协商。以乡长、副乡长的名义典当，有时也会写上甲长的名字。在万不得已时，庙地也可以出售，出售时也是乡长、副乡长和甲长们共同商议，契约上写上这些人的名字。

（五）村庄资格

1. 本村人的资格

要成为本村人必须有土地、房子，一般还有墓地。在后夏寨从民国以后就没有人成为本村人。与本村人相对应的是外村人，或者异乡人。

2. 入住本村的程序

要想入住后夏寨村，需要保证人，保证人向保长、甲长申请，得到他们同意后可入住本村。

3. 住房的

没有土地和房屋，只是暂时入住本村称为"住房的"。

4. 世居的

长期住在本村的称"世居的"。世居的在本村拥有墓地。世居的与"世代"没有关系。

三　农业与职业

（一）农业情况

1. 肥料

在后夏寨以土粪为主，还用豆粕（各村有制作豆粕的地方），如落花生的豆粕，20斤豆粕需要四五元钱。县里会配给棉花用的硫铵，但是不适合后夏寨的土地。肥料基本是自家自制的土粪，将人粪、畜粪和土混在一起，土和粪各占50%。每亩需要土粪2000斤，价格约是20元。基本上每家都能够做土粪。没有牲畜和人手的家庭就从城内购买。后夏寨约有四五家家境稍宽裕的家庭购买肥料。白地施肥1000斤，黑地施肥500斤。一般有钱人家会多施肥。

2. 役畜和农具

在后夏寨，拥有比较齐全役畜和农具的家庭有四五户。村里没有马，骡子3匹，驴八头，牛38头，大车19辆，犁杖34个，耙13个。农具主要在南边斜王庄的木匠处或者南关市场购买。除了农耕的役畜外，全村有羊10只，猪二三十头，没有家鸭。20亩左右的人家养小牛，30亩以上的人养大牛。

3. 伙买

一起共同购买役畜，然后一起使用称伙买。伙买主要是穷人家三五户结成对子，共同购买耕畜。伙买各户共同出资，轮流饲养，分别使用。在农忙，大家都需要用牛时，可以先帮助一家耕种，以节省时间。伙买一般在关系好的农户之间进行。

4. 借用

农民之间也会相互借用农具，如犁、耙、耧等，农具又称"家伙"。借用不需要给钱，也不需要送礼。全村只有三四户不需要借农具，其他农户均需要相互借用农具。自耕土地百亩左右才能够买得起必要的农具和役畜，在后夏寨有这些农具和役畜的只有四五户，都是以前购买的。本村很多家庭役畜不够用，因此需要借用。一般两头牛一天可以耕种5亩左右，一头牛和一头驴也是5亩左右，两匹马耕7亩左右。后夏寨村没有一个家庭有2头役畜的。没有役畜的家庭向别人借用，主要是向关系好的家庭借用，也有不愿意出借役畜的。借用的家庭中秋节会送些零食或者水果，不给钱，有时也会去做点劳动，以示补偿；也有人说在正月、八月，送些点心、馒头、糕点等。在借用期间，借用者负责饲料，也有人说因为借用者家里穷，主人负担饲料。

5. 副业

后夏寨的副业主要是做篮筐和小买卖。做篮筐就是用柳枝做笊篱和篮筐，然后拿到城里去卖。篮筐每个50钱，笊篱每个15钱，柳枝从县城东边的村子购买，因为此地有河，生长柳树。副业主要在秋天到冬天农闲时节。全村做副业的有七八户，都是比较贫穷的家庭。整个冬天一个人的利润约为10元左右。做篮筐需要有比较熟悉的技术，加上行脚商也销售篮筐，所以不可能容纳太多的人。

6. 帮忙

劳动力不足时，一般会雇用短工，也会请近邻帮忙，或者借役畜和农具来协助。协助就叫帮忙。帮忙不需要送礼。后夏寨村民有帮忙的习惯，一家有事，全村人特别是关系好的人就会去帮忙。帮忙主要是耕作、建筑、婚丧等大事。建筑时全村都会去帮忙；婚丧时只有与当事人交往好的人去帮忙；耕作时亲友或者平时借用农具和役畜的人家会相互帮忙。在当地相互帮忙称"老乡亲"，表示同村人之间的亲密感。老乡亲还体现在借牛、农具时，家里农忙、事忙需要帮忙时。

7. 井及维修

后夏寨有 5 口水井，只有 2 口在使用。全部是饮用水井，没有灌溉水井。1942 年县里要求再打 13 口井。全村人都可使用 2 口水井，旱年时，水会变少。因此需要挖深，挖深水井时要摊款和摊工。3 年前曾经维修过水井，买了大框和粗绳，共计 50 元左右，按照地亩数量分摊。维修水井的劳动力按照人数分摊，每户必须出一人，如果没有成年男子可以不出，有 7 个劳力的家庭必须出两人。每个劳力下井时每人 2 元的报酬。女人、小孩、老人不用挖井。费用分摊由保长和甲长商量决定，一般在村公所开会决定。

（二）村庄职业

1. 短工

后夏寨村民几乎都做短工，保长有时也会做短工。短工每日工资 30 钱，在雇用者家吃饭。较少有季节性短工。如果请同族人或者近邻，只吃饭，不会给钱，即帮忙。在后夏寨村没有一边做雇工，一边存钱扩大土地规模的例子，说明以雇工发财比较困难。

2. 雇农

给别人家做农活的人称雇农。雇农包括短工，也包括长工。雇农有不同的称呼，大伙计，能力最好，30 岁至 40 岁；二伙计，能力次于大伙计，年龄不定；三伙计，能力次于二伙计，多不到 20 岁；小伙计，能力次于三伙计，一般是小孩子。对于长工而言，大伙计报酬是每年一百二三十元；二伙计五六十元；三伙计二三十元；小伙计 10 元左右。由于生活困难，做雇农的人增加了。

3. 小店

后夏寨有 4 家店铺，卖茶、杂货的两家，卖豆腐的两家。开店铺的经费约 10 元左右。茶和杂货从城内买，然后在村内卖。店铺没有雇工，自家人照看。村里有一半人会去小店购买商品。小店的价格比县城要贵些。如果没有钱可以赊账，村民都可以赊账，每年的正月、端午节、中秋节三次可以还赊账款。

4. 棉花贩子

村里有 6 人从事棉花贩运，主要是棉花出来时节来做，其他时间务农。这些人买本村的棉花，再运到城里卖给商人，也有直接将自家棉花拿到市场上去卖的。

5. 水果贩子

本村有些农户还做水果贩运，从西南的丰庄购买，再拿到城内的南关市场去卖。贩卖数量不太多，约为一个人能够担得起的量，大约五六十斤。只有穷人才做水果贩卖。

6. 木匠

后夏寨有两三位木匠，一边做木匠，一边做务农。有等着村民找他们干活的木匠，也有在自家干活的木匠。如果上门干活，每日供木匠三餐饭，再付 70 钱。主要做桌子、床、椅子等。30 年前有位木匠从河北南宫县来到本村，本村的很多木匠都是他的徒弟。现在有 3 位木匠，1 位是本村人，2 位是外村人。一般而言，每个村都会有木匠。

7. 木匠徒弟

木匠会带徒弟。徒弟的学习是 3 年，3 年一共可得 20 吊钱，相当于当时的七八十元。徒弟期满后，也可以跟着师傅学习，这样日薪 70 钱，师傅供应伙食。学徒期满称"满徒"。在夏后寨有一位徒弟跟着师傅，满徒后继续跟着师傅做事。师傅去世后，10 位师亲兄弟一起在村子干活，每年收入大约为 200 元，这比跟着师傅干活收入要好些。木工主要制作桌子、椅子和棺材等。材料在城里购买，或者砍自己的树。

8. 教员

本村有 1 位小学教员，姓王，原来在县城西关做老师，3 年前回到了本村小学任教。他是本村秀才的父亲拜托他过来当教员的。事变前老师的工资是 150 元左右，现在是 120 元，没有伙食费。老师不参加村里的会议，只是村民在办婚礼或者丧事拜托他写字。村民比较尊重王老师。王老师有 10 亩地，在县城当老师时往返村庄和县城。王老师的 10 亩地没有出租，而是由叔父耕种，自己供叔父伙食。

9. 乞丐

后夏寨有 1 位乞丐，有两间房子，家里只有 4 亩砂地，自己上了年纪，妻子有眼疾，有 1 位 10 岁左右的儿子，无法耕种，土地无法维持生活，从 4 年前开始乞讨。本村村民会给一些饼子、甘薯等。他也去外村乞讨，也是给食物，不会给钱。这位乞丐原来在天津做苦力，寄些钱给母亲，年老后就回家了，无法继续做苦力。

10. 外出务工

后夏寨外出务工的人比较多，主要是去两个地方：一是东北地区（满洲国），去做苦力，也有买卖人。原来可以汇款回家，一年汇款五六十元左右。外出务工的人寄回家都是作为生活费的，无法存钱。去落地做买卖的也有些摆摊，没有太大的利润。去东北的人长年住在当地；二是去武城县做篮筐，5 年前本村有些人去那里学习，一年可寄回 100 元左右，去的人就住在那儿，现在也没有回来。

11. 无业游民

在调查前几年后夏寨有四五人是无业游民，10 年前去哈尔滨打工，现在村里没有游民了。所谓无业游民就是做生意失败，一直无所事事，讨厌务农，整天只是玩。这些人平时不赌博，做生意亏损后就去东北（满洲）了。

12. 行脚商

农民在农闲时会在周围的村庄去贩卖商品，这种人称行脚商。行脚商主要销售落花生、野菜、豆腐等。甲长马万年就卖豆腐，一家 4 人都在做豆腐。从秋到冬的收入大约有 40 元。豆腐的原料主要是自家种植的豆子，不够时从别人家购买，一斤 30 钱左右。豆腐一般在本村内卖，新年也在邻村卖。落花生主要是自家产的，在城内卖。野菜在城内购买然后在村庄卖。梨、桃也是在夏津县买了再到附近的村庄卖。

四 土地租佃

（一）租佃类型

1. 分种

分种又称大份，就是佃租人租种土地，收获物主佃平均分配。将土地分种出去的是土地比较多，劳力不足的家庭。分种在南方称分成地租。分种要立一份文书（租约），交给地主。文书上写着所有者姓名，地亩数，粮食数量，交纳日期，保证人（1 人），契约期限（3 年）。文书上会写上如果不能交纳由保证人代替交纳。分种的期限一般是为 3 年，最多是 5 年。分种时不能用钱代替地租，柴火也是对半分配。一收获就必须交纳地租。交纳时，佃农将地主叫来，称好后给地主看，然后租地人将地租运到地主家。大份时地主和佃农协商种植的作物。

2. 租地

租地就是租了地主的土地，然后向地主交固定地租，剩下的归佃农所有。在当地佃农称租地人，地主称东家。租地也会写文书，包括所有者姓名、土地亩数、柴火数量、交纳日期（秋）、保人、不能交纳时由保证人代为交纳和契约期限。契约期限一般是三年，到期后还可以续约。保证人只有一位。签订文书时会指定一种作物交纳的数量，但是地主不干涉租地人的种植自由，租地人可以自由选择耕种的作物，交租时只要按照当时的价格，折算成文书规定交纳作物的价值相当的作物就行了，当然也可以交纳与文书规定作物价格相当的其他作物。租地一般每亩交纳五六十斤地租，租地人可以得到 40 斤左右的剩余。对于收获物，地主和租地人约为六四分成。租地人一般不向地主借农具、种子。在后夏寨，一亩黑地的地租约为百斤左右谷子，百斤左右的柴火，如果不要柴火，可以多交 10

斤粮食。一亩白地的地租为 60 斤谷子，60 斤柴火。无论种植什么都需要交柴火，如果种植柴火比较少的作物，如山药、花生、谷子，还得购买柴火交给地主。另外，交纳的作物是在租约中约定好的，不过可以在交纳时商量，如谷子交 50 斤，则可以交 54 斤高粱。这要得到地主的许可。

3. 二八份子

地主家缺少劳力，但是佃农除了劳动力外什么都没有的情况下，就会采取"二八份子"。"二八份子"的学名就是分成地租。所谓"二八份子"就是地主出耕地、农具、马、种子、肥料，租地人只负责出劳务耕种作物，收成的八成归地主，二成归出劳力者，出劳力者不叫佃农，而是叫"种份子"。份子不能以钱交纳，以份子形式耕作的都是穷人，没有钱交纳地租。份子耕作时一般不写文书，耕作四五年算是长的。份子使用地主的农具、种子，如果农具坏了，由地主负责承担和维修。份子耕作由地主指定种植作物。在后夏寨，采取份子经营形式的只有 2 户，租地的 4 户，分种的 2 户。在以前，分种最多，其次是租地，再次是份子。"二八份子"时，佃农在地主家吃饭，主要是三四月份。有时佃农也睡在地主家。如果佃农是外村的，三月到十月全家都吃、住在地主家，当收获后全部返还。

4. 三七份子

与"二八份子"相比，"三七份子"只有两件事情不同：一是不在地主家吃饭；二是不给地主做其他的工作，如修理房子等。佃农只管种地，不负责做其他的工作。

（二）租佃要件

1. 租期

在后夏寨，土地出租的租期一般是 3 年，据被调查者说，每年都会调整，也有提前结束租期的，也有到期再续租的。如果租期是 5 年，佃农去世后，儿子向地主告知后，可以继续耕种。这种情况下可以不重写文书。

2. 码钱

码钱又称定金，因为租地人先给地主交两三元的码钱，这样地主就不会将土地再租给其他人了。如果是亲戚关系或者比较要好的熟人不需要交码钱。

3. 押租

在后夏寨村，有时租地也要提前交租，称押租，押租一般是"先上一半"。有时每亩 50 斤，任何谷物都可以。分种时不需要交押租。

4. 月粮

进行份子时，不仅不交押租，地主每个月还给佃户月粮。因这佃户家穷，地主每月给一斗粮食。收获后，佃农还给地主。

5. 保人

不同的租佃方式对保人的要求不同，租地必须要有保人，且保人要人品好，家里有土地。大份也要保人，必须要人品好；份子时不需要保人。租地时，如果佃农无法缴纳地租，保人有义务代为交纳。在后夏寨，保人一般是人品好的人，如村长和副村长担任。租种亲戚和朋友的土地有时不需要保人。

6. 续租

租约到期后，如果信用好，可以继续租地。这时可以签订文书，也可以不签订文书。如果重新签订文书，保人因为已经有信用，继续当保人。这又分为两种，一是在原有契约上更改；二是签订新文书，烧掉老文书。

7. 转租

在后夏寨，不存在转租的情况，即签订租约是5年，3年后佃农将佃权出租，没有这种情况。如果佃农不种后就直接交给地主。

（三）租佃减免及纷争

1. 歉收与减免

在后夏寨，如果出现了水旱灾害，地租是可以减免的。"二八份子"时，如果一点收成都没有，可以不交租，但是只要有一点收获，均采取二八分成的方式分配。如果分种，也是如此，如果有一些收成，按照对半分配的方式缴纳。如果是租地，则要区别对待。文书会约定，歉收可以减免一半，只交原有产量的一半。其实也并不是如此，如果租金是60斤，收获量超过60斤，则不减免；如果低于60斤，则减免，如只有40斤收获量，则只交20斤。一般是收获后必须立即纳租，种植棉花的佃户可以晚两个月，没有人将地租延期到第二年的现象。即使再穷，没有饭吃，也不能不向地主交纳地租。减免的时，一般是佃农自己向地主申请，也有委托保人申请的，还有与保人一起前往的。一个地主有几个佃农时，虽然有佃农一起找地主的现象，但是这种现象比较少。

2. 欠交与纷争

如果佃农欠交地租，不能没收佃农的农具。如果租约尚未到期，地主要收回出租土地，农民比较穷无力打官司时，只能由地主收回；如果佃农请保甲长调解，可以让佃农继续耕种。一般情况下，地主要求提高租金，只能按照地主的要求。农民和地主之间有纷争，但是没有诉讼。因为农民打不起官司，一次官司需要200元左右的成本。纷争多是地主要求提高地租额引起。

3. 座价

对于拖欠多年的地租，地主让其写欠条，约定两三年之内偿还称为"座价"。座价可以写在文书上，也可以另写欠条。座价计算是根据滞纳到当时的物价来计算。座价只可能发生在租地的情况下，"二八份子"和分种都是收获时交地租，不存在拖欠地租的问题。

4. 收回土地

地主收回在租约期间的土地必须有正当的理由，否则不能收回。一是如果佃农没有按质按量交纳地租可以收回土地；二是有时地主以佃农没有给其修理房子，没有给地里浇水收回土地；三是地主以生活困难要自己耕种为理由收回土地。不管怎样，地主提出的理由如果正当，佃农一般会同意；如果理由不正当，佃农的性情又比较固执，会拒绝其收回土地。

（四）租佃主体关系

1. 租佃关系

后夏寨的租佃农户不多，只有几户出租土地，也只有几户租地，出租土地的人大约有10亩左右。租地与出租土地的家庭都是彼此熟悉且关系比较好的家庭，多向本村农户出租土地。因此不会延期交纳地租，如果延期交纳，就会收回土地。即使文书上写了租种3年，也会立即收回土地。在不交地租情况下，地主会通知保人和租地人。在后夏寨，佃户喜欢"二八份子"，地主喜欢租地。因为佃农缺少资金、农具，地主将地交给佃农后，可以干别的事。

2. 主佃关系

租地和分种的情况下，地主家结婚，佃农一定会去随礼，约一二元；地主家有丧事，佃农会去烧纸。不管佃农与地主是否为亲戚，是否是本村，地主是否叫唤，佃农都会前往地主家。如果地主家有事需要做，如修房子、盖房子，佃农也会去帮忙，只吃饭，不给工钱。如果有多名佃农，大家一般都会去。另外，除了随礼、帮忙外，正月、端午节、中秋节时佃农也会去问候和拜节。"二八份子"时，除了上述的主佃关系外，佃农还得给地主喂养牲畜，修理房屋和坑，赶大车，出粪，运土等。这些都是无偿劳动。

3. 地主、佃农和保人

如果佃农不能交纳地租，首先佃农会请保人向地主申请，延缓交纳；保人会与地主进行协商，万一佃农交不了，佃农会请求保人代交部分地租，然后自己打工来挣钱还账。地主也可以向保人要求代交地租，这时保人不好拒绝，只能全部代交。保人代交后，地主向保人开具收条，然后佃农通过打工挣钱还给保人，当账还清后，保人烧掉收据。保人有经济责任，没有人愿意担任保人。一般只有亲戚朋友担任租地的保人。一般而言，如果地主提出要求保人代交地租，保人必须代交。保人由佃户选择。有时即使佃农找到保人，地主也有拒绝租地的情况。佃户选择的保人，必须与地主认识，且有一定的土地，没有土地不能做保人。如果收取好，在租地、分种情况下，交纳地租后，佃农会请保人、地主吃饭；收成不好时不请吃饭，在租约签订时也不请。租地需要保人，而且要求保人老实且有土地。份子时只要人老实就行，不需要土地，因为交租是收获后立即分配，不会出现地租拖欠的情况。保人重在信用、人品，信用相当好，即使没有土地，也可以当租地保人。

4. 租佃与同族、亲友关系

如果同族、亲戚、朋友租佃时，可以不交码钱，也可以不交押租。份子主要是在穷人间进行。同族之间主要是分种比较多。与外村人分种时不需要与同族打招呼。亲戚帮助耕种土地，可以将粮食作为谢礼。佃户租种亲戚的土地，因亲戚人手不够再去帮忙耕种时，亲戚会送东西，如点心、衣服、供面、一点钱、猪肉等。

（五）租地出售

在土地租约没有到期，地主可以出售土地，出售前地主会通知佃农。当土地上还有庄稼时不能出售，要等没有庄稼后再出售。有时地主为了出售，可将地里的庄稼一同买下来。地主要出售土地，可以中止租佃协议的。租地出售时，如果地里有作物，尚未成熟，地主会支付种子费用和肥料款。如果作物就要收割了，地主则要按照作物的价格购买。至于价格都取决于地主，即使保人和保长参与调解，也由地主决定。租地一旦出售，无论租期是否已到期都会结束租佃。

五 土地买卖

（一）土地买卖的概况

1. 土地买卖的原因

土地买卖一般是婚丧、诉讼、灾害。在卖地之前，会考虑指地借款；如果借不到，会考虑当地；如果当地不能解决问题，就卖地。卖地是最后的选择。

2. 土地买卖的季节

土地买卖一般在十月至清明节之间，因为这期间土地上没有作物。当然如果遇到特殊情况，如土匪绑架了人质等急需钱的时候，也会出卖土地。

（二）土地买卖的程序

1. 先买权

卖地一般有如下顺序：第一，兄弟；第二，近族；第三，四邻；第四，远族；第五，承典人，即当主；第六，本村人；第七，外村人。卖主要找到中人，依次咨询各位的想法。同等价格下，具有先买权的优先购买。否则价格高者优先购买。

2. 定钱

买卖土地过程中，如果买卖双方敲定后就要交定钱，定钱也称定码。交了定钱后就不能不买，也不能不卖。定钱将从卖价中扣除。如果买主不买了，定钱不能要回。如果卖主不卖了，一般不允许，如果同意也必须双倍退回定钱。

3. 草契及老契、新契

土地买卖时涉及三种契约，草契就是双方说好土地买卖后就签署草契，会在草契写上"收地价若干元"。这份草契交给买主。在打地后就要签约，这时的契约是白契，也就是新立的契约。上面要记载契约中的所有内容。白契进行税契并过割后就成为了红契。土地买卖完成后，原来的老契已经没有用，可以烧掉，也可以自己保存，但是价值不大。因为不可能再以此契买卖，因为四邻会作证的。也不可能以此来进行抵押借款。有农民表示，除非蒙骗不知情的人，否则老契已没有任何价值。

4. 丈量

土地买卖一般要丈量，丈量也称打地。丈量在交涉后长则一个月，短则半个月后进行。丈量时要请丈量先生，丈量人称先生，也称算地人。丈量时还要请四邻和中人，卖主、买主也参加。四邻要拿来地契，丈量土地时白契要依红契。如果丈量时自己的土地是红契，别人是白契，丈量多了，就要占别人的地了；如果自己是白契，别人是红契，丈量少了，就得少地。如果丈量时土地数量与地契不一致，就出现了"空粮"，即有粮无地。如果丈量的土地多于地契记载的数量，则必须去派书处补粮。

5. 签约

一般是吃饭后签约，签约后就交钱。契约主要记载：一是卖地的理由；二是买卖双方的姓名；三是土地的位置；四是土地的四至；五是土地的性质；六是承诺；七是价款支付；八是保人姓名。

6. 请客吃饭

土地买卖在打地结束后，卖方、买方、中人、先生、四邻要一起吃饭。吃饭费用由买主承担。吃饭一般在打地的当日，也可以在第二日进行。

7. 地钱交付

卖地价款一般契约当天交付，文书会写上"当日交足"。如果不能交付或者只能交一部分要商量。实际情况没有发生过，被访谈对象说，这要依个人信用而定。如果价款500元，只付了300元，谁来耕种？访谈对象说，应该是买者耕种。交款时，买主先交给中人，中人再转交给卖主。

8. 印契

印契也称税契，即交纳契税，从白契变成红契。按照民国政府的法律要求所有的土地买卖都必须印契。但是在后夏寨，5人中只有一人印契。如果不印契，发生了纠纷，契约没有法律效力。没有印契的白契在当地称"白头文书"。因为当地人都认可白契，加上印契要交税。因此很多人不印契。人们用白契也能够担保借款。

9. 过割

过割又称过粮、拨粮、拨粮单儿，即土地买卖后就要让派书（有些地方称为里书）处拨粮，即将纳税户头从卖者更改为买者。春天买卖土地，秋天过割；秋天买卖土地，当时就可以过割。一般是从先年的十月到第二年的寒食节期间进行过割。因为在春天所有的纳税单都写好了，买者只能以卖者的名义纳税，或者买者将钱粮交给卖者，由卖者交纳。过割的手续费少的每亩1元，多的每亩二三元，派书收取。农民一般会过割，因为过割后就会安心。只有亲兄弟之间、父子之间进行土地买卖时不过割，其他的都要过割。兄弟之间如果是祖产，分家后买卖分得的祖产，可以不过割，但是如果是分家后购买的土地，必须过割。

（三）买卖主体的关系

1. 卖地与各主体关系

土地买卖涉及了多个主体：一是中人。卖地时，必须有中人，买卖双方不直接交易；也必须让中人征求先买人的意见，如族人、四邻、承典人。中人有职业中人和非职业中人，在后夏寨村，没有职业中人，因此一般都不收钱，只是买方给谢礼。如果是职业中人，必须给钱，在当地一般是"两分佣"，即一百元给两元的"佣钱"；二是打地人或者丈量人或者算地人，土地买卖必须有丈量人或者算地人，丈量先生一般不要钱，给谢礼，由买主负担；三是四邻。买卖土地要通知四邻，否则无法打地和写文书，打地先生也不会打地。如果四邻不在，可以通知家人参加，即使家人不在，也要通知管理土地的人参加。四邻参加打地不会给钱，但是会请客吃饭；四是族长、村长。土地买卖时可以不通知族长、村长，即土地买卖与族长、村长没有关系。

2. 典地买卖及纠纷

典地的买卖承典者一般会知道，因为出典者会知告承典者，如果不买就卖给其他人了。典地卖后要赎回土地。如果不赎回土地交给买主，而是将地价款私吞了，中人要承担责任，中人与卖主打官司。此事与承典者没有关系。买主与中人说，没有拿到土地，中人找卖主，这样引起官司。这不是卖主与买主的关系，而是卖主与中人、买主与中人的关系。因此中人与卖主打官司。官司费用由卖主承担。

3. 卖地与兄弟关系

如果兄弟俩没有分家，哥哥外出打工。弟弟想卖地，如果知道哥哥的地址，必须与哥哥商量，否则卖地会有争议，买地人也不敢买。如果哥哥不想卖，就寄些钱回家急用。如果不知道哥哥的地址，有正当理由且在没有与哥哥商量的情况下也可以卖地。这种情况则可以得到哥哥的谅解。如果没有征求哥哥的意见卖地了，交易已经完成，哥哥再想要地，也无法买回，但是兄弟之间会起争执。

（四）土地买卖类型

1. 养老地买卖

父母在的时候，兄弟不能卖养老地，但是父母去世后可以卖养老地。卖出时一般以哥哥的名义卖出。如果不卖，得到土地的人可以给兄弟一些钱。如果父母去世后，养老地由兄弟共有，文书一般由哥哥保管。但是可以补契，即各自立契。父母本身也可以卖养老地，但是卖之前要与儿子们商量，如果儿子们能够拿出钱，就不卖地了，如果拿不出就卖地。养老地的文书由父母保管。分家后，父亲也能够卖儿子们的土地，要卖就几兄弟一起卖，不能只卖一人的土地，这种情况以父亲的名义卖地。父亲去世后，可以以母亲的名义卖地。可以不写"奉母命"。

2. 受赠土地

兄弟两人已分家，弟弟过世，侄子家过得不好，哥哥给侄子一定的土地。这种情况不过割，文书也不会交给侄子保管。侄子以叔父的名义纳税，过去是直接交到县里，调查时是直接交给村长。如果侄子日子过好了，可以将土地退还给叔父。如果叔父的日子过得不好了，经过中人说和侄子还给叔父。如果叔父还是如此，侄子家只是稍稍好点，这种情况也不会要求侄子还地。如果叔父和侄子发生纠纷，侄子一般赢不了，因为叔父辈分高。侄子不能将受赠土地卖掉。反之有些差别，如侄子家条件好，叔父家条件不好，侄子会赠送土地耕作，还会代叔父纳税。如果侄子家条件好，不可以要回土地。如果侄子家条件不好了，但是叔父家如果过得比侄子还要好，可以经过中人说和，要回土地；如果叔父家比侄子家还差，不可以要回土地。如果叔父去世时也按照上述习惯处理。

3. 房与地基分卖

一般而言，房子与地基一起出卖，但是有些时候房和地基可分离，也可分离买卖。现有两个概念：一是空宅，即只有地基，上面没有房子；二是老宅，既有地基，也有房子。第一种情况，兄弟分家时可能出现房与地基分离的情况。如一家人有1处空宅，也有1处老宅，老宅上面有6间房子。这两样兄弟两人各分得：1处地基，3间房子。哥哥分得了老宅及地基，这样弟弟的3间房子就在哥哥的地基上。弟弟可以拆走自己的3间房子，地基归哥哥；哥哥也可以帮忙给弟弟在空宅上盖3间房子，老宅房子让给弟弟，否则弟弟不会搬走。第一种情况，无儿无女的老人，可以先将地基卖掉，这样老人可以继续住在已经卖掉的地基上，老人去世后，同族人将房子拆掉办理丧事，地基归买主。第二种情况要等卖主去世后才能够收回地基。当然买主在选择时一般都是老人。

4. 死地活口

日本人在调查中两次提到这个概念，但是并不是十分清晰，与当地有关。主要的意思是：土地出典时，如果立了典契（当地称当契），就视同买卖，只有出典人才能够回赎。会在契约中写上"死地活口"。卖主出卖这块地时，买主出于可怜，将来卖主有钱了，会同意回赎。这种情况下多是穷人，也称"死地活口"。按照字面意思理解，土地已经卖了，但是如果有钱后，可以赎回来。

六 农村金融

1. 请会

请会一般是需要钱的家庭向外借钱的一种方式，主要是婚丧、做生意、建房等缺少钱的家庭。向外发出请会的帖子，收到帖子的人就会前往发起人家里。发起人称会首，参加者称会社人，参加者一般是熟人或者朋友。请会一般是 10 人或者 16 人，会费一般是 5 元或者 10 元。根据会帖，参加者会来到会首家吃饭，可以在吃饭前将会费给会首，也可以吃饭后再给。会首在 5 年内再还给各位会社人。还钱时，10 元还 8 元或 6 元，所还之钱要少于所借之钱。5 年后就会结束。请会一般是朋友关系，没有保证人，也没有利息。

2. 借钱

借钱是普遍的融资方式：一是借钱原因。一般买牲口、农具、粮食的时候就借钱。结婚一般是卖地，丧事先借钱再卖地（因为一下卖不出去）。办丧事后卖地一般不会卖给借钱人，因为借钱人担心别人说闲话，说趁机压低地价。二是借钱类型。从四邻借两三元称"借情钱"。借情钱，时间短，金额小，不需要利息。有句俗语：借情不过月，利息不过年。如果需要利息，就称"借钱"。三是借钱利息。一般是两分利息，不按月计，而是按年计算利息。本村最高利息是三分。借钱少，利息就高；借钱多，利息就低。一般是本金和利息一起支付。借钱时没有将利息从本金中扣除。四是借帖。借钱时要写文书，也称借帖。一般是 100 元以上要写借帖；一年以上也要写借帖；如果借给不信任的人，特别是穷人要写借帖。如果是亲友或者信任的人，即使是超过 100 元或者一年以上都不写借帖。五是保人。借钱如果比较多或者超过一年就需要保人。借钱是保人，买卖土地是中人。保人应是为人正直、讲信用、贷主相信的人。如果借主到期还不了账，由保人负责偿还。有一种人，不是保人，但是如果借贷双方发生了纠纷，可以请他调停，这种人称"喜事明人"。保人会写入借帖，喜事明人则不会。保人也可以有多个，称连环保人，如甲请乙做保人，但是贷主不相信乙，于是乙就请丙为自己做保人，这就形成了连环保人。如果借主到期无法偿还，则由保人偿还，保人只偿还本金。如果是两个保人，则平均偿还本金。六是借款期限，借款5元、10元，一般是10天内偿还，不付利息都不会借得太长，数量也不会太大。如果支付利息，一般是一年，不会超过2年。短期借款如果是向商人借款，即使很少也会有利息，一般的期限是3个月。七是计息方式，100元借款，三分的利率，一年的利息是36元。没有利滚利的情况。如果借钱一个月超过几天，则只付一个月的利息；如果超过10天，则算一个半月的利息，也有些算两个月利息的。村内最高利息为五分，城内为八分。在后夏寨没有借帖上写100元，只给80元的情况。八是如果父亲无法偿还债务，首先是保人调停，或者保人偿还，但是如果保人不愿意偿还，借主就会提出贷主耕种自己的土地。如果没有土地，则由后代负责偿还。对于父亲欠下的债务，后代必须偿还。如果无法还账，不能做工来还账。九是借钱的对象，借钱一般是找方便的人，例如本村做生意、有点小钱的人，如卖烧饭的、点心和杂货的。急需要钱的人会找他们借。一般是亲戚办红白喜事需要送礼而借钱，一般借两三元，四五天后偿还。10元以内找本村的朋友借，如果朋友有钱可以直接借到，如果朋友没有钱会介绍自己朋友来借钱。如果只有三五天可能不需要利息，如果时间比较长就需要利息了。找城市商铺错钱，无论时间长短都得支付利息，而且按照月支付利息。十是找城里借钱，如向城市商铺借钱，需要保人，也需要写借帖，但是如果关系比较好，直接去借，也可以不需要保人和借帖。店铺会记账，但不会按手印。十一是借钱与同族、亲戚关系。一般是向有钱的人借钱，如果兄弟有钱，可以向兄弟借钱，不需要利息；向姻亲借钱，也不需要利息；向五服内的同族借钱，取决于平时的感情。十二是借钱的基本选择，如果是小额三四元借款，一般找四邻，或者村内小店铺，或者乡社，时间比较短，三五天或者十天以内可以还账；如果需要大额的经费，过去向银号借钱，但调查时没有银号了，只能向绅士借钱。如果绅士都借不到钱，就指地借钱或者当地，最后不得已就卖地。十三是如果借主无法还账，贷主请保人与贷主协商后以作物抵账。如果贷主家条件好还可以"还破账"，即贷主将大家召集起来商量，如果借了100元，还80元；借50元，还40元。以便借主可以不再偿还剩余部分，这称"还破账"。后夏寨村比较穷，80%的村民都要借钱，不借钱的只有20户左右。

3. 借钱名义及偿还

当家人借钱，以家庭的名义来借；家庭成员以个人的名义借钱。如果是父亲为当家人，父亲借的钱，儿子们负责偿还。家庭成员以个人名义借钱，家庭可以不承认。分家以后，父亲借的钱，儿子们也要承担。分家以后，弟弟或者哥哥借的钱，其他兄弟没有偿还责任。但是如果当家人哥哥借钱，尚未分家时，弟弟有偿还责任。分家与否要以分家单为证明。在分家时，以前写过借帖的债务，要将贷主请过来，当场明确兄弟各自承担的债务，一般是平均承担债务。也有一个儿子承担债务，就多分一点财产或者土地的情况。总之，分家时的债务由儿子们平均承担。以养老地为担保借的债务，卖地举办丧事，剩下的钱用来还账，如果不够，兄弟补足，如果有剩余的钱，兄弟平分。

4. 借粮食

农民有时也会借粮食，不过一般不会借很多，5斤、10斤、20斤的。如果贷主比较急就会在三五天之内偿还。如果不急就秋后再还。借粮食只能还粮食，不能折算成现金来偿还，但是如果约定借粮食还钱也是可以的。如果借钱倒是可以折算成粮食偿还。这时要包括利息一并折算成粮食。

5. 指地借钱

农民可以以某块土地担保来借钱，如果借主到期无法偿还，则让贷主耕种这块土地。在后夏寨，指地借钱比较少，比较多的是当地，因为后者可以耕种土地。指地借钱的贷主不能再指地借钱，但是也有人说也可以，只要不高于原来所借金额。指地借钱一般是信用不够且需要大额经费的人使用。一般是春天借，秋天还。也有一位访谈对象表示，期限是1—3年，但是大多是一年后偿还。指地借钱只是将地作为担保，与地价没有关系。坟地不适合指地借钱。贷主不能出售指地借钱的土地。如果借主要出售担保土地，贷主与普通买主一样，没有优先权。

6. 当地

农民需要大笔钱时，一般是先当地，万不得已才会卖地。因为土地一旦卖出就再也拿不回来了。因此农民一般会先当地。当地就是将土地交给别人耕种，别人借钱给当地的人。贷出钱的人称"当主"；借钱的人称"立当契人"；这个钱称"当地钱"。根据一般原则，当地期限为3年，但是实际上1年就可以赎回。其次，当价。100元的土地，可以借钱70元左右。再次，如果以后期望当价调高到80元，增加的10元，这就称"找价"。"找价"主要是地价上涨，出典者希望增加典价，如果承典者不同意，出典者就出典给其他出价高的人。如果当主将当得土地再当出去，就称"转当"。转当之前会与当地的商量，表示是否赎回，如不赎回就再次当出去了。转当价格可以高于第一次当地的价格。父子之间当地，可以不立契，但是分家的兄弟之间当地，要立契。当契一般是一份，也有写两份的。当主不能在当地中挖土、埋坟。如果土地出售，当地的有一定的优先权，但是排在同族、四邻之后。当地不印契，可以不交契税。如要赎回当地，通过中人沟通，一般是到期后赎回，如果关系好，不到期也可以赎回。赎回时一般将当地一起赎回；如果关系好，也可以先赎回一部分，然后有钱后再赎回一部分，不过这需要重新立契。当价高的是地价的七成，低的是两成三，一般是五成六。当主承担田赋、摊派，交纳时先交给当地的，由当地的转交给甲长。这种为"钱随地走"。

七 村庄社会

（一）会与社

1. 祖宗会

祖宗会也称祖宗社、老坟社。没有固定的社头，大家轮流当老坟社的社头。正月初二，同族人聚在一起去老坟扫墓。收成好时会在一起吃饭，但是调查时已经不吃饭了。这种集会称祖宗会、祖宗社，或者老坟社。社头从每户收取 20 钱。祭拜那天凌晨，全族的男女老少聚集在社头家后，一起前往老坟。祭拜时主要是上供、烧纸钱、焚香、放爆竹。调查时已不再吃饭，而是结束时社头给每户发 2 个馒头。后夏寨村只有马姓有祖宗会。除了扫墓以外，同族之间没有其他的相互帮助。祖宗会并非是关系好，而是一直以来的习惯。会与社的区别在于：社需要集资。

2. 三三社

三月三日村民们聚集在本村真武庙祭祀。祭拜后将真武爷的画像在西北砂地烧掉（因为神在西边）。所有的男人和已婚妇女都会去。祭拜主要是叩头。民国十五年（1926）以前还会演戏，雇一天的戏班子约 200 元左右。这个费用由村里摊派。如果不演戏，每户出 10 钱，贫穷农户出 5 钱，合起来约 15 元左右，主要用于置办供物和喇叭。外村人也会来祭祀，但是不摊派费用。三三社不吃饭，由庄长组织和指挥。

3. 阎王会

三月二十八日村民前往村东南十六里地的津期店的天齐庙朝拜，祈求健康。这称为阎王会。阎王会时有集市，很热闹。阎王会由愿意参加者自己申请组织，组织者提供一天自己的大车，参加阎王会的人不需要交钱。

4. 碗社

在后夏寨村周围有碗社，所谓碗社就是一些人自愿成立会社，凑钱购买碗、盘子和筷子等，供婚丧嫁娶办酒席的人家借用，借用时需要支付费用。这些费用就是碗社的收入。每次根据借出碗的数量确定收费。如果损坏要赔偿。后夏寨有两个碗社，能够保证全村的需要。一个社是每人出资 1 元或者 2 元，也有出 5 元的，穷人出少点，有钱人多出点。虽然出钱不同，但是利润分配是一样的。社的利润多的 50 多元，少的 20 多元。利润不用分摊，年终时每人分 6 元左右的饽饽（馒头）。碗社的主要目是方便村民。碗社有社头，平时这些设施就放在社头家。碗社一般 10 人左右，也有 20 多人的，有社头，其他为社友。碗社也有账簿（碗社簿），社头负责记账。乡社的社头都加入了碗社。碗社的会费可以出错，利息是二分，借钱人年底将利息和本金一并归还，社友都可以借支。偶尔也可以借给非社友或者外村人。社友没有共同信仰，也不会一起集会。加入碗社的一般是中下层家庭，有钱人不会加入。

5. 饽饽社

加入会社的社友每月存入 20 钱，在小麦便宜时购买，提前存放在饽饽店，新年时让店里做成馒头分给社友。后夏寨的饽饽社有 40 人左右。一般是一斤饽饽制作一斤饽饽（自己做时一斤饽饽可以做一斤二两馒头，二两差价就是店的利润）。社友能够分得的馒头要根据当年小麦的价格而定。社友的会费可以出钱来获取利息。饽饽社有社头，也有账簿，但是必须在当年结束。另外有一人说，饽饽社以前没有，调查当年才成立，由一位牵头人组织成立，然后劝导各位参加，现在有 34 人（有收入和支出表格），会费为一会（或一口）3 元，一人可以申请几个会，即一个人可以交两份或者多份钱，以便获得更多的利润。社友借支比较多，有人表示因为赌博而借钱。分配饽饽时，按照出钱多少来分配饽饽。

6. 乡社

本村人加入的会叫乡社。乡社的目的是祭祀泰山老母和祈求家庭平安、不生病。附近每个村庄都有乡社。本村没有固定的像和庙，只祭拜泰山老母的画像。祭拜时在社头家里，去年社头去世了，还是聚集在他家，因为他家比较宽大，而且人格高尚。夏后寨有 50 多户，约 90 余人加入乡社。乡社与保甲没有关系。一是入社。加入乡社时，每个月要出 10 钱，这就成为了社友。女人也可以加入乡社，有两三位寡妇参加。二是会费。会费主要是用来祭拜时烧纸和香。除了 10 钱的会费外（以前是 6 钱），另外还要再收 50 钱左右，用于社友的伙食费用。如果交了一年的会费，则不用每月参加聚会。每次聚会大约有 70 人左右。聚会主要是收会费。也会有滞纳会费的人，滞纳不会取消社友资格，交过来就行了。滞纳者要交三分的利息，在发驾时连同利息一起交过来，没有钱必须借钱交会费。三是发驾。祭拜是三年一次，即将泰山老母的画像放在泰山驾上祭拜，祭拜时还供奉馒头、肉、蔬菜、水果等。祭拜结束后在村东的砂山下焚烧画像（因为泰山在东边）。这就称发驾。祭拜时，一家人交替跪坐。拿纸驾是 4 人，烧纸驾的人不受限制，谁都可以。四是吃饭。社友们会在村公所的庭院一起吃饭，发驾当天的白天和第二天白天吃两次饭，一般是白菜、肉、馒头等，没有酒。发驾时从乡社借钱的人务必还钱。社友期待发驾，觉得很开心。五是社头。乡社的负责人称社头，因为事情多，一般有几位社头，后夏寨的乡社有 3 位社头，社头没有报酬。社头收会费并保管会费。六是会费出贷。收集起的会费可以外借，外借时由 3 位社头商量决定，不允许一人独断。会费出借的利息是三分。一般借 5 元，也有借 20 元的，钱基本上都借出去了，没有多少剩余，一般而言借钱不会超过会费总额。外借时按照先申请先借的原则。会费一般只贷给社友，偶尔也会贷给社友之外的村民。社头由社友口头选举产生。只有前任社头辞任后选举继任社头。七是会费报告。社里的钱的收支不用每年报告，三年一次发驾后，计算了再报告。账由社头管理。现在的管账人因为家里病人多，自己主动申请无报酬的管账工作，以消除家人的病痛。八是社友。加入乡社的都是条件比较好的家庭，贫穷家庭加入的比较少。九是道士及回礼。发驾时要请道士，念皇经，从早上 3 点到 8 点。每日 15 钱，还要供应伙食，3 天约 50 钱。

（二）文化与信仰

1. 村庙

后夏寨的人信仰佛教和道教。各家在自家进门处供奉天地神。佛教祭拜南海大师，诵读《龙王真经》和《节王真经》。南海大师的庙在县城南关。南关虽然有南海大师，但是没有庙会。本村有 4 座庙：龙王庙、土地庙、白衣庙（有人称为菩萨庙）和真武庙。真武庙稍新，民国十年（1921）左右建设，按照当时的物价花费了千元左右。维修或者建设村庙里主要是本村捐款，但是外村也会少量的捐款。一是真武庙，是平安神，保佑人身体健康。三月三日是祭拜真武神，上午去朝拜，下午抬着神像在村中游行，村民要出来迎接祭拜。有时生病时也会去朝拜。二是菩萨庙，是慈悲之神，把人类当成孩子来保佑。祭拜日是二月十九日，一年一次，坐神轿，但是不游行，村内女善人会来念经。三是土地庙，每个村都有一个土地庙，土地神是收灵魂的神，灵魂收走后就送去城隍庙（城隍庙只有县城才有）。城隍神命令土地神取人命，取不了就是土地神的责任。人死就会去报庙，没有特别的祭日。四是龙王庙，祭拜日期是六月二十三日，主要是祈雨、上香、烧香、烧黄表，黄表就是黄纸。

2. 在门

自己祈祷，转世后即下辈子也能幸福。一般人不能祈祷，只有成了在门才能够祈祷，在祈祷时不是在门的还不能看。全村大约有二三十人。在门是女性多，主要是讲理说法，不拜神。在恩县大约三个村有一个在门，这个团队叫门头。有个说法：五门六道，门头就是其中一个门。在门究竟是什么，日本人没有调查清楚。

（三）村庄教育

在后夏寨村，40 年前就有学校，以前是私塾。民国二十五年（1936）前，约有 30 多人上学，现在有 40 多人。女孩子不上学，也不识字，在家里也不教女孩识字。有钱的人家每月要给老师交月酬，没有钱的可以不交，老师一年 200 元左右的收入，如果不够，村里会支付，费用计入摊派，学校所需村庄补贴的费用均按照田亩进行摊派。除了月酬外，五月和八月要给老师送礼，主要是一些肉、面条和点心。学校的设备由村庄负责，每年大约要 30 多元。学校没有周日，因为农民认为待在学校比待在家里好，每天上课时间是早晨 9 点到日落。学校没有学田，学生也没有成绩簿，只有极少数的学生能够考入高一级的职业学校。上学没有具体的年限，可长可短。当前学校的教师由学校管理员决定。管理员过去由庄长和牌长决定，现在由保长和甲长决定。后夏寨周围没有县立、镇立学校，都是村立或者庄立学校。老师由管理员聘请，即有本村人，也有外村人，如果距离本村 20 里左右的人，人品都清楚。其实老师也是由本村有权威的人推荐的，然后由管理人员聘请。

（四）村庄习俗

1. 拜年

新年要拜年。正月初一的拜年，先给家人拜年，然后去族长家拜年，再是村内的人。正月初二后就给远方的亲戚拜年。给祖先拜年主要是向祖先叩头。如果家里有家谱，就向家谱叩头；没有家谱就拜神位。家谱在同族家中轮流存放。互相拜年时，晚辈给长辈叩头。同族人各自前往族长去拜年。

2. 放灯

正月十五元宵节晚上时放灯。各自放灯，也有人拿着灯笼上街去耍。白天吃饺子，晚上没有什么特别，不做汤圆。

3. 打囤

二月十五打囤，从灶里取灰撒在庭院里，描绘成囤和梯子的形状，中间撒些粮食让鸡去吃，意为祈祷丰年。除了这个仪式外，吃饭没有特别之处。二月初二打双囤，打两层囤，也是为了祈祷丰年。

4. 宅神和灶神

有些家庭还供奉着宅神，以保佑一家平安。每家都会供奉灶神，这是厨房之神。

（五）社会关系

1. 乡绅、财主及名望

在后夏寨，代代都有财产，有名望，备受尊敬的人没有。一是财主。有财产的人称财主。二是绅士。有财产，又受人尊重，且有名望的人是绅士。三是先生或秀才。受人尊敬的人，但是没有财产的人只叫先生或者秀才。后夏寨有一位秀才，先是做私塾的教师，后是当医生。这种人称为先生或者秀才，但不是绅士。四是获得名望的条件。绅士除了有财产外，还必须要有名望，这种名望包括向困难的村民借钱，为村里办事。有些人家有财产，但是不帮助村里的人，就没有名望，也没有实力。后夏寨以前有两个财主，40 多年前有 100 亩地和两个眺望楼。虽然家里有钱，但是不为村里出钱，所以没有名望，也就没有实力。

2. 街坊辈分

街坊也是有辈分的，从小按照父亲的称呼来称呼，即根据父亲的年龄来确定辈分。这叫论辈或者按辈。同辈人就根据年龄称为哥哥、弟弟。但是婚姻会改变一些辈分。如自己的弟弟娶了自己同学的女儿，则自己要降辈分，叫自己的同学为叔了，同学叫自己为侄子。长辈叫晚辈直呼其名，晚辈叫长辈要用街坊辈分。

3. 大号

每人都有一个乳名，也称为小名。在 7 岁左右时，再起一个吉利的名字，比如凤翔、凤梧等。大号就是学名，一般是两个字。上学时请老师来起大号。有些人有 3 个名字，一是小名；二是学名，也就是大号；三是儒名，成年后由老师起名。如一人的小名叫西海，学名叫凤翔，儒名叫翔霄。

4. 院里

同族的人称院里，也称一家子，只不过前者用得多。一般不叫同族，而说是院里的。在后夏寨同族的没有住在一起。同辈的人取名有的取同一个字，就能够看出辈分的大小。如果一个院里的迁移到其他地方去，辈分就会变得不清楚。

（六）分家与养老

1. 分家

一是分家的理由，主要有三个原因：兄弟不和，妯娌不和，生活困难。二是分家的时间，有父母离世后分家的风俗。一般是父亲去世后就分家。因为父亲去世后，母亲还在，也会分家，因为儿子们不太会听母亲的话。三是分家时见证人，分家时同族人、舅舅、村长要参加。如果有舅舅，一定要参加。这些人都要在分家单上签名。四是分家的顺序，分家的见证人来后，先吃饭，饭后商量分家的办法，然后抓阄，最后写分单。五是抓阄，一般用衣服包着，也有用碗盖着来抓的，大哥先抓。阄上写着房子、土地家具等。抓阄时全家都会到齐。六是家谱也是抓阄决定的，谁抓到老房子，就保管家谱。家谱也称"老祖宗"。如果分家后各个兄弟有新家谱，"老祖宗"就轮流管理。七是分家一定是平均分配，父母不能强行确定，父母一般不主持分家。八是分家时要先留出养老田。

2. 养老田

分家时要先留出养老田，如 20 亩，两兄弟，则养老田为 10 亩。如果还有未出嫁的妹妹，则留两亩地购置嫁妆，也包含在养老地中。还有给粮食或者轮流供养的方式，一般每个儿子供养半个月。最稳定的养老还是养老田，因为如果儿子们不孝时，也可以耕种来维持生计。

（七）同族关系

1. 族长及其职权

同族一般都会有一位族长。族长只是在结婚、葬礼、分家时参与商量。如结婚时就年龄和财产商量；葬礼时就钱的事情商量；分家会参与分家事宜。大家会给族长拜年。可能会一起叩头，但是称呼各不相同。

2. 家谱社

村里没有人有书写的家谱，但是有家谱社，也有人称宗子社。所谓家谱社就是同族人凑钱来上坟。上坟有 3 个时间，正月初二，清明节，十月初一的鬼节。上坟需要一些费用，因此需要凑钱，一般每户凑 20 钱。同族家庭比较多的会吃饭。一般是正月初二上坟后吃饭。女人不能参加。上坟后再回来聚餐，称送神聚餐。如姓马就是"马家谱社"。聚餐时是各家轮流，吃饭时按照辈分来坐。上坟时族长先供线香，然后各自上香。上香时不会排队。

3. 家谱存放

在后夏寨，家谱不是固定的放在某个人家的，而同族各家轮流存放，正月初二上坟后就在这家聚餐。家谱一般不存放在家里没有北房的家庭；购买不起供物的家庭也不会存放家谱。烧纸的钱可由祖坟地的收入负担，供物则由轮流承担的家庭提供。

（八）祭祀与丧葬

1. 祖茔地

祖茔地就是同族的坟地，也称老坟、祖坟。老坟中可以耕作的地称坟田、祖田，坟田是个人所有的地，祖田是同族的坟所在的田。在后夏寨四个家族有坟田、祖田，但是数量都不太多，最多也只有 4 亩。一是祖茔地的经营。坟茔地一般是出租，出租给本族比较贫穷的家庭，不用交租，但是提供上坟的费用。祖茔地耕种会变化，今年是某个最穷的人耕种，如果明年有人更穷，则由更穷的人耕种。基本原则：较穷的让给更穷的；年轻的让给年老的。由同族人耕作还称"白种""白种户"。二是祖茔地的出租。祖茔地不能由族长单独决定，而是族人共同商议决定，一般是正月初二上坟后决定耕作者。三是祖茔地的契约及保管，祖茔地的文书（老契约）放在耕作者手中，如果耕作者更换，文书也会易主保管。理由是田赋、摊款由耕作者缴纳。有些祖茔地也会签租约，租约一般在正月初二签订，由会写字的人书写，然后交给族长保管。四是祖茔地的税费，祖茔地的田赋和摊款由耕作者承担，村长找族长收，族长找耕作者收取。如果耕作者交纳不了，同族人共同分摊。有时有钱人会多出一点，但是不会让族长一人承担。五是祖茔地的典当，祖茔地一般不能典当，只有将祖茔地分给家庭后才可以典当，同族人共同所有时不能典当。

2. 上坟与伙饭

正月初二会去上坟，族人多的新年会聚餐，这叫伙饭。清明节会上坟，各自前去祭祀。如果有坟茔地，则出租给本族贫穷人家，不收租金，但是要支付上坟的费用。一般正月初二决定租佃人。

（九）埋葬与阴亲

1. 丧事

人死后，首先将尸体搬至屋外，家人穿上丧服哭丧，去土地庙祭拜（称上庙）。回来后坐在入棺的一侧（守灵）哭泣。早上、中午、下午各哭一次。早、中、晚拜 3 次庙，上庙是为了祈求死者复生。第三日亲戚来串丧。若是年轻的死者，串丧完毕即入土。如果是老年人，则在家中停放一两个月。若没有长久停放，则会招致不幸。第三日向亲戚通知出殡的日期。出殡当天，早上亲戚们聚集起来，共出丧钱，一起吃饭，正午过后出殡。丧事队伍一般是喇叭、孝子、棺材、女孝子、旗子。埋葬之后，稍微哭一会儿，将灵牌插在坟上就回家。埋葬时只有孝子到坟上去，其他人包括亲戚不出村外。抬棺木要请人，根据距离远近来确定报酬。一般而言，长辈不参加晚辈的葬礼，同辈也不参加，但是弟弟可以参加哥哥的葬礼，只着帽和鞋，送到村外。死后第七天称"头七"；接着是二七、三七、四七、五七，到了五七就去上坟。第一百天称为"烧百日"。

2. 埋葬

成年人一般是葬入老坟。但是有几种特殊情况：一是寄埋。如果妻子先去世，先是寄葬其他地方，等丈夫去世后再合葬于祖坟。二是未婚者死后埋葬，15岁以后可以葬入老坟。三是未嫁女孩，若是订了婚，葬入订婚男方的老坟中；如果没有订婚，葬到茔地以外。另外，未婚女性死后，葬在祖坟之外等待男性合葬，这样的坟称圻子。

3. 阴亲

未结婚的男女死后，要娶阴亲。阴亲又称鬼婚、阴婚、冥婚。娶阴亲和一般结婚的礼节是一样的，由男方出钱。结阴亲时，挑选比死者小一辈的孩子作为过继子，身着丧服乘轿去迎接死者的灵牌，伴着尸体来进行合葬。

（十）其他关系

1. 义仓与救济

后夏寨村没有义仓，荒年时农民自己考虑自己的事情，村里什么事也不会做。平时也没有储备以备荒年之用。

2. 赌博

后夏寨的人比较喜欢赌博，主要是打纸牌，每天输赢多的有20多元。农历正月十五前允许打牌。打牌特别是社友打牌多在马春荣家，4人一组，马家可以容得下6组。全天都有人打牌，可以分为早、中、晚。输钱了就借饽饽社的钱，利息是二分，年底本息一起还。在马春荣家打牌赢了钱的人，要将所赢钱的一成交给社里，称"头钱"。这也成为饽饽社会费的一个重要组成部分。

惯行与治理：满铁对侯家营的调查
——《满铁农村调查（惯行类）》第 5 卷导读之一

满铁华北惯行调查第五卷编辑了 3 县 8 村的调查，分别是河北省的昌黎县侯家营村，河北省良乡县吴店村及河北省静海县的上口子门村、冯家庄等村。调查员重点调查侯家营村和吴店村。侯家营村靠近东北地区（日本人称满洲，文中沿用日本人调查的说法），外出打工比较多，村民相对比较富裕。吴店村虽然靠近北京，但是村庄相当贫困。日本人对 3 县 8 村的调查重点是村落、家族、租佃、就业和涉及农村的金融、市场交易等。本卷的导读依然按照村庄为单位进行撰写，分别为侯家营、吴店村和其他村庄三个部分来写作。

昌黎县位于河北省的东北角。乘北宁铁路从天津经唐山北上，乘快车不到 1 个小时就能到达位于山海关的昌黎县城。从昌黎县城顺着前往邻县乐亭方向的公路南下，大概 20 华里即可到达泥井镇。侯家营隶属泥井大乡，从镇上徒步约 10 分钟即可到达村北。前往侯家营的公路的东侧已形成了密集聚居地。

据说，明永乐或万历年间，战乱导致本地居民死亡情况严重，便有人从山东的柳州移民而来。如碑铭记载那样，此处曾经被称为侯总旗营。村民之间口口相传，此处曾有总兵居住，加上本村附近共有七营的士兵居住。关于总兵后裔的情况却不甚明了，而且本村和其他六营的从属关系至今仍未被完全认可。

据民国三十年（1941）的《保甲册》记载，侯家营村有 114 户，约 680（男性约 350 人）人。根据日本人第二年春的调查（1942 年），已变成 117 户人家，704 人。如侯家营的名称一样，村中的侯姓最多，有 84 户（占 73.7%），刘姓 10 户，王姓 6 户，陈姓 5 户，孔、齐、萧、傅、池、李、方、费、叶的姓氏各一户。与满铁调查员对其他地区调查的村庄相比，该村的同族色彩更为浓厚。其中，侯姓被分为三大族系。

民国二十八年（1939）全县实施的土地调查结果显示，耕地面积由以前的 20 顷左右变成 32.6 顷。不过，其中包含一顷左右宅地面积。另外，外村人在本村所拥有的土地为 2.8 顷；本村人在外村所占有的土地则是 4.8 顷。按照此推算，一户人家平均所占有的土地面积为 30 亩。根据民国三十年的土地记录，村民所有土地的总面积是 2979.25 亩。

在此要对导读的撰写进行说明，一是日本人的调查涉及晚清和民国，这个时期是中国基层制度变化最大的时期，各个不同时期的制度夹杂在一起。因此在整理时笔者将各个时期的同类惯行和制度整理在一起。二是整理主要集中于与农村和农民有关的惯行，对于县政特别是税收的政策、集市贸易等情况的整理相对少些。三是主要集中整理惯行，对于一些丰富性的户别调查和案例没有整理进去。四是在整理过程中，有些人口数量、耕地面积、税费数据可能前后有差异，在整理过程中进行了甄别，但是无法甄别的就都列出来。

一　村庄治理

（一）治理制度

侯家营村的村庄治理的历史经历了四次变迁：首先是会头制；其次是村长制，协助村长工作的是会头；再次是乡长制，村长制变成了大乡制，闾长协助乡长工作；最后保甲制，由保长、甲长负责村务。

1. 治理架构

20世纪初，侯家营村的村庄治理结构变化比较大：一是晚清和民国初期是会头制，有会头和地方（地方管辖几个村）。二是调查的前十多年是村长制，村里有村长和副村长，这个时候地方还存在。其架构是：村长—副村长—"十家长"。三是大乡制，侯家营与赵家港合成一个乡，侯家营是半个乡，乡长是侯家营的人；副乡长是赵家港的人。在乡长制时，设置了一名闾长，协助乡长工作，同时还设置了监察员、调解，聘请了一名乡丁，其架构是：乡长—闾长。四是六七年前实施保甲制，保长取代了乡长，协助保长甲长工作的有"十家长"（也就是甲长），过去很多"十家长"成了甲长，其架构是：保长—甲长。可见，村长的职务和名称发生了3次变化：村长—乡长—保长；副职为：村佐—乡副—副保长。

2. 会头制

在晚清和民国初期，村庄的治理架构是会头制，侯家营有8位会头，决定村庄事务。这个时候有一个地方跑腿，但是这个地方也并非是侯家营独有，而为多个村而设置，其实地方隶属于县公署。在会头制时期，会头由村民推选。会头们开会称公会，会头之间通过协商进行决策。会头制后来由村长、副村长制取代，这个时候地方仍然存在。

3. 村长制

民国初年，实施村长制，侯家营根据县里命令选举村长、副村长，票数最多的人任村长；票数第二多的人任副村长，县里要颁发委任状。村长和副村长也就是原来会头中的人，都是家里有土地、会做事、可靠的人。选举时没有候选人，由大家直接投票选举产生，因此最多的票数也只有30多票。对于一般的小事，村长和副村长可以自己决定，但是涉及收费时，会头们（也称为董事）商量决定。在决策时村长、副村长与其他董事权力差不多，如果出现分歧时，根据多数人的意见决定。一般情况下村长的提议，大家都会同意。因为要给村长、副村长一些面子。

4. 乡长制

在昌黎县实施过一段时间的大乡制，侯家营与赵家港设置一个乡，侯家营人担任乡长，赵家港人担任副乡长。两个村分别选举，然后双方商量谁担任正副乡长。乡长制还设立了一名闾长，相当于副乡长，协助乡长工作，但是闾长没有县的委任状，也没有做实际工作，不久就取消了。此外还设置了监察员、调解（侯家营有专门的民间调解人，因此就没有设置这个岗位），乡长请了一位乡丁。在这个时期，产生了"十家长"，协助乡长工作，但是乡长一个人决策，"十家长"作用也不大，有些会头成了"十家长"，此时会头的作用迅速弱化。

5. 保甲制

大乡制没有实施多久，就实施保甲制，保长取代了乡长，甲长取代了"十家长"。根据县里的命令，保长由村民选举产生。保长时期设置了甲长（即"十家长"）。决策时，一般事务保长决定，但是涉及收费的事情，保长要与甲长们商量，共同决定。

（二）治理主体

1. 会头

在晚清和民国初年，村庄的治理是会头制，全村有 8 位会头，也称"董事"，会头叫法最早，董事叫得最多。一是会头的资格。一般是做事可靠、能干、土地较多的人才有资格当会首，与辈分和年龄无关，会首不会世袭。二是会头的产生。会头由村民选举产生，但大多数情况是直接商量决定，因为会头负责十家，由十家一起协商决定。也有前任会头或者其他会头推荐新会头的情况，但是推荐的会头还得十家同意，否则不能当作会头。会头想离任，会推荐新的会头。如果推荐不了，十家不会让其离任。会头不向县里报告，县里也没有会头的名单。三是会头协商。8 位会头地位平等（也有说 4 位会头），一起协商决定村庄事务。如果村里有事，就撞钟通知，会头会到固定的地点——村西的关帝财神庙开会。在特殊的情况下，有人缺席也可以决定，也就是说并非要全部到齐。没有专门负责与县里、其他村庄联络的会头。四是换届。如果会头家里事情比较多，没有时间处理村庄事务，或者长期在外时就会换人。五是任期。会头没有任期，按照能力和财产确定，原则上不世袭，但是如果儿子有能力还是可以接任会头。六是报酬。会头工作没有报酬，可以吃 3 顿饭，第一次在耕种之前的二月左右；第二次在六月二十日关帝生日的那天；第三次在九月和十月之间立冬的时候，也就是在结算看青等费用的时候。因为会头既没有报酬，又比较繁忙，所以谁都不想做。七是管理范围。会头一般负责自己家周边的农户。各姓根据户数确定会头，有些小家族就合在一起共同推出会头，如刘、池、叶三姓由一个会头来管理。八是会头的职责。村里所有事务都由会头负责，如收取看青、打更等费用，如当事人交不了，会头还得代垫。如果本管辖区的人偷了其他会头管辖范围内的作物，会头要出面处理。会头也会进行纠纷调解，包括夫妻吵架等家庭事务。会头主要调解自己管辖的农户，但其范围不仅仅是十家，其他的农户也可以调解。调解时不是所有会头都参加，可以是一人，也可以是几人。会头的调解意见一般都会接受。如果当事人不接受也可以诉讼。但是侯家营没有诉讼的情况。有些家庭也会请关系好的、具有亲戚关系的会头协商分家事宜。但是这种协商和商量都是以朋友和亲戚的身份，不是以会头的身份。其他农活、农事都是农民自己的事，与公会和会头无关，后者也不会参与。村民家里经济困难也是个人的事，不会找会头。九是充当中介人。会头多充当土地买卖、分家时的中介人，各家土地买卖可以不向会头说，但是可能会请会头做中介人。十是会头的消失。随着村长、副村长取代会头制（村长、副村长由县颁发委任状），会头的村务作用减弱。虽然村长、副村长会与会头们商量，但是已经不是会头决定制度了。大乡制实施后，乡长个人决策特色明显，会头作用进一步减弱和消失了。

2. 村长

一是村长资格。村长必须有能力，诚实可靠，是否有土地不是当选村长的标准，但是选出来的人都有较多的土地。二是村长产生。根据县里的命令，村长和副村长由村民选举产生。每家每户由家长参加选举会议，如果家长不在，女家长委托其他人投票。选举时没有确定候选人，由参会人员自己投票，选出村长和副村长。投票时只写推荐人的姓名，不写投票人的姓名（无记名投票）。选举时没有人游说，也没有公开讨论。一般会有100多人参加村长选举。票数最多的人当选村长，票数第二多的人当选副村长。选举村长和副村长，有一起选举的情况，也有分开选举的情况。三是当选和辞退。选上后要向县里报告，领取委任状。村长或者副村长做得不好，村民会投官，要求辞退，然后由县里解聘。10年前乡长侯大生因为账目不明、乱吃乱用被解聘了。主要由村里10位村民联名向县里请求辞退，这10人都是村里土地比较多的人，认为收费太多了。10人联名时没有与其他村民商量，但是其他村民也赞成辞退这位乡长。四是村长职责。主要有纠纷调解、管理看青、值夜及村摊费用。五是事务决策。村务主要由村长和副村长商量决定，即使是发生了诉讼，官府要么叫村长，要么叫副村长。一般不与会头商量，只有在收集摊款、确定打更人或者发生了骚乱时，村长、副村长才会与会头们商量。庙附近的坑里莲藕的管理、茅草屋的打理、接济穷人、对盗贼的处分等可以由村长单独处理。六是村庄代表。如果与外村交涉，一般由村长或者副村长代表村庄与外面交涉，如果村长和副村长比较忙，也可以安排一两位会头交涉。在商量时，村长和副村长的意见与会头们大多数情况下是一致的，出现分歧时按照多数人的意见决策。七是村长、副村长和会头的关系。在村民看来，村长、副村长有委任状，地位比会头要高。但是在商量事情时，地位平等，会头们也会照顾村长、副村长的面子。村长提出的意见一般会赞成。在出席村民的葬礼、婚礼等时，村长、副村长和会头坐上席。在侯家营村，村民一般不会称呼村长、副村长，而是按照辈分称呼。

3. 乡长

一是乡长的产生。根据县里的命令，乡长由全体村民投票选举产生，由县里颁发委任状。侯家营和赵家港合并成为一个乡，侯家营人担任正乡长，赵家港人担任副乡长，各管理各自事务，互不往来。投票时各村单独进行。二是乡长的职责。乡长统管村内一切事务。侯家营的乡长很能干，很多事情都是个人决策，不与其他人商量。即使设置了监察员，也不与之商量。对于看青人的选择，打更人的管理，莲坑的管理，村费的收取等都由乡长一人决定。三是乡长的辅助人员。乡长制时，村务的主要人员有乡长、董事（也称"十家长"）、乡丁、看青人（只有春秋两季）、书记（记账的）。收费由乡丁和书记负责。乡长不是董事。四是乡长的报酬。乡长没有报酬。

4. 闾长

闾长负责会里的工作。其实闾长与乡长一同产生。根据县里的命令，各村可以任命一名闾长，协助乡长工作。闾长由全村的人讨论决定。侯家营的闾长没有选举，从董事中指定了一位有能力但是土地不多的人。因为闾长并没有什么实际的工作，也没有委任状，不久就取消了，闾长本人也辞职了。

5. 监察员

为了监督乡长，检查乡长的账务设立了监察员一职（乡长就是村长）。监察员由村民选举产生。侯家营村的监察员在产生初期还与乡长一同决定村务，后来因为乡长比较能干，因此很多事不与监察员商量了。在保甲制以后，监察员就取消了。侯家营村设置了两名监察员。

6. 调解

所谓调解就是仲裁村民纷争的人。根据县里命令由乡长指定。村民之间有了纷争就先请调解仲裁，如果不接受再到县里去诉讼。在侯家营有人擅长调解，因此就没有必要再设置调解这一职位。

7. 乡丁

乡丁是大乡制时为了村务而由乡长确定打杂的人，其实大乡制成立以前就有乡丁，当时主要是做村庄的事务。乡丁没有决策权，主要是上传下达、收集摊款、写公文、调查户口、派车、派人修马路等。不过在大乡制以前，乡丁事情很少。如果保长不在，乡丁可以代理事务。乡丁有固定的报酬，每月 30 元，大乡制前是 24 元，乡丁的收入比书记要低。在乡长制时，村费由乡丁和书记收取，董事不再收取村费。乡丁在保公所上班，每天都要过去，有事就做，没事就回家。侯家营所在保的乡丁，由保长与副保长或者甲长商量后决定。有些保是选举产生。乡丁要识字，还要有一定的经验。

8. 书记

在乡长制时期，设置了专门管理账簿的人，称书记。书记由乡长任命，主要工作是管理账务，有时也与乡丁收一些费用。书记还必须催收钱粮。书记有固定报酬，每月 15 元。乡丁和书记的报酬都源于村民的摊款。去年每亩 3 元的乡亩捐，这些包括书记和乡丁的薪水。

9. 十家长

"十家"与大乡制一起产生，主要是以"十家"为一个单元，从这个单元选出一个头。这个头在会头制时期称会头，在大乡制时期称"十家长"。因为在乡长制时期，"十家长"的作用已经比不上会头时期了，大量的村务由乡长决定，"十家长"只有在收费时有作用。"十家"由居住在一起农户构成。"十家"之间不是特别亲密，也不存在特别的合作或者协作关系。同一个血缘关系的农户并不一定编在一个"十家"中。

10. 保长

保甲制实施后，保长取代了乡长。一是保长的产生。保长由村民投票选举产生。大家聚集在庙里，大约有四五十人。在选举前，乡丁敲锣通知大家，选举保长。选举时有无土地都可以参加，但是有地的人参加比较多，无地的人觉得自己参加派不上用场，也有不参加的。投票选出保长后向县里报告，县里发委任状。二是保长的报酬。保长没有固定的报酬，但是会有一定的车马费。三是保长的辅助人员。村里除了保长，还有"十家长"和保丁。四是保长的职责。与村长、乡长一样统管村里一切事务：收取差钱、雇用看青的人和打更的人，管理坑里的芦苇、莲藕等。五是保长值日。保长一般一月值3次，而乡丁或保丁是每天值日。

11. 甲长

在大乡制时，"十家长"也称甲长，保甲制实施后甲长才成为真正意义上的甲长。十户组成一甲，每甲有一位甲长。一是甲长的产生。甲长由保长指定（"十家长"时期由乡长指定），也有人说由"十家长"选举产生。二是甲长的职责。与保长一起商量村务，如上面下达的派车、修缮道路等命令，村费的收取、雇用看青人、打更人，甲长也会参与讨论。如果在紧急情况下，保长没有时间与甲长们商量，就自己先决定。三是甲长的报酬。甲长没有报酬。

12. 地方

在会头制时，就设置了地方，地方协助会头工作，受令于会头。但是并非每村有一位地方。在昌黎县，一堡有4个地方，一个地方联络多个村庄。地方相当于警察，又称地保。民国十年（1921）左右，因为有了警察，地方就废止了［另外一处说民国二十年（1931）］。负责侯家营的地方是外村人，住在外村，有事才来村里，他负责联络11个村庄（另外一处说8个村）。一是地方的产生。地方由县里任命，如果村里认为不合格，也可以向县里提议辞掉。二是地方的职责。主要是上传下达、接待上级、纷争报告等，钱粮由社书收取。村摊款由会头来收，与地方无关。地方不参与村庄事务的决策。如果县里有通知，由地方通知会头；如果村里有事情，由会头向县里报告，如杀人和纷争事件、打官司需要传唤人，就由地方带着衙役去找人。如果村里要向县里交纳摊款或者车马等，有时直接上交，有时通过地方上交。如果有人不交钱粮，地方就带着班役去促收。县里一定要通过地方与村里打交道，不会直接与村庄打交道。三是报酬。地方也有报酬，如果工作做得好，报酬会多点，否则就会少点。侯家营给地方十几吊（一斗粟值两吊钱）的报酬，半牌一共 20 吊（不同的人有不同的数据）。地方的报酬分两次支付。地方去会头家去取钱。四是送礼。只有结婚、葬礼和打官司时就会给地方送礼。如村里有女子自杀，会给地方送礼，希望不要将之告到县里。这些收入还比较多。地方到村里传达县里的通知，如果不是熟人不会请吃饭。五是脚钱和"吃打席"。地方去某些地方，有时会给一些脚钱，一年两次，200 文脚钱，也称工钱。同时地方也会"吃打席"，每年会做好酒席，邀请各村有钱人参加，一些有钱人会去吃酒席，去的人会带上一吊钱或者两吊钱。这种行为称"吃打席"。没有钱的人不会去"吃打席"。每年"吃打席"地方可以收六七百吊钱，侯家营有 50% 的家庭会去"吃打席"。

13. 保正

保正与地方一样，基本上一个牌（堡）一名保正。侯家营没有保正。保正由县里来决定，如果县里不规定，村里不会设置这个职位，因为这个职位是个花钱的职位。保正的报酬从所辖的村庄摊派，每个村大约两吊钱。侯家营所在的保正属于东三牌，其报酬由东三牌各个村庄分担。另外，保正也会摆酒席，侯家营有 10 多人去吃酒，保正可以收一点礼金。保正只是在出现了杀人事件后，协助县里人来处理，如"搭棚"等杂事。保正与地方没有关系，保正的地位比地方要高（这与顺义县不同）。

14. 公会先生

村里管理账簿的人称"公会先生"或者"账户先生"。村里的费用都是需要时临时征收，数额都不大。如果当年工作比较忙，会头们会给公会先生一定的报酬，每年大约 30 吊左右。

15. 校董

侯家营村的学校，没有校长，只有 3 个校董。校董负责学校的事务，如管理工资、食物、选任老师等。校董由族长、甲长选举产生。

16. 理事的人

凡是承担村庄公共事务的人都称理事人，在会头制时有会头；在村长制时有村长、村佐或副村长；在乡长制时有乡长、副乡长；在保甲长时有保长、甲长、保丁。理事的人有一定的规定，在没有分家的情况下，父子、祖孙、兄弟、叔侄不能同时担任这些公职。分家后可以。其他的如看青、管账、乡丁和看庙的不受此限制。

17. 会头和保甲长的异同

会头与甲长的区别：一是管辖区域。甲长按照门牌序号决定管辖范围，有 10 户。会头按照户数确定管辖范围,户数不定,不同的会头管辖的户数有多有少。二是产生方式。10 户决定为一甲后,从中选出一人为甲长;会头是从全村选举出来的。三是决策方式。在决定村务时,会头们会全部聚集在一起商量,会头们本身就是村务最高的决策者。保甲制时,主要由保长和副保长决定,即使甲长不出席也可以决定。四是责任。甲长管辖范围内的 10 户出现恶人的时候,甲长需要承担一定的责任,甲内的各户也有连带责任。会头则没有什么牵连。会头与甲长相同之处在于:一是从管辖范围内的每家收钱。二是如果管辖范围内有人偷东西,需要承担一定的责任。保长、副保长和会头的工作大体相同。

(三) 治理单元

总体来看,从晚清开始,县以下及村以上的单元,经过了多次变化,依次为堡、区、牌、乡。但是各个单元的规模不同。

1. 乡

大乡制实施时的一个治理单元。侯家营与赵家港共同构成一个乡。两个村之间没有横向联系,也没有共同性。只有在收费时才会有一些作用,即在某些时候是一个费用摊派单元。有农民表示,这是为收费成立的一个单位。因为原有的村长就任乡长或者副村长,其他都没有变化。

2. 牌

县以下曾经有一个单位叫作堡,一个堡有 6 个牌,一牌有 20 个村,10 个村称半牌(县—堡—牌—半牌—村),侯家营与周围的 11 个村称半牌。每半牌有一个地方。牌的事务都和地方有关。各个牌没有名称,在东边称为东三牌;在西边称为西三牌。由于无法承担费用,各个牌没有牌头。牌的主要功能就是摊款和收费,如地方的费用或者其他发生在半牌内的纠纷等产生的费用由半牌内的村庄分摊。摊款由各村收齐后交给所属的地方,必须以半牌为单位收。根据村的大小来摊款,以人口数量为依据,小村为大村的一半。半牌内的村庄有一些合作,同牌但非同半牌的村庄没有合作。半牌内的村庄合作体现在:一是分摊相关费用,如地方向县里报告的费用,人死后的尸体检查费用,买棺材费用等。二是如果有盗贼就会撞钟,各个村会相互支援。三是如果某人被误抓,半牌内村庄会相互签名担保。以半牌为单位的主要目的是以一个村担保,力量太小,因此请半牌内其他村庄签名支持。四是发生了水灾,半牌内的村庄联合起来要求豁免、延期等。另外看青、防卫等都是各村自己负责。民国二十八年(1939),大乡制后就没有牌了。大乡与牌、半牌的规模和管理范围不完全相同。

3. 堡

晚清时期县里有 7 个班头,一个班头管理一个堡。民国元年(1912)县里成立了警察局,堡就变成区了。堡又可以分成几个牌,半牌有一个地保。堡没有专门的办公地点,但是有几位绅士,负责传达县里的命令、收集公益资金等。绅士由各个地方来推荐,县长任命。绅士是官名，有功名的人才能当绅士。绅士可以命令地方。地方受绅士和自己所管辖班头的命令。

4. 十家

"十家"是一个单位。在会头制时，每"十家"推选一位会头，但是在大乡制后，"十家"变成了一单位，当时也叫甲。"十家"选出一个头称"十家长"，协助乡长办理村务，在保甲制以后，"十家"及"十家长"就取消了。

5. 甲

在大乡制时，就有一个"十家"的单位，在保甲制时期，"十家"转换为甲。"十家长"称"甲长"。不管是"十家"，还是"甲"都是一个最基层的治理单元，或者说是一个收费单元，自我管理单元。

6. 家户的等级

在侯家营，根据各家持有财产状况，将家户分为头等户、二等户、三等户等。财产又主要以土地为依据。只是大体规定，没有明确的划分。在保甲制时又分为甲户、乙户、丙户。日本人没有对以下的事情调查清楚：登记保甲册时，甲户、乙户、丙户是否对应过去的头等户、二等户、三等户。

7. 班头

班头是晚清时县政府的一个衙役。县里有7个班头（也有说6个班头），一个班头管理一个堡。如果有人打官司，班头下面的小班会下发传票，打官司的人到班头那里提起诉讼。然后班头写好呈子送到县长那里。民国政府废除了班头，创建了警察局，支付给巡警的工资，一律按每半牌相同的金额分摊。

（四）村务决策

1. 公会

会头们聚集起来开会称"议事""会议"，也称"公会"。公会也称中会、庄会、会上的，称会上的比较多，如说"他是会上的人"。公会没有固定的时间，也没有固定的程序，临时决定。每年至少开3次公会，即耕作前、关帝生日、支付看青费的时候。3次公会要求所有会头都要参加，如果有人不能参加也可以。村庄事务由会头们决定，即使有人不能参加也能够决策；即使只有一两人，但是事情紧急，同样可以做出决策。在商量事情时，如果意见不一致，按照多数原则决策。如果需要确定数量可以举手表决，没有投票表决的情况。如果有人坚持自己的意见，其他人也会同意。会头们通过公会组织看护庄稼。村里有公会，但是没有村民会议。会头所负责的"十家"也不会有"十家会"。

2. 村民参与

村民主要参与如下事情，一是每"十家"推选一位会头，或者"十家长"或者甲长。村民不太愿意担任这个职务。这个职务一般由有土地、有财产的人担任。二是参与投票选举村长、乡长、保长，当然村民可以参加投票，也可以不参加投票，有无土地的人都可以参加投票。一般村民不太关心谁当甲长和保长。三是保长甲长会议（或公会）不会通知村民，但是有人问起会议的内容，会告诉村民。四是会议传达。甲长开完公会后，村民们也会询问，甲长会给予回答。

（五）村庄防卫

1. 棒子队

在实施大乡制后，根据县里命令成立了棒子队，也称保卫或者治安或保甲自卫团。一是成员。由18岁到40岁的人担任棒子队的成员，所有这个年龄段的人都属于棒子队。二是值班。每天有两人值班（过去是一人），值班并非整个晚上，还是要睡觉的。值班时按照居家的顺序轮流进行。三是值班的任务。根据治安军的要求，盘查过往的行人，注意可疑的人。四是成员训练。按照要求棒子队员都要在泥井训练，目前只有"十家长"们训练了。五是指挥。棒子队不分组，指挥是泥井的人，村里由保长负责。六是武器。棒子队的武器主要是棒子。七是费用。棒子队需要购买棒子，定做帽子、衣服等需要交钱。队员们值班、训练没有补贴，也不会吃饭。如果棒子、帽子坏了，队员们赔偿，由公会负责购买。丢军帽一个，赔偿一元；丢背章一个，赔偿两角；损坏棒子一根，赔偿八角等。

2. 轮流打更

在侯家营，从10年前就开始打更，因为经费紧张，收费困难，大多数年份是村民们轮流打更。一是打更的目的。主要是防止小偷和火灾。二是打更的时期。主要是秋冬两季，从十月初一到正月十五。三是打更的时间。从晚上7点开始到第二天早上8点结束。四是打更人的安排。根据田亩数来确定打更人，每10亩出一人打更一晚；10亩以下按照10亩计算；10亩到20亩是两人，如此类推。没有土地的人不打更。五是打更的顺序。按照居家顺序安排，如果家里有30亩地，则要出三人三晚，轮到自家后，连续三晚各安排一人打更。如果家里没有人，可以雇人打更，也可以出钱，请乡丁雇人。但是要出一束高粱秆。六是打更休息地点。打更人在公会的房子休息，每人要带一束高粱秆烧炕。六是打更换班。全村每晚六人，分成两组，每组两个小时，打更时也不是一直走动，可以适当休息。七是打更的路线。打更的路线是固定的，每次都沿着固定路线打更。八是打更所带的武器。每人带一个棒子和锣。有些从家里带了洋炮，洋炮没收后就带棒子和农具打更。打更的人还会带柴火和稗子。九是发现小偷的处理。如果发现小偷后，就会撞钟或者打锣。十是被盗后处理。东西被盗后打更人会被训斥，但不会赔偿。十一是如果不打更会被送到警察分所，在那里接受惩罚，主要罚几两洋油。十二是打更的安排，主要是保长、甲长和乡丁商量决定。

3. 雇工打更

有些年份，村里也会雇人打更。一般雇用两人，打更的都是村里比较贫穷的人。雇用的人睡在自己家中。一是打更方式。一个人敲锣，一个人打梆，边走边敲打。二是打更报酬。打更报酬是临时商定的，一般每人每个季节是 20 吊钱。如果工作比较好，也会多给三四吊钱。三是打更招呼。打更人睡在自己家中，先出去的人打锣，后出去的人听到锣声，就带着梆子出门。四是打更次数。一个晚上打更 4 次，主要在晚上 9 点；第二天凌晨 3 点、4 点、7 点。五是打更费用摊派。打更费用按照田亩数量从有地的村民中收取。六是付薪方式。雇用开始时先给一部分费用，打更结束后再给剩余部分。如果会上有钱会先垫付，否则会提前收取全部费用。如果会上垫付，半个月后向村民收取。

4. 站岗

在打更的 6 人中，3 人打更，3 人站岗。站岗是晚上 8 点到早晨 8 点。站岗的人轮流睡觉，轮流吃饭。站岗的人与打更的人不同，打更的要巡视，而站岗则在固定点不动。民国三十年（1941），打更和站岗合二为一，民国三十一年（1942）站岗的兼任打更的。

5. 撞钟和打锣

在侯家营乡，有几种情况下撞钟或打锣，一是打锣通知村民开会；二是打锣通知"十家长"或者甲长们开会；三是处分坏人时会撞钟；四是当有盗贼时，通知其他村庄支援时会撞钟。其他时候不会撞钟，也不会打锣。撞钟和打锣都由乡丁或者保丁进行。

6. 看青

从麦秋到大秋，会头会雇用看青人来看护庄稼。一是选择。在写青的两三天之前，会头们先讨论决定写青的日子。到了写青的那天，听到锣响，想做看青的人会聚集过来，然后会让他们各自把工钱写到纸上，选定其中工钱要求最低的人做看青人。每年都有六七个想看青的人，会选择人品比较好的人。在确定看青人后再确定保人。如果想看青的人找的保人不合适，会让他重新再找人。二是帮办。侯家营雇用一位看青人，如果忙不过来，看青人会再雇请一位"帮办"，称"帮办的"，看青人称"看青的"。三是报酬。看青人的报酬是二三十吊钱，可以先预付一部分，因为全部支付后担心看青人偷懒。看青费用由有地人负担，会头按照地亩收取。一般以 8 户为一组进行收取。看青费用没有与村摊款一起收取，而是临时收取，什么时候看青就什么时候收取。看青费用由地主负责，佃农不负担看青费。四是边界。虽然村庄没有具体的边界，但看青有具体的边界，按照传统的村庄边界来看青，即村庄边界与看青边界一致。五是看圈。看青的区域叫"看圈"，也称"青圈"。在侯家营，看圈的边界一直没有变化过。六是外庄地与看青费。各村看青人会约定好，互相照看好邻村在本村的土地（有些地方称外庄地）。看青费交给土地所有者所在的村。七是看青费用的收取。在乡长制时期，看青费用由乡长征集，乡长安排书记、乡丁征收。在保甲制时期，保长命令"十家长"来征集。八是作物损失赔偿。如果作物被盗，看青人要赔偿。一般赔偿被盗损失部分（其他村庄虽然规定要赔，但是看青人基本是穷人，根本赔不起）。按照规定：苞米一棵5钱，4棵左右的高粱秆赔偿高粱半斤。其他的就交由会上的人判定。如果抓住小偷，罚款归看青人所有。九是连圈。本村人的土地在外村看青范围内，外村的土地在本村看青范围内，两个村相互看青，称连圈。虽然是连圈，但是看青费不会相互抵消，而是看青人直接去邻村去收取。十是看青人数及确定。在侯家营有两人看青，有时也只有一人看青。看青人由会头雇用。决定看青的日子在麦收前，日子不定。看青的时间是5月到9月。十一是看青的保人及签约人。看青的需要保人，保人担保才行。每个看青人需要一名保人，如果看青的逃跑、偷盗作物不赔偿时，由保人负责赔偿。因此保人一般找有钱的人。保人责任比较大，但是只吃两顿饭，即写青时（写契约）和算账时。十二是写青。所谓写青就是看青人与会头们签约，由会写字的书写文书，文书只有一份，保存在会上。看青人和会头会在契约上签字，其中会头会自谦为"会末人"。十三是算账。所谓算账就是看青结束后，村里要给看青人报酬，计算受损作物，计算应该给看青的报酬。十四是吃饭，整个看青过程要吃两顿饭，一顿是写青时，一顿是算账时。8位会头、看青人和保人参加吃饭。十五是小偷的处理。如果抓住了小偷，则由会头们审问，小偷要赔偿作物损失，还得道歉和赔款，主要向会头道歉。罚款数量由会头决定，罚款归看青人所有。赔款的额度根据小偷家里的富裕程度而定，有些讲面子的人会请村里德高望重的人说合，偷偷赔偿，或者减少一些罚款。十六是看青人的特点，看青人一般是村里的穷人，而且是村民们都害怕的人，这些人会打架。这种人如果心情不好，或者没有事做会很危险，因此一般请这些人去看青。以前看青是会上组织，或者小乡组织，但是在1942年，看青的由大乡组织，经费也由大乡负责（不过大乡的费用也由各村摊派）。

7. 看梢子

因为风会吹起沙子，因此侯家营的沙地种植梢子，主要是杨树、榆树、柳树三种，其中柳树最多。这些树主要种植在质量比较差的土地上。梢子由所有者自己种植。梢子每两年砍一次，砍后当柴烧。根据习惯，一般在霜降前半个月和后两天砍伐。不允许在其他时间砍伐，否则会影响村庄的环境。如果有人违反，要罚款三四吊钱，在日本人调查时罚款两三元。公会会请人看梢子，有时就请看青人看梢子。看青与看梢子有区别，前者如果被偷了，看青人要赔偿；后者没有这种责任。看梢子的工钱不多，由会里支付。

8. 看庙的

在乡公所建立以前，庙由看庙的守护；乡公所建立以后，庙由乡丁看守。在看庙的看守时，其职责是：摆放庙里的祭祀供品，打扫庭院，负责村务的跑腿等。看庙的一般是村庄比较贫穷的人。庙里没有土地，村里要给其发劳务。

9. 对犯人的惩罚

在传统社会对犯人的惩罚有一套惯例：一是惩罚的类型。主要有殴打和送官。基本原则是送官就不殴打，因为殴打后县里就不接受了。二是轻罪和重罪。如偷盗一些高粱等情节比较轻的罪，一般是殴打一顿就放人。如放火、害人、通奸、强奸等就是重罪，需要送官。三是如何殴打。罪犯在进庙之前谁都可以打犯人。四是在哪里打。一般是老爷庙和财神庙，在日本人调查时在小学殴打。进庙前谁都可以打犯人，但是进庙后就有规矩了。五是谁来打。进庙以后只能由正副村长和董事们打，或者指定的人来打，安排谁打谁就得打。六是用什么打。主要是用手和柳枝，用手打肩膀，用柳枝打肩膀和屁股，身体其他的地方不能打。不能用棍来打，因为会将人打伤。七是如何打。殴打时要穿着衣服，打多少下不固定。八是打后如何？如果打后还不交代就不能打了，在庙里打后出来，村民也不能再打了。九是惩罚的商量。对犯人惩罚时特别是送官时，正副村长要与董事们商量，因为涉及摊款的事。十是判罚的类型。杀人或造成重伤的时候，会送官处理；轻伤的时候，会采取仲裁。如果仲裁不成功，也会送官处理。十一是强奸的处理。强奸幼女和寡妇送官处理。强奸他人妻子的时候，由村民和那女人的丈夫殴打。十二是通奸的处理。两个人你情我愿的事情，不构成犯罪。女人的丈夫有殴打两人的情况，也有不殴打的情况，但是此类事情村民不会参与殴打。

（六）村庄摊款

1. 村费类型

在侯家营，村费又称"化消"，不称摊款。村费包括看青费、打更费、乡丁书记费用、招待费用，还有一点香火费等。有受访者将差钱（钱粮）也视为村费。

2. 村费征收依据

村费收取与土地等级有关系，土地分为上、中、下三等。上、中、下三等土地分别用一亩、两亩、三亩来换算成一亩来征收，即三亩下等土地相当于一亩上等土地。土地等级由会上决定，决定后一般不会改变。因为侯家营没有水灾，不担心因为水灾而使土地质量改变的情况。看青费、打更费也是按照这个标准征收。但是保甲制后，这一制度取消了，良田与差田支付同样的村费，每亩4元。有些只有两三元收入的差田，也要承担4元的村费。

3. 交纳村费的土地

有土地就有村费。租地的佃户不用交村费。受访者也表示，其他村有地主和佃户各承担一半的情况。在侯家营规定：一是住宅用地不交村费。但是原来是耕地，有5亩，其中3亩修建了房子，5亩土地都得交村费。二是坟地不交村费。如果有5亩地，全部变成坟地后，只需要缴纳田赋，但是不交村费。如果没有全部变成坟地，还得交纳村费，且坟包不能从坟地总面积中扣除。三是个人土地变成了道路也要交纳村费。

4. 庄户地与村费

被建作房屋的土地称"庄户地"。庄户地不分上、中、下等，因为在侯家营，只有上等地才能够建房，所以庄户地均按照一亩来交村费。

5. 荒地与村费

不能耕种的荒地，不交村费。如果荒地开始耕种，且有收入，必须交纳村费。

6. 村费征收

村费都是临时征收的，没有固定的征收时间，没有固定的征收次数。有时也与各项费用一起征收，有时只是单单征收某一种费用。征收时村民询问，则会告诉村费的内容，不询问就不说。村费没有滞纳的情况。在保甲制时期，由保甲长征收；在大乡制时期，先由"十家长"来征收，剩下的由乡丁征收。一时无法支付的，先由会里垫付，然后征收后还给会里。

7. 村费垫付

村费一般不马上从村民那里征收，一方面，村民没有多余的钱；另一方面，征收比较困难。所以都是先垫付。一是村里有钱，由村里先垫付；二是村长、副村长等先垫付；三是借钱垫付，即向有钱人借钱垫付。借钱垫付都不给利息。如果向外村人借款要支付利息，因此侯家营大多找本村人借款垫付，当然能够借款垫付的都是较为固定的家庭。

8. 村费支出

村里支出费用由村长、副村长，或者乡长、监察员、书记等，或者保长、"十家长"等商量决定。对于小事，村长、乡长、保长可以单独决定。如果是大事，如收差钱、维修公路款等就需要商量。

9. 村费收支公示

村里收入和支出的费用还要制作清单，一年春秋两季，月份不定。清单在庙的墙壁上贴出来。有些农民会看，有些村民不会看。日本人调查的这两年没有管账人，所以没有制作清单。

10. 大乡制摊款

建立乡政府时每亩有3元的摊款，但是保甲制以后一亩的摊款分成8次来收（有一位受访者说7次），分别是：十五钱五厘、四十钱、三十钱、三十一钱、十四钱、三十钱、四十三钱八厘、二十钱。

11. 县里摊款

县里也会有摊款。县摊款通过牌通知各村，村里先垫付，收齐后再上交。其实，县摊款都是泥井镇垫付，然后再向各村收取。这些摊款最后都由有土地的村民负担。

（七）人与物的摊派

1. 出役

街道的修整、水井的挖掘修整需要征派劳力。如果上级要求安排村民维修道路，保长和甲长会安排人前往。派工不是按照田亩出人，而是按照户来出人，一户一人，或者一甲一人。1941年建学校，村里安排过几个工。在侯家营如果需要出工，则会雇人出工，费用由公会负责。受访的乡丁说，村庄摊派人工，有按户摊派如每户派一人的情况，也有按照所有土地的数量摊派的情况，一般是10亩派一人。按照土地数量摊派时，不考虑土地质量。不过按照户摊派劳力的情况比较多。

2. 车的摊派

在修建道路和学校时会向村里摊派车，这种事不常有。如果接到上级命令，保长、甲长会讨论由谁家出车，由村里收集后一起派出。安排出工、出车会给工钱。在附近出工、出车自带饮食，比较远的也有请吃饭的情况。公会本身不会为出工、出车提供补贴。出车时让有车的人按照顺序提供车子。泥井镇建学校时，侯家营提供车子，也给提供车子的人管饭。

3. 征兵

昌黎县通过第四区，再通过编乡向侯家营村发出征兵通知，年龄在20岁到30岁之间。安排时，村里决定由各家各户抽签决定。村里不会给当兵的钱，不能雇用其他村的人当兵。

（八）村庄事务

1. 仲裁人

村里有了纷争，会有村庄仲裁人进行调解：首先是附近的人参与仲裁；其次，如果附近的人调解不成功，保长和甲长就去调解。保长和甲长一般能够调解好。最后，如果保长甲长调解不了，村庄有威望的人可以调解。如果这些都调解不了就只能诉讼了。从理论上讲，村民也可以不通过调解直接上诉，侯家营村还没有发生过到县里上诉的事情。

2. 边界争议

对于这类纠纷，当事人双方实地测量解决。测量时会请一两位证人，有时是甲长，有时是熟人。边界之间没有什么记号，根据垄数确定。除了边界争议外，就是欠债不还、分家纠纷等。

3. 救贫

村里没有专门的救贫机构，但是每逢过年时，村长都会向村内有钱的 10 户或者 20 户收一点钱，给村里的寡妇和孤儿，以免被饿死。收钱不是强制的，各户随意给一点。所以每年的数额不定。全村有三四户不能工作的寡妇和孤儿。这些人平时也会向村里一些可能会给他们钱或者食物的家庭去乞讨。因为这些人没有劳动能力，无法给帮助他们的人做事或者回报。

4. 公会聚餐

聚餐也称"祭财神""祭老爷"。九月十七日全村的人会聚集在一起摊钱吃猪肉。费用由村公会支付，不足部分向大伙摊钱。虽然乡长或保长会拿出五六元，其实都是村公费，全部要摊给村民。由于全村聚餐既花钱，又麻烦，因此乡长就废除了这个制度，改成只有保长、保丁们一起吃猪肉，一般在庙里或者乡丁家里吃饭。乡长废除聚餐制度，大家没有反对，也没有怨言。会头制时会头们在一起聚餐；保甲制时保长、副保长、甲长、乡丁、棒子队、书记在一起聚餐。

5. 祭祀老爷

每年的六月二十四日会祭祀老爷，一般由村里的村长或者乡长祭祀，以保全乡或者全村平安。祭祀所需要费用由公会支付。这天要吃猪头。一般人家只有生病时才会祭祀老爷。

（九）村庄公共设施

1. 公会土地

侯家营主要有三类公会土地：一是水壕。水壕土地属于公会，大约有 2 亩地，需要缴纳田赋。水壕十几年前建成，主要功能是排水。二是蒲子地。俗称"蒲坑"，主要是种植蒲子，约有 17 亩（也有说 3 亩），每年收入 115 元左右。三是莲藕地。俗称"藕坑"，种植莲藕，不到一亩。后两类土地原来为学校所有。蒲子和莲藕卖掉，收入归学校所有。大乡制后，两类地的收入归大乡所有，保长将卖蒲的收入交给乡里。四是村庄没有公共采土的土地，如需采土要去七里海。后两类土地有地券，地券的持有人是学校。侯家营没有公共采土的土地，也没有义地、义冢。也没有治理蝗虫的组织和大家相互融资的钱会、打会等组织。

2. 碾子

村庄有 12 个碾子，属于个人所有，放置在主人家，但是大家都能够使用。只不过使用时，牲畜拉的粪必须留给主人家。其他人在使用碾子时不需要给谢礼，也没有哪位被拒绝的情况。维修时由主人付费，使用者没有摊过费用。

3. 井

全村有 2 口官井，6 口私井，都是饮用井，没有灌溉用井。不过即使私井，周围的人也能够使用，不需要付费，也不给谢礼。官井和私井在维修时都是附近的人参与，主要是淘井底。

4. 庙

侯家营有两座庙，分别是老爷财神庙和五道庙。前者供奉财神；后者供奉五道老爷，如果村民死后，家人会去五道庙报告。在六月十四日老爷生日和九月十七日财神生日的时候会有祭祀活动，主要是点灯、上香、供奉精美食物。农民不会停下农活去祭祀，也不会唱戏。过去在祭祀时还吃饭，后来渐渐没有了。祭祀的经费由公会支付，由有地的农户分摊。庙由乡丁管理，每月初一日、十五日要上香。在乡丁以前由董事负责管理。

5. 学校

在日本人调查前二三十年，侯家营有一所小学，小学有一位老师，有 40 多位学生。学校的经费用由村会负担，坑的收入也交给学校。大乡制后，小学与泥井镇的学校合并了。

6. 私塾

在小学成立之前，村庄有私塾，私塾的成立与村公会没有关系。本村贡生侯建功当过私塾的老师。老师由私塾自己决定。

7. 建庙

侯家营有两座庙，其中一座庙比较大，但是村庄比较小，因此有人说：庙大村小，不匹配，所以村里人不好找事，特别是去满洲的人回来得多。在大乡制时，乡长说将现在这座大庙改成学校，新建一座小庙，以便与村庄匹配。建庙大约花费 400 元，200 元从田亩摊派，200 元由村民捐款。至于过去的庙是什么时候建成，村民都不知道。总觉得别村有庙，本村也应该有庙，否则民心就会不安。因此建村就会建庙。庙里经常会住一些没有家的人。

8. 慈善

村里人也会给孤寡老太太提供木柴和食物，主要是村民自愿提供。捐助不能以公会的名义进行，因为公会就是一个联络机关。

9. 挖壕沟

县里向村里摊派人力挖壕沟，第一次要求安排 12 人；第二次要求安排 12 人；第三次要求安排 4 人。实际上 3 次分别只安排了 5 人、7 人、1 人。如果按照户摊派人力，不用付钱。如果按照土地亩数摊派人力，则是一个很大的负担，需要 2500 元左右。村里很多人交纳不了，只得卖地后再买高粱交纳。

（十）村庄公共性

1. 灾害与救济

侯家营土地质量不太好，下雨就成灾，天旱也成灾。受访者表示，民国以来，有几十次灾害。1942 年 4 月、5 月、6 月多天下雨，特别是 6 月份灾害严重，村庄无法与外部联系，一个月才能够赤脚走向外村。对于灾害的救助主要有两种，一方面，政府的救助，受访者表示，政府救助有两次，一次是光绪年间，政府给灾民施粥；另外一次是民国初期，政府曾经给灾民一些粮食，其他灾害再无政府救助。受访者表示，每天只能领 2 斤粮食，根本不能解决吃饭问题。另一方面，自我救助。主要有如下渠道，一是以储备粮维持。受灾后每家都会有一点储备粮，一两月的吃饭不成问题。如果没有储备粮，也无法借粮，只能吃野菜、树皮等。二是卖牲口、家具筹钱来买粮。三是如果连续两年甚至三年的受灾，有钱的人家可以维持，但是中等的家庭可能要卖牲口，下等的家庭可能要卖地。村庄或者村庄社会没有任何救助行为，完全由农民自己度荒。

2. 挖水沟

侯家营村经常遭受水灾，因此在会头制时，以公会的名义在沟的下游的邻村购买了 3 亩地，以地挖沟泄洪，减缓水灾对本村的影响。首先，由本村的会头与邻村会头进行沟通。其次再组织本村有地的农民挖沟。每年都要对沟进行清理，分别由会头制的会头，邻间制的间长，村长制的村长，保甲制的保长、甲长组织挖沟。一是购买土地的经费，由有地的农民摊派。二是作为沟的土地也要交钱粮和摊派，两者均由有地的农民分摊。三是挖沟的组织，挖沟主要由会头组织，每位会头组织和监督挖沟。四是挖沟劳力的安排，参加挖沟的是有土地的家庭，家里有人的一定要出人，没有人的富户要雇人挖沟。如果家里有人外出，只有妇女小孩的可以不参加。五是挖沟时间，每年都必须挖沟。最初挖沟花费了三天，其后每年需要一天的时间挖沟。六是监督，一般是会头、村长、保长、甲长、间长组织，这些人既要组织，自己也要挖沟。七是挖沟方式，大家排好队，从前向后挖沟，挖完为止。因为不挖完就不能回家，大家都不会偷懒。八是聚餐，在挖沟时有时会吃饭，早餐吃高粱饭，中午和晚上吃小米，一般在野外吃饭。这些费用由有地的农民分摊。

3. 旧坟坑

旧坟坑又称老土坑，村庄出现时就存在，属于村庄所有，约有 10 多亩。旧坟坑主要为村民提供壁土和粪土，每年都有人挖。从权属来看，属于公共土地。只要是本村人都可以使用这块地。因为土地已经很久了，是否有契约不太清楚，是否缴纳钱粮也不太清楚。

4. 窑坑

在侯家营村，还有一块土地，其南面有一个窑，因此称南尧窑。这块地也称管尧坑，主要供村民采集壁土和肥土。从权属来看，属于村庄的公共土地。

5. 水坑

在侯家营村有两个水坑，东边水坑有六七亩，种植藕；西边的水坑有十几亩，种植蒲。两个水坑平时不需要人管理，也不出租，只是最后招标出售。蒲的收入归学校，藕的收入归村公所。水坑属于村庄公共土地，是否有地契、是否交纳地租，日本人没有进行具体调查。

6. 水井

侯家营共有 8 口水井，这些井保证村庄的饮水、洗衣、浇菜园的需要。一是挖井，一般是某家人为了某种需要在自己的土地上挖井。井属于私人所有。在挖井时周围的人会来帮忙。二是井的文书和钱粮。如果是私人井，一般与土地的文书在一起，需要缴纳钱粮。三是水井的使用。全村的人都可以使用，但是水井周围的人使用比较多，使用时没有先后顺序，也没有白天和晚上之分。如果附近的水井在淘井，则会去比较远的地方打水。四是淘井，每年要淘一次井，淘井并非由所有者发起，周围的人均可以提出来：水不太好了，要淘一下了。于是就会叫上七八人淘井。也并非全部的人来淘井，更不会按照顺序，每年安排几户来淘井，每年淘井时，大家自愿参加，人员不固定。淘井不仅叫用水的人参加，有时也会请不用水的人。在侯家营，没有专门的淘井人。五是水井的性质，有些井只能洗衣服，有些可以喂牲口，有些可以浇菜园，有些只能饮用，但是有些井会有多种用途。六是浇地，即使有人浇菜园，也不需要向井的主人请求，不需要给礼金，自己使用就行了。如果用水浇菜园，一个小时不会影响其他人用水，如果使用三四个小时就会影响别人，即便是这样，也没有人抗议，反正等段时间就有水了，或者去其他井挑水。

（十一）公共名誉

1. 侯元铭家匾额

60 年前，侯元铭的先辈侯定起在中后所县（绥中县）商店上班，每年回家一次，给叔父资助，帮助本村贫穷的村民。村民去中后所县时，他总给这些村民提供食宿，帮助找工作。村民们称之有德，赠送"一乡善士"的匾额。右侧写着"大乡望侯公定起字兴邦政"，左下部写着赠送人的名字。这些人都是受过他帮助的人，既有本村人，也有外村人。外村人均是会头，本村人既有会头，也有非会头。人死后不会赠送匾额，如要赠送都是在人还活着时赠送，为了让那人有面子。这是一种风俗。

2. 侯瑞文家匾额

侯瑞文家门口挂着一块写着"硕望高骞"的匾额，为同治十年（1871）"乡友乡族"赠送。受赠人姓名不详，赠送人为乡友乡族，全是本村人。受赠人为昌黎县粮房的下役，他经常帮助村民，如果村民没有钱了，他会先垫付，或者和县长交涉延期上交封粮。在有纠纷时，会帮忙说合，以免打官司。

3. 萧惠生家匾额

匾额是送给萧惠生的，他在县电话局工作，村民们有纠纷时，他会说合、仲裁。一般而言，如果有人在县城打官司，他就会去县里仲裁。如果在村庄有纠纷，会把他叫到村里仲裁。这样的事，一年会有一两次。他能够参与调解，主要是他是电话局的人，又是局长，同学多，同事多，说话管用，所以大家都愿意请他调解。如果与外村发生了纠纷，他也不会偏袒自己的村庄，而是公正调解。因此周边几个村各出 2 元赠送了匾额。

（十二）其他

1. 村庄边界

以前村庄是没有边界的，七八年前县里定了边界。定边界主要是担心税费征收的纠纷。在边界之内的土地，如果卖给其他村庄的村民，税费就由其他村庄征收了。本村村民在外村购买了土地，税费就由本村征收。总之，土地税费交给所有者所在的村庄：所有者在哪，土地的税费就交到哪。因此，过去边界是移动的，现在即使有了明确的边界，但是随着土地买卖，村庄的面积也会变化。

2. 会底钱

公会买拿到桥上庙里的香钱，称为"会底钱"。主要是为了祈祷不降冰雹。因为本村没有这样的庙，所以去桥上的庙上香祈祷。

3. 看捐子

所谓看捐子就是看护柳树叶，这个工作由乡丁负责。也称看捐子。很久以前就不存在了。

4. 开叶子

每年 6 月会开叶子，开叶子的时间视高粱的成长情况而定，具体时间由保长们决定。一般是旧历六月二十开始，大约半个月左右。开叶子后大家都能够自由采摘高粱叶子，即使外村土地上的叶子也能够采摘。采摘多少都可以。但是采摘什么叶子有具体的规定。开叶子结束后就不允许采摘了。开叶子时采摘谁家的都可以，既可采摘自己家的叶子，也可以采摘别人家的叶子。村民一般会采摘生长得比较好的高粱叶子。开叶子时，乡丁会敲锣，在村里喊"开叶子"。在结束时也会敲锣，喊"拒叶子"。采摘叶子的多是穷人。高粱叶子可给牲口吃，也可以用来卖。

5. 拾落穗

收获后，村民们可以自由拾落在地上的庄稼。不管是什么作物，也不管是哪村的人均可以拾落穗。

6. 拾柴火

庄稼收割后，可以取留在地里的根，这种人称"拾柴火"，拾草的人也可以称"搂柴火"。拾柴火的人比较多，大多是贫穷人家。

7. 上眼皮

侯家营的人将比自己地位高的人称"上眼皮"。如村长、副村长都是"上眼皮"。受访者表示这不是一个好词，建议不要写上去。

8. 逃户

一点土地都没有的人家称"逃户"。"逃户"不用缴税。在侯家营没有"逃户"。

9. 泥腿

村里比较坏的人或者比较粗鲁的人称恶人，在侯家营没有这样的人，但是凤凰山附近有。这些人不会来侯家营。

10. 户口的变动

户口的变动由保公所负责，主要包括人口出生、死亡、结婚、搬家、分居、收养、迁徙、失踪等变动。庄里通知保里，保里修改后报分所，分所报到县里。

11. 移居保证人

外地人移居在本村要有保证人。保证人一般找亲戚朋友。如果没有亲戚和朋友作保，是无法进入村庄的，也没有人会将房子卖给陌生人。

12. 穷棒子

家里没有土地，或者土地很少，且贫穷的人称"穷棒子"。

13. 来人

在侯家营，参与调解的人称"来人"。

14. 调解的顺序

如果发生了纠纷，先找"来人"调解；"来人"调解不了，就请村长；村长调解不了，就去警察分所；警察分所调解不了，就去打官司。

二 家户

（一）当家

1. 当家人

父母亲健在时，一般父亲当家。如果父亲外出，则母亲为实际当家人，但父亲仍是名义的当家人。当父母年龄比较大后，即由长子当家。在侯家营，当家的不称家长。以前村里人称呼家长不叫当家的，也不叫家长，只叫名字。如果是长子当家，则长子称当家的，村里人称作户长。

2. 当家的顺序

爷爷在时爷爷当家；爷爷不当家了，则奶奶当家；奶奶不当家了，一般是兄长当家。如果兄长能力不强，也可以选一位能力强的兄弟当家，所谓能力最强就是什么事都会干的人。选择当家人时由兄弟们商讨，无须与族长商讨。如果家里贫穷，弟兄们都不想当家，长兄不能推辞。如果长兄去世，即使长兄有儿子，但是还是由二弟当家。如果弟弟当家，大嫂也是家务事的管理者，参与管理家庭财产。如果当家的外出，妻子也能够当家。只是妻子当家不方便外出办事。还有两种特殊情况，如果父亲去世了，要视母亲的能力，如果母亲能力不强，可以交给长子当家；如果母亲不太愿意当家，也可以让长子当家。另外一种特殊情况，父母去世了，只有三兄弟，兄弟们能力都不太强，兄长的孩子能力不强，或者不愿意当家时，也可让能力强的侄子当家。

3. 代理当家的

如果父亲在外地，母亲可代理当家。母亲当家时可以处理如下事务：一是如果家里缺钱，母亲可以和娘家、亲戚借钱，可待父亲回来时偿还。二是如果家里无人耕种土地，可以将地租出去（侯家营称借出去）。三是如果家里缺钱，母亲可以将地典出去，但是母亲不能卖地，卖地必须写信给父亲，征得父亲同意。

4. 当家的更替

当家人更替的突出表现为将财产和钥匙交给新当家人，即财产交给当家的，钥匙交给其媳妇。这称为当家的交接，也称更替。

5. 当家的选择

当父亲去世后，一般由兄长当家，但是兄长能力不强时，由兄弟们商量一个人当家长。如果兄长非要当家，则会分家。如果有四兄弟，兄弟们先分家，然后除长兄以外的三兄弟共同生活。选择当家的由兄弟们商量，分家时则需要喊一位熟人在场。

6. 当家的交接

父亲健在，让孩子当家时，孩子们称"经管家务事"，此后，父亲不再称当家的。当家的交接后，也不会刻意通知大家，因为在这件事情后，很快大家都会知道。如果父亲年纪大了，让孩子当家称"交代"。

7. 当家的儿子与父亲

父亲让儿子当家，有几种情况要区分：一是卖地时必须与父亲商量；二是借钱时可以商量，也可以不商量；三是典地时可以商量，也可以不商量；四是娶媳妇时，必须与父亲商量；五是嫁女儿时，与女儿的父母商量。

8. 当家的与管钥匙

财产一般由当家的管理，钥匙也由当家的掌握。但是也有分开管理的情况，贵重的物品当家的管理，如衣服等不重要的物品由当家人的妻子管理。也有特殊情况，如果几兄弟共居一家，由三弟当家，则家外的事务由三弟负责，家内的事务由大嫂负责。放钱的柜子也有两把钥匙，当家的三弟一把，大嫂一把。存放钱财的箱子叫"文书箱子"，一般在里面放着地契、分家单、过继单等。无论是兄弟外出挣的钱还是当家的挣的钱都必须交给大嫂。如果当家的将钱交给自己的媳妇，家就难以维持了。大嫂或者大嫂的女儿买衣服，大嫂会与当家的商量，然后再买。

9. 当家的与土地买卖

第一种情况，如果家里缺钱要卖地，且当家的父母还在，则需要与父母商量，因为土地是从父母手中传下来的，如果偷偷变卖，会伤父母的心。因此，契约中一般要写上"奉父命"或者"奉母命"。如果父亲去世，母亲健在，土地买卖也要得到母亲的同意，否则无法出卖。第二种情况，如果父母不在，某位兄弟当家，在卖地时，一定要与其他兄弟商量，如果不商量就会吵架。如果私下变卖土地，则会打官司，且土地买卖无效。如果分家还要将土地钱扣出来。第三种情况，在父母不在，有兄弟外出打工，在外地购买的土地，一定要向当家的报告，土地成为全家的财产，如果无法回家，则要写信通知。如果悄悄买就没有办法了。

10. 当家的与家人服从

家人必须服从当家的安排，如家庭聚会或者家里来客人，尽管做饭的媳妇或者女人们想吃饭，但也要服从家长的安排，一是在厨房做饭；二是只能吃客人剩下的饭菜。当然也有家里人不服从家长，离家出走的，这种行为不称为分家，称为"跑了"。离家的人可能在外面做买卖，然后写信回家；也有可能因为无法生活而回家。当家的也会允许其回家。

11. 当家的与孩子的责任

假如三兄弟，孩子做了坏事，如偷盗东西，则有两种处理办法，一是父亲将偷盗的东西还回去，然后向当家的说明。二是父亲向当家的说明，当家的与父亲一同去向别人家道歉。后者家庭的家规比较严，但很多家庭父母因为疼爱孩子，不让当家的知道。

12. 当家与门牌号码

门牌上一般写当家人的名字，如果父亲外出打工，母亲当家，仍写父亲的名字；如果父亲去世，母亲当家，则门牌写儿子的名字；如果父亲老了，将当家的位置让给儿子，门牌上依然写父亲的名字。

13. 家户安排

家庭中房子并不是固定不变的，而是经常变动的。在侯家营，房子由当家的妻子安排，也可由当家的安排。一般而言，孩子与父母一起住，孩子多的住大的房间，孩子少的住小点的房间。如果孩子大了，男孩子结婚了，就得有单独的房间。女孩子年龄大了，且有多的房间，十七八岁时就分开住，否则仍与父母亲住在一起。

14. 丈夫外出务工后妻子的商量人

丈夫外出务工后，妻子如有事需要商量，找谁商量也有讲究：如果祖父祖母健在，首先找祖父祖母，其次找父亲，最后找哥哥。

15. 父亲的债务

父亲当家时借了钱，父亲去世后，由兄弟们负责偿还。如果兄弟们分家，则平分债务。

16. 分家后土地买卖

分家后，儿子们买卖土地也会与父亲商量，因为买地是好事，父亲不会反对，但是不商量也没有关系。父亲卖养老地，兄弟们不能阻止，即使父亲没有养老地后需要儿子赡养。

17. 分家后孙子结婚

分家后儿子们成为当家的，孙子们结婚或者出嫁时，一般会告之祖父祖母，但祖父祖母不同意也不影响婚事。

（二）家庭财产

1. 媳妇的嫁妆

儿媳妇的嫁妆，亦称陪嫁，归媳妇所有，当家的无权支配，媳妇可以自由买卖。买卖时也可以不与丈夫商量,也不受当家的干预。媳妇带来的土地称"贴己地",媳妇可以自主处理。儿媳妇的嫁妆地一直为自己所有,如果儿媳妇老了,儿子们要分家,也要征求儿媳的意见。如果嫁妆地不分,可以作为养老地。对于陪嫁的物品,只有媳妇有权处理,而丈夫则没有权力买卖。如果家里条件不好,变卖嫁妆的话,丈夫要与妻子商量,不能自己做主。

2. 孩子的礼物

如果某人给小孩子的礼钱,归小孩子所有,不交给当家的,不过父母可以代为保管。如果用这钱买了鸡,鸡和鸡生的蛋都属于小孩子所有。

(三) 家计

1. 家计责任人

家里的钱全部由太太掌管(一位受访者表示,与当家的保管有差异)。母亲当家时由母亲掌管,买东西从母亲那儿拿钱,回来后报上价格,返还余款。

2. 打工要交钱

家里人外出打工,要给当家的交钱,或者直接交给母亲。自己需要钱时从母亲处拿。即使相隔很远,也必须寄钱回家。外出打工不能乱花钱,更不能私自存私。

3. 日常饮食的安排

日常饮食一般吃高粱、稗子,每天大体相同。换食物时,老太太会告之,即饮食要听老太太的安排。5月、8月的节及朋友亲戚来饭菜会丰盛些。家里的饮食安排必须由负责家庭事务的老太太,或者当家的妻子,或者大嫂决定。媳妇和儿媳妇轮流做饭,一天一轮,或者两天一轮。

4. 零花钱

有些家庭会给家人一些零花钱,比较穷的家庭则不会给,如果穷人家里需要买一些小物品时只得向当家的要钱,当家的可能给,也可能不给。

5. 做针线活的收入

媳妇做针线活的收入,归自己所有,如侯长恩家就是这样规定。这个收入可以不向婆婆报告,因为媳妇越勤快,婆婆越高兴。

6. 添置衣服

衣服不是每年都添置,各家会有不同。如侯长恩家添置衣服的规矩有:一是母亲分配棉花;二是各个媳妇各分几斤棉花,自己纺纱织布,做衣服;三是孩子的衣服,由孩子的母亲购买，妻子的衣服只用棉花来做；四是孩子买衣的钱由孩子的母亲负责，有些是娘家带来的钱，有些是做针线活挣的钱。再如，刘斌奎家，三妯娌及儿媳妇平均分配棉花，每人几斤，一是媳妇自己的衣服，自己缝制；二是男人和孩子的衣服用钱购买，由当家的支付；三是老人的衣服，由婆婆交给儿媳妇轮流缝制。

（四）吃饭及串门

1. 吃饭

吃饭也讲规矩，不同的家庭有所不同。如侯长恩家，吃饭时，当家的与太太在自己的房间里吃，而且先吃，吃的菜也不一样。当家的与太太吃完后，儿媳妇及孩子们一起吃饭，这些人在另外的房间吃饭，且没有在一起吃饭的时候。

2. 串门

虽然为一大家，但是串门也有些讲究。一是长辈及当家的房间，一般的家庭成员不能随便出入。二是女人可以去任何的房间，除了父母或者当家的外。三是男的一般在母亲的房间商量事情或者聊天。四是大家在一起商量事情的时候不多，一年一两次，平时吃完饭后就回到各自的房间。

3. 吃饭的席次

在刘斌奎家，如果在一起吃饭，儿媳妇、孙媳妇坐在最外面，儿子们、孙子们坐在里面，这样媳妇可以侍候大家吃饭。如果父亲去世，自己和母亲的座位没有固定，母亲想坐哪儿都可以。如果外出的弟弟回来，与我的座位一样没有固定。吃饭时，由自己或者弟弟侍候母亲，母亲从来没有自己盛饭。

4. 短工的吃饭

雇用的短工吃饭，吃什么，吃几顿，由负责家务的母亲决定（父亲已经去世，儿子实际当家）。

（五）家事和家规

1. 照料孙子

在刘斌奎家，祖父去世了，由祖母照料孙子，或者主要由祖母照料孙子，因为媳妇们要做家务活或者农活。孙子由祖母训斥，有时当家的也可以训斥。孙子上学与否，可以由当家的和祖母决定，可以不与儿媳们商量。

2. 儿媳回娘家

儿媳回娘家主要向婆婆说，一般不与当家的说。如果家里有几个媳妇，在农忙时不能回娘家，平时几个儿媳可以轮流回去。如有四个儿媳，可两个媳妇同时回娘家，家里留两个即可。

3. 家规

每家都有家规，一般写在纸上，老人很重视家规。家规大多有以下几条：一是请示和告之制度。儿子外出做事必须向父母请示和告之，媳妇做事也得先询问婆婆，如果要外出，也得奉命而去。二是侍候、孝顺父母。老人家年龄大了，由儿媳照料起床穿衣、倒洗脸水、倒痰盂等。三是女人要守妇道，不准通奸。四是有关儿子的家规。如不准随便花钱，孝敬老人，外出要请示。五是要勤劳。如在闲暇时要捡粪等。六是家中要团结，不准吵架，不准恶言相向。七是必须以当家的为中心，服从当家的安排。

（六）婚姻与生育

1. 说亲

儿子娶亲一般由父母做主。当然在说亲前，夫妻会商议，然后委托媒人。如果父亲双方都健在，就由父母委托媒人。如果父母都不在了，由儿子自己委托媒人说亲。

女儿出嫁一般由母亲做主，在说亲前母亲会与父亲商议，商议妥当后委托媒人说亲。如果父母双方健在，由父母委托媒人。如果父母都不在了，由兄长委托媒人说亲。

2. 订婚

娶媳妇先要订婚，订婚由媒人说合。如果10岁左右订婚，需给女方30元到50元不等的钱。如果15岁前后订婚，则需给180元。订婚后，要在20岁前成家。如果不订婚，就不能称作正妻，只能算是白给。订婚后两家是亲戚，但是不拜年，只有红白喜事通知对方。

3. 媒人

媒人就是男女双方的说合人。媒人一般是亲戚、朋友，或者一家子中的某个人。媒人有女方家的媒人，也有男方家的媒人。

4. 结婚与送礼

到结婚年龄时，男方从女方家得知女子的出生年月，与自己的出生年月一合，俗称"合八字"，然后选定好日子。将婚期告知亲戚朋友，女方的亲戚有姑家、姨家、姥姥家，如有兄弟，兄弟媳妇的娘家也要通知。结婚要摆宴席，道喜时要送礼。过了三天，媳妇叩头，姑姑或者姨母会送戒指、手镯等，这是拜礼钱。如果给钱的话，姑家、姨家、姐姐等一般会给10元左右，称"送饭"。

5. 回门

两三天后新娘子带着姑爷回娘家，称"接回门"，结束后从娘家接回来。如果两天后回门则住一晚；如果三天后回门住两晚；如果一个月后回门，在娘家住一个月。

6. "六月鲜"

娶媳妇后不满十个月生孩子，如七个月可以，六个月也可以，称"六月鲜"；五个月以下生的孩子必须扔掉。当然也有在结婚当天生孩子，就要问当家的，即丈夫，是否要这个孩子，如果要，就说双喜临门，把孩子生下来。

7. 结婚年龄

男子一般15岁结婚，也有13岁结婚的。女子一般17岁结婚，占八成以上。

8. 结婚与当家

姑娘出嫁由母亲决定，可以先与当家的商量，也可以决定后，再向当家的说明。如果祖母还在，可以不向祖母说明。如果父亲反对，母亲同意，无法结婚。兄弟三人共居一家，三弟当家，大哥的女儿要出嫁，开始大哥夫妻两人商量，然后与女儿商量，最后给当家的商量。当家的一般会同意，如果当家的反对，就缓缓，一两年后会同意。如果大哥夫妻强求，则可能会兄弟反目。儿子结婚时要通知家里的长辈，如姑、姨、姐、姥姥等，但是不通知族长。在刘斌奎家，孩子结婚由孩子的父母选择对象，钱则由当家的决定。孩子的父母同意后再告之祖母和当家的，后两者一般不会反对。

9. 女儿与结婚

如果女儿年龄比较小，定亲时可以不与她商量；如果女儿年龄比较大，如17岁左右，就得与女儿商量，不能强制。其程序是，先是夫妻两口子商量，然后再与女儿商量。

10. 女儿逃跑

如果女儿与人私奔后回家，有的家庭会承认，允许他们结婚，也有不允许的。如果不允许结婚，附近的人家不会与之结亲，只能嫁往外地。已订婚的女儿与其他男子跑了，订婚的男子也不会发火，可以娶原订婚女，也可不娶原订婚女。

11. 出嫁前女儿的教育

女儿出嫁前母亲要教导其家事、缝纫及家规。一是如果亲戚来了，恭顺地低头。父亲的亲友来了，要当成亲戚。普通朋友来了，可以不用出去。二是从命。即听父母的话，听丈夫的话，在家从父母，出嫁从夫。出嫁的目的是：生孩子、侍奉公婆。

12. 娶妾

如果婚后妻子一直没有生男孩子，在三四十岁的时候，男子可以再娶第二个妻子。在娶第二个妻子时，有的会与妻子商量，有的也不与妻子商量，不与妻子商量的话，夫妻俩经常会吵架。娶的第一个妻子称"大的"；第二个妻子称"小的"。如果第一个妻子去世了，第一个妻子称"大房"；第二个妻子称"二房"。

13. 打伙计
不是明媒正娶，而是藏着的女人称"打伙计"。"打伙计"一般不会带到家里，没有名字。如果生了孩子，给钱养着，不能带回家。只有父母去世后，才可以带孩子回家。

14. 休妻或离婚
休妻也称离婚。一是休妻的原因。如果妻子不守妇道，如与人通奸，或者不孝敬公婆，或者做一些乱七八糟的事情，则会休妻。二是休妻需要调解人。三是补偿，如果是女方要与男方离婚，则男方可以向女方索要结婚费，即赔偿结婚时的费用。如果是男方要与女方离婚，女方可以索要贴养费。四是在调解人的调解下，丈夫会写休书，交给女方。休书一般会有两份，各执一份。休书上会按上手印和脚印，这样可以避免反悔，也可让女方再嫁时有证明。休书上要写双方的名字及调解员的名字。五是休妻后，娘家必须将女儿领回来，嫁妆可以退回来，当然也有不退回的情况。

15. 水钱
寡妇再嫁到其他村的时候，寡妇的娘家人要捐钱给公会，这个钱称为"水钱"，也称"踏青子钱"。意思因为喝过本村的水，要去别的村，就要交"水钱"。因为踩了本村的道去别的村，所以要交"踏青子钱"。因为在初婚的时候，车子直接到新娘家门口，而再婚的时候，没有像嫁入时在街道上走的资格了，因而请求允许其在街道上通过，所以要给公会一点钱，叫作"水钱"或"踏街的钱"。原来是2吊钱到8吊钱，现在是2元左右。水钱原来是作为公会收入，有巡警后给巡警，现在归乡丁所有。公会、巡警、乡丁收到了水钱，也不会回礼。

16. 走道钱
改嫁时，婆婆家可以从改嫁方得到一些钱，这些钱称为"走道钱"，因为要从这边走到另外一边。

17. 生育
家里生育了孩子时，一是通知娘家，要做饭款待母亲、姑姑、姨母等，也有只通知，不做饭的情况。二是日本人调查前三年家里生了孩子要通知保长，以前可以不通知。三是族长可通知，也可以不通知。生育男孩和女孩大体差不多。

18. 结婚与族长
定亲、结婚可以不问族长，但是结婚时会邀请族长参加。在婚礼仪式上，族长坐上座。在丧葬时，不需要刻意报告族长，但是族长会来帮忙。结婚的第二天，一家子各个媳妇中，会叫上比新娘子辈分高的人，新娘子给她们磕头。在第三天，新婚夫妇到一家子的各家，给祖先磕头。新娘子的辈分按照新郎的辈分确定。结婚或者丧葬上，一家子吃饭，辈分高的人在里面坐，以此确定座次。

（七）分家

1. 分家缘由

分家主要有如下几种理由：一是父亲去世后，无长辈当家，分家的比较多，占五成多。二是人口越来越多，家里贫穷，无法过日子。三是兄弟之间出了坏人分家。父母在世时可以分家，父母不在世时也可以分家，两者没有太大的区别。分家只能由兄弟们提出，不能由兄弟的媳妇提出。

2. 分家单

分家时要写分家单，家有几个兄弟就写几份分家单，每人拿一份。

3. 分财产

分家总体上是平均分配土地和财产，但是也会根据情况进行一些调整。因为房子的关系，正房少，厢房多给点；正房给的多，厢房就少给。然后再根据房子的好坏来调剂，得坏房子的，土地多给点；得好房子的，土地可给少点。土地好的，可以少给点，土地不好的，可以给多点。大儿子已经娶媳妇，二儿子还没有娶亲的情况下，因为前者已经花钱了；后者就会多给点钱或者土地。大儿子在外面做买卖存钱了，在家里做农民的次子也会多分点房或者地。另外，房子、牲口按照价值来分配。也有些家庭，其牲口不用分配，两家共同使用，如果两家产生了矛盾也会分掉。

4. 兄弟外出与分家

如果几兄弟有一人外出联系不上，就不能分家，也不能写分家单。因为这个儿子回来后会有麻烦。即使知道大儿子的住所，只要不回来，就不能分家。父亲活着的时候，不写分家单。如果知道外出儿子死了则可以分家，但是没有消息就不能分家。如果父亲去世了，这个外出的儿子还没有回来，在家的兄弟可以委托别人写分家单。只要有兄弟外出不回来就无法分家，如果分家后，外出的儿子回来了，必须分土地或房子，让他一辈子有吃的和住的。

5. 各吃各的

没有写分家单，让几个儿子分开耕作，分开生活，叫作各吃各的。这算分开，不算分家，也不算自立门户。

（八）养老

1. 养老方式

分家时要明确父母的养老安排，如果家里有土地且父母愿意，则可以留出养老地。如果父母不愿意种地，则在分家单上写明养老方式，如日常要支付零花钱，儿媳要轮流到父母住处侍奉，父母轮流到各兄弟家吃饭。养老有两种方式：一是养老地养老；二是轮流供养。分家后父母吃饭也有两种形式：一是父母去儿子家吃；二是儿媳送饭过来，送饭时儿媳还得打扫房间卫生。

2. 养老地耕种

在侯家营，养老地一般让儿子耕种，不会让别人耕种。让儿子耕种，其实也是出租给儿子。如果出租给儿子，又分为两种情况：一是儿子给父母地租；二是不给地租，给父母轮流养老，即在儿子家吃饭。第一种情况比较多。有时父母也会给儿子帮忙，儿子要承担所有的生产成本，作物五五分成。儿子会缴纳地租，但是不会向外人那样严格，其实儿子租种养老地所交的租子往往少于五五分成。父母也不会因为儿子不交地租、少交地租收回土地。如果三兄弟都想耕作，有两种处理方式：一是长、次、三男轮流租种；二是3人均分土地租种，这时可以考虑土地质量和数量上的差异。第二种情况比较多。养老地的耕种由父亲决定，养老地也可以出租给外人，但是出租前要与儿子商量，如果不与儿子商量，别人不敢租地。

3. 养老地与吃饭

如果土地比较少，父母一般无法独立吃饭，但是有 20 亩土地则可以养活自己。如果父母没有养老地，在一个儿子家吃饭，那么另外一个儿子要给粮食。如果有养老地，父母在一个儿子家吃饭，养老地就让这个儿子耕种；如果父母轮流在两个儿子家吃饭，则两个儿子平均耕种。如果父母单独吃饭，两个儿子耕种，那都要给父母亲粮食。也没有多少标准，父母要了就给。如果给了粮食就不会在一起吃饭；如果在一起吃饭，儿子们就不会给粮食，但是儿子也会给父母一点零花钱。如果母亲喜欢弟弟，就与弟弟住在一起，哥哥每年将赡养费交给弟弟。如果母亲愿意将养老地给弟弟耕种也可以。可以采取如下方式：今年弟弟赡养，养老地由弟弟耕种；明年哥哥赡养，养老地由哥哥耕种。总体而言，儿子耕种，父母与儿子一起吃饭的比较多。父母亲不与儿子一起吃饭，父母接收谷物的比较多。

4. 养老地与父母零花钱

分家后，如果父母需要零花钱就找儿子要。几个儿子平均给父母零花钱，如需要 5 元，有两个儿子，则每人付 2.5 元。如果父母需要衣服，几个儿子就商量给父母做衣服。父母可以随便使用零花钱。

5. 养老与妹妹

分家后，如果有未出嫁的妹妹，便与母亲一起生活，在给母亲养老地时必须考虑妹妹的生活和出嫁问题。如果是轮流供养，妹妹与母亲一起前往各兄弟处轮流居住，这时就不给妹妹分产业。妹妹如要出嫁，母亲会打理一些；如果母亲没有钱，由哥哥们商量打理。儿子们给父母零花钱，父母也会给未出嫁的女儿零花钱，以便买一些小物品。

6. 养老地的比重

分家时必须留出养老地，养老地一般占家里四五成的上等土地。只要家里有土地，没有不给父母分养老地的情况。如果家里有 30 亩地，要给父母留 20 亩养老地，剩下的兄弟们平分。如果只有 10 多亩到 20 亩，可能只给兄弟们一两亩地，大部分作为父母的养老地。

7. 养老住址

分家后，父母一直住在过去曾经住的地方，不搬动。在分家时这间房子要分配，分到此间房子的儿子，要等父母都去世后才能使用。如果老人家有养老地，就能够去自己想去的地方住，即与自己喜欢的儿子住。

8. 养老地处理

父母去世后，用养老地来办理丧事。兄弟商量处理养老地：一是将养老地全部卖掉，办理丧事；二是卖掉一部分，再办理丧事，剩余的土地，由兄弟平分。

9. 养老地的买卖

父母可以自己决定卖养老地。儿子不能也不会抗议。不过父母卖地之前，会与儿子商量。如果儿子有钱，儿子购买；如果儿子没有钱买，父母可以卖给外人。当然不商量也可以，可是这样会没有人愿意买，因为怕今后有麻烦。如果儿子有能力购买，应该优先让儿子购买；要是已经卖了，父亲也得收回土地。如果已经付了款，还回土地时，儿子负担所有购入费用。即使养老地卖了，兄弟依然要赡养父母。

（九）过继、抱养、义子

1. 过继

媳妇不能生孩子，特别是没有男孩子时，可以过继兄弟的男孩在自己的名下。当三兄弟只有一个儿子时，可以将这个儿子过继给没有儿子的兄弟，三兄弟的财产都归这个儿子。这就叫"一子三不绝"。即使有一个女儿也要过继这个唯一的儿子。如果一个人没有儿子就去世了，即便没有财产也要过继一个儿子。

2. 过继的顺序

如果三兄弟里只有一个兄弟有男孩，这个男孩就过继给另外两位兄弟；如果三兄弟，两个弟弟有男孩，则将二弟的孩子过继给哥哥，这叫"一子两不绝"；三是如果三兄弟，二弟有一个男孩，三弟有两个男孩，则将三弟的男孩过继一个给大哥。如果三兄弟一个男孩都没有，则从近亲家过继一个。

3. 过继的年龄

如果某位男人 40 岁以前去世，且没有儿子，便不能过继儿子。如果 40 岁以后去世，可以过继孩子。没有过继子就由弟弟祭祀。如果有了过继子，就由过继子添坟、上香，即为了后代绵延。

4. 过继单

过继要写过继单。过继单要写上亲生父母、过继父母、舅舅、姑母、熟人等的名字。过继时族长必须参加。

5. 义子

孩子出生后会迅速认一个义父，因为认了义父后就好养，即孩子不会生病，不会死。在选择义父时，不管义父是否有孩子，有较多孩子的男人比较好。一般会选命里相合的人。义子也不改姓，也不会由义父抚养。孩子叫义子，父亲叫义父，母亲叫义母。义子也不用立字据。认义子称认干亲，可以不用通知亲戚。义父一般与自己的父亲同辈。在大多数情况下，男孩首先认义母，义母的丈夫自动成为义父。义母会给义子做衣服，两家成为干亲戚。义子的婚姻不与义父母商量。义子分家时也不需要义父当中间人。要成为别人义母必须有自己的孩子，男孩和女孩都可以。一个母亲可以成为几个孩子的义母。

6. 要的孩子

如果家里比较贫穷，孩子比较多，就将刚出生的孩子送人，这种孩子称"要的孩子"。"要的孩子"不需要立字据，但是将来会成为这家人的孩子。

三　宗族关系

（一）家族

1. 族长

族长是指同族中年龄和辈分最长的人。平时称呼辈分，不称呼族长，只有在婚礼和葬礼时才称呼。族长平时不干什么事，也不代表一家之族。但是在分家发生纠纷时，县公署会将族长叫过去问询。在侯姓中，分成三个门，每门有一位族长。

2. 老祖长

家族中辈分最高的人称"祖"，所以称"老祖长"。"老族长"与"老祖长"有时不是一个人，前者是年纪比较大，在族里的管事人；后者是辈分最高的人，也许不是年龄最大的人。

3. 同姓的称呼

同姓之间根据辈分称呼，比自己大的称爷，与自己同辈（平辈）的就称为兄弟。

4. 同姓与一家子

同姓的人不见得同宗，同宗一定同姓。同姓的人可以说是一家子，也称同族。同宗与一家子、同族有区别。在侯家营村，不称同门，而称同宗。

5. 同族的分派

同族可以按照远近来分派。有人说，侯家营姓侯的来了三兄弟，后来老二、老三迁走了，只剩下老大的子孙。老大的子孙又分为三大门，现在第一门户数最多；第二门有一家；第三门有十多家。各个分支，又可以称：大一门，二一门，三一门。每个门会有一位族长，比如大一门的族长；二一门的族长。

6. 同族间的拜年

拜年有顺序，一是去亲家家拜年。从长辈开始，先给大爷拜年，再给叔叔拜年，如此类推。二是去邻居家拜年。但在侯家营也有不去邻居家拜年的。同族中年龄最大的不给任何人拜年，而是别人给他拜年。

7. 同族的太爷

在侯姓中，辈分最高、年龄最长的人称太爷，不称族长。

8. 同族互助

同族之间，当贫穷的人没有饭吃时，其他人家会给予帮助，如给钱，提供燃料和粮食。最近，保长从秋天开始便收集粮食或者钱去帮助穷人。

9. 分家后的大门

如果兄弟4人分家了，住在一个院子里。保有一个大门，这个大门为4家所有，每人占四分之一。如果门倒了，4家都有责任。

（二）祭祀

1. 祭祀祖先

在过年过节时，要祭祀祖先，一般在屋外祭祀。正月时大家一起祭拜，先男后女。但平时就是女人烧香。在节日里也只是上香。祖先的牌位称"神祖匣子"，分家时在哪家就放在哪家。分家时，每个人会在红纸上写字，如"刘氏门中先远三代宗祖之位"，等到正月又会重新写在纸上，然后各自祭拜。

2. 牌位

祖先堂放有牌位，称为神主牌位。在侯家营，亡故的父母只有一个牌位。分家后，每家会有一个牌位，没有牌位的就重新做一个牌位。富裕人家会做个箱子，在里面放上木牌，写上死者的名字，出生年月日，去世年月日，下面再写上儿孙的名字。

3. 坟会

坟会也称清明会，侯家营侯姓有两亩多坟地。坟地拿来出租，其收入用来"办会"。侯姓中总共有6名"办会"，是由这6人的父亲也就是过去的老祖宗决定的。如果父亲死了，儿子接替，也叫老坟会。比如第一门4人；第二门1人；第三门1人。但因为钱少事多，没有人愿意"办会"。如果钱不够用，"办会"的还要贴钱。坟会如果有土地，就称坟会地。侯家有两亩坟地用来出租，由各门轮流租种，向会里交租。租金交给6位"办会"中的一位就行了。每年"办会"由6人抽签，抽中了就轮值。过去"办会"比较热闹，要买3头猪，几十人聚在一起各自吃饭。钱不够的情况下，就由上述6家分摊。"办会"的人一般都是各门中辈分比较高且经验丰富的人，且每年都有会账。等到祭祀结束后再吃掉剩下的东西，这叫"吃老祖宗"。

4. 老会

所谓"老会"，就是一家子开会，一家子所有的家庭都会过来。"老会"主要是祭祀，如上坟、烧香、烧纸等。

5. 小会

所谓"小会"，就是从大一门分出来的同门聚会。以前有"小会"，在日本人调查前十多年就没有了，祭祀由各家单独进行。"小会"只是对上一代先人进行祭祀，主要是上香、烧纸。

6. 大股和小股

所谓大股，就是父亲在世时，几兄弟分家形成了大股；父亲去世后就不这么叫了。几个亲兄弟的儿子再分家就称小股。

7. 祭田

有些家族有祭田，产权归全族人共有。而经营管理就由各门轮流耕种，耕种人提供清明节祭祀的费用。如果不想耕种了，也可以出租。

（三）号、名和辈

1. 号

年纪大了，受人尊敬就取个号。年轻人去读书，老师会取个号；有人去商店做工，掌柜的会给取个号。

2. 学名
人都会有一个学名。叫学名是对人的尊敬。长辈一般叫小辈的学名。人死后在牌位上要写上学名。

3. 辈
在村庄的人都有辈分，又分为亲戚辈和街坊邻居辈。亲戚辈分是根据血缘关系来确定，而街坊邻居是以某个人为中心去确定其辈分。如平辈就叫哥哥、弟弟，如长辈就叫大爷、叔叔之类的。晚辈称长辈要尊称大爷、叔叔等。长辈可直呼晚辈的学名。

（四）埋葬

1. 未婚者的埋葬
只要满了20岁，没有结婚，也能埋进祖坟。20岁以下的人不能埋进祖坟，只能埋葬在其他地方。在当地认为20岁就成年了，就算没有孩子也有过继子。

2. 娶骨尸
把单身的男女从埋葬地挖出来移到男方的祖坟里，称移尸骨。男女死前的年龄为10岁到20岁。娶骨尸男女均可以主动找，也不看家中的财产。谈好后，男方送给女方财礼，一般1—2元到5元左右。娶骨尸那天，纸做的棺材会在女的坟头上烧掉，之后再将棺材挖出来，埋到男方的坟里。娶骨尸后两家会是亲戚，还相互往来。就像结婚一样，村里人也会来祝福。

3. 晚辈及小孩的埋葬
如果晚辈比长辈先去世，要留出长辈的位置，才可以将晚辈埋进祖坟。10岁以下的孩子只埋在田里，不会再娶骨尸。在每年十月初一日，父母会为其去烧纸。

4. 家里和近门
家里和近门都是指五服以内的人。老人去世了，五服以外的人不用穿孝衣，但是五服以外的人要来帮忙。

5. 红白喜事送礼
对于同族的人（不同门），结婚也要给钱，叫"拜钱"；白事要给钱，叫"烧纸钱"。对于同门的人，白事只带纸不给钱。结婚要给拜钱。

（五）一家子

1. 一家子聚会

一家子不会在一起商量事情，但是在寒食节时，每家会出一个人一起吃饭，尤其正月里会喊辈分高的人吃饭。

2. 一家子互助

一家子之间没有特别的交往，在年节也不会互相赠送礼物。只有在婚丧时，一家子会相互帮忙。抵押土地、出借土地、典地不会刻意优先哪一家子。借款主要是选择关系好，有钱的，并能够借到钱的人家，而不会刻意选择一家子。一家子之间借钱，如期限较短，不会要利息。哪一家子要是有困难，在钱比较少的情况下，大家也会相互帮忙。

3. 一家子与选举

如果一家子中有人适合当保长，大家会投他的票；如果没有适合的人，也不会刻意投票。在日本人的调查中，大家都不想当保长，特别是有土地的人都不愿意当保长。倒是土地少的人为了生活补助，想当保长。

4. 一家子与新娘子

新媳妇在第三天要给新郎家人和一家子长辈磕头。对于自己家庭来说，先给祖先磕头（第三天）；再给小股长辈磕头；接着给公公、婆婆（丈夫的父母）；然后是哥哥、嫂子、姑姑、舅母、舅舅依次磕头。不给弟弟、弟媳磕头，也不给小姑子磕头，但是要给丈夫的姐姐磕头。然后婆婆带着新娘、新郎去和小股和大一门寒暄。对于小股的，全部叫到自己家里来，坐在上座，新媳妇在下坐磕头。小股一般是一家来一人，如果长辈不在家，晚辈也会来一个，不过新娘子不给晚辈磕头，但会寒暄。各位受拜的人都要给新媳妇磕头钱。公公和哥哥不给，婆婆和嫂嫂给。在侯家营，大一门的新娘不会给二一门、三一门的人去磕头。新娘子只要下轿就成了自家人，与磕头没有关系。

四 农村经济

（一）经济与职业

1. 雇工

在侯家营，为了耕种而雇工的农户有七八家，最多的雇用了3人，大部分只雇用一人。做雇工的外村人比较多，雇用期限一般为一年，没有超过一年的情况。在侯家营及其附近没有雇工市场，请雇工就得拜托关系好的人去找，找到后就领回家，也不用给谢礼。

只是在雇工结束后，请介绍人一起吃顿饭。

2. 长工

连续在某家工作两年以上就称长工。在雇用长工时，如果很熟悉，则不需要介绍人。不太熟悉的就需要个介绍人，不认识的外村人还需要保人。保人一般是由熟悉的人担任。

3. 半长工

所谓半长工，就是每隔两天干一天活的人。半长工在正月十八上工，九月收割完成后休息。半长工与打头的大体差不多。半长工需要介绍人，介绍人也负有担保责任，如果半长工跑了，介绍人负责赔偿。半长工主要是干农活，有时也打打水。

4. 打头的

在侯家营没有长工，但是有打头的，也就是在别人家工作一整年的，每年又重新订合同的叫打头的人，或者称"工人"。与长工有所区别，长工是连续几年受雇于别人家。一是谁当打头的。打头的一般是家里没有土地、需要外出务工谋生的人。二是介绍人。打头的一般需要介绍人。如果家里没地的人，就拜托介绍人找地主商量去打头。介绍人可以是本村人，也可以是外村人，主要是双方都要认识。三是介绍时间及次数。时间一般是十月到正月之间。第一次是介绍人去问地主，如果地主需要，就会问打头的技艺和工钱。第二次，介绍人就会将打头的带过来，如果地主满意，便会约定当天就上工。打头的和地主之间没有契约。四是上工席。上工后到正月十八会有上工饭，上工饭要吃猪羊肉，八碟四碗、酒和大米。在做上工席时，打头的也会帮忙做事，主人会说，"我端菜你吃"。五是上工时间。有时十月份决定了，就可以上工了。虽然第二年的三月才会有农活，但是可以拉土（往猪坑里填土）。六是大打头的。如果雇用了几位打头的，其中有一位是雇主会经常与之商量的人，称大打头。大打头负责农事，如购买种子、肥料，雇用长工等。打头的只负责农事，不负责做家务活。有大打头的，也有二打头的，在侯家营没有雇用小孩子的，也没有只给吃饭，不给工钱的情况。七是工钱。工钱一般是200元到400元，工钱不是根据年龄，而是根据能力大小确定，当地称"伙计好底"。八是工钱支付时间。打头的工钱，可以给钱；如果打头的特别需要粮食也可以给粮食。工钱可以开始时支付，也可以最后结束时支付。如果需要，平时也可以支付。有些家庭在第一次会面时给一半，等到正月十八再把剩下的一半交给打头的。九是住处。打头的与主人住同一个院子，也就是离牲口屋比较近的地方。寝具、枕头、手巾等都由打头的自己带来。十是劳保用品。四月十八给草帽，有些家庭给三五元钱让打头的买草帽。十一是招待。主人不会给打头的零钱，但是会请他吃饭。在收获时有特别的招待。十二是打头的职责。打头的主要是干农活，不会做饭，但是会打水。如果打头的干了三四年，地主比较信赖，还会安排他去县城购物。大打头的听主人的安排，然后再安排其他打头的。根据地主的安排，大打头的也会安排农事，或者雇请雇工。十三是下工时间。霜降时工作就结束了。十四是打头的分工。大打头的既要安排农活，监督做事，自己也要干活。对于有些活，打头的要分工合作，如使用一犁杖，需要4人，一人拉牲口，一人扶犁，一人点种，一人泼粪。扶犁是最重要的工作，由大打头的做；二打头的点种；三打头的泼粪；四打头的打牲口。十五是生病诊治。打头的工作认真，与地主关系比较好。当生病后，地主会帮助诊治，否则就由打头的自己负担。十六是担保责任。如果打头的跑了，主人会找介绍人，请介绍人将工钱要回。介绍人就是保人，有赔偿责任。总体来看，在侯家营，因为地主越来越少了，所以打头的也越来越少。

5. 半工

所谓半工，就是在主人家每隔两天干活的雇工。半工的工资可以一次性支付，也可以分两次支付：春天支付一次；秋天支付一次。半工的待遇与长工差不多。有些人是为了向主人家借农具、牲口而给地主做半工或短工，做完后再向主人家借用。相比较而言，人们愿意给能够借农具、牲口的主人家做事。也有两家共同雇用一个长工的情况，即在甲家干两天，再到乙家干两天。这种雇工方式称为"半壁儿"。半工约定的工作时间是一年。日本人调查的当年，半工的工钱是100元。选择半工是因为主人家请一个长工工作不饱和，而半工自己家里又有活要干，因此双方都愿意作为半工雇用。

6. 月工

工作一个月以上的雇工方式称月工。在侯家营主要是两个月的雇工，如"春月""秋月"。一是月工种类。"春月"是春天做两个月或者两个半月的雇工方式，小满上工，主要是除草；"秋月"是收获前后，处暑上工。二是介绍人。本村人做月工不需要介绍人；外村人做月工需要介绍人。介绍人也是保人，有赔偿的责任。三是月工的契约。月工只有口头契约，没有上工的仪式。四是月工的工钱。月工的工钱约为50元，最低40元，很少有超过50元的。"春月""秋月"都是上工的那天全部付清工钱。月工不会给物品，也不给秸秆之类的。五是工作内容。月工主要是做农活，有时也可以打水。六是吃饭和睡觉。月工在地主家吃饭，本村的人睡在自家；外村的人睡在地主家。七是打头的和月工的协调。如果一家既雇用了打头的，也雇用了月工，则由打头的安排月工，主要的工作还是打头的做。八是生病。月工生病的治疗费用，全部由自己负责。

7. 短工

短工也称"工夫"。一是雇用时间。在4月到6月期间，短工雇用最多，要除草、翻土等。8月割秋也需要雇人。二是雇用。雇用短工不需要介绍人，主家直接到人多的家庭去询问。如果短工愿意，且短工提出的工钱合理就可以了。三是短工的工具。不管主家是否交待，4月、5月、6月要带上锄；8月要带上镰刀、小镐子。收割时地主也会准备农具。四是雇用时间。短工最长3天，没有连续雇用10天的。即使雇用10天，也得每天计算工钱。五是工钱计算。如果雇用3天，每天按照市场价格支付工钱。有时主人也会以高于市场价雇工。短工的工钱也称"工夫钱"。一般每年的收获季节忙些，"工夫钱"也高些。六是支付时间。如果只雇用一天，晚饭后付钱；如果雇用两三天，最后一天晚饭后付钱。主家不会以东西抵工钱。七是吃饭和睡觉。短工不会睡在主家，但是会在主家吃三顿饭。如果是瓜田的活，短工在田里打铺睡觉。八是短工主要做地里的活，如起粪、倒粪、除草（拔草）、割秋、拔根（挖苞谷的根）等工作，另外也会打水，但是不做饭。

8. 满洲打工

在侯家营外出打工的比较多，大多去满洲，日本人调查时约有 10 人。有单身一人前往的，也有全家前往的，后者只有两户。去满洲打工主要是做一些小生意，也没有做苦力的。最近几年去满洲的人少了，主要是介绍人少，很难进商店打工。而且打工时间都不长，两三年左右。短时间回家的人比较多，只有两人打工的时间比较长。过去前往满洲打工容易挣钱，现在村上有钱、有地的人大多是曾在满洲打工挣了钱的。在全村的富裕户中，只有一户是从祖宗那里继承的财富，其他都是自己这一代积攒起来的。不过在日本人调查的前几年，前往满洲打工挣钱相对比较困难了。

9. 老畜儿帮

老畜儿帮也称同乡伙伴。因为昌黎县去满洲打工的人很多，所以这些人又叫老畜儿帮。这些人可能相互认识，也可能互不熟悉，但只要是同乡就可以结为帮。老畜儿帮主要的目标：一是相互介绍工作；二是相互借钱，相互支持。有些老畜儿帮的人之间比较大方，即使不还钱也可以。

（二）生产协作

1. 相互扶持

耕种或者收获比较繁忙时，村民之间不会相互帮助，但是会雇人做事。农具、牛马、车等会相互借用。只要自己没有使用，即使关系不是特别好的人之间也会相互借用。借用不会给谢礼，如果借用牛马，事后会给一点高粱、秫等饲料。另外，搭炕、上房、拔麦子、打稗子等工作，亲戚或者朋友之间也会相互扶助。

2. 串换

串换也称"穿换"，指相互之间借用。如甲有一头牛，乙有一头马，两人约定一起互相借用，这就是串换。一般是两户约定，时间可以是一年，也可以是两年。

3. 打具

所谓打具就是在播种时相互之间帮忙。打具只限一次。

4. 搭套

播种、春耕时互相借用牲口进行耕作，称"搭套"。"搭套"一般是两人，也有三人的。如果家里没有牲口，与人合作，这就称"跟驹"。3人"搭套"会有一位是跟驹的。所谓搭套，就是牲口和车为一组共同使用。侯家营很多农户都会"搭套"。因为犁杖需要2头牛拉。

5. 跟驹代地

如果一家有牲畜，一家没有牲畜，两家相互帮忙称"跟驹"或"跟驹代地"。"跟驹"一般是两户之间合作。没有牲畜的人可以撒肥料、播种、挖洞等。持两头牲畜的人不会与没有牲畜的人"跟驹"。"跟驹"不见得是同族，也不见得是近邻。先约定一次，如果合作得好就会接着约定，可能会延续两三年。如果中间有牲畜被卖或者死了，"跟驹"就结束了。

6. 借牲口

在侯家营并非所有家庭都有牲口，没有牲口的家庭有两种方式：一是借牲口，主要向邻居或者关系好的人借牲口。借牲口不给钱，但是有时会请吃一顿饭。二是租牲口，一亩地2元。牲口借用没有同族与外族之分，有时外族要好于同族。

7. 借用农具

在侯家营，不向别人借农具和牲口的家庭只有四五户，其他人都要相互借用。向别人借农具和牲口，其对象一般是要好的朋友，不见得是亲戚，但也不会向地主借。在侯家营没有专门借农具给别人的人，而且农具之间的借用不会要钱，但是在借用牲口上，却有收钱的情况。

8. 水井

村庄的水井分为官井和私井，都是饮用井，而没有用于灌溉的井。对于官井，大家都可以使用。如果要维修，全村人摊款维修。对于私井，大家也可以使用，维修时周围用水的家庭凑钱。借用水井时没有同族和外族之分，也不会给谢礼。

（三）农业生产

1. 耕作时间

在侯家营，耕作时间是正月二十开始，到十月左右结束。实际工作时间是清明开始，立冬结束，大约7个月的时间。基本上按照农历的二十四节气进行耕作，一节15天。

2. 冬季工作

冬季有冬季的工作，雇了长工的家庭要考虑是否换长工。一是普通人家则是换宅子（即用高粱秆将房子周围的东西换掉）、拉土（填园、将猪圈的土翻新一遍）、喂牲口等。二是拾柴火、拾粪等。三是推碾子。四是家里条件不好的人会去打短工。另外，还有村庄公共性事务，即挖壕之类的工作。

3. 女人下地

如果男人外出打工或者劳力不够时，女人也会下地干活。在侯家营有三分之二的家庭，女人是下地劳动的。女人下地主要有如下几项工作：一是打场；二是收割；三是拔苗；四是去外面收草。如果家里有 3 个女人，可能有 2 人外出做事；如果只有 1 个女人，则不外出做事，只能在家里做做饭、缝补等家务活。女人们干活往往交替进行，如一部分做家务活，一部分干农活。不管是家务活还是农活，女人们的工作都由家里年长的女性安排。

4. 女性家长与耕作

在侯家营，女性家长有六七户，其中家庭能够自我经营土地的有三四户。耕作都是由女人来完成，偶尔向同门请教或者商量。女性家长也有请长工的，但是长工不睡在家里。

五　农村土地

(一) 土地租佃

1. 租地（典地）

在侯家营，土地出租称典地（为了表述方便，在整理本卷时，使用租地代替典地）。出地的人称地主，种地人称典种人，也是佃农。一是介绍人。租地需要一位介绍人，介绍人只负责介绍，没有担保责任。二是租地请求。一般是佃户请求地主将土地租给自己耕种。三是租地申请时间。租地一般在秋季收获以后申请，很少有在收获前申请的人。除非佃户不想耕种了，地主是不能主动辞退佃户。只有佃户不再租地后，地主才会寻找另外的佃户。四是地租。在侯家营，上地每亩租金十一二元；中地八九元；下地一元至五元。五是先租权。地主在出租土地时，不太会考虑家族、邻居等，但是会考虑谁先来，先来先租。六是约定。约定也称立会。如果是本村人，立会时不会去看土地，因为大家都知道土地的基本情况。如果是外村人，地主会告诉其四至。七是地租缴纳时间。一般有三个时间点：正月结束，五月左右，秋季收获后，也可以称春租和秋租。八是预交地租。在侯家营，一般的上地、中地都要预交地租，如正月交一半，剩下的五月或者秋收后再交。有些也会第二年再交，或者给地主家当短工来抵地租。九是租佃期限。一般是一年一租。申请期是收获后到正月之前。秋收后，佃农就会向地主申请继续租地，一般不会在收获前申请。十是地租的形式。在侯家营，地租都是以钱来交纳，即货币地租。十一是借用。佃农不会找地主借农具、牲口，也不会借地主的打谷场。十二是期限与价格。租地的期限是一年，地租价格则是根据市场行情，每年会不同。十三是税费。租佃土地的田赋、摊款、摊工全部由地主负担。十四是地租的决定。地主会根据耕作费用、土地收成来确定地租水平。十五是地租缴纳与土地质量的好坏。质量比较差的土地缴纳地租的时间会迟一点；质量比较好的土地要按时缴纳地租。十六是地租收取。地租收取，有地主来收的，也有佃农送过去的，前者比较多。十七是地租变化，一般而言，土地每年的地租都在变化，但是质量比较差的土地很多年都不会变化。十八地租的减免。如果收成不好，佃农拜托别人给地主说合，减免一些地租，如两三元的地租，可以交七八十钱，没有全部减免的情况。但是也有受访者说，提前交地租的根本没有减免，收割后交纳地租的也很少有减免的情况。十九是租地类型。一般租佃上地的比较多，这是租佃户的要求。下等地不容易租出去，即使租出去，也只有两三元的租子。而地主最想出租下等地和中等地，上等地自己耕种。二十是佃户的资格。地主在选择佃户时，要考察其信用，考察以前租种的成绩。二十一是租金由双方商量决定，租地数量、租地位置由地主决定。收取租子时地主也不记账，不写收据。虽然这样也不会引起纠纷。

2. 伙种

伙种也称分粮，或者分种，即地主出土地，佃农出农具、肥料、牲口、种子，收获的作物五五分成。伙种时，出农具、肥料的人称"伙种地儿的"。在侯家营，伙种比较少见，只有种甜瓜的土地就采取伙种的方式。伙种是最近几年才兴起，10家租佃有3家是伙种。一是伙种的负担。伙种时，田赋、摊款由地主负担。二是伙种的对象。伙种只租给本村认识的人，不租给外村不认识的人。三是伙种的土地。伙种的土地基本是中下等土地，地主自己耕种上等土地。四是伙种的分配。伙种时不管地里种植几季作物，全部都得平均分配。伙种有三种分配方式，第一种方法，按照垄来分配。在地主出肥料的情况下采取这种分配方式。分配时由地主先选。其实在同一块地中，没有太大的差异。按照垄分配，在地主所分得的部分的秸秆属于地主。按照垄来分，地主必须出肥料，一般是一亩一车肥（有人说是一车半），土和肥比重是65：25。第二种方法，按照束来分配，地主可以出肥料也可以不出肥料，要根据双方开始的协商，佃农将所有作物收割后拉到场地，分成两半，地主选择一半。按照束来分配时，只割有穗的部分，下面的部分归佃农。不管是按照垄来分，还是按照束来分，分给地主的部分，其壳都归地主。大体上壳能够抵得上肥料费用。第三种方法，按照谷子重量来分配，即将作物打成粮食后再按照斗来分配。在后一种，在收割时地主不会过来，佃农也不会作假，但是在打谷场后地主会来，一整天都会待在打谷场。如果收成好，伙种的收入要高于典地的租金。分配时地主会带长工一起过来参与分配。高粱、豆子、稗子一般按垄来分配；棉花按照重量（秤）分配；谷子按照斗进行分配，这既是重量，也是容量分配。按照垄分配，佃农要帮助地主收割。

3. 租佃的顺序

土地租佃总体来讲在同等的价格下，有如下的顺序，首先租给同院的人，即分家后的兄弟们；其次是同门的人；再次是同族的人。最终要看谁出的价格高，价格高的人得到土地。如果有人提出申请，出租者要考虑同等价格优先上述人家。对于租金缴纳，同姓与外姓一样，不会更加宽松。同姓之间有优先的租佃权，只是观念上有这样的想法。

4. 租佃权的让渡

租佃权不能让给第三方，即使交了地租，也不能让给另外的人耕种。如果没有交清地租更不能如此。也有将自己租的土地转租一部分给其他人，但是转租者要负责交纳地租。

5. 租佃权的继承

如果租佃者夫妻均死亡，地主不能收回租佃土地。死者的孩子可以继承租佃权。如果已经交了租金，死者的孩子也不能退回土地，拿回预交租金。地主也不会将租金退回，拿回土地。这时死者孩子可以将土地转租给第三方，但是必须向地主告之。

6. 地租滞纳

在侯家营，没有一直不交地租的情况，否则地主会收回土地，而且其他人也不会再租地给这样的人。有拖延地租的情况，但没有不交地租的情况。即使拖欠地租，最多拖欠一年，没有拖欠两三年的情况。对于拖欠的地租，佃户也会一点点的交纳。虽然没有完全交清地租，地主也不会收回土地，只有得等待佃农慢慢交租。如果无法缴纳地租，大多数的佃农会主动向地主解释，当然也有不解释的佃农。

7. 租佃地的使用方法

佃农租佃土地后，有如下自由：一是可以放着地不种，地主不能干涉。地主不能干涉农民的作物安排。二是佃农可以决定垄的方向、间隔等。不过佃农不会在地里挖水沟，也不会在地上建房子。如果搭了棚，在交地时撤掉。三是佃农也不会在租佃的土地上栽树，因为时间短，佃农不划算。四是佃农收获后，干和根全部会取走，但是豆子会留下根。五是佃农也不会挖小水井。

8. 租佃地的收回

在以下几种情况下，佃地会收回，一是地主自己耕种；二是长期不交地租。另外，如果延迟交地租不会没收土地，如今年的地租，明年收获再交也可以。如果佃农真的很穷，全额晚交也可以，这时可以去地主家劳动，以让地主高兴，然后再慢慢交纳。佃农空闲时去，地主不会给工钱；佃农忙碌时去，地主会给点工钱。地主不会主动说"以做工抵地租"，而是说请帮忙做事。帮忙不会有六七天的情况，因为这比地租还要高。

9. 又租佃

又租佃也称转租，即佃农将租金交给地主后，再将土地转给其他人耕种。

10. 分家与租佃地

分家后如果租佃地比较多，则分家各户均分；如果租佃地比较少，则由年长者耕种。分家后可以不告诉地主。如果各家均分，各家也要承担地租及费用。

11. 租佃时间及土地使用

一般在每年的 10 月和 11 月确定租佃关系；11 月和 12 月交纳地租；第二年的 3 月开始耕作。只要佃农交了地租，在 12 月至第二年的 3 月地主不能再使用土地。佃农一般在每年的 9 月结束租佃。如果 7 月收割，也有家庭在 8 月、9 月种植荞麦的情况。

12. 租子交纳与土地等级

上等土地一般是先交地租，因为佃农更愿意租种上等土地。下等土地一般是后交地租，中等土地有先交地租的情况，也有后交地租的情况。虽然上等土地先纳地租，但是交纳时间也可能会稍稍延迟。下等地后纳地租，地租额度不会减少。

13. 佃地的变卖

在以下三种情况下，地主不能变卖出租地：一是秋收前不能变卖；二是已经播种后不能变卖；三是翻耕了土地后不能变卖。

14. 地租上涨

在日本人调查的前几年，地租不断上涨。地主上涨地租的原因：一是摊款在涨；二是别人土地的地租在涨。地主涨地租，佃农也不会抗议。

15. 地租的前纳和后纳

在侯家营，一般是前纳地租，特别是上等土地必定是前纳地租，因为谁都想耕种上等地，地主更想自己耕种。但是有几种后纳的情况：一是下等地是后纳，因为没有人想耕种，有些中等地也是后纳；二是穷人一般是后纳，因为穷人在春天最穷，粮食都吃得差不多了，后纳可以帮助穷人。另外，后纳比前纳的租子会稍稍高点。不管是前纳还是后纳，租子大多是一次性交付，也有两次甚至有三次交付的。因为租地的穷人比较多。除了分种或者分粮外，很少有用谷物来交租子的。如果分三次交纳，最后一次和前一次交纳间隔时间在 2 个月左右，如果超过 6 个月则不允许。如果分三次交纳，第二次交租子的时间是由第一次的时间来决定的。地租交纳最多不能超过 3 次，当然只要地主同意，交纳四五次也可以。

16. 地主和佃农关系

一是地主家有事，佃农不会主动去帮忙，大多数情况下地主会去叫，如果佃农家太忙，地主也不会去叫。二是如果佃农欠地主的租子，佃农会给地主做几天工，这几天工不给钱。三是即使佃农不欠地主的租子，地主也会叫佃农去帮忙，每年可能有一两天，不会给工钱。如果地主不叫，佃农不会过去。四是从租佃形态来看，租地和分种的佃农都会给地主干活，但是比较而言，租地的佃农给地主帮忙的天数多些，分种的佃农要少些。如果有很多佃农，地主会叫比较会做、做得好的佃农帮忙。五是过年过节时，佃农不会给地主拜年拜节，即使想长期租佃也不会这样做。六是佃农家有事，不会找地主商量，不会向地主家借农具、牲口或者钱，而是向关系好的朋友借。

17. 包工子
地主叫人来耕作土地，作为谢礼会支付一定的钱。这叫"包工子"，实际上就是雇工。

18. 典与租
有人表示，典与租其实是有区别的，典是只租一年，而租则是几年。所以，如果只有一年的租就是典，如果是几年的租就是租。在侯家营，租佃者叫土地所有者为地东，租佃者称典户、地户，典户用得比较多。

19. 分种和典地的比较
上等土地的收入比较稳定，分种的情况比较多。分种要到秋后才能够得到谷物，但是春天需要交纳摊款。租地（典地）是预交租金，收入有保障。如果土地地势比较高，不怕水淹，则会采用分种的方式，否则就采取出租（典地）的方式。如果一块土地持续歉收，地主会将分种改为租地。分种要主佃双方商量，将分种改为租地（典地），由地主提出。

（二）土地买卖

1. 以地凑钱的顺序
如果家里需要钱，可以有如下几种选择：首先会指地借钱；其次是当地；最后卖地。其中，直接卖地的比较多。

2. 卖地的原因
卖地主要有如下原因：葬礼、婚礼、水旱灾害、杂捐的增加、病患、战祸等。最主要是葬礼、婚礼、生病和生活穷困。

3. 购买土地的经费来源
购买土地的人一般是：一是做生意赚了钱的人；二是打工赚了钱的人；三是耕作赚了钱的人。前两种情况比较多。

4. 先买权
如果某家要卖地，需要在家和族层面先征求意见。从家的层次来看，要分别与祖父、父亲商量，得到允许，然后问兄弟，最后如果儿子比较大了，特别是要卖养老地，则需要与儿子商量。父亲健在时可以不与母亲商量，如果父亲不在了必须与母亲商量。从族的层次来看，要与族长商量，族长会问同族的人是否需要土地，如果没有人要的情况下，就会卖给外族的人。然后再分别征求承当者、地邻的意见。可见，先买权顺序为：父亲、祖父、同族、承当者、地邻、本村人、外村人。

5. 土地买卖的时期

在昌黎县，土地买卖分为两个部分，第一、二区是过年之前卖地的比较多；第三、四、五区是过年后到清明节以前卖地比较多。因为两个区域还债的时间不同，前者在年前还债；后者在年后还债。这也就决定了土地集中买卖的时间不同。另外，在这两段时期里，土地上没有作物，适合买卖土地。

6. 土地买卖数量及原因

土地买卖数量，从民国初到民国十年（1921）、民国二十年（1931），土地买卖的数量逐渐减少。其原因：一是摊款增多，土地收入下降。二是满洲国（中国东北）不能自由汇款了，购买资金减少。

7. 土地卖价的确定

卖家会出一个价格；买家会出一个价格。这就要中人从中说合，或者由中间人来决定。如果是一块几亩的土地，也会以"块"确定价格。但是大部分是根据一亩来确定价格。

8. 实地踏看土地

如果确定价格后，买家就会实地踏看土地。本村人不去看地。因为大家都知道土地的质量、大小和位置。只有外村的人会去实地查看。一般卖家领着买家去看，这也算是买卖双方第一次见面。从外村来看地时，同族、族长、保长没有必要到场，但在签约时保长作为证监人参加。

9. 土地买卖的测量

定下价钱后，一般三天或者五天就签约，在签约当日，或者制作文书之日进行测量。首先要带着纸笔测量，测量时有中人、保长、卖家、介绍人、地邻等七八人参加。中人大约有三四人，地邻两位以上。保长一定要参加，因为要按手戳儿，即印章。如果保长不在，事后都得盖章。在大乡制时，乡长盖章收手续费；在保甲制时，保长当监证人，但是保长不直接收手续费了。在侯家营，没有专门的测量人员，但是有几个人会算地。算地时要用绳子将大的面积算出来，然后用尺子将不规则的面积计算出来，最后求得总和。测量的人有些会成为中人，有些就是测量的帮忙人，测量人不给报酬，但是要吃饭。民国二十八年（1939）以后由清丈公会来测量。

10. 监证人

土地买卖需要监证人，在民国初年村正做监证人；在大乡制时代，本村的乡长做监证人；在保甲制时保长做监证人。证监人只需要盖章就行，不需要负责。只有证监人盖章后，才能够契税。监证人要参加县里组织的考试，合格的人交300元的押金，就可以担任监证人了。监证人的职责，一是从县里购买官纸，官纸是每张一毛钱，然后卖给交易双方。二是监督测量土地。三是监证人写官纸，按印，即盖上乡长的印章。四是督促交易人去契税。五是监证人的报酬。土地价格的一分给监证人（即百分之一），3厘给乡长，两者合计1分3厘。有时监证人与乡长是同一人。有时是两人，如果是两人，在测量时只要去一个人就行了。六是程序，乡长写官纸，盖章，买方带到税契处，交钱后领取执照。一个月后带着执照去取地契（红契）。在昌黎县，土地买卖除了交契税外，还要交学款，每10元的价款交3钱。在清朝时，监证人称为官中牙纪。

11. 官中牙纪

清朝时，土地买卖的证监人称官中牙纪。一般半牌有一位官中牙纪，与地方设置相同。只有经过官中牙纪盖章，才能税契。否则无法契税和过割。官中牙纪有时不去实地看土地和签约，但是会问中人和代笔人是否属实。如果不请官中牙纪参与，事后还是要去官中牙纪处盖章。这个章称"牙纪"，上面写作"中立不倚"，即公平无私的意思。

12. 土地买卖中人

土地买卖的中人经过了几次变化：一是在清朝时，土地买卖中人称"地牙纪"。二是在民国十年（1921）后称"官中牙纪"（与前面的访谈有些差异）。三是后来称"监证人"。监证人为村正、村副。只有地牙纪才具有说合功能。土地买卖的中人要符合以下几个条件：一是熟悉买卖双方；二是有知识，会写字；三是能说会道。

13. 土地买卖中人的选择

土地卖家在选择中人时，可以选1人，也可以选两3人，一般会选3人。卖方可以同时选择几位中人，也可以逐个交代，请中人帮助物色买家。卖方委托中人时不给礼物，也不会给报酬，但是在交易完成后会吃饭。选择3位中人，因为不同的中人会与不同的渠道，与不同的有钱人有联系，以便多渠道寻找买家。3位中人可能各自找买家，也可能一起找同一买家，然后一起商量。中人与买方谈妥后，要将自己的名字写入契约，然后共同吃饭。如果本村没人买地，中人会找外村买家。本村的中人也知道外村中人的情况。

14. 土地买卖的中人和介绍人

在侯家营，中人和介绍人有一点区别。有时介绍人就是中人，但并非所有的中人都是介绍人。在土地买卖签约之前是介绍人，介绍买方和卖方认识。在土地买卖签约之后就是中人。有些介绍人直接成为中人，但是买家有时也会再请中人。介绍人两三位，中人两三位。另外，代笔人、地邻是中人。保长是证监人，不是中人。在民国初年还会请族长，主要是买家要问同族为什么没有人买，这样卖家的族长也成为中人。土地买卖与买家的族长没有关系。

15. 契约内容及形式

在田房买卖草契上要写如下内容：立卖契人的名字、地名、垄数、坐落、买家的名字、代价、地积、南北丈数、东西丈数、四至、亩数等。署名者是：中人和立卖契人，盖监证人的印章。具体内容：一是买卖原因。往往有"因老病不瞻""无洋使用""国课无出""因法（乏）手无钱"等。还有写：弟兄议妥、因母子义妥、因奉母命、因奉父命、因奉祖命、同父言明等，紧随上面的还会进一步写原因，如还某某借款，结婚花费洋多少，丧葬花费洋多少等。二是地块名字及性质。一般用"将"或"因将"作为开头引出地块名字，如"后园子地"，这不是指菜地，而是指自己房子后面的土地。有些还要写"白地"。从来没有种植过的地为荒地；种植过但是已经收割且地里没有庄稼的地称白地。在土地买卖时，荒地也称"白地"。另外还有"庄窠地"是指没有建房子的宅地；"半截地"是指只有一半的土地属于自己。三是土地位置。一般用"坐落"。四是面积。在侯家营要写两种：面积和垄的数量。如计地3亩，计长垄24条，短垄30条，其地东西长南北阔。写位置时还会写上边界，如"东西以土房磙根为准"，所谓"磙根"就是东西土房的墙根为边界。"四至"主要写姓，不写堂号。五是自愿性，在写好"四至"后就写"央中人说白，情愿卖与某某"，表示这是自愿买卖，不是强制。六是买卖价格。如"卖价钱五吊整"。七是支付时间和形式。如"其钱笔下交足（完）"。八是土地及附属物。如在土地内有树，会写上"内有树林在内"。一般土地上的树林、房子一起卖出。如果树林不卖，卖家自己挖走。有时会写"庄窠几亩，房子几间"。如果买卖时有庄稼，会写上"青苗在内"，如果没有庄稼就是"白地一段"。如果地或者房子有井，必须写明"连井在内"，如果不包括井则写明"井不在内"。九是涉及有关费用的事情也要交代。如"拍钱粮一吊整"，即买方向卖方出一吊已交钱粮的钱。还有涉及学堂款，"学堂课扣留"。如果可以过割，可以写下"照河西钱粮随时过割"。十是如果是当契，不写当的期限，大约六七年左右。当契有时会写上，"每年包纳钱粮钱两吊五百文，同中言明头，清明前钱到许赎"，即承当者1年要给出当者两吊500文钱粮的钱。清明节以前可以赎回，但是清明节后不能赎回。当契还会写明利息，"当价50元，言明年利2分2厘"，即指地借钱50元，每年每100元给利息22元，50元就是11元的利息。十一是当契钱粮的规定，"包纳钱粮900文"，即由承当者负责钱粮900元，如果不写明就由出当者负担。所以包纳就是承当者负责的意思。十二是回赎的规定。"抽手三十二千"，指回赎要花费32吊。

16. 立契与代金

立契后就要给代金，代金也可以在当日交付，也可以过10天或两周后交付。虽然没有支付代金，或者只支付部分代金，但是土地已经是买主的了。代金没有标准，大约是买价的一半，代金不叫订金，因为它是立契后给付的价款。收了代金的，不能再毁约，如果毁约就要打官司。其实大部分的土地买卖都是卖家急需钱，所以签约之日要付全款，也有些在一个月付清的现象，一个月内付清不需要利息。

17. 所有权的转让日期

立契日就是所有权转让的日期。如果是 500 元的价款，只付了 200 元的代金，也必须在几天内支付剩下的 300 元价款，款付完后所有权才转让。土地转让后，如果土地上还有树，卖方也要立即移走。一般来讲，制定文书后，土地就与卖家无关了。

18. 中止契约

从主体看，中止契约或者中止买卖有三类主体、多种情况：一是卖家在谈妥价格后，如果卖家不愿意卖了，可以中止契约，卖家也不用给礼物，也不赔偿。中人和买家也会理解。二是卖家在谈妥价格后，有人愿意出更高的价格，则卖家会让中人给买家说，别人出了更高的价格，如果你不愿意出这个价格，就中止买卖。三是卖家在谈妥价格后，如果卖家要中止买卖，以同样的价格或者低于现有的价格卖给第三方，则不被允许。四是卖家在签约后，则不能再中止买卖，总之在签约之前，卖家可以自由选择，一旦签约，则不能再中止。五是中人一般不能中止买卖，否则失去中人资格，而且以后也没有人会相信他。六是如果买家在价格谈妥后要中止买卖，中人不会允许，卖家也不会允许，如果要强制中止，今后再也没有人给他当中人了。

19. 买卖土地宴请

土地买卖成交后，在签约之日，买家要请中人、介绍人、代笔人、地邻、测量人、保长等吃饭。以上这些人，除了保长外，其他人都只吃饭，不给报酬，也不给谢礼。宴席是土地买卖中最大的花费。可能需要张罗两三桌，1 桌 12 元，每桌约 5 人。只在签约日请吃饭，此后再不会请这些人吃饭。

20. 土地买卖的交易成本

土地买卖的交易成本主要由如下几个方面构成：一是宴请费，12 元左右。二是学堂课，30 钱。三是格纸钱，20 钱。四是契税钱，每亩约为 11 元 60 钱。过去契税为 6%，每 100 元交 6 元。另外加契尾 800 文。五是过割费，过去每亩 30 钱，日本人调查时每亩为 50 钱。这些费用全部由买家负担。

21. 卖地的权限

只有家长才能够卖地。一是如果家长不在，只有妇女小孩在家，即使没有钱吃饭，外出乞讨也不能卖地。即使女性当了家长，也不能卖地。二是如果家长去世了，小孩在 10 岁以下时不能出现在契约中。如果小孩子超过了 10 岁，如达到 15 岁，可以写在契约上，但是契约还要写上"奉母命"。三是小孩只有在 20 岁且当了家长后才能够单独卖地。四是如果家长去满洲了，父亲、祖父或者弟弟可以商量卖地。如果父亲、祖父和母亲在时，卖地时可以称"奉父命""奉祖父命""奉母命"，等。

22. 契约用纸

白契一般就用糊窗户的纸来写。但是要契税，所以要用格纸，即官定的契纸。保长以每张 20 钱的价格从县里买来，买家从保长处以每张 20 钱购买（前面说是 10 钱，受访者之间有一定的差异）。格纸过去每张 5 钱，现在是 20 钱。在昌黎县，在宣统年间就有格纸了。

23. 过割类型及费用

在昌黎县，过割包括两种类型，一是钱粮户头过割，即将交钱粮的户头从买者变成卖者。这必须去县里，还要交契税，然后在去社书处过割，需要手续费。二是地差过割，在昌黎县地差远远大于钱粮，因此土地变更也要进行地差过割，这需要去大乡公所按手印。地差过割不需要手续费。过割的费用由如下几部分构成：一是过割的费用为一亩 30 钱；二是税契是买价的 1 分 6 厘（1.6%）；三是契尾是每张一元 25 钱；四是官纸购买，每张 3 钱 5 厘；五是监证人按印费用，买价的 4 厘。官纸有三联，一联由监证人持有；一联留给县里；一联由农民去契税。如果 6 个月不去契税，就算漏税。

24. 验契

民国十八年（1929），有土地的农户要带红契去县公署验证。只检查民国以前的红契，让这些红契税契。县公署只要见到红契就会按印，每张 60 钱。

25. 过割与过名

土地买卖要过户，也称过割，即将钱粮从卖家转到买家。过名是分家时，将土地等不动产从父亲名下转到儿子名下。在昌黎县，过割每亩 1 元，过名每亩 5 毛。以前过割要去县里，1941 年在大乡也可以过割。

26. 包纳

所谓包纳就是承当者将钱交给出当者，出当者再缴纳钱粮称为包纳。在包纳中，出当者就是转手缴纳者。包纳只包括钱粮，不包括地差。在日本人调查者的当年，钱粮是每亩 10 钱，包纳也是 10 钱。

27. 卖掉当地、典地、分种、指地借钱的地

一是当地出卖。卖掉当地时，要通知承当者。出当者叫来承当者，请他吃饭，承当者拿出当契，收到当款，解除当约。卖掉出当地时，如果承当者当年有收获，则由承当者负担钱粮。否则就由买家负担。二是典地（租地）出卖。如果租佃者已经下粪，播种，则佃农与买家建立租佃关系。如果地里没有投入，买者收回土地自己耕种。三是分种土地出卖。如果分种土地已经有投入，则买家与佃农分种。如果没有投入，买家可以收回分种土地。四是指地借钱土地的出卖。卖家从买家处拿到一部分钱去债主处赎回地契。赎回行为在签约日可以，在这之后也可以，大多在签约之日完成。如果在签约之后，卖家没有赎回

土地，则中人要负责。其实签约之后还钱，要根据当事人的信用决定，如果当事人信用比较好，可以签约之后还款；如果信用不好，一定会在签约日完成赎地行为。

28. 当地与指地借钱

当地就是典地，土地由承当人耕种，获取土地收益，出当人获得借款，但是不用支付利息。指地借钱就是以土地为抵押，当地人需要给贷方以利息，土地由借方（所有者）耕种。

29. 出当地的期限和买卖

当地一般不会写期限，但是对于质量比较差的土地，会约定一个期限。五年期限的当地，在三年后出当者想卖地，买方一般不会同意。这时可以这样选择：买方扣除当地的价款后支付给卖方，土地所有权从卖方转给买方。当地到期后，买方再从承当者赎回土地。

30. 土地买卖和碾子

土地卖出时，对于碾子有两种处理方式：一是土地与碾子一起卖；二是只卖土地，不卖碾子。如果这样，卖家在卖出土地后就要将碾子搬走。如果碾子为周围几家共有，则买家可以使用碾子。

31. 买卖中的土地整体性

土地买卖的过程中，可以将院里一起卖掉，也可以只卖一半。只卖一半的情况下，正间的道路不能卖。土地附带房子、棚子、大门、一门、厢房，其他的东西不能附带。如果水井也卖掉，要写明"连井在内"；如果水井不卖，写明"井不在内"。

32. 死卖

卖方卖出土地就是"死卖"，其文书叫"死契"。比如土地值200元，用100元出当，后来再支出100元买下，买下的行为就是"找死"，或者称"做了死"或"死契"。

33. 房子出卖和租借人

如果房主要卖掉房子，虽然买者已经住进来，但租住者还可以租住1年，在租住到期前，买者不能赶走租住者。

六　农村金融

（一）借钱、借粮

1. 借钱的原因

借钱主要是因为吃、穿、探亲、送礼需要钱，以及大乡公所的摊款需要钱等，其中主要是探亲、人情往来、摊款需要钱。

2. 筹款的顺序

如果遇到急需要钱时，采取如下方法筹款，一是卖粮食。二是信用借钱，每次借10元，再从几个人借五六十元。这是没有利息的借款。三是有息信用借钱，如果上述借款没有解决问题，就借高利贷。四是指地借钱，指地借钱称押地借钱。五是当地，当地称"活卖"。在短时间内无法获得钱时就会当地。六是卖地，卖地时所有权转移，这又称"死卖"。

3. 借款与介绍人

借款是否需要中间人取决于两个因素：一是是否熟人，如果是熟人，可能不需要介绍人。二是金额的大小，如果金额比较小，又是熟人就不需要介绍人。如果金额比较大，即使熟人也需要介绍人。不熟悉的人不会借钱。

4. 信用借钱

凭信用借钱需要介绍人和承还保人，介绍人只是说合，没有还钱责任。当介绍人将双方联系好后，就需要寻找承还保人。如果借钱不能偿还，就由承还保人承担。介绍人不能成为承还保人。信用借钱需要承还保人的比较多。信用借款的期限一般是一两个月，最多3个月，最短只有半个月的情况。利率是2分或者3分。信用借款一般发生在朋友之间。当信用借款无法偿还时，可以将土地和房屋转为指地（房）借款。信用借款如没有承还保人，借钱者无法偿还时，只能督促慢慢偿还。如果金额比较多的情况下，可以起诉借款者。如果没有立字据，在起诉时则请知情者做证；如果没有知情者，只能慢慢请求和朋友仲裁。

5. 信用和金融

一是信用的决定因素。如果某人讲谎话，就说这人没有信用。如果讲实话则是有信用。二是信用的测试。信用借钱时，第一次借钱给借主，如果不还钱，则断定其没有信用，从此不再借钱给他。三是信用的调查。贷方会向第三方打听借方的信用情况，一般是向熟悉借方的人打听，如果借方与被打听者关系好，贷方未必能够调查到真实的信用情况。四是信用与介绍人。有交情、有信用的人借钱时，一般不需要介绍人。五是兄弟拆借。兄弟之间即使没有信用，需要钱时也会相互拆借。六是大额借款。即使借方有信用，但是借款额度比较大时，还是需要中人。100元以下可以不要中人，超过100元就需要中人。中人一般有两三位。七是借钱的顺序。从最亲近的人先借，然后再由近及远。先去向兄弟借，然后向亲戚朋友借，最后向妻子的娘家借。八是借钱期限和字据。如果借款时间比较短，不需要立字据，也不需要利息。如果超过了一年就需要利息，也需要立字据。在侯家营不立字据的比较多。不过兄弟之间借钱，利息会适当低点，如外面的人每年100元的利息是30元，兄弟之间就是20元。九是如果立字据，则需要中人，如果有代笔人，代笔人成为中人。同姓之间借钱与外姓之间借钱没有太多的区别。立字据时称为中人，不立字据时称介绍人。十是中人的责任。在指地借钱时，中人的姓名写在字据上，但是中人不对还钱负责，因为有土地、房屋等抵押。中人只是中间传话和确定价格或者卖掉土地、房屋还钱。

6. 粮食借贷

在青黄不接时，没有粮食的人家会借粮。秋天不会借粮，主要是春天、夏天、冬天。借粮由女人们去做。借粮不需要利息，而且借粮还粮，也有借粮不还粮的情况。一是借粮还钱。如在春天借粮，在秋天还，即使秋天粮食价格下降了，也按照春天的价格折算还钱。如果秋天价格上涨了，也按照春天的价格折算。二是借钱还粮。也有在春天借钱，在秋天还粮的。这发生在借方想卖粮食，而贷方想买粮食的情况下，按照当时的价格进行折算。

7. 赊买

如果家里没有钱，也可以去泥井镇的店里赊买，主要赊买纸、油、酱等日常用品。赊买不需要利息，年底用现金偿还。

（二）指地借钱

1. 押

押其实就指物借钱，即以某个财物作为抵押，用来借钱。

2. 指地借钱

所谓指地借钱就是用土地作为抵押借钱，指地借钱到期后偿还本金和利息。如果不能偿还，土地为债主耕种。一是中人。指地借钱需要中人，中人仅仅说合，没有代还钱的责任。二是期限。指地借钱一年的期限比较多。一年期限需要立字据。立字据要写上当天的日期。三是利率。指地借钱的利率为3分或者4分。一年期限的指地借钱息率为3分；三四个月指地借钱的利率为4分。在字据上要写上年利几分。四是支付利息。年利到期后一次性支付本金和利息。如果是几个月则是期限结束后支付本息。五是老契作押。指地借钱时如果没有立字据，可以"以老契作押"。这种情况比较多，称为抵押。六是无法偿还本息的情况。如果借主能够支付利息，即使过了期限，土地也不能归债主耕种。只有不能支付利息时，土地才交给债主耕种。如果第一年不能支付利息可以延期；如果第二年还不能支付利息就将土地交给债主耕种。七是拿回土地。当借主有钱后带上本金和所欠利息，就能够拿回土地。八是指地借钱的再担保。指地借钱的字据不能再担保借钱。与当地相比，指地借钱时土地为借主耕种，只有无法支付本息时才会为债主耕种。而当地的土地从一开始就为债主耕种。九是指地借钱的额度，如果100元价格的土地，可以借50元。十是借契转为当契。指地借钱时，如果没有立字据，也没有以老契抵押，则需要签订当契。十一是测量与看地。如果债主是本村人，有老契在不会看地；如果是外村则会去看地。看地的时候会问保长、乡长等人。

3. 指地借钱的程序

第一，借主向中人说，想以某块地借一点钱，拜托中人前去寻找。第二，中人知道情况后就去询问。第三，如果发现某人愿意出钱，中人就与借主说。第四，中人与债主谈好期限、利息，再通知借主。第五，去借主家签字据。债主付钱给中人，中人数后交给借主。借主将字据交给债主。

4. 指地借钱的约束

如果一块地价值200元，不能以土地向一个人借50元，再向另外一个人借60元，但是可以向同一个人借150元。

5. 拉饥荒

日子过得衰败了，"拉饥荒"了，需要借钱。借钱后如果还不了，就用指地借钱，或者当地。这个时候就需要立字据。仅仅"拉饥荒"可以立字据，也可以不立字据。"拉饥荒"时30%的人会借钱。

（三）当

1. 当地

当地其实就是顺义县的典地，即将土地交给债主耕种，债主支付一定的钱给当地者，当地的人称借主，出钱的人称债主或债主，也有人说，前者称为当主；后者称承当人、承当者。当地借的钱称为"拉饥荒"。一是当契。当地一定要立契。当契要写上期限，一般是三年或五年，五年的比较多。当契不能卖给别人。但是可以让别人耕种所当土地。二是当价。当地得到的钱，称"当价"。价值100元的土地，可以当60—80元。三是抽回。当地到期后赎回，称"钱到赎回"，或者"抽回"。抽回时，如果当初的当价是60元，现在地价只有40元，也按照当价赎回。不过这时借主不会主动赎回，而是等待地价上涨后再赎回。四是抽回的时间。抽回一定要等到期限，到期后随时可以赎回。但是地里有庄稼时不能赎回，一般是年前抽回和清明抽回。清明后因为开始耕种了，就不能抽地了。五是延期。如果五年到期无法赎回，仍然由出债主耕种。六是钱粮支付。当地时钱粮纳入借主名下，由债主负责，大乡费用和摊款也是如此。七是撩钱。如果100元的当地，当价是80元，三年或者五年到期后，土地价格上涨到140元，借主可以要求撩地，撩地20元，即将当价提高到100元。撩地主要在当期到后的年底或者年初提出。一般是11月、12月和第二年的1月提出。八是转当。债主得到别人当出的土地，当自己需要钱时，又可以再转当给别人。这称转当。转当不能超过当初的当价，如起初的当价是60元，转当时必须低于60元。即使土地价格上涨，也必须低于当初的当价。九是当地出卖。如果当主需要钱，可以将当地卖掉。卖掉之前，要将当地抽回。所以卖掉之前会问承当人是否购买，如果承当人购买就卖给承当人，否则就卖给其他人。承当人有先买权。如果承当人购买就称为"撩死了"。这时就当众烧掉当契，立卖契。十是当地时，如果土地被水淹，损失由承当人承担，与当主没有关系。十一是当契丢失。如果当契丢失了，或者被偷了，烧掉了，承当人请中人及邻居吃饭，重新立新契。出场的人变成证人。十二是当地不需要报官，也不需要纳税。十三是中人。当地需要中人，至少需要2人，多的有4人。当地必须还钱，否则拿不回土地。如果三五十年后还钱，也能够拿回土地。只要有当契在，土地不会成为债主的财产。在晚清和民国，当地的人比较多。在日本人调查时当地变少了，指地借钱变多了。对于当地，过去都是通过还钱拿回土地的比较多，但是在日本人调查时及以前，当地拿不回地的越来越多了。因为农民越来越穷了。

2. 当地的程序

当地的程序，第一，出当者拜托中人。第二，中人再找承当者。第三，谈价，如出当者要求50元，承当者只出40元，最后中人说45元。第四，看地或者测量。第五，签订文书。一般在承当者家签订。签约时出当者、承当者和中人均在。第六，交钱，承当者将钱交给中人，中人数后，再交给出当者。第七，如果要出当者要赎回土地，出当者带着文书、钱去中人处，说想赎回土地，中人带着钱和文书去找承当者。如果有几个中人，可以一起去，如果有事，也可以去一二人。如果中人去世了，可以请中人的儿子去说。如果出当的是房子，必须在10天前通知，让承当者找其他的房子住，如果没有找到可以再延迟一段时间，但是不能超过3个月。土地必须在清明节前赎回。

3. 典当租佃

当一块地出当后，借主再可以将此地典过来耕种，借主向债主支付地租。在这种情况下，租粮比利息便宜。在其他地方这种行为称"马不离槽"。即借主将当出的土地再租过来自己耕种。在侯家营，这种情况不太多。

4. 改典（当）

在指地借款中，无法偿还本利的情况下，如土地是500元，以200元借出，利息积到60元，再借140元时，这时要写字据。这就称"改当"，即指地借钱改"当地"。只要指地借钱没有付本息时就可将"指地借钱"改为"当"。

（四）高利贷

1. 贷款商店

侯家营没有专门靠利息过日子的人，但是在泥井镇有一家商店会向人贷款。这家商店只贷款给熟人、亲戚、朋友，不熟悉的人即使拿着老契也不会借。贷款时不会立字据，也没有抵赖的情况。如果有人去满洲工作，会向介绍人说，赚钱后回乡偿还本息。即使30

年后也不能赖账。如果一去再不回来，贷款商店也没有办法。不过这样的情况很少。

2. 当铺

在泥井镇，曾经有一家小当铺，在日本人调查时已经没有了。因为本钱少，开不下去了。泥井镇的当铺收到当货还要去昌黎转当，这样就比较麻烦。一是利息。比如一件东西，值 10 元，在泥井镇只能当 4 元，但是在昌黎县可能当 6 元。在泥井镇，当的期限是 3 个月，4 分利率；在昌黎县，当期是 12 个月，4 分的利率。二是延期。当铺的当东西，只要能够支付利息，就可以延期。如果不支付利息，就会被当铺卖掉。三是赎回。如果当期是 12 个月，6 个月有钱后可以赎回，支付 6 个月的利息。过了 12 个月，即使付了利息，当铺也会将东西卖掉。从到期日起 5 天以内，还钱可以赎回，第 6 天就不能赎回了。四是计息。比如三月初一当出，规定在五月初五还钱，这就算 2 个月的利息。如果五月初七还钱，则计算 3 个月的利息。

3. 银号

在集市上有专门给别人借钱的人，也称"钱号"或者"钱桌子"。在集市上摆一张桌子。需要钱的农民就去借。银号主要是借给认识的人；不认识的不借。一是利率，一般是 3 分，也有 2 分、1 分的借款。信用好的人，利率会低点。二是期限，借钱期限一般是一年。三是延期，如果无力还钱，可以延期偿还。四是字据，如果有信用，不立字据。

4. 当物

当家里需要钱时，可以将家里的衣服、手镯、寝具、饰品、布等当给当铺，然后年底有钱后再赎回来。这些物品都是日常用品，农民比较欢迎这种借钱方式，因为年底还能够赎回来的。当家里的东西时，如果家长的母亲健在，家长要向母亲报告，并告之弟弟。

5. 借钱利率

在民国以前，年利和月利均是 2 分。民国十年（1921）开始，3 分就多了。在日本人调查时，在侯家营，年利和月利 3 分的比较多。如果向村外的商人借钱，则是 4 分的利率。一般而言，时间越长，利率越低，如几个月的利率要高些，年利息率要低些。

6. 利息计算

一是计息时间。本月初五借钱，下月初十还款，按照一个月计算利息。有钱人给贫困人贷款，超过几日也没有关系。如果是做放钱买卖的人，超过一日也得计息。二是复利。在农村很少有复利的情况，不会以息计息。

7. 长期滞纳付息的限度

一个人贷款 100 元，利率 3 分，10 年后就是 300 元利息，加上本金 = 400 元。但是在侯家营有一个说法，"贷不行息，利不过本"。如上述情况，10 年后，还本 100 元，利息

100元，共计200元就行了。

8. 去产还债和打扯还债

借钱人没有现金就用财产还债，这种还债有两种方式：一是去产还债，如果借了1000元，卖掉1000元的财产还债，就是去产还债。二是打扯还债，如果借了1000元，但是借款人只有400元财产，就用400元财产还债，就称打扯还债。如果借款人有财产，也有钱，故意说没有钱，是不被允许的。

（五）各类金融关系

1. 中人、代笔人与保证人

在侯家营，当地、卖地、指地借钱都需要中人。中人至少是2人以上，多的达4人。如果只有2人，其中1人一定是代笔人，代笔人同时也是中人。两者之间有一定的区别，中人还是保证人。如果是借据，借主不能还款时，兼有保证人的中人代为偿还。指地借钱、当地，因为有土地做担保，不需要保证人。指地借钱主要是担心借主还用这块土地进行第二次指地借钱，保证人主要保证不再出现第二次指地借钱。指地借钱的保证人的责任也不太重，因为有土地为担保。

2. 地价、当价、地租比例

在日本人调查时，上地价格是每亩八九十元，中地价格为五六十元，下地价格为5—15元。当地，如100元地价，可以当50元。如果撩价，可以再增加10元左右，即一亩在10元左右的撩价。指地借款时，如100元，可以借30元，需要每年支付3分的利息。对于地租，上地为7元每亩；中地为5元每亩；下地为3元每亩。

3. 当地、指地借钱和卖地的条件

小饥荒时一般是指地借款，大饥荒时就会当地。如需要80—100元时就会指地借钱；如需要200—300元时就会当地；如果需要300—500元时就会卖地。另外，当地、指地借钱都需要立字据。

七　农民生活

（一）日常生活

1. 日常食物

在侯家营，日常饮食主要是高粱、苞米、白子米。吃得最多的是穄米、稗子米、小米等。一个大人，一个月要吃一斗两三升的高粱。如果是高粱，小孩子，5岁需要4升；10

岁需要 8 升；15 岁就与大人一样了。如果是白子米，小孩子，5 岁需要 3 升；10 岁需要 7 升；15 岁和大人一样。有时也将这些混着吃的，但是单独吃的比较多。

2. 吃饭及其换季

在侯家营，吃饭可以分为早、中、晚饭。一般是早饭吃穄米；午饭吃穄米，晚饭吃稗子米或小米。农忙时吃三顿，农闲时吃两顿。从雨水到立冬的 8 个月为农忙季节，白天长，夜晚短，因此吃三顿。从立冬到雨水的 4 个月间，是农闲季节，白天短，夜晚长，因此吃两顿饭。

3. 粮食不足及筹措方法

在收成比较好的情况下，不买粮的家庭比较少，只有 6 家。在粮食不足的情况下：一是打工挣钱，如做年工、月工、短工等。二是借钱，如从买卖人家借钱。三是卖牲口筹钱，如家里养了牛等，就将牛卖掉筹钱买粮。四是卖农具，可能还会留一半。五是典当衣服、柜子等。六是卖土地。七是卖房子、宅基地等。八是要饭。如果只有一年灾荒，可以通过出卖财产或者土地度过，如果连续的灾荒，可能房宅都会卖掉。

4. 要饭及其原因

在日本人调查的前几十年，侯家营大部分家庭的条件变好了，原因是人口结构发生了变化，年轻人多了。年轻人多可以扛活挣钱。村庄中有变穷的人，也有变富的人。有一户原来孩子小时还要饭，但是孩子长大后，外面打工做生意赚钱变富了。也有一户原来有 2 顷地，后来家道中落，主要是做生意亏本了，在日本人调查时一亩地都没有了。另一户原来有 50 亩地，做生意亏损破产，导致要饭。还有一户原来有 1 顷地，后来因为葬礼和随礼耗费掉了，最后家里也要饭了。在日本人调查的前一年在侯家营有 12 人要饭，在 1942 年因为发生了灾害，又有 3 人开始要饭，全村总共有 15 人要饭，其中只有一位男人，其他都是女人。因为男人可以扛活，女人无法劳动就要饭。主要是如下几类人要饭：一是没有儿女的老人；二是人多地少的家庭；三是家里原来是普通人家，因为丧葬将土地卖了无地之人。一般的人家会给要饭的一碗、半碗的施舍，不会一点都不给。

5. 衣服消耗与更新

在侯家营，农民的衣服一般穿到破烂为止。被子大约要使用 10 年，小褂儿和褥子等穿一年，长衣要穿 4 年，马褂儿穿 2 年左右。夏天小孩子可穿衣服，也可不穿衣服。因为穿后也会很快撕破。

6. 燃料

侯家营以秸秆为燃料，但是秸秆一般不够用，因此会去拾柴火，像豆根、高粱根等。冬天还会捡野草。

7. 结婚费用

不同的家庭，不同的儿子，其结婚的费用不同。上等户因为请的客人多，朋友多，因此花费比较多。长子比其他儿子花费要多，多的高达1000多元，一般也要七八百元，少的只需要300元。中等户，长子婚礼需要五六百元，其他儿子需要200元左右。下等户就没有定准，10元、20元、30元不等。一般而言，长子结婚花费最多，其他的儿子就少多了。

8. 葬礼费用

葬礼也要根据家境情况和去世人的地位来确定葬礼。一是不同的家庭葬礼费用不同。对于上等户，如果是老人去世，可能要花红事的两倍，如红事1000元，则老人的葬礼需要2000元的花费。如果是儿子则只有其一半，如果是长子去世，不能办得太好，否则别人会笑话。对中等户来说，大的中等户约是五六百元；小的中等户约是两三百元。下等的种田人，没有别的收入，不办特别气派的葬礼也不会被人笑话。二是不同的人去世费用也不同。老人去世最多，可以卖地办丧事，甚至可以卖掉家中一半的土地或者三分之一的土地，如家中有200亩地，可以卖100亩地。如果是50亩地，可以卖掉30亩地。因为这些财产本来就是父母的东西。如果不办好点，会被人笑话。老人去世后棺材会在家里停放三五个月，甚至一年。还要做纸钱，要花费很多钱。儿子去世只花费老年人一半。如果未结婚的女儿去世则只有一口棺材。如果是10岁以下的小孩只需一口薄棺材，当日去世，当日埋葬。三是去过满洲里的家庭和没有去过满洲里的家庭也不同，因为去过满洲里的家庭有现金，即使不卖地也能办比较气派的丧事。

9. 出嫁费用

不同的家庭出嫁费用也不同，上等户大约花费两三千元，中等户约是300元，下等户花费80元或者100元左右。在侯家营，出嫁不用现金或者土地陪嫁。

10. 婚礼和葬礼的差异

葬礼是一种纯粹的花费，只会导致家庭亏损。但是婚礼则有收入来源，一是娘家陪嫁财物。二是收到的礼金。三是还有其他的如祝福的字或者礼的挂轴等。

11. 婚葬费用的筹措

婚葬所需要费用比较大，一时可能难以拿出一大笔资金。因此有事的家庭都会提前一年准备。一是预先存钱。二是借钱，如果家里条件比较好，可以先借钱办事，然后再还钱。三是卖地。卖地是家里没有钱的人家，中等户卖地的比较多。因为中等户家里有地，没有更多的现金。如果办得不与家庭条件相当会被人笑话。下等户都是贫穷人，不用花太多的钱，也不会被人笑话，再者如果将土地卖掉后，就没有办法生活了。所以下等户不会卖地。四是卖家里的其他财产，如卖牲口。

12. 卖地的原因

大部分家庭收入比较低，也没有去过满洲，大乡的费用又很多，收割的粮食不够吃，能够卖的东西没有，累计借的钱又比较多，无力还钱，因此只能将地卖掉。

13. 农村最需要钱的时季

农村最需要钱的是春季和秋季，前者耕种；后者收割。一是雇工；二是雇工的饭钱；三是购买肥料、种子、农具；四是租用或者购买牛等牲畜。另外过年时也比较需要钱。

（二）农村集市

1. 集市

一是开关集市时间。集市开始时间是早晨八九点钟。结束时间是 12 点左右，冬天是下午两三点左右。二是集市管理。只要有集市，就会有警察从县里来到泥井维持秩序，进行仲裁。三是买卖许可。在集市上做买卖不需要获得许可，也不需要向乡长、庄长申请或者请示，摆摊的人只需要给地主摊儿钱就行了。四是集市的时间。一般是一日、六日，二日、七日，三日、八日，四日、九日。五是集市交易。主要是用钱买卖，很少有物物交换。侯家营的农民主要去泥井镇集市，也有人去其他的集市。农民去的集市大概在 20 里的范围以内。六是集市的商品。在集市中各种农民所需要的商品都有，如粮食、酒、油、粉、肉等。七是集市内部的分工。在集市内部会有不同的分工，相同买卖的物品集中在一起，如有粮食市场、蔬菜市场、皮下市场、牲口市场、粉市、肉市等。对于农民来说，一般是赶集买物品，但是零碎的东西也会去街上的小铺子或者小摊贩购买。

2. 摊儿钱

在集市上摆摊要给土地的主人案子钱，也称摊儿钱、地皮钱、场地钱。摊儿钱根据摊儿的大小支付。每次都需要给钱。一年有 72 次，卖布的大约每年 20 元，其他的七八元，每次两三角。庙前的地属于学校，学校来收摊儿钱。其他地属于地主，地主来收摊儿。庄长负责收学校的案子钱。手推车买卖不需要交案子钱。

（三）文化生活

1. 信仰

村里人信仰老爷、财神、五道、娘娘。

2. 香火会

侯家营每年的五月初五会到桥上举行香火会，十月十五入会的村民会到昌黎县北山的水岩寺举行香火会。村民有入会的，也有没入会的。入会的人叫作"在会的人家"，没入会的人叫作"不在会的人家"。加入水岩寺香火会的"在会的人家"，在十月十五的前一天，会"给片"交钱，抽中签的人会在家里请大家吃饭。到了第二天，大家敲锣打鼓，去北山的水岩寺祭拜。五月初五为了参加桥上的香火会，侯家营建立了香火会，规则与水岩寺的香火会差不多，但是不请吃饭。全村加入香火会的人不多，每年都会变化，入会的都是男人。

八　县政与国家

（一）机构和主体

1. 县治

全县的行政机构分为3班，每班又各自分成两班（头快、一快、头庄、二庄、头它、二它）。全县按照地域分为6个堡（裴家堡、蛤泊堡、静安堡、莫各堡、石各堡、套里堡），堡由班来管理。每堡又分为几个牌，半牌有一个地保（地方）。地保负责村子和县里的联络。治理架构为：县—堡—牌—半牌—村（庄）。

2. 县公署组成

县公署本身包括县长，门房（收发室），账房，科长。七班十一房属于县公署的机构，但是设置在县衙之外，如果县长要找七班十一房的人就通知门房去叫过来。民国十三年（1924）后，七班十一房改组成为一科、二科、三科，后面又改成为内务科、财政科、建设科和警察科。

3. 财务科

财务科分为省款股和库款股，契税室和田赋经征处属于省款股，契税后来并入田赋经征处。

4. 七班十一房

民国十四年（1925）以前，房都不属于县，之后才加入县公署。十一房包括户总房、库房、工房、兵房、礼房、吏房、刑房、召房、户粮房、堂房（承发房）、户北房。礼房和户北房是一样的房子。七班是另外的，其中刑事是由补班负责的。民国十三年变成一科、二科、三科，每科有一个书记长，还有一个科长，即今天的秘书科长，各科的书记长成了今天的主任。民国二十五年（1936）经过改组，变成了内务科、财政科、建设科和警察科。

5. 公事的传达

县里、分所通知到乡，乡通知到保，然后由保通知到村。一般是乡丁写下乡里的通知，带到村里。有时会通知保长，保长不来就通知乡丁。一般的流程：县、分所—乡—

保—村，通知人员：保长或者乡丁。通知的主要内容有训令、修路、植树等。训令如禁止种植高粱等。

6. 大乡公所

大乡公所在民国二十九年（1940）四月初一成立。之前各村也有乡公所，是小乡制，小乡制的乡长就是村长。大乡制的乡长和副乡长由选举产生。选举由新民会宣传和组织，召集各小乡的乡长，由乡长们选举产生大乡的乡长。当众不宣布结果，而是由县里任命票数最多的人，没有通知选举是为了防止有人的策动。实行大乡制之后，小乡不能收集村费了，由大乡筹集然后发拨给村里，即村费统收统支。所以小乡的经费（村）都由大乡拨款，各村的官产、蒲坑的收入都归属于大乡。各村、副乡的看青、打更、乡丁的费也由大乡负责支付。

7. 大乡公所组织架构

大乡公所的组织由新民会的金尾氏、高县长、奥田顾问、商务会长商量决定。主要有如下组织架构：一是负责人。大乡长（报酬每月60元）1人，副乡长（50元）1人。二是主要的工作人员。事务员（50元）1名，司计员（50元）1名，户口保甲事务员（50元）1名，合作社事务员（40元）1名，书记（40元）2名，催款员（40元）2名，乡丁（30元）2名。三是县里下派人员，安排1位农业指导员（县里派遣，乡里付钱，据说去年是50元，今年是100元，现在县里培训）。保甲自卫团班长（40元）1名，新民会的农村分会常务员（50元）有1名，后者由新民会支付工资。新民会的工资也来源于大乡的亩捐。

8. 大乡公所职务

大乡有乡公所，乡公所的工作人员及其职责：一是乡长，对全乡事务负责，乡公所所有的事情都要通过乡长。二是副乡长，协助乡长工作，乡长不在的话，可代理乡长。三是事务员，主要制作文件呈文，保管卷宗，管理上传下达的公事。四是司计员，管理财政、会计和乡亩捐和县亩捐等事务。五是户口保甲事务员，负责清查户口，训练保甲自卫团，巡逻街道，检验过往行人。六是合作社事务员，主要配给合作社物品，发行入社股票，送入社金。物品配给主要是白面、洋油、火柴，去年发过一次小米、一次玉米。七是书记、催款员和司计员，催款员负责征收亩捐，两名书记也加入征收行列，把催款员征收来的钱记入账簿，现金交给司计员。八是监察员，各乡里有由各保投票选举产生的5名到7名监察员，监察员没有报酬，其任务是随机调查乡里的账簿。另外，乡里每3个月交一次清单和4柱清册给县里。在交到县里之前，交给监察员审核，如果监察员认可清单，乡里就可以支出；如果不认可，就不能支出。九是农业指导员，县里委任到大乡，全县5人，每区一个人，负责改善农业、调查粮食和土地等情况。十是保甲自卫团班长，大乡有从18岁到40岁的自卫团员549人，夏种结束后，轮流训练，每50个人一轮，上午、下午都要训练，其中上午训练两小时，班长做训练指导者。班长有训练经验，但不是军人。十一是农村分会常务员，新民会成立了一个模范分会，以前就挂着这样的一个招牌，在调查时已经真正实行，发给入会会员标记和证明书，做名册。十二是校务委员，大乡有两名校务委员，专门管理学校的事物，其工作是义务的，没有报酬。校务委员都是当地的名人，如商人、士绅等。

（二）钱粮与征收

1. 社书

社书主要有四项工作。一是催交钱粮。每年交纳钱粮时社书就会将银粮票子带到村里，村民自动到县里交纳钱粮。如果有人滞纳，社书就去催缴。二是代垫钱粮。如果再不交，社书就会禀告县里。社书不会直接收取钱粮，但有时社书会代垫钱粮，然后将银粮票子带回村，要收取比代垫多的钱。三是土地过割。社书的另外一个工作就是过割，如果有土地买卖，根据社甲写的条子，买方带到社书那儿，民国二十三年（1934）后带到乡公所。每年正月二十日，社书会在县里集合，如果社书不去村时，就在这个日子去县里找社书过割。过割时要交手续费，每亩30钱，费用由买家支付。四是制作征册。社书要根据过割的情况制作田赋征收册子。五是社书的产生。社书不是世袭的，要得到这个位子，需要出钱购买。晚清时需要十几两银子，民国时期需要二三十元。六是社书的收入。社书主要收入是过割手续费及代垫多收费。七是社书的轮换。全县有一个总社书，要罢免某位社书时，要得到总社书的同意。八是社书的期限。社书有做十几年的，也有做七八年的。

2. 总社书

在昌黎县，设置了总社书，负责召集社书并与县里打交道。一是产生。总社书由全县的社书推选产生。二是条件。总社书要能够识字，熟悉衙门的工作人担任。担任总社书的人并不需要做过社书。三是总社书的工作，主要是召集社书。如果有社书收款后不交纳，县里会告之。总社书还将县的要求和政策传达给社书。四是报酬。总社书没有固定的报酬，在正月二十日过割时，各个社书给总社书四五元作为饭钱。五是辞职。总社书不想干了，可以向县里提出辞呈，县里再商量决定新的总社书，也可以由社书们推选，选出五六位代表先推选，然后让社书认可。六是保证。担任总社书要两户商家担保；担任社书则需要库款股（户总房）以及两户商家担保。

3. 柜房

县公署东西屋子有柜。全县有十多个柜，每柜一个人，用来封银封粮。过去县长也没有固定的办公地点，在县城租住一户人家封银封粮。

4. 库房

所谓库房就是存放所交纳粮食的地方。柜房收到封银或者封粮，然后交给库房保存。

5. 田赋征收处

田赋征收处不在财务科的职员名簿中，设置 1 名主任，2 个事务员，七八位书记。主要征收田赋，也会征收契税。其他的税由税务征收局征收，如牙税、牲畜税、当税、营业税、屠宰税、烟酒牌照税。

6. 地柳子

地柳子就是记录村民持有土地的账簿。如果土地中有一部分成为墓地，地柳子要记录整块土地面积，全部土地都得交纳村费。只有 5 亩地全部变成坟墓后才不交村费。银粮账簿就是缴纳钱粮、亩捐的土地账簿。这个账簿与地亩台账一样，是征收县亩捐、乡亩捐的依据。地亩台账除去坟地、菜园、荒地、宅地的耕地就称为地柳子。因为菜园、宅地、坟地等不交村庄的摊款（小差）。

7. 上忙、下忙

上忙主要是阴历三月、四月、五月；下忙在十月、十一月、十二月。农民可以在上忙交纳钱粮，也可以在下忙交纳钱粮。如果下忙无法交就可以在上忙交。如果在上忙还不将去年的钱粮缴纳，就会被传唤到县里。

8. 勘灾和减免、缓征

有水旱灾害，村里会报告给县里，县长就会查看，再向省里发呈文，如果得到许可，就会减免田赋。民国二十八年（1939）的水灾曾经减免了田赋。究竟是减免还是缓征要看成灾的程度，超过四分就缓征，超过五分就减免十分之三，剩下的十分之七就缓征两年待征。民国二十八年是成灾五分。缓征也称为宽征。

9. 预征

如果省、县需要钱，可以提前预征钱粮和亩捐。这种情况称为预征。

10. 封银和封粮

春天封银，秋天封粮。封银不是交银子，而是将银子折算成钱来交纳。封粮不是交粮食，而是将粮食折算成钱来交纳。封银从正月二十五开柜到五月初封柜。封粮是收割结束后，从秋天开始开柜，年末在某个时间或者二月开春在某处封柜，比较普遍是二月封柜。

11. 税费减免的土地

所有的土地都必须交钱粮，包括宅基地、道路、菜园、坟地、荒地等。道路用地，重复登记和沙荒地可以不交县亩捐。

（三）摊款

1. 差钱

在昌黎县，村民将钱粮或者赋税等县、乡、村收取的税费统称为"差钱"。收取"差钱"时，县里会来票，按照票上金额交纳。持有土地的人都会有票。过去，在开柜时村民自己带着"差钱"去交纳。如果仅仅村里的摊派，就称"小差"。民国十一年（1922）开始，"差钱"按照土地数量和质量来征收，上等地一亩1元，上等地相当于三亩下等地，相当于两亩下等地。宅基地、坟地不用交差钱。

昌黎县所征收的差钱（包括县、乡亩捐和村的小差）

年　度	一亩（上地）差钱	一斗小米的价格	年度	一亩（上地）差钱	一斗小米的价格
民国三十一年（1942）		22元	民国二十年（1931）	六七十吊	2元
民国三十年（1941）	村内1元20钱 大乡2元30钱	15元	民国十五年（1926）	50钱	1元50钱
民国二十九年（1940）	1元80钱	15元	以下没有划分上、中、下等地	
民国二十八年（1939）	1元80钱	13元	民国十年（1921）	三四吊	1元50钱（8吊）
民国二十七年（1938）	1元	5元多	民国元年（1912）	三四吊	8吊
民国二十六年（1937）	1元80钱	3元	光绪末期	两三吊	6吊
民国二十五年（1936）	1元	2元50钱			

2. 县亩捐

亩捐分为县亩捐和乡亩捐。亩捐也称拨差、地差、起差（在侯家营不称摊款、摊派）。县亩捐主要是筹集警察、警备、建设等费用。乡亩捐负责乡职员的收入、道路、桥的修理、教育费用等，大乡制后乡亩捐还包括村费。

民国三十一年（1942）每亩2元30钱，主要包括县亩捐22钱，学校费40钱，学校建筑费1元2钱，乡亩捐66钱。这些费用分7次征收（有人说是8次）。民国三十二年（1943）亩捐的预算是1元86钱，这包括乡公所的东厢房和门的修理，还有学校的东西厢房和门的修理费。调查当年已经征收了 3 次，第一期每亩 30 钱；第二期 20 钱；第三期 30 钱；第四期计划收 50 钱。这些乡亩捐中包括了县亩捐，将县亩捐的 45 钱分为四次征收，每次收 11 钱 2 厘 5 毛。乡亩捐最后额度尚未完全确定，但是学校费已经加倍。

亩捐按照土地数量及质量来征收，如上等地交 24 钱；中等地交 20 钱；下等地交 8 钱。亩捐（拨差）要贴清单，每年贴 4 次，每个季度一次。出典（当）土地由承典（当）者支付亩捐（拨差），每年承典者包纳给出典（当），由出典者上交。政府不允许征收者收取手续费，也不允许在农村吃饭。

3. 乡亩捐

乡亩捐就是乡公所需要的摊款。泥井镇乡公所的费用包括，预备费、办公费、保长费、团费、自卫队费、校舍维修费、设备费、学校费用、交际费、津贴、建筑费、村费、爱护村费、旅费、备品费、修缮费、房屋费、工资、乡丁费、薪俸等。乡公所的摊款由乡公所直接向村里摊派，在调查时村里已经没有摊款，全部以乡公所的乡亩捐的名义征收，然后下拨给村公所。

4. 乡公所摊款依据

乡公所摊款分为两个阶段，民国三十年（1941）以前，实施按牌摊款。民国三十年以后，实施计亩摊款。全县有 42 牌，第四区有 6 牌，第五区 6 牌 7 厘 5 毛，第四区摊款 6 牌半，把这个叫作牌成。以前县里所有的杂差根据所有的牌成来摊款。泥井镇总共有七个七，分别：泥井镇是一个半（1.5），侯家营 5 厘（0.5），赵家港 5 厘（0.5），牛心庄（1.1），崔家坨 6 厘（0.6），陈官营 5 厘（0.5），摩天庄一个（1.0），张家坨一个（1.0），冯庄 5 厘（0.5），杨庄 2 厘 5 毛（0.25），台庄 2 厘 5 毛（0.25），总共有 7.7，简称七个七，泥井镇就照这些比例来分配摊款。

5. 村摊款

在以前，村民除了交县摊款、乡摊款外，还得交村庄的摊款。所谓村摊款，就是村费支出所需要的费用。主要包括以下几个方面：一是摊款支出范围。打更、看青费用，保甲长请客费用，乡丁费用，挖沟，学校费等，后面还有雇请书记的费用。二是摊款征收时间。一般分四次征收，农历三月、六月、九月、腊月。民国二十七年（1938），日军战乱，临时支出比较多。三是摊款征收依据。凡是有地的家庭都得交摊款，地又分为上、中、下地有区别，一亩上地相当于两亩中地、三亩下地，这样可以换算成每亩所负担的摊派数量。四是征收方式。征收时要贴清单，只写收入总额和支出总额。在日本人调查时，村摊款已经纳入乡亩捐。

不同年份村庄摊款土地负担额

时 间	上地	中地	下地
民国三十年（1941）	1 元	70 钱	40 钱
	1 元 50 钱	80 钱	50 钱
民国二十二年（1933）	五六十钱	三四十钱	二三十钱
民国十二年（1923）	40 钱	20 钱	10 钱
民国二年（1913）	5600 钱（吊）	3400（吊）	200（吊）
四十年前（晚清）	200 钱（吊）		

6. 派人派车（村里安排）

县里和乡里会向各个村征派人力、大车。一是派人。警察分所安排 400 人去修火车路，安排 200 人去维修大乡的小学。侯家营没有安排人去修路、修校，主要是挖沟。维修汽车路，每家安排 1 人，如果征派的人不多，就安排有二三十亩地的家庭出人。安排人力由保甲长商量决定。二是派车。警察所修路，安排了二三十辆车，乡里学校建设派了四五十辆。三是派车的依据。派车主要是按照牲畜来分配，牲畜多的出车就多；没有牲畜就不出车。如果家里有牛，也应该派车。1941 年安排车最多的家庭有六七次。对于派人派车，在小乡制时可以钱替代，但是大乡制时不能以钱替代。四是报酬。派人也会给一些劳务，1941 年每人支付 50 钱的报酬，有时也给 80 钱。派车会给几十钱的饲料钱，50 钱的饭钱。

7. 派人派车（联保公所安排）

县乡也会摊派人和车，保里也会进行分配。派人分配主要有如下几个规则：一是平均和轮流安排，比如这次安排 20 人，由一个保负责，下次 20 人由另一保负责。二是按照田亩数量安排人力。10 亩至 20 亩，安排 1 人；21 亩到 30 亩，2 人；31 亩至 40 亩，4 人；41 亩至 50 亩，5 人。三是根据农忙和农闲，农忙时多安排人，农闲时少安排人。有钱的家庭多安排人，没有钱的家庭少安排人。四是一视同仁，保甲长也要被安排。派车也有如下规则：一是有土地的家庭多出车，三四十亩地的家庭出一次，100 亩以上的家庭出三四次。二是骡马、牲畜比较多和肥的家庭就多出，没有的就少出。派车主要是修路和维修学校。另外，派人和派车也有一些报酬，在附近工作就不给报酬，如果去昌黎县运石灰、石头会给盘缠（旅费）。派车最远的是每天 2 元，最近的每天 1 元。这些钱都来自于乡亩捐。

8. 前清杂费

前清县里有三班六房（有一位受访者说七班十一房），其俸禄就由杂费负担。一是杂费的决定。杂费是由知县或县长和绅士商量决定的。二是征收的时间。每年 2 月和 8 月征收。三是杂费的数量。杂费数量不固定，有时多，有时少。四是收取的部门。衙门分为头壮、二壮、头包、二包、头快、二快、补班，由这些部门来收取，泥井乡主要是四区来收取。收取亩捐的各班的人是固定的。五是杂费又分为两种，2 月是小差；8 月是大差。当各班的人来取杂费时，会头和董事就用村里的费用交给地方。所交费用包括两个部分：给班头的小费、饭费和杂费。乡里给县里分四次送县亩捐，由乡丁送过去。如果乡丁弄丢了，就得赔偿。

9. 县款

和钱粮一起征收的除了教育费和警款之外，还有自治费 7 厘 [民国十六年以后（1927）]；建设费 4 厘 [从民国二十年（1931）或民国二十一年（1932）开始]；保卫团经费 3 分 5 厘 [民国二十三年（1934）]。如果包括警款就是 1 分 5 厘；教育费 3 厘（从民国二十年或民国二十一年开始的），合计 5 分 4 厘。这些费用随钱粮一起征收。一直持续到民国二十九年（1940）。这些县款以前称为田赋附加，随田赋一同征收。后来改为亩捐。

10. 警款

警款就是为警务事业而摊派的费用，大部分是警察的薪水。民国六年（1917）开始征收，随银带征，即与钱粮一起征收。民国六年前按牌征收，县里有有警察，村里有警董，类似于绅士，负责征收警款。每个堡有一位警董。当时是按牌征收，必要时可以随时征收。每个月警董找村正、村副征收。民国六年后按照土地征收，民国十年（1921）左右变成每亩征收 1 分 5 厘，持续到民国二十九年（1940）。民国六年后在银柜缴纳，银柜交给账房，账房再交给警款事务所。民国十八年（1929）财务局成立，警款事务所就废止了。

11. 教育费

教育费是为教育事业，如学校而征收的费用。原来的教育费包含在杂税留拨和契税附加中，民国十五年（1926）开始与钱粮一起征收。按照土地来征收，每小亩征收 3 厘大洋。一直持续到民国三十年（1941）。

12. 车捐

在大乡里还有其他相关的税捐，如车捐，车牌捐，大车捐。所谓车捐是农民如果有车，要从乡里那里获得车牌子，一套车每月需缴纳月捐 3 毛，年捐 2 元。另外还要支付纸张工本费（归乡公所）1 毛；捐照费（归县公署）一毛。此外，还要征收 1 元车牌子工本费。

车牌子工本费是每年缴纳一次。除了上述车捐外，在第一区还有洋车、自行车捐，每月四五十钱。

13. 粮捐

直奉战争后，为了战争善后曾经随银征收粮捐，每 1 元加征善后粮捐 3 角。这属于军事特辑。民国三十一年（1942）取消了粮捐。

（四）集市税收

1. 市集的税金
在集市上征收牲畜税、粮食斗税、烟酒牌照税。鱼类由新民会收税。

2. 牲畜税和牲畜牙税
最开始只有牲畜税，民国十四年（1925）才有了牲畜牙税，前者是正税；后者是佣钱。牲畜税是每100元交3元（俗称3分），牲畜牙税每100元交4元50钱（俗称4分5厘）。另外要给新民会每100元交50钱（也就是5厘），全部合起来就是8分。按照惯例，买方出4分，卖方出4分5厘。实际上买卖双方商定，如果卖方减价，就会全部由买方负担。

3. 烟酒牌照税
进行烟酒买卖的商户要交纳烟酒牌照税。征税时将商户分为甲、乙、丙三个等级来征收。在第四区没有甲，只有丙，分为批发和小卖两种。批发的税款为每年80元；小卖每年16元，两类均分四次缴纳。

4. 营业税
凡是销售收入有1000元以上的，就交0.3%，即1000元的销售额支付3元的营业税。

5. 屠宰税
屠宰税分为两种，第一种，进场的费用，在调查时是每头猪1元，牛是2元。第二种，屠宰税，每头猪也是1元，牛是2元。羊的入场费是六七十钱。在昌黎县只有猪、牛、羊的屠宰收税。根据规定，屠宰牲口必须在屠宰场进行，但是如果买了票，也可以在家里宰杀。在家里宰杀同样要交入场费和屠宰税。

6. 牙税税率
粮食的牙税由两部分组成，牙税1.5%，新民会费0.5%，两者合计为2%。牲畜牙税为7.5%，新民会费为0.5%。果品牙税为3%。鸡鸭蛋牙税为1.5%。新民会交0.5%。这个并不是所有的区都交，第一、第二、第三区就不交税，第四、第五区交税。

（五）征收主体

1. 税征局
税征局是专门征收集市税收的一个机构，没有与县公署一起办公。税征局有一名主任，若干征收员，也称为承征员。如果有人直接前往县里交给税征局，如3分税、4分5厘的佣金等，然后由分局交总局。分局的人也会在市集直接收税，征税员在牲畜和粮食处摆一张桌子，征收牲畜税和粮食税。

2. 包商

包商制度源于清宣统年间，包商分为总包商和分包商。当时只征收牲畜税和粮食税。如果想做牙纪，就把自己的名字报给县里，然后下一个斗帖，值三四十吊钱，然后用斗帖去称量粮食。这时交易双方不需要给牙纪送礼，牙纪没有固定的薪水，称量剩下的粮食归牙纪。剩下的粮食称为"流澈"。那个时候只有牲畜和斗牙。在民国六年（1917），才有屠宰税。当时只有牲畜税，没有牲畜牙税。牲畜税是每头四五十文，民国后变成价格的3%。总包商就向县里承包集市的税收。比如承包金额是1万元，包商收了1.2万元，多收的部分就是自己的收入。总包商又分包出去，每个区承包一定的税收，几个区累计的承包额肯定要超过1万元。分包又称为散包。包商不会给牙纪报酬。

3. 牙纪和经纪

牲畜买卖除了买卖双方，还有牙纪。因为买卖牲口要看牙齿，因此这个人就称牙纪。牙纪也称经纪，撮合买卖，收取牙税，从中提取部分作为报酬。在泥井镇集市，有34个猪牙纪，34个牛牙纪。牙纪没有期限，长的做了几十年，短的只有两三年。牙纪不能从包商处取得收入，只有买卖双方的礼物，依靠自己的能力挣钱。在集市里，有牲畜牙纪、斗牙和果品牙纪。1942年牙纪就是指被税捐局雇用有薪水的人，经纪是指没有薪水的人。

4. 牙纪帮

相同的类型的牙纪或者经纪人会组成帮。在一个帮里，甲赚得多，乙赚得少，甲就会分一点给乙；相反也是如此。只有类型相同的牙纪才会互相帮助。一个帮大约有三五人。

5. 斗牙

粮食买卖需要称量，包商会在市场里请斗牙。一是在晚清和民国初年，斗牙没有报酬，主要是称量时的一些溢出的粮食。另外，卖方会给一些礼物，称量比较多，卖方就会给钱；如果称量比较少，就给一点粮食。二是斗牙的"斗"，由斗牙向县里申请，然后制作，称量必须标准。三是斗税为5‰，卖方2.5‰，买方2.5‰，新民会的手续费2.5‰。另外，花生、花果、棉花的斗税是3%。斗牙依靠斗吃饭，牙纪依靠嘴吃饭。

6. 保槽

牲口交易时，为了防止牲口有病，一般会在谈妥交易后一定时间内付款。这种情况称保槽。猪保槽的时间是五天，牛马不保槽。如果在保槽期间，牲口死了，由卖方负责；如果超过了规定的时间，就由买方负责。

7. 征收员

税征局有征收员，向集市的交易征税，收集后交给总局。征收员一半为招募，一半为推荐。一般每个区需要一名征收员。1941 年征收员没有固定的薪水，从征收额中拿出 10%作为报酬。1942 年征收员由税捐局支付报酬，每月 60 元，每去一次集市支付 1 元饭钱。根据考勤就能够知道前往集市的次数。每区一名征收员，一名粮食征收员，一名花生征收员，果品牙税交到果树改进会，屠宰税交到屠宰场。主任是总负责，征收员监督牙纪，督促交税；税警督促脱税的补交税金。税征局的征收员每天会到集上巡视，主要监督买卖双方交税，防止漏税。这种行为称巡税。

8. 屠户

农民一般不自己杀猪，请屠户宰杀。20 年前，宰杀牲畜时不需要交屠宰税，但是要给屠户礼物，一般给猪毛、胰子和 2 元的手续费。近段时间猪毛不值钱了，就给胰子和四五元钱的礼物。后来有了屠宰税，即使在自己家里宰杀也要交税，60 钱的票钱和 10 钱的印子钱。在家里宰杀和在屠宰场宰杀，所付费用相同。全县有屠户三四十位，农历腊月十七和二十二，市集上有 200 多头猪要宰杀，年末全县四区要宰杀 2000 头猪。

9. 牙帖

牙帖又分为府帖和县帖，斗、秤、牙行要经营，必须从县里获得县帖，才能合法经营。府帖是府里发的，每张二三百吊，没有期限，新府尹一来就检查，不过马上就会还给牙纪。县谕是县里发的，每张二三百吊，县长任期内都有效。新县长上任后会没收原来的县帖，再发新县帖，那时要再出二三百吊（当时 10 头猪 10 吊）。十几年前，包商取代牙帖。

10. 净落——包佣

这两个词主要是指包税时牙纪的收入。净落就是净赚多少钱。如果成本是 100 元，以 195 元卖出去，净落就是 95 元。净落也称包佣。过去只有税，没有佣。日本人调查前 20 年开始有佣，一般税为 3 分，佣为 4 分 5 厘，由牙纪来征收。牙纪来收税后，还是比 4 分 5 厘要少。佣钱一小部分给牙纪。

11. 征收局的报酬

在集市中，承征员和牙纪坐在一张桌子旁边，牙纪主要开票，不说合。牙纪的报酬是每个月 30 元。得到总局雇用的称牙纪；没有得到雇用的称经纪。其中，有薪水的牲畜牙纪 6 人，有薪水的斗牙 7 人，没有得到薪水的牲畜经纪七八人。征收局主任的收入每月 80 元；书记和税警每个月 30 元。

（六）其他县政

1. 土地清查

根据冀东区警备司令的命令，招募 50 名地籍员，花 3 个月的时间进行土地清查，根据此次清查，做出了土地台账。做了台账后，有交到县里的，也有不交到县里的。然后根据河北省的命令清查田赋，从民国二十九年（1940）五月二十日开始，在原来的地籍员里挑选出 16 名，田赋查报表就做出来了，乡里一册，县里一册。根据这次清查，县里做出田赋征册，以此为据征收田赋。土地清查全县增加了 3000 多顷，田赋也增加了。根据查报表，村庄做出新地亩台账，以前的台账就无效了。

2. 官旗产清理

民国十五年（1926）成立官旗产清理处，清理官旗产。从民国十七年（1928）停了一年，然后从民国十八年（1929）到民国二十二年（1933）又继续清理，因为事变停止了。民国二十三年（1934）开始又恢复了，一直持续到民国二十八年（1939）五月。民国十五年致力于旗地清理，之后没有旗地了，同时出卖县里所有的荒地，然后升科。从民国十五年到民国二十八年，升科的钱粮增加了 7000 多元。参与清理的有主任、调查员和办事员十几人，从事旗地清理的人都没在县里任职。

3. 放账

在光绪二十一年（1895），遇到灾害天气，农业歉收，官府就会放账，也称救济，即给农民发放小米。现在就没有这样的情况了。

惯行与治理：满铁对吴店村的调查
——《满铁农村调查（惯行类）》第 5 卷导读之二

从北京沿京汉铁路南下，经丰台、宛平等县，自卢沟桥北过张辛店，约 2 小时可到达良乡站。良乡县城距离良乡站约 2 华里，坐落在被城墙环绕，略微突起的太行山山丘上，太行山脉自河北省南部沿省境北上，从县城向西北方向可眺望北京以西以及西山的连绵群山。

全县没有单姓村落，有些地方如张家庄的张姓约占 1/2，詹家庄的刘姓约占 1/2，王家庄的高姓约占 1/3，同姓户数占有比例较高。吴店村距离县城东北约 3 华里（2 公里），邻村有清朝行宫坐落村：皇辛庄（约 0.5 华里）、后店村（1 华里）等村庄。

据说，村庄最初居民是清朝初期自南方而来，其余各姓氏随后从远近各乡镇迁移过来。当然也有从村子外迁其他地方的人。在满铁调查时，全村里有 40 余户（不包括附户），若将已分家户分别计算，约有 70 余户人家。吴店村是一个很小的村庄，在保甲簿上记载的 50 余户中，有郭姓 15 户、禹姓 7 户、杨姓 6 户、王姓 6 户、赵姓 4 户、李姓 4 户等。吴店村是一个自然的杂姓聚居村庄，在这些农户中，10 人以上的家庭有 13 户，但其中 5 户实际都已分家。

据说，村庄最初有 20 顷土地，现有土地 11 顷左右，其中约 600 亩为外村人所有，村民所拥有的土地在减少，平均每户所有地不足 10 亩。根据村庄地亩台账记载，除 23 户其他村村民持有的土地，本村 57 户按耕种田亩的数量来说，出租全部土地的只有 2 户，其土地只有三四十亩；自耕户有三四户；纯租佃户两三户，大部分农户都是自耕兼租佃农，很多家庭通过做短工贴补生活。在土地拥有量方面，拥有土地最多的农户只有 71 亩，拥有 30 亩至 40 亩的有 3 户，拥有 20 亩至 30 亩土地的有五六户，拥有 10 亩至 20 亩的有 25 户，没有土地的有六七户。

一般来说，在吴店村若要生活水平较好，平均每人需要 5 亩地，一个五口之家需要 25 亩地。全村生活水平较好的农户只有两三家，70 户中有 60 户需要在市场上买粮食过日子。平时吃玉米和粟，吃麦子的时候比较少。

在吴店村，由于土地比较少，养家糊口比较困难，前往北京或其他地方打工的人数比较多，但在日本入侵后，村里打工人数有所减少。在满铁调查时，有几人在北京打工；有 1 位前往蒙古打工，至今未回；在村外警卫队任职的有两人；在铁路警务段任职的 1 人；在新民会任职的有 1 人。另外，有数人在农闲季节去北京做蜜供；在各地做瓦匠的有 3

人，木匠的 1 人，村中还住着 1 位小商人和数名洋车夫。

在吴店村，有关帝庙、五道庙两处庙宇，每年正月初一、十四、十五、十六和六月二十四会举行祭祀仪式。关帝庙供奉关帝、龙王、娘娘、菩萨等，五道庙在村子西侧，是吴店村的土地庙，因供奉虫王、龙王、关帝、土地、青苗、马王、财神 7 位神仙，故又称七圣神祠，如果仅算前面 5 位神仙则为五道庙。虫王为保护庄稼免受虫害之神；龙王为保证风调雨顺之神；土地为人死后报庙之神；青苗为保护庄稼之神；马王为保护马、骡、驴等家畜之神；财神为增加收入之神。

一　村庄治理

（一）治理制度

1. 村庄沿革

第一阶段，会首时期。光绪二十六年（1900）吴店村没有村会，村庄事务由会首来处理，会首包括绅士和董事。绅士相当于村正，董事相当于村副。会首主要负责处理招揽戏班到村中唱戏和庙宇管理事务。村庄活动需要钱时，会首们先商量，然后再捐款，也可以按照地亩收费。第二阶段，村公会时期。村公会于民国十年（1921）在关帝庙成立，又称"公会""会"，此时有村正、村副。村公会成立之前，村庄完全没有摊款，只交钱粮，村里几乎没有公共事务。有受访者表示，当时军队往来频繁，为了筹集军队所要求的物品，村里建立公会。模范乡的乡长表示，就是为了收钱才成立了村公会，村公会取代了会首、董事。第三阶段，保甲阶段。村正改为参议。

2. 村公会

在保甲制之前，该村有村公会，是村庄的自我管理组织，会首主持村公会事宜。满铁调查时村公会有 1 位参议，4 位甲长。保甲制以后，村长就称参议。村公会设在庙里，平时大家有事找公会，就说去"公会"。每年六月二十四祭祀时，大家则说去庙里。村公会，又称公议会、公会。保甲办公处和村公所在一起，是参议和甲长们商量青苗会等事宜的地方。

3. 公议会

村里成立村公会，是为了开会商量重要问题，这个会议就是公议会，吴店村的村民称为"庙里的会议"，公议会是一次活动；村公会是一个组织；村公所是一个地点。但是在吴店村，农民将活动、组织、地点等概念等同。要商议琉璃河用工事务，须参议和甲长召集村民开会，这样的会议一般有二三十人参加，共同商量，参议决定，然后通知村民派款、派人，但有时也会有村民反对。

4. 会和公议

会是相互商量之意。公议是全体成员公开讨论，形成一致决定的会。如果没有全体成员参加，不是公议；如果意见很多，没有形成一致的意见，也不是公议，公议的地点在庙里。如下几种情况下会有公议：一是对摊款的公议，如每亩需要摊款 20 钱，就需要公议。二是全体村民选出村正或者村副需要公议。如果没有推出一致认可的人，不属于公议。三是雇用看青的需要公议，这需要土地所有者参与商量。四是之前的 4 位甲长由所属村的 10 户推荐，属于公议，但是后来的 7 位甲长，没有全体 10 户参加，不属于公议。五是讨论、推荐地方也属于公议。另外根据县里的命令，大家讨论某些事情属于公议。但是有几件事，不是公议，如每年六月二十四祭祀聚餐不是公议。1941 年选参议，虽然投票了，但是没有选出一个大家公认的人，不属于公议。

5. 公产与公议会

只要有公产的村庄，都会成立公议会。在吴店村，除了庙产外，碾子、公井等属于公产。凡属于村民出钱购买的物品，都属于公产，须加印公议会印章。

6. 公益事的组织

公益事主要有 3 个：一是庙里的提灯购买。一般购买提灯需要 30 钱，由愿意出钱的人承担，每年大约有 10 人出钱。二是每年六月二十四庙里聚餐。聚餐由愿意负责的人组织，每年也有十几位愿意组织的人，这些人中没有牵头人，大家彼此平等，共同商量办事。大家商量后发出通知，愿意来吃饭的就出钱来吃饭。六月二十四的聚餐，每年都会组织，但是每年没有固定的组织人，也没有固定的参与人，愿意组织的都可以组织，愿意参加都可以参加。吃饭时一般是 20 人一桌。三是求雨后聚餐。求雨也是愿意组织的人组织，这些组织者也是共同商量办事，没有固定的牵头人。民国三十年（1941）求雨后，后店村与吴店村共同在吴店村的庙里聚餐。

7. 上供会

上供会是负责组织庙的祭祀、烧香的组织，六月二十四大家凑钱买面条在庙里吃饭。负责上供会的是参议，也就是村长，甲长们协助参议组织祭祀。另外，有一位受访者表示，每年六月二十四庙里聚餐，由热心此事的人组织，向全村村民发出通知，愿意吃饭的就出钱。每年大约有十几位热心人。这些人没有为首的，每年人员也不固定，大家共同商量办事，吃饭时一般是 20 人一桌。

（二）治理主体

1. 村正和村副的选举

在村公会时期，吴店村已有一套组织系统。这个系统由村正、村副、邻长、团长、地方组成，其中村正、村副由选举产生。选举制度所需说者有五：一是选举的时间。一年选举一次。二是选举的监督。县里安排人监督选举。三是选民资格。每户一票，如果在一个院里没有分家，只有一票；如果分家了，每家都有一票，户主必须有一票，其他家根据自愿参与投票；附户在事变之前没有选举权（事变是指日本人入侵，下同），事变之后有选举权。四是当选。票数最多的人当选为村正，票数居次的人当选为村副。五是当选资格。一般是家里有土地、有钱的人可以当村正和村副。在满铁调查的当年，依照县里的命令选举品德端正、土地多的人当参议。村正与乡长是同一时期存在的职务。一般是主村——吴店村的人当村正，副村——后店村的人当村副，选举时两个村都到吴店村选举。直奉战争前，村里有一人在北京一家商店做经理，在村里建立了一栋大房子，他回家办事期间，被村民选为了村长。正当那时发生了直奉战争，他贴付了很多马、车、柴、草等，非常伤心，不到一个月就去世了，之后因为葬礼和分家，此家土地就减少了。

2. 甲长的产生

以前甲长由年长者担任，但是保甲制以后，县公署要求 24 岁以上，40 岁以下的人担任。很多人不愿意当甲长，因为甲长要督促交钱、摊派人工，若任务完成不了，还会挨骂。日本人入侵后治安很乱，甲里出了事，要甲长负责，总之甲长事务多且没有报酬，因此大家都不愿意当甲长。甲长产生有两种方式：一是同甲的人在一起商量，口头表决，推荐一人当甲长。二是选举后，参议向县里汇报，由县里决定。后来的甲长选举需要大乡派人，发给 10 户选票，每家在选票上写上想选的人的姓名，选票以门为单位。在满铁调查之前，吴店村有 4 位甲长，之后有 7 位甲长，当时虽然选出了新甲长，但是县公署还没颁发委任状，加上新甲长太年轻，还是由 4 位老甲长决定琉璃河出工的事情。有位新当选的年轻甲长介绍，自己当选后村里商量到周口店挖壕，在开会商量之前，他会与父亲商量（父亲为老甲长），然后再去开会。如果村里商量的事情，当时没有决定，他回家后会与父亲、家人商量，然后下次开会时再发表意见，之前年长者当甲长时，一般能够直接决定。

3. 参议的推选与贪污

保甲制后，村长变成参议员或者参议委员，参议由全村村民选举产生。参议有月薪，每月从编乡拿到 20 元，还可以拿到 15 元的办公费。一般大村设参议委员（简称参议），小村设监察委员，事实上前者相当于村长；后者相当于副村长。当选参议（村长）必须有四个条件：一是识字；二是 25 岁以上；三是要有土地；四是要有足够的票数。其程序是：首先由村民投票选举；其次报到县里；最后县知事（县长）任命。按照规定应该是得票最多者当选，但是有一次选举，县知事想让得票最少者当选。另外，县里有权势的人（不是官员）又推荐了另外一位更年轻、没有土地、不赡养父母、曾经当过警察的人。最后这位当过警察的年轻人当了参议。这位参议做了两件事情，引起了村民的抗议。一是隐瞒薪水。这位参议没有告诉村民，县里给他发薪水。二是贪污亩捐。县里规定每亩的亩捐是 35 钱，参议没有将通知单给甲长和村民看，私自向村民每亩收取 50 钱的亩捐，共收了 406 元，但是只向县里交了 300 元，私吞 106 元。这两件事被村民所知，村民在庙里开会，向县里要求免去这位参议委员。县里让警察将参议带到县里，参议求情，县政府准其回村，这位参议委员回村后向村民谢罪，并表示用自己以后的薪水返还多收的亩捐。为应付县里，参议又向村民多收 50 元亩捐交给县里。满铁调查问村民，为什么你们会选这样的人。村民表示，不知道他有月薪，再加上大家都不愿意做参议。这个人并没有被免职，答应用每月薪水还钱也没有兑现，还用薪水买了自行车。村民表示，以前也发生过村正私吞了 90 元亩捐的事情，后来被县里扣留了一个星期，还钱后就释放了，这个人现在警备队。受访农民表示，这种贪污的情况是在有了亩捐以后才发生，晚清和民国初年没有出现过。

4. 地方

晚清以来，村庄除会首或者村正、村副外，还有一位跑腿的人称地方。地方主要是当联络人，联络县公署、驿站和军方。日本人入侵后地方改为联络员，村里会给地方 12 元的报酬。全县有 180 个村，有 96 个地方的编制，有 96 名地方，可见不是每个村都会有一名地方，而是几个村共有一名地方。地方取消后，甲长做地方的工作。地方与帮办人不同，地方是出钱雇用的人，负责上传下达。帮办人是乡长临时委托有知识的人协助工作，人数不等，可能一二位，也可能有多位。

5. 保甲自卫团

在满铁调查的前两三年，吴店村成立了保甲自卫团，保甲自卫团由 18 岁至 40 岁的人组成。凡是在这个年龄段的人，不管有无土地都是自卫团成员。保甲自卫团员在白天和晚上均需要值班。白天在村南北设立步哨 2 名，检查来往行人，有情形可疑者带到保甲办公处询问。晚上安排 5 人值班，设立警备班，也称夜警。夜警值班时在庙里坐着，也称为坐警。如果发现匪情就鸣锣打钟通报。保甲自卫团值班由符合条件的年轻人轮流进行。

6. 打更及打更人

吴店村每天晚上 9 点会安排 40 岁以上的人打更，每天 5 人，从晚上 9 点开始。打更人员按照地亩分摊，13 亩以下出 1 人，14—23 亩出 2 人。自己所有的土地和耕种的土地都需要出人打更，即地主和佃农都得打更。如果有地没有适合打更的人，此户需要出钱雇人，每晚 50 钱。打更以甲为顺序，先从第一甲开始，然后第二甲、第三甲等，大约 20 天为一轮回。

7. 看庙的

村庄有一位看庙的，看庙的耕种庙里的土地，平时为村里做一点事，如接待县里的人，或者为村公会传达通知。若看庙的耕种庙地不够吃，村民会给一点粮食。在吴店村，看庙的一般是外村人，因为庙产是全村的财产，如果让本村人看庙，容易被人误解私拿庙产。

8. 看青

在吴店村，每年需要看青，看青的由有土地的人公议决定，先选择候选人，大家再商量决定。确定看青人的会称"寻找看青的",选择看青人后,不会聚餐。看青制度所需说者有七:一是看青时间。看青的时间是阴历六月二十四到八月十五。如果种有麦秋,在立夏到冬至之间也需要看青。二是看青人数。大田(高粱和玉米等高的作物)需要 2 人;小田(麦子和粟等矮的作物)只需要 1 人。三是看青人的报酬。根据田亩数给钱(公饭钱),一亩 10 钱,这个钱也称"青苗钱""看青钱""看地钱"。外村人的土地也要交看青费。四是赔偿。因为看青人很穷,即使作物被偷,也无法赔偿,因此不会让看青人赔偿。五是处罚。如果小偷被抓住,由看青人和甲长们商量罚款和赔偿。有些村庄会在看青之前确定罚款,有些地方在抓住小偷后确定。如偷一个玉米罚款 1 元,或者 3 元或者 5 元,确定后写在纸,然后张贴在各地,让大家知道,落款为"公会"或者"公议"。一般有土地的人不会偷庄稼,少地或者没有土地的人会去偷,因此一般张贴时,会故意将少地或没有地的人,叫来听或者读。如果有人偷了庄稼,小事就骂一顿,大事可就要罚款。罚款一般不给受害人,而是归公会,用来购买物品。六是外村的土地看青。边界内的外村人土地由本村的看青人看青。过去外村人在本村的土地要支付看青费,但是满铁调查的当年,只要是外村人在本村的土地,不管谁耕种,都不向本村交看青费。七是看青人的资格。一般是力气大、胆子大、会打架的本村人看青,老年人和年龄比较小的人不行。一般有地的人不愿意看青,没有地的愿意看青。看青的一般拿着火枪,火枪和矛由村公会购买。为了看青,有些地方会成立看青会,不过这个会是临时会,只在看青期间存在。有些村庄,地方会兼任看青人。

9. 求雨

一般如果过了小满(阴历四月初五)还不下雨,就会求雨。求雨过程有六:一是求雨的组织。由参议和甲长组织。二是求雨的过程。首先给关帝庙和五道庙的龙王烧香、上供品。其次抬着关帝庙的龙王在村内和附近的村去巡游(巡游没有规定的路线,也不会与其他村商量)。最后要去距离吴店村 20 里的玉皇庙村的水井取水。三是求雨的参加者。全村男女老少均可以参加求雨。四是求雨的经费。求雨的经费由村民捐资,村民随意给,给多少都可以,不给也可以。求雨是村中的大事,如果家里有人,多少都会出一点,求雨的经费由参议和甲长收取。每次求雨大概要花费三四十元钱。五是演戏还愿。如果村民承诺下雨了就演戏,若真下雨了,就要演戏。过去演戏要花费几百元,满铁调查时要花费上千元。演戏的费用要按照地亩摊派。六是求雨后聚餐。有时求雨后会聚餐,有一年吴店村与后店村一起求雨并吃饭。

10. 纠纷与仲裁

纠纷有如下几种类型:一是分家产生纠纷,当然不见得所有的分家都会产生纠纷。二是耕种土地产生纠纷。三是牲口吃了别人的庄稼,如果不是故意的,向主人道歉就可以了。四是打架受伤出血之类的纠纷。纠纷产生后一般请邻里作为仲裁人,其实仲裁人没有太多的讲究,同族与外族纠纷,同族人也可以参与纠纷调解;当事人的兄弟、父母也可以参与调解。但是同族、亲友调解者要公道正派,不能拉偏架,否则就不会被人尊重。如果仲裁人解调不了，当事人也会告到县里。如果发生了纠纷，村里人不知道，有些人会上诉到县里。如果没有让村里人知道就告到县里，村里人会讲他的坏话。有一个例子，国恩和国宽两兄弟在父母去世后分家了，祖坟为国宽家所有。后来国恩的妻子去世了，按照人字葬的要求，挖坟茔时大了点，碰到国宽的地。国宽两口子不同意，跳进坟洞不允许葬进去。各方调解不了，国恩就告到了县里，县长也挺为难，不好调解。最后村民仲裁，说服国宽，让国恩的妻子下葬。国宽拒绝有其理由，因为土地分给了自己，但是国恩根据家族人字葬的要求可以葬在此，这样产生纠纷。但是村民认为国宽没有道理，因为如果国宽家人去世，也会碰到国恩的土地。

（三）治理边界

1. 村的边界

本村的看青的范围就称村庄的边界。村庄边界一直没有变过。即使边界处的土地买卖也不会影响边界。边界内的土地称"内圈地""本村地"。边界外的土地称"外圈地""外村地"。有几种类型的土地要区别：一是本村人在外村的土地称"外圈地"。二是内圈里有外村人的土地称"外圈地"。三是外村人的土地由本村人耕种，就算土地在边界内，也称"外圈地"。四是边界内的本村人的地，由外村人耕种，也称"外圈地"。五是边界外的外村人的土地，由本村人耕种，也是"外圈地"。六是本村的土地是指看青的所看护的土地。即使边界的土地进行买卖，也不会变动村界。七是如果甲村的人买了乙村的土地，甲村的人将摊款交给乙村。如果甲村的人在甲村有土地，但是搬到了乙村，摊款还得交给甲村。甲村的人租种乙村的土地，摊款交给乙村。

2. 本村人

外村的人要成为本村人，有四个条件，一是有熟人或者亲戚介绍；二是有人担保，如村公会的会头担保等。三是在村里必须有土地；四是保长、甲长同意并记在保甲簿。这样外村人就变成了本村人。另外，有几种情况是本村人：一是没有房子和土地的本村人，外出打工后回来，还是本村人。二是有房子和土地的本村人，虽然长年外出打工但是仍然属于本村人。三是带家人一起来到本村的外村人是本村人（这与前面的四个标准有些冲突）。另外，只是被本村雇用或者在本村做生意的外村人不是本村人。

3. 迁入者

迁入者就是从外村而来成为本村人的人，从保甲簿上可以看到，50年以来吴店村有7人来到本村并入籍。这7人几乎都是来做苦力和租佃土地的人，也就是说流动的人都是比较穷的人。从吴店村外出打工的人来看，也是家里比较贫穷且没有土地的人。吴店村的手艺人外出打工的也比较多。

4. 光棍和土棍

光棍是家里穷，无法结婚的男人；土棍就是村里的坏人。

（四）公共产权

1. 公共产权

五道庙后有一个碾子，原来是 10 家的财产，但是 10 家以外的人可以使用。如果碾子坏了，周围的人家共同修理。香火地、庙和庙西边的井属于庙产。村公所设置在庙里，所以庙里的夯、桌子、椅子属于公会。

2. 义地

在吴店村有一两亩义地，主要埋葬光棍或者外村来没有土地死在本村的人。

3. 水井

村里有 4 口井，有 3 口是私人的，1 口是官井。3 口私人井中，有 1 口井已坏，无法维修，另外 2 口井刚建造没有多久，属于土井，一般挖井成本七八元，完全由私人支付，挖井时周围用水的人即使没有帮忙，但大家都可以使用。在使用时要对主人说一声，不需要给主人谢礼。2 口井都用辘轳打水，辘轳也为私人所有。两家挖井的目的是浇菜。在田地中还有 1 口最近才挖的官井。因为本乡是模范乡，大乡负责挖这口井。挖井前乡里曾经咨询参议、甲长们挖井的地点，参议和甲长们商量后确定地点。这口井挖了二十多天，总花费 1000 多元。总体来看，大乡出钱，村里出人力。大乡购买砖、席、绳、辘轳等，而且还派监督员来监督。村里每天安排十五六人协助挖井，挖井人没有工钱，也不管饭。

（五）村庄费用

1. 摊款标准

摊款有两种方式，一种是按照地亩摊款，即按照土地数量摊款，不耕种土地不摊款，如家里有 100 亩，30 亩自耕，70 亩租佃，则只有 30 亩地交摊款费。如果 100 亩地全部出租，则不交按亩摊款。第二种是按照门户摊款。所谓按照门户摊款，即按照户来摊款，家里有钱但是没有耕种地的人，也要按照门户摊款。按照地亩摊款要高于按照门户摊款。只有家里非常穷且没有土地的人，就可以不交摊款。

2. 摊款数量

摊款主要包括三类，县里的摊款，乡里的摊款及村庄费用。一是县里的摊款。民国三十年（1941）前是田赋附加，主要有警款、保卫协和费，还有钱粮加捐等。民国三十年起田赋附加改为亩捐，每亩 1 元 32 钱。事变前每月交一次保卫团费，每亩 3 钱。事变后，每亩 10 钱，民国二十九年（1940）开始就没有了保卫团费，摊款由村长收费，然后交给县里。二是模范乡的摊款。民国三十年是一亩 20 钱，民国三十一年（1942）为一亩 10 钱。

3. 按地亩摊工

每年村庄或大乡要摊工，吴店村按照地亩数量摊派人工。地亩主要是"耕种土地"，不是指"自有土地"。按照村里规定：5 亩以下不出工；5 亩到 13 亩出一个工；14 亩到 23 亩两个工。如果家里没有自有地，但是租种 10 亩地，佃农也要出一个工。看铁路、修河都是按照地亩摊工。

（六）公共活动

1. 开叶子

开叶子也称"劈高粱叶子"。七月初七是高粱开叶子的日子。开叶子时，地方会敲锣通知大家去采摘高粱叶子。因为高粱叶子可以做饲料，还可以卖钱，因此大家都会采摘高粱叶子。开叶子所需说者有五：一是采摘的时间，是七月初七后的半个月。之前和之后任何人都不得采摘，包括自己家里的高粱叶子也不能采摘。二是高粱叶子的价格，是每百斤 1 元 50 钱。三是采摘区域，只是在开叶子期间，村内村外的人均可以采摘任何一块地的高粱叶子，村外的人也可以采摘。四是违规处罚，如不在规定范围、时间内采摘，公会的参议和甲长们会商量对之进行处罚，若是有钱人会罚款四五元，若是穷人会罚款一两元。五是通知开叶子，如果有青苗会，会由青夫敲钟通知。如果没有青苗会，大家在开叶子期间随意去采摘就行了。大家都会选择去叶子长得好的地里采摘。

2. 草和叶采摘

采摘草和叶有规矩：一是路边、田边的草可以摘，也可以牵马去吃。二是树的落叶可以捡，但是不能爬树采摘树上的叶子、树枝。将土和水与树叶、树枝混合，腐烂后可以做肥料。三是庙里树的叶子不能采摘。四是田里的落叶可以捡。五是田里自我生长的草和叶可以采摘，如刺菜、无心菜等。

3. 放牧

当土地里没有作物时，可以在地里放牧。对于土地耕种者来说，别人在地里放牧是一件好事，因为家畜的粪可留在地里。如果地里有作物，则不允许放牧。如果放牧损坏了庄稼，要赔偿，一般赔偿四五元。赔偿的钱归青苗会所有，青苗会用这些钱来购买煤油等用品。

4. 村庄罚款类型

村庄罚款主要有如下几种类型：一是捉到偷作物的人。二是在不是开叶子期间采摘叶子。三是让家畜在田里乱踩。在牲口主人完全不知情的情况下，道歉后可以原谅，但是如果将牲口牵出来后自己睡觉，导致了庄稼被踩则要被罚款。四是故意糟蹋别人的庄稼。

5. 被偷物品的取回

如果作物被偷了，且被主人抓住了，不能私下打骂小偷，要将小偷带到看青的那里去，在这时可以直接拿回被偷的物品，如发现某物像自己的被偷物品，不能直接拿回，要和看青的一起去，才能拿。

6. 罚款及偷盗处理

罚款主要有三种可能：一是不按照规定开叶子罚款，罚款归村公会。二是青夫抓住小偷的罚款，根据小偷家里的财产情况罚款，不是根据偷盗额罚款。如10元罚款，5元归受害者，2.5元归青夫，2.5元归村公会。村公会的钱用来买茶叶，买的茶叶青夫不能喝，只能村公会开会时大家来喝。小偷如果没有钱，就由青夫打一顿，至于罚多少钱由地方决定，地方商定后报告村正、村副。如果非青夫以外的人发现了小偷，就不能打他，即使直接的受害者也不能打小偷，而只能由青夫和村公会处理。

（七）社会互助

1. 水灾与互助

日本入侵后发生过一次大水灾，村庄的土地被淹，好地都变成了差地；作物、房子均被毁。大家一起互相帮忙修理房子，很多人外出做苦力，还有的家庭为了度日，将土地都卖掉了。水灾后县公署没有救助，村庄也没有组织救助。

2. 搭套

所谓搭套就是耕作时农民之间用牲口、农具相互合作。这种合作是一种家庭生产的互补行为。搭套有几点：一是一方有牲口，一方有农具，两者可以搭套。二是一方有一头牲口，另一方也有一头牲口，因为需要两头牲口才能够拉得动犁，因此可以搭套。三是搭套时只出牲口和农具，不会出人帮忙。搭套是相互需要且方便的人，不见得是相互亲近的人。另外，如果家里没有家畜或者家畜不够，可以向有家畜的人租借，费用是一亩1元。

3. 相互扶持

如果发生了自然灾害，农户总体上是各顾各的，或者向亲友借钱，或者卖房子度日，村民间不会相互扶持。村庄和县里没有慈善和扶持的组织，更没有救助的力量和经费。只是在民国二十八年（1939）的灾害，每人可以从县里领到5升玉米。

二 家当户和家族

（一）家族

1. 一家当户

所谓一家当户，就是在一个村，同一祖宗的人称一家当户。一家当户相互借钱的不多，因为借钱主要是找关系好的人。一家当户相互做中人的也不多，因为谁都可以充当中人。

2. 族长与族务

在吴店村，每个家族都会有族长，但是族长并没有太多的事情要处理。分家时各家会叫上族长，在结婚、葬礼时族长可参加，也可不参加。有一位受访者表示，本家和当家子中地位最高的叫"老祖长"，不叫族长。在良乡县的村庄一般没有家谱，也没有族产。村中累世同居的户不多，如五六十口人住在一起的不多，但是20多口人住在一起的户还是有。

（二）家长

1. 家长更替

在吴店村的家长更替有讲究：一是父亲去世后，儿子成为家长。二是如果只有独生女儿，父母去世后，独生女儿成为家长。三是家长丈夫去世后，如果没有儿子，或者儿子年龄比较小，妻子成为家长。四是家长外出打工后，儿子成为家长。在父亲不在的这段时间，父亲不再是家长。如果父亲回家且年龄不太大的情况下，父亲再次成为家长。五是如果父亲年龄比较大，可以将家长转给儿子，保甲簿上写儿子的姓名。有时父亲依然是家长，但儿子是当家的。六是如果没有亲生儿子，只有过继子，父亲去世后，过继子成为家长。

2. 家长与打工

如果有外出打工的儿子，其收入不能自己存着，也不能交给妻子，必须寄给家长。打工所挣的钱，打工者可以花一点小钱，如收入几十元，个人花费不能超过1元。

3. 家里钱的保管

家里的钱一般由家长保管，但有时也可以交给妻子保管。如果钱由妻子保管，其决定权和使用权还是归作为家长的丈夫，妻子不能反对丈夫的决定。

4. 父债子还

父亲所欠债务，在父亲去世后，儿子们要偿还，分家要平分债务。

5. 家长的财产行为与商议

家长是一家之主，很多事情不需要与儿子和妻子商量。但是有些事也会商量，一是做衣服买布料；二是卖出土地。有些事情家长自己决定，如购买日常用品，出售农作物等。

6. 私房地及媳妇的特有财产

有钱人家嫁女，或者女儿有病或者女儿有残疾，娘家会陪嫁土地，这个土地称私房地。对于私房地、私房钱有如下规则：一是私房地、私房钱是媳妇的财产。二是如果用媳妇的土地、房子或者钱买地，需要以媳妇的名义进行，为媳妇所有。三是媳妇可以将土地卖掉，用来买新衣服。四是媳妇的私房地，可以让家人租种，媳妇收租。五是需要钱时，媳妇可以抵押私房地，向家长指地借钱，但是不能向丈夫指地借钱。六是在媳妇生了孩子后，私房地可以向家长出典。七是丈夫成为家长后，妻子的私房地成为丈夫的财产。如果妻子担心离婚，可不将财产合并，依然为自己掌握。八是分家时，如果丈夫有几兄弟，妻子的私房地不能合并分家。九是儿子们分家时，母亲的私房地可以作为父母的养老田。如果有女儿没有出嫁，私房地可以作为女儿的嫁妆。

（三）婚嫁

1. 订婚和结婚

在吴店村，男的十五六岁就订婚，比较早的是5岁到10岁订婚，比较迟的也有20岁订婚的情况。穷人家的孩子一般都要在20岁多岁才订婚。在吴店村没有通过自由恋爱而结婚的情况，均要订婚。订婚时男方要给女方两枚戒指，还要给女方送猪、羊、鹅、鸭等。订婚后要交换婚书，也称大帖，娶帖又称通信帖。在吴店村，订婚后没有不结婚的。订婚后如果男方去世，女方要退回婚书和戒指，但不会为男方服丧。男孩最早的结婚年龄是16岁，一般在十八九岁。女孩子最早的结婚年龄是15岁，一般是十八九岁。

2. 媒人

媒人除了会说话外，还有一些要求，失去丈夫的女人不能做媒，但是失去妻子的男人可以当媒人。在吴店村，媒人一般是男人，没有以做媒人为职业的人。婚礼后男方要感谢媒人，如果媒人是有钱人，则送零食米面；如果是贫穷人，则送衣服。

3. 再婚

妻子去世后，男人可以再婚，再婚时很少有娶妻子妹妹的情况。女人的丈夫去世了，如果要再婚，必须先回娘家，然后再婚。

4. 通婚

从通婚圈来看，吴店村主要是村外通婚。从通婚的信仰来看，村民可以与基督教通婚，但是不能与回族通婚。从异常情况来看，吴店村没有人娶妾，也没有离婚、通奸的事情。

5. 结婚与祭神

结婚后，新娘子一定要给家神叩头，表示从此成为这一家的人。吴店村的人认为，给家神和祖宗叩头是一样的。

6. 出嫁及"押腰钱"

出嫁也需要费用，在满铁调查的当年，中等户要花费 200 元到七八百元。女方要给嫁妆，这个嫁妆有物品，也有金钱。如果是钱就称"押腰钱"，即为女儿准备的钱。"押腰钱"由三个部分构成：一是父母所给，一般是四五元；二是亲戚朋友所给，一般为一两元；三是婆家所给，婆家给"押腰钱"要通过媒人。因为女人无法挣钱，所以"押腰钱"为妻子所独有，婆家和丈夫不能使用。婆家要给媳妇零花钱，但是在媳妇"押腰钱"没有用完前，婆家可以不给媳妇零花钱。

7. 新娘回娘家

新媳妇在前三年，每年回娘家三次，分别是五月初五、六月初六和十月初一，回娘家的时间累计为 20 天左右。六月初六是麦秋后清闲下来，新媳妇回娘家做新衣服和鞋子。当然时间也不是完全固定，前后几天都无妨。结婚五年以后，媳妇回娘家就比较自由了。回娘家时，如果小孩比较小，会一同带回娘家。

8. 孩子出生

孩子出生后，不管是男孩还是女孩，家里都会很高兴。在孩子出生 8 天后，娘家和同族会来祝贺。前者会送小孩的衣服；后者会送面和做衣服的布料。在吴店村不存在溺杀女婴的现象。

（四）过继

1. 过继

过继时，如果是过继外村人需要写过继单。如果是本村同族就不需要写过继单。弟弟的儿子过继给哥哥，当过继子结婚时，哥哥可以不与弟弟商量。过继子去外地工作，也可以不与亲生父亲商量。过继后如果过继父母没有财产，可以再回亲生父亲家。如果弟弟有两个孩子，一个孩子过继，一个去世了，弟弟不能要回过继子，但是可以将过继子的儿子，即自己的孙子过继给自己。如果过继了孩子后，自己又生了孩子，今后两个孩子平分家产。

2. 独生女儿与父母财产

只有独生女儿的状况有几点需要说明：一是有财产的独生女儿，在没有同族过继的情况下，可以认领养子或者招上门女婿。二是独生女儿的父母去世后，女儿成为家长。三是独生女儿的父母去世后，在没有同族的情况下可以将财产带往娘家。

（五）丧葬与祭祀

1. 祖坟和祭祀

同族会有祖坟，根据辈分埋葬。在吴店村范围内的祖坟地，没有可以耕种的土地。祭祀时也没有人专门组织。在清明节时，大家相互邀请前去祭祀。本村的同族没有共同的财产，没有共同的储蓄。本村赵姓在离本村 10 多里远的地方有一块约 10 亩的坟地，雇用一位姓禹的看坟，他们表示看坟的人不能是同族，这可以避免一些难以处理的问题。看坟的嫌给的钱少，于是就将坟地出典了，自己去北京了。在闹义和团时死了，几年时间没有人看坟。因此赵姓的人商量，将坟地赎回。商量时有人同意，也有人不同意，但是后来还是达成了一致意见，赎回坟地。赎回坟地时，赵姓共 13 家（其中 1 户在城里），每户负担 20 元，共需要 260 元，就以 2 分的利息从外面借了 260 元，赎回土地，然后以土地收入来偿还本息。在没有土地收入的几年中，在清明祭祖时，13 家每家出 30 钱购买烧纸和供品（点心和果子）。一共可收取 3 元 90 钱，买了供品后剩下的可买烧饼吃掉，赵姓没有会食。

2. 五服及服丧

所谓的五服就是把自己、父、祖父、曾祖、高祖称作五服。一是服丧的基本规则。对父亲服丧三年、对叔父服丧两年半、对堂叔服丧两年、对族叔服丧一年又一百日、对兄长服丧一百日。叔母与叔父一样、妻子跟随丈夫。二是媳妇服丧。媳妇对娘家的父母服丧是两年半。对于娘家的祖父，只在葬礼仪式时服丧，也有在夫家服丧一年或者两年的。要是丈夫、夫家父母反对，媳妇就不能给娘家亲友服丧。三是过继子和服丧。过继给叔父家的过继子称呼叔父母为父母。如果对叔父服丧两年半，那么对继父母要服丧三年。过继子对于亲生父母服丧两年半。过继子在亲生父母死去时服丧，需要征得继父母的同意，如果后者反对，则不能服丧。四是服丧时的穿着。服丧也称穿孝，要穿白衣、白鞋、戴白帽。三年之内不能穿红色或蓝色的衣服。五是服丧期间的禁忌。服丧三年期间不能结婚，但是在满铁调查时，过了两年就可以结婚，亲人去世 60 天内不能理发，不能看（庙）会、宴会、听戏、喝酒。但是在满铁调查时，服丧规则执行得不太严格。祖父死了 60 天内不理发，但是可以看（庙）会、宴会、听戏、喝酒。兄长去世的时候服丧之礼不会被严格遵守。丈夫对妻子的服丧只是在葬礼日。

3. 遗书或遗言

在吴店村，没有写遗书的，但是在临死时有留下遗言的，主要是好好守护家庭，交代家务和债务。父母遗言不能涉及分家，如给某位兄弟多分点，这样的遗言无效。

4. 扫墓

清明扫墓一般由女人前去，带上供品，然后祭拜祖先。男人们一般不去清明祭拜，但是在清明前几天可能会去添坟。如果家里有女人，男人去祭祀，则会被人笑话。由女人清明扫墓是当地的习惯。有些家庭既有老坟，也有新坟，扫墓时既要去老坟，也要去新坟。另外一位访谈者——小学校长表示，扫墓男人和女人都可以去，并不存在男人去扫墓就被人笑话的情况。

5. 葬礼事务

丧事时男人的事多，男人要做烧水、挑水、做饭、送信等。女人只是在出殡的当天，去招待客人，男人招待男客人，女人招待女客人。出殡时女的也会站在队列中，没有生孩子的媳妇也出席。

6. 祖宗匣和典主

所谓祖宗匣就是记载着各代先祖姓名和死去时间的物件。祖宗匣由长子继承，祭祀祖先也由长子祭祀。一般家里有家堂才会有祖宗匣，而只有富裕的人家才会有家堂。拥有祖宗匣需要两个条件：一是要有文化。因为祖宗匣需要典主，即需要有文化、有学识的人将祖先姓名和去世日期写到家堂上。二是要有钱。因为请人典主要花钱，要用轿子请典主官；还有在家里吃喝等花费。

（六）分家与养老

1. 分家的概况

分家一般会邀请本族的长辈（族长）、儿子的亲舅舅、本村的街坊邻居等两三人参加，先合算家里的财产、土地、房子、家具的数量，然后询问父母的轮流养老方式，根据这些写成分家单。分家主要有如下原因：一是家财产不多，收成不好、食物不够，日子过得比较苦。二是父母去世。三是兄弟不和。四是妯娌不和，婆媳关系不好的不多。五是有些兄弟好吃好喝，不做事，为了避免兄弟矛盾和家道中落，父母或者勤劳的兄弟提出分家。从分家的时间来看，父母去世后分家的比较多，如果父母还在，但是兄弟不和，父母会劝大家忍着点。即使家里没有财产也会分家，因为如果不分家，弟弟不听话，会将哥哥挣钱得来的财产败完。如果有四兄弟，有一个兄弟想分家，则四兄弟先分家，然后关系好的兄弟再生活在一起。分家后，一定会分开吃饭、分开耕作和分开居住。

2. 分家

分家后如果家里房子不多，还是按照原来的方式一起住，分家只是明确了自己东西。一是分家后要写分家单。二是分家时财产一定要均分，即使某位兄弟贡献大也不得例外。

三是分家后父母一般与长子生活在一起，也可以与自己喜欢的儿子住在一起，父母单独分开住的情况很少。四是分家后，整个院子还是一户，即分家不分户。如果在同一院子，哥哥是家长。五是分家时，房子里的椅子和桌子归住的人所有。对于家具、农具，有钱的人家会分，穷人家不分，共同使用。六是分家时家里的牌位由长兄继承，即使继承牌位，也不会多分财产。七是女孩分不到土地，但是在出嫁时会给出嫁费用。

3. 分家与养老（一）

良乡县中心小学校长谈了自己家的养老问题。分家的原因是家里人很多，有些兄弟好吃懒做，父亲考虑长此以往家会衰败下去，因此决定分家，让大家各自生活。分家由父亲主持，还有中保人、书写人。分家时兄弟四人均分财产，土地质量有好有坏，因此质量好的土地，其数量就少点；质量差的土地，其数量就会多点。土地搭配过程中，父亲与中人商量，四兄弟也同意这种搭配方式。财产分成四份后再抽签，抽签顺序是小弟、三弟、二弟、大哥。分家过程写入分家单，四兄弟人手一份分家单。

4. 分家与养老（二）

受访者依然是小学校长，兄弟四人分家，平均每人分到了 40 亩地，在 40 亩地中有 10 亩为父母的养老田。虽然为养老田，父母并不耕种，而是交给儿子们耕种。但是儿子们要按照租金给父母交粮食，粮食分为四种：高粱、黄谷、玉米、豆子，每亩交给父母 5 斗粮食。四种作物按照大体价格进行折算给父母即可，给的数量和方法是在分家时就定下来的，但是没有写入分家单。虽然每亩 5 斗，但不是特别严格，收获多就多给点，收获少就少给点。父亲去世后，兄弟们给的养老粮减半。可见这个家庭的养老，以养老田为基础，儿子耕种，给粮食，但是不是纯粹的养老粮。

兄弟分家后父母分开吃饭，父母与受访者住在一起。后来受访者和夫人、小孩搬到了县城居住，父母饮食、洗衣、日常照顾，每位兄弟轮流照顾 10 天；在满铁调查时变成了一个月轮流一次。受访者生活、工作在县城，在轮到自己照顾父母时，自己的太太回乡下照顾父母。受访者偶尔也回老家代替太太去照顾父母。父母的衣服与四兄弟没有关系，母亲自己买衣服，儿媳只是帮助缝制衣服。

5. 分家与养老（三）

有家姓禹的人家分家，家里有十几亩地和一个小杂货店。分家时，父母有两个儿子，10 亩地，分家会这样分配：5 亩为父母的养老田，5 亩分给两个儿子；房子有 5 间，3 间给父母，杂货店也分给了父母。父母轮流在两个儿子家住一个月左右。

6. 分家与养老（四）

有一张氏家庭，父亲有 3 个儿子，在父母还健在时分家，分家时三弟尚未结婚，因此三弟多分了一台车、一头驴、两间房子。老大在县中心小学当校长，家里条件相对比较好。父母一直与老大居住在一起，只是在逢年过节时，去一下老二、老三家。在分家时，父母有现金 180 元，这个钱就归老大，负责父母的养老和葬礼（葬礼总共花费了 560 元，其中随礼 210 元，外借 350 元），但这个钱用来放贷，贷款的利息作为父母的零花钱。老大表示，在当地长子要负责父母的养老，如果不养老或者养老不好会被人笑话。受访者表示即使没有这 180 元，他也会赡养父母。

7. 分家与祭神

家神或者牌位放在正房供着，分家后其他的神可以不供奉，但各家必须供奉龙神，否则不称其为家。分家后神的牌位由长子继承，在祭拜时，分家后的弟弟们要来哥哥家祭拜。吴店村的农民认为，家神和庙里的神仙没有关系，分家时不会祭拜神。

8. 赶出去

如果儿子或者儿媳做了不好的事情，父母会将其赶出去。在吴店村有一个家庭，生了 2 个儿子，大儿子生了 3 个孙子，二儿子生了 1 个女儿。大儿媳妇说婆婆只喜欢孙女，没有平等对待自己的 3 个儿子，提出分家。婆媳争论过四五次，惹恼了婆婆，儿媳抱着孩子外出不再做事，婆婆就让儿子儿媳出去，被称为"赶出去"，或者"圈出去"。于是大儿子带着媳妇和 3 个儿子一家人在村里寄住下来了。大儿子有两头驴，可以放脚，还打短工，但是收入有限，两个月后就难以维持了；央请村里的人向父母说和，希望回家。经过说和人说和，父母同意大儿子回来，大儿子、儿媳给父母叩头后一家和好。大儿子、儿媳也努力工作。另外，如果"圈出去"的孩子不能回家，父母去世后只能分到 2 分地。

9. 分居

没有分家，但是与父母或者配偶分开居住，则称分居。

（七）父母与子女

1. 结婚与决定

给儿子找媳妇是父母的责任，与祖父母关系不大，只要父母同意即可。即使祖父母不同意，母亲同意，也可以结婚。因为儿媳与婆婆相处时间长，所以儿子结婚一般先找母亲商量。儿子的婚事，祖父同意，母亲反对，需要看看母亲反对的理由，有理由就听母亲的。

2. 儿子借钱与父母责任

儿子如果要向外人借钱，要与父母商量。儿子借钱，有几点需说明：一是儿子借钱，如果还不了，贷方不会要儿子的父母还钱。二是贷方如果与父母同村且是好朋友，父母会还钱，但是父母会拜托债主不要再给儿子借钱。三是如果儿子借钱的金额相当大，父母可以拒绝还钱；如果贷方是亲友，父母不能拒绝还钱。四是如果贷方要起诉，只能起诉儿子，不能起诉父母。如果打官司，儿子输了，父母或者祖父母要承担一半的债务，剩下的可以不再偿还。

3. 外出打工的决定

儿子如果想外出打工，必须和父亲商量。家长要外出打工，可以不与家人商量，不过孩子们也很少干预父亲的事。

4. 买地的名义

儿子有钱，可以不与父母商量就买地。儿子如果赚了钱，数量不大，可以不交给父母，但是数量比较大，必须交给父母。买地有几点需说明：一是父亲是家长，儿子用自己赚的钱买地，只能以父亲的名义进行。二是如果妻子在外面赚了钱，要买地，只能以丈夫的名义进行。三是如果丈夫的父亲还在，且是家长，这时妻子只能以公公的名义买地。四是母亲在外面打工挣了钱，儿子是家长，必须以儿子的名义买地。五是父亲是家长，儿子是当家的，在当地是以儿子的名义买地。

5. 分家时买地的分割

分家前哥哥挣钱买了很多地，分家时这些地应该兄弟平分。只要是分家前买的地，不管谁的贡献大都必须平均分配。如果弟弟很懒，只有一个办法：早日分家。

6. 寡妇的地位

一是如果一位女人嫁给了一家的独生子，丈夫死后没有孩子，家里有财产就不回娘家，没有财产则回娘家，只要能够保证温饱就可以不回娘家。二是寡妇如果要回娘家，财产不能带回娘家，而是交给最亲的同族；财产少且没有过继人的情况下可以带回娘家。

7. 母子、父子关系与住所

一是母亲50岁，儿子30岁，儿子在北京工作，如果母亲让他回老家，儿子可以不回家，母亲无法劳作后请人照顾。二是母亲依靠儿子寄生活费，想让儿子回来，但是儿子希望母亲与自己住在一起，母亲应该去北京与儿子生活在一起。三是母亲去世，父亲健在，父亲去北京与儿子生活在一起。四是如果父亲在乡下生活，生病了，想让儿子回来，儿子应该回村。

8. 家庭内的秩序：看护

一是父亲生病了，儿媳是第一看护人，媳妇的工作就是做饭和熬药。二是母亲生病后，媳妇是第一看护人，儿子也会看护。三是未分家的叔父有儿子，但是儿子没有媳妇时，叔母是第一看护人。侄儿媳可以看护，但是不能在叔父的房间待太久。四是如果叔母去世，则由哥哥的妻子，即嫂子看护。如果嫂子命令自己的儿媳妇看护叔父也是可以的。五是如果未成家的弟弟病了，母亲是第一看护人。嫂子如果年轻就不能看护弟弟，40岁以后可以。但是如果母亲命令，年轻的嫂子也可以看护弟弟，不过晚上嫂子不能去弟弟的房间。

9. 家庭内的秩序：代际叱责

一是家庭中男孩子做错事了，由父亲叱责。二是女孩子做事了，由母亲叱责。三是儿子15岁，儿媳18岁，媳妇做错事，由母亲叱责。四是如果父母健在，哥嫂可以叱责妹妹。五是父母不在了，丈夫的妹妹比嫂子年龄大，嫂子也可以叱责妹妹。六是哥哥嫂子做错事了，年长的妹妹也可以叱责哥嫂，即两者可以相互叱责。

10. 家庭内的秩序：平辈叱责

一是儿子15岁，有媳妇，如果媳妇做错事，由儿子叱责媳妇。二是儿子不知道媳妇过失的情况下，可以由公公婆婆叱责，也可以让儿子叱责。三是大哥是家长，弟弟做错事，大哥和嫂子不会叱责弟弟，只是提出忠告。四是如果父亲还健在，哥哥嫂嫂不可以叱责弟弟。如果父母不在了，哥哥嫂嫂可以叱责弟弟。

11. 人力安排：帮忙和挣钱

儿媳妇18岁，妹妹20岁的时候，一是邻居家结婚需要帮忙，儿媳前去帮忙。二是同族家里葬礼需要人打点，儿媳前去帮忙。三是如果家里需要安排一位女性外出打工，安排儿媳外出打工挣钱，因为女儿不外出挣钱。

12. 子女教育责任

在没有分家的情况下，侄子的儿子上学，学校要与家里联系，会通知家长，实际去学校的是侄子。学校不会通知母亲。

13. 集会与女人的参与

吴店村没有专门女性的聚会，但是有几种情况，女性可以参加或不参加。一是女性不可以参加清明会，但是清明会吃饭，女性可以参加。二是各户出一人参加会议，没有男性的家庭，女人可以参加。三是丈夫不在家，丈夫18岁的妹妹和妻子在家，由妻子参加会议。四是如果要外出买东西，丈夫不在家，在妻子与妹妹两人中妻子外出买东西。五是如果妻子还在哺乳，则外出后马上回家。六是村里开会时，男的不在家，女人可以参加，也可以委托邻居参加，还可以不参加。七是如果丈夫不在家，村里要家里支付摊款，媳妇不能说此事不管，只能说等几天当家的回来支付。

14. 儿媳妇的地位

儿媳妇在家的地位会有变化，但是生了孩子后不见得就会有很大的变化。一是如果儿媳要回娘家，应向婆婆说。二是儿媳做新衣服，直接找婆婆要钱，不能直接找公公要钱。三是儿媳要给小孩子做衣服，找婆婆要钱。四是如果婆婆不在了，通过丈夫找公公要钱。

15. 恋爱结婚

村里人自由恋爱结婚的少，在外地打工恋爱结婚的人更少。儿子不能不认父亲定下来的婚姻，也不能找自己喜欢的女人。有些人外出时会将媳妇留在家中，在这种情况下，父母不能也不会鼓励儿子娶二房，或者以此为条件让儿子回家。如果儿子在外地工作，与外地女人谈恋爱，父母会慢慢劝说儿子回来，不与外地女人结婚。父母不会与女方的父母沟通劝说其不要交往，也不会委托第三方劝说。

16. 外出打工与妻子

儿子外出打工时，一般不会带妻子。一是父母需要照顾；二是外出打工主要是挣钱，不是过日子。如果儿子在外赚的钱比较多，可以带妻子，同时也要带上父母，不能只带妻子不带父母。在外打工的人，妻子是否一同前往，要根据几个条件：一是打工的收入是否足够养活两人，如果不能还要家里倒贴钱，则不允许。二是如果家里需要人做家务活则不允许。三是妻子是否与丈夫一同去打工，由家里决定，父母商量后，由母亲转告儿媳妇。

17. 家长与家产

家里的土地是全家人所有，一是家长不能随便卖掉，如果要卖掉部分土地要与家人商量。二是家长赌博输了钱想卖地，家人即使反对也会卖掉。三是家长想买地即使家人反对，家长也可以买地。家长买地后不能随便卖掉。

（八）家庭事务

1. 家庭分工

家里一般有分工，一是父亲年纪大了，可以干一些轻活，如可以晒作物、剥甘蔗等。二是10岁左右的妹妹可以照看小孩子。三是女人们干家务活，如做饭、洗衣、推碾子、做衣服等，同时也会干一些力所能及的农活，如施肥、翻整泥土和播种等。四是新媳妇在一年内不去地里干活，因为太早干农活会被人笑话。

2. 做饭：母亲指挥媳妇

家里由女人们做饭，一般是兄弟的媳妇轮流做，具体谁做饭由母亲安排，母亲不会与人商量。不做饭时就剥玉米粒，母亲和儿媳妇都要做这个活。家里人想吃什么也不会商量。如果儿子提出想吃什么，母亲会听取意见。儿媳妇提出要求或者希望，母亲不听的时候比较多。

3. 吃饭：家庭内的秩序

一位受访者表示，一般在父亲的房间吃饭，大家坐在一张桌子上吃饭，只不过女人们坐在一起。吃饭时位置也不是特别固定，父母也不见得要坐上席。吃的食物相同，父母偶尔可以吃点好的（这是一个只有 23 亩所有地，租种了 10 亩地的家户）。

4. 聚会：家庭内的秩序

一家子在农闲时会聚集在一起聊天，一般在晚饭后。此时兄弟的媳妇们也会在一起谈话。

5. 聚餐和穿新衣

一年中的新年，五月的端午节，八月的中秋节，全家聚集在一起聚餐。全家任何时候都可以换新衣服。

6. 居住往来：家庭内的秩序

农忙时男人们晚上都会干活，女人也会在晚上做事，如缝制衣服等。晚上干活时，儿媳妇在各自的房间，偶尔也会在一起干活的。一月、二月和四月、五月会在婆婆的房间里缝制衣服，因为东西一般堆在婆婆的房间。

7. 居室往来：家庭内的秩序

一家中，串门有讲究：一是兄弟媳妇之间可以随意相互串门，去哥嫂或者弟媳的房间均可以。二是弟弟可以随意去哥嫂的房间，但是哥哥不能随便去弟弟和弟媳的房间。因为弟弟不用跟嫂子客气，但哥哥必须与弟媳要客气。三是父亲不能随便去儿媳妇的房间，如果是找东西可以进去，但不能待得太久。四是儿媳妇可以自由去父亲所住的房间，即使母亲不在时也可以，但不能待得太久。五是母亲可以自由去儿媳妇的房间。

8. 制作衣服：家庭内的秩序

一是媳妇给自己、丈夫和儿女做衣服，同时也做公公、婆婆、未出嫁的小姑的衣服（小姑只有 10 岁）。二是如果有两个以上的儿媳妇，公公、婆婆的衣服由婆婆决定哪个媳妇来做。如果有兄弟媳妇没有孩子，则她就给公公、婆婆做衣服。如果媳妇们都有孩子，则由母亲安排人来做衣服。三是做衣服的布料，由父亲购买，买后交给母亲，母亲再交给儿媳妇。因为无法控制成本，儿女们不能自己买布料。四是如果不是全家统一做衣服的时候，儿子想要做一件衣服，则拜托父亲；如果儿媳妇想要做一件衣服，则拜托婆婆。家里统一做衣服是冬天和夏天，除此之外都不能做衣服。

9. 工作指挥：家庭内的秩序

在家中父亲和母亲是工作的指挥者。一是母亲指挥和安排媳妇干家务活。二是父亲会指挥和安排儿媳妇做力所能及的农活，同时父亲也可以指挥儿媳妇做家务活。三是大媳妇不能指挥其他媳妇工作。四是哥哥不能指挥弟媳工作。

10. 洗衣：家庭内的秩序

一是各家的衣服由自己的媳妇洗。二是公公、婆婆和未成年的妹妹的衣服由儿媳妇们洗，具体由谁洗，由婆婆安排。三是弟媳妇不能洗哥哥的衣服。

11. 庆生

一般的家庭连温饱都解决不了，不会为家长庆生，只有有钱的人家才会庆生。

三　农村社会和文化

1. 大户

在吴店村，大户是指人口多、同族人多的户。

2. 庙宇及祭祀

吴店村有两座庙，一是五道庙，供奉着虫王、龙王、关帝、土地、青苗五神。五道庙没有祭祀仪式，每年正月十五村民们会焚香叩头。二是关帝庙，供奉着菩萨、关帝、龙王。每年六月二十四，村民们会举行祭祀仪式，以祈祷诸神保佑有好的收成。

3. 家神及祭祀

家里供奉着菩萨、老爷、龙神、财神、天地神。财神每月的初二和十六祭拜，进献一个鸡蛋和一块豆腐就行了。老爷与财神同时祭拜。观音在其生日二月十九焚香祭拜，但是不会进献供品。祭拜时谁都可以叩头，但是家里男人事多，一般由女人叩头祭拜比较多。当然如果家长叩头，其他人就不必叩头。龙神、天地神在初一和十五焚香。龙神也是女的祭拜比较多。在春节、端午、中秋聚餐时会祭拜家神。家神的祭拜会因家庭而不同，有钱人家天天都会叩头祭拜，儿媳妇早、中、晚都会叩头。但是穷人家只有初一和十五祭拜。

4. 幼名、学名和号

父母给孩子起幼名；上学时老师会给孩子起学名。如果有人不上学，不外出做事，可能一辈子也没有学名，就叫张二、李三、王五等。如果外出工作，掌柜的或者其他的长辈会给一个号。学名是大名，号就是小名。在社会上，不直接叫学名，而是叫号。长辈可以直接叫名，同辈之间要称号。如果初次见面不知道号，会问他的号，以便下次见面称呼。

5. 认干亲

如果孩子的命不硬，不好养活时，父母就会给孩子认干亲。根据孩子的出生年月日找义父、义母，一般找义父的比较多。找义父时，给义父帽子一顶、鞋一双，有钱人的话还会给一件大棉袄。义父给义子瓷碗一个（放一杯盐）、筷子一双和棉袄一件，义父有钱的话还会给银碗。找义父的要求：一是不能找同宗的人，但是同姓无妨。二是义父的辈分必须高于义子。三是义父死后，义子及义子的妻子都穿丧服，和义父的亲生孩子一样陪灵，一般是一个月。义子的儿子在葬礼的当天，白鞋后跟系红布（鞋后跟红补丁），而且肩上也要有红布。之所以只在葬礼当天，是因为干孙子关系很远。四是义子的兄弟称呼义父为义父，但不服丧。义父称呼义子的兄弟叫侄子。五是义子称义父的妻子为义母，称义父的儿女为义兄弟义姐妹。六是一般孩子一岁的时候找义父，仪式是挂钱。义父会在小铜钱上扣上细绳相赠，每年孩子生日母亲会带着孩子去义父家，小铜钱每年增加一枚，到了 12 岁时达到 12 个为止，这个仪式叫作桂钱，意思是添岁数。

四 土地租佃

（一）土地租佃

1. 本业地和地东
自己的土地称本业地。如果将自己的土地出租，这样的农户称"地东"。

2. 佃户和种地户
佃户就是租种别人的土地的农户。租种民地的农户，称"种地户"。

3. 佃农的资格
地主在租地前，也会调查佃农的生产能力，如家里有几口人，有几头牲口，家里是否有土地。因为有土地就有交租的能力。

（二）租佃类型

1. 伙种
伙种其实就是租地，也称分粮地。伙种分为两种，一种是"死分粮"，即每亩交一定数量的地租。从地主的角度来看，将土地借出去称为分租，分租只有死粮。每亩地租为五斗（收成大约是一亩一石，或者七八斗），一切费用、摊款、摊工都由租地者承担。所有者只负担田赋。伙种没有中间人，也没有契约，如果当年滞纳地租，第二年则不让租佃。租佃一般不会有确定期限。如果交租后双方都没有说，就是继续租佃。原因是：谁也不知道明年的收成会怎么样，费和税是多少也不清楚。因此地主和佃农都不喜欢有租佃期限。租地时不需要向保长、村长报告。二是"活分粮"。伙种也有分成交租的，如五五分成、六四分成、七三分成等（满铁调查对于伙种的调查比较混乱）。"秋种"的情况比较少。

2. 活粮
活粮与伙种、分粮不同，活粮是地主出种子，也有人说地主出一半的种子。收获时，主佃各分一半收获物。如果地主不出肥料，就不分草料。

3. 打现租

打现租不需要签订契约，也不需要担保人。一是租佃时间，三月初一到十月初一。二是交租时间，一般是3月交租，也有在2月交租的。如果有100元的租金，3月交80元，剩下的在3月末交也可以，但是在8月末交就不好。如果要在4月交租就得有担保人。三是担保人的资格和责任，担保人是与主佃双方都熟悉的有钱人。如果4月佃农还没有交租，担保人有责任代交。四是打现租不写文书，即使有担保人也不签约，但是担保人会代交租金。五是如果担保人无法调解主佃双方的矛盾，也会请村里办公事的人调解，只是这样佃农第二年难以租佃到土地。六是商量租佃的时间，一般在2月份商量租佃，商量后5天内要交租，如果只交一部分，在3月20日前必须交剩余租金，否则地主会退回租金，另租他人。3月20日为交纳的最后期限，因为过了这个时间土地就要开始耕作，可能就无法租佃出去了。如果5天内没有全部交完租金，佃农就得请担保人督促。3月20日之前不能交纳剩余部分，担保人就得代为交纳。七是3月20日前没有交纳租金，佃农不能使用土地。如果担保人保证在3月20日会交纳，佃农可以使用土地。

4. 伙种、租地、打现租

一是伙种。租佃土地，给地主交租，期限为一年，这种租佃方式为"伙种"。在侯家营，这个称"租粮"，不称租子。二是租地。土地租佃多年称为"租地"。租地需要签订契约，期限多为三年。三是打现租。土地一年一租，租金为现金，这种租佃方式称为"打现租"。打现租不签订契约。在打现租的租佃方式下，即使土地没有收获，也得交租。在三种租佃方式中，伙种最多，租地较多，打现租最少。三种租佃方式，其地亩款、贴办费、青苗钱均由佃农负担。对于佃农来说三种租佃方式的收益大体差不多。另外，伙种有"活分粮"的方式，其他两种租佃方式没有"活分粮"。

（三）出租类型

1. 菜园地出租

菜园地的租金为实物地租，租价为收获物的4/10，种菜需要较多肥料和人工投入，故地主占地租的四成。如果菜园种植多种蔬菜，则每种蔬菜的四成都要交给地主。如果菜园的井坏了，由地主负责维修，而如果是轱辘坏了，则有佃农负责维修。

2. 旗地租佃

旗地即王府圈占地，租种旗地的农户成为"佃户"，而租种民地的农户则称"种地户"。旗地的租金一般为现金。旗地又庄头负责收租，一般为旗人。庄头下有若干催头，旗人汉人均可。庄头来到县里，催头下村，带着账簿每户催交。

（四）地租形态

1. 纳钱和纳物

以钱交租称"纳钱"，以物交租称"纳物"，一般旗地纳钱，变成民地后则纳物。晚清时民地纳钱，民国后特别是民国十年（1921）后纳物逐渐增多。在事变后，"活粮"变成了"死粮"。如果地主觉得收成不好，就会将"活粮"变成"死粮"。另外，地租也减少了，称为折租。吴店村有 3 位不在村地主，折租了 1/3。

2. 地租形态及选择

一是作物的价格与交租。在侯家营，地租一般为每亩 4 斗，交纳高粱、玉米和粟。如果种植的是小麦，要将小麦换成上述三种作物交租。如果玉米价格比粟高，而佃农家有粟，可以用粟来交租。如果佃农家没有粟，而买粟来交租，地主会不高兴，从而影响第二年的租佃。如果各种农作物之间只有少许的差异，地主也不会在意。二是土地生产的作物与交租。佃农有自己的土地，也有租佃的土地，自家土地的产物比租佃土地的产物差的情况中，佃农不会用自己家地生产的较差作物交租，而是用租佃土地的作物交租。三是作物的质量与交租。家有上、中、差三等作物，佃农不会用差的作物去交租。不过受访者表示，在同一块地上很难区分作物的好坏。如果地里种植的是高粱，其价格比粟高，佃农想交粟，最后双方会商议，结果多是高粱和粟各交一半。佃农交租后，地主不会给收据，即使是分次交租，也不会写收据。

3. 折价

如果立契时约定交纳谷物，如果没有种植谷物，可以申请折价纳钱。折价一般是地主提出的比较多，折价一般在交纳地租时主佃双方讨论。

4. 租佃分成

土地出租、伙种称为"打粮"，收租金叫"收粮"。"收粮"分为两种：一是"死分粮"，亦称"死粮"，指收取固定地租，"死粮"在吴店村占所有出租土地的 7/10。"死粮"一般交高粱，如果交麦子，一斗麦相当于二斗高粱。因交租后剩余的都归佃户，故佃农会增加施肥。一是"活分粮"，也称"活粮"，指出产物的一半，如果种植两季，则两季作物均五五分成，在吴店村没有四六、三七分成的分法。

5. 打现租类型

租地时收现金就是打现租。如果先收租金就是"上打现租"，如果后交租金就是"下打现租"。如果农民有钱，希望"上打现租"，这样租金便宜些。对于地主来说，如果住得比较远，也希望"上打现租"。"打现租"与"伙种"相比，还是后者多些。一般的人都喜欢用粮食交租。

6. 纳粮

佃农给地主交租称"纳粮",也称"地粮""地租粮",纳高粱、谷子、玉米均可。地租一旦确定,一年内不会改变。地租粮一般是四斗,差地为三斗,好地为五斗,佃农多喜好地。地租一旦确定在一年内不会变化。如果是钱,称"租钱"。

(五) 租佃期限及程序

1. 耕种结束与租地结束

租地期限为一年,3月20日到9月上旬。如果是"打现租",租地随作物收获而结束,不管是6月、7月还是8月,只要收获完毕,租佃就结束了。如果佃农不准备续租,不能再使用土地。在租佃结束后,如果佃农不续租的情况下,地主可以自由使用土地。8月或者9月作物收割了,其根还在地里,这个依然属于佃农的。如果佃农不再租种要告知地主,如果到时佃农没有说明,地主也会主动询问。

2. 分组租佃或者共同租佃

如果地主将土地租给5个人,这5人可以派位代表与地主交涉。地主可以将地租给一个人,再由这个人将土地再转租给其他人。立契时,地主可以写下5人的姓名,也可以只写下代表的名字。交租时,大家一起去交,也可以由佃农代表去交。佃农代表不能私自提高地租,如地主以每亩三斗租给佃农,佃农不能以每亩四斗再租给其他人。共同租佃又分为两种情况,一起耕作和分开耕作。一起耕作时,可由佃农代表交租,也可各自交租,而分开耕作时,只能各自交租。

3. 契约的时间

地租交纳后即可签订下一年的租佃契约,从时间上来看,重新签订契约的时间大约是10月、11月、12月。如果双方都不说,则默认继续租佃。

4. 地租的搬运

地租的搬运会在契约中约定好,有地主自己搬运回家的,也有佃农用牲口送给地主的。如果事先没有约定,则佃农送到地主家,地主会给一点运费,如果赶上吃饭,地主会叫佃农吃饭,但不会给牲口喂食。地租送到地主家时,地主会再次测量,也会查看谷物的质量。一般佃农不会将很差的谷物交给地主,以免影响租佃关系的延续。

（六）租地变更

1. 夺佃

假设甲以每亩四斗的租价租佃乙的土地，如果丙想租佃这块土地，就会偷偷地对乙说，愿以四斗五升租佃该地。此时，乙会询问甲是否愿以四斗五升租佃，如果甲不租佃，乙则将该地租佃给丙。这种现象就称为"增租夺佃"。乙丙的交易暗中进行，如果甲知道了则会引起纠纷。村里人也认为"增租夺佃"不好。

2. 佃农变更

如果地主想变更佃农，会在佃农交租后告之，当然佃农也可以请其他人说合。一般而言，在不滞纳租金的情况下地主不会变更佃农。但即使佃农按时交租，地主也有可能会变更佃农。

3. 转租佃

在预先交纳现金租金的情况下，可能会出现转租佃的情况。如一位佃农以每亩三斗的租价租佃某地，在租地时就交了租金，然后以每亩四斗租金再转租给其他佃户。这称为"转租佃"。

（七）租佃中人

1. 伙种的中介

伙种时主佃双方一般不见面，通过说合人或者中介人沟通。佃农可以请说和人，地主也可以请说和人。主佃双方的说合人不会协商，而是直接找地主或者佃农。当佃农不交租时，地主可请中人催促，如果发生了灾害则不会催促。如果发生了灾害，也可减免地租。如果租佃人生病了，可以延迟到第二年交租，如果延迟交租，佃农不能再拖欠，即使借钱也得交租。说合人不需要谢礼，但也有在节日时给说和人送点礼品，十中有一。说和人可以是本村人，也可以是外村人，前提是与主佃双方都熟悉。如果佃农滞纳地租，地主不会直接找佃农，而是委托中人去督促。伙种的说合人不会代替佃农交租。伙种的中人责任不大，故谁都可以担任。大地主会有管事人，说合人可以直接与管事人交流。

2. 租地的中人

土地租佃也需要找中人。中人要与地主和佃农双方都认识。本村村民之间的租佃，一般不需要中人，外村的租佃都需要中人。如果佃农不能按时交租，中人有责任督促，甚至有代交的责任。如果地主想退佃，则由中人出面与佃农交涉。退佃有如下情况：一是佃农遇到灾害，无法交租时，地主退佃。此时佃农也可主动通过中人向地主请求延迟交租，以免地主退佃。二是产量不足无法交租，地主要求退佃，佃农也会请中人说情。遇到地主退佃的情况，佃农只会找中人说情，不会找村里有权势的人说合，因为租佃是一种双方自愿的行为，地主有权选择佃户。

3. 两位中间人

不熟悉的人租佃地主的土地时，会请一位中间人。如果地主要收回土地，佃农会请另外的人与地主沟通，这个人也可以成为中间人，这样两人均成为中人。如果某人变成保人可简称中保人。如果地主对某位中人不满意，会建议另找中人。

（八）地租滞纳

1. 地租滞纳及换算

虽然滞纳地租，地主就可能会退佃，但还是有滞纳的情况发生。如果第一年滞纳了，第二年麦秋必须交租。即使无法全部交纳，也要交纳一部分。如果约定以玉米和谷子交纳地租，就不能交纳高粱，如果地主需要高粱也是可以交高粱，或者高粱的价格比谷子的价格高也可以。如果地主不同意，则必须将高粱换成谷子交租。地租滞纳不计算利息。

2. 滞纳的处理

如果佃农滞纳地租，在中人的协调下可以牵走佃农家的牲口，也可以将滞纳的租金转为借款。如果佃农滞纳地租，地主可以收回租佃土地，但收回土地后地主想将滞纳转为借款就比较难了。

（九）地租与相关变量

1. 土地等级与地租

上等的土地，地租比较高，一般每亩为六斗；中等的土地，地租适中，每亩五斗；下等的土地，地租最低，每亩二三斗。良乡县东南的沙地、西边的坡地属于下等地，在这些地方，即使是好点的土地，地租也只有二斗，较差的土地则只有一斗。上等土地即使地租高，佃农依然愿意租种上等地，而不喜欢下等土地。因为下等地受气候的影响大，比较费力，收成又不好。在良乡县，没有灌溉地，只有菜园会灌溉。

2. 土地远近和地租

土地远近和地租关系不大，因为如果土地离家近，则容易受牲口之害；如果土地离家比较远，虽然费力，但是不受牲口之害。土地距家的远近有一个限度，一般 2 里内不影响租金，因为 3 里以外，没有家畜就难以收获，耕种很不方便，地租会稍低。如果是土地买卖，离家近的土地会价格会高些。

3. 治安情况和地租

整体来讲，在日本人调查的前几年，治安一天比一天差，所有土地的地租都有所下降。地租下降主要有三个原因：一是摊款越来越多。因为摊款增加，如果不降低地租就找不到佃农。二是治安越来越不好。治安不好的地方，地租会下降。三是不在村地主增多。因为治安不好，地主都去了北京或县城等治安相对较好的地方，这些地主的地租会下降。

4. 地价和地租

地价高，地租一般也会高。上等土地的价格是二百七八十元，此类土地的地租是老斗六斗，典价 200 元左右，指地借钱可以借 150 元左右。

5. 租佃与赋税

租佃土地的赋税、亩捐由地主承担，而乡村的摊款由佃农承担，也有约定主佃双方共同负担的情况。

6. 秋粮账

大地主家的土地出租较多，会有一个账簿，称为"秋粮账"，写着佃农的姓名、土地位置、数量及租价。良乡县有一个吴姓地主请了一个记"秋粮账"的先生，每年支付报酬 200 元，由吴家管饭。

五　土地买卖

（一）中人

1. 定义

土地买卖时，买家和卖家不见面，由中人说合。中人又称中间人、中保人。也可以称"来人"。中人的作用主要是避免交易过程中产生问题。

2. 中人的条件

中人必须识字，懂道理，能说会道，女性、穷人不可以当中人，被人雇用没有空闲时间的人也不可以当中人。

3. 中保人和代笔人

土地买卖需要中保人，一般是卖主委托中保人，帮忙寻找买主。分家后的亲兄弟之间一般不做中保人；娘家亲戚也不做中保人。中保人其实有两个职责：一是说合，所以又称为说合人。二是担保，担保人必须保持中立，故中保人不能写合同，因此必须找代笔人写契约，如果卖主自己会写字，有时也会自己写，这时就必须写上"亲笔"。中保人一般是 2 人，也有 1 人或者 3 人的情况。代笔人写完后，要当场读给卖主、买主听，然后将字据交给卖主，再由卖主交给买主，这称为交换"字儿"。然后买主将钱交给卖主。土地买卖时，买卖双方、中保人、代笔人要参加。

4. 中保人的责任

如果签订协议后出现了问题，则由中保人负责。如果测量的过程发现土地面积不够，就会少给钱；如果交易完成后发现土地面积不够，中人就会说已经交钱了，拿不回来了。一般而言，有中保人够协助解决，故很少有打官司的情况。

5. 测量人

土地买卖时要测量，在吴店村会测量的人称为打地人，全村只有一两个人。另外，一位访谈者表示，全村有八九位人会测量。如果中保人、代笔人会测量，也可以不请打地人。测量需要"五尺杆子""绳尺"。测量一般在立契前，有"地少先量，地多后量"的俗语。

6. 一般中介

在日常生活中，有各种类型的中介人。这些中介人在不同的场合有不同的称呼：一是调解纠纷的人称"排解人"，即排除理由的人。二是劝架的人称"说和人"。三是土地买卖的中介称"说合人""说地人"，签订合给予担保的人称"保人"。四是借钱时的中介称"说合人"。五是伙种时的中介也称"说合人"，此外还有"中人""来人""保人""证人""中间人"等叫法。六是借款写字据时的中介叫"中证人"。

（二）土地买卖的规定

1. 土地买卖程序

卖方委托中保人寻找买主，中保人找到买主议定价格后便可实地查看，看地时买卖双方、中保人、地邻必须到场。这时要搞清楚土地是否被抵押、出典，被抵押或者出典则不能买卖，抵押地还钱后或者出典地赎回后方可进行买卖。如果有中保人做担保，买方先付款给卖方，以便卖方先还钱或者赎回土地，然后再交易。

2. 土地先买权

在吴店村，土地买卖有一定的顺序，一是同族先买权。村民卖地时，会问问同族的人是否买地，如果同族人愿意买，就卖给同族人，价格会适当便宜些。如果同族人不买，方可卖给其他人。如果不与同族说，今后就很难求得同族人帮忙。二是抵押者先买。如果同族之间没有人要，就要问抵押者，抵押者有先买权。三是地邻先买权。如果同族和抵押者均不要，则就要问地邻。四是本村先买权，如果本村和外村的人出同样的价格，本村人优先。如果本村人和外村人都出同样的价格，即使已经签约了，也可以毁约再卖给本村人。如果已经交钱则不能毁约。如果价格在 10 元以内，则会优先卖给具有先买权的人。卖地时不向参议报告，但是要拜托参议到编乡拿官用草契，同时参议也是监证人，另外不用给参议礼金。

3. 价款的授受方式

土地买卖的价款一般全额支付，但是也有少数延迟支付的情况，这时需要中保人担保卖方能够得到钱。比如正月卖地，麦秋必须结清。延迟半年、一年支付价款的情况比较少。有受访者表示，有时也只给一半钱，另外一半钱做为贷款取得利息。一般而言，立契、交钱、拿地是同时进行的。

4. 土地买卖请客和谢礼

土地买卖结束后，买家要请中保人、代笔人、卖主吃饭，可测量人不吃饭，但是要给谢礼。此外，也要给代笔人和中保人谢礼，以米、面为主，如 10 斤面、5 斤酒、100 包茶叶等，一般不给钱。一位访谈者表示，中人的手续费"成三破二"，即买方出三成，卖方出两成。代笔人只吃饭，不给谢礼。

（三）土地买卖其他

1. 黑地买卖和报粮

黑地一般无法买卖，如果买卖黑地，要受惩罚的。黑地价格比较低，如果民地价格为 100 元，黑地只有六七十元。黑地报粮时一般不会被粮房接受，因此要拿着礼物去找人通融。如果没有带礼物，报粮可能要半年，而带了礼物只需一个月，这个礼物称"监证人提成"。"监证人提成"由县里代收后，再转给监证人，证监人不是直接从买主处拿。

2. 白契、草契和老契

在晚清和民国，土地买卖双方签订的协议称白契，如果去县公署契税，就变成了红契。民国十几年后，土地买卖必须在村长（监证人）处购买官制草契，费用为一毛到二毛，由村长写草契。交易人要在一个月内去县公署契税，将草契变成红契，否则就会受惩罚。监证人能够得到5‰的手续费，手续费由县公署转给监证人。在立了新契后，老契失去效用，有时卖方会将草契和老契一并给买方。草契制度实施后，不允许用白契直接去县公署契税。

3. 土地买卖的权利人

土地买卖一般以当家人的名义进行，如果男当家不在家或者去世了，可以有如下选择：一是如果男当家有小男孩，虽然家务由妻子主事，但是土地买卖必须以小男孩的名义进行。二是如果没有小男孩，则以妻子的名义进行土地买卖。

4. 监证人

监证人是进行土地买卖的做证人。在晚清时，监证人又称官中牙纪，民国时先后由村长、参议、编乡的乡长充当。

六　农村金融

(一) 借款概况

1. 借钱的类型

借钱有四种类型，一是靠面子借钱。靠面子借钱一般不会立字据，可能有利息也可能无利息。靠面子借钱，一般金额较少、借期较短，大约三四十天左右。二是借利息钱。因为靠面子借钱，要支付人情，欠别人的人情，加之债主也希望有利息，因此多会选择借利息钱，借利息钱往往需要立字据，利息也比较高。三是指地借钱。指地借钱指以土地为抵押借钱，需立字据，利息也比较高，另外还需要中人。四是典地借钱。典地就是将土地交给债主耕种，自己获得借款。

2. 借钱的选择

从农民的选择来看，在四种借钱方式中，比较多的是借利息钱；其次是典地；再次是指地借钱；最少的是靠面子借钱。从借款期限来看，借款期限最长为典地，最短为靠面子借钱。从利率来看，靠面子借钱的利率为1分或者1分5厘，指地借钱一般为3分。从借款的安全性来看，在四种借钱方式中，债主最安全的典地；其次是指地借钱，再次是靠面子借钱，最不安全的是借利息钱。因为典地和指地借钱有土地担保，借款最为安全，而依靠面子借钱，也有面子可以依靠，故借利息钱最不安全。

3. 借款的担保

借款的担保有三种形式：地、物、人。一是以土地担保，如指地借钱、典地；二是写字据做为保证；三是以人担保，即当中人、保人，如果只保人、不保钱就是中人，如果既保人也保钱就是中保人。在三种担保方式中，最受债主喜爱的是以土地担保；其次是字据担保，打官司时可以做证明；最后是以人担保。

(二) 借款

1. 借

在吴店村或者在良乡县，只要说是借，就是免费，不需要利息、租金等，即不付出代价的使用。如借房子不需要房租，如借钱不需要支付利息，如借农具不需要给报酬，如借土地不需要支付租金，如借粮食不需要付利息。借钱必须有中人，有中人就必须立契，不过小额的借款，既不须找中人，也不须立契。

2. 借款

吴店村里有一半的家庭有借款，有两三个家庭借出，既没有借入款，也没有借出款的只有一家。在吴店村,借款一般以土地作为担保,最多借款额为 100 元,大多只有五六十元。借钱的原因主要有以下几点:一是没有饭吃;二是没有衣服穿;三是结婚;四是丧葬,另外还有购买不动产时需要借钱。大的葬礼需要花费千元左右,中等葬礼需要六七百元,这些钱主要靠卖地或者典地。

3. 借钱和还钱的顺序

借钱的先后顺序依次为:邻居、同族、亲戚、朋友、当铺和地主。还款也有顺序,总体来说依次为:朋友、亲戚、同族、地主。还款顺序需注意以下几点:一是地主在最后还钱,因为可以用第二年的作物偿还借款。二是在亲戚与同族中,先还亲戚的借款,因为娘家亲戚要讲讲面子,因此要先还。三是在丧葬借款和结婚借款中,要先还丧葬费用,因为父亲的葬礼最重要。如果结婚的时间在葬礼的时间前,要先还结婚的借款。四是在葬礼借款和粮食借款中,则要先还粮食借款,因为食为先,如果不先还,下次就难以借到粮食了。五是在石油、碳购买借款和粮食借款中,先还粮食借款,道理与前面相同。六是在冬天衣服购买借款和碳、石油购买借款,先要还冬天买衣服的借款;其次是碳;再次是石油,救急为先。七是在买药借款和买衣服借钱中,要先还买药的钱,因为父母生病借钱是孝道为先。八是在药房借款和杂货店借款中,要先还杂货店的借款。九是在粮食借款和药店借款中,要先还药店借款,因为药店只有一家。十是在买粮食借款和买种苗借款,先还种苗借款,因为没有种苗就无法收获作物。十一是在药店和种苗借款中,先还种苗借款。十二是在种苗购买借款和马骡购买借款,要先还后者,因为马骡借款数量巨大,利息高。

4. 借款中证人

借款时需要中介,即通常所说的中证人。一是如果借方不还账,贷方就会找中证人,请他出面督促还钱。二是如果借方不还钱,中证人有代为偿还的责任。如果中证人还款后,就从借方拿到借款字据,日后以此要求借方还钱。三是在还钱时,借贷双方和中证人一起,通过中证人来偿还。四是贷方可以提前要求还钱。五是借款纠纷的调解,借款的纠纷可由中证人调解,也可以请其他人调解。六是如果债务人不还钱,债权人不能直接去债务人家拿东西抵借款。七是如果甲通过某位中证人向乙借钱,乙不想借钱,就会说,要请××做中人,这样就不了了之。八是本村人向城里人借钱,可以由本村人做中人,也可由本村人认识的城里人当中人,一般前者居多。

5. 借钱期限

借钱期限一般是一两年。一般按照约定期限偿还,提前还款亦可,如果借方有钱了,3 个月偿还也可以,这时只计算 3 个月的利息。

6. 滚利折算

借钱比较多,时间比较长时需要立契,也需要支付利息。一般而言,借款金额越大,利息会越多。如果欠的利息比较多，可以将利息计入本金，一并收息。这称为滚利计算。

（三）指地借钱

1. 指地借钱

所谓指地借钱就是以土地做为抵押借款。指地借款时土地仍归借方使用，借方给贷方支付利息。指地借钱需要签订契约，也需要中人。

2. 指地借钱的中人

指地借钱需要中人，中人可以是一位，也可以是两位。中人也称中保人或保人。指地借钱的中保人要负全面责任，借方不能偿还本金和利息时，中保人有责任代为偿还。当然如果借方不能偿还，中保人会劝说借方将土地交给贷方耕种。指地借钱改为典地时，需要重立典契。如果从指地借钱转为出典土地，借方会提高价格，这种行为为"找钱"，也称为"抄钱使"。

3. 指地借钱与第三者租种

土地所有者乙将某块土地指地借钱给甲后，可与甲商议将这块地交给第三方丙耕种，只要甲同意就没有问题；如果甲不同意则不可以。丙耕种也要按时给乙交租，乙再将租金转给甲。

4. 分家与指地借钱

指地借钱后两兄弟分家了，其契约可以这样处理：一是如果土地归大哥，二弟给大哥借款金额的一半，如整块土地指地借款为140元，二弟给大哥70元，此契由大哥来处理。二是如果土地两兄弟平分，则要平分借款和利息。如果一位兄弟滞纳，另一个兄弟没有连带责任。分家后的指地借钱的处理要写入契约。

5. 指地借钱土地的买卖

指地借钱的土地也可以买卖。借主会先问债主是否买，如果债主买，则债主支付借款与卖价之间的差额即可。如果债主不买，借主则按照一般土地买卖。如果土地价款是180元，借款是140元，借主从第三方获得180元，然后将140元交给债主，债主将契约交给借主，借主交给第三方。有时第三方担心借主将价款用掉，因此可以将180元交给中间人，中间人将140元给债主，拿回契约，再将40元给借主，同时将契约给第三方，完成土地买卖。

6. 指地借钱与老契

前清时，指地借钱只需要签订新的字据就行，可以不附带老契。如果要附带老契，则需要写上"随带契纸"。在日本人调查时指地借钱需要立新契，也要附带老契。因为过去的人老实，现在的人变聪明了。当然也有不带老契的情况。

7. 以粮抵利

指地借钱时，利息可以给现金，也可以给粮食（如每年五斗利息），由双方商定。对于粮利也按照利率一样计息，如100元，3分息，则一年要36元。如果用粮食来计息，可能需要43元，因为粮食涨价了。

8. 指地借钱不履行

如果以粮抵利，当年无法履行时，可以延迟至第二年一并交付。如一年利息四斗，第二年将两年的利息八斗一起支付。如果连续两年都没有交纳，有三种处理方式：一是债主取回本金，以后再要回八斗利息。二是八斗加本金一起转为租地（出典地），重新将指地借款契换成典契。三是让借主卖地，债主买了，债主只需要支付地价与典价之间的差额部分。

9. 拔地

一块土地值150元，指地借款先借100元，然后再借40元，再借的行为称"拔地"，40元称"拔地价"。这个可写入原契，也可以另加一个附页。

10. 地价与借款

在吴店村，上等土地的价格是一百八九十元；中等土地是一百一二十元；下等土地是二三十元。以上等地担保指地借款可以借一百四五十元；中等地可以借六七十元。以指地借款的利息是100元三斗，150元四斗五升。也有再多支付的，这就变成了利息。如果是出典地（当地称租地，为了阅读方便，在行文时用书面语言），上等地可以借170元；中等地可以借八九十元；下等地可以借一二十元。

11. 指地、典地和债主

指地借款的钱粮、摊款全部由借主承担。典地的钱粮由借主承担，实际上是债主支付的，摊款全部由债主承担，这称包纳。如果债主是普通农民则更愿意典地，因为出典后自己还可以耕种；如果是商人更愿意指地借款。

（四）出典土地

1. 出典土地

在吴店村，如果需要钱就将土地出典，即将土地交给别人耕种，别人给典价。出典者得到借款，承典者得到土地。这种出典在吴店村又称"租地"，这与其他地方有很大的差异。

2. 典地的理由

出典者主要是需要较多的钱，但是又不愿意卖地的情况下的选择。承典者是想要买地，但是钱又不够，或者想要种地，又无力一口气买地，因此选择承典土地。

出典者多在不愿意卖地而又需要大笔资金的境况下选择典地，承典者多在想买地而又无力一口气买地的情况下选择承典。

3. 典地租佃

出典土地一般不会租佃给出典主，而是租给其他人。

4. 典地立契

典地立字据可以在借主处，也可以在债主处，还可以在餐馆等第三方立字据，也可以是中间人带着字据去，拿了钱然后交给债主，也可以三方一起立字据。如果是100元以上的典地，一般三方在一起，在餐馆立字据，这样立了字据后，承典人可以请中间人和出典人吃一顿饭。如果不在餐馆立字据，也不会给中间人礼物。立典契一般在9月、10月份为多。

5. 出典契税

在良乡县，土地出典一定要立契还要契税。程序是：一是出典人和承典人在中人的说合下，签订白契，出典人保管。二是出典人、承典人去村长处拿到草契，在村长的监证下，签订草契，村长是监证人，这时不需要中人。监证人制度自民国十五年（1926）开始实施。三是草契签订后，承典人拿着草契去契税。四是草契是一式四联，需要10钱购买，四联分别保存在承典人、出典人、乡公所、县公署。正契由承典人持有，其他都持副契。五是契税每百元需要6元60钱，包括交给证监人的50钱。六是契税按照出典人三分，承典人七分来承担，另外需要补充的是收据上写承典人的姓名。

6. 出典土地的利用

乙以150元的价格将土地出典给甲，甲可以将南北向的垄改为东西向，也可以将垄缩小或者扩大，这是甲的权利。如果甲想挖一口浅井，不需要请示乙，只是在退回土地时将井填埋即可。如果甲想挖一口深井，在不向乙请示的情况下，甲承担全部费用，将土地和井一并移交给乙。如果甲向乙请示，乙同意出一些费用，则甲会找乙要乙承担的部分，井与地到期后一并移交给乙。

7. 典地的赎回

典地一般会有一定的期限，在期限到后可以申请赎回。当然也有在十年、二十年也没赎回的典地。如果只有两年典地期限，不能提前，必须到期后赎回；如果三年期限，可以两年后赎回；如果五年期限，可以三年后赎回。如果承典方不同意，就不能提前赎回。如果承典方已经将肥料运到了地里更不能提前赎回。在提前赎回时，出典方会请中间人说好话，承典方看在中间人的面子上大多会同意。当然如果有肥料的问题，可能就有些难，当然出典方可以进行适当补偿。回赎土地时不能只回赎一半，应是到期后整体回赎。出典土地可以卖掉，但是必须回赎后才能卖掉。

8. 转典

如果乙将土地以 150 元出典给甲，甲可以用典契将土地在 150 元以内再转典给丙。

9. 典价支付

一般是立了字据后就得支付典价，但是也有立了字据后等三五天再付典价的情况，这需要中间人担保。也有先给钱，后立字据的情况，同样需要中间人担保。受访者表示，早三五天，迟三五天，甚至 10 天都没有多大差异。

10. 中人、保人和中保人

在吴店村，中人、保人和中保人是一样的，都要承担说合功能，还有督促还款和代还责任。如果中保人去世了，债主能够拿出证据来，中人的儿子继承中人责任。如果债主拿不出证明，中人的儿子可以不继承中人责任。如果借主去世，借主的儿子必须偿还父亲的债务。有人表示，中人只保人不保钱；中保人既保人也保钱。中人、保人可以有财产，也可以没有财产。债主一般不会调查中人、保人，如果是保人，在借主无法偿还时，必须代还债务。典地时因为有土地担保，立契时不需要写明中保人。

（五）借钱与其他变量

1. 面子与借钱

有几种情况下是有面子或者没有面子：一是没有中人能够借到钱，借主有面子。二是借主没有借到钱，但是中人说合后借到钱，中人有面子。三是相互知道和了解的人之间才会有面子；相互不知道、不了解的人之间没有面子。四是如果中人做保借到了钱，到期借主还不了，这就没有面子，可能还伤面子。五是如果借主无法还钱，就无法保住面子。在吴店村无论做什么事情，没有面子的人不被选作"对手"。比如吸烟，对方劝烟时不吸烟就是没有面子。靠面子借钱的人比较多，靠面子借钱可以不要中人，也可以不立据，也可能没有利息。也有些靠面子借钱，需要立字据，也需要利息，不过利息相对比较低。

2. 面子与信用

所谓信用就是说到做到，心里不实在就不可能有信用。信用是内容，面子是外表。有信用的人，谁都愿意与他一起共事，否则谁都不愿意与他一起共事。评价一个人的信用，主要是根据过去所做的事情，如约定的事是否如期完成。

3. 信用与中人

没有信用的人一般不能做中人。如果借主信用不好，但是中人信用好，债主也可能会借给借主。如果借主信用不好，中人信用也不好，借主就不会借钱。如果借主信用好，中人没有信用，这种事情不会发生，因为没有信用不会被接受为中人。一般债主从中人处调查借主的信用，如果发现借主信用不好，就不会借款给借主。当然，如果中人与借主关系好，中人也会隐瞒，但是中人承担代还责任。如果债主表示借主信用不好不愿意借款，中人就会承诺如果借主还不了自己代还。债主不仅从中人来了解借主的情况，也会从其他人考察借主的信用程度。

4. 信用与钱和地

一般有钱和有地的人会有信用，但是也有例外。没钱没地的人不见得就没有信用，如果能够还钱就有信用。

5. 保人责任

保人也称中保人，既要对人担保，也要对钱担保，因此负有偿还的责任。如果有两位保人，则两位保人都有还款的责任。如果有一位外出毫无音信，由在家的另一位保人负全部责任。需要说明的是，日本人并未调查到两人的分担比例及责任情况。如果保人代还了债务，不管是 10 年、20 年，借主有责任偿还中保人代还的债务，只要家里能够生活就得还账。

6. 借利息钱

如果不选择依靠面子借钱，可以选择借利息钱。约定支付利息和还本的时间，到期后有可能出现三种情况：一是到期后按期还本付利。二是只能还本，利息以后再还。三是先还利息，以后再还本，在超期期间，本金照样付利息。

7. 利息计算

借利息钱一般是以月计息，如果不超过 4 天，不计算利息；如果超过 4 天，但是不超过 15 天，按照半个月计算利息；如果超过 15 天，就按照一个月计算利息。

（六）其他借贷

1. 赊粮食

在春季不少贫穷的家庭会赊粮食。赊粮食的家庭都是特别穷已经没地方借钱、借粮了，拜托中人去找"出粮食的"或"出粮食的人"（专门出借粮食收取利息的人），请求借一点粮食。赊粮食一般不签订合约，时间是 10 天或者半个月。如果春天借，秋天还，利率就比较高，如借一石粮，需要还一石半。如果借了粮食不能还粮，"出粮食的"会请中间人督促，如果万一还不了，借粮食的人会拜托中间人向"出粮食的"申请延期。"出粮食的"有时会同意延期，有时不会同意延期。如果不同意延期，中间人则会对"出粮食的"表明：逼太紧可能会让"借粮食的"自杀，事情就闹大了。如果出现这样的情况，"出粮食的"不仅收不回粮食，还要承担棺材费和丧葬费，而且今后做买卖也困难。因此，"出粮食的"一般会同意延期。同意延期后，滞纳的利息不能进入本金，也不收取利息。如果"出粮食的"不同意，就会打官司，即使打官司，官员也会请"出粮食的"延期，但是"出粮食的"会提高利息，如原来只还一石半，现在可能需要还一石七。

2. 当铺

晚清时良乡县有 2 家当铺，农民大多当衣服借钱，因部队抢夺当铺东西，如士兵们用军服来当，后来都倒闭了。其实，农民愿意去当铺，因为借利息钱是 3 分利，当铺也是 3 分利，但是当铺更方便灵活，三五元也能借。晚清时当的期限是三年，民国后变成了两年。如果不能按期偿还，就变成了死当。吴店村有 20 家去当铺借过钱。

3. 押小押儿

当农民贫穷到连当的物品都没有时，有一种借款叫"押小押儿"，利率是 4 分，时间是 20—30 天。"押小押儿"的没有专门的门面，急需钱的人可以去"押小押儿"的家里。受访者表示，"押小押儿"的只有抽大烟的、扎吗啡的才去借。

4. 公会经费贷款

如果公会有钱可以借给村民。过去由绅董负责，日本人调查时由村长负责。一般婚丧嫁娶需要钱时可以向公会借钱，购买上等土地如差二三十元也可以找公会借款。

5. 清明会借款

有些清明会可能有一些积蓄，本族人也可以向清明会借款，以渡过困难。清明会借款，一般没有利息。

6. 赊账与"走揩"

吴店村有些人会在城里赊账，有时赊账的人家也会有赊账簿。如果在店里赊账后，会请店里的人写在自己的账簿上，然后再偿还。只要家长承认，孩子也可赊账。赊账偿还主要有三个时间点：新年、端午、中秋。如果在端午没有偿还，可以在中秋偿还。"走揩"一般写商品的名称、金额。吴店村以"走揩"购买商品的农户有 8/10。

7. 新民会春耕贷款

新民会也会从事惠农贷款，但只有会员才有资格贷款。新民会在吴店村有 3 名理事、3 名监事，其中有一名理事长，负责与新民会联络。1940 年吴店村借款 1000 元，以前是 800 元；1941 年、1942 年吴店村的会员没有借到贷款。新民会主要是春耕贷款，挖井贷款。利率是每月 8 厘，5 户作为一个贷款组。家里有 3 亩土地的会员都可以贷款，3 亩地其实也就是担保土地。农民表示，这是政府的贷款，没有人不偿还的。贷款的程序是：理事长借来，交给各个贷款户，还款时各贷款户交给理事长，理事长还给新民会。贷款大多用在耕作上，也可以用来买牲口、雇人，也可以用来办葬礼、结婚等。

七　农民生产和生活

1. 杂粮和麦子的买卖

农民生产的作物如果有多的就会出卖，卖杂粮一般会出售。农民种植麦子，但是不会吃麦子。一般会将麦子高价卖出，然后以相对便宜价格购买谷子、高粱或者玉米来吃。在麦秋时，如果家里特别需要钱，可以先卖一点麦子应急，在大秋后再出卖，因为大秋时麦子价格比较高，当然在第二年的春季时麦子价格更高。农民一般在大秋时卖麦子，同时买入高粱、谷子、玉米，因为此时这几种粮食价格最低。如果家里有 10 亩地，一般会种 3 亩麦子、7 亩高粱和玉米。

2. 食物的消费

农民平常吃高粱、谷子、玉米，不会吃小麦。有几种情况下会吃麦子：一是父母年龄比较大，会让双亲吃麦子；二是过年过节会吃点麦子；三是在农忙时，会吃一点麦子，以便有力气做劳务。农民种植麦子不是为了吃，而是为了换钱，吴店村有 50 多户卖掉麦子，购买高粱、玉米。

3. 把式

把式分为长把式和短把式。长把式按照年付薪；短把式按照月付薪。把式是能够带着大车和牲口到雇主家干活的人，如果雇主家有大车和牲口可以不带，但是把式必须会使用大车和牲口。另外，雇主家提供早餐和午餐，还要负担饲料。长把式与长工的区别是：前者没有休息的时间；后者有休息的时间。短把式和短工的区别是：前者必须会使用大车和牲口，如果做得好的短工可能会转为短把式。两者之间的工资是有差别的，把式一天 1 元 20 钱；短工是一天 1 元。把式也可以为两家所雇用，这样轮流干活，按日计薪。长短工不会带牲口和农具；但是把式必须带。

4. 做活

去别人家干几天活称"做活"。

5. 学徒

在店里当学徒，没有薪水，衣服自备，但是吃住在师傅家。过年过节时东家可能会给学徒十几元的小费。当学徒期满后，如果继续在师傅家干活，就会拿月薪了。

6. 谢秋

如果丰收了，大村会举行谢秋，即给龙王上供，给其他神仙上香。谢秋时，大村会一起吃饭；小村则不会。

7. 农民的苦恼

一位农民表示，最大的苦恼是作物买卖的粮食税太高了；其次是县乡派人多了；再次是青年训练和打更要派人；最后是亩捐比较高。总体来讲是因为派人、派工影响了农业生产和外出打工。

八 县 政

（一）县政主体

1. 区长

在良乡县没有保正，只有区长，后来变成了区董，比保正权力更大。

2. 少年队

县里为了组织少年队，要求各乡安排人前往县里参加讲习，为期三个月，学习训练、教练、学课，学课包括日语、养鸡、棉花栽培等。良乡有2人参加了讲习，其中吴店村有1人。讲习回去后做如下工作：一是普及爱路思想；二是实行保甲制，强化治安。在驿站组织少年队，由参加过训练的人当教官。少年队由15—20岁的人组成，全乡共有25人，其中吴店村有5人。参加者既有穷人家的子弟，也有富人家的子弟。在村里抽签决定，有些家庭会雇人参加。少年队在县警务段的广场训练，训练时穿戴制服，包括帽子、袖章、绳子、棒等。参训时村里给30钱的饭费，驿站提供麻花、烧饼等食物（需要用钱购买）。少年队不是每天都训练，几乎没有痛苦，又比较好玩，少年们都愿意参加。

3. 小学校长

吴店村的小学校长由县教育局任命，主要负责学校的运营，包括日常用品、与上级机关的联络，但不上课。小学校长是识字的人，所以穷人无法当校长，但是其职务是义务的，没有工资。

（二）县政设施

1. 义仓

吴店村没有义仓，但是在前清和民国十年（1921）县里曾经要求建立义仓。县里要求各村出钱建立义仓，以备灾害时救济。经费、粮食按照耕作地亩征收，地多的多交，村里征收后统一交到县里。由县长派人看守，受灾后按照受灾人数发放，然而受访者表示义仓实施的两年间并没有看到救济粮发放。

2. 合作社

民国二十八年（1939）开始组织合作社，只要加入合作社，就可以从合作社购买米面、洋火、烟、毛巾、纸、化妆品、手套，等。其实农民最想买的是市场上比较稀缺的石油和火柴。在昌黎县，合作社就是新民会，日本人没有调查合作社与新民会的关系。

3. 实验村

民国二十八年，为了减轻农民负担，由新民会组织把小村合并到大村，减少村公所的数量，从而减轻农民的负担。吴店村所在的实验村，共有 7 个主村、5 个副村，各村有屯长（翻译时如此，这个词只出现了一次，可能调查者理解有误）。受访者表示，虽然减少了村公所数量及村公会人员，但是负担并没有减轻，因为修理道路派人、派车、派款没有减少。

（三）集市与税收

1. 交易场与作物买卖

民国二十八年，作物买卖要在城内的交易场进行，否则会被罚款。当然也可以在村里进行小额交易。如果在村里交易的数量比较多，就会有坏人告状而被罚款。在民国以前，作物在什么地方都可以交易，但是大部分的作物还是在城内的市场买卖，因为只能用经纪的斗来计量，而只有交易市场上才有经纪人。在交易场交易要交税，每 1 元交易额支付 3 钱税，1 元的税款，卖方 35 钱，买方 65 钱。因为有了交易场，所以税变多了。以前农产品交易基本没有税，即使有也很少，如两三斗的交易根本不用交税，现在不管交易多少都得交税。

2. 经纪和斗份

以前的市场以经纪的斗来计量粮食作物，如果有剩余或者撒出来的粮食就是经纪人的报酬。但是交易市场建立后不再是从前的经纪了，而是一些叫"斗份"的年轻人。"斗份"从交易场拿工资，全县有 24 位"斗份"。这些"斗份"每天分散到各个集市督促交税，从事谷物交易的叫"斗伙"。日本人并没有调查"斗份"与"斗伙"的区别。

3. 市价和斗局

交易场所成立后，专门了设立了斗局，斗局还有斗公所，全县有 24 名斗份。其实，在民国十年（1921）就有了"斗份"公所，只不过当时叫经纪公所。市价由斗局决定，斗局又由"斗份"和商会商量决定。每个市场的价格均是这样决定的，即使是农村交易，也参照城内的市场价格。也有访谈者介绍，如果卖的作物多，价格就稍低。可见，"斗份"和商人决定的一个参考价格，最终的交易价格由买卖双方协商而成。

4. 牙行和斗伙

在集市买卖的中介人叫牙行或者斗伙。牙行主要有两种，一是牲畜；二是斗行。晚清和民国初期，牙行都是世袭的。斗伙有一定的资格要求，并非人人都能够成为斗伙。平时斗伙要去牙行帮忙，每年斗伙通过抽签决定在哪一个地点帮忙。全市牙行有 19 人，归征收处管，处长就是他们的头目。牙行下面有斗伙，人数不定，有一人的，也有三四人的。牙行不能从交易场得到工资，也不能从事其他的工作。牙行做中介时，每石收 10 钱的手续费。粮税是 10 元价款交 27 钱 5 厘，卖方付 10 钱，买方付 17 钱 5 厘。这个费用交给征收处，另外每石还得交 10 钱的手续费。农民一般会去熟悉的牙行去交易。在交易场所，虽然买卖双方知道价格，但是双方不直接交易，由牙行进行说合。在交钱时，卖方直接交给买方，不能由牙行转交。

5. 市场交易的量

按照规定，农民在村里不能交易，数量再少也不允许。去市场交易则不受数量限制，多少都可以。但是又有访谈者表示，在市场交易必须一斗以上。另外，农民不能直接将粮食交给粮栈，如果农民想卖给粮栈，双方也必须去牙行交易，向征收处报告。从民国二十八年（1939）开始，粮食就不能自由交易了，必须去交易场交易。

6. 大牙行

牲畜买卖的中介人叫作大牙行。大牙行有三四人，下面没有其他帮忙的人。大牙行每 10 元要收 90 钱，其中，合作社 5 钱，征收处 85 钱。另外，牙行的报酬是在 90 钱外再收 10 钱。

7. 征收处

征收处是征收钱粮的机构，隶属于财政科。征收处有主任、办事员各 1 人，书记 10 人。这些人中只有两三位是过去的老征收员。过去的征收员是世袭的，征收处成立后征收员不再世袭。

8. 税务征收局

田赋、契税以外有省税、国税及县附加税（亩捐）。国税由税统局征收，省税及县附加由税务征收局征收，征收局直属省公署财政处。县附加税由征收局代收后再转交给县。田赋契税以外的杂税，在征收局成立之前承包给包商，征收局建立后取消了包商制。

（四）田赋及征收

1. 田赋征收账簿

田赋征收依靠账簿，叫征收簿，也叫粮册子，过去叫红簿。全县有 19 册，每年开征前更新。19 册包括 4.088 万名花户，除了征收簿以外，没有土地账册。

2. 田赋征收的方法

一是征收时间。过去三月初一到六月末是上忙，九月初到十二月底是下忙。在调查时什么时候都可以交纳。二是缴纳人。一般是各花户自己缴纳，比较远的可以委托乡里代交。三是征收程序。征收处根据账簿做通知单，政务员送到各大乡，大乡的乡长送到各村参议，参议再分配给各花户，需要说明的几点：第一，事变后才有通知单，事变前没有。第二，事变后取消了地方，由大乡乡长代替地方，大乡制以后，改变了过去的县—村关系，变成了县—乡—村的关系。第三，事变后也没有"比卯"，各村的参议是征收钱粮的责任人，甲长负责催收。四是催缴程序。政务员通过各乡再经过参议来催缴，如果有滞纳，政务员就"传"下去。

3. 田赋税率

田赋税率有六个等级，分别为每亩 1 分、1 分 2 厘、1 分 5 厘、2 分、3 分及 4 分。特别需要注意的是税率划分不是根据土地质量，而是根据过去的习惯，至于是什么习惯，日本人没有调查。

4. 田赋的催缴

县里将通知单给大乡，大乡给参议，参议给甲长，甲长交给本人，然后本人直接去缴纳。如果不去缴纳，甲长就会挨骂。

5. 地方与催粮

在晚清和民国初年，地方根据"粮册子"在村里来回催粮。如果有人始终不缴纳，地方就会向县里递交"禀帖"，然后法警就会来"传"。地方催粮不会打锣，而是通过口头的方式传达给各家各户。在保甲制以后，参议从县公署取来通知书，将通知书交给保甲长发给农民，各家各户自己去县公署缴纳。事变之后，滞纳钱粮会被加罚，过 3 个月加罚一成；过 6 个月加罚两成。在晚清时，滞纳的钱粮有时也会减免，民国以后没有减免的情况。地方催粮没有专门的报酬，公会统一给钱，大约二三十元，再加上其他的一些费用，每年大概 100 元左右。地方管理看青人，有些地方也会看青。如果地方看青，则会获得看青报酬。地方在大秋之后会从有地的人家拿粮食，每户拿一点，这称为"敛秋"。比卯时也不会有奖金，但是有奖状。

6. 里老人与催粮

在良乡县，过去曾经有一位"里老人"专门用来催粮，地丁钱粮也由"里老人"管着。前清时期，良乡县的秀才额是 6 名，只有进入里甲簿的人才有考试资格。秀才按照纳钱粮的地亩数量来分配。如果房山县的名额少，良乡县的名额多，有些人为了考功名，就到良乡县买地，以便争取考试的资格。各个里有两三位老人，后来逐渐变成了一人。在地粮方面，凡是在里甲的都有"里老人"催粮，不在里甲的由四班来催粮。"里老人"还有另外一个工作：土地过割。过割为一年一次，旧历正月"里老人"在粮房过割。外县的册子由社书做，本县的册子由粮房做。过割时一亩有两三毛的手续费，5 毛的也有。一开始在里甲的土地一直都会在里甲；不在里甲的土地给"里老人"一点钱，就能够变成里甲的土地。"里老人"有底册知道所有的花户，但是粮房不清楚。有些人不知道过割程序，找粮房过割，粮房也要转给"里老人"。其实只有找到"里老人"，才是真正过割。买主先找到"里老人"，"里老人"再到县里更改红簿上的姓名，红簿只有姓名和银两，没有亩数。在里甲的土地过割，直接交给"里老人"和粮房，不在里甲的土地交给四班和粮房。过割与契税一起在做。民国四五年，土地核实后"里老人"就取消了，民国八九年四班变成了政务警。"里老人"和地方同时存在，但是两者没有关系，地方与四班有关系，后者让前者去催粮。四班在村里有事也会找地方。因此，县里催促四班，四班催促地方。四班本来是对里甲催粮，"里老人"没有之后，里甲就归四班了，四班就让地方去催，有时四班和地方一家家地催促。有了政务警后，就是县里催促政务警，政务警催促地方。归纳起来，田赋催缴有三个阶段：里老人—花户；四班—地方—花户；政务警—地方—花户。

7. 比卯

"比卯"就是比较催粮的成绩。民国五六年"比卯"的对象是四班和"里老人"。在每年 5 日或 10 日的时候比卯（日本人没有调查月份）。"比卯"时，"里老人"必须去县里。"里老人"取消后，就对地方进行比卯。地方催粮时被人叫成"甲长"。"比卯"时就从粮房那里做比簿，比簿（比册）为一村一页，在比簿中写好各村的"甲长"应该催促的金额。其实这个"甲长"只是在催粮时就是"甲长"，村里还是叫地方，与保甲制的甲长不同。

8. 四班

所谓四班就是"四班头催"，也就东、南、西、北，如东是"东民壮"；南是"快马催"；西北是"西北民壮"等。四班主要的工作是催钱粮、民刑案件传人和捕盗，其收入由县长支付。粮房根据粮册写下粮户的姓名交给四班，四班负责催收钱粮。受访者表示，四班管外县的钱粮催促工作，即外县的钱粮由四班和社书负责，社书负责制作底册。四班拿到名单后就一家家督促。如果不急，四班就督促地方去催缴，如果县长催得急，就会自己去催缴。四班催促后，农民自己去交。四班不会代为缴纳，一是农民不放心四班；二是县长也不允许。5 日或 10 日县长给四班比卯。四班去村里，村里会给饭钱。地方废除后，按照规定要对乡长比卯，但是乡长很少参与，因为乡公所有司计员和乡丁，这些工作由他们来做。

9. 政务警催粮

地方取消后，四班变成了政务警，负责催粮。政务警通知到乡公所，乡丁拿到各家各户。政务警催粮时，县里会给一些催征钱。政务警催粮比比卯效果要好，因为有罚款，滞纳 3 个月罚 1/10，滞纳 6 个月罚 2/10。

10. 政务警和法警

法警是县里用来"传案"的警察，又称"政务警""治安警"，主要用来维持社会秩序和治安的警察，全县有政务警察八九人。编乡以前，警察下村时，村里要供伙食、烟草。编乡后，警察"送公事"，将文件送到乡里，然后由乡公所两名"夫役"再传达到各村，这样警察就不直接下村了，此外"夫役"去给村里送通知不需要给钱或者烟草。

（五）各类摊派

1. 亩捐

田赋是交给国家的税收，除了田赋以外，县里也需要费用，这些费用就以"田赋附加"的形式征收，在民国三十年（1941）田赋附加改为了亩捐。民国三十一年（1942）亩捐按照上、中、下等地来征收，每亩分别为 1 元 3 角 5 分、1 元零 9 分、8 角 3 分。亩捐与田赋一起征收，称为"随粮征收"。亩捐根据当年县公署的收入和支出预算，亩捐预算要交道公署审核，审核通过后再征收。

2. 地亩款

大乡制后乡里也要征收摊款，称地亩款，也有农民称乡亩捐。地亩款按照耕种数量征收，只要耕种土地，就得交地亩款，因此佃农也必须交纳。如果地主将土地全部出租，就不必交地亩款。地亩款由大乡自己征收，自收自支。征收时由各村的参议委员向各家各户发"条子"，各家各户自己交纳。如果有滞纳，参议"禀户"后再"传"。滞纳乡亩捐或者地亩款不会被加罚。日本人调查的前一年地亩款为每亩 80 钱（8 毛）；日本人调查的当年为每亩 1 元 10 钱。

3. 预借亩捐

县、乡如果收支不平衡就会向村民预借亩捐，即找有地、有钱人先借款，然后从第二年的亩捐中扣除。

4. 村费及催缴

村里的村费不能按照门户的大小来收取，而是按照"种地数儿"来征收。如果有人不交，村里就会安排人催交，若还是不交，参议就会向乡里报告，乡公所就给"警察"打电话传人。以前村里是写字先生做这件事，现在由参议做。

5. 地主和佃农税费负担

自耕农既要负担钱粮，也要负担县、乡亩捐，还要负担村里的摊款。佃农除了不负担钱粮、县亩捐外，乡、村的摊款均要负担。本村地主将其土地出租，要负担钱粮、县亩捐和村的费用，但是不负担乡亩捐。外村地主或者住在城里的地主出租土地，只负担钱粮、县亩捐，不负担乡、土地所在地村的费用。自耕农要负责四种税费；本村地主负担三种税费；外村地主和佃农负担两种税费（见表一）。

表一　　　　　　　　　　地主和佃农税费负担情况

	本村地主出租	外村地主出租	佃农	自耕农
钱粮	负担	负担	不负担	负担
县亩捐	负担	负担	不负担	负担
乡亩捐	不负担	不负担	负担	负担
村费用	负担	不负担	负担	负担

6. 出工（修路和栽树）

良乡县每年都要组织两次修路和一次栽树，这就需要各村出工。县里将命令发到乡里，乡里再发到村里，村里再分配给各甲，每甲的甲长安排出工，即"按甲拨人"。如果这次不出工，可以下次再出工。如果家里没有人，可以出钱雇人。出工的人自己带饭，没有工钱。

7. 派人（琉璃河建设）

民国三十一年（1942），县里安排人力修琉璃河的工事，全县需要3000人。派人分配方式如下：一是县乡按照甲来平均分配。如此一来吴店村所在的乡分配了300人，编乡同样按照甲分配给各村。二是村里按照地亩耕种数量进行分配。只要耕种土地，不管是租种还是自耕都得出工。如果某人在本村和外村都耕种土地，则在两个村都要出工。如果无法参加，需要雇人出工。三是吴店村每天需要安排2人，需要工钱12元，餐费8元，合计20元。吴店村在日本人调查的前一年派工100多人，不支付报酬，只有修火车路的10个工支付报酬。日本人调查的当年，琉璃河挖沟需要500个工。

8. 军队的征派

军队会征派骡子、驴、草等。军队将征派通知县公署，县公署安排警察到村里催缴，村长和帮办人收齐后交给军队。然后军队将钱给县里，县里再给村里。军队支付的价格比市场价格要低。军队征派柴火、草、鹅蛋时，由各村按照耕种的亩数分配，征派的家畜则根据所需要的头数从村里安排。村里会就此征派进行讨论：哪些家庭出，如果生病了怎么办，如果死了怎么办。有时军队使用家畜后还会还回来。即使军队给了部分费用，村里也会根据天数进行适当的补偿。另外，军队在征派车辆、木柴时，如果有"发价"，就以"发价"给摊派户。如果没有"发价"，就按照耕种数量进行摊派。

9. 地方的征派

县里有时也会征派柴和草，如吴店村在日本人调查的前一年就被派了1000斤。日本人调查当年每亩派了6斤，一共18000斤干草。干草的市价为3元，但是县公署只付一半的钱，大约一元六七十钱。在日本人调查前一年的柴草送到了县公署；调查当年的干草送到警察局。另外，乡里还会派车，大约一个月一次，派车时也不会给钱。总体来看，日本人派工、派物会给钱，只是给的钱比市场价低些。军队派人、派物有时给钱，有时不给钱，给钱也远低于市场价格。县、乡征派人和物一般不给钱，自己带饭或者村里支付劳务或者饭钱，但是最后要摊派给村民。

10. 地亩册

过去的地亩册在村里，记载耕种人的名字，因此土地买卖一旦完成就可以计入地亩册。大编乡后地亩册收归乡里，由编乡的人和参议一同调查，将耕种人计入地亩册，该地亩册与县款的征收册不同，但是与村的地亩册相同。有了大编乡后土地调查更加严格。在发征收乡亩捐的通知时，如果甲村的某个人在乙村有地，通知书就交给乙村的参议，然后再转交给这个人，即乡亩捐按照所有人的所在地收取，而不是按照所有地的所在村来收取。

（六）其他县政

1. 挖井

良乡县推行挖井运动，以改善人畜饮水和灌溉问题，现将有关挖井事宜分述如下。一是挖井计划。全县计划挖150口井，模范乡所在的第一区分配了50口井，模范乡（吴店村所在的模范乡）挖20口，然后分配到各个村，大村挖两口，小村挖一口，每个村都要求挖井。如果乡里挖井的数量超过了25口，由县里决定。二是地点选择。挖井地址的选择由参议（村长或保长）决定，大多选择在平地上，亦有受访者表示，建井地址由参议和甲长决定。三是土地征用。挖井所占的是私有土地，但是没有补偿，因为挖井后对土地价值有增值作用，所以土地所有者还是比较欢迎，参议和甲长商定决定后没有人反对。四是经费投入。大井需要700元，小井需要400元。模范乡20口井需要8000元，全部由乡里负责。但是村庄提供人力，挖一口井至少需要60人，多的需要80名，这些人工全部由村庄免费提供，没有报酬，也不管饭。所需人力按照地亩数量进行分摊。挖井需要井匠以钱雇用。五是井的效益。一口好井可以灌溉五六亩地，所以即使挖了井，受益的人不多，但是被灌溉的土地的收益能够翻倍。即使收益由井周边的土地获得，但是用工却是全村分摊。六是水井使用和维护。在编乡成立实业股负责修井。实业股负责水利组合（日本人没有具体调查）的建设，水利组合的运行由实业股负责监督，但并不是每个村都有水利组合。当时的计划是实业股对井周边用水的土地收费，按照地亩数量交钱：谁耕作，谁交钱，以期投入的8000元挖井费用，在一年内能够收回成本。当时日本人问大乡长，能否从县亩捐出钱挖井？大乡长表示，亩捐是警备队、警察、学校所需要的费用，无法用来挖井。

2. 土地调查和补契

事变后县里进行过"清查地亩"，土地契约丢失的，可以补契，其程序是：先申请，然后写好土地所有者、土地位置、面积、四至等，经村长证明，向县里提交，缴纳契税后，在补契上盖上红印。每补一张契花费2元，纸价包含在内。

3. 庙地田赋和义地

吴店村有一亩庙地，由看庙的负责耕种，因为看庙人比较贫穷，故庙地不承担村里的摊款，但是要负担钱粮和亩捐。另外，村里有2亩义地，是否纳税和承担摊款不太清楚。

4. 粮房的瞎账和挪用

粮房无法做出瞎账，也无法弄出黑地，但是可以挪用农民缴纳的钱粮，以农民没有缴纳为由挪用半年左右。

5. 罪及程度

吴店村的受访农民表示，第一等的罪是偷东西，放火。一般偷得比较少的人，就会被带到庙里处罚；偷得比较多的人，就会被带到城里一队处罚。第二等的罪是不孝。孩子不孝会带到官厅去。第三等的罪是强奸和通奸。

惯行与治理：满铁对上口子门村及冯家村的调查
——《满铁农村调查（惯行类）》第 5 卷导读之三

满铁调查员在静海县，以上口子门村为中心，还调查了周边 5 个村庄。上口子门村有 93 户，其中没有土地的有 30 多户，靠自己土地为生的有 10 户，自耕兼租佃的 30 多户。借地的人都在做买卖，如贩卖蔬菜、花生，等。上口子门村是一个多姓村，刘姓有六七户；邵姓 20 户左右；吴姓 20 户左右；彭姓两三户；李姓 30 户左右；徐姓 5 户左右。另外，中河滩村，有 27 户。高里庄，24 户。义都口村，27 户。下口子门村 23 户。这些村也都是多姓村庄。

冯家庄村有 7 甲 70 户，总人口 300 人左右。据说冯家庄的先祖是明朝永乐年间从山西洪洞县迁移过来。冯家庄种植高粱、谷子、豆子，没有水田，只有菜园需要灌溉，菜园种植白菜、萝卜、韭菜等。全村有 14 顷地。土地多的家庭有六七十亩，没有任何土地的有 10 户，只能制作芦席、草席等。加上自己只有一点土地的农户一共有 15 户左右。不需要租地的农户大约 30 户。村庄没有卖日用产品的商店，但是有一家卖烟草、糖、落花生等的小店铺。村里有 5 人在天津当学徒，有 3 人曾经去过满洲，在日本人调查的前一年回村了。村里没有人在外面当官。村庄附近的五里庄有学校，但是本村没有小学，孩子去五里庄的学校上学。村里有私塾，有十几名学生，老师依靠学费生活，每个学生一年交十几元。在调查时，因为治安比较差，去五里城的学校读书还要过运河，因此村里的孩子全部在私塾上学。冯家庄没有村公所，但是有更房。村费按照地亩征收，由更房来收取。

日本人在静海县关注治理、税费、租佃及同族关系。但是调查得不深入、不细致，甚至访谈内容矛盾比较多。上口子门村的治理比较有意思，民国五六年时有一位村长和副村长，但是由于收费比较多，征派比较多，人不够用，因此有 10 个人给村长和副村长帮忙。在民国二十年（1931）时，这些帮忙的基本变成了李姓的，李姓有 7 人来帮忙同姓的村长，每 10 天一人帮助做事。民国二十九年（1940）实施保甲制，选举了保长和 5 个副保长，另外每甲还选了 10 位甲长，在第七甲还有一位副甲长。副保长由各个姓氏推选而成。在村庄决策时，村长或保长不能单独决定，要与副村长和甲长共同商量。

1. 保长

保长由村民选举产生，选举时县里有官员来监督。保长最忙的工作是车站的事情，两三天一次会议，一天报告一次情况，最麻烦的就是给看道夫出钱。上口子门村每月要给看道夫和县公署的人至少两三百元，其中看道夫一人，每月 30 元。

2. 村副

从保长开始，5个村就设置5个村副，其实5个村也就是4个大姓，另外其他小姓组成一个组，选出一个村副。设置5个村副是村民们向县里申请增设的。在选出5个村副前，曾经有个阶段，村长有十几个帮忙的人，后来有7位李姓的帮忙者。村副由各姓推出，如选李姓的代表时，全部李姓集中在一起开会讨论，推出人选。各族推出的代表由村里决定，与县里没有关系。选举村副时，有时是在同一姓的某人家里，有时会在庙里开会。村副主要参与征集摊款、派人派车等的讨论和决策。

3. 排头

上口子门村设置一位排头。排头是保长的助手，做一些跑腿的活，在村里接受县里的工作时，参与派工、派钱、派车的督促和征收。排头是本村的穷人，也会当看青夫。摊款时，排头会与5个村副一起去各家收费。排头没有报酬，如果他又是看青夫，则会有看青的报酬。排头在节庆时会去各家各户转悠，有些人会给些钱，有些人会给些东西。在冯家庄，排头必须有一点土地，没有土地不能当排头。冯家庄的排头，一直在干，只有老了，不能干后才换人，而且是由他的儿子继承。

4. 族的共有

族里一般会有一位族长，族长不是选出的，只有辈分高的人才当族长。如果族里有争议，请族长仲裁，也可以请其他人仲裁。徐姓村长说，如果徐姓分家，所有徐姓都会过来，还要叫上母亲娘家一方的人来商量。徐姓没有共同的耕畜，也没有特别的相互借用家畜之事。

5. 人役

人役也就是人工摊派，农民俗称派工。县公署安排的人役，主要是给日本军当民工、道路修理、城内扫除等。人役由村里给钱，每人每天1元到2元的报酬。

6. 看青与看青夫

庄稼成熟时候，有土地的人家就在龙王庙聚集起来，相互拜托照看庄稼，这样就有了看青。看青时间在春季是5月中旬，秋季是7月中旬。村长让排头走访有土地的人家，各家各户出一个人。如果收成好，会开会、吃饭，也会喝酒。吃饭钱由参加的人分摊。除了这个人外，还有看青夫，看青夫的费用也是根据地亩分摊，每亩给5钱，全村约100元左右，并由5名看青夫分配。这个钱由看青夫去各家收取，作物不好的家庭就不出钱。每亩5钱由保长和村副共同决定的。看青的范围就是上口子门村的土地，这些土地构成了村庄的边界，这个边界一直没有变化过。看青夫的人数，根据作物生长情况决定，每年都会不同，作物好就会多请些人；作物不好就会少请些人。如果看青夫抓住了偷盗的人，就会带到村长处，小偷道歉后就会原谅；如果不道歉就会送到警察分所。在上口子门村，没有对小偷罚款的现象。如果庄稼偷盗没有被发现，5人则会聚集起来问值班的看青夫，如果搞不清楚谁偷了，庄稼的主人就不会给看青夫钱。这个钱称"联青钱"，也称"要青钱"。本村内其他村人的土地由本村的看青夫看青，然后从土地所有者收取看青钱。在看青时，上口子门村周边的5个村的保长、看青夫会聚集在一起商量看青事宜，然后安排一人记账，记账员也是看青夫，5个村有2个村的村长是看青夫。由于土地相互交叉着，所以看青夫将联钱收上来后，再具体分配，聚集开会的地点在上口子门村。

7. 挖沟

离运河近的土地会引运河的水灌溉。灌溉就得挖沟，离运河近的七八户一起挖沟，然后引水灌溉。上口子门村周围的其他村庄很少有挖沟引水灌溉的情况。另外，用井水灌溉的只有菜园。

8. 庙与香火地

上口子门村有一个龙王庙，在日本人调查的前一年进行过维修，花费了200元。修庙费用由村中善男信女捐赠。修庙的发起人是和尚与保长，在与村副商量后再去各家走访捐赠。庙里有三四十亩香火地，由和尚请人耕种，一年收入150元左右。此费用也由和尚支配。和尚还可以支配香火地收入，但是不能将土地卖掉。保长等人也不能干预庙里的土地出租、费用支出等事务。

9. 官费

在中河滩村，钱粮由"各户儿"自己去县里缴纳。而钱粮以外的摊款称官费。官费按照田亩数来分配，由村长来收取。官费是为了支付给从村里到县里去办公的人的费用。

10. 拨活工

在中河滩村，邻里之间相互帮助比较多，这叫"拨活儿"。

11. 租地和分种

农民借地主的地称"租地"，地主借出去称"开租"。租地交的租金称"租地钱"。如果租金要求交钱，就是提前交租。关系比较密切的可以收获之后交租地钱。租地一般是每年借一次。同村之间很少有租地的情况。如果给地主交纳谷物，则是收获后交纳，这种租佃方式称"分种"。分种的时候，一般是四六分成，地主得四，佃农得六；租地时，一般是三七分成，地主得三，佃农得七。这是交租前对产量和收入预计后的地租，实际情况会有所差异。租地和分种均不写契约。租地是预先交地租，再种地，不存在期限问题；分种则是一年一年的租，如果土地种植小麦就在秋天交租；如果种植高粱就春天交租。租地不需要中人，分种都是熟人也不需要中人。

12. 包种

佃农向地主租佃了很多土地，然后分开后再租给其他人耕种。包种主要是地主与品格比较好的佃农之间的一种租地方式。

13. 分家及养老
在义都口村，父亲去世就会分家，每一代分家都比较普遍。分家时兄弟均分，要写分家单。分家后可以给父亲养老田，也可以轮流供养；如果有养老田就不轮流供养。如果还有未结婚的妹妹，要给出嫁钱或者土地。如果父母已去世，妹妹跟着关系好的哥哥一起生活。

14. 官中
官中是清朝末期的制度，即土地交易的中介，做测量和做证的工作，官中的姓名要计入买契。在民国四五年时，官中就变成监证人了。官中主要是从事测量的人，会测量的人可以成为官中，官中不一定是世袭制。官中获得土地买卖的12‰作为手续费。在静海县有30名官中。一名官中管辖三个地方所在区域的土地交易。官中一般住在县里，每十天去一次县公署。

15. 地方和政务警
地方主要是向上呈报的人，又称"专管催粮"，属于征收处。受访者表示，地方只为钱粮，不做其他的事。政务警是向下传达公事的人，主要是传达公事、催粮、传案等。全县的地方有48人，实际上只有30人。县里不给地方报酬，但是在过年过节时，地方去各家各户收点钱。麦秋时有地的农户会给三四十钱，或者四五十钱；大秋时给二升或者四升谷物；新年的时候还有人给10钱20钱的，也有人送炮仗的。

16. 比卯
所谓"比卯"就是在县里聚集在一起，比较征税的成绩。在静海县，地方催钱粮，监证人催契税都会有"比卯"。如果成绩差的人，在过去要被挨打；如果完成不了，还会被"收押"。当然如果遇到天灾，还是可以豁免。不过在调查时已经不存在挨打和收押的情况了。

17. 里书
里书是土地交易过割、钱粮征收底册的登记之人。钱粮征册由里书保管，底册也称征册。全县有16位里书，后来也叫书记。在晚清，里书往往子承父业，是世袭的。地方与里书没有联络。

18. 村费分摊
村费由保长、副保长、村长及甲长等5人决定，然后几个人与排头一起去做收费。收费后由村长拿着。摊款按照田亩数量来征收，没有田地的不交村费。村费使用也由上述几人共同决定。

19. 钱粮征收

交纳钱粮时，县里让地方通知，地方通知到各户，各户自己去县里缴纳。如果不缴纳，地方再去催促。通知是口头通知，没有通知书及缴纳金额。

20. 官斗和佣钱

谷物交易要用官方的斗，持有官方斗的人称"官斗"。用了官斗后要交佣钱。佣钱是买方和卖方各支付20钱。另外杀猪也要交佣钱，交给出票人。

21. 土地买卖

上口门子村的土地买卖，要先问族人，如果同族没有人购买，再卖给其他人，谁都可以。日本人调查的前几年，因为灾害和摊款，土地出卖比较多，购买土地的大都是商人。因此村里很多土地都是外村人，甚至城里人所有。

22. 摊款

在上口子门村及周边村庄，征收摊款，按照一定原则，所有者在哪个村，就交给哪个村，即所有者在哪里，摊款就交到哪里。本村的土地卖给了外村，这块土地的摊款就交给外村。本村人在外村拥有的土地向本村交摊款。但是天津等城市人拥有的土地是否交摊款，交到哪里，日本人没有调查。

惯行与治理：满铁对华北三省诸县调查概况
——《满铁农村调查（惯行类）》第6卷导读之一

本卷包括五个部分的内容，一是概况调查，收集了河北省的滦县、乐亭县、昌黎县，山西省的太谷县、介休县、沂县，山东省的益都县、德县以及涉及其他县的概况调查；二是水利调查，收集了河北省的涿县、邢台县等的水利调查，以及与水利方面相关的资料；三是赋税原始资料，即顺义县、历城县的赋税等的原始资料；四是座谈会实录，以调查者为中心的座谈会会议报告；五是特殊事项的索引。本卷的导读主要是对第一、二部分进行整理、研究基础上的资料撰写。

一　河北省冀东道京山铁路沿线农村概况调查

（一）唐山市城子庄

1. 村庄概况

城子庄距离唐山市中心约3华里，在采石山山脚下，附近有水泥公司的工厂，前往城子庄的途中还有水瓮、瓦罐等陶瓷器小工厂。城子庄有住户960户，其中有300户以务农为主，纯商人38户，其他作为采石苦力或从事其他工作，没有大地主，最大的地主也只有50亩地，这些地主雇长工与家人一起耕种。以务农为主的农户中，自耕农约占3/4，租佃户约占1/4，既自耕又租佃的仅有10户左右。自耕农能维持温饱的约40户，但还是要外购食品。在城子庄，要维持温饱平均每人需要5亩地。城子庄的耕地皆为旱地，下雨时雨水沉积，没雨时土地龟裂。主要作物：高粱、苞米占50%；大豆占20%；粟占20%；黍及其他占10%。

非地主没有去城里避难的，不在村的地主有一两户，由其一家子管理家庭。民国二十六年（1937）时，每亩地地租为四五元，民国二十七年（1938）为10元，满铁调查时平均为8元（地基为16元）。租地一般是口头协议，田赋由地主负担，青苗钱（每亩三四十钱）由佃户负担；道路修理或警备费等摊款由地主（租房子的由房东）负担。地主将牲口、肥料、种子等借给佃户的情况很少，但也有佃户相互借用，或者从地主手里借用的情况，这属于白借（人情关系）。农民之间有"搭套的"，也有互相借牲口、车等。自耕者中也有雇用长工的情况，全村有20亩以上土地的农户不到20户。

大乡制是 1940 年 11 月政府命令并着手实施的政策。大乡制实施以前以 80—300 户为一乡或者一联保；大乡制则以 1000 户为一乡的标准将其作为一联保，但山区地区或沿海地区存在一乡不足 1000 户的情况，镇上存在一乡 2000 户以上的情况，镇上一联保的户数相当于农村地区二联保至三联保。在实施过程中，当地政府给予一定规模的伸缩余地。大乡制的主要目的在于行政渗透。

2. 税契制度

在唐山市，税契分为当契和卖契，由市公署财政科税捐股根据河北省公署通令进行管辖。

3. 过割制度

在唐山市，过割由里书办理，里书去市公署办理过割事务，会收一定的路费，村民也愿意出钱。1941 年的土地清查登记后，里书制度取消，村民直接去市公署纳税过割。纳税和过割地点是市公署财政科税捐股。卖契和典契在契约成立后六个月内进行契税和过割。过割一年进行一次。

4. 监证人制度

在唐山市，土地买卖要有监证人，监证人又称"官中"，唐山市城子庄的监证人由 32 保保长担任，成为全庄的代表。监证费的用途由市公署规定。

5. 赋税制度

一是征税机构。在过去，纳税人直接到县公署交税，废除里书制度以后，田税将由乡公所与催税征收一起代办。二是税率。田赋为每亩 1 分 2 厘 4，房基税为每亩 1 分 3 厘 7。房捐为 5 分至 7 分，瓦房为 1 角，楼房为 1 角 5 分。在 1941 年以前，田赋缴纳时间为每年的秋天，另外，9 月、10 月缴纳租金。田赋由土地所有者负担，如果有特别的契约，也可以由租佃人负责。1941 年附加捐取消，亩捐率尚未公布。三是田赋以外的税费。往年没有定期的人役，1941 年为了修建警备路，城子庄总共安排了 18 人，出役 4 天。人役食物自备，如果派不了人以每人每天 2 元的价格雇人。

6. 旗地

清军入关后，各王公策马占有其范围内的土地，这些土地从民地变成旗地，向王公交租，不再向国家纳税。原有的土地所有者变成了佃户。因为这些土地本身是民地，国家又不得不承认原所有者的承租权。因此，国家规定："不增租，不夺佃"。国家禁止旗地买卖，但是可以推让，即"许推不许拿"。

7. 借钱

在城子庄，人们之间也会相互借钱。一是借钱的原因。办红白喜事借钱的多，也有患病借钱的，其他情况比较少。二是借钱的条件。没有土地的人借不到钱，没有亲戚朋友的人借不到钱。三是借钱的对象。先是同族，其次是亲戚，再是朋友，最后是邻居。不可能向陌生人借钱。四是特别的借钱。有时买东西向商人借三四元钱的情况也有。只要有财物就可以在当铺借钱。此外，还可以通过合会或钱会借钱，只有唐山市区才有请会，规模大约是 10 人，为期一年，每人一次借 10 元，也称摇会，关系比较好的人组织摇会。五是借钱的时间。一般春季借钱的比较多。六是借钱的类型。主要有两种，抵押借钱，如指地借钱，这必须签订契约。另外是信用借钱，主要发生在亲戚朋友之间，债主比较宽容，认为不还钱也可以。七是借钱担保。借钱有中人的情况少，一般是自己亲自去借。以土地为担保一定会有中人、代字人。信用借钱不立字，无中人，无保人。不立字有中人没有保人的情况很少，立字无保人的情况几乎没有。信用借钱，其保人主要是熟人，如果到期无法还钱也没有责任。在城子庄，指地借钱的情况比较少。八是借钱利息。不同的借钱方式，利息不同。当铺的利息一般是 2 分，在腊月时会下降，有时下降到 1 分 2 厘。当铺的借钱期限一般是 30 个月，但是日本人调查时为 18 个月。计息时间是每月 5 日前不计息，但是 5 日后（包括 5 日）则按照一个月计息。按照法律规定，月利为 1 分 6 厘以下，或者年利为 2 分以下才合法。在北京、天津等地有印子，在唐山有转子等高利贷，一般是在窑子、赌场等地才有如此高利的借款。而且借的当天就支付利息。农民之间不存在这种类型的高利贷。指地借款的利息为年利的两成，利息与本金可以延期支付，在延期期间也要支付利息，但一般不会将利息计入本金，即不会有"利滚利"，借钱的本金不会增加。

8. 典

在城子庄，典又称当。不过在调查时，因为需要契税，当不多。过去不需要契税，但调查时不交契税就没有法律效力。可以当土地、房屋，但是不能当牲口。一是典的期限。一般是三年，在此基础上可以延长。二是赎回。典当的期限为三年的比较多，一般是到期赎回，但是关系好的可以提前赎回。虽然规定五年后就不能赎回了，但是一般都是十几年后赎回土地。三是加价。急需钱时，出典者可以请求加价。四是转典。若承典主没有钱，就可以转典给其他人。五是字据的处理。如果追加典价，可以烧掉旧字据，重新立新字据，日期为立字据日期，期限为从那时开始的三年。当然也可以再立字据，这个字据实际上就是借条。六是赎回季度。典地赎回一般是秋末到惊蛰。在耕作期间一般不允许赎回。如果是麦田，即使已经收割，但种植了其他作物，也不能赎回土地。赎回前会提前通知。七是中介报酬。给中人的报酬不同，非常亲近的人不需要报酬，不太亲近的人支付典价的百分之一。不管哪种情况，契约结束后都要宴请吃饭。八是典价。一般为地价的一半。八是特殊情况。当出典者需要钱，如果是亲近的朋友，可以先拿回土地，卖地后再支付典当款。如果关系不好，要先借钱赎回地后再出售。出典者想出售典地，如果承典者有购买意愿，可以优先购买。

9. 土地租佃

在城子庄，租佃一般是口头约定，没有中人。租期没有限制，随时可以收回，但是收回要等收割庄稼后进行。地租由市价和土地质量决定。佃户没有给地主送礼的情况，但是在农忙时佃户会来帮忙。佃户如不能缴纳地租就会收回土地。土地种植高粱、玉米比较多，因为收益高。但是在调查时，为了防止土匪不允许种植了。另外，本村没有租佃争议，租佃也不用押租，一般是预租制（10月15日前支付）

10. 土地买卖

一是中人。土地买卖时必须有中人，关系亲近的不需要酬谢金，酬谢金以卖价为依据，卖家支付卖价的百分之二，买主支付卖价的百分之三。二是请客。买主在自己家请客吃饭。三是签订契约，以前请客吃饭时制作契约，现在在市公署立契约（税契也是）。四是买卖时间。买卖的时间为收割后。五是先买权。土地买卖，先问同族，同族不买的时候，再卖给他人。不过他人没有优先权。六是买卖价格。根据当时的市价而定。

（二）唐山市宋谢庄

1. 村庄概况

宋谢庄有350户，其中老居民有50户。村里的耕地约有3顷，最大地主有2户，1户有1顷地；有50亩地以上的有两三户；自耕、租佃各占一半。自耕兼租佃虽有，但只有六七户；村里超过50亩土地的人大多都把土地借给别人。要想靠自耕就维持温饱的话，每人平均需要4—5亩土地。高粱、玉米、谷子是主要农作物且大体相同。此外还有少量的大豆、米、棉等。在宋谢庄，要先交地租，用现金缴纳。租佃契约全部为口头形式，不立字，期限为一年，每年更新，地租以外的负担，钱粮、摊款由地主负担；看青钱由租佃人负担。没有地主借牲口、种子和其他农具给租佃人的情况。

2. 农村金融

（1）借钱的原因。因红白喜事借钱的最多，也有做生意、粮食不足、建房子、治病借钱的情况，但是这种情况借钱的不多，也有人口增多而土地无变化苦于生活借钱的人。

（2）借入者与借出者。借钱人为有土地，房子或者经商之人。有信用的人即使300元、500元也能借到。出借方大体上为有钱人。

（3）立字据。指地借钱等必须立字，但是信用借款不需要立字。如果没有熟人做中人，本村没有向外村人借钱的。如果不认识对方可以拜托中人。借钱时拜托谁没有定数。

（4）借钱类型。当铺借钱、指地借钱、信用借钱、钱铺银号钱庄借钱、请会借钱。无论哪种借钱的方式，如果没有土地就借不到。在宋谢庄村，没有合作社，因此没有向合作社借钱的情况。

（5）担保。在信用借贷中不需要担保。也有浮拿摘借的，一般没有介绍人没有利息的居多，没有保证人也不立字。立字就有利息也有保人。物质担保中没有动产担保。指地借钱有中人也立字，期限有一年的也有三年的，三年不能还的时候变卖的居多（在此情况下多卖给别人）。

（6）利息。一般2分—2分5厘，两三年前有月利3分的情况。信用贷款没有利息，也有钱多的时候增加利息的。钱多时利息很低，年利1分6厘—1分8厘。指地借钱的利息不固定，70元、80元—100元时月利2分，1000元左右为1分8厘左右。

（7）中人和保人。中介人又叫中保人、中见人、介绍人。在宋谢庄村，介绍人变成中保人，记名于字据中。有介绍人以外还要有保证人，在金额多的情况下甚至有三位保人。无法还钱时，指地借钱的中保人没有代还的责任。因为有土地做担保，将土地卖掉即可。

（8）借钱期限。宋谢庄借钱期限为一年，长的有三年。到期无法还钱的，过了几十年也能提出请求。另外，一般借粮还钱，借钱还粮的现象有，但是很少，借粮还粮的也很少。

3. 当地

当地比指地借钱的农户要稍微少些，建筑物担保指房的较多，所有的土地都能用来担保（坟地也可以）。当价为地价的十分之六，指地的话不是统一的，根据需要可以借到十分之六到十分之七。当地的期限为三年或五年的居多，赎回时也有提前借银子或铜子儿，再用纸币（少量）赎回的。期限为三年时，有的两年过后想赎回时如果是同村人就可以，赎回的时间为秋收后春种以前即不耕作的期间。

4. 请会

人数为6—7人到20人，金额为每人3—4元到12—13元，每人每月都参加。某人想要借钱的时候（这个人成为会头）拜托认识的人（会友，会的名称为请会，叫作摇会的为赌博），每回利息出得多的人得到借钱的机会。

5. 农村交易

在宋谢庄，农产品基本不出售。园子很少，粮食以外的产品很少，也没有出售的产品。村庄内没有集市，距离本村一里多的东、西两边各有一个集市，基本在唐山市内，村里人都去这两个地方购买。但是粮食在粮店购买的比较多。集市购买以现金支付，赊买的人很多，靠薪水吃饭的人，一般在一个月拿了薪水后支付；农民在端午、中秋和春节时支付。村民除了农业，还做工，在水泥窑、纺织厂、石头坑干活，要干就是一年。

6. 家庭和家族

宋谢庄村有20多户，姓氏比较多。辈分比较高和年纪比较大的人成为族长，族内没有族产。一是家长。每个家庭都会有家长，当家的称家长，这是家中称呼的名称，不对外人称呼。丈夫一般为家长，丈夫死后，如果儿子年幼，妻子可以成为家长，但是儿子一旦结婚，母亲就要将家长转给儿子。二是家产。家里的全部财产称产业、祖业、事业。个人如有财产称"提蓄"。三是分家。在如下情况下会分家，家长去世前，为了阻止孩子们吵架而分家；孩子关系不太好分家；如果有的孩子太懒惰，其他兄弟要求分家；儿子媳妇们关系不好分家。

7. 村落

在宋谢庄，有保长，没有庄长。保长由 100 户村民选举产生。过去也是选举产生，由有信用、有名望的人征询村民后选举产生。全庄有 4 个保，选举 4 个保长。投票时，每户一人（非女人）来警察分驻所投票。过去庄里有会首，后面又叫经事人，经事人后来又称村长和副村。在农村调查时还有村长和副村，但是唐山已经没有了。庄里以前有村民会议，现在已经没有了。以前有保长、甲长会议，还有青苗会，一起商量种地、看青等事情。

（三）唐山市马家屯

1. 村庄概况

马家屯有 300 户，每户平均 6 人，可耕地 130 亩。土地多的 1 户有 30 亩；自耕的有 4 户；租佃的 15 户，总体来看租佃人居多。民国六七年耕地大约有 300 亩，但是有一些变成了住宅地，有一半为其他村地主所有。15 年前有三十多户，其中马姓 28 户，其他的为客户，其他还有小买卖商人（包括小贩）。务工的比较多，主要为开滦炭矿、水泥公司、铁道、电气公司、纺织公司等做工。主要作物为粟、豆、稊子（旱稻）等，高粱、玉米遭受旱灾水灾比较少，土地适合种这些作物。村里的大地主，姓马，家里有 26 口人，是一个大家族。家里有骡子一匹，祭祀祖先的时候同姓的人都会来。

2. 旗地

在马家屯，九成的土地为旗地。民国十六年（1927）后旗地逐渐被清理，现在已经没有了。现在佃户成了所有者（以上地每亩 6 元，中地 4 元，下地 2 元的价格购买的所有权），购地款交给官产清理处。清理前农民有永久租佃权，可以转佃也可以卖掉，这叫作"过"，典的例子很少。旗地的地租比普通土地稍微便宜，没有田赋。地租（租子）由庄头来家里取，除此外不缴纳其他东西，不要佃户提供劳动。庄头也耕种旗地，可以不交地租（租子），但是不能从旗人那得到工资，没有永久租佃权的契约，缴纳地租（租子）的时候得到收据。也有旗人（王府）卖掉旗地（即征租权），但是与永久租佃户没有关系，不过在马家屯没有这样的例子。

3. 田赋

在调查的当年，田赋与附加税每亩 30 钱左右。临时摊款一年每亩一元多。以前比这少，前年为 40 钱，去年 60 钱，调查当年原本 80 钱，但是不够所以变成一元。除此之外，还有联保费（即道路、电灯、警备费等）。这项费用在前年创设，每年每户要交两元多，穷人、富人没有太大差异。

田赋分上忙（二月半）和下忙（九月半）两次缴纳。富户和穷户的负担一样，也有水灾旱灾歉收时，在政府调查后第二年免田赋的，但是一般不会这么做，实际上几十年来没有减免的情况，增加征收的倒是有。很多官员中饱私囊（在兑换银子和纸币时捣鬼）。没有人迟交田赋，即使卖掉土地或者借钱也要缴纳。

3. 土地买卖

一是价格。在马家屯，宅基地买卖价格为每亩 3000 元到 5000 元。耕地每亩 200 元到 400 元，主要看土地质量情况。二是中人。买卖时需要有两位中人，一人为私的中人，一人为公的中人，后者为县或市财政科的人。立契时由公的中人来监证。中人的酬劳，由卖主支付卖价的百分之二，买主支付卖价的百分之三，契税为每百元缴纳 17.6 元。调查时监管很严格，不容易逃税。

4. 租佃

在马家屯，土地租佃为口头契约，地租为预付和先行缴纳，每亩 10 元到 40 元。菜园地需要立契约，地租为每亩 20 元左右（因为这需要很多肥料）。佃农与地主不熟时，需要一名中人，没有报酬。在马家屯，没有租佃争议，地主也没有租金以外的要求。

5. 灾害

土地不需要灌溉，旱灾比较多，水灾较少，没有针对水旱灾害的共同防御设施。

6. 打短工

在马家屯，雇主为打短工者负担 3 餐，支付 2 元，没有女性打短工的情况。

7. 农具及借用

农具都是旧式的，互相之间可以借用。朋友、亲戚的借用是无偿的。村里还有农户之间进行搭套。

8. 牲畜及借用、租用

家畜主要使用骡子（一匹 500 元到 1000 元）。即使拥有 30 亩地的人也无法饲养骡子，所以需要向别人借。骡子一匹加上使用的人每天的租金 8 元，每天可耕 6 亩到 9 亩地。需要给出租人提供三餐，但不提供骡子的食物。村里只有一户有骡子，没有以人力交换畜力的。骡子以外的家禽有猪，但是数量很少，鸡的数量比较多。

9. 肥料

在马家屯，肥料主要使用人的粪便和金肥（肥田粉），没有绿肥。后者在过去购买的是德国和英国的产品，现在没有了。现在的肥料是日本的产品。日本的肥料便宜，但是质量很差。人的粪便 40 斤一元。金肥在调查前一年售价为 6 斤 1 元，调查当年 2 斤 1 元，施肥首先每亩施 10 元人的粪便，之后每亩增施 5 元金肥。肥料主要有三种来源，一是拾粪，拾牲畜的粪便使用。二是购买，家民去镇上购买金肥。另外，在镇上的粪厂购买人畜粪便。三是自己家里积攒的人畜粪便。购买粪便使用现金。

（四）滦县冯家坎乡

1. 官旗产清理

官产即学校。旗产在民国三十年（1941）后分3次处理掉了。旗产在清理处处理，现在已经卖完了。皇产的清理不清楚。

2. 红籍

以前的地籍称红册，从今年开始改为新粮册。

3. 税契制度

典当时的契约称当契；土地买卖时的契约称卖契；在世俗惯例中，人老了，没有儿子时把侄子作为继承人，继承房子和土地，立契约一张名为过契，可以投税。

4. 过割制度

滦县的社书叫"总书"。村民凡是买典房子、土地之后，不直接去县署过割。每年阴历正月二十九日全县的总书聚集于县城，过割土地、房产。买主带着契约前去过割。本年度已经废止了总书制，改为由乡公所代办。

5. 官中

监证人俗称"官中"。在土地买卖中过去有介绍人在中间斡旋，介绍人没有中介费用。从调查的当年开始变成县公署指定监证人，即乡长完成。但是由于村民们不太习惯，没有彻底实行。

6. 不动产登记

从民国二十九年（1940）5月开始，在县公署进行土地登记，民国三十年（1941）进行过一次调查。

7. 总书及催税

滦县的社书叫"总书"。农民凡是典或卖土地时先通知社书，每年正月二十九日社书都来城里办理过割工作。顺便制作红册然后送给县公署。县公署根据红册征收田赋。有拖欠者时，总书来乡里催促。本年度土地清查以后，总书制度废止了，变成了由乡长代催代征。

8. 田赋及附加税

冯家坎全乡的土地共计38顷。过去每亩征银1分3厘7，征粮1合2勺。本年度改为亩捐，每亩4角多。征税分为上忙、下忙。上忙为2月左右；下忙为8月左右。俗称"春分银子秋分粮"。田赋正税以及亩捐全部由土地所有者承担，与租佃人无关。以前拖欠、逃税时，社书会派遣催书去农村催促，但是从调查的当年开始变成由乡长去催促。

9. 木牙
本县需要特别多的木材，木材要征税，称"木牙"。"木牙"由包商承包。从调查当年开始，由于省令被禁止。

10. 人役
第1分局及乡长接受县的命令临时征用人役。"摊夫"以地的亩数为标准，大概每10亩地出一人。出人役时，食物自行解决。凡是家中没有适合的人，可以雇人代理，费用由雇主支付。

11. 现货课征
现货课征从清末开始改为完全换算成银钱征收。

12. 村庄摊款
乡村摊款以地的亩数为标准。

13. 土地买卖的先买权
在滦县有一种特殊的惯例，购买土地或者典当时本村人拥有优先权。

14. 青苗会
在秋季粮食成熟时期，每户出一人参加会议，找两个人当"看青的"，年薪为每人150元以内。这称为"青苗地"。

（五）滦县八里桥乡

1. 村庄治理结构
滦县八里桥乡的村庄，最开始是会首制；其次是村长、副村；最后是保长、甲长。一是在会首制时，大庄有10位左右的会首，小庄两三位，会首权利相等，没有牵头人，大家商量决策。二是村长制，有村长、副村各一人，其他的会首再也不参与决策。三是保长制，有保长一人及若干个甲长。一般100户一保，10户一甲。

2. 小乡和大乡
民国二十年（1931）前建立小乡，一般两三个村变成一个小乡，乡名与某个村名相同。1940年13个村组成了大乡。八里桥乡乡长兼任联保长。13个村有9个保长。

3. 选举

保长由全体村民选举,来官署投票。村长也是选举产生,在村里选举产生。

4. 开会

在会首制时,在商量事情时,各姓会派出代表参与,主要商量看青、修路或者官署的事。小乡制由乡长聚集起来开会,但是没有全体村民参加的会议。

5. 包麻子庄

包麻子村有 160 多户,大户有百十余户,小户 60 多户。大户一般是没有分家,孩子比较多的户。小户是兄弟们分家后的户。当地的作物:高粱、苞米、谷子为主,稗子、豆子、花生、麦子也有,棉花很少。当地的土地为旱地,没有井。因为没有钱,所以挖不了井。土地上沙子填得满满的,湿地洼地很少。

6. 八里桥乡

全乡有 900 户,有 50 亩以上土地的有 200 户,100 亩以上的 80 多户,全乡平均为每户 30 余亩(全部为 280 顷)。纯租佃的农户有 60 多户;自耕兼租佃的有 140 多户(两者加起来 200 多户),剩下为自耕。没有自己不耕作让别人耕作的家庭。也有因为事变在城内避难的,但是都回来了。如果家里有 5 口人,勤劳,不浪费,有 30 亩地就能维持温饱。

7. 土地租佃

在八里桥乡,土地租佃不立字,口头约定,期限为一年。从民国二十年(1931)开始为预付地租制,此前是后付款。因为当时家庭条件都还好,后付款也没有关系。但是之后变穷了,支付不起地租,所以改为预付地租制。这也说明,20 年前收成好,那之后歉收的多;以前地租便宜,那之后变高了。地租一直是现金缴纳。土地租佃最长也只有 3 年或者 5 年。田赋、摊款均由地主负担,看青费用由租佃人承担。如果关系比较好,地主会借牲口、农具、其他东西给佃户,但是不借的多。佃农也不会给地主帮忙。大地主家的地雇工耕种的多,出租的少,农忙时也会雇佣短工。

8. 家族和家庭

在当地人数最多的家庭有 20 人左右,其中一王姓家庭在 40 年前家里有 40 人。在包麻子村陈姓、王姓和张姓各有 30 户,是人口比较多的 3 个家族。同族过去有族长,但是现在没有了。同族没有族产。街坊之间有辈分。埋葬时是一字型葬。家庭的财产称"产业",家里个人的财产称"提蓄"。在如下情况下会分家:一是家业日渐衰落时分家;二是兄弟吵架时分家,如一兄弟赌博,一兄弟勤劳,则会产生冲突,于是会分家;三是家长临死前,命令孩子们分家。分家一般是父亲还活着时进行。在冯家坎乡,没有分家的大家庭只有二三户。

9. 借钱

一是借钱。主要是婚丧，也有因为粮食不足借钱。二是借钱人。没有土地的人不好借钱。没借过钱的人有，但是不多。土地很多且不奢侈、不浪费的人，很容易借到钱。三是借钱顺序。按顺序来看，家属、邻居、亲戚、朋友、不认识的人，还有向城里的店铺借钱的情况，但是必须有中介人（熟人也需要）。四是当铺。在城里有一家当铺，借钱的人较多，借钱期限为 12 个月，月利 2 分 7 厘。五是借钱机构。在滦县没有钱庄和银号，银行也只有冀东银行的分行一家，在那里借钱的为买卖人、资本家（大地主）等。六是合作社借钱。向合作社借钱的是有土地的农民为了买肥料、农具等而借钱。七是借钱的时间。借钱还是春天居多，因为在那时，农民的钱基本上用完了。八是借钱还账的类型。一般是借钱还钱，借粮还粮，借钱还粮的基本没有，借粮还钱的有但是很少。

10. 信用借钱

相互交情好且有信用时可以信用借钱。在信用借钱时，有无土地、土地多少都可以，只有金额多少的问题。信用借款的数量一般大。有信用的时候可以借钱，借主非常贫穷不指望还时也可以借钱。信用借钱时可以立字，立字时有保人的比较多。不立字时，没有保人。不立字时，也可以有保人。立字时没有保人的情况几乎没有。不管哪种情况都必须有中人。中人和保人是同一人，中人一般是有信用且双方都很了解的人。

11. 担保借钱

担保一般用不动产担保，包括土地和房子，所有的土地，包括坟地都能够做担保，当然只有坟无法担保。动产一般不用于担保。指地借钱、指房借钱、当地、当房的都有，但是当地的最多。地价 100 元时，在指地借钱中能借到 30 元，最多 40 元；当地借钱的能借到 50 元。当地的时候，根据当主对土地使用需求的缓急程度来确定借钱数量。借钱数量也有接近地价的，但是很少。

12. 指地借钱

（1）期限。指地借钱的期限为 3 年，但是当地的时间不固定，有一年的，也有更长的，最长的有 30 年。

（2）赎回时间。从民国二十七年（1938）开始，此前不管经过多少年都能赎回土地，但是此后过了 30 年就不能赎回来了。当地有在契约中写明期限的，也有不写明期限的。如果写了期限，没到期就不能赎回来。没有写期限的，一年过后任何时候都能赎回。

（3）立字。指地借钱和当地通常都要立字，不立字的也有但是极少。指地、当地需要中人和保人。指地、当地不管哪种场合，中人就是保人。指地借钱在当地的时候至少需要一位保人，多的时候有四五位保人。

（4）增钱，当地时可以增借。增借时可以在旧契约外的小纸片上写上增价。重新立字的也有，但是比较少。指地借钱也是这样。在卖地时，实际获得的金额与地价（卖价）之间的差额。

（5）转当。在秋后，地价上涨且出典者又需要钱的时候，承典者没钱给出典者的时候就会转当。另外，当承典者需要钱时，必会找保人商量，没有钱给地主（出典者）的时候也可以转典。在此情况下如果在地价以内可以高于原当价转当，这时要立新的当契，赎回的时候原地主向最初的承典者申请，然后原地主向转当主申请，期限在原当期限以内。三年当期，一年后才转当的第二年可以赎回，转当一般不写期限。

（6）赎回。赎回土地一般在秋后、春天播种之前，清明以前都行。典期为三年，一定会选在第三年赎回。三年以后不管过多少年都可以赎回，但是30年后不行。

13. 借钱利息

即使信用借钱，没有利息的也少。利息最高一年3分，一般为2分5厘，最低为2成。指地借钱也一样，3分以上利息的有但很少，如果本村借主没有产业信用借款时，只要能够借到钱，利息稍微高一点也没关系。但是这样的情况很少。一般利息与本金一起后付。在期限内无力还钱，连利息也支付不了时，可以延期。付不起利息时，把利息和本金合在一起，在信用借贷中有，但是很少，一般本金是本金，利息是利息。指地借钱中支付不了利息时，来年将土地交给债主耕种，第3年支付三年的利息。

14. 偿还责任

指地借钱时，借主在期限内还不了钱时，中保人有责任要代为偿还。每年支付利息的时候，必须经保证人交给债主。不过，保证人代为偿还的非常少，如果保证人代为偿还，保证人就耕种土地，如果债主还钱就能拿回土地。不管是信用借款还是指地借钱，期限后不管过多少年债主都能向借主提出请求。如果借主真的没钱，贷主只能拿到利息，但是贷主一般会向保证人提出偿还请求。

15. 农村交易

（1）农产品及其销售。在滦县，主要种植谷子、高粱、花生、豆子等，棉花比较少。农作物大体用于自家食用的多，用来卖钱的非常少。在村中买卖很少，买卖大体在集市里进行，因为在集市上价格公平。出卖农产品大体秋后居多。

（2）集市。在县城的北门外有集市，其他的集市都在距离县城20里以外的地方。八里桥乡没有集市。阴历的初三、初八日为大集，初一、四、六、九日为小集。在大集时，所有的物品都有，人多，买卖也多。在小集时，物品少。很多物品在大集里有，在小集里没有。

（3）购买地点。购买所需物品，很多农民由秋后在集市里购买，变成春夏时在城里的商店里买。因为这时集市里物品少而且支付现金，城内商店则可以赊账。商店的物品来自天津、唐山、北京等地，过去还有从奉天运来的商品，调查时已经没有了。粮食多来自河南的彰德，本地商人贩卖过来的。河南盛产小米，滦县主食是小米。商人在农村只采购花生。

(4) 牙纪。

在集市买卖时，以前有牙纪，粮食的牙纪称斗牙。1940年6月开始取消了斗牙，由合作社来担任。牲口买卖也有牙纪，木材买卖有木牙。在调查时，木牙税由承包商缴纳，畜牙税由屠宰场管理（由于省令包商被禁止）。出口货物需要呈报，在商会得到许可证后才能运往县外。

(5) 商量购买。

一是粮栈和油坊。县城里有小规模粮栈，有油坊（打花生油），但是磨坊很少。油坊会去农村用现金购买花生，所以花生在集市里有卖但是很少。二是物物交换。物物交换比较少，豆子和豆腐可以物物交换。三是农具购买。小农具可以在小卖商人处购买，大农具在集市里购买。四是肥料。肥料在县城里购买，从城里购买人畜粪便或拾捡，化学肥料从商店购买。从商店里购买，赊账的多，支付现金的少。人们没有一起购买肥料的情况。五是燃料。除农作物的秆之外，不足的部分就买煤。去县城、车站或者煤产地用现金购买。六是合作社。农民在合作社买面粉、高粱之外，还买少量煤油。七是行商。行商卖妇女使用的东西、鱼、陶器、小农具、扫帚等。八是村民的副业。主要是制作豆腐、粉条，种植甜瓜、西瓜等出卖。

（六）乐亭县吉祥寺乡

1. 有关产权及赋税

乐亭县除公共场所之外，民国二十二年（1933）以前官旗产完全变成了民地。以前的记录地籍的册子称红簿，由县公署保管。从1941年开始称粮册。税契有买契、当契、推契。税契由县公署的税契室管理。

2. 过割制度

民国十年（1921）以前，乐亭县就有社书，当时的过割及更名在每年的清明节前后举行。社书交一元给县公署，从农民那里征收2元，把这命名为"开一收二"。乐亭县先于其他县废止社书，所以被称为模范县。

3. 监证人

从民国二十七年（1938）开始，乐亭县实行监证人制度。最初任命小学校长为监证人，后改为乡绅担任，现在由乡长兼任。

4. 征税机关

乐亭县以前设立有经征处，田赋全部由经征处征收。每当征收期到来时召集以前的里书和经征员一起协同办理。现在已改为直接征收，但是偏远地区由乡长代收齐后送往县里缴纳。延期缴纳田赋，过去由社书代为催促，但是现在由政务警代为催促。在乐亭的税契里有一项特殊的制度。所有买或典的双方做税契的时候，不直接交给县里而是先交给县城东街的商号，名为"福发镒"。这家店投税给县里领取契纸后再交给当事人。

5. 田赋及附加

乐亭县省款每年田赋额征收数 37585 元多。"县款"附加额 28410 元。税率以前是以换算成银子、金额为"2 元 3 角"来征收。这次改为 3 等 9 则制度，变成最多 2 角，最少 2 分。缴纳时间分为上、下两忙。上忙在麦子收割之后，下忙在大秋之后。上忙并不那么重要，到了下忙必须全部缴纳清。田赋正税由地主负担，佃农完全不用负担。从 1940 年开始附加税改为亩捐由地主负担。由于死亡或者逃亡原因未纳税的花户在民国二十七年（1938）、民国二十八年（1939）、民国二十九年（1940）三年里全县已经拖欠及逃税 1600 多元，由乡公所代为缴纳，在 1941 年的县署会议上决定这个金额从此以后由没有粮食的花户缴纳。

6. 包税

在过去有些小的税种由包商包税。主要有七种包税，本牙税，缴纳卖价的百分之一，牲畜牙税缴纳卖价的百分之三，棉花牙税、斗牙税均为百分之一点五，花果牙税为百分之一，屠宰税猪为 6 角，羊为 4 角，牛为 3 元，烟酒牌照税年额度为 9000 元。包税的程序，用投标的方法选择包税人。首先交两成的保证金，然后需要两家可靠的店做保证。1941 年开始在交易场交易，酬谢金取千分之五。但是交易场的职员全为旧时的牙纪。

7. 赋役

没有常年定期外出办事的赋役。临时出夫则根据县公署的命令，由乡公所通知给各户派出人夫。大工归乡，小工归保，平均每人的雇用费为一元（伙食费另算）。有钱人或家中无壮丁的可以雇人代理。

8. 村费

村费过去作为临时摊款由乡公所指定。从 1941 年开始改为县公署的许可制。分为春夏秋冬四季摊款，每期每亩地支付 4 角。无论是村外还是村内居住者都以土地为标准摊款。

9. 补契

民国二十九年（1940）六月截止，这之后就不能补契。以后遗失的契约按时价重新制作田税契，缴纳田赋。民国二十九年（1940）以前的补契手续由乡长、乡副以及四邻写保证书，根据保证书申请补契，将保证书一起送往省里。以前买卖时由中人制作的普通白契，只把省里来的契尾贴于白契上，不需要草契纸，也不需要监证人。

10. 工夫市场

所谓工夫市场就是短工集市。在吉祥寺乡没有工夫市场，因为雇用的时候大抵能够判断出事，所以就相互拜托寻找短工。

11. 后王庄

乡公所东邻有关帝庙，叫作吉祥寺，吉祥寺乡的名称就由此而来。吉祥寺的人听说先祖在明朝时从山西而来。后王庄王姓居多，58 户中有 40 多户姓王。在 58 户中，在满洲做买卖的有 10 户（其中在村里有土地的有 10 户），此外的都从事农业。除此以外还有把做小买卖当作副业的。

12. 小乡和大乡

乡由县里取名。一般以地名称呼乡。县里有 57 个乡。大乡制从 1940 年 4 月开始实施（以前的 3 个小乡合并为 1 个大乡）。民国二十七年（1938）开始实施小乡制。吉祥寺乡就源于这一时期，吉祥寺大乡和小乡的规模大体相同，33 个村庄，没有增减。在小乡建立之前，这些村之间没有关系。闾邻制度（5 户 1 邻，5 邻 1 闾）与小乡制同时进行。

13. 会首制度

会首制度又称会的制度，有的村有几名会首，有的村有十几名会首，还有代表 33 个村的总会首，又叫警视员。警视员代表村民参加县的参政会，监督乡内政治，调查村与村之间的纷争，调停不了就向上申诉。从民国初年（1912）就有会首制度，也叫作乡农会，青苗会包含在其中。在那个时候，也有把村民聚集起来召开青苗和村庄防卫等相关事宜的会议。民国初年，建庙、挖井的时候，把绅士、商人聚集起来商量。普通事情由会首一人决定（会首相同），或者与地方有钱人商量决定（即财主、富户——因为当时公共事业是有钱人出钱，穷人不出钱）。在那时没有摊款，只有青苗会，出钱的人也是有资产的人，即使有 10 亩地的人也不出钱。这个钱叫"看钱"。在麦秋、大秋时支付。收钱时还将出钱的人聚集起来吃饭，在席上决定金额，叫"吃青苗"。总会首由投票选举产生，各村代表商量决定，看青由以总会首为代表的 33 个村共同进行。各村代表为有资产、有声望的人（即会首），参会人在聚集时决定。

14. 选举

吉祥寺乡的各村里没有青苗会，但其他乡有青苗会。在小乡制时，邻长、闾长从村的某一端开始，按顺序每 5 户设为一邻，由村里决定邻长；5 邻的邻长决定闾长；闾长聚集决定乡长。采取投票方式决定邻长、闾长、乡长，投票权在农民手里。关于乡长任资规则，由县里决定。根据规则想当乡长的人向县里申请，县里确定候选人，再从中选举产生。与此同时，还要选出 2 位乡副、4—6 人的监察员。监察员专门监督乡长、乡副，检查庶务会计雇用的事务员所做的账簿。参加投票的人是男性，以户为单位，即家长参加；没有男人时，女人也可以投票，但是在现实中没有女人会来投票。

15. 乡与联保

在大乡制中乡长兼任联保长。但是职务不一样，即联保长以下有保长、甲长；乡长以下有乡公所里的总务系、合作系、保甲系三系，各系有事务员。与乡有关的事以乡长的名义告诉保长、甲长；与各保甲相关的事以联保长的名义来处理。保公所里有书记，联保有联保办公所，其事务由乡公所的保甲来处理。

16. 乡长任命

乡长由全体乡民投票选举产生，共选出2位候选人，再指定其中一人为乡长。选举产生的乡长要去县里培训，然后获得认可后才被任命为乡长。如果参与培训不合格，则让另外一位候选人培训。副乡长一名，也是投票选举产生。乡长又兼任新民会的乡分会长。乡分会接受县总会的指示组织青年团、自卫团，聚集会首。

17. 乡镇事务员

乡公所的事务员由县里征集，培训再派遣到各乡、各保。

18. 乡民会议

乡里有时会召开乡民会议，也称乡民大会。主要是与乡政有关的事情就会召集保长们召开乡民会议。主要有如下几种情况：一是有蝗虫出现时；二是有土匪出现时；三是祝贺乡里的一些重大事情；四是有种种演讲时。在小乡制时也会召开乡民会议。

19. 村规与村约

应答者表示，在会首制时期，没有村规、村约；在小乡制时期，有规则但是没有实行；在大乡制时期，有规则也在实施。

20. 家庭与家族

在吉祥寺乡10人以上的家庭比较多，王乡长家有40余人，张某家庭有30余人，张保长家有20余人。王乡长和张保长家都是四世同堂。家里的财产分"财产"或者"产业"，前者居多。

（1）个人财产。家庭中个人财产叫"提蓄"。没有分家的人外出打工后的财产是家庭的共同财产；女儿出嫁时带过去的财产称"提蓄"，家长给的零花钱，休息时赌钱赢的钱，孩子出生第12天从贺礼中得到的礼品和钱都称"提蓄"。"提蓄"的前提条件：一家中有几个兄弟，没有几个兄弟时的个人财产不称"提蓄"。

（2）一家子。同姓的人叫当家子、一家子，也有称同族的。一家子有族长，辈分大、岁数大的人成为族长。有些一家子也有祖产，包括坟地、土地和一些钱。这些祖产可以给看坟的发报酬，筹措祭祀时的香、纸及其他上供品等。祖产的管理者为族长。

（3）街坊辈分。街坊之间也有辈分，如叫"三叔二大爷"等。清明扫墓时，一家出1人，先祭祀然后吃饭，有时还植树然后吃饭。

（4）埋葬方式。在吉祥寺乡采取的是按照辈分葬成一列（当地没有"一字葬"的说法）。

（5）家长。称当家的为家长。家长死后，长子当家长；长子死于家长之前就是次子当家长。也可以选择兄弟中最有能力的人成为家长。母亲在的话母亲选择，没有母亲时由兄弟们推选，母亲选择的多。

（6）纳妾。吉祥寺乡有纳妾的情况，但是不多。纳妾也是没有孩子才能纳妾，如果太太有孩子不能纳妾。

21. 分家

分家主要有如下几个原因：一是人多，与此相应的是财产变少了，互相之间变得懒惰；二是担心家长死后无人管理农业；三是家人不和睦，不过这种情况比较少。

22. 吉祥寺乡的概况

在吉祥寺乡，主要种植高粱、苞米，还有谷子、豆子、棉花、麦子等。农民一般吃高粱。土地主要是旱地，没有水井灌溉，也没有稻田。土地最多的有 2 顷地，共有 4 户，拥有三四十亩地的农户为多。一个 5 口之家，每人有 4 亩地，即有 20 亩地就能够维持温饱。没有土地的人比较多，但是这些人多为商人，也有农户。拥有 2 顷以上土地的人，有专门务农的人，也有兼做买卖的，还有当官的。一般而言，自耕农比较多，租佃的有 200 多户，借出土地的有 150 余户，自耕兼租佃的有 100 多户。外乡人在本乡拥有土地的大约有 300 多户，本乡人在本乡拥有土地但是住在外乡的有四五户。这些人都是财主，多的有十余顷土地，少的都有一顷多土地，他们在城里做买卖，土地出租给别人耕种。

23. 租佃

在吉祥寺乡，土地租佃多是口头协议，没有字据，期限为一年。佃户继续租佃的比较多，每年很少有变动。佃户用现金交地租，为预付地租制，即交地租后再种地。也有分两次交地租的情况，即耕作前交一半，耕作后交一半。调查的当年每亩地租为 12 元，清明节前必须缴纳。地租以外，土地还得交田赋、乡款、亩捐，这些都由地主负担。农民有向地主借农具、种子、肥料的情况，但是很少。佃农也没有给地主家帮助。如果是同村人，在红白喜事的时候会去帮忙。土地比较多的人雇用长工耕作的比较多。如果土地当出去了，为承当者耕作，不为所有者耕作。

24. 短工

在农忙时也会雇用短工，雇用短工比较普遍。短工一般是当地的穷人，没有外乡人。如果是在城里的"工夫市场"多雇用本乡内认识的人。短工一般每天 1 元的工钱，农忙时为 1 元 20 钱或者 1 元 30 钱。长工为每年 170 元到 180 元。长工一般住在雇主家里。

25. 销售与购买

农民种植的作物一直没有发生过变动。农产品主要用来食用，很少用来出售。种植的绿豆、大豆制作粉条、豆腐等，也用来出售，这种为副业。农民生产的粮食作物不够吃，不足部分在县城市场或者商店购买，在商店购买居多，购买时用现金，也有赊账的情况。在调查的当年才有交易场所，以前在集市购买。

26. 牙纪

以前的粮食买卖有中介人，称牙纪，用斗子量，每1斗收1分多的酬谢金（其中包含牙税）。斗子是包商使用的东西，还有叫秤子的，卖用秤量的东西时中介收牙税。做斗子、秤子的人们现在也在交易场工作。牙税在集市收取，在交易场由合作社负责，合作社收取金额的1.25%作为酬谢金。

27. 集市

村民的必需品、杂货等在县城的商店购买。在交易场只出售粮食。在有集市的时候，也会出售上述商品。除了粮食集市外，还有牲口市、菜市、席市等。

28. 肥料

肥料一般在县城购买，化学肥料（肥田粉——硫铵）在商店购买，人粪马粪等在城里的旅店（没有粪厂）购买。大部分的家庭都会购买肥料，这对农作物有好处。无论在哪购买都使用现金。

29. 合作社

县里有合作社，调查的前一年分配过一点面粉，除此之外再没有做其他的事情。

30. 村民副业

主要有两种副业，一是做扫帚；二是做粉条儿。但是从事这两副业的人不多。有少部分制作的扫帚在本乡内贩卖，如果制作得比较多的人就会与县城卖扫帚的专门店特别约定。粉条在县城的集市贩卖。

31. 行商

串村出售商品的人称行商。在吉祥寺乡行商比较多，大多是本地人，破产的商人或贫穷的农民，主要是出售食物、蔬菜、水果，除此之外还有布匹、油、面、针线、食用碱、烟草等。

32. 燃料

在吉祥寺乡，一般使用玉米秆、高粱秆作燃料，也有使用自家的树木、劈柴等作为燃料。因为炉子的缘故煤只在冬天使用。煤在城内的煤铺里购买（也有从唐山等地买来的）。

33. 借钱

（1）借钱的原因：红白喜事借钱。购买土地、耕作农具借钱。为了雇用人工借钱。购买粮食借钱。

（2）借钱的方式。包括三个方面：指地借钱、信用借钱、当地。指地借钱的多，其次为信用借钱，当地的少，借钱还粮、借粮还粮、借粮还钱的都没有。

（3）借钱的顺序。首先向从满洲回来的商人借钱，向谁借不固定，一般是有钱、感情好的同族。其次向亲戚、朋友、邻居借钱。一般先拜托邻居，邻居没有钱时再拜托亲戚、朋友，这些人没有钱的时候，再向没有关系但是愿意向外借钱的有钱人借。

（4）借钱的机构。首先是当铺，小额的去当铺，钱多不行，期限为2年，年利率为2分7厘（月利率为1分5厘），过了5天就算一个月。当地没有请会，也没有钱铺、银号，有冀东、河北、义发等银行，但是农民无法在这里借钱。

（5）商人借钱。以前城里商人向外借钱的情况比较多，但是民国二十七年（1938）以后基本没有了。乐亭县的商人比较多，其资本主要在满洲，因为现在无法从满洲汇款，店里资金困难，已经无法向外借钱。

（6）借钱的字据。信用借款不立字的多没有担保，中人可有可无，没有保人的多。因为本地的人都比较朴实和有信用。立字有保人的多，立字没有保人的没有。保人是有资产、有声望且与借钱人相互熟悉的人。借钱没有动产担保。

（7）借钱的时间。借钱比较多是春天，过年以前、清明节以前居多。

34. 指地借钱

指地借钱必须立字，有中人，还需要保人，保人一般会有两人，借钱期限为一年，100元的地价可以借到四五十元，当地也是如此。与土地的地租和借款的利息额相比，如果是交不起相应地租的土地，也借不到相应金额的钱。借主支付不起利息的时候，债主可以自己耕种其土地，或者借给别人收取地租当利息。指地借钱的利息为年利3分，月利2分5厘。指地借钱的在期限内无法还钱时，债主耕种其土地，这要写入契约。在耕种地时债主每隔一定的天数直接或通过保人把此事通知借主。即使在无法还钱时，保人也没有代还的责任，保人只能保证有土地。当无法还钱时，也可以先支付利息后延期，这样做的比较多。将利息计入本金的有，但是很少。一般利息与本金一起归还，多在清明节时支付，当无法偿还时，不管过多少年都能提出申请偿付而取回土地。

35. 当地

当地也称典地，过去比较多，现在比较少。当地必须立字，中人一人，不需要保证人，期限大致为10年，期限以内不能赎回。地价100元可以借到四五十元。期限过后任何时候都能赎回来，但是30年以后就不行了。坟地不能当。

36. 增借

所谓增借就是在当地后，如果地价上涨，可以向承当者申请再增加借款。增借也称找价，如果找价后借款金额达到了地价，这称"找死"。这样地主就不能赎回土地了。增借时，可以不动原契约，而是再另写一个小纸片贴在旧契上，也有新立契约，旧契约作废。

这时新契约的日期写新立字的年月日。指地借钱不能增钱，也不能找价。

37. 转当

承当者将土地再当给第三人时，称转当。在吉祥寺乡有转当现象，转当的期限在原当期限之内，价格也在原价格之内，即使有能力够偿还也不能超过原有当价。转当后自己赎不回来。

38. 赎回

当地后将借款偿还后可以赎回土地。没有到期不能赎回，如果要赎回一般在清明节以前。赎回前必须先通知承当者。当期过后，不管过多少年都可以赎回（在法律上规定是30年的赎回期限，但是在惯行上30年以后也可以赎回）。

（七）昌黎县黎湾河乡

1. 过割制度

在昌黎县有社书的制度，有土地买卖的农民要找社书过割。每年的正月二十日，47个社的社书聚集在县城办理过割、钱粮、地亩事宜。一般要根据调查过割。社书每亩收取酬谢金2角至3角。如果农民在规定时间没有赶上过割，必须额外加收费用。除此之外，社书有一种作为年薪的收入。过割完成之后，社书造红册在25日之前送往县里。

2. 监证人制度

监证人是乡长，买卖普通的房子和土地时，除见证人外还有介绍人，俗称"跑房人"或者"跑地人"（费用不固定，但是不多）。准据省令（其他县相同），监证人不盖章就不能税契和过割。监证费4厘（100元付4角），由买主缴纳。

3. 土地清理

从民国二十八年（1939）一月开始土地调查，旧有的亩数计15934顷，清查后土地计19000多亩。以前的粮票上写十亩实际上有十三四亩。从这次清查开始黑地可以当作新增地无条件进行补税，这称"补契"。但是民间隐瞒旧有的旗地不报告，调查变得越来越难。黎湾河乡土地计90顷（包含房基地）。

4. 征税

田赋的征收分为上下两忙，上忙从3月15日到6月15日，下忙从9月15日到年末。社书在过割土地以后详细地造好红册送到县署，县署根据红册记载的东西开始征收，拖欠以及逃亡绝户的地税由社书负责催收，这称为"扫数楼封"。

5. 田赋

以前的田赋为每亩地支付3分8厘。本年度土地清查后的旧有土地的田赋率与以前一样,新增地分为3种税率:一是1角5分;二是1角;三是3分。附加,以前为每亩5分4厘及6分7厘,从调查的当年开始为每亩2角2分。田赋正税的负担者是地主。

6. 其他各税

除了田赋外,还有其他的税种,这些税都是以包税的形式征收。主要有牲畜、屠宰、牲畜牙、斗行牙、花生、棉花、核桃、鸡蛋等牙税。民国二十八年(1939)以前的包税制度以投票来选择,民国二十九年(1940)以后改为承征员(也是以前的牙纪)征收,调查的当年改为征收员征收。调查时牲畜和粮食都在交易场进行交易,水果在果树改进所进行交易。

7. 赋役及现货课征

本县临时的出夫,接受县的命令后由乡公所分配给各保甲长,大抵以摊工为原则的居多,少数的摊钱是例外,摊钱在调查当时是每天薪水3元多,至少也有2元6角以上。

8. 公共摊派

在昌黎县没有现货课征,但是修桥梁的时候乡公所从农民手里无偿征用。村会摊款取名为"乡亩捐",每年每亩2元2角,分4次缴纳。官亩捐、乡亩捐以及正税都由地主负担。"当地"的时候由"当主"缴清。看青以及自卫用款由"当主"或者租佃人负担。

9. 集市

城内的市集,粮食市以前是轮流着来,例如三十日在北街;初五日在西街;初十日在南街;十五日在东街;二十日在北街。按照这种顺序在各个街上进行(市日为阴历逢五和逢十的日子,没有三十日的话就为初一日)。将南门外铁路南侧的地点改为交易场,从去年的春天开始由新民会管理。每有粮食交易,新民会派人从买、卖两方手中,各自每10元抽取3分作为手续费,除此之外斗税6分,加起来一共拿12分。

10. 牙税

清朝时期就有斗牙税。看庙的、皇室的轿夫、三班六房的人,为了让其维持生活,给予他们量斗的权利。在量斗时,斗上面高去的部分,用棒子弄平,斗子接住向下掉的部分。这就是斗子的收入。民国十年(1921),变成了包商。想承包斗牙税的人前往县公署申请,获批的就成为包商。向县里缴纳一定的金额,承包几个斗。获得的收入超过向县里缴纳的部分就是包商的收入。在集市收取斗牙税。但是在粮量斗时还要额外收取费用。牲口市有牙子,买主给钱,没有固定的比率。牙子在买主卖主之间斡旋,没有资本。买的便宜买主会多给点(与包商没有关系)。如果是包商,会准备一张桌子,按照规定收税,包商要佩戴袖标。

11. 家庭和家族

县城有30余人的家族。城外碣石山乡(约8里)有位叫刘峻臣的,五代人住在一起。

同族就称同族，五代以上叫近亲，同族又叫当家子。有些家族有族产，如坟地、祭田，这是全族的共有财产，由坟会的董事管理。城内的韩文公祠有祭田。年岁大、辈分大的人成为族长。在调查时，族长已经没有权利了。有街坊辈分，街坊辈分以父亲的辈分来称呼。坟按照辈分葬成一列。

12. 提携

家里的财产就称"财产"，俗称过度、度用。家庭中个人的财产，俗话称"提携"（个人可以拿走的意思）。提携包括如下几个部分：一是女的出嫁时带过来的财产；二是男的是从作为家长的父亲手中得到的钱、动产、不动产。自己劳动得来的钱是家庭的共同财产。如果妻子同意，可以使用妻子的提携。

13. 分家

在昌黎县以不分家为原则。当地认为分家就不幸福。分家主要有如下原因：一是家庭不和；二是人多财少；三是兄弟意见不一致，无法合作。

14. 黎湾河乡概况

黎湾河乡距离县城约 7 里，是模范爱护村，同名的大乡由主乡一个，副乡五个构成，总户数为 1609 户，人口 8339 人。主乡黎湾河有 559 户，人口 3147 人。上地有 398.46 亩，中地有 413.958 亩，下地有 8437.23 亩，共计 9249.648 亩。此村因为人多地少，前往满洲做买卖的很多。在调查时人们既回不来也过不去。此村做生意赚了钱的人很多，例如东北官银号的副经理就是本村人，现在已经搬到了哈尔滨，在村里没有房子但是有土地。黎湾河乡是大乡，1940 年 4 月开始是大乡，由 6 个小乡即 6 个村构成。黎湾河乡过去是小乡。在小乡制的时候，一个村为一小乡，小乡制从民国二三年开始，那之前是会首制度，会首制属于前清的制度。6 个村自一开始就是独立的村庄。

15. 会首制度

在会首制度时期，一个村有 8 人到 10 人为会首，有时也称董事。会首们聚集在一起开会决定青苗会、摊款。摊款又称"犒差"和"摊差"。摊款收集后缴纳给县里。村里的费用（指青苗费和其他）也包含其中。摊款的事在春秋时期召开两次会议商量，也有打官司、临时性的招待费或者其他的事情需要召开会首会议。除了会首会议外，没有村民会议。会首通过投票选举产生，一般为拥有较多土地的人。在召开会首会议时，即使家里土地比较少，但是很了解情况的人也可以参加会议。

16. 村长制

从民国初年（1912）开始进入村长制度时代，有村正和村副。村正、村副也是通过选举，由村民中了解村务人选举产生。那个时候，没有什么特别的大事，小事就由村正决定，村正不在时就由村副决定，所以没有村民会议。当时的摊款，一年每亩只有八个铜子儿。

17. 小乡制

民国十年（1921）开始实施小乡制。在小乡制时，除乡长、乡副以外，没有其他的村务人员。乡长、乡副也是通过选举产生，其实工作与村正、村副一样，只是改变了称呼。在小乡制时期，也有将了解村务的人召集起来商量事情，但是很少。如看青时抓住了偷庄稼的小偷，会向乡长报告；身份不明的人死在了村里，或者修道路时会召开会议商量处理。除此之外就是摊款的事需要开会商量决定。一般乡长会指定了解事情的人参加。

18. 大乡制

大乡制从民国二十九年（1940）开始实施，6 个村分为 14 保，每保有保长、保副。向上有联保长、联保副各 1 人。各乡公所有乡长、乡副各 1 人，这与联保长、联保副不同。在乡公所，有司计员 1 人、事务员 2 人、书记 2 人、乡丁 3 人。书记负责会计工作，事务员负责公文、报告等的工作。乡公所与保甲没有关系，联保的工作在保甲的办公所来做。乡长、乡副由全体乡民（各户的家长，没有女人）投票选出，当然也有不来投票的。联保长、联保副、保长也是投票选举产生。保长选举时警察署会派人监督。

19. 摊款

乡里的摊款，要制作预算表，得到县长批准后，再以全乡的土地摊派款项。

20. 乡民会议

如果有重要的事情召集全体乡民开会，这称为乡民会议。不过在黎湾河乡还没有召开过乡民会议。所谓重要的事情主要是指道路、桥梁的修理，沟渠的开凿等事情。

21. 土地台账

各小乡有土地台账，账上记载土地所有者姓名；坐落位置；地目；亩数；土地的上、中、下的类别等。

22. 生产情况

黎湾河乡的作物主要有高粱、苞米、谷子、稗子、旱稻、黍子等，花生和棉花很少。此地土地为旱地，虽然没有水井，但是土地质量还不错。

23. 土地关系

黎湾河全乡有 92 顷地，530 户，平均每户约有十六七亩。土地最多的一户有 3 顷地；有 2 顷地的有六七户；有 1 顷地的有 10 余户。自耕农有 200 多户，100 多户没有土地。没有以土地出租为生的纯地主，纯佃农有 30 户，租佃土地 15 顷，自耕兼租佃约 300 户。在本乡有土地住在其他地方的有 3 户（住在城内）。要维持 5 口之家的温饱，需要约 25 亩土地（每人 5 亩）。本乡产的粮食供给本乡不足，每年要在城内购买 200 多石。

24. 地租

在黎湾河乡，地租是以现金预先支付。不立字，为口头契约，没有中人，租佃期限为一年。佃农在地租以外，钱粮和其他费用由地主负担，但是青苗钱归佃农承担。地主不借农具、肥料、种子给佃农。实际上有暂时借用的情况，只在农忙时节，而且很少。

表一　　　　　　　　　　地租和地价的关系

	地租（每亩）			地价（每亩）		
	上地	中地	下地	上地	中地	下地
民国二十六年（1937）	五六元	4元	3元	60元	30多元	20多元
民国二十七年（1938）	五六元	4元	3元	大致与上相同		稍高
民国二十八年（1939）	7元	5元	4元	160元	140元	110—120元
民国二十九年（1940）	15元	12元	10元	250元	200元	140—150元
民国三十年（1941）	18—20元	十四五元	十二三元	本年还没有买卖，变成秋后、冬天以后		

25. 雇工

土地很多的家庭，会雇用长工。在调查时，长工每年的收入为170元、180元到200多元，事变前是70元、80元。短工在忙时其收入为3元到3元50钱，其他时候为1元50钱，事变前为40钱、50钱。

26. 家户情况

乡内的大家庭有1户，30多人。比较大的家庭都分家了，10余人的家庭比较多。家长称当家。没有男人时女人是家长。家人比较多的，年老的母亲可以成为家长。即使孩子三四十岁了，也可以由母亲当家。家里的财产称财产，还叫过度。同族的叫当家子、一家子。族长由辈分大、岁数大的人担任。分家主要原因是：兄弟不和、妯娌不和及财产不多但人很多。

27. 借钱

一是借钱的原因：婚丧借钱、购买粮食借钱、购买家禽借钱、购买春耕所需要的农具、肥料和种子等借钱。没有土地的人一般借不到钱。二是借钱的顺序。没有特别的顺序，向有钱的人借。三是借钱的对象。向朋友、邻居、亲戚等借钱时一般没有利息，所以即使同族人有钱，苦于以后催债都不愿意借出，拜托中人向第三者借钱的很多。四是当铺借钱。在乡内借不到钱的人，拿着衣服和其他财物去城里的当铺（裕民公当）借钱，当铺的月利为2分5厘，期限为18个月，时间走过5天就算一个月。五是借钱的时节。年底居多，多为阴历正月之前，春天有但是很少。六是借钱的偿还。借钱一般还钱，借钱还粮、借粮还粮的都没有。七是中人、保人和字据。信用借款即在亲戚、朋友之间进行，一般没有中人。借钱如果立字必须有保人，立字没有保人的情况基本没有。不立字没有保人、不立字有保人的比较少见。八是其他借钱情况。在黎湾河没有请会，城里有钱庄、钱铺等，但是事变以后就没有了。以前也有人在钱庄、钱铺借钱，没有向银行借钱的人。事变后有合作社的春耕贷款。

28. 指地借钱

在黎湾河乡有不动产担保的借钱，但是没有动产担保的借钱。指地借钱多，当地也很多。指房借钱、当房的也有。坟地可以批地借钱，但是不能用于当地。

（1）价格。从价额来说，100元的地价，指地能借到三四十元，当地能借到50元。指地的期限为一年，在立字时写上，还不了本金的时候付利后延期。当地的时候，不写期限（立字的时候写），还钱就归还土地。

（2）借增和提价。如果土地涨价了，借主可以申请借增。借增和提价都需要重新写文书，即立全新契约，写立字据的时间。

（3）转当。转当必须在原当价以内，没有期限。转当是甲当给乙，乙转给丙。如果甲转给乙，后来甲又转给了丙。这不是转当，这是另当。

（4）赎回。在当地时需要赎回，支付借钱和利息拿回土地称为赎回。在黎湾河乡，超过一年以后，什么时候都可能赎回。一般在年底当地，在年底赎回的也比较多。过了最少限度一年以上的话不管何时都能赎回，一般在年底当地，在年底赎回的多，基本没有年后赎回的，在黎湾河乡以南在清明节之前赎回的多。当地期限过了几十年都能赎回来。

（5）利息。指地借钱的年息为3分，过去是2分或1分5。利息与本金一起还，还不了本金时，如能支付利息可延期。利滚利的有，但是很少。

（6）立字、中人和保人。指地借钱和当地都要立字，必须有中人，中人就是保人。保人有1人即可。如果借主和中人不会写字时，拜托会写的人，这人成为代理人。

（7）指契借钱。在黎湾河乡，也有指契借钱，即拿着借字（文书）借钱。指地借钱的债主不用额外订立契约（把它交出来），不交出来的时候立字也可以。这个时候必须给债主看文书，金额为文书的原金额的一半，但这样的立字很少。

（八）临榆县

1. 地籍与公证

冀东政府时期有官产清理处，河北省公署接收时已经废止。以前的地籍公簿每年由社书制作送出，由社书保管。民国二十九年（1940）开始土地清查，变成由县公署财政科直接征收田赋，规定为二等六级。临榆县契约有当契和买契，在调查当年，所有没有契约的土地都允许一次性"补契"，不征收契税。在临榆县田赋由县公署财政科办理。临榆县的社书制度极度发达，俗称"什季"，买卖双方在契约成立后通知社书来年进行更名，与县公署没有关系。在调查当年土地清查结束以后，社书制度就废止了，农民直接去县里过割。临榆县有监证人制度，由保长担任监证人。在临榆县时没有验契，也没有不动产登记。原有土地216715亩，调查当年的土地清查以后变成804624亩1分3厘5毫。

2. 税收制度

临榆县的田赋征收，过去由社书负责，称"负责包封"制度，分为天清、地宁、长治、久安、属国、年有、丰登七社，社以下又分甲，每社有10甲，只有丰登社有5甲，共计65甲，社书全部有40余人，税率有16种。县署不直接征收，交由社书包封。社书首先向县里交若干金额得到串票，然后去农村催征。

3. 里书的历史

里书社书制度始于明初，把县分为里甲的时候称里书，分成社甲的时候称社书。里书和社书是吏胥的一种。设置的考虑是：以前农民知识少，很多人不识字，所以在各社里雇1名书吏，专门从事记入社中或者里中鱼鳞册的事务，官员有时间可以荣转为社书，渐渐地形成了一种潜在势力。政府为了方便省事就默认其地位。传统时期中国的公事不论何时都把"依据惯例"看得很重要，上至各部院，下至各里社不按惯例行事的基本没有，里社的书吏大致同各部的"书办"相同，专门依据惯例办理公事。清光绪末年实行维新，各部的"书办"开始废止，但是各县的"里书制度"直到调查时也没有彻底废除。里书和社书已经拥有政治上的势力，形成利益群体，因此变成一种世袭制度，父子相传，不允许其他人介入。有时候没有儿子的人或者以招土地抚养的条件做交换，或者收取高价让给别人，形成一种特殊的财产阶级。新官上任一切"办差"费用由里书出，征收钱粮官吏的额外残余也仰仗里书。即历史上所谓的"飞洒"和"诡寄"等弊害，权力由里书持有。这是里书最发达的时期。光绪末年的维新，率先废止京城中各署的"书办"，各县也高呼废止里书制度。但是因为民智未开和图事务的便利，不得已又使用里书，并且免不了对税收造成影响。虽然有改里书为征收员的情况，但实际上没有任何变化。民国后不允许使用里书，里书的权力逐渐变小。

4. 里书的制度

里书是田赋征收制度，通过以下几个方面与农民和政府发生联系。一是包封。里书对县公署负责"包封"。全县的田赋是一个固定额，但是土地是变动的，这些变动的土地的田赋就归里书所有。二是过割。土地在同村人之间买卖，每亩付给里书1元手续费，如果是外村人则是2元。每年春季一个固定的日子，全县里书会来到县里，为土地买卖过割。没有在这一天更名的，里书会自己去农村上门过割。这时的一切费用由农民个人承担。三是零钱和额外花费。里书在催税时，会将串票的零头整数化，如 1 元 44 钱就按照 1 元 50 钱征收，而且每张串票还额外收取大概 5 钱至 1 角。四是敛粮。每到秋粮上市时，里书会去拥有五六十亩的家庭去敛收粮食。五是敛钱。里书家有婚丧的时候，里书管辖村庄的一些人们会送钱和食物。在调查的当年土地清查后，农民直接去县里纳税，逃亡者、绝户以及拖欠者的田赋由镇公所和乡公所代征。

5. 田赋制度

往年田赋的征收总额为 17970 元 1 角 1 分 3 厘。调查当年度及土地清查以后的征收总额为 62570 元 2 分 4 厘。科则分为二等六级：中等四则级，每亩征洋 2 角 5 分；中等五则级，每亩 2 角；中等六则级，每亩 1 角 5 分；下等七则级，每亩 8 分；下等八则级，每亩 3 分；下等九则级，每亩 2 分 5 厘。临榆县没有上忙和下忙的区别。田赋由地主负担。典地时由所有者承担，承典者、佃农不负担。如果有人拖欠及漏税，会被县公署押追（拘留缴纳）。

6. 田赋以外的各种税

除了田赋还有其他一些税种，这些税以承包的方式征收，称包税。这些为：牲畜税、牲畜牙税、花生牙税、斗牙税、杂货牙税、花椒炭牙税、梨果牙税、麻油靛棉花牙税、煤灰牙税和皮毛牙税。在以前，以上各种牙税都是通过投票由包商承包，但是从调查年度开始省令不允许"包税"。由于临榆县没有设立交易场，所以调查年度还是需要"包出"，除此之外没有其他的征收方法。

7. 回马塞村

回马塞村属于第 4 镇公所。第 4 镇公所成立于民国三十年（1941），由过去的第 3 乡、第 16 镇及第 17 镇合并而成。回马塞村以前属于第 3 乡。回马塞村一直都是一个独立的村庄。

8. 会首制度

在会首制度时期，有会首 2 人，村里年纪大的、有声望的人通过投票选举成为会首，即被全体村民推举。会首的主要职责就是与县进行交涉、有诉讼的时候解决诉讼，或者根据县的命令收集钱（摊款等的）。会首与田赋等没有关系，田赋由县里派来的司计收取。会首制度时期有全体村民的会议，在会议上商量与看苗相关的事情。

9. 村庄制度

民国十年（1921）以后，会首制度变成村庄制度，有村正和村副，由民众全体投票选出。这些人和会首做一样的事情，村正不在的时候村副代理。这个时候没有村民会议，重要的事情也是由村正、村副两人商量决定。

10. 小乡制度

民国二十年（1931）以后变成乡，有乡正、乡副，其下有闾长、邻长，每个都是由村民投票选出。这一时期没有村民会议，也没有闾长、邻长的会议，全部事务由乡长、乡副决定。那个时候9个村合为一个乡，并一直持续到调查的前一年。

11. 镇的制度

镇与乡体制差不多，在农村就称乡，在城区就称镇。在调查当年第4镇成立，它由9个村和大西关（以前的第16镇和第17镇）组成。镇里有镇长、镇副、事务员2人、书记2人、镇丁4人。书记和镇丁是由镇长雇佣。镇长、镇副为投票选举产生。县里向村民通知候选人资格，再由村民选举，选出人选后通知县里，县里承认以后就职。一般会选出两人，县里指定其中的优秀者为当选人。回马塞村有54门150户，第3乡有178门。

12. 村规

回马塞村从会首时代开始就有村规或村约，比如不能随便拿农作物，严禁赌博，不能敲响庙里的钟等。但这些规定不是很清楚。

13. 作物与土地关系

第3乡的主要农作物有高粱、棒子、花生、豆子、谷子、红白薯，棉花少、旱稻也非常少，没有水稻。土地全是旱地，没有井。第3乡，大地主都住在城里，在村里的人平均约有10亩土地。回马塞的耕地约1500亩，第3乡全体有多少土地不清楚。马姓（不是村民，住在城里）约有300亩土地。自耕兼租佃户20户左右，租佃的有七八十户。五口之家要维持温饱的话，自耕需要20亩地，租佃需要30亩地。

14. 租佃

在回马塞村，租佃一般是口头约定，不立字，期限为一年。地租以现金的形式提前缴纳。县内西边的某地，需要立租约，期限大致为5年，还是用现金提前缴纳，叫作前拂。田赋由地主负担，摊款、青苗钱由种地户出，没有地主借给佃农农具、牲口、肥料、种子的情况。在村里没有雇用长工的家庭，农忙时有家庭会雇用短工两三月。短工的工钱为每天1元50钱，忙时为3元，短工在雇主家吃饭。

15. 借钱

一是借钱的原因。购买粮食而借钱的比较多。在回马塞村，村里生产的粮食远远不足够村内消费。其他还有因购买农具、雇用短工、红白喜事借钱。当然如果没钱可以不做或者极简单地做。二是借主。没有土地的人借不到钱。三是债主。向谁借没有一定规则，一般拜托中介人向有钱的或者不认识的人借钱。因为面子的关系，不会向亲戚、朋友、邻居等借钱，即使他们有钱也是如此。比较多的人向村里有土地的人借钱，或者去经常购买商品的店子借钱。三是当铺。全村有二成的人在当铺借钱。当铺借钱多的三五元，利息为一年2分5厘，期限为一年。在城内有四家当铺。至于是否有钱庄、钱铺不太清楚，没有人从合作社借钱。四是借钱的时节。春天到来（当地称开春子）之前借钱的比较多。五是偿还类型。借粮还钱、借钱还粮、借粮还粮的都没有。五是信用借款。小额的短时间的借款，如 10 元以内，大多是信用借款，又叫作"浮挪暂借"或者"摘肩儿"。

16. 指地借钱

借钱没有用动产作担保的情况。但是可以用土地做担保，如指地借钱，也称以土地为抵押。指地借钱占 30% 左右，当地占 20% 左右，指房借钱、当房的情况也有，但是不多。坟地不可当，也不可指地借钱。

（1）价额。地价为 100 元的土地，指地借钱的话一般 20 元、当地的话可借到 40 元。其期限，前者多的有 3 年；1 年的也有，后者一般 3 年，也有 4 年的情况。

（2）增借。当价的增借叫"撩价"，当出当者需要钱时，可以向承当者提出增加借款，只要在地价以内，一般承当者会同意。双方商量，如果重新立字，则字据的金额为前期借款和后期增借的金额之和，日期也以立字的当天的日期为准，旧契约随即废除。如果保存旧字据，增借部分立字，同样以立字日期为准，这是额外的立字，所以当地称"撩价"。指地借钱也有"撩价"，这时需要把旧字舍弃立新字。如果借主需要的金额比较多，"撩价"不够时，就会采用"找价"。其"找价"后的借款与地价大致相同。

（3）期限。在当地指地借钱：钱无利息、地无租价、有期无限，即指地借钱即使有期限，借主只要还钱就能够拿回土地。当地至少要期限结束后拿回土地。

（4）利息。除了无利息的指地借钱外，还有带利息的指地借钱，比重很大，一般是月利 3 分，借钱金额多时为 2 分。指地借钱的利息每半年支付一次的比较多。无力支付时，债主会去催，确认有无利息支付能力，如没有就采取特别的方法：要么取得土地的耕作权，要么劝其卖掉土地。一般为支付利息后延期的比较多。不管哪种方式都要通过中人完成，不重写证书。借主以农作物少和没有收获为由不支付利息，就只能牺牲利息。

（5）转当。有转当但是数量不多。承当者需要钱时，与地主商量转当给第三方，转当必须在原当的期限之内。地主将土地赎回，再当给别人，不称转当，而是另当。

（6）赎回。赎回一般选在春前（种地以前）及秋后，地主要提前一两个月通知承当者，在当期结束前不能赎回，当期结束后随时都可以赎回。数年前县里命令当出 30 年以上的土地就不能赎回了，但是实际上无论过了多少年都能赎回来。

（7）手续。指地借钱和当地都必须立字，有中人。当地时还需要有监证人（乡长）。指地借钱时除中人以外还要 1 名保证人。

（8）信用借款。在回马塞村，信用借款比较少，即使有，立字的也比较多。如果感情好"摘肩儿"的时候多少年都不还也可以。但是，有字据的人应该不管过了多少年都会要求还，这叫作"子孙账"。

17. 契约与字据

契约与字据有差异，契约是指在县里税契后再盖县的公章的文书，也称红契。没有契税和盖县公章的称白契，如买卖、典当的证书。字据是指除此之外的证书。

18. 粮食交易

没有在村里出售农产品的现象。粮食全都在西关的粮铺购买，数量多的时候也可以在集市购买。临榆没有交易所，但每天都有粮市。在西关、城内的柴火市场和虫王庙有粮食市场，南关以前有粮食市场但是现在改在了虫王庙。购买粮食时有斗子量斗，还有包商、牙纪，斗子量斗以后，每5斗得20钱的辛苦钱。牙纪不做中介（中介由斗子做），只收税，从卖主收取每元3厘，从买主收取每元7厘，以前更便宜，每一垛儿（5斗）20钱左右。牙纪不从包商处拿工资，只给予收税权。有这样一种说法，牙纪从买卖双方手中共得1钱外没有其他收入。粮食以外的牲口市场、果子市场等也有包商（花生是商人去农村里买）。

19. 牙纪和牙税

在牲口市场有牙纪，牙纪居中周旋收税，果子市场也有牙纪，虽然没有杂货集市，但果子和杂货都收取牙税。有时牙纪也去商店，从买卖双方中收取牙税，一般是卖三买七，也可以根据商店的销售额收取。

20. 商品购买

农具在商店里买，种子自己储备。人粪主要是从拾粪处购买，农民基本不使用化学肥料，只有有菜园的人才从城里商店购买。在商店购买时支付现金的多，赊账的少。当地的农民不使用煤，用秫秸、横茅草、楂子等作为燃料。村里没有特别的副业，农民在农闲时去北山打柴。合作社刚刚成立，还没有干什么事。

21. 家庭与家族

一是家庭规模。在回马塞村，家庭人口数量最多的有12人。在第3乡家庭人口最多的也只有十余人。二是家长与当家。家长称当家的。丈夫去世且孩子还小时，妻子可以当家。三是家产。儿子长大后妻子将家产移交给儿子。每家的财产称"产业"。家庭个人所有的特有财产称"提蓄"或"余钱"。"提蓄"也有土地，但是比较少。四是族长与族产。同族也叫本家、一家子、当家子。同族有族长，有些家族也有祭田、公共坟地等。族产由族长管理，卖掉时族中的每家出一人商量，由多数表决决定。五是分家。分家的原因很多，家庭财产比较少，人比较多；大家不愿意工作而生活比较艰苦；也有家庭不和、妯娌不和、兄弟中有吸食鸦片等不良嗜好的家庭，会选择分家。前两个原因分家的比较多。六是分家时间。家长死后马上分家的较多，一年之中秋后分家的居多。

二 京津线及津浦线沿线家族制度概况调查

（一）冀东县安定村

1. 坟的形式
在冀东，坟的形式一般是祖领葬或者领孙葬。排骨葬是从死得早的人开始埋葬，不考虑辈分，只有宗祖，这是回教的坟。

2. 街坊辈分
冀东有街坊辈分，一般根据父母的年龄来确定子女们的辈分。

3. 移居
从其他村移到本村居住称移居，移居需要熟人介绍。

4. 过继
若兄弟两人，其中一人有儿子，一人没有儿子，没有儿子的需要过继一个人当儿子。过继时过继子的辈分必须小于继父。

5. 家长
家长一般是丈夫，丈夫去世后没有儿子就由妻子当家长，如果有儿子但是儿子年龄较小，还是妻子当家长。儿子成长到20岁左右时取代母亲成为家长。家长也是当家人，两者的意思大体相同。

6. 分家及养老
兄弟不和时一般会分家，田地一般平均分配。如果有20亩地，有双亲和兄弟三人，首先留出"养老地"，剩余部分平均分成三份。如果没有养老地，分家后父母在兄弟家轮流赡养，这称为"轮户饭"。没有养老地兄弟平等地供给父母粮食，这叫作"养老粮"。在养老地、轮户饭、养老粮三种养老方式中，第一种方式最多，其次为养老粮。

7. 家产和家长
家里的金钱和物品称家产，家长的东西只属于家长。家长可以卖掉家产，但是要与家人商量。

8. 族产
族产就是同族共有的东西，如土地等不动产。同族中有家庭没有后人时，其财产为同族共有，以便祭祖时买上坟的线香等。如果族产还有剩余也不分割，族产只能用于同族共同的事业。族产不能由族长决定使用，而是选举公正的人决定。族长是本族辈分最长的人。

（二）黄村站饮马井

1. 村庄概况

饮马井村有 90 多户，分为 7 甲（因为有附户）。据说是乾隆以来形成的村庄，过去有 10 多个姓。现在约有 20 家是过去的老户。徐姓有 20 家，许姓有七八家，贾姓 1 家，刘姓 3 家，李姓 2 家。

2. 分家

一是分家的原因，主要有妯娌不和、兄弟不和、父子不和、婆媳不和。二是财产分配方法，养老地以外的财产在儿子们中平均分配，财产平均分后儿子们给父母养老粮。在饮马村不搞轮户饭，养老方式尊重父母的意见。

3. 家长

任家长的资格根据孩子的年龄才能来决定。在孩子的年龄比较小时，可以由母亲任家长。孩子到十五六岁至 20 岁时可以成为家长。

8. 街坊辈分

饮马井也有街坊辈分，根据年龄决定。

9. 过继

如果家里没有儿子，可以从同族过继一位儿子。如果同族没有时，可以从外族过继。但是过继子必须是儿子辈。从其他姓得到的儿子也称过继。过继子与养子、义子不同。

10. 坟的形式

在冀东县，一字葬比较多，人字葬比较少。前者又称排骨葬。小孩子死后不作坟，但对于小孩子没有具体的岁数限定。

11. 阴婚

在冀东县为死者结婚称为阴婚，也称阴亲，但是不叫冥婚。

（三）天津北站小于庄

1. 埋葬

小于庄的埋葬没有固定的形式，也没有名称。在当地死婚比较多。埋于祖坟以外的坟称孤坟。

2. 分家

一是分家的原因，主要的原因有两个，儿子长大成人，一般是 25 岁以后，有妻子，独立了分家；兄弟关系不好分家。二是财产分配，分家时财产、田地都必须平分。三是父母养老，通过养老地和轮流管饭两种方式养老。没有财产情况下，轮流管饭比较多。四是养老地的处理，父母去世后，养老地变成儿子的财物，由儿子分配。

3. 同族

在小于庄有同族，同族比较多就会有族长。在当地将大户称大家族，大家族又是同族数量很多的家族。族长一般是辈分和年龄最高的人。街坊邻居也有辈分。过继的过继子必须与儿子辈分相同。大家族一般有族产，如祠堂、土地等。一般而言，女性不能当家长，当孩子还小时，孩子是家长，母亲当家。民国以后，女性也可以当家长。家里的不动产叫家产。家长有权处理家产，不过处理家产时要与家人商量。

4. 养子

养子是父母死后给别人当儿子的孩子，抚养者就是养父母。收养养子要办理手续，即改姓，养子可以得到养父母的财产。如果收养了养子后，自己又生了儿子，有两种处理方式，一是如果养子和亲生儿子关系好的情况下，养子也可以当家长；二是可以给养子一些钱，让其归宗。

5. 另过

不与家人住在一起，自己另外过日子，称为另过。

（四）天津的杨村

1. 同族

杨村姓杜的最多，约有 30 多户；诸葛姓的有 20 多户，同姓同宗；赵姓只有六七户，同姓不同宗。同族有的有共同墓地，有的没有。如果没有墓地就各自在其他地方挖坟。埋葬有人字葬，但是此坟的形式很占地方，贫穷的人家不会用人字葬。还有跑马葬，这种坟没有形状。不管什么形式的坟都要考虑辈分。

2. 分家

在杨村分家的原因与财产相关的比较多，如兄弟收入不均衡，兄弟意见不合等。分家时兄弟平分财产。如果祖父母去世，自己的父亲也去世，则自己与叔父平分财产。在调查时分家也没有什么特别的变化。父母老了，孩子大后，父母就分家，以免自己去世后吵架。

3. 家长

辈分最高的人当家长，父亲年老后可以让给儿子，但是不一定是长子。如果家里没有男的，女性可以为家长。如果父亲去世，母亲年老，弟弟年幼，长女可以为家长。长子在结婚后可以成为家长，在这之前都由近亲代理。代理家长称照管。

4. 婚姻

在杨村还有阴婚习俗，即已经去世的男性和女性结婚。阴婚后两家不成为亲戚。有指腹为婚的现象，但是在调查时已经不多了。指腹为婚一般是门当户对且关系相当好的家庭。

5. 过继、养子和盟兄弟

过继是在同宗之间进行，养子是在外姓收养孩子。如果兄长没有生儿子，弟弟生了儿子，弟弟的儿子过继给兄长，这称"绝次不绝长"。养子是从外姓领养的。义子不改姓，称干儿子。另外，还有盟兄弟，盟兄弟写兰谱成为盟兄弟，还有盟父。在调查时，盟兄弟已经很少了。

6. 另过

被父母赶出去叫另过。另过也称"分家另过"。

7. 养老

分家后父母养老有如下几种形式，一是留出养老地，主要用于生养死葬；二是给养老金；三是给养老粮；四是轮流管饭。

8. 订婚

在杨村，订婚由父母做主，年轻人不会反对。订婚年龄不固定，一般男的大一两岁，但是如果父母年老，孩子年少时，女方可以比男方大一两岁。

（五）沧县

1. 同族

同姓同宗的叫同族，同族中年纪最长、辈分最大的为族长。县城内最大家族是刘姓，有100多户，属于回教。同族也有族产，族产也叫祭田地，祭田按照顺序耕作。祭祀田的收入用来支持坟地维修、上坟聚餐。维修祖坟时全族一起参加。上坟的时间为正月初一、清明节、七月十五、十月初一。正月初祭祀时，要准备好斋菜、线香、纸钱、酒、爆竹，其他日子带线香和纸钱即可。其他时间的祭祀没有规定，自己安排。正月上坟后要聚餐，一般会在房子比较大的家族成员家里进行，聚餐时每家出一两人参加。族长坐上席，其他人按照辈分坐。有些大家族有祠堂。祭田地年底的余额先存起来，由值班的人保管。值班人又称轮流值年，按照辈分依次进行，如长门、二门、三门等。族长没有什么事干，有争吵时可以调停，不过其他人也可以调停。坟主要有三种形式：人字葬、一字葬、昭穆葬，但是当地采用什么形式并不清楚。坟的方向主要有：西南、东北、西北等、没有正方向的。一般为子午葬。

2. 阴亲和指腹为婚
在沧县冥婚少，只有宠爱孩子的父母会给死去了的孩子结阴亲。当地没有指腹为婚的现象。

3. 分家
妯娌不和、兄弟不和、家境困难、父子不和、婆媳不和、职业关系等都会导致分家，但是主要还是因妯娌不和、家境困难而分家的多，因父子不和分家的比较少。在调查时，大家不认为分家是坏事。分家时平均分配财产，如果有女儿要留出装扮费和胭粉地，要给父母留出养老地，没有养老地要轮流管饭。分家一般在父母去世后进行。父亲去世后，儿子与叔父平分家里财产。

4. 承祀兼祧
长子、次子没有儿子，只有老三有一个儿子的情况下，给老三的儿子许配 3 个妻子，一个妻子生的儿子是老三的孙子，另外两个妻子生的儿子各自为长子和次子的孙子。这叫作承祀兼祧。

5. 同盟兄弟
结盟兄弟很多，结盟兄弟又称兰兄弟、盟兄弟、八（拜）兄弟，结盟时起码要有三人，要作金兰谱。

6. 女性家长
丈夫去世或者长时间不在家里，女性可以成为家长。当家和家长是同一人。

7. 过继
在一个家庭中，长子有三个儿子，但是次子、三子没有儿子。可以将长子的儿子过继给次子、三子。二儿子给二弟，三儿子给三弟，长子作为长兄自己的儿子。总之绝次不绝长。过继时，过继子与儿子同辈。

8. 干儿子
为了让自己的儿子活得长久，将儿子给朋友做干儿子。这种情况非常多。

9. 另过

自己过，叫个人过，不叫另过。个人过就是分了少量财产自己生活。分家之后才另过。

10. 家长与家产

家里的全部财产叫财产，属于家全体的财产，如家里有 5 人，家产就属于这 5 人。家长对财产只有管理的权利，没有处理的权利。在中国有句俗语："同居无异产。"女儿对于家产没有权利。

（六）德县

1. 家族

德县比较大的家族有李家、封家、卢家和罗家，各有家谱，李家还有家庙。大家族有族长，一般是辈分大的人当族长。同族有祭田，有值年。所谓值年就是按照顺序管理祭田。祭田又称为公产、族产，祭田中也有坟地。祭田由族人轮流管理。其收入用于祭祀和聚餐，剩下的归当年值年的人所有。轮流值年按照辈分进行，如按照大屋、二屋、三屋，长支、二支、三支的顺序，值年由族长决定。辈分最高的人称祖长，这是名誉职。家庭有家长，也称家族长。

2. 埋葬

坟没有什么形式，有钱人埋得整整齐齐，贫穷人埋在空地。埋葬时一般从左开始。但是要依据风水。

3. 街坊辈分

有街坊辈分，依据年龄大小来确定辈分的高低。

4. 分家

过去五世同堂都不分家，但是现在由于经济关系分家的比较多。当地人认为，分家是自然的事情，但是老人不赞成。分家主要是经济生活不下去。所谓生活不下去就是收入和支出不均衡。分家时要给父母留出养老地。一般父母死后分家的多，因为父母在时不允许分家。

5. 家长

父亲去世后，母亲可以成为家长，但是一般母亲能力有限干不了家长，所以母亲当家长的比较少。

6. 养老

分家后，有三种养老方式：一是留出养老地；二是轮流管饭；三是给父母钱，给父母钱没有特别的称呼。有钱人给养老地的多，穷人轮流管饭或者给钱的多。县城的人没有土地，一般给父母钱。

7. 财产分割

分家时，正房给父母、东房给兄长、西房给弟弟。伙道伙走，如门不分。女儿获得妆奁费。不分家时，财产是伙里的，即家庭成员的，也有说父母的，因为是：上辈流下辈接。

8. 家产

家里的财产叫家产，名义上是父母的东西，对外是家长的东西，实际上不是家长的，因为家长不随便变卖。

三　山西省同浦及东路沿线概况调查

（一）沿途记载

1. 田赋征收

田赋征收处被称为钱粮处，只征收田赋。直到民国二十七年（1938）为止，田赋都是由区公所代收，之后就变成由县公署的钱粮处直接征收。村长负责催粮，地方上有村警，在村长的指挥下专门催粮。县里的政务警不催粮。在调查时，实施的是自封投柜的制度。田赋以外有营业税、屠宰税、牲畜税等，由省属的营业税局征收，也代收县的地方附加税，再转交给县里，即直接征收制度。

2. 坡地与荒地

在宁武县，已经开垦的山称坡地，没有开垦的山地称荒地。山地均有所有者，未开垦的荒地也有地券。坡地是明朝开垦出来的。在调查时也在大肆开垦，因为土地稀少，人口持续增加。开垦者会选择没有所有者的荒地，不过要向县公署提出申请。未开垦的山地不需要纳钱粮。开垦后根据开垦年数纳钱粮。坡地的钱粮比较便宜，只有平地的一半。坡地一般种植荞麦，因为不能灌溉，所以不能种植其他作物。在宁武县，使用人粪作为肥料。平地和坡地的收获量不同，坡地的产量只有平地的一半。从地价来看，坡地的地价也只有平地的一半。开垦时，地主自己开垦的比较多。坡地归属于小地主的比较多，所以自耕多，租佃少。由于坡地需要一定的肥料，租佃期限比较长，如果是由佃户开垦的情况下，至少要有10年的租佃期限。以实物交纳地租，主佃双方各占一半。如果租佃期限比较长，需要立契，短期租佃，口头契约比较多。

（二）太谷县

1. 产权类型

在太谷县，没有皇产、庙产、族产、义田、旗产、学田、祭田、屯田。民国以后，也没有进行官产清理。很久以前都是民有地。村里的共有地只有采土场。土地没有界限标志。虽然没有界限标志，但是没有土地界限纷争。因为土地是阶梯状的，即使没有土地界限也没有关系。在土地买卖时，如果无视同族土地的先买权就会引发纷争。如果发生了土地纠纷，村长和有权势的人会进行调停，调停不了就会去县里打官司。

2. 水利

太谷县的土地要经常用井水进行灌溉。也有用河水灌溉的情况，但是比较少。村里的井的数量比较少，几乎都是私井，也存在两三户共有或者村共有水井的情况。土地的价格与水井有关系，有驴牵水车的土地价格最高。也有为了引用河水，修筑共同设施的情况，多的也只有四五户。这些设施按照每户承担的比率来分配。公共设施的费用由地主和佃农商量决定，如果地主承担了费用，地租则会相对上涨。在此地河水也会泛滥，但是县和其他机关不负责河防和重建工作，这些工作全部由个人负责。县公署仅下达田赋减免申请，其他的均与县公署无关。虽然有水灾，但是不会导致土地界限不明的情况，各村根据公所所有的鱼鳞册明确界限。每年省会分配给县里一定金额的凿井补助金，县据此适当补助村民凿井。补助户由县调查后决定，大井每年占八成，小井占两成，补助费为大井每个150元，小井每个70元左右。

3. 土地买卖

太谷县的土地买卖不太频繁，但有很多没向县里报告。一是土地买卖的原因，主要是生活所迫、丧葬和结婚卖地，在丧葬与结婚之间，前者更需要卖地。二是土地买卖集中的时间。每年11月、12月农闲时土地买卖多，县公署的契税手续多在2月、3月进行。农民之间互相买卖土地比较多。三是土地买卖的顺序。卖主拜托介绍人，介绍人（称中人、说合人）与相关主体商谈，买主、卖主达成一致后，各自记录到村公所的草契之中，村长作为见证人，证明契约是否正当，使用白契的情况很少，但并非没有，完成以上手续后，去县里办理契税手续。四是土地价格，依据双方协商，介绍人协调后决定。在家庭中家长拥有买卖土地的权利。五是先买权。兄弟分家后，弟弟想卖土地，可以进行先买权的告之，如何处置是弟弟的权利。六是支付价款。立草契时全额支付价款，也有分次交付价款的情况。如果分次交付价款需要有保证人，另外非本人支付必须由保证人支付。七是纠纷调解。土地买卖发生了纠纷，由村长仲裁。八是契税的分担。土地买卖需要契税，契税为买卖价格的百分之六；典地时由出典者和承典者分别负担典价的百分之三。九是监证费。监证费为买卖价格的百分之一点五，买主负担七成，卖主负担三成。十是谢礼。需要给介绍人一定的谢礼，但是谢礼没有固定的数量。十一是买卖成交，当见证人村长在草契上盖章之时，买卖成交。十二是缴纳契税。办理契税与效力无关，但是如果发生纷争，不办理契税会引起不便。

4. 典地

典地是出典者将土地交给承典者，承典者交付典价，耕种典地。没有以典地的形式进行土地买卖的情况。赎回典地的时间不固定，10年、20年的情况比较多。也有比这更短的典期，但是很少。政府规定典期最长是30年，不允许30年以上的典期。30年后不能回赎，土地的所有权移交给承典者，再也不允许回购。

5. 租佃的基本情况

在太谷县水浇地有一成、旱地有九成。山地比较多，无法利用。强碱地占全部耕地的两三成。最大的地主有200亩地，但是不太多。一般的家庭只有8亩、10亩地。大地主有自耕的，也有租佃的。有几个商人拥有比较多的土地，商人的土地基本用来出租。没有官吏拥有较多的土地。太谷县过去是全省的金融中心，因为铁路开通而逐渐衰弱，在调查时已经完全萧条了。在县城里，有很多很威风的住宅，这都是大地主的房子。在自耕农、自耕兼租佃、租佃三种经营方式中，自耕农最多。从县城转移到其他地方的地主很少，即使事变时去其他地方避难的大多也都回来。

6. 租佃

一是地租类型。在太谷县，地租主要是实物地租，货币地租很少，后者是先交钱后种地。与过去相比，地租没有发生太多的变化，没有从实物地租转向货币地租的趋势，但是有上升的趋势。二是契约。租佃时立契的少，口头协议比较多。将土地租佃给其他村的人或者没有信用的人时必须立契约书，如果有保证人可以口头约定。三是期限。租佃期限为两三年到四五年的比较多，没有无限期的租佃。四是契约内容。租佃契约主要规定地租、粮食及租佃期限。五是地租。以前，地主出肥料、种子等，主佃平均分配收获物，但是这种情况很少了。现在，一般是按照议定缴纳地租。六是地租的承担者。田赋由地主承担，但是实际上是佃农缴纳。村费是由地主负担，佃农承担的比较少。地主一般不会借钱、农具给佃农。佃农只是向地主租借土地，两者没有亲密的交往。七是优先权。租佃地不会优先借给同族、四邻，只有承典者出租典地时，出典者具有优先权。八是土地比较多的家庭一般会雇用长工，农忙时自耕农也会雇用短工。

7. 田赋征收

县里可以通过征粮册（县署）、鱼鳞册（村公所）了解村落的土地。这些账册调查时都还在。田赋征收有三个途径：一是钱铺征收；二是在地方设立分柜，征收所在区的田赋；三是村长征收，入田赋汇总后直接交给县公署征粮房。县署、征收地点各有一部征粮册。县公署有红册或者征粮册，各征粮地点的叫征粮册或者鱼鳞册。从清朝起，钱铺就开始征收田赋，钱铺又叫粮柜，一个柜负责几个村的田赋。事变后废止了，现在由人们直接缴纳。土地买卖的变更称过割，村长在鱼鳞册上过割，然后报告给县里，每次过割后都要报告给县里。为了保证村长保管的鱼鳞册和县里的征粮册的记载事项保持一致，每年11—12月村长的鱼鳞册要与县里的鱼鳞册进行比较，制成新的征粮册，以便春天可以使用。田赋征收在征粮处，税契征收在财政科专员处。在民国三四年时进行过一次验契，只进行了80%。县公署没有实施过不动产登记，也没有为整理田赋而进行土地陈报，事变后（1937）由于省的命令县里进行过土地调查，但是由于治安和其他方面的原因，实施比较困难。

8. 赋税和摊款

太谷县田赋每年总额为38000元，调查时只能收到一半了（事变前是定额的八成左右）。田赋每亩正税25元，附加2元，按照已经提到过的红簿征收。征收期为：上忙和下忙。田赋和契税农民直接交给县里，政务警督促交税。过去省税由县公署征收，调查时改为省营业税局征收。除了田赋、契税以外，还有牙税、屠宰税、牲畜税等。这些税与县里没关系，在营业税局或屠宰场征收。附加税由县里向省里申请，得到许可后征收附加，这是县里的收入，由县吏收纳。县里没有摊款。村里摊款由村长分摊，但是需要得到县里的认可。村费根据所有地的亩数（不根据家庭成员的人数、牲畜的数量来定）分摊。佃户根据租佃土地的数量来承担村费。地主和佃农承担的村费不一样，佃农负担得少些。土地租佃出去的情况下，村费由地主和佃农平均负担。居住在村外的村民也要交村费，村费以现金交纳。摊派劳力时以家庭为单位，一家一人，不按照亩数分摊。

9. 借钱

一是借钱的原因：为了购买农具、筹措地租借钱的最多，其次是购买粮食借钱，再次是临时性的婚丧借钱。二是借主的资格。主要是借现金，借粮食的很少，只要有土地就能够借到钱，没有土地就没有信用，借不到钱。在农村无土地、无职业的人很多，他们无法借到钱。三是借钱的对象。借钱主要是找村内的朋友和亲戚。不会找县城附近的地主和商人借钱。四是借钱的顺序。先拜托中人，找保证人，显示自己的财产后再借钱。朋友之间一般不这样做。五是农民借钱的时间。九月、十月到正月之间借钱最多。因为正月之前必须返还一年中到期的债务。农民卖掉秋天收获的谷物后，手头没有钱了，会借钱。六是借钱的种类。借钱还钱的情况多，借粮还钱、借钱还粮的情况少。七是抵押。借10元、20元以上需要抵押。如果有诚意，10元、20元的信用借款也不需要抵押，最高可以借到100元左右。八是立契。一般的借钱需要立契，但是关系特别亲近的人不用立契，也不要保证人。立字、无保证人的情况比较少，立字、有保证人的比较多。保证人是有支付能力的人。一般都会有中人，而且兼保证人的比较多。九是担保。以土地担保借钱的情况比较多，在城市以房子担保的多。以土地担保需要将地券给债主。很少有用家畜和农具担保的，也没有用收获物来担保的情况。十是利息。借钱的利息最高七分，最少三分，一般是四分。利息支付有两种形式，借钱时扣除利息或按月进行支付，后者比较多。年利息是四季分开，季末结算。月利息是月末结算。利息一般要写入契约中，在期限内，没有支付利息可以延期。单利的比较多，复利比较少。无法还本息时，可以没收抵押的土地。没收时有很多手续，还需要村长们调停解决。可以在借钱期限内增加利息，但是要得到借方同意，期限过后贷方可以单方面提高利息。十一是借钱的特殊情况。没有以牛马抵债的，也没有以劳动力偿还债务的，也很少有保证人负责偿还的情况。也没有因天灾而延期支付或者减轻本息的情况。

10. 当铺

在太谷县，事变前有很多当铺，但是调查当年只有二十多家，因为兵乱，离散的多。事变前有当铺放款，但是现在已经没有人放款了。

11. 钱会

事变前有很多钱会，一个人出三五百元，成员十人左右。钱会在县城附近发达的村庄比较多，大的村庄有一个会。钱会也叫"合和"。

12. 金融机构

在太谷县有实业银行，山西省的银行有两家，还有钱行，也称"钱铺"，经营货币的交换和汇款。这些金融机构只借钱给有钱人，贫民无法借钱。

13. 合作社

事变前没有合作社，调查的当年已经有了合作社。

14. 以地借钱

以土地担保借钱称以地借钱，典期一般是 3—5 年，最多 5 年左右，出典后，出典者可以增借（找价），典价一般是地价的三四成。

15. 农村交易

为了销售而耕种的作物主要是棉花和烟草，县城的小商人会来村里收购，再卖给城里的大商人。商人和农民之间不需要中间人，直接买卖。县城有集市，奇数日在东关，偶数日在南关。集市上卖作物、布、杂货等商品。购买者主要是村民，商人不怎么买。粮食、肥料、种子、农具在集市购买，衣服在城市的商店里购买，农民购买商品的店不固定，购买时一般支付现金。没有共同购买商品的现象，合作社不买卖牲口。村里经常有杂货商来卖商品。粮店一般充当牙纪和经纪人的角色。村里除了养鸡、家畜外，没有其他的副业。

16. 村落制度

一是村长的资格。村长要有学识、信用和一定的资产，有无土地没有关系，但是要有职业。居住在本地与否没有关系，住在村外也可以担任村长。女性也可以担任村长，但没有女性担任过村长。二是村长的产生。村长由选举产生，选举时每家每户派一个人参加选举，有选票。三是村长的职责。主要是做公益事，村里的事不多，县里的命令比较多。县里会召集村长开会，主要是治安和农村救济的事情。四是村长兼办的工作。村长还兼保甲长、学校校长、监证人。五是村治架构。村里由村长、副村长、闾长、邻长组成，其中商量事情的主要是村长、副村长和闾长。与村长是亲戚关系的人不能担任副村长（与后面有一点冲突）。六是村庄会议。村里出了事不一定要与意见人商量。村里也没有村民的会议、地主的会议，但是有村长、副村长等头面人物的会议。在村公所开会称为"上社"，决定村里的摊款时一定会"上社"。七是村公所。村公所在庙里工作的多，帮助村长的人和管理庙的不是同一个人。

17. 家族制度

一是家长。太谷县人口最多的家庭有二十多人，不过这样家庭比较少，一般是五六人、七八人的家庭。丈夫去世后，如果儿子年纪比较小时，妻子也可以当家长，儿子成人后就要将家长交给儿子。二是家产。家里的财产就是家当，个人的财产叫作"体己"，指土地、出租的房子贵金属、现金等。三是分家。民国以来，分家变多了，主要原因是家里比较穷和孩子们自立等。四是家族。在太谷县没有完全同姓的村庄。庄里一般会有七八个姓，同姓同宗的人称为"同族"，也称"一家子"。五是族产。同族还有族产，包括坟、山、出租的房子等。族山特别是地和山等有两种经营方式：轮流耕作和出租获得收入。族产取得的收入进行分配，而坟的管理费用由各家轮流承担。坟交给一个固定的人来管理。六是街坊辈分。在太谷县也存在街坊辈分，比自己年长的人称"伯伯叔叔"；反之称"弟弟"。七是坟的形式。太谷县的坟的形式大多数是人字形，但是可以根据风水大师看风水的结果进行安排，所以也会与人字形有差异。

（三）介休县

1. 土地类型

一是土地所有权性质。在介休县没有旗地，但是有官产土地，官产土地水旱地加起来总共有3顷，是以前有钱人捐赠的。村落有共有的土地，这些土地都是没有人种的土地，水旱都有，还有因为地主逃亡没有交田赋而由村里管理的土地。二是土地自然属性。在介休县，有城地、坡地、山地、平地、稻地等，平地分为旱地和水浇地。有井的土地属于旱地。水浇地是指自然水经常滋润的土地，也称水田，这些土地种植种莲、稻子等。三是农地边界。农地的界线以石柱、土堆、树木等标示，用石头的情况多。四是灌溉。以前有水利局，在调查时各村自己灌溉，洪山村有泉水，水很多，可用于灌溉。

2. 租佃

在介休县作物主要有小麦、谷子、高粱、豆子，棉花比较少。旱地很多，井地只有百分之一，水地不会超过五十分之一。拥有3顷左右地的家庭有，但是特别少，一般家庭只有七八亩地到二三十亩。自耕和出租的土地大约各占一半。山上的梯田也有地券。主要产业是农业，但是光靠农业无法生活，所以去别的县务工的人比较多，有 2 万多人。在土地租佃时立契和不立契的各占一半，地主征收实物地租。如果是分益地租，主佃各获得一半的收获物，分益地租也称"半种"。在半种时，地主不会借给佃农牛、马、农具等。佃农除了地租，不负担田赋、摊派等款项。佃农也没有住到地主家的情况。因为半种比较多，主佃关系比较淡薄。如果承典人要将典地出租，一般不会租给出典人，而是租给第三者。主要是为了避免发生双重关系。在介休县，短工多，长工少，种菜的情况下长工多，但是本地种菜少，因此长工少。

3. 农村金融

一是借钱的原因。为了结婚而借钱的比较多，在粮食不足的情况下借粮食的比较多。另外，也有为了购买农具、家畜、肥料等借钱。没地的人借钱比较多。二是借钱的资格。没地的人，可以根据信用，小额的钱可以借到，大额的钱借不到。没有信用的人借不到钱。没地有信用的人很多，可是借大额的钱还得是有地的人。三是借钱的对象。借钱首先是朋友，其次是邻居。银行主要针对店家，一般不借给农民。不过一般人可以在当铺借钱，没有东西的人借不到钱，当衣服借钱的比较多。不是所有的村庄都有当铺，只有大的村庄有当铺，小的村庄没有当铺。介休县没有村民相互融资的钱会。城市里的钱铺、钱庄、银号只对商人放贷，不对农民贷款事变后很多都关店了。介休县的合作社只做消费业务，不做金融业务。四是借钱的时间。在春天和冬天借钱的比较多。五是偿还方法。借钱还粮、借粮还钱的都有，借什么还什么的多。六是立字和担保。不立字有保人的有，立字没有保人的也有，立字有保人的最多。朋友、邻居可以作为保人。七是其他金融。在介休县有当的融资方式，也有押和典，典主要是典地和典房。典价一般为地价的一半。典期为 5 年的多。在典期间可以转典、增借。八是利息。当的利息一般为 5 分，最低 3 分，最高"一成"，一般为后付利息，本利一起还的比较多。押和典的区别是，当押是私有立契，典是经官纳税。九是偿还。在期限内不能还钱时，可以先付利，再延期。如果万一还不了钱，卖地还钱的较多，卖家畜、家具还钱的也不少，还有通过劳力劳动还钱的，但是不多。保证人还钱的少。借钱不还的要视具体情况而定，有免利息的，也有延期的。

4. 农村交易

一是种植的作物。在介休县，种植的作物大体没有变化，但是近些年，特别是事变后，罂粟种植增加了，主要是有些人为了发财，偷偷种植。当地种植小麦的最多，豆子、小米其次，有少量的棉花。二是农产品出售。出售农产品的主要是地户（佃户）。作物在集市及西门外的粮食店出卖。没有在自家田里或者村里卖农产品的现象。在集市上有牙纪，粮食店本身就是牙纪。农民之间共同贩卖或者购买的情况都没有。谷物的买主是粮店，加工者也会收购，洋行不买。买卖一般是现金交易，没有物物交换。农作物出卖时用马车或者驮驴运输。三是日常用品的购买。农民的必需品，如日常用品、燃料等，一部分在城里买，如石炭，一部分在集市上买。肥料和种子自给自足，不需要购买。如果是熟人可以赊购必需品，城里的商人基本都认识村里的人。也有小商贩来村里卖日常用品。四是农村副业。村里没有什么副业，只有饲养家畜、妇女织布，织布的人不多。

5. 社书

本地没有官旗产，同治年间就有登记土地的鱼鳞册。鱼鳞册由社书保管，全县有五位社书。田赋根据社书制作的征粮册来征收，征粮册也称实征册。社书又称里书。进行土地买卖时，先去村长那儿立契，办理草契，然后去社书处过割。每个村都有分管的社书。社书居住在城里，社书只是兼做的工作，他们也要干农活。社书一般是世袭的，但是不属于县里的官，县里不会给办公费或薪水。过割手续费为每一两银交一元。社书从同治年间开始出现，主要的工作是管理土地更名（俗称过割），契税不用管理。

6. 征粮

征粮处的工作人员是县署的职员，不是世袭的。为了比较各村的田赋征收成绩而制作比簿，每个村一页，汇集起来就是比簿。当有花户不交田赋时，里催负责催收。每个村都有一个里催，受村长指挥。在大村，里催专门负责催缴田赋，在小村里催也干些杂活。

7. 串票

每次征收钱粮都要发行征粮通知，这称为串票。全县田赋总额4万两，在日本人调查时征收了四分之一。

8. 契税

买方拿着村长盖章的草契，直接去县第二科缴纳契税，契税为买九典五，即买契交买价的百分之九，典契为典价的百分之五，缴纳后将契尾给买方。买九典五里面包含五成的附加税。草契纸由村长从县长那里以每张2分买来，再以每张2分卖给人们。村长为田房买卖的公证人，田房买卖要盖某村田房公证人戳记的章印，村长盖章不一定会收费。

9. 验契、登记、陈报

民国三年（1914）和民国八年、九年（1919、1920）曾经进行验契，当时成立了一个验契的机构，没有交验契的很少。根据登记条件应该对不动产进行登记，已经有要求但是还没有开始。民国二十三年（1934）要求陈报，但是因为没有登记，所以陈报也难以实现。事变之后进行过田赋整理，在调查时也只整理了一半。

10. 家庭制度

一是家户规模。在介休县以前就没有四五十人的大家庭，最多也只有20人左右。这样的家庭在县城大约有十几户，每个村大约有一户。大户不见得是有钱人，就算穷人，只要关系好也可能是大户。二是家长。一家之主叫家长，原则上为男人当家长，如果家里没有男人，只有寡妇，可以把她叫作家长。女人做家长不需要得到娘家人同意，可以自由管理家里的土地和房子。家里如果有孩子,当孩子还小时,母亲当家长,但是如果孩子很懂事,15 岁时就可以做家长。三是家产。家里的财产称家产,这种叫法用得不多。家产包括家、田等所有值钱的东西。在家里没有个人财产的说法。家庭成员可以背着家长偷偷存零花钱,也可以自由支配,因为额度小,不会威胁到家庭的存在,所以家长并不在意。所有的家产归一家人所有。四是分家。与事变前相比,调查时分家变得稍微多了些。分家主要是因为村中治安不好,有人去了别的村,因此分家。也有分出一点钱财免除匪害而分家的情况。一般都是父母去世后因为兄弟吵架而分家。外出打工分家比兄弟吵架分家要多。五是财产分配。分割财产时,兄弟均分,不给女儿。有时也会考虑,将房子分给长子,将土地分给次子,将钱分给三子,但是基本原则是价格相等。一般分割财产由抽签决定。没有根据遗言来分割遗产的现象。分家后,祖先的牌位放在长子家里。过年、清明节时,兄弟平摊费用进行祭祀。

11. 家族

拥有共同祖先的人称同族,同族的中心人物称族长,一般是辈分比较高,年龄比较大的族人当族长。即使家里比较贫穷,一点威望也没有的人也可以当族长。没有什么事需要族长出头的,祭祀不用族长带头,结婚和土地买卖也不需要与族长商量。如果家里的历史比较长,会有祠堂,也会有祭田。祭田的收入用于祭祀和祠堂的维修。祭田原则上让同族里的穷人租佃,租期为一年,在不损害同族名誉的前提下可以连续耕种几年。为分益地租,如果收获小麦一石,祠堂四五斗,耕作者五六斗。全县没有一个村庄为同族村庄。村庄都会有几个姓氏,但是某一个姓占全村一半以上人口的约有 50 个左右。过去有同族的墓地,但是随着同族人员的增加,老坟地不够用,各户都会有自己的一块坟地。老坟地没有祠堂。同族没有共同使用的采树场、打谷场等。有街坊辈分,村民按照辈分来称呼别人。

12. 埋葬

夫妇死后共用一块坟地,妻子埋在下面,丈夫埋在上面。如果还有妾,埋在最下面,如果有几个妾的话,就按照下面的顺序埋葬:五房、三房、妻、二房、四房。小孩死后埋在其他地方,或者长了杂草谁都不用的地方。如果年纪比较大但是单身的人死后,只是把堆土做大一点。有婚约的人在结婚前死了当作正式的妻子或丈夫,埋在男方的坟地里。坟地逐渐增多,耕地逐渐减少,农民没有觉得心痛,如果是贫穷家庭会比较烦恼。坟地可以卖给别人,买主可以平整原有的坟地,全部用作耕地。卖主用卖坟地的钱再买一块新地,找风水先生看后,在新买的土地或者合适的土地上移动祖坟。

13. 村长

一是村长的资格。正直,有威信,识字,有处理事情的能力,还需要在村里连续居住五六年,年龄在 20 岁以上的男子。村长与在同族内的地位,职业的种类和财产的多少没有关系。二是村长的选任。根据县公署的指令村长要每年选举一次。采取无记名投票的方式进行选举，不识字的让村公所的书记记下来。选票只需要写下被选者和选举人姓名即可。三是选举人资格。不分男女，没有职业和财产的限制，每家由家长参加投票。从其他村子搬来的人至少要在村里住两三年有望定居才有选举资格。四是村长候补者。没有村长候补者的集会。由村里有威望的人决定候补者，村民遵照决定就行。事变后，村长更忙且要代垫各种费用，想当村长的人变少了。五是村长的职责。根据县公署命令进行户口调查、催缴田赋、分配力役。同时负责村庄的义地、渠道、采土的管理。另外还兼任自卫团的团长、爱护村的村长、合作社的理事。

14. 催税

田赋由政务警来催，但是政务警会将催缴任务交村长，村长交给里催，督促他催缴田赋。里催政务警的部下，每个村都会里催。有时里催由村长兼任。

15. 新民会

介休县已经设立了新民会，但是在农村没有设立分会，农事合作社在县下五个地方设立，设立村的村长相当于理事，但是在调查时还没有实现。

16. 闾邻制

介休县没有实施保甲制度，但是有相当于保甲制度的闾制，25 户为 1 闾，担当村庄的治安防备。

17. 田照

村公所安排人监视作物，这些监视人称"田照"。原则上所有的农户都必须参加，但是家里有人是村公所的职员、自卫团员、商人，不需要田照。所以 100 户的村庄，参加照田的只有 30—50 户。照田不是巡视各自家里的地，而是监视别人家的土地。

18. 村规

有些村庄有村规，有些村庄也没有村规。如有些村庄规定：不准私牧牲畜，不准容留坏人，不准吸食鸦片，不准嫖娼聚赌。

（四）忻县

1. 土地及灌溉

钱粮包括屯粮，垦粮，坎粮，开粮，清粮，大粮等。大粮就是民粮，占了田赋的大部分。相对于大粮，其他的粮称累粮。在忻县没有官产。村庄的庙及其附属土地属于村民共有。土地以立石为界，界限分明。梯田以高下为界，没有特别的标识。面对自然灾害，听天由命。平地通过沟渠引用河水、雨水灌溉，很少使用井水。干线的沟渠由村庄共同修建，个人所有地引用部分自己修建。沟渠灌溉，在水多时很少有争水，但是旱灾时比较多。

2. 土地买卖

一是中介，土地买卖需要中介，中介也称中人、介绍人。买卖成立前的手续，说合人说合。二是契约，土地买卖需要制作契约，没有经村长监证的契约，叫白契。只需要一份。买卖当事人约定的东西写成文书，带到村公所，做成正式的契约书。三是监证人。村长作为监证人，写入草契，写了草契后，买主保存白契。在介休县按照惯例一定要制作白契。草契是官制的，白契是私制的。四是交易费用。从村长处购买草契纸需要钱两毛，还要向村长交纳买价的七厘五作为监证人的手续费。这个费用有时为村公所所有，有时为村长个人所有。五是契税，制定草契之后，要到县公署第二科缴纳税契。契尾钱五毛，作为税契，买的话加上正附就是八分三厘五毛，典当的话，是五分一厘。不管是草契费，还是税契费，都由买方承担。立白契后，如果4个月内不立草契，一旦发现就会受罚。立了草契后是否办手续则比较随便。

3. 地租

一是作物和土地。忻县的作物种植，高粱占50%；谷子占30%；小麦占20%；黍占10%。山地比较多，但是没有被开发。二是土地所有结构。大地主所有的土地面积在2顷以下，三四十亩的并不是很多，村庄有三四户地主拥有1顷左右。事变之前，大部分的地主放高利贷，现在没有了。这些大地主都逃到南方去了，很多人没有回来，也有不少商人和地主逃到了西安。地主不在时，土地由熟人管理，或者县公署管理，一亩大概10元，用作租佃地。五口之家，需要旱地15亩地左右就可以过日子，即使是租佃也只要这么多地。三是地租类型。以前土地租佃交纳实物地租的多，交钱的少。四是租佃契约。租佃会制作契书，友人之间也要立契。契约只记录与租子有关事情。地租约占产量的1/3。这是定额地租，即使收成不好，也不能减免，第二年必须补缴。五是租佃期限。没有永久租佃。租佃期限三年、五年的为多。五是税费负担。田赋、村费全部由地主承担。六是主佃关系。地主不会给佃农提供农具、种子、短工等。佃农也不会给地主送礼，反而是地主在中秋节、端午节时给佃农送礼。并非是地主有求于佃农，而是双方关系好。七是租佃优先权。同族、亲戚、四邻、出典者没有租佃的优先权。

4. 共有产权

忻县没有旗地。庙会有附属地，每座庙一般有10亩左右的旱地。以前庙里有和尚，民国初年开始慢慢减少。庙产多在和尚在的时候卖掉变成了民地。一部分庙地，村公所为了凑集公益费用来出租，剩下的庙地有和尚的，由和尚用来出租，将地租作为生活费或者庙宇的维修费。庙产的租佃人每年不固定，老实的佃农可以持续耕种很多年。全县有500亩学田，用来租佃，其收入作为县的教育经费。此外县有苗圃26亩。

5. 雇工

拥有五六十亩土地以上的地主会雇长工，以下的雇短工或月工（持续雇两三个月），山地多的地主更多是雇用长工。

6. 家族制度

一是家庭规模。在忻县一般家庭有 3—8 人，五十口人的有一家，三十口的每十家中有一家。但是这些大家庭在逐渐变少，事变后，为了减轻家庭负担，加速了家庭的分家。二是同族。同村同姓的人有很多，但是完全同姓的村落没有，即使大部分是同姓，祖宗不同的同姓的情况也很多。族有九代，高祖、曾祖、祖、父、自己、子、孙、曾孙。共一个高祖之后的就称同族。同族有族长。三是族产。同族中以前有族产，即有很多土地作为共同财产。现在只有一些共有的宗祠和一点点附属地。在家庭中，除了个人拥有的物品之外，全都享有家产。四是女性家长。在忻县，女性可以成为家长。如父亲、祖父去世，太太当家长，有时也得视儿孙的情况才能够确定。女性成为家长不需要同族会议同意。五是坟墓形式。一般五辈葬在同一个地方，过了五代就要找别的地方了，但是这要看风水，所以不一定完全如此。

7. 地籍及粮书

各村有证明地籍的台账，也称粮册，通过粮册可以知道各家的土地面积。除此之外，过去还有鱼鳞册可以知道各家的土地。各村都有粮册，由粮书制作，粮书不一定每个村都有，粮书管辖的范围也不一定一致。粮书主要是编造粮册和过拨。县公署只负责田赋的征收。粮书大体不变，常年从事粮书的比较多，但是也不是固定不变。粮书靠收费吃饭。税契在县第二科进行，县里没有进行过不动产登记，没有实施过土地陈报，民国初年有过验契，土地村公有只有计划，但是没有实施。

8. 催粮

县里有政务警 24 人，专门催粮，因此又称为粮警。粮书、村长不征收田赋，农民自封投柜，但是也有村长代为缴纳的情况。县里根据粮书提供的粮册收粮串票征收田赋。

9. 赋税

田赋与附加一起在县的征粮处征收，其他税如营业税、屠宰税、牲畜税、牙税等由其他机关征收。省公署直属机关的营业税局收取普通营业税以及屠宰税牲畜税等其他的省税。附加全部为包税，即变成投标制度。有牙税，所以有牙纪，相当于介绍人。忻县的田赋定额为 46000 银子，调查时只征收了定额的二分之一。

10. 农村金融

事变前城里的金融机构有：山西省银行分号、铁路银行分号、县银号（县公署金库），其他还有很多当铺，事变之后城里只有一家当铺了。规模比较大的村有小当铺，调查时大多关门了。当铺的利息，事变前为 3 分左右，事变后为 4 分左右。没有钱会的融资方式。

农民借钱的原则是：村里谁有钱就向谁借。首先向朋友借钱，朋友没有钱的请人帮忙介绍借钱。小额的借钱不需要介绍人，大额的借钱没有介绍人不太方便。借钱需要立字、有保人。一般20元上以上的借款就需要立字。借钱还钱比较普遍，借粮还粮、借钱还粮的少。典地的期限一般为3—5年。还有以房子、土地抵押借款的情况。

11. 农村交易

县里有6个地方有集市，农民在集市进行交易。城里粮店派人在集市收购粮食，或者农民直接去粮食店卖粮食。主要交易的粮食有谷子、高粱和豆子。粮食交易都有经纪。本县内的副业主要是喂养牲畜。

12. 村长

一是村长的资格。事变前，有钱就有资格当村长。在调查时，有钱的人不想当村长，贫民可当村长。在事变前任村长有如下要求：要识字，有若干土地，三四十岁的男性，迁入村庄的人要在本村定居四五年以上。同族中的地位不考虑。二是村长的产生。村长由选举产生，事变之前在纸上写上选举人、被选举人姓名。事变后，由村里人口头推荐即可。三是选举人的资格。15岁以上的男性有选举权，家长和家族全体参加选举，外来定居者有选举权。女性、15岁以下的男性没有选举权。四是候选人的产生。选举时不会推出几个候选人，而是有权力的人推荐一位候选人，然后大家投票。五是村长的任职年限。村长任职一年，但是连任四五年的很多。六是村长的职责。催粮（田赋催促）、分配摊款、桥梁或道路建设工作的劳动力征集、自卫团事务等。在铁路爱护村还要派人负责监视铁路。在调查时村里没有新民会的分会、没有合作社，这两方面的工作村长没有做。

13. 村庄治理

忻县的村庄有主村和副村之别，主村有村公所。村庄一般有村长、村副、学董、闾长、邻长。学董在村长的指挥下，主要掌管小学校的事务。一是村长和副村长。村长由选举产生，副村长以村长为标准，村长不能任命副村长。二是学董。有学校的大村里有两人、小村里一人，小村由村长兼任。学董的工作是与学校相关的事务，不干预村政。事变前学董由选举产生，村长任命，现在由县里或村长任命。三是闾邻制。事变前没有保甲制，事变后开始实施，但是实施得不彻底，仍然是闾邻制。5户为1邻，5邻为1闾，邻或者闾里各有邻长和闾长。闾长和邻长不用选举，由村长任命，与年龄、财产、识字等没有关系，一般会任命适合的人，并得到县里的认可。过去有村长兼任闾长和邻长的情况。过去还有青苗会，青苗会主要是看守农作物，与村里有权人商量村里的工作。四是纷争调停。民国十五年、民国十六年（1926、1927）到事变的这段时间内，各村有调解委员会，调停民间纷争，大村有三四名委员（村长、村副和其他有权者）通过选举产生，是否有任命的委员不是特别清楚。五是监察员。各村还设置2—4名监察员，检查村费。民国十二三年（1923、1924），根据省令召开村民会议选任，村长召集闾长、邻长推荐监察员。推选出的监察员得到县里的认可就可以正式任命。与村政相关的事项必须得到监察员的批准和盖章，与村政相关的实际事务由书记来做，但是书记受检察员的指挥。六是会议。根据县公署的命令，全体村民参加大会，听负责人讲话。没有佃农会议，为了垫付村费村长召集地主参加会议，这种会议不定期举行，一年有五六次。间邻的人也不会集中起来开会。村务决策主要由村长、村副、学董、大地主、间长、邻长开会决定，定期的话有七月、十二月村费决算，以及正月、二月左右的预算编制。过去临时会议少，在调查时由于治安问题，或者临时村费筹措变得多了。

14. 灌溉自治组织

在渠水灌溉的约 40 个村（县下总共有 220 个村）里有村民自发设立的组织，没有特别的名称，组织里有举渠经理两名，从事配水和饮水设备的安全工作。内容知道的不太清楚，但是听说由大地主选任经理是惯例。

15. 村规

有些村庄有村规，如禁止私吞舞弊、毁坏道路桥梁、奸淫偷盗等的规定，从过去就被作为村约流传。一般是二十条禁约。

四　河北元氏、山东诸县调查

（一）元氏县

1. 征收处

征收处征收田赋、牙杂税、契税。田赋由 1 人负责，杂税由 2 人负责，契税由 3 人负责。村长作为代表带着全村的田赋去征收处缴纳。因此也就开一张收据给村长。

2. 土地台账

由于事变，土地的台账全部散失了。现在的土地台账是以县志为基础重新制作的，称为红簿。县内分为五区，每一区有一册。在制作的时候，由各村的村长提供原本的账册，并对照县志加以增减，由县里负责田赋的人员制作的。

3. 田赋催收

各区设有警察分局，负责催收田赋。以前是由警察直接征收田赋的，也会由政务警催收附近的田赋。一般拖欠田赋的责任由村长承担。

4. 田赋及附加

在调查时元氏县的田赋总额以银两计算总共为 25000 余两。一两为当时的 2 元 3 角。

总共是 59730 元，匪区全部的田赋没有征收。在元氏县，一两银子相当于上等土地 20 亩，中等土地 30 亩，下等土地 40 亩。调查的前一年的附加税达到正式赋税的百分之八十。在事变前每一元钱要交 70 余钱的税。

5. 学田及地租

元氏县有学田 300 亩，除此之外再没有其他可称为官产的土地。学田的地租是二百六十余元。

6. 力役

挖壕所需要的人力由县摊派给各村，然后将决定传达给各区的警察，再由警察转交给村长。村长以银两为标准摊派给村民。挖壕的时候县里会将任务派给附近的村子。

7. 春耕贷款

春耕贷款是省里的要求，由县里挑选合适的村贷款。春天贷款，第二年三月返还，年利息 9 分，需要保证人。贷款对象为中农以上的家庭。民国三十年（1941），全县贷款 35000 元。有县里的工作人员直接在村里办手续的，更多的是通过新民会和棉作改进会贷款。重点放在棉的增产方面。调查当年为新民会办理 30000 元，改进会办理 5000 元。当年元氏县的棉花耕种状况为洋棉 40000 亩，中国棉 80000 亩。

8. 合作社

（1）概况。元氏县的合作社是在华洋义赈会系的合作社的基础上成立。因为当时急需春耕贷款，只有实施合作社才能得到贷款。民国二十九年（1940）三月到六月，全县成立了 30 个合作社。因为省里的春耕贷款一直没有到，联合社就将收集起来的资金用于竹炭买卖。十月，春耕贷款下发，合作社开始运作，以合作社为单位贷款给社员。到了收获期，山麓地区的村落有土匪出没，收成被掠走，为了合作运动的发展，设立了合作社经营的农业仓库，在县城修建了 7 个仓库供农民使用，农民开始害怕使用，在调查时已经开始使用了。

（2）组织。合作社以自然村为中心组织，60 户为一社。有全村加入的合作社，也有部分加入的合作社。合作社有理事长一名，理事三名，监事二名。社员每人一股，每股 2 元，可以以 5 角及以上的金额购买，第一次买入必须是 2 角以上。

（3）事业。合作社主要有四项工作：一是春耕贷款和水井补充费用。贷款主要是中农以上的家庭，每年利息是 9 分，第二年三月偿还。贷款主要通过新民会和棉产改进会贷给农民。棉产改进会主要支持棉花种植户的打井，每口井提供无息贷款 100 元。二是购买物资，主要是购买煤炭。三是农业仓库，为农民提供农业仓库。四是利益金的分配和使用。

（二）元氏县西关村

1. 农作物及产量

元氏县西关村的农作物很多，主要有谷子、棉花、黑豆。谷子占作物产量的十分之五，棉花占十分之二，黑豆占十分之一。其他还有少量稷子、黍子、绿豆等。一亩井地可以收获谷子 15 斗（小斗）、棉花百斤、黑豆 10 斗（一石）。农民生产的谷物都是自用，基本不卖。

2. 土地所有结构

西关村拥有土地最多的农户达到五六百亩。这样的人家可能有 10 户。十几亩多，大约在 20 亩左右就算土地比较多。既耕种自己土地又租佃别人土地的人很多。按 1 人 10 亩计算，5 人的家庭需要 50 亩才能够过日子。不足 20 亩的家庭，如果有两个劳动力，1 人耕作，1 人做长工、短工、小买卖。如果只有一个男性劳动力，只能维持最差的生活，比如以糠为食。地少人多，农民即使希望租佃也很难实现，因此成为长、短工的人很多，普通的年份可以租佃，歉收的时候可以打长工。

3. 租佃

（1）事变与地租。事变时，很多地主去石家庄及城里避难，调查时大家都回来了。事变后的租佃费用更高了，主要是收获物都涨价了。事变前每亩三四元、五六元（井地）不等，事变后 12 元，成倍上涨。地租是秋收缴纳，旧历八月十五缴纳。

（2）地租缴纳。在当地将租借土地称为租地，租户缴纳的物品叫租子，缴纳的钱叫租价。纳钱和纳物的都有，在数量上大体相当。在本村交租金的人比较多。因为之前物价稳定，交钱没有影响，但是事变之后物价不稳定，持续上涨，所以纳物的情况增多。纳物还是纳钱由主佃双方商量决定。

（3）租佃契约。如果签订了五年的契约，不会因事变而改变。也有根据作物产出适当减免地租的情况。当地主外出避难时，土地就放任不管。地主回来后，所欠地租要全部交纳。交物有在田里分的，也有在租户家中分的，后者比较多。

（4）介绍人与立字。土地租佃有介绍人，立下字据，即使是很亲的人，如兄弟也不例外。只要双方都认识，有信用，谁都可以做介绍人。

（5）租佃期限。租佃期限一定要写入契约，五年的比较多，也有三年或者七八年的。如果是交物平均分配，不写期限也很多。事变没有影响租佃的期限。平均分配收获物时，租户产量不高，地主可以终止契约。

（6）上打租。向地主申请租佃时，地主也许会提出上打租，所谓上打租就是先交钱，后种地，这样地租可以适当降低，如秋后缴纳 10 元，上打租就只需要 8 元，但是 8 元必须在耕种之前缴纳。

（7）租户与费用。租户不负责田赋，但是看青费如果均摊，地主和租户共同负担，如果是定额由租户负担。看青费由乡长收取，一年分五月、七八月两次收取。调查的前一年为 1 角 2 分（与土地没有关系）。

（8）典地租佃。如果承典者出租典地，出典者没有优先权。实际上典地出租的情况很少。

（9）租佃与牲口农具借用。在西关村地主没有借给租户牲口的传统，但是有借水车的情况，租户可以不付租金。30 亩地只需要一头牲口，如果是 40 亩地需要用骡子。

（三）元氏县南街村

1. 概况及土地占有结构

南街村有 250 户，其中从事农业的有 110 户，从事其他职业的有 140 户。在其他职业中有 100 户从商，40 户无职业。无职业者较多是由于事变而从他乡来这里避难的人，避难的人大体上都是富农阶级，也有苦力。在 110 户农民中，贫农只有两三亩土地；10 亩到 30 亩地的家庭很多。四五十亩的家庭只有 3 户；六七十亩的人家 1 户；八九十亩的 1 户；100 亩的 1 户。其中，地主兼自耕农约有 40 户，自耕农有 20 户，余下的全都是自耕兼租佃，没有纯粹租佃的人。作物生产结构：粟 7 顷，棉花 3 顷，小麦 2 顷，高粱 1 顷，豆、黍子、荞麦这三种每年不同。农地总面积每年的变动很小。

2. 租佃

（1）租佃价格。事变对租佃关系影响很大。民国二十七年（1938）土地的地租，上等土地 6 元，中等土地 4 元，下等土地 2 元，全部都交现金。事变之后，由于谷价突然大涨，地主都采取按比例分配收获物的形式。直接分稻谷，秸秆为租户所有。

（2）租佃契约。现金交纳的时候要写契约书，要写明地租额、交纳时间、租佃期限等。契约在上年的 10 月约定，在当地没有押租的惯例。在日本人调查时都采用按比例分配收获物，所以不再写契约书，期限为一年的口头契约。

（3）地租缴纳时间。如果交物，在 5 月和 10 月分两次缴纳；如果交钱，则在秋后交一次。

（4）租佃的期限。一般是 3 年，也有一些是 5 年。期满继续租佃必须重新写契约书。没有永久租佃、包租的例子。

（5）介绍人。土地租佃需要介绍人，大多数由亲戚、朋友担任。一个人即可，不用额外付费用。

（6）地租缴纳。如果是平分收获物，收获后脱去谷壳，当场平分的情况比较多，地主所得收获物由租户搬运。如果签订了契约，在期限内地租不会改变。在交钱的情况下，地主不给租户提供任何物品；在平分收获的情况，地主需提供粪。在契约期限内，不能终止租佃。从以前开始，地主和租户之间就没有发生过可以称得上纠纷的事。在租佃关系中，没有中间管理人的先例。

3. 水与灌溉

（1）挖井成本。南街村虽然有河流，但经常没有水，当地没有稻田，大家使用井水灌溉。一口井的灌溉量是 10—15 亩。使用新式畜力水车的水井，事变前挖井费用是 80—100 元，日本人调查时超过了 300 元。事变前水车和附属品是 100—200 元，在调查时是 800 元。南街村民拥有井的数量不太清楚。

（2）井的灌溉能力。畜力、人力的水车都有。人力水车一天可以灌溉 2—3 亩，畜力水车 3—5 亩。驴子和骡子没有大的差别。在本地，井的深度大概是三丈。地面上部分的直径为五尺，地面下为八尺。

（3）挖井人。在个人所有的土地上挖井比较多，在共有土地上挖井的情况也有。只有 10 亩以上的土地才会挖井。可以说有井的人家都是中等以上的人家。有 20 亩以上土地就会有骡子。现在由于费用太高，没有人挖井。一直以来很少有租户挖井（本村没有一例）。租户挖井可以延长租佃期限，挖井的费用可以抵扣地租。一般是地主挖井。事先与租佃人商量再提高地租。

（4）灌溉成本。在调查的当年，用人力灌溉每人每天每餐需花 1 元 50 钱；如果是驴要花 4—5 元。在本地，上等驴每头价值 300 元，中等驴每头价值 200 元，下等驴每头价值 100 元。骡子每头 600—1000 元。牛每头 300 元。

（5）借井。拥有 10 亩以下土地的人在村里借牲口。即使在村里，大多数也要付钱。然而，借两三天的话也有用自己劳动代替的情况。必须要水的作物有粟、棉、高粱、小麦等。由于井对作物的重要性，没井的人家会向他人借。虽然也会有酬谢但并不一定，要依情况而定。共有水井的情况下，商量着供水。

（6）井与收获。没有井不仅收获会减少，也容易遭受旱灾。如果雨量足够，和井的效果一样。同一块土地上，没有井的情况，一般每亩地可以收获 10 斗粟，如果有井的话有可能收获 18 斗。棉有水棉和烟棉。种水棉的时候必须要雨量多，还要在有井的土地上。烟棉虽然不需要水，但本地并没有。如果有井，高粱一亩产 10 斗，小麦一亩产 8 斗；如果没有井，高粱一亩产 8 斗，小麦一亩 5 斗。

4. 地价

事变前上等地价格每亩 30 元，有井的土地每亩五六十元，在调查时上等地每亩二三百元。有井地每亩 300 元。本县不遭水灾。

5. 雇用

南街村雇用劳动者很多，一般去县内的劳动市场雇用。市场在县公署前的广场上，农忙期每天早上数十人至数百短工的人在这个市场里聚集。在市场里没有中介人，也没有管理者，也不需要给市场交管理费。在调查当年，劳动力的价格是一日三餐付 1 元至 1 元 5 角。

6. 副业

除长工、短工以外有在家里做纺织的（土布）。每一匹（2 丈）50 钱的工钱。一人一天可以织一匹布。中农以下的家庭干这个比较多，买来棉花织布。

7. 赋税及催收

事变之前，上地 20 亩、中地 30 亩、下地 40 亩的田赋为一两银子，附加是每两银子 1 元 8 毛，杂派很少。在调查时每两银子是 2 元 4 角，亩捐是每两 12 元，治安很差的地方每两银 50 元以上的摊款。所以这些地方借钱和卖土地很盛行。事变前，收取赋税要首先通知村长，然后由村长通知村民。上忙是 3 月，下忙是 9 月，农民自己到县的征收处缴纳，得到纳税的收据，这称为"元帖"。在村里有庸书接受县里命令核查农户的负担金额，再报告县里，县里以此决定各户应负担的金额。事变后，在纳税前，村长把要纳税农户的金额明细书带到县里。县政府据此收税。农民把钱带到村长处，村长汇总后转交给县里。歉收缴纳金额不足的情况下，村长担负责任垫付。垫付不了的还会被县里拘留。在调查时村长兼任保长。

8. 庸书

过去是有学问的人当庸书，拥有土地台账。庸书不一定世袭，但是如果孩子可以读写，也有学问，可以让给孩子。庸书没有薪水。

9. 推契

卖契也叫推契。甲卖土地给乙，替换税收簿中的名字。办理更名手续时，1 张契约庸书收 5 角的手续费（100 亩与 1 亩的手续费相同）。典与抵押与庸书无关。

10. 典

在官里叫典，一般的称呼为当。当歉收或者负债时，农民就会典地。一是典地的对象。出典的话，可以在亲戚、朋友间进行，与城内的商人进行的多。二是典价。在日本人调查时，典价为时价的一半。事变前为时价的七成。三是典的期限。期限三五年的最多，3 年以内的基本没有，超过 5 年的也没有。四是赎回。典地如果想赎回，可以随时赎回。事变前大致在期限内赎回，但是在调查时基本没有在期限内赎回的。五是典的手续费。手续费为典价的 2%，由出典者负担。田赋由承典者负担。六是出典的时间。多为秋收后到春耕前。七是转典。转典自由，可以用相同金额转当。八是中人。典必须有中人一两名。欠债者不支付的时候由中人督促。中人没有代还的责任，诉讼的时候有作为证人站出来的义务。九是抵押。在调查时，抵押很少了，典更多了。抵押的利息一年为 1—3 成。与地价有密切的关系。

11. 土地买卖

在日本人调查时，先立草契，按买卖双方和中人的印章，村长在契纸上按压官印，买卖正式成立。事变前（1931）立草契，校董抽 5% 的手续费，作为学校的费用。校董盖章。村内没有校董的话，找其他村的校董。

（四）元氏县南关村

1. 概况和阶级关系

南关村共有 150 户，其中杨姓约有 50 户，分 3 族，有 3 名族长；王姓约有 50 户，刘姓 30 户，何姓两三户，加上其他的少数姓，共同组成一个村庄。大地主在杨、王两姓中，所以形成了同族色彩很强的村落。但是有着户数大体相当的杨、王两姓的存在，两者之间或许存在着竞争或者制衡等特殊关系。

2. 村长的资格

村长必须是人格高尚且有土地（实际上需要 50 亩地以上），年龄在 25 岁以上的人，也可以是不在村地主。前村长任职 10 年，从事农业，又有学识，家里有 20 多亩地。

3. 村长的产生

村长由全村户主投票产生。虽然如此，但是贫穷的家庭基本不参加选举，女人也不参加投票。拥有土地的家庭都会参加。一般在阴历正月后选举。但是，在日本人调查时，拥有很多土地的人都不想成为村长。民国十年（1921）以后，10 户以上成为"社"，从社员中选出村长，但是实行五六年后就废除了。

4. 村长的职责

村长主要有如下职责：户口调查、秩序维持、村内调停、征税、催杂差拉夫、与县里交涉等。拉夫是一个最头痛的事情。每次拉夫在 30 人以下，大约五六名。在日本人调查的当年［民国三十年（1941）］，上半年拉夫就达到了 400—500 名，主要是修公路。拉夫按户摊派，所以富人多，穷人少。一般都是自家安排人，雇人出役的少。

5. 副村长

南关村有副村长有一人，姓王，小学三年学历，40 岁，有 8 亩地，每月工资 30 多元，日本人调查的当年三月上任，兼任书记。在南关村，副村长和村长不能是同族及姻亲关系。

6. 村庄会议

一般的村务由村长和副村长商量决定。重要的事情先召开甲长会议。其他更重要的事情，如摊派款项、劳力时，要召开村民会议。甲长会议就是召集 15 位甲长与村长、副村长一起开会商量事情，杨氏就任村长以来，召开了十几次甲长会议。村民会议就是各家家长参加，穷人一般不会参加。但是村民会议不常召开。虽然每月县公署会召开村长会议，要求村长召开村民会议传达，但是村长们很少召开村民会议传达。

7. 同族

南关村民的同族意识非常强，各族有族长，管理全族。本村的杨、王两族很大，拥有的土地互不夹杂。一是族长权威。族长的权力相当大，监管年轻人、红白仪式都由村长调度。同族人卖地的时候必须与族长商量。在同族内不能解决的问题由村长解决。二是祖先祭祀。本村没有家庙，但是每年三次祭拜祖先的墓地，特别是正月的时候，全族一起扫墓。其他农忙时分别扫墓。三是分家与族长。分家的时候由家长分配财产，族长必须在场监督。族长要对不公平现象予以纠正。四是老坟会。南关村的邻村有老坟会，12岁以上的同姓男子可以参加。有大会头2人、小会头数量不定。每年一次或在清明或在寒食拜祭祖先的墓地，然后在大会头家中聚餐。族内有共有地，由大会头管理，收入作为聚餐费用。会头轮流担任，不是族长也可担任会头。

（五）青岛特别市即墨县

1. 土地关系

即墨县除了蔬菜园外没有井地，耕地全部为旱地。虽然有些地方有湿地，但无法利用变成稻田。县内最大的地主有五六百亩地，约有10户左右。事变前有千亩以上的地主，民国二十三年（1934）有三四户家庭有1200—1300亩地，但是因为治安不好分家了。事变前大多数地主住在城里，同时也是当铺、烟店、油房、粮食店的主人或者辞官之人。即墨县，10%的耕地属于地主，40%是自耕兼租佃，自耕占30%，纯租佃占20%。一个七八口的人家有15亩就能够过日子。在耕地上种植地瓜的人很多，如果有10亩地，3亩会种植地瓜。

2. 租佃形式

地租有纳钱的，也有纳物的，其中大部分为定额纳物。交钱和收成分益的很少。纳钱每亩40元的租金，分益是对半分。一亩地有200元毛收入。农民使用堆肥，每亩需要15车，每车3元，每亩要花费45元的肥料款。

3. 农村金融

（1）借钱的原因。在即墨县，借钱的非常多，即使事变后也是如此。借钱主要是因为交租税、婚丧、家庭开支、购买粮食等原因，其中三分之一为因为粮食不足而借。没有为土地买卖、建造房子借钱的情况。为了购买肥料或者家畜借钱的不少。

（2）借钱的渠道

农民借钱的非常多，但是农民没有现金，所以借入的多，借出的少。在日本人调查时，当铺、钱庄都没有了，私人商店也不出借了，只能是熟人之间小额借贷。除此之外，不论是村内还是村外没有人从事金融了。从还钱来看，从前就没有借粮食还钱的现象。以前有合会，但是事变以后已经没有了。在此村没有合作社，也没有听说过"新民会"。

（3）担保

亲戚、朋友之间的借贷为信用借贷，不需要担保。钱庄、钱铺借钱必须有保证人。贷方根据保证人的情况决定是土地担保还是房屋担保。

（4）契约

借钱金额很大的情况需要契约书，如借100元的时候必须订立契约书。有的借款有利息，有的没有利息，如果向钱庄和铺子借钱必须支付利息，大致年利为8分。

（5）期限

亲戚和朋友之间借贷一般不加期限，但是向钱庄、钱铺借款必须有期限。

4. 典

事变前即墨县多少有一些典地，但事变后几乎没有了。一是典地的时间。典地一般在冬月、腊月、正月进行。土地买卖也是如此。二典价。典价只有市价的一半。三是中人。典地要两人以上的中间人。以前中间人可以得到典价的2%作为谢礼。在日本人调查期间一律是3元。三是期限。期限为3—5年。四是转典。如果转典必须以相同金额转典。五是典卖。典卖的时候，与族长没有关系。六是赎回。期限到后，可以赎回典地，但是也有赎不回来的情况。以前超过50年地权就转归承典者所有。七是典地出租。典地的使用和收益都是承典者的自由，没有特别需要典租者注意的事项。八是典地费用处理。田赋及附加均由承典者负担，承典者交给出典者，以出典者的名义上交。九是追回典价。如果地价上涨，可以追加典价，称作"刚钱"。也有根据情况和出典者的困难而追加"刚钱"的情况。十是先买权。出典地要卖出典地时，承典者并没有特殊的优先权。在调查时，典地、卖地基本上没有了，在当地没有抵押的情况。应答者所在的即墨县北阁里村有220户。李、孙、于等姓各有自己的族长，但是族长只是一个名称而已。

5. 买卖

不论是麦子、高粱，还是地瓜，根据需要都会出卖。这些农产品都在集市买卖，城内一直没有粮店。粮食买卖在个人间直接进行，没有买卖的中间商，也没有经纪、牙行等。只有家畜的买卖以前有经纪。谷物的买卖既可以用现金交易，也可以赊账购买。大家都在集市上交易，几乎没有在商店交易的情况。行脚商人有卖布、丝、蔬菜、油等。

6. 副业

东郊有竹器，西郊有席、条货（柳工艺品），这是农民农闲时的副业，基本上是女人干的活。做好后拿到集市上出售。在当地没有烟草，也没有棉花，最近柞蚕的市价变低了。本县会有一些蔬菜卖往青岛。

7. 务工

农闲期间不少农民会去做木工、瓦工、小工（苦力），全县大约有 5% 的人外出务工，但是举家搬迁打工的很少。外出打工一般都是经朋友介绍去青岛及附近打工，去满洲打工都是年纪比较大的人一起前往。事变前去满洲做苦力的人很多，在日本人调查时由于手续变得复杂，去的人减少了。在青岛附近的务工，在农忙时也不回家，在工厂工作必须干一整年。在青岛干活，事变前每人每天 5 角，在调查时是 1 元 5 角，全都不包吃。在青岛工厂工作的大多是男性，女性只有 1%。男性每人每天 1 元 5 角，女工 2 元（不包吃）。外出打工的人一般不是家里的主要劳动力，不会是家长、长子、次子。15 岁开始外出打工比较适合。如果丈夫外出打工，妻子必须留在家里。事变时，很多有钱人（地主、大商人）都去青岛避难，调查时基本上都回来了。

（六）即墨县城郊各村

1. 租佃

在磨子村，租佃地叫"租粒地"或者叫"租地"。

（1）租地手续。租佃一般要订立契约书。租户订立，地主保管。租佃必须有保证人，保证人有督促交纳地租的责任，但是没有代为交纳的责任。契约书会明确保证人的责任。

（2）租佃期限。租佃期限最短两年，因为两年种植 3 次，一般为五年。

（3）解除租约。因为土地少，租户不会主动解除契约，或返还土地。如果歉收可以减免地租，如果第二年丰收，地主可以提出补交要求。过了三年实际上欠缴已经失效。

（4）租佃类型。租佃有三种类型，交物、分种、交钱。所谓"交物"就是定额交物；分种是指在主佃之间分配收获物；交钱又指"把价"，即交纳现金。只要是交钱就没有契约书，因为交钱是预交租金，没有必要立契，与交物相比，交钱的地租要便宜三成。从清朝到民国都是如此。租佃契约的时间不定。

（5）不同地区的选择。县城周边的土地分配收获物的情况比较多，农村中交钱和定额交物的比较多。因为县城的人要保证粮食，农村租户大多耕种城里人的土地，如果距离太元，作物检查、谷物搬运都比较困难。分配收获物时，地主所得的作物由租户搬运，距离三四十里以上时，由地主提供每天一餐的饭。

（6）不同时期的变化。从清代开始，分配收获、定额交物，交钱的比例就没有很大变化。交物的地租没什么变化，只有交钱有些变化。在日本人调查的当年，上等地租金 30 元，中等地 20 多元，下等地 10 元，菜园 40 多元。交钱的时候，约定只有一年租期。

（7）地租调整。在没有欠缴的情况下，土地租金不会上涨，地主也不会因为有更好的条件而替换租户。

（8）租佃争议。在不同意收回租地时会发生一些争吵，大多数情况下是租户施肥太多，认为收回不合理而发生争吵。要收回租地，必须提前一个月通知，契约书返回给租户。在磨子村有 130 户，没有押租或者类似的东西。

2. 田赋

在磨子村，正赋、附加都由地主负担。在日本人调查时，每两银子要交 8 元的田赋，12 元的附加。如果计算为每亩的价格，上等地 5 分 2 厘 7，中等地 4 分，下等地 3 分 2 厘。

3. 田赋附加

田赋附加到去年为止都是 1 元多。但是 1941 年 1 月开始到 8 月已经超出 6 元，这可能与正在建的兵舍有关。

4. 摊款

在即墨县，摊款也全由地主负担。在调查时农民的摊款很多。挖壕的费用，每亩 3 元；修路及保甲费每亩要摊派 1 元。在东关村，每天要出 22 人。将即墨县分为 10 区，每区每天分配 2000 人。挖壕的劳动力每天 3 元，比普通的短工价格高点。因为在施工地买饭吃，吃饭花 2 块钱都不够。有土匪活动的地区，摊款负担要翻一倍，听说每亩 30 多元。3 区、7 区、9 区是土匪活动区域，占全县的 30%，全部是土匪，八路军到现在也没来过。村庄每件事情都要摊款处理，过去也是如此，只不过过去由村长先垫付，但是在调查时数量太大，垫付已经不可能。

5. 看青

一是看青的决定。看青一般由三四个村组成一个会，由村长商量决定。看青的人每个大体是固定的。村长与看青人商量看青价格，包括各种作物每亩的看青费及看青人的姓名，这些都要向村民公布，并从决定的那天开始生效，同时开始看青。二是看青的负担。看青费全部由耕种人负担。一般小麦每亩 2 元，高粱、粟每亩 1 元 4 角。三是看青的时间。小麦是 4 月末—5 月初。高粱、粟是 6 月初—7 月初。地瓜（甘薯）、豆是 7—9 月。四是看青费用的支付。看青费在收获后支付，也有换算成粮食支付的情况。五是看青人的责任。看青人带有承包的性质，但如果遇到不可抗力（例如天灾等）歉收也不必赔偿，还是要获得看青费。

6. 家族

在磨子村，有 10 户，超过 100 亩的 3 家，30 多亩地的家庭比较多。总体上看来比较贫穷，但是有一些家族有族产。

（1）族产。磨子村徐姓有 7 户，有 10 亩族产，位于其他村。这些土地由族长管理，对外租佃，收益用于每年的祭礼。族产很多的是官庄村的孙家，有千亩以上（大亩）。徐姓在官庄村有 30 亩，其他的土地分散在周边各村。

（2）族产的管理。族产按照如下顺序进行管理：族长—管柜—庄头—租佃人。族长通过管柜给庄头某种文书，庄头决定租佃人。租帖由庄头和租佃人制作，需得到族长的许可。地主使用族的堂号。庄头的名字也作为中人被记入租帖，管柜的名字不会写在租地租帖上，他们是监督庄头的人。管柜由族人选举，有四五人，任期为三五年，非世袭，一般是选择族中的有权者。这种人可以无偿耕种40亩以上的族田。

（3）长支。族中长子这一支被称为"长支"。这一门第的人在10月1日祭祀祖先的时候成为祭主。为了筹措祭祀的费用，长支可以耕种祭田40亩。族长无偿耕种约50亩，这作为族长的事务费和车马费。

（4）族田的收入。在治安好的时候，族田收入用于购买土地、补贴族中学生、经办族立的学校、葬礼费、鳏寡孤独的救济、给接近长支的人的婚礼补助费等。

（5）租佃条件。租佃族田的条件，不管族内外全部一样。

（6）孙家的情况及治理。孙姓的同族很昌盛，分布在好几个村，但是楼子里头村最多，负责人也全部居住在这里。孙家在明朝时就已经存在，出了不少官吏。在调查时，族长有十多人，从清末到民国六年（1917）期间族中围绕族田管理起纷争，引起诉讼。3000亩的族田因为费用和其他原因被贩卖，现在只剩一半。为了处理族里的事务有如下负责人，族长为总理，1人；副族为协理，1人；再下面是监理，2人；监理下面是会计和书记，各1人。这些负责人，各自都被给予一定的土地作为事务费和车马费，各负责人可以兼任。

7. 土地买卖

（1）土地买卖的原因。卖地的主要原因依次为：葬礼、结婚、日常生活费。葬礼卖掉所有土地的一半的现象也存在。结婚时，男方需要200—300元，女方需要500元。

（2）土地买卖的时间。土地买卖在每年的11—12月进行。土地买卖的时候，同族、邻地者、同村者有优先购买权。违反的话会遭谴责。在同族内部，其顺序不固定。关系好的人有先买的现象。优先购买权的顺序是：出价高者可优先购买。

（3）土地买卖程序。卖方先拜托说合人（中人）。说合人先同卖家的同族商量，同族中没有买家再找别人。如果找到了买家，在完成土地实地检查后（说合人和两当事人）订立契约书。契约书中署上买卖双方、立字人（谁都可以）、中见人（说合人）四个人的名字并盖章。制成契约书后付钱，收钱后写收据。说合人没有讲究，谁都可以成为说合人，一般以朋友居多。说合人的报酬是卖价的4%。在调查时，还没有监证人的制度。

（4）契纸和契税。买卖时要用官给的草契纸，买方从县公署以每张1角的价钱购得。契订契约后，买方要契税支付，为买价的6%。

（5）更名过割。过割手续时，如在田赋缴纳期（上忙、下忙），写上买方的名字、购买时的条件，再报告给县财政科的"粮房"。

8. 典地

一是典地时间。典地一般在每年的11月到第二年的1月之间进行。二是典地中人及手续费。典地需要二位至四位中人。谁都可以做中人。中人的手续费，过去是典价的2%，调查时是典价的3%。三是典地期限。期限为三五年的居多，不管经过多少年都可以赎回。过去超过50年就不能赎回了。根据以前的事例，大多能赎回，赎不回的只占2%—3%。四是转典。可以转典，金额相同。五是出典的对象。出典可以选择任何有利可图的人。也有出典给村外的人。六是典价。典价为地价的一半。七是租佃优先权。出典者事先商量关于出典地的租佃优先权。八是刚钱。可以用出典地来借钱。当地价上升时，出典者可以向承典者申请增加典价，这成为"刚钱"。九是典地的出卖。出典者绝卖出典地时，首先与承典者商量，承典者拥有优先购买权。绝卖时把典价与时价之间的差额交给出典者，即从出典转为出卖。十是典地的负担。典地的赋税由承典者负担，先交给出典者，由出典者缴纳。

9. 借钱

一是借钱的原因。因为赋税、生活费而借钱的较多。在青黄不接时借钱购买粮食的占农户的三分之一，也有为了买肥料或者家禽借钱的，没有借钱买土地的情况，借粮的也很少。二是借钱的对象。在即墨县基本没有抵押借钱。在调查时，没有当铺、钱庄，也不能从商人那借钱。一般从朋友、亲戚处借钱。三是借钱的担保。过去从钱庄借钱必须拿土地、房子做担保。如果保证人可靠可不用担保。因为多是朋友、亲戚，所以没有担保，也很少立契约书。但是借的金额和粮食多时就需要立契。四是利息。如有利息一般是年息8分，也有没有利息的情况。五是借钱期限。在朋友、亲戚之间没有期限，有钱的时候就还。六是合会。以前有合会，在调查时已不存在。

10. 水利和水井

（1）水井成本及补助。县城附近菜园比较多，需要水井。一般每亩菜园需要一口井。在棉花田也新挖了井。凿井费为600—800元（事变前400元）。事变之后，可以从青岛特别市的社会局无偿得到每眼150元的补助，约增加了400口井。领取补助的手续是，农民先拜托村长，村长向县申请，县里制成文件后提交给社会局。

（2）井的归属。井一般为私人所有，共同所有的少。在共有情况下，凿井费用平摊，按顺序来使用。普通的水井为两三户共有。即使有些农户没有出资，因为近邻关系也可以使用水井。当所有者不使用时，邻居可以用水，然后以帮忙耕种土地作为答谢。

（3）共有水井。饮用井也有共有的，由20户或者30户出资。10个家庭耕种六七亩的菜园，也可共用水井。

（4）井的维修。井的维修费用，耕种者支出得多，约为所有者的3倍；费用少的时候只由富人负担；多的时候相关人员聚集起来决定负担金额。

（5）井与租佃。一般是地主凿井，由租佃人负责维修。租佃人凿井的时候，与地主商量后进行，这样租佃人可长期耕作。有井的菜园比没有的菜园，收入要高3倍。

11. 农产品交易

农民去市场销售农产品，市场里没有粮栈、牙行（但是家禽市场有经纪），农民与消费者直接进行交易。买卖用现金交易，在商人处买东西可以赊账。也有行商来村里卖布、丝、鱼、油等，不征收通行税。

12. 雇用市场

在即墨，长工少，短工多。城外有劳力市场，每天聚集 50 人左右，在农忙时可以达到两三百人。供给者直接与需求者交涉，没有中介人，也没有契约书。

13. 牲口、农具和肥料

每 10 亩需要一头驴马，每 20 亩需要一头骡或者牛，贫农家庭一般没有牲口。在调查时，驴马的价格为每头 100 元，牛为 150 元。没有共同饲养牲口的情况，但是农具有共同使用的现象。农民使用粪肥居多，也有使用豆糟的农家。很多家庭需要购买肥料。

14. 务工

农民的生活贫苦，附近靠近青岛市，离开村的人相当多。约有 5% 的人在他乡，其中贫农阶层离村率更高。比起农闲时务工，已经在外务工多年的人更多。不仅次子、三子外出务工，长子也有外出务工的。去青岛、满洲务工的人多，主要是通过朋友介绍。

15. 村长的资格

村长不讲财产和身份，主要以学问、品格为条件，还必须是 40 岁以上者，同时还要得到父母的允许。村长由 12 个间长选举产生（与 30 年前一样）。选举村长时没有商量，投票也不是形式，但是一般村民不得参与。

16. 村的裁判

小的纷争由村长调停，大的纷争上诉到县里。在村里不能处罚村民，因为大家是邻居。其他村的人有不端正行为时要罚款，如偷农作物的情况。

17. 家族关系

大家族有 30 多口人的，但是数量很少。大部分家庭为五六口人。事变后分家的多。一般是父母去世和兄弟不和时分家。家长是男性，只有孩子还小时母亲可以成为家长，但是儿子 18 岁以后就要让给孩子。分家要写分家单，富人称"分书"，穷人称"分单"。分家后母亲得到养老地或者儿子轮流赡养。分家时，总体上是平分家产，但是有时长子会多点，如 4 人分家，财产分成五份，长子得两份。半农半商家庭，农商财产各自分开分家。女儿没有继承权，只能得到少量的钱。债务不能继承，分家时要先清理债务再分家。一家的财产称家产、财产，家里没有特有财产，买卖土地要得到一家的同意。

18. 土地的界

作为界线的标识，留出宽约 6 寸的土地不耕种，变成道路，或者植树，或者立石碑。这些由地邻相互商量后决定。有时也有界线之争，如有一点被侵犯也会争吵。村里解决不了由县解决。裁决时当事人和亲戚、朋友等出席。县当局叫来双方进行调查，再测量，立上石碑或种上树木。比起田地，宅基地的纷争要多，要猛烈，一般受侵害的一方会上诉到县里。

19. 燃料

农民使用高粱、粟、麦的秆作燃料，此外还使用杂草。10 口之家需要使用煤 200 斤。穷人家去拾取其他人家里剩下的秸秆或者杂草，也拾煤渣。

（七）青岛特别市胶县

1. 田赋

在胶县，每亩的田赋是 4 银 9 分 3 厘。每两银子 20 亩。每两银子去年的附加是 8 元，调查当年已经分两次收了 16 元。也有农民自封投柜的，也有经乡约催促征收的，也有依靠乡约的情况。各乡都有乡约，是否依靠乡约各人随意。乡约催缴时会收取一些跑路费。乡约每人每年有三四百元的收入。县里有政务警，在乡约无法解决时会请政务警督促。

2. 租佃

用物交纳的地租用叫作"租粒"；用钱交纳的地租叫作"租价"。在胶县，交钱的时候实行价折租，即比用物交要便宜。租佃要立契，称租契为"租约"，住在县城内的地主必须立租约。租约没有期限。租佃期间不改变契约内容。在城内有很多地主，乡村基本没有地主。租粒必须在旧历正月末之前交纳完毕。

3. 催乡

本县的大地主全都住在城内，有 6 个家庭有 1000 亩以上的土地。每家都设置了五六个被称为"催乡"的管理人，供他们吃饭，并付给他们粮食（约相当于 100 元）。吃饭之外每月还付给催乡两三元。催乡住在地主的院子里，与地主家人分开居住。

4. 长工和短工

农家的长工叫作"密汉"，每年付给他们 100 元。短工叫作"工夫"。

5. 分家与养老

分家时均分财产，供养父母，但不供养姐妹。兄弟分家时，有姐妹没有出嫁时，姐妹在兄弟家轮流吃住。对于母亲设置"养老地"，也有按兄弟次序供养母亲的情况。父亲去世后分家情况普遍，如果父亲去世后，即使母亲在世，也对分家没有影响，不过此时的分家不会被说成不孝。在分家时，虽说是长子，但也没有任何特别权利。财产的平均分割，与是否孝顺没有关系。在分家时，女性不能分到任何土地，也不能分到卖土地的钱。分家的时候，一般实行抓阄；分家时，不会在祖先的灵位前供奉物品。分家时，族长或者母亲的兄弟或是父亲的兄弟等一起商量进行。分家后，儿子租佃养老地，其条件和旁人一样。母亲在分家后也可以买孩子的土地。

6. 产品买卖

农产品在市场出卖，也有在粮站出卖。农民出卖的农产品：首先是麦子；其次是豆子；最后是地瓜。在市场上，没有经纪人，农民直接和消费者交易，但有"斗行"收税，每斗收1角。斗行的朋友不需要纳税。税由买方负担。村里有流动商人，与村里人做小买卖。普通的村庄没有商店。

7. 庄长

庄长的选举全都采取全村集体选举的形式，实际上是从旧闾长中选出。事变时有闾邻制度。

8. 匪贼与赎人

在村民被匪贼绑架后，村中有实力的人物全部集合商量，集资赎人。如果被抓的是村里的庄长、闾长等，则按亩数由全村负担。如果被抓的是个人，由个人负担；如果抓的村务人员，则由全村负担。

9. 租佃及地租额

佃农在杨家庄、辛店庄、马家庄分别所占的比例是30%。地租的缴纳形式有所不同：菜园交钱，耕地按定额交物。也有根据地主的要求交纳代金的情况，但是很少。这时地主和租户要商量，如果租户不同意的话很难实行。交纳的谷物一般是粟、小麦、豆。地租为：上等土地3斗，中等土地2斗，下等土地1斗两三升；价格为一斗粟11元，一斗小麦19元，一斗豆14元。

10. 租佃契约

虽然兄弟、同族之间不需要契约书，但出租给别人的情况下必须订立契约书，这称为"揽约"。

11. 地租交纳期

地租一年交3次，根据作物交纳时间不同。比如，麦：4月末—5月初交纳；高粱、粟：7月中旬交纳；豆：8月中旬交纳；黍：6月交纳。

12. 地租交纳

如果一种作物的收获很少，则换算成其他作物交纳。实物地租由租户运到地主家。地主有很大的秤，可以用来称量。租户一般会带来比契约规定量更多的谷物。即使这样有时也会发生纷争。

13. 地租滞纳、延期

年内必须交纳地租。如果不能交纳，地主会催促。如果催促仍然不交纳地主就会夺佃。保证人实际上不会承担物质上的责任。一般而言，租佃人在正月之前都交不了话，可以去地主那请求延期。歉收时，在地主同意的情况下，可以少缴纳，来年再补。没有地主增租的现象。

14. 租佃人的变更

地主卖租佃地的时候，新地主可自由变换租佃人。

15. 退佃

不定期租佃有退租的惯例，每年清明节前地主会在土地前"贴告示"，告诉佃农是否让其继续租佃。佃农在清明节前去查看。地主没有直接通知佃农的必要，也不会给在经营上给佃农补助。除了地租以外佃农对地主也没有其他义务，也不提供劳务。如果有佃农凿的井，地主退租时没收井，佃农可以在停止租佃时将井埋掉。

16. 看坡

每村都有会有一人看护青苗，也称看坡。看坡人看护作物，如果作物被盗，负一定的责任。耕作者要支付给"看坡"的粮食，所以佃农也要负担看青费。每亩小麦、粟、大豆计1—1.5升，价值大约为1元。一年分3次支付，也有用金钱支付的情况。每亩甘薯为1元，其他作物为8角。

17. 肥料

每亩需要肥料约15元，肥料多是自给。农民将牛、猪的粪便与灰混合，制成农家肥。

18. 结婚

结婚需要有媒人，要给媒人送彩礼钱，当地人称作"彩礼金"。结婚时女方带的嫁妆有：棉被、枕头、脸盆、煤油灯等。中等家庭结婚需要花费四五百元。

（八）益都县北城乡（旗人村落）

1. 村庄概况

北城乡（村）是一个旗人村庄，清朝初年大约1500人来到此地，后来繁衍到1万人，这些人除了按照旗人管理外，还开垦城内的土地，如操场、学田、马场等。后因民国政府北伐，大部分人口外迁，在日本人调查时只有1800人。在这些人中，连一个地主都没有，都是穷人。因为旗人过去是兵，不会农耕，旗人制度被废除后，不会农耕，只能沦落成苦力、小商小贩，也有一部分人成为巡查。粮食、燃料、蔬菜都要购买。现在城里有95%的家庭粮食不足，每家每户都有人进行短工和苦力劳动，大多就近打工。女性也有去城市纱厂劳动的。农忙期的短工，做炼瓦工、搬运工、泥瓦匠、修鞋工、男服务员、保姆等工作很常见。粮食供应不足时，村内相互借贷，但数额不大，当然在村内也可能借到的大笔金额。葬礼、婚礼没有像以前一样进行，有时连葬礼也不举行。正因如此，自由婚姻也逐渐变多。

2. 典地和指地借钱

典借和指地借钱在北城乡几乎没有。但是在益都县其他地方，典当价大约为地价的一半，典期为3年或5年。指地借钱的价格也是地价的一半，期限为1年至3年。无法归还时地主将秘密进行双重担保。只要缴纳地租，也可以从两人那里借钱。但是必须保守秘密。典借、指地借钱都要立契，寻找担保人和中间人。保证人和中间人不用承担偿还责任。

3. 摊款

乡里需要钱时将进行摊款。间长以上聚集商讨，然后按照土地面积进行摊款。财主或商人将按照适当的比例进行划分。

4. 村庄治理

民国十九年（1930）开始，该乡改变原有旗制，采用间邻制度，设了村长。事变后，虽采用保甲制，但是间长依然存在。乡长还兼任了联保主任（保甲）、爱护村长、新民会分会长、新民协议会委员、合作社班次长等。一是乡长的产生。最初乡长由县里指定。事变后，由全村村民投票选举产生。一户一人，限成年男子。不会写字的人委托他人帮忙投票。一般情况下各乡选出两位候选人，向县里推举。然后县里在从中选出一位作为乡长。普通乡村，没有候选人，由间长和保长选出乡长。二是乡长的资格。乡长必须识字，工作做得好。家庭贫困没有关系，但是乡长是义务制，没有薪水，实际上穷人无法胜任这一职务。村内事务由乡长和保长协商决定。

5. 村规

该乡村有村约，它是民国十九年（1930）时废止旗制而采用乡制时制定的。

6. 原旗公有地

民国十八年（1929），北城乡向省请愿希望将城内的空地作为旗公有地，获得批准。各家各户有耕作权，但是没有所有权。各户分割公有地进行耕作。租佃、典当、买卖都要私下秘密进行，不可公开。如有绝户人家，将按照抓阄分配其土地。

7. 家庭和家长

城内住民家庭一般有四五个人，多的情况有七八个人。家长死后，孩子尚小，母亲成为家长，孩子15岁后成为家长。家长必须是长子，如果长子身体不好，或者头脑不好，无法处理家务，也没有关系，因为村内没有大量财产的家庭，因此谁成为家长关系不大。

8. 家产及分家

家产是一家的财产。父亲在世时由父亲掌管；父亲去世后由母亲掌管。据说父亲在世时家产视为父亲一人所有，父母死后将由兄弟姐妹共同所有。分家产时，女性也能得到平均分配的财产。一般情况下平均分配的情况较少，长子分得的财产略多，女儿分得的财产会略少。父母在世时会平均分配家庭财产，但是父母死后兄弟姐妹分家时，女儿会分得较少的财产。

9. 分家与养老

在北城乡，分家的原因与其他汉人村庄大体一样，兄弟媳妇不和，有些兄弟懒惰，家里贫穷等。分家时，父母获得养老地或者养老金，其数量取决于家庭状况、感情和父母的意愿。父母在世时分家比较少，去世后分家的比较多。旗人对分家并不避忌，认为是正常现象。家庭成员较多时，父亲担心自己死后会发生财产纠纷，便将土地平均分配方案记在纸上，将纸保留。父亲死后孩子们就按照纸上写下的方案进行分配。

10. 女儿财产处理

未婚女儿得到平均财产后和关系最好的哥哥一起生活。其出嫁费用由自己的财产承担。如果费用不够，兄弟商讨，平均分担，或者由娶妻的男方承担。一般会以女儿自己的财产作为承担标准，兄弟出资的金额极少。女儿持有的土地，要么卖掉作为出嫁费用，要么一并带入丈夫家。

11. 家庭纠纷及调解

父母死后分家引起财产纠纷时，一般会委托邻居、亲戚和朋友进行调停。这样无法解决时，将会向县的承审所申诉裁决。

12. 家族

旗人也有同族的意识，有族长，按照辈分和年龄来决定。由于北城乡是一个贫困的村庄，族长没有多少权力，只是在祭祀祖先时，召集同族人并进行指挥。如果族内有祭田，一般由族长来经营，但是族长要承担祭祀费用。

13. 坟的形式

在益都县坟墓的形状有两种：一是人字葬；二是怀中抱子式葬。墓地狭窄时根据辈分进行，埋成人字葬的形状。

（九）德县

1. 县的概况

德县实施的区乡制：区—乡镇—村。全县分为 9 个区、75 个乡镇、837 个村庄。其中，向县缴纳租税的有 67 个乡镇、687 个村庄。保甲制后，乡长兼任联保主任，庄长兼任保长。事变前实行闾邻制。一个区有 5 个乃至 10 个乡。一个乡大约有 10 个村。每村的平均户数为 80 户，拥有 12—20 亩的土地的家庭最多。没有大地主，也没有人拥有超多 200 亩的土地。事变前，听说有家庭拥有 500 亩土地。在调查时拥有 100 亩的家庭也很罕见。牲口大多是牛和驴，平均每 2 户有 1 头。作物有麦子、谷子、高粱、玉米、甘蔗、胡麻和棉花等。八区有 10 个乡、128 个村，九区有 122 个村。

2. 村落形态

每乡平均有 10 个村，每村平均有 80 户。多者有 300 户，少者有 10 户乃至十二三户。这种户数较少的村子联合形成一个村的情况较为常见（即连村）。例一，一个叫五间房的村子是由五个小村联合成立的，还有一些很小的聚落联合组成的村子。这种情况很常见。这些村名大多为三间房、五间房、八连庄等。小村落一般会串联成团构成大村落。县里将这些村落看作一个村来对待。然后在其中选取有权势的人任命为村长。例二，有个名为五僧的村庄，村长每三个月进行交替，据说是由各村落按顺序选举。可能村长一职并无好处，因此第八、九区的村长频繁更换。例三，五家寨村。由于每家都有望楼，因此五家联合组成一个村庄得到了允许。魏家集、干家庄源于村庄组建时魏姓和干姓的人数众多而得出此名。含有像魏家集的"集"字这样的村庄，一般都有市集。

3. 土地占有

所有地为每户平均十二三亩，优良土地为二十四五亩。最大的地主也没有超过 200 亩（事变前有 500 亩土地的地主）。拥有百亩土地的在乡中被称为有钱人。由于土地较少，所以村中自耕较多，租佃较少。在农忙期，贫农被雇佣，每日赚大约一元到一元四十钱。雇农者首先要拥有 40 亩以上的土地，如果地主要去县城，必须雇农，并且委托亲戚管理土地。

4. 旗人旗地

清朝时期，德州驻扎着德州城守营。有四旗：正黄、镶黄、正蓝、镶蓝。前二旗为满人，后二旗为蒙古人。城内无兵舍，有衙门，旗人与汉人杂居。上级官员居住在衙门，兵士居住在自己家。城守尉以下拥有俸禄土地，出租让佃户耕作。城守尉有三顷，防御人员有三四十亩，以下官位逐减。除俸禄土地以外，旗人有私有土地。这些土地是向省提出申请交纳田赋，契税后成为私有地。俸禄土地成为旗人共有地。这些旗地与官旗产清理处清理的土地不一样。俸禄地成为旗人公有地的面积大概有五顷多，它们遍布在城外 20 里以内，同样由佃户耕作。租金价格比民地便宜一半。这些租金用于钱粮、杂派以外的剩余部分救济贫民。旗人的私有地还是称为旗地，很多土地已被卖掉。

5. 地租

该地区的一般土地，每亩能收获六七斗谷子，地租一般为 4 斗。作物种类不由地主指定，但是地租必须交纳固定的谷种（一般为谷子）。如果在借来的土地上种植高粱，交纳物也可以是自己土地的谷子。如果作物不足，那么便按照市价交纳一定的钱。

6. 租契

租佃契约书称"租契"，制作两份，双方保管。10 年契约较多，在此期间契约内容不可变更，这要写入租契。租佃分为"分种"和"包租"两种，后者较多。每村情况不同，不能一概而论。分种仅限折半。包租时，滞纳份额要在第二年交纳。地租没有交现金的情况，即没有货币地租制度。10 年租约，5 年就退佃是不允许的。如果违反契约，地主可委托仲裁人进行调查。租契中必须写明期限，最短为 5 年、也有七八年的，但是没有 10 年以上的期限。

7. 长工和短工

长工称"扛活的"，短工称"帮忙"。

8. 共同饲养

家畜可以两家共同饲养，饲料需两家均等承担。畜舍每 10 天进行交替。

9. 看青

在德县，看守庄稼称看青，不是看坡。有的村庄雇人看守，有的村庄各家轮流看守。在调查的当年，陈村组织了青苗会，每晚有 10 人看守，若有偷盗行为则将该人带到会中，若是穷人则进行打骂，若是富人则收取罚金。其他村的村民更不可原谅。

10. 田赋征收

在德县，田赋由三个单位负责征收。一是县征收处。负责征收一般民粮地的第一期、第二期田赋。二是卫征收处。负责征收卫地的田赋。卫地始于明代，是皇帝（燕王）为培养军人而开辟的。卫地被废弃后，士兵们大多离散或是成为土著，卫地的地目就这样保留了下来。在德县的第三区面积最大。三是漕粮征收处。以漕粮的名义征收第三期田赋。各征收处根据地域各分得四份。

五　河北省安次县

主要是对祖各庄村的调查

1. 寄住者

寄住者都是在本村有熟人的人，即需要熟人介绍和担保才能够寄住在某个村。担保者向会里申请，如果寄住出了问题，担保者要承担全部责任。由于大家都是亲戚或者朋友关系,所以没有人做坏事。寄住者没有土地、房产,也不用交花销(摊派),但是需要交门户钱。村庄摊派有两种征收方式,一是按照田亩摊派;二是按照门户,门户费每年收一次,每次3—4元。门户钱属于村庄的收入,用于老师、勤务工、民团团长工资。

2. 本村人资格

如果寄住者要成为本村人,一是要有土地;二是要有房产。有些人在很短的时间购买了房产或者土地后,就成为了本村人,有些寄住者虽然有很长时间,但是没有房产、土地,也不算本村人。

3. 会里制度

在以前村庄由会里来负责管理,在会制度时,有村长、副村长、司事人等十余人。会也称为大会。

4. 保甲制

取代会里制度的是保甲制度。在保甲制度时,有正副保长、九甲长、有拨儿,繁忙时村民也会来帮忙。月拨儿是村公所成立后才有的组织。

5. 村差

所谓村差就是村里收的差钱。甲村人购买了乙村的土地,如果甲交了亩捐,就可以不承担差钱。如果甲有100亩地,90亩在本村,10亩在外村,甲只交90亩的村差。因此,如果土地卖给了其他村,会增加本村其他人的负担。

6. 分家和分户

分家后是否分户有不同,一是父亲健在时,每个兄弟是家长,但是父亲是户长,还是一户。二是父亲去世,但是兄弟们比较和睦,以长兄为户长,兄弟是各家的家长,但是仍然是一户。三是如果兄弟不和睦,则各家成为一户,挂户的牌子。分户不影响摊派,因为摊派主要是按照田亩来征收。

7. 家族

在祖各庄村,也存在家族,在清明会时,同族会聚集起来祭祖。早晨七点大家去族长家,然后一起前往墓地进行祭祖。同族人都会带着铁锹和锄头去祖坟,并挨个给祖坟翻新土。在上香时,没有辈分的先后顺序,烧香人是族长,供品由大家摆放,族长烧香时,由同族人来点鞭炮。族长叩头后,大家回去,将供品摆在墓地。然后各自去祭祀自己家的新坟。在族长家吃饭时,男性与男性坐在一起,女性与女性或者孩子坐在一起。男性按照辈分来坐,女性随便坐。有清明会的,族长向同族收钱购置酒菜。没有清明会的,同族轮流购买。前者男女均参加吃饭;后者只是男性参加,每家一人参加。如果供品不够吃时,会按照同族人的人数来安排。清明会上的同族,三天都在一起吃饭,非清明会的同族每天只能吃一次。

8. 看青

安次县也会看青。一是看青的发起人。主要由村长和校长提议，与甲长们商量。一般在村公所商量事情。二是看青人。决定看青后，就请看青人，本村的农民会申请看青，有10位申请，这些人是家里贫穷的年轻人。家里没有土地，给人做长工等。三是看青的时间，6月底—9月末。四是看青报酬。地户每家出一小升玉米或谷子或高粱，在看青结束后就上门按照面积收取。每人两袋约40斤。五是看护。10人白天和晚上都拿着棍子，在地里巡视，没有专门的房子，如果下雨就用玉米秆做一个小房子。六是外村的土地。外村的土地也会入青，同样出一小升粮食。七是偷盗问题。如果抓住小偷，本村的会让其赔偿一二斗粮食，外村的人会送官府。如果作物被盗，10人共同赔偿，从收入中扣除。八是看青结束。看青结束后，不开会，也不会吃饭，看青人也不会感谢牵头人。1942年以前没有请人看青，农民自行看护，因为粮食比较多。在调查的当年组织看青是因为粮食产量不足，才成立看青会。

9. 自卫团

民团也称自卫团，是维持本村治安的团体。民国十七八年（1928、1929），基于县公署的命令成立民团。开始只是巡夜打更，后来要成立自卫团，就改成了自卫团。民团有16人，团长1人。团长是村里的老户，大约30岁。团员的年龄是20—30岁。都是本村的庄稼户，只有家里有枪的人才可以进入自卫团。团员们白天在农田干活，晚上值班。在本村，值班地点有两个，一处有10人，一处有6人。值班的时间是晚上8点到第二天的4点，每个小时替换一次。自卫团员都有枪。其实在事变之前，村里人没有枪，事变后枪开始多了，只是后来买不到子弹了。团长一般要年轻力壮的人，由大家公推。现在的团长已经任职三年，团长如果不想干了，随时可以辞职。团长每月的报酬35元，团员每月的报酬是10元。这些费用全部从村费中支出，按照田亩面积摊派。高粱、玉米长得旺盛时，白天也会有人站岗巡视。另外一个位应答者介绍，县里规定，每50亩就得有一台铁炮，每100亩得有两台铁炮，但是有时有地的人也没有购买铁炮，一方面负担不起100元的费用；另一方面家里没有年轻人。村里大约有40台左右的铁炮，村里购买了2台，由自卫团长持有，放在团所。其中有些优质的铁炮就给了县政府、乡公所，乡公所会给一定的补偿。

10. 自卫团的运行

受访者陈国泰所在村的自卫团成立于民国二十九年（1940），自卫团团长由保甲长和村民投票选举产生。自卫团有16名成员，其中1位是团长，当选为团长是因为曾经在廊坊接受了一个月新民会青少年团的训练。团员都是家里有铁炮的，但是并非都是有钱人，也有没有钱的人。年龄一般在20—30岁之间。团所选在家里比较宽敞的人家。自卫团每天晚上8点到第二天的3点结束（旧表），如果听见狗叫所有自卫团成员均会出动，如果没有狗叫，就只有步哨的人在外面巡查。步哨每人一个小时，除了值班外，其他时间都是睡觉，但是要在团所睡觉。团员中没有因为偷懒不出去放哨的。如果生病要请假。也没有人谎称生病而不参加的。如果休息的时间比较长，如 5 天、10 天的，要减少工资，按照每天 30 钱来扣减。一般自卫团员都是一家人，如果父亲生病了，可以儿子代替，如果儿子生病了，父亲可以代替。没有人不想要 10 元钱而休息一个月的。团员都是雇用的，每月每人 10 元报酬，团长为 35 元。自卫团成立后，曾经遭遇了两次土匪进攻，被自卫团打退了。村庄一般会与外村相互联系，当遇到土匪攻击时相互支援。有些村自卫团还有制服、工资、灯火、煤球等，费用均由村民分摊。村民持有铁炮需要登记。

11. 分家的原因

有一位家长应答者谈到分家的原因，自己年纪大了，不能管理家庭，生活比较艰辛，趁自己还在世就分了家。当时儿子们也同意，因为有些儿子家里的孩子多，有些孩子少，不公平，不能不分家。另外一家长应答者表示，前几年收成很好，家里 9 口人过日子没有问题，但是在调查的当年收成不太好，日子过得比较困难，所以就分家了，以便大家自力更生。

12. 分家与养老田

分家时，一定会先留出养老田，养老田由父母提出来，如一家 52 亩地的家庭，留出了 18 亩作为养老地，其中 10 亩是祖母的丧葬费。留出多少养老地，儿子们都没有意见，分家的中间人会劝父母多留养老地，因为多留养老地，自己有收入，可以有零花钱，也可购买衣服，或者吃点好的东西。而且儿子们年轻，可以挣钱。当然父母也会考虑儿子的生存。

13. 养老田的耕种

养老田出租，可以出租给外人，也可以出租给儿子。有一户出租给儿子，采取分粮的方式，老人不出任何花销，得到一半的粮食。不需要钱时就将粮食储存起来，需要钱时就卖掉。

14. 轮流管饭

如果留了养老地，就不能从儿子那里得到任何钱。如果没有留养老地，就是轮流管饭，轮流的时间是 5 天、15 天、一个月。选择 5 天的家庭为多，因为 5 天时间较短，感情不会淡薄，长了就会厌烦。当然如果留出了养老地，也可以在儿子家里轮流管饭。

15. 养老地的处理

父母去世后，如果儿子们有钱，可以由儿子们出丧葬费用，土地平均分配给儿子。如果一个儿子有钱，一个儿子没有钱，养老地肯定会卖掉。如果养老地出卖后的钱办完丧事后还有剩余，兄弟们平均分配。如果养老地卖掉的收入不够办丧事，就以这些费用来办丧事。受访的老人表示，在世时有权决定养老地，但是自己死后就只能由儿子们决定了。

16. 同族土地先买权
如果同族的土地要卖出，要先与同族商量，不商量就卖出就会受到谴责。如果同族没有钱，就可以将土地卖给外姓。

17. 分家的中间人
分家时会请中间人，主要是叔叔、大爷等同族，老亲人、老朋友也可以作为中间人，甚至几个月大小的幼儿也可以。中间人与父母、兄弟们商谈，最后由中间人宣读分家单。分家时，族长可以不出面。

18. 分财的方法
首先分地，在减去养老地以后再平均分配。然后分家什衣物。由抽签决定。签由中间人制作，在纸上写好揉成团放入碗中混合，然后让弟弟先抽签。分家时不受时间限制，可以是白天，也可以是晚上。分家也不必一定要拜神、拜祖先，哪里都可以。如果分家时儿子们都没有结婚，未来结婚费用由儿子们自己承担。

19. 分家散伙饭
分家后要吃一顿散伙饭、散烟的饭。在家中吃饭，中间人也吃饭。

20. 分家单
分家必须写分家单，分家单上写明各兄弟所分的财产。有些家庭，父亲在世时，马马虎虎分家，可以不写分家单，但是父亲去世后还是要写分家单。当然兄弟关系好的话可以不写。

21. 村长
村长有一定的资格，第一，有学识；第二，家族人口多，因为人口多工作起来比较方便；第三，要明白公事。另外，还要识字，能够阅读公文，工作能力还要强。村长的行政工作需要商量时，由保甲长和村长一起商量。

22. 保甲制
民国二十八年（1939）开始实施保甲制，保甲制是村里有村长，因为刚开始无法进行选举，所以由村长当着甲长的面任命保长。村长负责村里的行政工作，保长负责户口工作。民国二十九年（1940），保长由选举产生，主要由甲长、村民选举。保长更替不会影响甲长，甲长更替也不会影响保长。选举保甲长时，妇女和小孩子不能投票，只有十八九岁以后的成年人才可以投票。选举就是普通的白纸。选举保长时一般在保公所，即村庙。选举新保长由前任保长主持。保长选出来后将名单交给乡公所，乡公所交给第八分所，第八分所交给县政府，县政府再出委任状。保甲长要同时向县政府汇报工作，但是只有保长才有委任状。保长的任期为一年。选举时没有候选人，大家根据自己的意愿选择中意的人。在民国二十九年（1940）以后，保长兼任村长，保村合一了。

23. 甲长

甲长一般不能由穷人担任，因为穷人没有空闲时间来做公事。甲长要有地，会写字，还要有一定的能力。甲长由每甲的人选举产生，选举时乡公所会来人监督。甲长没有任命书，但是乡公所会有甲长名簿，登记在册。甲长任期一年，一年后如果不想干，则选举新的甲长，如果没有找到新的甲长，老甲长还得继续干。如果在任期内，甲长不想干也可以，要向乡公所提出申请，然后再改选，改选时乡公所会安排监察人，有时警察分所也会派人来，一村的村民聚集在一起选举。保甲制实施后，甲长全部换了。主要是甲长是义务制，工作又比较麻烦，因此大家都不想干。但是穷人愿意干保甲长，因为可以利用保甲长的权力为自己谋取好处。保甲长主要是对村里品行不好的人进行监管，同时也监管电线、桥和铁路等。村里有事就会召开保甲长会议，村长也会参加。

24. 值月人

在保甲制以前掌管村里财务的人称值月人。一年分成3次，每次4个月，每个月一个人。由这些人轮流掌管财物。值月人必须会识字，会算数，家里还要有土地，没有土地的人没有时间做村里的事。

25. 间邻制

民国二十二三年（1933、1934）的时候，实施过间邻制，5家一邻，5邻一间，10家连环保。

26. 庙、学校及维修

村里有两座庙：大庙和土地庙，后者又称五圣神祠，修建时间不太清楚。在调查的前一年进行过维修，花费了一万多元。维修由保长、先生、帮办人三位组织。费用由村里摊款，每亩3角，土坯由村民捐助，炼瓦就用以前的。民国五六年时大庙改为学校，有庙产沙地约7亩，由勤杂工耕种，即将土地作为勤杂工的报酬。勤杂工由校长来决定。村里有村校后，私塾就没有了。因为村里穷，所以学校难以办下去。维修大庙，其实就是维修学校。另外一座庙是土地庙，也一同维修，不过庙小，花费不多。两座庙都没有庙会。正月初一，人们会去土地庙烧香，人死后会去报庙。

27. 报庙

父母去世后，儿子早上会去土地庙送纸（烧香、烧纸），中午媳妇会去报庙。报庙的时候，把家中带来的烧纸放在箩筐中，然后拿着箩筐边哭边去土地庙。除此之外还会带上侄女、外甥女这样的女性同去，这时男人不去。进入土地庙后，就会喊"娘呀（母亲）

爷呀（父亲），我们给您送钱来了，您在哪儿呢，您快拿去吧"。拿着烧纸绕着墙壁转圈，然后将这个烧纸贴在死人所在的方向，然后回家。晚上女人们还会再去。媳妇在先，后面再跟着一位。翌日所有的女人都会去3次。3天中女人们早上和中午都会去，晚上儿子会去。儿子去的时候，会抱着灵牌边哭边走，进入土地庙之后也会喊相同的话。将烧纸贴在墙壁上，将贴过的纸拿下来放置在灵牌上，抱着它哭后回家。报庙要过3天，所以要进行送三。报庙时烧的东西，男人有车、纸人二名、骡子；女人有牛、猪、桢箱一对，其他的还有车、纸人、骡子，有钱人还会烧一楼二库。最后儿子去庙里时，送三的人都会一起去，然后出土地庙去烧各种祭品。

28. 求雨

在应答者所在的村庄，人们很少求雨。他只记得在二三十年前大旱时曾经求过雨。求雨主要是在五六月大旱之时，因为没有下雨，无法耕种，村里好事的人就会提议求雨。求雨后可能下雨，也可能不下雨。

29. 水井

祖各庄应答者张佩荣介绍，自己所在的村庄有4口官井，4口私井，1口共有井。全村有九甲，第九甲没有井。有些井既能够饮用，也能够灌溉，不过全村只有王姓家的井可以饮用。官井并不是村里出资开掘的。但是应答者没有介绍到底官井如何产生。不管是官井，还是私井，大家都可以使用。不管是本甲的井，还是他甲的井，都可以使用。维修井时由使用水井的家庭共同出资，如维修一口水井需要10元，十个家庭每个家庭1元，如果有贫穷的家庭，有钱人就会帮助他支付。即使是私人的水井，也不是所有者维修，而是用水的家庭一起维修。大家都会维修水井，但是不能挖掘水井。官井和私井没有什么区别。

30. 道路

祖各庄应答者张佩荣介绍，村里本来没有道路，但是在自家的土地上走多了，也就成了路，自己也就无法自由使用成为道路的土地了。如果道路两边的土地属于不同的家庭，这种路称"道打中心"，以道路为中心划界。村内所有的道路都有所有者，但是大家都能够在私人所有者的道路上行走。

31. 厕所

祖各庄应答者张佩荣介绍，村里厕所全部是个人所有，如果家里没有建造厕所，就用别人的厕所。院子里的厕所大多是女厕所，男厕在院子外面。道路上的厕所，大家都可以使用，但是不能私自取走粪便。因为这要归厕所的所有者，可以用来作肥料。

32. 村庄治理

因为祖各庄只有9甲，未满10甲，所以东王庄的二甲与祖各庄的9甲共同组成一个保。虽然如此，但是两个村除了保甲事务，没有其他的关系。东王庄的村长每 3 个月更换一次，除了一户姓超的外，其他全部姓王，因此王姓各户轮流当村长。在村庄有村长、副村长、地方 3 人，其中村长、副村长每 3 个月轮换一次。轮换的原因是一个人当村长就会没有闲暇时间，所以大家轮流担任。

33. 保甲制

民国二十八年（1939）实施保甲制，选举保长时，第八分所的人会来监督选举，与县公署没有关系。保长是一年一选举。选举时是每户一人，也有不能投票的，不能投票的人不能代理投票。妇女和 15 岁以下的小孩不能投票。没有人想当村长、保长，但是也有些人想当保长谋些利。但是在东王庄，村民一般会将票投给好人，虽然有坏人想当选，但是村民不会投票。东王庄不允许保长辞职。

34. 打更

为了防止火灾和盗贼，东王庄从清朝就开始打更，民国时期还在持续。打更时间是十一月到第二年的二月初一，每天打更时间为晚上 9 点到 3 点，也有五更和六更打更的。打更人要住在更铺儿或者更房儿。村里没有固定的更房，主要利用空屋。村里雇用两位贫穷的人打更，每人每月由村公所给 4 斗粮食，夜晚还有燃料费用，这些都由土地亩数来平摊。打更人拿着木头或者木棍，一更打一根；两更打两根；三更打三根。

35. 堂名

分家时，长子继承父亲的堂名，其他各兄弟自己取堂名。取堂名时会取一些含义比较好的字，或者自己喜欢的文字，没有什么特别的意义。在东王庄，每家都有堂名。如福顺堂、忠立堂、慎思堂等。堂名主要用来区别自家和别家物品，如在板凳、捎马子、口袋上写上堂名。借钱时不用堂名，但是赊账时可以用堂名。不认识时写上堂名也没有用。

36. 分家与分户

分家后可以分户，也可以不分户。分家不分户，一般长子为户长；分家后分户，则各兄弟都为户长。母亲不能成为户长，但是母亲可以成为家长。户长必须为男性，但是没有年龄要求。女性一般不能成为户长，但是外村人在本村寄住，与摊款没有关系时，女性可以成为户长。分家后分户与否都不影响摊款，因为摊款是按照土地亩数来进行的，不按照户来摊款。分家后不用进行土地过割。一般一代会分家一次；两三代不分家的情况比较少。

37. 分家与养老

分家后父母的养老有三种情况，一是分给父母养老地，虽然父母有养老地，但是自己不耕种，还是儿子们耕种，父母可以轮流在儿子家吃饭，也可以儿子给粮食后自己在家吃饭，前者比较多。二是不分给父母养老地，父母轮流在儿子家吃饭。三是分给养老地，但是出租给儿子们，儿子们轮流租佃，并向父母交租粮。四是儿子们轮流给父母养老粮。

38. 养老地与丧葬

分给父母养老地，父亲去世后，若母亲还在世，养老地不会卖掉，而是儿子凑钱办丧事，或者卖儿子们的地办丧事。如果父母都去世了，养老地可以卖掉办丧事，也可以儿子凑钱办丧事，然后平分土地。如果父亲或者母亲先去世，则不举办丧事，而是在三天后在自己家的院子内外建立坯子，待母亲或者父亲都去世后一并举行葬礼。

39. 定婚和结婚

定婚没有具体的时间，可以年龄小时定婚，也可以比较大时定婚，结婚一般是十五六岁，二十几岁结婚也有。定婚后若一方去世，需将婚帖还给对方。男方死后，不能不让女方结婚。女方死后，如果两家关系比较好，可以让女方葬在男方坟墓。大家都不喜欢孤女儿坟。未婚男女去世后不入坟，寄埋，埋在哪儿都可以。未婚女性的坟称孤女儿坟，未婚男性的坟称光棍儿坟。在东王庄没有结阴亲的情况。

40. 论辈

在东王庄和祖各庄，辈分很严格，不得乱辈分。辈分一般与父亲对照，与父亲同辈年龄比父亲大称伯父。有本家的辈分，也有街坊邻居的辈分。两者基本相同。不过本家的辈分是根据血缘来确定。如果有人寄住在别人家，自己的辈分要降低，俗话说"在家三辈老，出家三行"（查），这并不是说一定要降三辈，而是要降低一辈。什么时候讲辈分没有定准，在拜年时一定要用辈分。长工之间没有辈分，但是长工与雇主有辈分，长工称雇主为掌柜的，称雇主的儿子为少掌柜的。

41. 学校

祖各庄有一所小学，设在大庙里。小学有老师一人，校长一人、勤杂和联络一人。老师每年的工资为200元，勤杂和联络为每月30元。在日本人调查的前两年没有勤杂，全由老师负责。校长没有工资，也不上课。校长由村保选举产生，处理学校的事物，负责去县里开会，开学前向县里汇报。工资分两次发放，上半年发放一次，指清明节；下半年发放一次，指大秋。学校除了工资费用外，还有茶、炉子、煤炉、炭火、糊窗纸等需要百元左右。老师的工资和学校费用由全村土地按亩数平摊。民国三十年（1941）前，县政府每年补助40元，这些钱也纳入学校预算经费，以减轻农民的负担。在小学设立之前，村里雇用一位老人讲授儒学。在日本人调查的前几年学校遇到了困难，民国三十年（1941）庙维修关闭了半年，民国三十一年（1942）收成不好，学校全部关闭；民国三十二年（1943）春天由于生活困难孩子们无法上学。调查的前一天，治安军进驻学校。即使学校不上课，也得给老师开工资。

42. 村界和看青

祖各庄和东王庄之间有一块木头牌，是两地的村界，但是小孩子经常将木牌拿走。其实在公路建设以前，两村之间的边界很模糊，修了公路以后祖各庄制了一个木头牌。以前没有看青，在调查时各村自我看青，所以村界才开始清晰。看青时双方都会有土地在对方地界内，所以会一起巡视。在没有交界牌的地方，土地的所有者会在不同的地方种植柳树墩子，所以田地的边界就成了村庄的边界。

43. 童养媳

如果女方家里贫困就会托媒人向男方传话，将女儿送给男方作为童养媳。一般年龄为8—10岁，如果再大点就可以结婚了。童养媳因为年龄尚小，男方家也将其当小孩对待。童养媳除没有拜天地外，已经是男方家一员了，吃住都在男方家里。如果女方家条件变好了，可以将女儿带回家，但是今后还得嫁给男方，即不能毁婚。如果童养媳一人前来男方家，结婚仪式的所有费用均由男方承担，如果母亲与童养媳一起前来男方家，则女方承担一部分。结婚的媒人和童养媳的媒人为同一人，请帖与普通的结婚请帖相同。结婚前童养媳会回家一趟。在当地童养媳除了家境贫穷外，也没有什么没有面子的事情。在日本人调查时，男方和女方都是贫穷家庭，可谓门当户对，当然也有男方家不贫困的情况。男方接受童养媳也有自己的考虑，如果等孩子长大后向别人提亲，女方家就会要礼金，而童养媳可开始就约定好，不用给礼金。

治水惯行：对河北省诸县水利惯行调查

——《满铁农村调查（惯行类）》第 6 卷导读之二

本部分是日本满铁调查员对河北省邢台县七里河的河水、水闸配水、分水及其管理的惯行调查。调查涉及沿河的十几个村庄，8 个水闸。调查地点主要在东汪村。访谈对象有新民会会长、村长、河正、河副、小甲、农民等。此外，调查员还做了一些当地经济社会的调查。

一　水利与水闸

（一）村庄概况与经济社会情况

1. 张家屯村的概况

事变前和日本人调查时，村庄的户数和人口基本没有变化。在调查时户数为 123 户，张姓人数最多，占总人数的三分之二。三分之二的家庭只耕种自家土地，三分之一的家庭还需要租佃土地。耕地面积最多的家庭大约有四五十亩。没有完全以租佃土地为生的家庭，也没有完全无地的家庭。张家屯村拥有土地最多的是张洪范家，有八九十亩土地，这些土地一部分自己耕作，一部分借出去。在张家屯村，灌溉基本依靠河流，没有用井灌溉的土地。

2. 雇农与长工

到别人家做长工、月工或者短工的农民叫作雇农。长工较多，大概有七八家，在本村内做长工的情况较多，一般是二月初二开始，九月结束，一共大约 8 个月。调查时每年的收入为一百二三十元，调查前一年为八九十元，事变之前为四五十元。张家屯有五六家雇用长工的人家，最多的是韩清申家，雇了两个人，像这样的家庭全村只有一家。屯里也有两三个人外出找工作，大致上都去了顺德村。一人经营药店，一人经营西关煤炭店，还有一人成了东关理发店的徒弟。在本村，除了农业之外，妇女们还从事织布、造丝等副业。

3. 灌溉方式与地租

灌溉方式和土地质量决定地租。根据不同的灌溉方式，地租可分为四类：一是利用水渠直接往田中注水，这样的地大约占张家屯村土地面积的三分之二，每亩地租为 2 斗麦、2 斗秋。二是田地位置较高，利用水斗子、水刮子汲取水渠的水进行灌溉，这样的土地占六分之一的面积，每亩地租为 1 斗半麦、1 斗半秋。三是利用水车、人力——辘轳类用具抽取井水进行灌溉的土地，占六分之一的面积，地租略微低于第二类土地，但是差别不大。四是全部依靠雨水灌溉的土地，面积占全村土地的一半左右，每亩地租为 1 斗秋，不收麦。另外，根据土地质量的差别又可以分为芦苇地和普通土地，后者以谷物纳租，不需纳钱；前者要纳钱，通常每亩为 20 元（芦苇地的收入为每亩 40 元）。

4. 土地租佃及同人

在河会村自耕农不到一半，大部分人将土地出租或者自耕一部分、出租一部分。租佃土地时，一般会写契约书，称为"保账文书"。土地租佃需要保证人，在保账文书的末尾处写上保证人姓名，叫作"同人"，由一个人充当同人的情况比较多。租佃一般没有期限，如果能够如期交纳地租可以长期续租。

5. 作物与灌溉

在河会村，春季一般种植麦子，秋天种植大豆、高粱、粟等作物。这些作物按照肥料、土质、水的不同，收获量也会不同。麦子种得最多，普通土地每亩可以收获三四斗；粟、高粱和大豆产量相当，每亩四五斗。不管是什么作物，仅有土质、肥料和耕种，没有适当用水灌溉，收获量也是不同的。因此用水过量或者用水不足都不能获得丰收。与此同时，作物种类不同，水的需求量也会有所不同。民国二十年（1931）时，县里分发了米、棉种子，奖励种植，有不少村民种植，但种植面积很小，全村仅有二三十亩，种子在秋天的时候要返还。获得丰收的人还会得到表彰。

6. 播种与灌溉

东汪村使用老沟河和东汪河的水进行灌溉，大贤、袁家店、东小汪、刘双楼、王麻村、东静庵等村也使用老沟河的水灌溉，老沟河的水来自狗头泉。一是麦与灌溉。从秋分到寒露这一期间（九月上旬—中旬）播麦种，芒种（四月下旬）收获。灌溉：清明开始收获前十天左右，大概 3 次（大约二十几天一次）。二是谷与灌溉。立夏开始直到夏至播种谷子，白露（八月中旬）收获。灌溉：从种子播种之后的一个半月开始直到收获前十天结束，大概 3 次（大约每二十几天一次）。三是高粱与灌溉。三月中旬开始的十天左右播种高粱，八月中旬收获。灌溉：五月初一开始八月上旬结束，大概三次（大约二十几日一次）。四是豆（黄）（黑）与灌溉。四月初一开始的半个月播种豆子，八月二十左右收获。灌溉：播种之后的五六天要灌溉一次，到收获为止两次。收获取决于水量，没有颗粒无收的情况。即使水量减少，也仅仅收获量变少，不会完全没有收获。

7. 王快村的概况

王快村有 316 户，约 1700 人，其中男性约 900 名，女性约 800 名。村庄总面积 4198.058

亩，该村中吴姓最多，有 60 户左右，村中没有把地全部租借给他人而自己不耕作的人家；只耕作自己的所有地的人家有 20 户左右，他们的土地一般都有 20 亩左右；自己没有土地、专门租种别人的土地的人家大约有 25 户；耕作自己的土地，同时也租种别人土地的人家比较多，大约有五六十户。

8. 村长

村长一般是受人尊敬且识文断字的人。村长由全部村民选举产生。村长管理村里的一切行政工作，比如派款、派夫、学校及村中的费用等，另外也会处理一些村民纠纷。

9. 邻长

邻长主要辅佐村长的工作，邻长管辖 10 户人家，主要是在村长的指挥下做村里的事务。

10. 乡警

乡警是村长的勤杂工，其换届没有严格的要求，可以连续任职。大部分乡警都是本村的穷人。

11. 集会

集会就是聚集到一起商讨事情。一是集会人员。一般由正、副联保主任，各保保长、甲长聚集到一起。二是商讨议题。主要商讨派款、派夫等事情。三是出席人员。原则上全体村民都可以参加，但每次都不是全员出席，只有代表参加。他们商讨村庄的事情，比如必须修理哪条道路等。集会一般是在村公所前面。四是集会主持者。开会时，由村庄当家的人陈述开会的内容。村长会出席集会，但是主席（翻译原话）是村庄的当家人。村政是不会让村长干涉的，只有村庄的风纪村长可以干涉。比如抓住了盗取作物的盗贼，如何进行处分这类事情，村长等就必须和村庄当家人进行商量处理。村民的集会并非只有一次，如有需要都会召开集会。

12. 看庄稼

看庄稼又叫看作物。庄稼成熟的时候进行看护。一是看守范围。以前穷人随便在自己想要看守的地方撒上灰，其中以最先撒上灰的人为准，撒上灰的范围之内的土地就会全部成为这个人的看守区域。二是看守后的收获。收获之后看守者就会收到各家的作物作为报酬。三是自卫团的看守。后来由自卫团丁进行轮流看守，这个自卫团和村里一般的自卫团不一样，属于半义务性质，村庄会给少量的报酬。

13. 村费

村费即村庄支出的费用。村费从村民那里收取，由土地所有者承担，一般分春、秋两次收取。

14. 共同饲养

共同饲养又称"多喂牲口"。一般两户共同饲养一头牲口，使用时协商。

15. 大会首和小会首

大会首是指在庙中帮忙的人，小会首是指烧香的人。一是大会首的工作。大会首主要负责掌管记录庙费的账簿，然后分配庙的费用，主要是在麦秋两次。二是庙的支出及摊派。庙的支出主要是烧香、点灯、修庙等的花费，这些费用向村民摊款，三是会首的特征。大会首一般是公正而且识字的人，在各庙周围品行良好的人中进行选择。如果会首做坏事，就会选别人来担任。经常在庙里祭拜的人是一定的。

16. 唱戏

有时村庄会唱戏：一是唱戏的时间。收成好的年份才会安排唱戏。二是牵头者。一般情况下由村长或村庄当家人牵头，带头人是临时选出的，一般是有着各类经验的人。然后先召开村民大会，由村民决定是否举办。三是花费。所花费的费用是按照土地亩数来进行分配。

17. 鸣更和暗更

鸣更是指一边打鼓一边在村中巡视。暗更是指拿着枪进行巡视。两者会在同一个夜晚轮流出来，也就是说鸣更出来的时候，暗更回去；暗更出来了，鸣更就回去。打鸣更的人由村里雇用；打暗更的人是各家按照顺序依次轮流打更。基本原则是：有人就出人，没人可出钱，如果同时有人和土地两者都得承担。因为担任夜警的人（打更的人），要吃夜饭，需要花费很多钱。

18. 摊款的负担者

村庄的摊款由村民承担。县里的各种摊款由地主承担。

19. 租佃

租佃又称租地，主要是指借用别人的土地进行耕作。租地的时候需要写文书，也就是契约书，又叫租契。租地没有期限。主要是根据租契的内容来担保自己的土地从而借用土地，目的是为了按时收到地租。

20. 地租

地租又称"租子"。租子一般是在收获之后分两次进行收纳，即麦熟之后（5、6月）和秋收之后（8月）。可以缴纳现金或者实物，两者相比，实物缴纳的情况较多。在调查时每亩2斗麦子，2斗半秋粮，事变前为每亩一斗半麦子，一斗半秋粮。

21. 当契

当契是指为了借钱而在一定的时间内把土地交给别人耕种，到了期限就可以还钱取回土地的融资方式。当契的时间不确定，一般情况下是三年，也有五六年的情况。当契时要写"当契文约"。期限未到时，不可赎回土地，逾期之后也可以买回土地。

22. 使利钱

使利钱就是用土地作为担保，出利息借钱，如果期限到了还不上钱的话，会将土地让给对方耕作。一是使用期限。使利钱期限一般是一年，一年过了还不上钱的话贷主会来耕作土地。如果还不上本钱，能够缴纳利息的话，就不用让贷主耕作土地。二是文书凭证。在用使利钱时需要签订"使利钱文书"且使利钱文书每年不会改写。三是使用利息。在村里，村民如果需要钱的时候，经常使用使利钱这种方法，使利钱的利息一般每年要收2分5厘，其中最高是3分钱，最便宜是2分钱左右。

23. 土地买卖

土地买卖又叫买卖。土地买卖要写证书，这个又称"卖契文书"。在当地、使利钱、土地买卖三种方式筹钱中，使利钱使用得最多。

24. 芦苇地的灌溉

王快村的村外北边大部分都种植芦苇，约有239.5亩，占全村面积的18%。这些芦苇十月份收获。因为收获时残留的根会一直生长下去，所以芦苇是一次播撒，多年收获。芦苇地的灌溉一般三月初一开始，大概九月份结束。各人在自己的所有芦苇地的边缘打开水阀，同时进行灌溉。芦苇地以外的作物也需要用水，并且水越多越好。一般情况下，旱田不需要用水的时候，会将水全部用于灌溉芦苇地。旱田需要用水的时候，会将芦苇地的所有小水阀同时关闭，然后将水引入旱田。挖掘河和沟渠需要摊款、摊人时，芦苇地和旱田承担同样费用。

25. 当家子

村中同姓同宗的各家的关系叫作"当家子"，不叫作同族。当家子之间有桌子、椅子、锅等共同所有物，这些会在当家子之间的葬礼、结婚典礼等场合使用。当家子中最受尊重的人是族长。每年清明和十月初一的时候当家子们会聚会。

26. 卖米

由于村里大多都是水田，所以每年粮食不够吃或者村里人需要钱的时候会卖掉米来买普通的粮食。因为米的价格很高，所以百姓一般都不吃米，都是将米卖掉然后买来普通的粮食，因此米不会有剩余。

27. 当地

像葬礼和结婚典礼这样急需用钱的情况就要进行"当地"。当地就是将自己的土地让给别人耕作来借钱，没有固定期限，一直到还钱之日为止。

（二）水闸及建设

1. 东汪闸与建设

为便于引水灌田，东汪闸在得到官厅的同意下由农民自发修建，于明朝永乐年间建成。建闸的起头人是一些对公事非常热心、能够吃苦耐劳的农民。建闸之前会将需要用水的村庄统计好，并由用水的各村一起出钱筹集费用。

2. 四六闸及闸口设计

四六闸是闸口4尺的闸和闸口6尺的闸的一个概称。同沟河闸的闸口有6尺，因此，同沟河和老沟河的闸概括起来说就是四六闸。同沟河与老沟河的闸口的尺寸不一样是因为从狗头泉流向北方的同沟河沿岸村落很少，水闸的闸口比较窄。向东流的老沟河沿岸村落较多，所以闸口较宽。从狗头泉分开的老沟河和同沟河，没有七里河下游那样的水闸了，所以根据闸口大小不同，水流量也有所不同，相对于村庄数量较多的地方，管理人员会考虑到多给古南沟一些水。

3. 永利闸及其管理机制

根据河簿记载，永利闸建成于永乐年间。一是水闸的使用范围。使用永利闸闸水的有郝麻村、赵麻村、任住村、景家屯，除此之外，河水下游的南和县也在使用。由于本县内各村用水量大，仅有很少的水流到下游南和县，且南和县并没有委托永利闸给他们供水，所以当地人与南和人也没有水的纷争（注：据县公署说，他们与南和县有关水的纷争情况很多）。二是水闸的管理。管理水闸的人有河正郝鸣珂（郝麻村）、河副景大禄（景家屯），公直28名（兼任帮办），小甲14名。在此之下还有使用水的人家，也就是镰户。三是水闸附属物的收获。永利闸土地的收获归看闸的人所有，不用于水闸的维护费。龙王庙（在永利闸附近）拥有附属地，这些土地归大贤村所有，树木和收获也不用于修闸。附近的林地非常多，却没有附属于水闸的林地，但是村庄的公有物很多。为了建造永利闸，原来有10亩的附属地专门用来种植树木，那里也有石头，在日本人调查时已经没有了。

4. 修天井

修天井就是让河的上游和河相通，通过橙槽让它从不同方向流通。为了防止河水泛滥，会在橙槽的底部安上一个像窗户一样的东西。一般情况下处于关闭状态，发大水的时候，水流过多过急，这个时候就会从横向拖着窗户，这样一来水流就会漏在下方，这个窗户就叫作"天井"，因此所谓的修理天井就是修理这个窗户。

5. 水闸的修缮

每年水闸的修缮以及水渠的挖掘等都需要费用，河正会与小甲商量一年花费金额，然后让农民按照地亩分摊，每年十月向农民收一次款。水闸的修缮以及水渠的挖掘都是在每年的三四月份。因此那个时候所需费用就要找有钱人"使钱"（借钱的意思），不从城内的店铺等地方借钱，每年能够借钱的人是不固定的。借钱要支付利息，每月一两分的利息（即年利12%至24%）。

6. 挖沟

（1）挖沟的时间。挖沟的日期是由河正来决定，一般来说都是清明节前后一周左右，所以没有必要一一征求小甲们的意见。决定好挖沟日期之后，会将日期写在黄色的纸上，然后贴在各村中进行公示。虽然会通知小甲，但是一般直接派人到各村贴上公告。

（2）人力的确定。挖沟之前，河正郝先生会在郝麻村和龙王庙之间进行巡视。挖沟通常在一周时间内就能完成，总共需要500人。这种情况下，不是按家庭，而是按照地亩数来派遣镰夫。土地的大致情况相同，也没有计算过上下土地的差异。由于水田的收获量比较多，用水量也很大，所以用工比例为每1亩水田1人，每2亩旱田1人。按照这一比例，水田的出勤人数很多，超过的人员数会留待明年使用。

（3）人员的分配。出勤人数是河正查看了现场情况后，直接将夫条（写着出勤人数的纸条）交给14名小甲，远地区的小甲由村公所或者头小甲通知。小甲管辖区域的镰夫数量在河簿中记载得十分清楚。河正将挖掘的各段划分为14个区间，各个区间根据相对应的管辖镰数，划分每个区间的镰数，和其他各小甲的管辖镰数相比较之后按比例分配。

（4）指挥与监督。指挥可以由河正单独决定，实际上他会与河副进行商量。河正也会与河副一起察看现场。镰夫们根据河正与河副的指令进行挖沟，小甲自己也要参与挖沟，因此不会参与河正和河副的指挥与监督。到了晚上，会由河正与河副带领14名小甲进行现场巡视。挖沟期间每天都要进行巡视，在巡视时，河正会就有些工作与小甲们商量。

（5）不能完成的惩罚。如果工作不能完成，小甲要承担责任。即使小甲不想做自己主管区域的工作，也不能指派别人来做。因为其他人不能发起这件事，也无法推进不同地点的工作。所以本辖区的指导和监督工作只能由小甲来做，所以无论如何小甲都必须督促镰夫完成本辖区的任务。

（6）出勤的考核。在出勤的管理上，因为挖沟一事与自己土地相关，人人有责，所以大家都得出勤，就算没有小甲要求，镰夫们也会参加。但是帮办和公直不用参加。

（7）挖沟的工具。挖沟用的是镰夫所持有的镰具，除此之外没有别的工具，而且没有事前的准备工作。根据地点不同，需要使用木桩和石头的情况也有，这个时候会特意去买，但是近年来都没有使用。

（8）挖沟的餐费。挖沟时的餐食由镰夫各自来负担。河正与河副一行人用公费来吃饭，公费由大家来负担。

7. 修沟

民国六年（1917），水闸和沟渠都被破坏，水沟被沙子掩埋，变成和平地一样高。因为修沟的劳动力不足，就向县里请愿，接受了县里的补助后使水沟恢复原样，同时县里也派了很多人过来帮忙。自此之后，县里再也没有管过挖沟和水闸修理工作。水闸的上部一般都是通道，即使这个部分损坏，县里也不会承担责任，包括水闸上下，县里一律将其看作水闸，所以水闸的修理工作必须由水闸工来做。这个时候会雇用专门负责修理的石工或者木工来维修。

8. 修闸

一般大规模的修闸时，也会设立买办、监工、账务、管钱等职务，但是实际上平时需要的职务都是没有设立的，而是由河正与河副商量之后进行。除了管钱，其他职务并没有专门委托别人来做。因为河正是好人，所以都由他负责。如果工作复杂河正无法完成时，就会以选举方法进行选择。被选上的人并非是小甲，谁只要能但当任务都可以被选。修闸四类人：一是买办。买卖的采购人，负责购入修闸时所需要的各种材料，但不负责河沟管理。修闸时买办会与四个村的小甲协商然后决定。河老可以参加商讨，也可以不参加商讨。二是监工。工程的监督人。三是会计。他是工程收入和开支的记账人员。四是管钱。负责保管现金的人。监工、会计、管钱的人的选任办法与买办相同。

9. 闸间联络

闸与闸之间也会相互联络和协商。一是协商时间。挖掘河道时，在永利闸、普济闸、永济闸中，如果有一个闸带头挖掘河道，就会通知其他的闸一同开始挖掘。如果其他两闸时间上不方便，三闸商量后会更改日期，挖掘河道一定会选择大家都方便的时候进行。二是上供及会餐。每年二月十五，各闸（永利闸、普济闸、永济闸）都会来龙王庙进行上供和会餐。各闸的河正、河副、小甲各自进行各自的会餐。上供的费用和会餐的花费都由"大公中"负担，所谓"大公中"就是大家、所有人，在这里指镰户们。在此会餐上，小甲会全部出席。上供时会餐就是为了让小甲们吃饭，所以叫作"管小甲饭"。三是会餐地点及负担。上供会餐一般在看闸人的家中举行。因为看闸人耕作闸的所有土地，并且这些土地只让看闸人进行耕作，他负责张罗会餐理所应当。

10. 卫庄河的疏浚

卫庄河流过各村，一方面守护各村，免于匪患；另一方面用于灌溉。所以卫庄河的疏浚由河老组织，由各村镰夫参加。

11. 河流挖掘

（1）挖掘时间。有些闸会在每年立夏时进行挖掘，有些闸会在每年二月进行挖掘。如果在立夏挖掘闸，河正会在挖掘之前写通知票然后派发给各小甲。以调查时的通知票为例，票面内容为：3月22日，当捻每小甲带夫2名；23日，挑河每小甲各带全夫；24日，挑河每小甲各带全；河正管升堂启。如果是二月挖掘河流，就不会特别的写通知票，而是由河正、河副和其他小甲进行商量之后决定。

（2）挖掘责任。这个通知票由河副拿去，小甲们在收到通知票后会在这一日来临之时，带上所辖的全体镰夫一同前往。镰夫如果不参加河流挖掘工作会收取处罚金，罚金数额按照当时的工资水平决定。无论如何不会出现小甲缺席的情况,如果小甲没有来,大家都不会参加。

（3）挖掘牵头人。老沟河、古南沟和通沟河的干流平时不会挖掘,只有在大旱的时候一起挖掘。挖掘的时候,老沟河的河老会最先倡议,因为老沟河的河老是总河老。但是其地位也不会比其他河老的地位更高。

（4）掘顺序。大旱时挖掘河流的顺序:首先是老沟河的河正让河副以口头通知的形式通知各河正（古南沟、通沟河）时间和地点,这个日子来临之时再进行商讨。定下来之后,老沟河的河正会再一次向各河老派发挖掘河流的通知票。由河副拿去派发,收到通知票的各河老再将通知票交给自己的小甲们。通知票的票面内容应为:某年某月拉大摊,各小甲带几名。老沟河河正管升堂启。这时候土地较多的河老会多计算劳动力,因为有很多河流要进行挖掘。哪位河老的劳动力挖掘哪里,或者是按照怎样的方式进行挖掘,这都是由老沟河的河老进行总指挥。挖掘河流不会花费费用,挖掘工作结束之后,各河老会聚集在一起然后互相进行慰劳。

（三）水闸管理制度

1. 水利会

水利会也叫作邢台县水利联合会,是在高能臣的提议下建立的,7个闸的河正与河副进行商讨后,由村民制作组织草案,经县公署同意后自发组织起来,主要作用是调停用水纷争。它成立于民国十六七年（1927、1928）,一直延续到民国二十五六年（1936、1937）。7个闸中每个闸选出一到两名会员后组成了水利会,由7个闸的河正、河副选举产生会长,第一任会长是高能臣,他是小汪村人,以前担任邢台县立师范学校的校长。该会存在的期间（民国十六年至民国二十五六年）（1927—1936、1937）各闸内部没有发生过关于水的纷争。但是在民国二十一年（1932）的时候,和关湾闸之间有过纷争。

2. 河正与河副的产生

为了便于对水闸的管理,民国十年（1921）就有了河正、河副。河正又叫总沟头、总头。各个村或者各个水闸的河正产生的方法不同。一是产生的方法。总体而言,河正和河副由选举产生。在河会村,即东汪闸,河正由村长决定,河副由河正决定。在郝麻村,即永利闸,河正主要由郝麻村的人担任,因为水闸离此村最近,由小甲和帮办们选举产生,郝麻村的任何人都可以成为河正。河副在剩下的三个村中进行选举。河副主要负责辅佐河正的工作。二是选举的时间和参选人员。十月十五日,河正与河副的任期结束之后,一直到正月的这段时间,没有河正与河副。到了第二年二月,河正和河副就要上任,正月里在龙王庙（大贤村）进行上供时,小甲等人会在村内的空房内或是在祠堂等地召开选举会议,推荐合适的人选,在此之前没有河正、河副的候选人。三是河正和河副的资格,只要精明强干、生活良好,即受访者所说的好人就可以当选。河正并非世袭,但是如果各方面都好,则可以连任。四是河正和河副的交接。按照惯例年年都会进行选举，如果河正河副是好人，就可以连任。选举结束后，前任河正只会将河簿和河正的印章交给新任河正。

3. 河正与河副的职责

河正与河副有如下职责：一是巡查。河正与河副大概每两三日就会一起对水渠的水流情况进行巡查。如果水渠某处堵塞水流不通的话，河正就会和小甲商量，请小甲安排镰夫疏通，同时也要负责监督工程。二是督查。如果水闸有损坏之处，河正要监督修缮工作。三是调解纠纷。河正与河副还要负责调节用水纠纷。水的纷争不是常年都有，只有在干旱的时候比较多。像龙王庙这样的地方，有几处水闸，各水闸竞相引水，以前有过因为竞争而引发的闸与闸之间的纷争，这就需要河正与河副与小甲们商量解决。四是待遇。河正与河副没有工资，每年五六月份会收到小甲收集后拿来的每亩半升麦子当作谢礼，然后两人平分。河正只负责关于水的事情，村里与土地相关的事物由村长负责。

4. 小甲

在七里河的水利管理中，小甲的职责比较重要。

（1）小甲的资格。小甲们都是长期居住在此的人，小甲都会记入河簿中，人数和家庭是固定的。各村的小甲数量不同，任麻村2名，赵麻村6名，郝麻村4名。这个比例是从过去传下来的，至今没有改变。小甲需要有一定的土地，以前有土地，后来没有土地了，就不能再担任小甲职务。小甲没有学识、才能（算盘）等要求，但是有性别要求，女性不能担当小甲，也有年龄限制，十五六岁以上能够辨别事情的男性才可以担任。即使犯罪，只要在家也可以成为小甲。有着公职（村、保、甲长等）的人可以兼任职务，但实际上兼任的情况很少。

（2）小甲的产生方法。小甲不是世袭，而是选举产生。各个村选举小甲的方法不相同。一是按摊确定。普济闸的4个村中，轮流方法都有差异，张家屯会分为8个摊，每年哪个担任小甲由惯例确定。二是按照镰数确定。在石井村，每年镰数最多的人会成为小甲。三是河正河副选举。在石井村，每年的正月初八选举河正、河副，正月十三选举小甲，一般在上午选举小甲，由河正和河副选举小甲。大贤村、东汪村、袁家店都是如此。四是轮流担任小甲。永利闸所在几个村庄按照河簿的记载顺序轮流担任小甲。每个村的小甲的数量是既定的，不会变化。大贤村有小甲5人，石井村3人，张家屯村2人，开花屯和相家屯不会出任小甲，从以前开始就是这样。

（3）选举时间。选举日期一定且在上午选举，正月初八选举河正、河副，正月十三选举小甲。

（4）管辖区域。小甲负责管理的镰夫的土地一般都是在一个区域内，主河流的支流"小沟"附近的土地就是镰夫的土地。主河流由河正管理，小沟由小甲管理。各小甲是以沟渠为中心，来决定自己所管辖的镰户，也就是规定哪位小甲管辖哪处沟渠。因此在这种情况下，自己管辖的沟渠两侧的土地就成为自己管辖的土地，这片土地的地主就是自己管辖的镰户（镰夫）。

（5）小甲的职责。一是管理镰夫。小甲负责拨夫（镰夫的分配）、镰夫的管理，收集镰钱（河的费用）。二是带领镰夫挖沟，小甲根据河正的通知，组织镰夫并带领镰夫挖沟。三是协调纠纷，当有水闸的纷争时，小甲会出面和河正、河副一起进行调停。四是收集镰费或者河粮（作为谢礼交给河正的作物——麦子），小甲负责收集镰费交给河正。五是河正河副空缺时期，带领镰夫进行小型的水利建设。小甲们分别持有每个人自己所管辖区域的镰夫的名簿，称"镰底"，每年固定不变。

（6）小甲的报酬。小甲不会获得与河正、河副相同的谢礼，但是会获得一张免镰（镰是镰钱也就是河的费用。一张免镰就是10亩土地，在东汪闸是10亩，但是其他的闸也不同。一张免镰每年可以免除10亩的河的费用）而且不用出镰夫和河粮。

（7）头小甲。同一个水闸中会从各小甲中选出一位头目，这叫作"头小甲"，又称"叫头人"，指监督工程劳动的人。头小甲作为河正的代理（主要是在河正卸任后而新任河正上任前的这一段时间内）是轮班制，每年都会更换，但是按照惯例，一定得是郝麻村人。在每年十月的时候（不用水期间），河正会结束这一年的任务，退任之后再选举新一任河正，在此期间，头小甲会做很多事情。比如说，这期间如果水闸有损坏，头小甲会负责进行修理。

5. 从小甲中产生河正

每年正月的时候从小甲中选举河正，叫作"保老人"或者"保举河正"。小甲可持续任职8—10年。哪位小甲会成为河正不确定，但是哪条河（渠沟）的小甲会成为河正是既定的。也就是说，古南沟在东汪村的西边有4条支流（古南沟本流、小北沟、中沟、东沟）管辖这些河（渠沟）的小甲都是已定的。古南沟本流有3名小甲，其他支流每条支流都安排有4名小甲。所以每年保老人的时候，从哪条河（渠沟）来选哪位小甲都是已定的，按照顺序来选。如调查时小北沟的人当选了河正，那么明年河正就会在中沟的小甲当中选出。河正每年正月进行选举，这个时候会使用某处的家庙举行一次会餐，会餐的费用由用水的镰夫们出，叫人头也会来参加会餐。

6. 帮办或公直

公直又叫帮办，由河正在小甲所居住的村中选出，一年一换。还有一说是由村长选定，负责监督拨夫和摊款（镰钱的分配）是否公平。长年以及代代能够担当帮办的人几乎没有。如果是好人的话，可以连续任期两三年。在这种情况下，河正与河副会单独商讨，两人选定帮办。因为选出的都是品格比较好的人，即使此人与河正、小甲关系密切，也没有关系。如果大家都认为此人是坏人，就会停止其职务，不过这样的事情还没有发生过。成为帮办的人只是普通百姓。一名小甲会有两个帮办协助。帮办辅助小甲的工作，有时也会辅助河正、河副的工作。当有会计工作时，一定会让帮办帮助。会计工作的主要负责人是河正、河副、小甲，帮办负责进行辅助。帮办除了帮忙之外，还会进行会计工作的监督。帮办如果有土地的话，同样要与镰夫一样参与挖沟。

7. 看闸人

每个闸都有看闸人。东汪村看闸的人姓宋，他负责看老沟河河口的六闸。张家屯的看闸人是大贤村的高雪成（40岁左右），因为他离这个闸很近。一是看闸人的选择。从以前开始，看闸人就是世袭制，调查时永利闸的看闸人是大贤村的武文奎。武家是普通百姓，但不是贫民。他们家离该闸比较近，而且为人比较好。因为看闸为世代相传，所以决定谁来看闸并不难。各小甲每年会进行商讨，之后头小甲会委托看闸的工作。二是看闸人的职责。看闸的人只负责闸板的开闭。比如说开闸是三月，闭闸是八月。挖沟时会让他保管工具，而且这个时候也要负责准备镰夫等人的茶水，也会帮人保管常见的农具。他需要进行水闸巡视工作，因为普通的年份，水闸并不那么容易受到损坏，所以没有必要每天都进行巡视。三是是看闸的报酬。看闸人没有报酬，仅仅让他们来耕作闸口附近的河流两侧的芦苇地。如永利闸，就让看闸人种植闸的十亩附属地，除此之外没有其他报酬了。四是看闸人会餐。每年二月十五的会餐在看闸人家进行，因为看闸人耕种闸的所有土地。看闸人只是张罗，费用由镰夫分摊。

8. 水利局

事变前县公署组织成立的水利局，进行水纷争的仲裁工作，在日本人调查时各闸之间没有组织仲裁的机关。

9. 河道专员

王快村除了小甲之外，没有设置帮办和公直这样的工作人员，但是有两名河道专员负责调停水的纷争之类的事情。

10. 河簿

河簿也称水簿，用来拨夫和派款。老沟河的河簿里，大致上是写着用水的土地数量，根据此簿就能够决定挖掘河流人力的数量。在日本人调查时劳动力的分配仍然是根据河簿进行，而且费用的摊款也是根据河簿来决定。

11. 河老与催役

晋祠河有两位河老，有一名是从田家庄选出的（田文）。田家庄有三四名小甲，没有帮办和公直。河老、小甲等勤杂工都有"催役"。

12. 闸粮

河正、河副没有工资，但是作为谢礼，他们会按照亩数从镰户收到数量不多的作物，这个叫作"闸粮"，也称"河粮"。大概每亩地每年会收到一合半麦子。

13. 闸地与田赋

挖掘河道和修缮水闸之外，为了筹集费用，水闸所有的土地上种植二十几亩树木。但日本人调查时一棵树也没有，看闸的高雪成在耕作闸的土地，不用交纳地租。永利闸的土地大概有 10 亩左右，这些土地要征收田赋。这些田赋由镰户们出。

14. 闸的花销账

用于河的费用会一一记入账面，这个账面叫作"花销账"。

15. 上供

每年二月十五，各闸（永利闸、普济闸、永济闸）都会来龙王庙（大贤村）进行上供。这一天龙王庙附近各闸的河正、河副、小甲等都会来上供，但是人数很少，主要是河老和小甲等。各闸各自准备各自的供物和祭礼，河正和河副会提前买好，因为供品不是很多所以就自己带到庙里。历年时间都相同，11 点，所以没有必要一一通知。即使不通知大家，大家也会自然在这个点集合。大家集合之后，河正会把供品摆在龙王像（龙王庙中有管理各闸的龙王像）的前面，然后大家再按照河正、河副、小甲这样的顺序依次烧香叩头，祈祷时，大家都在心中默念希望来年水资源丰富，叩头完毕大家就回去了。贡品会摆放大约一个小时的时间，回去的时候，河正、河副和小甲们会在树下把它们吃掉，所有小甲都会出席，所以又称"管小甲饭"。每年在选举老人（河老）的日子里也会上供，这种上供可以称祭祀，先上供后选举。一是上供对象。上供的对象是河神。二是贡品要求。其中贡品有要求（五碗四盘）。三是祭祀人员。祭祀人员是河老（老人）和小甲，一般在选举河老的地点举行祭祀。四是祭祀过程。摆贡品、点蜡烛、摆上酒、放鞭炮，上香时先从旧老人开始。五是上供的费用。上供费用由大公中（即大家、所有镰户）来负担。

16. 会食

河老和小甲每年都会在正月下旬和腊月中旬聚集起来进行两次会餐。前者是那一年的新任河老、小甲、帮办一起集合，然后进行就任致辞；后者是完成一年任务的河老、小甲和帮办聚集起来进行解任的致辞。

（四）镰户、拨镰及算镰

1. 镰户

从水闸引水灌溉土地的人家称镰户，也叫作镰夫。镰户每年要参与挖沟，如果不参加挖沟，则要交罚金。除了每年挖沟以外，镰夫们没有其他任务。镰夫每年都要支付出闸的费用，每年的费用数量不定，丰收之年大概是每亩 10 钱左右。镰夫除了要出闸的费用，不用额外再给老人和小甲别的谷物之类的东西了（一种说法），但是在有些村，会给河老等人，如在普济闸的四个村中，各村的做法会有些差异，大概是有镰一分，就要出三合（麦子）。

2. 拨镰

如果农民（镰夫）把土地卖掉，记入镰底的名字就会改变，这种更名的现象叫作

"拨镰"或者"过割"。拨镰一年只有一次，大概在正月的时候，在河老所在的地方进行。拨镰日的那一天，各镰夫（仅限土地买卖关系者）、小甲、帮办和河老都会参加。因此，相关的镰夫就会在席上汇报自己卖掉的土地或者是买来的土地。这样一来，帮办就会帮助河老，将汇报内容记在账簿上：谁卖给了谁多少亩土地，谁从谁那里买来了多少土地。这件事情完成之后，这一年正确的地亩账簿就出来了。然后各小甲会在上面写上自己管辖区域的镰夫的相关事情，然后据此分配这一年镰夫和摊款。

3. 镰底

拨镰的时候，土地的买卖双方会一起拜访小甲，有时买主并一定要去。拨镰时，不用给小甲看白契和红契。申告结束后，小甲会将申告书誊写清楚，这个就叫作"镰底"。小甲将镰底交给河老，河老据此制定出新一年的河簿。河簿虽然有很大的权威，但是仅仅用于拨镰和水闸经费的分摊。拨镰不需要在村公所的地亩账和县的过割手册中进行登记，与县和村没有关系。不申告者必须承担镰夫和摊款，所以不会存在不"拨镰"的情况。

4. 拨镰与租佃地

因为镰的当割是当着所有人进行的。事实上，租佃者是作为镰夫而出勤的。首先小甲向地主催促出镰夫，然后地主会让租佃人代替他们出工。家里有佃工的大多按照这种办法进行。租佃者根据租佃面积出镰夫。在此时，出任镰夫的标准被认为是和所有地亩数的比率相同。

5. 拨镰与分家

分家的时候也会进行拨镰。例如，记录中的景三门的事情，景家的大儿子、二儿子、三儿子即使是分家了，但是河簿上仍然按照一家来登记的，所以三个儿子按照顺序出任小甲。

6. 拨镰与卖地

卖掉土地之后一定要拨镰，如果没有拨镰的话，河流的挖掘还一定要承担，拨镰时不用给小甲手续费。卖掉土地时，由于水自上而下流动。土地要是没了，水也会相应没有了。

7. 算镰

算镰是指核查镰的变动情况。算镰的日期不定，但是一定要在清明节之前进行。每年土地不会进行算镰，如果土地有变动，会去小甲那里更改名字和土地亩数。由河正决定后再通知集合者。河正会在清明节之前决定日期，然后叫人头（河副）传达给各小甲集合（帮办没有传令的职责），集合者有河正、河副、小甲、帮办。集合的地点有空房、河老的家或者是村内有空房的祠堂等处可以选择。

8. 算镰与镰数

在算镰日，小甲会带"镰底"过来，在这个上面会写着显示土地关系变动的镰户、镰数。算镰之前会定期让百姓申告土地变动，在申告前小甲会一律访谈，然后记入镰底，根据镰底进行名义的书换和镰数的计算，名义书换称"拨镰"，镰数为旱田每亩1厘（永利闸百厘为1张），水地即需要用水的芦苇地和稻地，每亩按照2厘来计算，在人名下记入各镰数。算镰的时候紧跟在小甲后面就可以了。有时由于算错了，小甲会因此而发牢骚。这个手续一天时间就能够办完。

9. 算镰程序

在算镰日，各小甲会带上各自村中擅长写字和打算盘的人，但是每场参加的人员都会不同，因为即使他们像苦力一样工作，但是除了管他们简单的饭菜，其他的报酬也没有，这一天也不进行会餐。然后小甲带领土地变动者到河老家中（或者祠堂），也有不这样做的情况。这时小甲就会敲响自己的铜锣，一边走一边大声说：几月几日是算镰日，有土地变动的人家，请在算镰日过来算镰。小甲不会进行书面通知。土地买卖的双方都会去，不办手续的一方会有损失。算镰时不会让买卖双方带着契约书等许多资料。如果买方情况比较复杂，则会让他们带过来查看。

10. 镰夫的分配

算镰结束后主要事情也就结束了，这时候就会开始决定镰夫的分配。镰夫一般按照亩数摊派。上下游之间没有差异，水田和旱地有区别，一般每亩水田相当于2亩旱地，因为前者收入高些，而且用水更多。如果出勤人数很多，超过数量会留给下一次时再出镰。

永利闸引水水沟的区域，会按照如下所示的比例将它们分为六个区（五工的各区间依据镰的变动每年都会有所不同）。头工：1丈2为1分；二工：3尺3为1分；三工与二工一致；四工：3尺为1分；五工：1尺6为1分；六工被叫作多工的镰户全部一起进行挖掘。各小甲不会让担当各工的所有人都出来干活。比如头工的情况，全部小甲会率领各自应当出勤的镰户到头工所任的区间进行挖沟。但是，在头工的区间并不是无秩序的工作。在这个区间，14名小甲负责区域会被一一划分，让各小甲在自己的责任范围内进行挖掘。小甲责任区间的长度是按照算镰的标准来决定的，小甲管辖的镰数很明确。比如小甲管辖3分，1分为1丈2尺（头工），那么他就会负责3丈6尺的挖沟工作。这个挖沟工作需要多少镰夫由该小甲根据预算决定。如果某小甲的管辖区域内镰夫众多，就算只是头工，一天也不能完成全部工作，这个时候就会把他们安排到第二天，如果还有剩余的人员，就会把他们安排到二工、三工的地方继续工作。

（五）水的分配和管理

1. 七里河水的分配

七里河水的分配采用自上而下的原则，7个闸一起使用水闸，从闸口开始按顺序用水。上游如果用一倍的水，则让给下游一方使用。下游一方用一倍水，然后又让给接下来一方使用，如此继续，并不是用计时的方法（开始开始，几点结束）。由于水资源丰富，一般不会遇到水量减少下游不能使用的情况，也不会出现上游的用水者连续不断往田里引水，而下游的人没有水可以使用的情况。如果发生这种情况，那么只能是下游受损。水如果多余了会流往下游，然后流入水田当中，下游的水田相接，水田在河的两侧，所以水田的水会流入河中。

2. 古南沟的配水方法

东汪村用的是武家庄村北狗头泉（老沟河的东半）流出的水。狗头泉（在村庄西边）有四六闸老沟河（狗头泉的东方）和同沟河（狗头泉以北）两条河流，老沟河的东半叫作古南沟，到了龙王朝这边就和七里河并流，东汪村主要是用南沟的水，也会稍微用点同沟河的水。但是该村地势高，河水水位低，所以用不了七里河的水。这个古南沟的很多地方都有水闸，用水时，上游的水顺流而下，每三天会关闸一次，这时在这里积蓄的水就会被附近的居民按照规则引入田地中。大概需要三天，水能够到达的土地都能够得到灌溉。

3. 东汪村的配水方法

东汪村使用老沟河和东汪河的水进行灌溉。用水采取"自上而下"和"自下而上"的办法，所谓"自上而下"就上半月用水自上而下；"自下而上"就是下半月用水自下而上。大闸、二闸（古南沟本流）这两条河每月 6 天，小北沟 6 天；中沟 8 天；东沟 8 天；按照这样的方式用水。以上全部都是划分了上半月和下半月来进行使用。大闸和二闸上半月 3 天；下半月 3 天。实际上在用水的时候，因为水量都很充足，不用根据时间。使用大闸的水的时候就会关闭二闸，使用二闸的水的时候必须打开大闸（因为在上方，如果不打开下面二闸的水就出不来）。使用小北沟的水的时候就会关闭东沟，使用东沟水的时候就会关闭小北沟。由于使用中沟水的时候，要关闭最上面的水门，所以下面的大闸、二闸、东沟、小北沟全部都没有水。

4. 永利闸水的分配

永利闸水的分配。因为水源充足，所以在小沟（干线沟的支沟）的上游与下游之间没有可以优先用水的情况，都是随便使用。即使罕见的缺水情况发生了，也没有优先用水的情况。这种时候，会在上游地使用水之后，用坚固的土将水的入口封住，使水进不来，这样下流的水就会变多，这是从道义上解决办法，没有经过协商。如果上游的人依然不关闭水入口，那么下游的人会进行抗议，但是这种纷争很少发生。因为没有进行协商，不接受这种做法也是可以，但是在道义上站不住脚。打开永利闸引水之后，这些水会一齐引入二道沟、于家沟、村西河。在永利闸的下流没有大型水闸，虽说有小规模的水闸，但是水闸的引水口比永利闸要宽，因为水量逐渐变少，宽闸口可以引导更多的水来灌溉。为避免水量减少，绝对不允许延长小沟用水线的情况发生。

5. 七里桥村的配水方法

七里桥用于灌溉的是晋祠河（从银沙泉而出）和通沟河这两条河流。使用晋祠河的时间是每月的初七、初十、二十五（以上大水），使用通沟河的时间是初一、十五（以上小水）。除了这些日子以外不再使用。而且，用水日来临之时，会让农民们分配好时间进行使用。谁从几点开始使用，用到几点结束。如果超过自己的使用时间，或者没有使用，则不能用水。使用通沟河水的日子是每月的初一、十五，这和晋祠河的按照时间使用的方法不同，是从上至下顺次使用。比如，七里桥使用晋祠河的水，每月初十未时开始，戌时结束（大水）。三十日卯时开始，午时结束（小水）（没有三十日的月份就从二十九日的辰时开始未时结束）（所谓的大水就是关闭水闸仍有充分水量，小水就是关闭水闸有遗漏的水）。

6. 田家庄的配水方法

田家庄也使用晋祠河的水。使用日数为每月 10 天，即是每月初七开始的 3 天半，22 日开始的 3 天半（以上为大水）；初一开始的一天半（没有的三十的月份仅使用初一的半天），15 日开始的一天半。村中并没有像七里桥那样的谁从几点开始用水到几点结束的方式，只是按照地域划分日期来用水。即村庄的南北方各有水沟，因此规定了靠近南沟的土地使用南沟水，靠近北沟的土地使用北沟水。南北两沟的配水顺序是每当使用日期来临之时，水流会先流进北沟，北沟在规定日期内用水过后，水流再流入南沟。使用南北两沟的水的时候，都不用按照时间而是按照从上至下按照顺序使用。

7. 张家屯的配水方法

张家屯村里从明朝开始就使用普济闸的水进行灌溉，调查时和石井、开花屯、相家屯这些村一起使用水，这些水是从七里河来的。用水 10 天为一个周期，张家屯村会在其中使用 4 天，石井、开花屯、相家屯使用剩下的 6 天。如何使用水，哪些人能够使用水，关于河流的一切规则都是根据河簿来决定。

8. 用水纷争

瓦河是王快村最古老的一条河，明朝弘治三年挖掘，重兴闸、葫芦套、百泉大闸、沙河等都是在此后修建。瓦河的水源并不是从百泉而来，不过百泉也会有漏水进入瓦河。瓦河由 5 条小泉构成（日本人调查时只剩下 4 条），这些泉喷涌而出的时候就形成了瓦河。明朝万历年间，由于干旱水量不足，万历十四年开挖了葫芦套，万历四十五年开挖了重兴闸。这些都是买来全部村庄的土地后建造的。在此后（年代不详），建设了百泉大闸进行灌溉。这个时候，沙河县的人由于拥有邢台县的水，所以对水的需求量很高。当时他们就向邢台县的知事请求，想分得一点水，但是邢台县的知事并没有答应。几年后，政府的知事更换，沙河县的人又向新任知事请求，并得到了政府新任知事的同意，将葫芦套的水划分给沙河县人使用。这样一来，沙河县的人就可以使用葫芦套的水了。但是不知感恩的沙河县的人，在挖掘沙河时，破坏了邢台县的瓦河，还装作不知道。因此水流不畅，邢台县的人很愤怒，向沙河县提出抗议，然后和沙河县人起了纷争。结果就像庭院里碑文上所写，之后每年沙河县人就会对邢台县瓦河的凳槽（河上的流水装置）进行修缮。

用水纷争的仲裁：关于水源的纷争，由小甲来进行仲裁。在本村与外面的水闸有纷争的情况下，根据具体情况而定，如果不是什么大事的话，河老可以不用出面。如果不能简单解决，河老和小甲都必须出面解决。事变前成立了水利局，对用水及水闸的纠纷进行调解。

9. 用水费用

使用水不需要额外支付费用，只需要承担挖掘河床、修缮水闸等费用即可，还需要交纳水渠所占土地面积的田赋。

（六）水闸的物品

1. 稻草

开沟子（挖沟）的时候，将闸关闭，必须使沟底变干，不然不能进行掘土，这时为了使闸和坝彻底闭合就会用到稻草。每年的需要量不同，但是账簿上的登记数量与每年的需要量是相当的。这个账一般保管在河正的家中。

2. 椿

为了防止沟岸崩坏所用的枕木，需要30根，平时保管在河正的家中。每年的需要数不定。

3. 闸板

每年会准备闸板，用于插入闸口调节水量，由看闸人进行保管（除此之外看闸人没有其他需要保管的物品）。

4. 当款

永利闸有土地，所以要向村公所交纳摊款，这种款又叫"当款"。每亩收取2元，10亩则收取20元。

5. 完粮

水闸土地课收钱粮，一元4毛8分。作为看闸的谢礼，一般会免除看闸人摊款、完粮税金等。闸的土地属于大公中，所以大家都要负担。

6. 公款

闸所有土地所交的公款中包含县款和村款。县款即是县里要求交纳的钱款，这个钱款暂时由村里出，然后再分配给村民负担。村款也即村庄花费的摊款。大贤村内的闸的土地的摊款、钱粮交给郝麻村。

7. 经费

挖掘河流、修缮水闸还有其他有关河流的费用是由各小甲进行公摊。各小甲会把钱数分摊给管辖区域的镰夫。一是记账。比如，挖掘河流的时候要使用草，这个时候看闸人就会去买草（赊买），然后记账人就会记账，写明谁买了多少草。有时因为河流的事情，河老在某家餐馆用餐，这些费用也是一年结束后清算。这些费用全部记入与河流有关的费用当中，小甲们再把这笔费用向镰夫摊派。二是经费。每年十月初河正、河副、小甲、帮办、闸夫（看闸人）会在河正所在的村里（家庙的情况较多）集合，将一年的费用进行清算，这叫作"经费"，主要由河正、河副、小甲负责清算，帮办帮忙。三是筹钱。在日本人调查的前一年，永利闸的各种经费是七八千元。平均费用不明，调查时的经费也不明，经费没有预算。找有钱人借钱需要支付利息，先由小甲等人垫付，不支交利息。四是分摊。各镰夫的分配比例是支出金额除以全镰数，然后再决定各镰夫的负担额。金额出来后，一直到十二月最后一天的这个期间由小甲负责收钱，帮办帮忙。一般情况下，到清算日为止，河正、小甲和帮办的工作就结束了，决算不公开。

8. 当捻

当捻指的是关闸，立夏挖掘河流时，必须要关闭六闸。挖掘河流的前一天堵住河道。因为如果不止住水，水就会一直流，无法进行挖掘。在挖掘一个地方的河沟时，一定要堵住水流。

9. 拉捻

拉捻指河流挖掘工作结束以后，弄坏河流堵塞处，让河流流通。拉捻由河正、小甲及镰夫进行，每名小甲各带一名镰夫。镰夫人员不固定，但必须身强力壮。

10. 拉小工和拉大工

挖掘河流支流的时候叫作拉小工。一是负责范围。每个镰夫只需负责自己所在的支流。二是开工时间。拉小工是在拉大工之前（三月份之前），每3天交替换工一次。挖掘河流干道的时候叫作拉大工，挖掘其支流的镰夫都需要过来挖掘。拉大工是在每年的三月进行。由小甲根据账本和河老分配劳动力，这样能够确定每亩挖掘的长度，镰夫就会在这3天中选出适当的劳动力完成自己的任务。

11. 拉大工会餐

拉大工之后，河正和小甲会进行一次会餐。一是会餐人员。会餐人员主要有：老人、小甲、叫人头和参与挖掘工作的镰夫，其中叫人头由河正带着，镰夫由小甲带着参会。二是会餐费用。会餐费由镰夫按亩来摊派。每年在固定的时间由小甲收集好后交给河正。

12. 垫桥

垫桥是指在桥上盖上土，然后整理平整。一是垫桥原因。垫桥主要是指使水垫桥，即哪个村庄用水就由哪个村庄来垫桥。二是垫桥时间。桥出现故障时，桥所在村庄的人就会告知用水村庄的人。三是垫桥人数。由用水村庄的河正或河正代理人前去考察，计算垫桥人数。小甲根据河正指令安排垫桥人数，由镰夫作业。

13. 笼账

笼账又称算账。一是笼账时间。每年 5 月份（固定的时间）的时候将一年的费用进行计算。二是笼账人员资格。笼账由小甲或小甲中识字的人做。笼账只需要一天即可完成。三是笼账地点。地点不固定，合适即可。

14. 筹资

筹资又称集金。筹资是在笼账当天进行。各小甲去自己管辖范围内的镰夫家收取，可以交实物，也可以交现金。

15. 老人饭

老人饭就是指让河老吃饭，吃几次和什么时间吃不确定。每次有河的事情的时候，都会让老人吃饭。

16. 当账

当账即返还金钱，具体是指从收取河流用水的费用中来返还河老一年所垫付的费用。当账是在笼账之后进行的，一般由小甲将经费收集后返还给河老。

17. 河费的分配

一是河费的管理者。河费按照土地亩数分配，由小甲管理，各小甲只分配自己所管辖区域的费用。二是费用摊派。费用由小甲均分，小甲再将自己所分配到的费用分给各镰夫。其中因为小甲所持有的镰数不同，所以分配的费用会有所不同，具体情况如下，用水时、分配劳动力时、分配河的费用时，全部都根据镰数决定。有些村庄，河的费用会算入村的费用，作为村庄的费用，收集村庄摊款的时候会一起收集河的费用，小甲每当分配河的费用的时候，会直接从村里收到，然后再交给相应的闸。用于河的费用会一一记入账簿，这个账面叫作"花销账"。

二　船会、桥会及水利纠纷

本篇主要调查河北省涿县琉璃河沿岸有关水的情况，包括对桥会、船会的调查及对琉璃河、永定河的水灾修复工作的调查。这也是水利惯行的一个重要组成部分。在调查中，调查员得到了县公署码头镇警察分所的帮助及介绍联络。本篇属于华北惯行调查资料第88辑，水篇第7号。

（一）河、船、桥的基本情况

1. 琉璃河的泛滥

琉璃河又叫大清河，如其名河水非常清澈，水流缓慢，极少发生水灾。二月的时候河里的冰开始融化，水变少，六七月进入雨季后水量剧增，水溢出河流的事情经常发生，但并不会引发水灾，如果早点引水反倒能够滋润耕地，对农作物极其有利。琉璃河的水深一般为一丈五六尺，进入夏季雨季后，水深会达到两丈以上。民国二十八年（1939），在水灾之前，琉璃河与天津之间的船只交易非常兴隆。调查时，琉璃河与下游小清河的合流之处被沙土所堵塞，下游的水不能流通，所以上方的水溢出之后就泛滥成灾。

2. 码头镇的船运

码头镇是一个有200余户人家的镇，有着第二区的中心地、警察分所、镇公所河商会等。这里的住民是明朝以后从山西、河南、山东等地移居过来的，最初是移民入住，接着商人渐渐从各地进来。现在本镇的商户有20余户。因为明代以后本地和天津有船运，所以和天津交易的商铺逐渐产生。但是，纯粹的商人比较少，过半数的人都持有土地，由家人耕作，其中粮店、杂货、烧锅、陶器和药店比较多，还有其他"做小买卖的"。

由于小清河泛滥、琉璃河底积沙，码头镇和天津断绝了船运贸易，各商户贸易不振，渐入穷境。在事变之前，贸易非常兴旺，特别是在事变前10年间和京汉铁路铺设的光绪二十五年前（1899），贸易非常景气。当时最为活跃的是粮店和杂货铺，粮店将黑豆、黄豆、玉米（没有出售玉米，因为和棉花和烟草一样，由于土地质量不良，所以这一地带种不出麦子）放在十里堡的船上运送到天津。这些船在归途中，又会把杂货、砂糖、纸、酱、海带、胡椒等物品输送给本地的商户。这些运输船只并不是停在码头镇的附近，更多的是在河流的下游。天津的碗、北京运来的布匹在此地都有销售。

和码头镇相同，琉璃河镇的商店也非常多，这些商店依靠天津的船只输出物资。不一样的是琉璃河镇有铁路，还是北京与保定之间公路的要冲，同时也是从西边房山县山地运来的石材的集散地。此外，码头镇下游也有很多村镇，这一地带就成为商业贸易的中心，但是没有本店和支店的关系。相关镇上的商人组织商会，多是官民组织，目的并不在于增强互相间业务联络以保持统一战线。而且，商会代表们会合后会进行一些商讨，除此之外没有其他的事情。

事变之后由于水灾而导致河道堵塞，商品销售也都转向了京汉线方面。以前船运的运费和调查时铁道的运费相比较，便宜了很多。生意兴旺的商店在事变之前倒闭的比较多，完全破产倒闭的也有10户左右。可以说很多商店被逼入苦境。本镇最大的粮店、杂货店——锦裕恒每年也持续亏损，光是调查前一年的赤字就有一万元，但是商户向他乡转移的情况比较少见。不管哪位家庭成员移居了，就会有人留下，留下来的家庭成员不能经商，只能够靠耕作土地来维持生活。和事变前相比，户数减少了许多。

3. 商会——组织和业务

民国十几年的时候，根据县的命令成立了商会。一是组成人员。组成人员有会长、副会长各一名、执行委员五名、监察员两三名、文简两名、扶役两名。执行委员、监察员都由土地雄厚的商人担任。二是工作内容。会长、副会长不会经常到商会上班，处理公务，但是他们要和县里进行接触，同时要处理重要的事项。一切实务都由执行委员来做。中间的 3 人叫作"常务"。这 3 人负责处理日常事务，一旦有大点的事情，就得由 5 名执行委员商量后决定。在后一种情况下，会要求会长和副会长参加。监察员主要作为办事人（以上的执行员）来监督会计工作。平时没有其他的事情，只做自己的事情。文简是商会的雇员，根据帮办人的命令来写公文书。商会的主要工作是依据县的命令收集商铺的税款，然后再把税款送到县里。还有临时接到县里的命令，委托他们进行物资的调配和征发［比如民国二十八年（1939）有水灾之时，商会根据县的命令将救济用的粮食分配给各商户，这次又是为筑堤的劳动力配送粮食，这些都是在商会进行］。除此之外，商会还要进行商品的斡旋，共同购入，经营共同的仓库等，必须相互扶持才能继续。三是缴纳费用。在事变之前，商会是商户自愿入会的，后改组商会，不管商户大小都必须强制加入，也有极小的商户进来。会员要缴纳会费，这个标准是依据店铺的大小，而不是根据营业额、实际收入。商户需要负担的会费很多，多的时候，一个家庭每月要缴纳几百元。

4. 里公所、里枝团

镇公所在事变之前叫作里公所。里公所有里长、里副、文简、乡丁（扶役）。商会的会长和里长、里副不允许同时兼任。实际上存在兼任的情况。执行员也是如此，不能在里公所兼任职务，商会和里公所没有内部的联系。

"里枝团"，也叫作"商团"，属于自卫组织。这个商团原本属于里公所，商会成立后，为了保护商户，也为了使它能够维持下去，它的工资和花费都由双方按照商会六、里四的比例来支付。里枝团员有 8 人，里公所的摊款按照占有地亩数的摊派来征收。近年来，每亩地收五六元，农会不用缴纳。

5. 江工会

江工会是大家一起修理堤防的会。一是修理堤防；二是防洪，发洪水后大家会很苦恼，所以在河流沿岸的各村堤防处，都会提前堆积春土，当水量增加或者决溃，大家就会用土来进行堵塞。在此要注意，堤防建设是由官府负责，只是维修由周边的人负责。

6. 物资的集散和水运

事变前（1931 年），受访者原本是新城县人，民国十七年（1928 年）之后在新城县县城的粮房工作，粮房有一个资本家，受访者是掌柜的。当时新城县的农产品大部分出口天津。出口物每年不定，最多是黄豆，其次是麦子。之所以不从较近的京汉线进行出口是因为运费相差几倍。

新城县中的出口业不多，但是经营范围大的粮房在县城中有十余家。沿河有一两百家的同业者，生意十分兴旺。事变之后生意不景气，粮房变少，且新城县的粮房大多倒闭。民国二十八年（1939）永定河大洪水，琉璃河、大清河产生了很多沙地，与天津的交通变得不便，以船运经商买卖的粮房破产很多。在受访者的粮房破产之后，受访者面临失业，后来通过熟人介绍来到了船会。

一是商贸关系。河边的各县几乎都与天津有着密切的商贸关系。

二是运输物品类型。由于出口的全部是农产品，所以全部是粮房，进口的有县城的杂货商、布行等。船只一般都在去程出口农作物，在回程时运输商人的进口物品。

三是交易过程。在与天津的交易中，根据商品种类不同会有些差异，买谷物的时候，天津会有卸卖店的人过来。大多数的粮房运送自己的谷物，然后与天津的商人根据行情订立商约。

四是交易种类。粮房出口物主要是黄豆、麦子等。黄豆是由天津的商人卖给本地或者关外的油房。新城县和这里差不多。受访者的粮房每年大概出口七八百石的粮食，其中大部分都是黄豆。

五是运输时间。有船运的时期是正月到十月的开河期，开河期以外的冬天大多为船的修理期。

六是装货地点。受访者装船的地方是距离新城县县城十八里东的新桥。新桥和下游的药王庙（地名）之间，河底很浅，大型船只无法通过。因此，这一区间只能使用小船，五只小船每只能装50石左右，到达药王庄之后在这里将所有物品换装进一艘大船，然后再运往天津。

七是在径路中使用船只的原因。受访者在新桥雇了十里堡人的船只。十里堡位于镇的下游，船只很多，船也有去天津的。不去天津的时候，就运送琉璃河上游输出的煤炭，经常在新桥之间往返。在新桥随意就能雇到船只，十里堡有数百条船，由于来新桥的船比较多，不存在争先恐后租船的情况。十里堡有几百条船，新桥只有两三户有船，而且没有船会。

7. 船户

有船的人家被称作为船户。一是船户数量。十里堡的船户大概有300户，其中一般一户有一条船的情况比较多，两三户共同持有一条船的情况也有。二是谋生。在十里堡180户主要依靠船只收入维持生活，剩余的是寻常百姓，以种地为生。卖掉船的人很少。

8. 雇船

一是雇主。在雇船时，雇主不确定，他们一般会直接委托船户来做。二是委托人员。尽量委托相熟的船主。例如，雇主雇了船只后，就会去十里堡，如果船户是熟人，就会受到款待。三是运送费。雇主和船户直接口头约定，运送费为每石三四百角，运费先付一部分，后付大部分。四是装载货物的人。一般都是新城来的搬运工或者是本地的苦力。五是货主会跟船走。

9. 船的运行

一是船的停留。船在龙王庙进行货物的替换，除此之外，有几个停留点，在十里堡也会停，在码头和有桥的地方也会短暂停船，交纳税款和其他费用后再出发。在十里堡停船，是因为船户在前往天津的途中，通知家人或者在家里休息。货主作为船户的客人也会在十里堡停，会受到盛情款待。二是船户与船会的联系。在船运行中，船户不会与船会联系。三是船户手续。船户只要拥有县公署颁发给船户的船的执照，船就可以去其他县的任何地方。

10. 船运关系的税费

一是在来往天津的船户要缴纳的费用。新城县的管船局（所属县公署系统不明）收取部分钱，然后新城、永城两县的边界处，"白沟河另立管船局"也会收钱。船户大多数都存钱，所以会按照规定交钱。加入船会者，每 10 元的运费只交 3 角；没有加入船会者，要交 1 元。距离天津较近的范家口，在河岸处检查船的执照，检查证上会按旗印，然后收费。

二是在天津船户要交纳的费用。在天津又会有很多费用需交纳。根据船只大小费用也不同。有尺丈钱、过桥费用，比如每一座桥都要收一元或者两三角等，比如通过上方的"浮桥"时，要交 3 角钱左右的"过浮桥钱"，浮桥时也要给桥的看守人一点小费的惯例。还有人故意妨碍船的通行，如不给钱船就无法通行，货物卸载也会被推迟，没有办法还是要给钱。

三是货主要缴纳的税费。在码头装货的时候，牙行（又称"包商人"）会收纳课税。在天津的码头，船只很多，卸货很费功夫。在天津的码头，有"官缆"，也就是卸载货物以便整理的绳子，在一定的时间拉开绳子，卸货搬运的时候对货物进行收纳，通过的时候必须交 1 元 2 角的免照费。这个时候，货主和船户如果没有和工作人员联系的话，不管过了多久货物卸载都要推迟。因此货主必须要和工作人员保持联系，如果船户说是十里堡船会的人，就能够尽早使事情进展顺利。而且在天津，大豆和芝麻每一石会收取 1 角钱的"油粮钱"。

11. 依靠船运的粮食交易

一是货物的售卖。天津油房、粉厂的掌柜会来到新城购买货物。粮房的很多物品也会被带到天津进行贩卖，受访者表示他的货物卖给天津河边的"万春斗"店。二是价格确定。货物以市价来定。万春斗店附近有一二千艘船，受访者把黄豆的样品及运送船只的名称及粮房名一起记在纸片上，然后交给万春斗的工作人员。买手会检查，审核实物，双方确定价格后交易。三是船会香头的会面（交易争执）。当有争执的时候，船会的香头会出面调解。

12. 船的修理

修理船的人大体是从南方来的，主要是因为南方船运兴旺，他们的修船技术很高。

（二）船会

1. 船会的沿革与组织

船会是船的所有者自发形成的组织。很早以前就有了船会。每个村庄的船会各有不同，比如，新城和永城边界白沟的船户加入了十里堡的船会。但是，其他县的村不可以入会。如果本村的船户较少，需要其他县的船户加入才能够成为船会时，也可吸纳其他县的船户入会。

2. 船会及加入标准

船会是指由船的所有者组织的会，但并不是所有面向河流的村庄都有船，在涿县码头镇附近的南芦、北芦、小茨、蔡家庄、贾家庄、孟家庄就没有船只；西韦坨、东茨、西茨各有 30 只左右；辛庄、河西务不明。有船的人家也不仅仅靠船维持生活，如果运输量比较大，也有以船为生的情况。船会一般多出现于天津上游有船的村庄。三是船会组成标准。一般拥有 30 只左右的船就能够组成一个会。

3. 船会的组织架构

一是船会组成人员。船会有香头、副香头各一名，还有多名首事人。二是香头的资格。香头不一定世袭，且香头与村长、商会会长各自分开。香头一般是本地的船户，要有人格、有胆量，是否识字并不是必要条件。船户一般是十里堡的人，选举他村人为香头的情况基本不存在，但也不是不能选举。三是香头的年龄和性别。香头为男性，没有年龄限制，工作能力强，因此，中年人和老年人成为香头的情况比较多。四是香头信仰。香头无信仰限制。五是船会的人的信仰。船会的人信仰佛教，祭祀刘老爷、南海大士、财神。刘老爷庙是在保定东关和十里堡一带治愈病痛的神。该地船户以外的人家也会祭祀刘老爷，每家祭祀的神基本相同。在船上一般会祭祀南海大士。六是喝酒抽烟情况。船会人员不会在船上一起抽烟，但是一起喝酒的情况比较普遍。七是香头财产。大体上都是有钱人成为香头，但有钱不是成为香头的必要条件。八是首事人。首事和香头的资格相同。九是香头、首事人的任期。只要没有做坏事，任期可以很长。十是选举方法。船户聚集后选举香头、副香头和首事人。十一是香头、副香头和首事人的关系。香头是船会的代表，是组织船戏的中心人物，当发生比较大纷争时，会出面进行调停。香头也是代表船会与县公署进行联络的代表。副香头一般叫作帮办，协助香头工作，如联络，写文书，进行各种计算等。首事主要是做执行工作。

4. 船会的公共活动

一是河船戏。3月1日是刘守真的诞辰，在十里堡，船会会在刘老爷庙（祭祀刘守真）唱戏，周边的很多人会来看戏，这叫作"河船戏"。二是开会。庙会开始前船会会开会。船会没有特别的办公场所，有要事时就会在香头家里聚集。三是参会人员。参会人员有香头、首事人等。四是邀请与被邀请人员。不会邀请天津人，但是会邀请附近的人。被邀请的人会受到款待，不是船会款待，而是船户熟人的款待。

5. 船会的职能

船会主要有如下职能：一是费用交涉。如果有船户被法外收税或者收费时，船会就会与县公署或收税人交涉。因此，船税很便宜，不入会的人就不知道具体金额。二是纠纷调解。当遇到大的纠纷，船会会进行调解。调解的主事人是副香头和执事人等。纷争很大的时候，即使船会全体不出动，也会派代表前往，即使一人交涉，实际上也是代表整个团体在交涉。三是纠纷事例。在天津，十里堡的船户和码头的搬运工关于货物搬运的事情争吵了起来，即搬运没有考虑其他货物的搬运顺序，十里堡的船户很生气，就争吵起来，导致十里保船户的货物放置了很多天，无法卸载货物。最后船户和香头联系，香头与码头的搬运工头目沟通，平息了这件事。四是代表船会与其他团体交涉。船会的香头和搬运工的头目相互之间关系亲密，个人之间的交流也很多。遇到船会或者船会成员与其他团体的纠纷，香头有时会出面调停，一般情况下由首事人调解。

6. 船会和船户的关系

一是入会好处。船户入会自由，入会后会有很多好处，如交税、交费，还有卸货等都会受到优待，如前往天津，船会会员只需交3角的税款，而非会员要交1元。二是会费及用途。船会向会员收取会费，根据船只大小会费有所不同，会费大部分都用于"船戏"。三是船只买卖的报告。买卖船只的时候要向船会汇报。卖船的时候还要向县里汇报，然后办理手续。四是船会会协助会员解决困难，如遇到纠纷时会出面调解。

（三）桥会

1. 桥会

所谓桥会就是为桥的建设、维修和管理而组织的会。桥会的主要工作就是搭桥和拆桥。码头镇的桥会是在明代成立，叫作普济桥会。因为桥地西岸有一座普济庵，所以取了这一名字。因为风水关系，建桥的时候，庙对土地有好处，所以建立了庙。普济桥会是由本村和芦村的人建的，其中有这样一种说法，普济桥以前仅由芦村经营，但是码头镇由于修理桥出了很多钱，这之后码头镇开始主管桥会。

桥主要建设在交通要地或者商业兴旺的地方。如琉璃河到天津下游的这一区间琉璃河镇（御路桥）、码头镇、新桥镇（新城县和永城县的边界）、南大桥、北大桥（新城县附近）、苑家口（雄县附近）还有其他地方有桥。码头镇的桥保留到了民国二十八年（1939），后因洪水破坏被毁。在全县除了琉璃河的石桥外，全部都是木桥。一般而言，有桥就会有桥会。如果是极小的桥，由四五人建成的话，建桥者收取渡桥费。

桥会与村公所区分开的原因是桥会并不是一村所有，与很多村都有关系，他村的人也能够加入桥会。

2. 桥会的出资者

桥的出资者一般是距离较近的、经常过桥的村庄。参加码头镇桥会的有北芦村、马庄、辛庄窝、北港、码头镇等。桥是地方人自己推进建成的，但是也得到了官府的许可。一般是由绅商提倡，然后大家筹资建设的，与庙没有关系。这些乡绅都是有德的买卖人，其中码头镇最多。

3. 桥会的组织架构

桥会是一个比较完整的组织，有香头（会长），首事人等10余名工作人员，香头以下的全部工作人员都叫作经理人。参加桥会的村庄必须出任经理，入会的村庄的有些村民还会向桥会捐赠土地。

4. 香头

香头又叫会首。香头的香是烧香扣头的香。码头镇桥会的香头是甄衡（本镇）、刘凤五（北芦村）、刘恩华（马庄）、王树芳（本镇），四位香头地位相同，权力平等。一是管理方式。桥会采取轮流管理的方式。二是香头的产生。香头由首事人等选举产生，但是老管事人在事前会与首事人商量后再决定。出任香头的村庄不固定，不适当的香头就不能继续任职。三是香头的资格。香头没有土地和财产的要求，但是能够成为香头的人一定是交付了垫付金或者捐赠金的人。香头还需善良、受人尊敬、工作能力强等品质，即使不识字也可以。其他村的有钱人、本地出生但居住外地的有钱人不能成为香头。香头以老年人居多。虽然也有人推荐年轻人，但是有能力者大多数是老年人，所以年轻人没有成为香头的。四是香头的任期。只要香头不做坏事，可以连选连任。一个桥会的几位香头不是在同一年或者同一时期产生。受访者表示，他所在的桥会，开始只有一名香头，后来变成了4名香头。如果内部缺人就会邀请有资格的人担任香头。

5. 老管事人

老管事人要负责会里的工作，进行商讨后办事，同时承担责任（老管事人也没有工资）。一般情况下老管事人来决定一切事情，但是根据工作性质也会有所不同。

6. 首事人

首事人工作要出垫付金及其他费用，这是名誉职位。一是首事人的产生。老管事人会询问首事人等人的意向，然后再邀请。二是担任首事人的仪式。会在普济庵举行会议，老管事人、首事人参加。三是首事人与募金。建桥费用不足的时候，会增加首事人，让他们来出钱，这些人可以是北京或者附近的人（但是只限本地出身者）。四是首事人的资格。只要有钱就可以成为首事人。五是首事人的特征。30岁以上的人居多，且首事人多信仰佛教。首事人出身的村庄几乎都是固定的，因为这些村庄和有钱的人家是固定的，几乎不会有变动。首事人不是世袭制，父母去世了，孩子不一定会成为首事人。如果孩子想要成为首事人，老管事人和首事人如果觉得合适，会重新进行邀请。六是首事人的任期。一旦成为首事人就会一辈子为首事人，除非自己不想担任首事人。如果首事人变成穷人，出不起垫付金的时候，本人会申请辞任，然后就能退出。

7. 桥会的会议

桥会的会议分为定期会议和不定期会议。定期会议有三个：十月收租，五月折桥，八月搭桥。不定期会议主要邀请相关人员参加，一般安排在八月搭桥之前举行，由于搭桥需要筹集费用，所以就会开会来筹集垫付金。会议一般在普济庵举行，首事人都会参加。十月收租，指的是商量桥会土地的收租事情。五月折桥，指的是撤离的日子，由于要进入雨期，如果没有把桥解体，流水就会对桥造成损坏，这时就会商讨撤离的日期。八月搭桥，就是对八月架建桥的事宜进行商量。会议一般由老管事人决定后征求大家意见，首事人一般都会同意，即会议的决定权在于老管事人。

8. 桥夫

雇用对桥进行管理的人称桥夫。普济桥会雇用码头镇人王老道作为桥夫。王老道从民国二十八年（1939）开始到日本人调查时一直作为桥夫，他家的土地很少。王老道作为桥夫的工资为每年 10 元，庙附近的 8 亩土地都由他种植，以此做为管理桥的报酬。桥夫如果做得好，可以一直雇用，十年、二十年都没有问题。桥夫主要对桥进行监督，修理桥的破损处，对桥附近的道路进行修理和给道路洒水等。

9. 摆渡

在渡场以渡船渡人叫作摆渡，摆渡地点一般在桥的旁边，如在普济桥的摆渡叫作普济摆渡。普济摆渡很久以来就由普渡桥会经营。摆渡船平时不让使用，一旦桥变得危险或是桥有损坏的时候才开始使用，而且规定了只有马车才能用船来摆渡。渡口有一艘摆渡船，可以乘两台大车、两匹家畜。渡口有两人摆渡，摆渡人负责保管渡船。摆渡人也称船户，船户和桥夫都不是有钱人，因此也不能成为首事。摆渡人是船户，住在自己家，桥会每年会给每人 10 元左右的工资。摆渡的船夫会有一些额外的收入，以码头镇为中心的二三十个村，每年在大秋、麦秋、新年、腊八时会给摆渡人送些粟或者麦子。送的数量，由送的一方随意决定，不送也可以；商人一般不会送物，但是会送一些钱，这是公开进行的。到了这一时期，船夫就会去各个村庄，首先去村长家，然后在村长的带领下去各家各户，收点摆渡费。在码头镇附近几乎没有向过桥或者摆渡的人收取费用的情况，在芦村附近有以个人的渔船作为摆渡船的人家。船为个人所有，因此每次摆渡收 1 角到 2 角摆渡费。

10. 桥会的募捐

一般新建桥时因为经费需求比较大，一般会募捐。一是募集的时间。桥会募款是指在桥材腐朽需要重新建造的时候募集捐款，也就是租金或者其他的公用金不足的时候。二是桥会募集的范围。桥会的募款是在河北省一带，有时也从山西或者河南募款。三是募集的原因。大规模的进行募款是因为仅仅从周边村庄无法收到足够的建设款。三是桥会募集的方法。将普、济、桥、建、筑五字分开，每个字 25 枚（根据编号进行整理）。桥会将其分配给本镇的商人以及这附近的出身的人，并由在北京、天津成功的人士进行募集，而且也与天津重镇的船会和桥会联系之后进行募集。

11. 桥的修补

由于水灾发生，桥材的破损，需要对桥进行维修。一般是雇用人维修，维修时需要给人工费和材料款。钱不够时，由香头或者首事人垫付。

12. 桥会的土地和收入

桥会的收入主要来自于桥会土地、房屋的出租收入和捐献收入。土地捐献数量为五六亩到 30 亩左右。人们将土地捐献了，捐献的人依然会耕种，产权仍然属捐献人所有，会里只有收租权，不能将土地卖掉或者随便种植东西。桥会可以处理自己拥有产权的土地、房屋，捐献的土地如果只捐献收租权，桥会则不能对其买卖和处置。

13. 桥会土地与佃户关系

耕种桥会土地的人叫作佃户，佃户向桥会交地租（又称"租子"）。总体来说租子是 3 角 5、钱粮是 2 角 5。这一带普通土地地租大约十五六元。桥会可以从每亩土地得到从租子里扣除钱粮的收入。民国前桥会土地的租子随土地性质的不同而变化，民国后就几乎没什么差别。民国初年（1912）为 200 钱—500 钱，之后为 1 角 5、2 角 5，民国二十八年（1939）后为 3 角 5。租子一般是固定的，8—10 年才变动一次。桥会田的租子通常由老管事们决定，不会与佃户商量。

14. 学田

租票有"学字第 × 号"这样整理号码的是指以前的学田，由镇公所管理，那些土地的租子被充作学校的经费，因此加上"学"字整理而成。

15. 桥会的房基地

房基的土地又叫房基地。马头镇市街还有岸边有 4 段房基地，有五六亩。桥两边的土地也都是桥会的土地，右边的 4 段有房子，由桥会建成，一般会租出去，收入充当建桥费。

16. 桥会房屋及处理

桥会有两处房屋，一处有 6 间房子（租借费每年 10 元），在街道中间；一处有 30 间半（租借费每年 30 元），其中 6 间房子借给镇公所用，不收取房租。这些建筑修建已有百年以上。这些土地原属于民地,桥会购买后修建了房子。桥会的房屋采取如下方式租佃:租的人会向桥会的香头(会长或者镇长)申请,如果同意,香头确定房租价格就可以了,不用写租借契约书。只要不滞纳房租,那么想租到什么时候就租到什么时候。滞纳则会把房子收回来。租房的人不可以改造或者增建房屋。

17. 桥会财产的处理

桥会可以卖掉具有产权的土地,卖地由香头或者老管事人决定,事后会告诉首事人,但不是非要求得到他们的同意和谅解才能卖地。

18. 桥会名义上的土地与捐赠者

桥会的土地基本上都是附近村落的人捐赠的,其中富人较多。捐赠的时候,原来所有者会把地契交由桥会保管。原所有者几乎都会租佃(捐的)那块地,租佃期限是永久的。如果要证明现在的佃户就是原先的那块土地所有者,就要依据桥会里的地亩账簿和本人持有的租票。每年桥会从这些土地取得300元左右的净收入,即租金扣除钱粮开支后的收入。捐赠不受时间和地点的限制,只要捐赠,桥会就会接受,捐赠数量也由捐赠人决定。

19. 桥会土地的滞纳、佃权和黑地

因为桥会捐赠的土地的产权属于捐赠者,所以即使捐赠者滞纳几年的租金,其租佃土地也不会被桥会没收。在事变前,因为租金便宜,不缴纳的人家很少。佃户把土地卖给别人的行为叫推或推佃。民国二十二年(1933)后,除租金以外,佃户还需负担附加费。同一年,国家对黑地进行了整理,一块土地如果是黑地就要向县里申告,之后就要既交钱粮,又要交附加费。在这之前,黑地既不用交钱粮也不用交附加费。

20. 桥会地的推、典及手续

捐赠者将捐赠土地卖掉称为推,捐赠者也可以出典。推地需要在桥会办手续,而典地不需要和桥会联系,当事人之间直接进行即可。推地和典地在民国十七年(1928)之前与县公署没有关系,只需与桥会办理手续。要推地时,首先制定文约,卖主交给买主老文(旧文书)以便交易的兑换,等到十月缴纳租金时,在香头传唤下到场,在香头的账簿上更换名义,这叫过割。民国十七年(1928)后县里对推地和典地下了命令,推地和典地的人需到县公署,用县里规定的样式纸填写,以求批准。在县公署看来,这是桥会的土地,其实佃户才是真正的土地所有者。佃户不希望县公署知道实际情况,因为知道后就要交钱粮和附加费了。捐赠给桥会的土地在买卖、典当的价格比普通土地相对便宜。因为有两个所有者,这种归属不清的土地谁都不想要,佃户们也的确想把它变成自己的所有地。

21. 桥会的收入及管理

桥会只有在造桥经费不足时才会募款。普济桥会每年的收入是200元,每年花费在桥上的经费为百来元,主要是桥夫、船夫的工资及桥的日常维护费,剩下的钱存起来为将来

修桥所用。这些存金每年都会有所增加,可达到相当的金额。这笔钱由专门的人保管,不会用在金融方面(也有人说可以出借)。

22. 桥会间的关系

桥会之间不会联络,桥会会议上也不会招待其他桥会的人,因为桥会之间相距很远。在办普济庵庙会时,桥会什么都不做,组织戏剧、举办宴会都由庙里的人负责。各地桥会的香头间也没有交往。但桥建成时会举办庆典,这时会邀请其他村的人参加,邀请的一般都是村长、财主这类有权势的人,船会的香头也需招待。

23. 桥会和船会的关系

普济桥会在募款时,不会向其他桥会请求援助,但一般会向十里堡的船会求助。因为参加桥会的多为商人、财主,他们经常雇船让船夫帮忙送东西,所以大家关系(包括私人关系)很好,而十里堡的船户们又多为熟人,所以桥会在募款时,会拜托船户筹集资金,船户也很乐意帮忙牵线、搭桥,以取得更多捐款。但募款不是以个人名义拜托的,募款时从管事人到首事人会全员动员,安排各方面事务。比如,当有十里堡的船户来到本村,就有桥会的人出面(非特定人)拜托他募款修桥的事。回村后,船户把消息转达给船会的香头,香头将船户们召集起来,筹集捐款并记录、汇总。现在桥会里保存的船户册子就是当时记录具体捐款金额的。此外,桥会和船会没有别的联系。桥会在建桥的时候,会款待船会的人但并不是特意款待,有要事的时候会叫船只,拜托他们募款。委托十里堡船会进行募款后,就能够收到白沟上游船户的募款。民国二十四年(1935)普济桥会收到了千元募款。桥建成之时,本地的桥会款待了十里堡、杨家屯、团林、白沟河镇船会的香头等人,作为捐赠金的谢礼。

(四)涿县水田的纷争

1. 历史沿革

千年前,一位有名的儒者邵康节先生隐居在其故里范阳郡(现在的涿州),先生除了学问(主要是易学)之外还从事农业。因为范阳郡的水特别多,人们苦于无法栽种麦和粟米等作物。自从先生来了,自己尝试种植水稻,获得成功后便向农民传授种植方法。农民学会后,利用上游流下的泉水,不断扩大水稻种植面积。目前,水稻种植面积已达万亩以上。这地方就是如今涿县以大邵村为中心的水田地带。可见,涿县的稻田至少有一千年以上的历史。

2. 水源地和灌溉水的变迁

万泉庵位于房山县境内,涿县水田地带长沟镇往西12里处。这里有很多泉眼,最初甚至有个直径约50厘米的泉眼,地下水不间断地涌出。民国后,水利委员会在泉周围修筑池子,将泉水引到别处去。泉水从万泉庵出来西流约两里就到了下营村,在这里,河道被分水坝一分为二，一股为主干，流到涿县水田地带灌溉一万亩水田；一股由第一引水沟引流到房山、涿县境内，直至涿县秧坊村，用来灌溉旱田。主干流再向东南流五里来到半壁店，在该地，一部分水由滚水坝引流到引水沟，向北流六里，到达终点北郑村，用以旱田灌溉。另一边，主干流继续东流流入涿县水田地带，灌溉田地。为使主干流流入涿县内各田地，水利委员会还在田地各处修造了许多小沟。

3. 水利纷争

（1）水力磨。水力磨是涿县水田地带产生纷争的源头之一。据惯例，水力磨的使用时间为白露至来年清明节。当到清明节，下游的人便会来拿掉水力磨，因此常有纷争。

（2）第一次纷争：清代。清代初期，明朝遗臣冯阁老持有几块涿县秧纺村的废产（无法耕种的地）。冯阁老将其开垦为耕地，并在位于泉水流经的下营村附近堵住主干的水，开凿水沟，引入泉水以灌溉自己的耕地。这种引水方法给地方带来两大灾害：一是引入的泉水水量较大，经常造成泛滥；二是上游水被堵住，没有水流入的涿县水田，导致下游屡屡发生旱灾。因此，农民们便一起到县公署投诉。县长虽曾传唤冯阁老的管家（仆人之首，管理钱财的人）到县衙，但碍于冯阁老的权势也束手无策。之后农民们又投诉到直隶总督处，也毫无成效。冯阁老不仅不顾农民的两次投诉，而且命令北京的九门提督不许涿州人上京。终于在三年后，一名叫骆延忠的农民男扮女装潜入京城，因其和太后认识便向太后告状。太后知道后立刻通过顺天府尹下达龙票，命其调查引水沟之事，并建造分水坝。分水坝长达8尺，将水划为三七分，七分给主干，三分留给引水沟。此外，为给主干分更多水，还朝着主干修建了一个8尺的倾斜面，这才解决了该事。

（3）第二次纷争：清末以后。不早于乾隆年间，皇帝在房山县的东北面建了一所行宫。行宫前有一条约7尺长的水沟，叫御河，河上有一座桥。以前那一带人很少，但"看守行宫的"人除看守外，还发展了农业，渐渐家族繁衍壮大，形成南郑村和后河村两个村落。这里的农民为灌溉耕地，在泉水主干上建了引水沟，并将其延长，有时还偷盗主干泉水的水。因为这种事一直有，涿县水田边的人便共同雇了"看水人"监视水源，"看水人"负责监视上游的水。民国十八年（1929）四月左右，"看水人"发现南郑村人盗水，大骂其小偷。附近村落的人赶到，气愤地表示，水源在房山县内，因此水属于房山县。今后涿县不能再用水，并用石头把主干水堵住，将其全部引到引水沟里。于是，涿县人状告到涿县公署，涿县县长宋大章随后到房山县半壁店调查该事件原委。但宋县长刚到半壁店，就被村民包围，遭到刁难。当宋县长知道是房山县王县长指使这件事后，在天津省公署会议上便和王县长吵起来，并向省长投诉，但即使如此，该事也未得以解决。

农民们无可奈何只能投诉到北京地方法院，这是法院十九年来第一次开庭审判。房山县的律师陈竹溪是南郑村人，是引水沟相关事务的总代表；泉水主干这边的代表是梁谷庄的梁万祥（红眼）。引水沟这边拍了19年前刚开始种植水稻敷亩的照片，以此向法院证明，从前开始这里就是水田。但在审判时，梁谷庄的梁万祥通过正确、充足的陈述理由使对方陷入窘境。陈竹溪在一轮审判结束后便遭到暗杀，其尸体后来在房山县坟庄附近发现。因此，这事又以未解决收场。

民国二十年（1931），涿县县长宋大章得知吴铁城的到来，遂与其见面，告诉他关于水源纷争之事。吴铁城大体浏览诉状后表示，该事归水利委员管，可直接交给他们。涿县县长认为此事总算得以解决，便递交了辞呈。

河北省公署最后决定派遣水利委员会的技术员到半壁店修造滚水坝。在半壁店召开民众大会后，决定将水分为两部分，主干流占四分之三，引水沟占四分之一。但技术员在修水坝时接受了引水沟杨树村的贿赂，所以在水坝上作了弊。首先在长度上，并不是四分之三对四分之一的比例；其次在宽幅上，引水沟只比主干流短5厘米；最后在倾斜度上，主干流是水平的，而引水沟是倾斜的，因此水会较急。

（4）第三次纷争：民国三十一年（1942）前。事变以来，上游治安较差，所以涿县的人不常去房山县。直到有一年，天大旱，雨水不足，上游几乎没来水。六月四日，涿县建设科长与大邵村村长冯秀山一起前往上游了解情况。7天后，涿县县长和房山县县长在半壁店立下约定，决定在日军的帮助下修理河道。之后，在日军的调解下，引水沟利用几天时间将水堵住，让其流到涿县。

4. 修理河道计划

涿县第五区大邵村、小邵村、冯村、夹河及房山县东梁个庄、南梁个庄、北梁个庄7个村约一万亩的稻田均用万泉庵泉水灌溉，此河历年由7个村村民随时修理。事变后因治安问题，5年间村民未敢前往河道查看淤泥深浅并及时清理，又值该年天旱无雨，稻田不能栽秧，逢增产关键时期更需修理。

（1）分水沟：明末清始，冯阁老因灌溉羊房村私人花园，在下营村东北面的万泉河右岸开凿引水沟，之后羊房、半壁店、纸房等村民均用此沟水灌溉旱田。该引水沟宽8尺，河道宽约3丈6尺。如今河道左岸开垦出稻田约3亩，侵占河道约2丈4尺，以致本河流量减少。因此，计划掘去左岸稻田被侵之处，恢复河道原3丈6尺的宽度。

（2）滚水坝：清代，皇帝在河左岸建行宫，宫前修御河桥，其中一座桥在河左岸，遂挖掘引水沟一道通御河桥下，以备之后沿沟附近村，如杨树下、南郑、北郑等村民灌溉旱田之用。至民国二十年（1931），因旱田村与循园村争执水利，经水利委员会测量，本河宽20米、深0.6米、引水沟宽10米、深0.7米。今河道淤塞、水草丛生、流量减少，遂计划挖出河内草、石。

（3）水力磨：之前因其使用时妨碍水流惯例，所以规定每年白露节后开始使用，清明节后停止使用。现竟四季连续使用，妨碍水流。因此计划停止使用，并撤除拦水石。

（4）万泉庵涌泉水最旺盛处：如今水草丛生、乱石淤塞。因此，计划掘出乱石、清理水草、疏通河道，并对多处进行修理。

预计一周时间内完成修理工作，从七个村中挑选劳动力共250名，由涿县、房山的警察与友军担任计划开展的监督者。

三　水灾修复和河务管理

本篇是针对民国二十八年（1939）小清河、琉璃河的水灾，河道挖掘与筑堤工程的参观调查及同年永定河、小清河泛滥时的治水惯例进行调查的记录。调查方法是访谈法。调查中心是琉璃河泛滥地区的复原工程。本篇属于华北惯行调查资料第 89 辑，水篇第 8 篇。

（一）受灾的基本情况

（1）泛滥决堤情况

民国二十八年（1939）夏季有三四天降水量很大，永定河水量时涨时降，水量增加通过卢沟桥的闸口流入小清河，因此两条河水的上涨程度相当。琉璃河比永定河更早出现水量上涨，且上涨很多。洪水不是一直都有，小清河有时会退水，但因为河的水位一直很高，稍有增水就会向两岸溢出，储蓄一段时间后，导致永定河发生决堤，以小清河河道为中心，广袤的一带都被洪水淹没了。因人力不足，在溃口有水溢出时地方未召开相关防水会议。

增水时，洪水在不同的地方深度不同，耕地最深处有 2 丈 5 尺，平均 1 丈左右；村里最深处有 4—5 尺，一般为 2 尺。铁道的东边因离决堤点较近，受灾严重。据七月上旬的调查，耕地有 3/10 受到洪水威胁，农作物和原来相比减产许多。作物以高粱、玉米、谷子、豆类等居多，大部分洪水过了两个月才退，因此土地变得又湿又软，只适宜种植麦子。据七月中旬的调查，受灾民众数量有 11358 名（其中需紧急救济的有 4087 名），在七月二十六日的调查中，受灾民数为 22890 名（月前 12508 名）。受灾民众基本没有存粮，他们都等着秋收，因此，这场大水使一半的灾民为来年的粮食发愁。此外，村中很多土方都被损坏，有两处桥梁受灾，电话被损坏，道路也是一片狼藉，这些都是一个月后才修复的。

（2）泛滥原因及排水

民国二十八年（1939）七月发大水时，永定河在卢沟桥处决堤，其洪水量的 80% 都流到小清河里，小清河又在涿县码头镇境内上游 1000 米处（郎庄）决堤，之后洪水从决堤处右折迂回，经过码头镇北端，流入琉璃河河道。这股洪水含大量泥沙，且小清河洪水水位比琉璃河高，导致小清河逆流到琉璃河，从合流点开始，上游泥沙沉积，下游河床上升，这是琉璃河河水积滞上游的原因。此外，周围的河川没有防堤和护岸使得少量水位上升都会扩大泛滥面积。1942 年 3 月，因上游冰雪融化，冰雪融水致使泛滥区域急剧增加。部分洪水只能从北港村北端流过凹地，经过南沟村，向涿同村的洼地排出。由于滞水范围过广，且处理需消耗大量经费，因此县里没有对滞水地排水，而是一直放任。当初的滞水地，如今因蒸发或被地下吸收而变少许多，但目前良乡管辖内的 13970 亩地及涿县的 7709 亩地还有滞水。

（3）各河流情况

小清河流量大增，现流量为 30 立方米每秒，量大且夹杂着泥沙。而平时小清河上游的水加上雨水，水量约是 3 立方米每秒，且都是清水。

（二）工程修复

1. 工程决策

基于各个调查机构的调查报告决定：一是工程时间，5 月 25 日至 6 月 15 日。二是工程地点，最初十日为琉璃河河底挖掘以及河堤的修筑，然后在小清河挖掘和修筑。三是苦力的分配，涿县 5000 名，良乡县 3000 名，房山县 4000 名，住宿地为工程附近的农村。

2. 修复工程

这些滞水地，一部分农民可用来种水稻，良乡县内琉璃河站西北处的滞水地可用作水田。工程有两方面的目的：一是为挖掘琉璃河、小清河的河道，排出民国二十八年（1939）大水灾时的滞水；二是通过对水灾多发地的复原以求农作物增产，同时预防从永定河流到小清河里河水的泛滥，稳定民心、民生。工程的主要动工点为：清理小清河河道中的泥沙，在小清河至琉璃河的溃堤处建筑防波堤，同时疏通琉璃河河道。

（1）对策及理由

根本对策是恢复各河道流径，建造防堤护岸工程，以达到防止泛滥的预期目的。工程分两期：一期工程为挖掘被埋的琉璃河河床，且在现小清河与琉璃河合流处建造简单的导流堤；二期工程为修复郎庄北端的小清河决堤口，并掘出被埋的原小清河河床。另外，如果条件允许，可在琉璃河上新建防堤和护岸，抬高琉璃河水位，使水流更顺畅。

首先，一期工程可以使现在的水量在很大程度上减少，即使发洪水时也可减少泛滥，尽可能降低对农作物的影响和伤害。其次，小清河与琉璃河几乎是以直角合流，且小清河流势更急，而该工程可使其以锐角合流，减缓小清河流势，防止水流在激荡处破堤，并预防合流点上游的琉璃河河床泥沙堆积。

二期工程的理由则是，现卢沟桥附近正建造的溢流堤，预计在后年永定河洪水期会有大量的洪水流入小清河，如果放任小清河河道，可能会再次堵塞琉璃河河口，导致琉璃河沿岸受灾越来越重。此外，放任不管不仅会对粮食增产计划的实施造成阻碍，而且会浪费该处最适合耕种的地。

（2）工程委员会

复原工程委员会设在码头镇（涿县），会长为燕京道尹李少徽，副会长为涿县知事杨开明、良县知事陈仲和、房县知事唐祖熙。委员会事务所里常驻人员有：省公署、道公署、县公署的职员（涿县建设科科员一名、县警察队队员三名、良县建设科科员一名、县警察队队员两名、房山警察队队员三名）。工作人员在动工前 3 日就到码头镇集合。负责监督的军队统筹全局、决定所有事务，里面包括省公署派遣的日本技师及 3 个日本承包人；县负责安排工作；委员会则是在动工前大家商量好后，决定工作的分配。委员会内没有组织章程，运行原则是让事情运作到最好即可。委员会大致按如下分工运作。

一是文书股负责撰写、发送委员会递交到外面的公文，并制作统计表。此外，每五天写一份报告，主要是给省、道、县里写，主要起草者是公署秘书和日方代表。
　　二是会计股主要负责钱财的收集、保管、出纳、工程用具费用等。另配有内勤一名。
　　三是配给股负责每天召集劳工代表，合计劳工数，把小米和玉米交给他们。另配有内勤一名。
　　四是联络股主要是在工程现场进行工作方面的联络。
　　五是劳工股负责作业区域内现场劳工的工程分配，并监督劳工的作业情况，调查到工人员数。另配有内勤一名。
　　六是材料股负责收集工程材料（领取、分类、保管及分配）。材料包括麻袋、树木、搬运用的笼子等。
　　七是警备班主要预防外匪、潜匪，并负责看守以防有人逃跑，有时会斥骂那些偷懒的人。警备班有一定的管辖范围，主要是劳工工作的区域。劳工有固定的住宿地，良乡的警备班就住在同县劳工的住宿地路村附近，房山的警备班住在南乐附近。除警备工作外，警备班还会有固定的三分之二的人去工程现场负责监督。

3. 出工分配及劳工工作

　　劳工数量是由委员会计算，然后通知县里，由县公署统一安排。在每个县的劳工工作区域内，大体是按区和乡的排列顺序分配劳工数量，但一般一项工作完成后还会有别的工作，所以有时顺序会打乱。出工数量以按照区进行均摊，特殊情况有二区和六区。二区按照每10位男人出2名劳工的原则进行安排，除出劳工外，还需要提供很多物资，包括工程需要的柳条、圆木等，但这些是有偿的。六区是因距离最远而特殊。
　　通常，一个村的劳工会有一处固定的工作点，每人每天大约可获得5角的小米和玉米。木匠由委员会雇用，安排指定的工作，并获取相应的工资。劳动时间为上午6点半到中午，下午3点到7点，休息时间为中午至下午3点。出工者来工作地时有人引导，一般知事理的人就可以出工。引导人在每次劳工轮班时会变动。通常引导人需要在出工第一天去委员会露个面，劳工股的人会通知引导人相关事情，之后只需在现场督促劳工。引导人负责监督劳工，并根据劳工股的指示给劳工分配工作场地，同时照看病人（主要是消化器官方面的病，军方、良乡、涿县公署都会有药品的补助）。关于轮班安排，县考虑户口数、距离和经济情况，让各乡派出指定的人数，各乡又根据各村实际构成分配人数。

4. 监督机构

　　涿县、良乡、房山及其他地方均配有警察进行监督，其中涿县有警察30名，保甲自卫团50名；良乡县警察10名，警备队30人；房山县警察5名。该工程实施之际和治安强化运动有一定的关联，当地技术指导劝导相关县民（良乡、涿县）进行义务劳动，并用部分经费对其进行物资补贴。

5. 工程实施机构

　　工程的实施计划、经费等问题由省公署负责，建设总署只配合做调查。且前后两期工程没有联系，前者是在军队的作战命令下开始动工；后者则是良乡县直辖的工程。

6. 工程的预算

工程经费因计划更改变成28万元，省公署出4万元，涿县公署3万元，良乡县2万元，目前正向政务委员会申请了8万元。

（三）以永定河河务局为中心的河防

1. 华北水利委员会

华北水利委员会成立于民国十年（1921），是国民政府的直属机构。委员会在永定河洪水泛滥期间派人来调查过受灾情况，但没有常驻。

2. 永定河河务局

永定河以前叫无定河，河道不定，乾隆年间修了堤坝，改为永定河，还为此设立了管理机构。永定河河务局是管理永定河的机构，成立于乾隆年间，总部设在天津，在河边有常驻事务所。河务局主要负责监视并保护河堤、闸，紧急时可随意征用附近居民，命其修复河堤；否则必须先与县警察署联系。

河两岸为防护河流将合适的区间分为一"段"，实行分"段"管辖，"段"的间隔不固定。一个"段"内有段长一名（无副段长），下设办事人两三名，工巡官带领的河兵有二三十名。段长、办事人平常在城里，每年涨水期7月1日到10月1日在当地事务所。河兵则一年都在事务所。

管理边界在有水时以流水中心划分，没水时则以两岸的中心线来划分。就涿县附近的永定河来说，有南上四工、南上五工衙门。之后把"工"换成了"段"。南上四段的事务所在韩营（良乡县），南上五段的在长安城（宛平县），他们在各自的堤坝附近，县内北寨也有河兵驻扎。

3. 与河相关的土地

从堤防开始，十丈内的土地都是官地（以前是民地，成立河务局后就变成官地），归河务局管辖。这片地不好，不能做耕地，河务局便在土地上种植柳树。河边除量水尺外，没有别的设施。

4. 河务局员的职务权限

河务局有工巡官，工巡官指挥和监督河兵。河务局主要有如下职能：一是负责巡视河堤和闸。河兵负责巡视，段长、办事人不会巡视，有事时才出面。河兵在巡视时，有时也抓捕破坏堤防的人，但不能处罚他们。范围限定在10里内，但实际不止10里，因为如果实行这样的限制就无法抓到破坏者了。河兵在10里内抓捕到的犯人由河务局负责处罚，多数情况下处罚较轻，只需归还偷盗物品，没有罚金。但破坏堤防属严重犯罪，需要河务局将其送到地方法院（事变前在涿县，事变后不清楚），审讯时要求河务局人员在场（目前未发生过该种情况）。若有犯人逃来码头镇一带，则必须联系警察分所进行逮捕。二是征用民工修复河堤，如果遇到紧急的情况，河务局可以征集周围的农民作为民工修堤。如果是不紧急的情况可以先与警察署联系。

5. 民工的征用

河务局不时会在河岸10里内征用农民，进行征用时需和附近的村长商量决定。征用10里外的人员则是警察分所直接进行人员招募。一般在春天未涨水时，河务局会雇用10里内的村民作为小工进行堤坝修筑。紧急必要时，河务局可随意征用10里范围内的人员。这时工程不施行就会威胁村庄安全，所以征用不需给钱，而且村民为自己的村庄也不会索要钱。不紧急时，如果是大工程，应在事前联络后再征用；如果是小工程，则不需联络。这种普通征用通常会按照市价支付劳银。

6. 县、警察的临时水防事务

临时水防事务是根据县里预先注意永定河水量的指示进行的。通常，警察所的3名警官会带领附近20—30名村民（总计两百多名）巡视河边地区，这需要事先和驻扎员打招呼。码头镇警察分所会有30名职员，但有一半是被派遣到当地任职的。永定河附近的村庄中也会派出应援队员。在河兵未到之前，大家接受当地警察的指挥。河兵到后，因其很了解水势，所以由河兵指导。

7. 日常水量调查及预防措施

水灾前特别派了分所员每天往返永定河、小清河、琉璃河等地，进行水量调查。永定河的水量调查由里渠的驻扎员负责，因为有通到里渠的电话，所以方便了解每天的水量状况。里渠的驻扎员会和河务局交涉，他们每天都会让在村里的自卫队去永定河做调查，涨水后每天都能收到水量报告，报告之后会递交到县里。县和分所为预防洪水采取了巡视永定河堤防，并继续补修、强化的措施。

8. 保甲自卫团、派员

事变后，保甲团的队长鲁化南常驻里渠，他手中还掌握着除驻扎员和河务局河兵外的其他权力。驻扎员在征用人手或征收东西时，需要得到鲁化南的许可。当时永定河还未实行保甲制，只是冠名的自卫团。保甲团属于县公署直属的独立机构，专为治安管理和防备贼匪，与行政、警察所都无关系，仅与土地相关。自卫团有500人左右，主要是里渠的自卫团员和北蔡村的村民。因为当时距离事变后不久，治安很差，所以，参加永定河护岸的人，警官和自卫团都会让他们拿铁炮以作防身之用。此外，在现场指挥村民时，铁炮也可以显示威严。派员是指如有修堤需要，就从北蔡及其他村庄征用10—20名小工。出工的人只用携带铁铲。这些征用都是由警察分所直接安排的。

9. 河堤修补与巡视

警察分所不从附近村落筹措修理所需材料。急需木料时会砍堤防的柳树，土用的是堤防十丈以内官地里的土，春季河兵会让农民挖掘并堆积好。尽管这些事务都属于河务局，但河防是大家都应该做的事情，一方面警察会按河兵的做法做，不会做得很离谱；另一方面事情紧急，不照会河务局也能得到理解。

河务局会派员巡视河堤，发现堤坝缝隙溢水，就要让农民来填土，另外还要在河里打桩制水。派员不夜宿河边，会当日返回。夜间由河兵巡视，白天警察也要巡视。

10. 河防联络

一是巡视人员与警察联络。白天会安排人在河岸边巡视，当天回来，所以这些人跟警察所有联络。派员不在现场，里渠的驻扎员就会多注意，然后跟警察所联系。河流一旦溃了口，就根本没有办法联络了。二是河堤各段联络。民国二十八年（1939）永定河溃口，水来得很快，哪里都没有消息传到警察所，但河务局各段之间是有通电话的。河务局主要负责堤防监视和修理，不负责通知。三是河务局与县公署的联络。河务局和各县公署之间也没有中间联络的机构，河务局要和警察所联络，就会派普通的河兵或者附近村庄的村民，但一发大水，就没法进行联络了。四是县之间联络。县公署每天都会用电话打听邻县的水量。发大水时警察所要和县城联系就得用船，电话打不通。大水前，警察所会在水位变化很显著的时候向县里报告，大水之后每天都报告。

一旦发大水，河边的村庄会依靠各个机构，不管是河务局、警察分所还是保甲团，警察分所也被要求尽可能出更多人修理永定河河坝。河边的村庄不会通过里渠驻扎员互相商量，决定区域，一起进行防水，没有这种惯例。河边的村庄也没有出现对水务很了解的人，进行巡视、指挥防水工程之类的。他们只在官方指示下干活。没有人命令和指挥，农民不会一起来防水。民国二十八年（1939）永定河溃口以后，上游的村庄没有采取烽火之类的方法向下游通知洪水，他们有敲钟和敲锣，不过不是为了联络别的村庄，而是为了告知自己村的人。

11. 河务局和警察

警察分所和河务局平时不经常联系，对河务局的工作也不甚清楚。春季永定河大体上是干涸的，但是一进入夏季，就会加强防范。如果预感会发大水，警察分所将派人帮忙，但何时会发洪水，河兵往往很难判断，当知道洪水来袭，交通已瘫痪，也就没有办法联系了。

12. 预防处置避难设施

县里、警察所或河务局，都没有预测洪水的设施和指定的村民避难处，也没有让各村庄准备好排水用的盛土、木材等，更没有准备救护船。但北蔡、南蔡一直放着河务局用来搬土的笼子，因为它们离永定河很近，河务局就让他们代为保管。村里也几乎不会建设排水避难的设施，沿岸的村庄也没有，水力太大做什么都没有用。大水来了就逃往村里的高地，有钱人也不会离开村庄。大家觉得只要逃往村里高地大体都能得救，但大水来了，村民会在村里重要的地方盛土、排水，谁也不会泰然处之。在低地的村庄，像北蔡村，洪水一来就算是很危险的地方，但谁都不外逃。地券、借贷证明书等物品，会藏在柜子里，就算家被冲走了，这些东西也不会浸水和丢失。也会有一些人把这些贵重物品委托给城镇的人保管。

13. 水灾监视与自救

大水来了，村里的人不免恐慌。由于难以从村里出逃，妇女、老人等就去村里的高地避难，去邻村避难的极少。男人则不会避难，一般会以村公所为中心，把所有能干活的男性劳动力都召集起来监视水的涨落。除此之外，大家就各自管各自了。对于那些因房屋浸水而没有住的地方的人，村里不会做什么，本人直接去投靠关系好的人家。不会有人自发救济那些受苦的人，不过如果有人受到求助，不管是住宿还是食粮，能借则借，能帮则帮，并且不会向求助者或村里索要任何费用。

（四）水灾救济

1. 水灾委员会

码头镇没有慈善团体，也没有做慈善事业的会，即使在水灾和饥荒时候也没有出现慈善家。不过以前发大水的时候，会成立以警察为中心的会，但名称不叫委员会。民国二十八年（1939）水灾后，成立了两个水灾委员会，一个在县公署内，一个在当地。两个机构相互独立，没有联络。县公署的水灾委员会则是在县里的命令下成立的，地方上不会有人作出设立委员会的请求。当地的水灾委员会正式名称叫涿县临时水灾救济会码头分会，是溃口十多天后，分所长提议，并与军队、镇长、保甲团长、商会长、里长商量成立的，这些"上面的人"商量过后，便会向有大片土地的或有钱的人发出"邀请"。委员会的成立在分所长提议那天，没有举办成立仪式，也没有在各村张贴委员会成立布告，而是通过分驻所、用船巡视的警官、自卫团的人通知各地方。码头镇的水灾救济会一开始完全和县里没有联系，成立之后，县里的委员会才成了本部，而该会作为县本部在第二区的分会。不过，该会的创立的确是县里授意的，因为不管是警察分所还是镇公所、商会，不得县的许可，不可随便设会。

2. 水灾委员会的组织架构

会长是现分所长，副会长是保甲团长和商会长，顾问为五十岚警备队长，其他的有董事数十名。董事中，既有在镇里或保卫团、保甲团担任职务的，又有村庄的村长；既有学校的教职人员，又有商人和财主。村长成为董事，是为他是村里的中心人物，一个村的救济事务是以村长为中心展开的；而商人和财主较多，则是因救灾的金钱物资之需，他们提供捐赠或救灾成本垫付。这些职务，在很久之后，都收到了县长颁发的委任状。

3. 水灾委员会的职责

委员会的主要工作是受灾调查和难民救济，主要的工作方针和安排会由委员会成员聚会商定，之后也会随时开会讨论。开会的议题主要有募款、施粥、收容、调查、防疫等，而首要的则是督促各村长调查各村受灾情况，同时展开救济。委员会在警察分所办公，由警官充当办事员，人手不够的时候会让自卫团的人帮忙。

4. 水灾委员会的经费

水灾委员会的经费大约有 7000 元，先由富商垫付，然后再筹款清算，县城委员会有几百元的支持，日本军的队长也捐一些。各村在水灾来临时不会成立灾民救济会，有村公所就够了。村级救灾费用镇委员会不管，直接由村里负担。

5. 会以外的救济对策

委员会成立之前，在码头镇进行了难民避难，警察协商了住宿。水灾发生后也做了各地的实情调查，然而大水导致交通瘫痪，阻碍了调查进展，不过巡官用船到各地调查，还是慢慢摸清了情况。委员会成立后，首先也是让码头镇的难民去避难，并依据各地的受灾调查开展救济工作。

6. 受灾和避难

码头镇当时的情况是，村庄周围的全被水围住了，村内的房屋也大多浸了水，虽然全部损坏的房屋没有，破损了一部分的很多。因为水流到了院子和坑底下，睡在地上和小屋里的人就没有住的地方了，他们需要转移到别的避难处。由于水会不时涨起来，住在村头的村民危险性更大，需要转移到安全地带。此外，有些住房尽管没有受害，但房子是用泥土做的，浸水容易崩坏，也需要转移。综合上述情况，需要避难的有六七十户，多达五六百人。有 10 户被大户人家的熟人、朋友收留了，但其余的就通过亲戚朋友转移和收留。

7. 避难处的委托关系

除了亲戚朋友，村民还会到码头镇的商铺请求投宿，这部分人几乎全是农民，数目不明。最开始农民自己直接向商铺请求，而不是选派代表同商铺协商，镇公所既不安排避难场所，也不派人帮忙，后来才由警察分所帮助避难者与商铺协商投宿。相对乡公所、商会、庙、学校等机构，大家更多的还是去商铺避难，一来前面这些机构都有人住着，没有收容余地；二来商铺比这些机构更乐意收留。难民在选择避难商铺时，一般也不会考虑是否与之发生过交易，因为大家都互相认识。

8. 难民收容所的设置

警察方面将如下商铺作为收容所：广盛聚、天福堂（药铺）、德义祥、鸣兴文、福音堂（美国人的但是美国人没来过）。警察方面把店主叫来要求他们承诺，大家都欣然应允，尽管在这之前不会有自发提出提供住宿的。除了福音堂外，其他商铺先前都有难民通过个人交涉后入住了。警察方面与商铺商定之后不通过张贴布告，而是通过巡官通知，很快就会传遍村里。商店街在镇子也算是高处，商店的屋子和仓库都可充作收容所的房屋。

难民的收容场所既不作统一分配，也不会按地域或同姓划分，也不会规定收容所的收容人数，去哪里由难民自我选择。不过收容所的收容事务还是会由巡官、镇公所、商会、自卫团的人负责，但不是每一处收容所都有负责人。他们会把一家子分在一起，而不会把老人、妇女、小孩单独分开。避难者中女的、小孩特别多，而男的大都被纳入自卫团。为了监督以及让家里有人照料，也会留下一些男人，但男人们会尽量睡外边，把好点的屋子留给女人。

除了寝具，收容所不会特别指定难民需要带什么来，自己需要便可携带，在商铺是什么都借不到的。粮食由负责收容的商铺来出，他们很乐意的，但是也有少数人带来面粉、大米、麦，自己做饭。水灾之后几天，委员会成立了，这时候大部分人就已经回到自己家里了。

9. 粮食的调配和发放

七月下旬左右开始的三个月间，委员会发放过粮食，这些粮食大部分是委员会买的，一小部分是从县里得到的。一开始没法做贫户调查，就根据村庄大小决定发放数量，到了8月份，慢慢了解灾情后，就根据调查来发放。

开始是汇总交给村长，由村长发给极贫户，经由村长发放的时候会根据受灾的多少给村庄排序号，一一发放。后来做好了"极贫人数册"之后就让他们本人直接到委员会，然后给他们。极贫册子上有12000人，涉及管辖的各村。

前两个月在基金范围内，选择适当时机发放粮食。有粥厂的时候，就不怎么发粮了，粥厂在码头镇的小学运动场有一处，冬天一天施两回。施粥费用需要几千元，委员会主要从本地粮行购买，既有通过商会买的，也有直接买的。粮行没有给委员会捐赠过粮食，委员会也没有从商会借用过金钱物品。周围村庄的人会来粥厂领取施粥，远处村庄的村民也会来，但经粥厂人员调查之后才发放给他们。

10. 灾民调查和证明

水灾十来天后，各村长开始调查灾民情况，调查后从灾民里选出极贫户，制作"极贫人数册"。这个册里记录有户主、男女分别的数量。需要施粥的灾民会得到金属制的号码牌，施粥一天两次，喝饱为止，每人小米半斤左右，一天可招待千人；第二次施粥完了交还号码牌，做粥剩下的小米也会分给贫户。

11. 疾病对策

民国二十八年（1939）水灾没有引起疾病蔓延。上边有命令让作病人病情汇报，委员会也买了大约百元的仁丹、避宝散、十滴水发给他们，但没有雇医生派驻各地。不过灾民中若有病人无法支付全部费用，就会让他到码头镇中医那里免费诊查，其费用由委员会随后清算，但往往数额不多，医生就婉拒了诊查费用。

12. 教会和救济

二区的福音堂在码头镇一处，主管人员是中国人，灾害时和平常一样，并未借机进行传道活动。平常他们不会救济灾民，水灾时救灾也没有那么积极主动。如果灾民是信徒，他们会优先收容，在委员会的协调下，他们宣称对一般民众开放，但实际上似乎没有这样做。

13. 避难民的状况

民国二十八年（1939）夏天的大洪水，一个月左右水就退了，但当时镇里避难民众还有很多，既有灾前的难民，也有灾后难民，大约各占一半。避难民众中，那些乡下的有钱人和保甲团的家人比较多，他们大多是外乡人，和保甲团一起来到本地。当时乡下贼匪非常多，他们被盗贼盯上，丢失了钱财。当时镇里空屋很多，很多镇里的有钱人迁到了北京、天津，所以避难场所很容易找。

14. 水灾和贼匪

民国二十六年（1937）十月，贼匪侵入镇内，南北街路西的房子被烧了很多。民国二十八年（1939）水灾之后有贼匪袭击村庄，保甲团、警察很快就出动了。一个月左右之后又有两百名左右的贼匪来袭，所幸镇子没有被他们毁了。

15. 救济会的物资调动

一般情况下，救济会让商会出救济粮食，商会再通知富商出粮，这是暂借而非捐赠。也有不通过商会直接向店铺借粮的。

16. 田赋减免

水灾后，农民没有请愿减少田赋，不过县里针对水灾地的处理开了会，有人提议田赋减免。县里命令进行受灾地调查，在民国二十八年（1939）末发出了废除第二区民国二十九年（1940）的田赋和附加的指示。

四　河务管理与屯田开垦

（一）天津小站水务局及管理

本篇是华北惯行调查资料第 90 辑，水篇第 9 号，日本满铁调查员对河北省天津县小站乡河务管理的调查。

1. 事变前的河务机构

在清代，华北的河务中央机构是京畿河道总办处，而近代河道管理开始于民国四五年（1915、1916），在天津意大利租界成立的顺直水利委员会。民国初年（1912），河务局成立，开始管理各条河流。辽东政府成立之前，北运河河务局在通州，该政府成立后，移到了天津。南运河河务局之前就在调查时天津的南北运河河务局的那个地方。"七七事变"之后南北河务局改组合并。永定河河务局事变前在卢沟桥，事变的时候一度移到了丰台，最后又回到了旧址。大清河河务局事变前是在任邱县什方院，事变后移到了新城县。子牙河河务局在事变前位于大城县玉家沟，现在在天津。黄河河务局事变前在濮阳县濮头镇，事变了就停办了。卢沟桥事变后没有颁布新的河务法规，仍沿用事变前河北省公署建设厅颁布的法规。

2. 河道管理的段

河道分段管理，一段的管辖距离根据地势、河川利用状况、沿线经济情况等而定。一个段可以管理两岸事务，也可只管理一岸事务。大体上一段配有段长 1 人、事务员 1 人、工巡夫 5 人，还有工巡目、雇员等。只有永定河用河兵代替工巡夫的工作。

3. 南北运河河务局构成

南北运河河务局设置局长 1 名，3 名科长，分别为一科科长、二科科长、主任科长，下面设置了科员 2 名，事务员 6 名，技术员 6 名，雇员 6 名，测目 1 名，测夫 7 名，公役 8 名。还有汽油船长，赶大车的各 1 人。

4. 南运河各闸人员

南运河有 5 个闸，都设置了管理员、事务员、闸目、闸夫，后两者的薪水分别为 1—2 元和 7 元。

5. 官地

小站的第七区各类官地较多，官地和民地比率大约九比一，官地由农田局管理。第七区的全部户数约有七千户，农田局下辖的土地涉及 20 个村庄，总面积约为 5380 亩。

6. 河务局附属土地

河务局有不少附属土地，总共有河淤地、河滩地、耳河滩地、籽粒地、荒地、麻课地、上苇地、茨苇地、鱼藕地、借水地、房基地、水井、大井、机井、过堤水池、芦苇地、冰窖等 18 类土地。

（1）麻课地。在北运河，约有 1 万亩以上。所在地不仅仅是河边，离河相当远的地方也有。这是没有田赋的土地，以前开始耕作的人就以麻抵租金上交河务局。现在每亩是 7—9 分的租金。

（2）籽粒地。由来不明，属于皇室，也叫燕粉地，麻课地、籽粒地都没有田赋，像黑地一样。由于被免了田赋，就归属到河务局，也有人用很便宜的租金永远耕作。

（3）河淤地。因为大水携泥土流来，导致河底的变化，新产生的淤积土地。

（4）河滩地。河滩地是堤防侧面没有流水经过的土地。过去一直存在这类土地。

（5）耳河滩地。耳河挖的土堆积而成的土地。

（6）上苇地、次苇地。种植芦苇的土地，有些土地距离河流很远。

（7）荒地。不能种植作物的荒地。马厂减河上游特别多，距离河很远的地方也有。

（8）鱼藕地。在河边种植藕的地。

（9）借水地。在附近的民有地上为将运河的水用于灌溉而使用的土地。

（10）房基地。民众在河务局的土地上建造住房，缴纳租金的土地。

（11）水池子。为了将水引到河边的田里而挖的池子。一个池子可以灌溉 3—5 亩的菜园，也有用来灌溉麦田，没有用池子水灌溉稻田的情况。抽水器有桔槔、搬斗子（两个男人使用，引水的斗子）。池子没有大小、深浅的限制，也没有设置地方和距离的限制。每人挖池子的数量没有限制。只要申请一般都会许可。农民向河务局口头申请，只要后者不反对，就可以挖池子。池子每年交使用费 5 角。虽然池子由个人建造，但是相邻几户可以共同使用。大约半个月抽一次水。如果将池子的水引到隔壁的沟里也不会收取费用。

7. 河租收入

河务局共有七处，31.3 亩地出租，每亩 1 元—1.25 元的租金，总收入为 59 元。十月、十一月征租，兴农开闸、闸夫催租。

8. 土质

第七区马厂减河附近的水田地区长年有水流过，碱性很小。尽管这样，只要没有引水，碱性就会显示出来。减河以东的地区，除了一部分水田，就是碱性的荒地和湿地。水田和旱田在地层本身没有多大的差别，旱田因为无法引水，所以没有办法变成水田。海边有盐场，完全无法耕作。

9. 水田

第七区除了农田局官地外，在减河一带，有水田 300 顷左右。在天津县各地水田都很多。从天津到小站的途中和大小孙庄、郑家庄、杨家庄、挂甲寺等地都很多。最集中最多的还是小站地带。在小站地带，七八成都种稻，也有种植高粱、玉米等，还有种植芦苇的。

10. 旱地

减河以东农田局管理以外的地域是碱性土地，种植高粱、玉米和野菜，土质不好，产量很低。沿海地区的居民通过渔业谋生，有的地方也生产盐。减河以西的四丈河流域的土地同样由于水利问题，土壤碱性很强，虽然种植着高粱、谷子、玉米，但是产量非常低。可以说除了水田地区之外，一般的土地都很贫瘠。如果采用引水方法改旱地为水田，则需要进行大工程，而且最终的水还是引自减河，并不能造出大的河流，所以称不上是好方法。

（二）小站地区的水稻种植

1. 水田的耕耘

小站地区水稻的收获期因稻谷的品种而异，早稻大概在八月十五收获，晚稻大约在十月份收获，但播种同时进行。同一个地方一般只种一个品种，首先，播种之前要掘地或犁地，以降低土壤碱性，用铁锹的最多，因为掘得深一些，但费人工；其次是犁杖，近年劳务费和粮价上涨，用此方式的增多。

2. 选种

"七七事变"之前，大部分人都用自家储藏的种子，之后就几乎都是购买，每年从日本引进，通过军粮公司购买。八九月收获后就立刻选种，把种子放在麻袋中，置于干燥处保存，不会放在缸子中。

3. 浸种

播种前先将种子浸泡10多天，叫"播芽子"，每3—6天换一次水，到种子发芽时候取出。减河水量多可以少泡几天，水量少就得多泡几天。以前种白芒、红芒这些品种，一亩地播7斤，后来使用日本的种子就得播10斤。

4. 播种

秧田在小站地区被称为"芽子圲"或者"沐子圲"，很久以前就用这种移植方式种植水稻。清明节后就开始移植，到谷雨有10天时间。芽子圲会选择在地势较高、水较多的地方，这种地方土壤含碱少。秧苗最多生长40天就可以栽种了。

5. 浇水、换水

芽子圲每天早上要换水，本地称"拉水""放水"，不然碱量增多，抑制秧苗生长。一开始要加大水量，不然幼苗易倒，有3寸的水位就够了；秧苗稍大一些时就白天减少水量，以使叶子充分吸收阳光和空气，夜间增加水量减少呼吸作用。秧苗长成就移植到本田，当地称本田为"圲"。

6. 移植

旧历的四月份开始栽秧（插秧），持续到四月中旬。减河一般能够满足种地的用水需求，但遇到旱灾频发年份就有些供不应求，加之日本人和朝鲜人在上游的使用，就会缺水。到了芒种，支流沿岸的地主们联合请愿，或是整个小站地区派出有权力的代表去河务局请愿，河务局的人就会打开九宜闸，把减河的水引进来。一株秧苗五六根，秧苗间距不超过半尺。

7. 水的调节

为保持恒定水量，每天要放水，随稻苗生长，水量也增多，但水深不会超过 4 寸。

8. 除草

除草也叫作"敖秧"，一般的田地需要 3 次除草，分别在五月初和五月中旬，有钱人在五月初和五月中旬，另外再根据需要除草一次，时间不受限制。

9. 收获

稻子收获叫"担稻子"，早稻八月十五左右收，晚稻九月中旬到十月初收。收割使用镰刀，因为要一株一株地割下再捆起来，20 株稻子捆成一束，一人一天只能割一亩地，如果只是割稻子能割一亩半。

10. 打谷场

打谷场又叫作"场"，在住宅的前面。根据贫富差异、水田大小有所区别，一般的打谷场有 2 亩地，最大的有 3 亩。100 亩的水田需要 3 亩的打谷场、200 亩的水田就要造两个 3 亩的打谷场。

11. 脱壳

运回场的稻子，首先放在场里晾晒一整天，然后用碾米机或者用马拉来脱稻壳，也叫咯稻子。碾米机分为足踏式和畜力式两种，前者三百元；后者两百元。拥有八十亩水田以上的人，大多通过马力来脱壳，价格在一千元左右。只有很穷的佃户才会用木板碾压稻子来脱壳。脱壳之后不用碾米直接卖给军粮公司，因为不允许卖给别人，也不允许私人储藏粮食。以前需要碾米，然后用车运到天津市去卖。稻子的茎除了用作燃料，还会卖给咸水沽的日本制纸公司，糠都当燃料烧了。

12. 青苗会

割了的稻子大多数留在稻田，等两三天后再带回自家打谷场。这期间晚上有人看青防偷。看青有青苗会，一个村庄里面有五六个。加入青苗会的人都是有水田的人。因为水田连在一起，如 10 家一组，共同雇用看青的人。在本地请庙会只为看护稻子。在稻子开始变黄的时候看护，一直看护到收获后把稻子全部运出去，这段时间要给看青的人三五十元报酬。

13. 铺

在水田里面时不时地能看到一些小屋，这些小屋叫"铺"，可供耕作的人居住，因为离水田近的地方住，可以在耕作上更方便，穷人往往这么做。有钱人都住在镇子或者村庄里，但有钱人会建几个铺，让佃户住进去。过去曾经有人一整年都住在铺里，后来少了，因为害怕强盗匪徒，如果治安变好大家都会住在铺里面。

14. 雇用劳动
栽秧和收获需要大量人手。栽秧的时候需要的人手最多，几乎都会雇用短工。这个地区劳动力不多，有很多人三四月份插秧的时候会从山东和河北过来受雇。他们是穷人，但不一定是难民。每到三四月份插秧的时候，在小站的四大桥会设立短工市场，来这儿务工的人都会去那儿。山东各县都有人来务工，他们走过来，不坐火车；也有从河北过来的，静海县、青县、沧县、东光县、兴山县、大名县最多。每天至少有四五百人，也有过一天来一千多人的时候，持续约两周。他们在本地基本上都做农活，有些会在这儿买下旱地，等到农忙的时候过来，但不会定居。这边薪酬比山东高，事变前一天能拿到 10 元，事变后一天只能拿五六元（雇主包饭），因为事变前减河水量足，对雇工需求大。栽秧的时候，100 亩的水田需要雇用 30 人左右。一般农户差不多四五十亩，需要雇用 10 人左右。他们到这儿来一般都会住在小站的"店"里面，极少数住在雇主家的家里。他们先与雇主签一天合同，等雇主看过劳动成果，觉得还不错，再继续雇用；但也有一天一天地签合约，一直雇用一个月的情况，他们都被称为"短工"。

15. 伙计
雇用一整年的情况叫作"长工"，但更多会称"年工"或"伙计"。有 30 亩水田会雇用一个伙计，如果有 100 亩就要雇用五六个伙计，这样的家庭在小店有十几户。伙计的酬劳按年计算，包括伙食费在内 300 元左右。长年雇用同一人的情况很少，偶尔有雇用七八年的情况。雇主雇用伙计和短工一般不考虑籍贯，都会挑选那些能力强，干得好的人。短工有成为伙计的，但这没有定数。若雇主家人不在，会把事情交给管事人，而不是伙计。伙计升成管事人的极少，只有那些亲近的、有诚意的人做管事人。伙计之间有报酬差异，也有阶级差异。

16. 大头子、二头子
伙计又可以分为大头子、二头子和小伙计。大头子不怎么做农活，但是所有的大事都要由他经手，由他负责，他会指挥大家做具体的事。二头子把大头子说的话传达给小伙计，有时也与小伙计一起干活。管事人在的时候大头子听管事人的，因为管事人相当于主人的代理。若是把一切工作交给大头子，大头子就成了管事人，这很难得。因为管事人是那种可以把所有事情放心地交给他做的人，所以需要大头子很善良且活儿干得好才能行。

17. 管事人
如果家人不在，会把照看水田的工作交给管事人。管事人往往不是从短工和伙计升上来的，而是与雇主亲近的人或是很有诚意的人。管事人相当于主人的代理，所以和主人一样会给大头子下达各种命令。没有管事人的家庭，大头子就是管事人，如果大头子很善良，而且活儿干得好，雇主会把他提拔成管事人，但是这种事很难得。管事人都是那种可以把所有事情安心交给他做的人。

（三）以小站开垦为中心管理：农田管理局

1. 小站农田管理局历史沿革

清朝末年，提督周盛传曾在小站驻军，由于小站地区原野广袤，适宜屯垦，就按市价买荒地五百余顷，挑河建闸，分营屯田，营田的名字就是从这里来的。甲午中日战争（1894）后，周公退休后，当时的营田收归国有，设立营田局对营田进行管理，主要管理小站新城咸水沽各区营田，招当地居民租种营田，按年纳租。

民国四年（1915）开始设局长，隶属于直隶省长公署。军粮城的官田，也归营田局管辖。民国十九年（1930）八月，这些田地曾让南开大学代管。民国二十六年（1937）一月由冀察绥靖公署收管，设立小站营业管理局。

卢沟桥事变后，局务陷于停顿，1937年八月成立天津市治安维持会，十月委员局长李芬接办局务，定名为天津治安维持会天津县政府小站营田局，暂由天津县代管。

民国二十七年（1938）三月，改为河北省天津县小站营田局，同年十二月奉令归河北省公署直辖，改称河北省小站营田局，民国三十年（1941）一月奉令改为河北省小站农田管理局，一直到调查之时。

2. 小站农田管理局机构设置及其职责

小站农田管理局直隶属于河北省公署建设厅，负责管理小站军粮城、咸水沽四官庄新城、省有农田各产及办理农田水利工程并收租款。

小站农田管理局设局长一人，由河北省公署任命。综合管理小站农田管理局一切事物，并监督指导所属各职员。设总务、经征两股，分掌各股事务。总务股设股长1人，股员4人，测绘员1人，负责文书、会计、农田各产管理整顿、农田水利及农田的清丈、工程的设计及实施；经征股设股长1人，股员1人，催租人4人，外镇催租员4人，负责征收租款、填发租据、稽查并催收租、审核租册租据及月报旬报。各股股长由局长任命领导所属职员办理本股事务。

3. 小站农田管理局征收各项租费及其规则

小站农田管理局征收各项租费包括地租、苇湖租、水利费。其中地租的征收对象包括：稻田，旱田，区田，荒地，荒场，河埂，河边等；苇湖租的征收对象包括：苇坑，苇沟，鱼苇，曳水沟，曳水河，荒坑等；水利费的征收对象包括：居民引用本局辖境内的水流。

地租，苇湖租，每年分春秋两季征收：春租，从5月1日起开征，征收年额的1/4；秋租，从9月15日起开征，征收年额的3/4。水利费于每年秋后由小站农田管理局按亩丈量，将应征收水利费数目，通知地主赴小站农田管理局一次征清。

如果小站农田管理局征收各项租费比原定数目征收有增减时，会在开征前通知佃户，并将某租某费增减理由及数目，呈报省公署查验。

小站农田管理局每月征收的各款租费，会按月造具四柱清册，在次月10日以前呈送到财政厅查验。

如果各农田遇到灾歉，小站农田管理局查勘明确拟定成灾份数，并将受灾区村佃户姓名，受灾地亩，及应减免租费数目，造具清册，呈报省公署核办。

租户缴纳租金时，会拿上年度交租收据，赴局直接缴纳，但在派有催租员的外镇，由催租员就地照章征收，到期送往小站农田管理局。当地曾有过受灾户联合请愿的情况。请愿发生的时候，小站农田管理局的职员会去现场调查，如果请愿有理由，就会向省政府提出申请。省政府会进行书面审议，派人过来再次调查，如果情况属实就会减免租金，手续十分烦琐。

征收租金和水利费时，会颁发收据，以供省库核收，收据一共分三联，甲联给交款人收执，乙联径呈财政厅备查，丙联存局。收据由小站农田管理局制作，由省公署盖印后使用。但是对于小站农田管理局管理下的土地不收取水利费，对于属于管理范围外的民田供水的时候才收取水利费。收取水利费的区域范围是距本局管理的土地边界两华里范围内的土地，只限于从本局管理地引水过去的土地。对于那些虽然用水，但是用自家水的家庭，不收取水利费。从调查时开始上述的两里范围增加到五里。局里的催租员会在收获期前往调查。经调查后的土地收取每亩二角五，现在变为每亩五角的租金。

如果租户和用水户拖欠租费，小站农田管理局会联系保人催租，限期交纳，到期不交，由保人代交，或收回租权，以及禁止来年用水，并呈报省公署查验。

（四）屯田开垦与管理

1. 驻军屯田

周公名字叫周盛传，是一位汉人将军，盛军的统领，原先是李鸿章的部下。马厂—小站—大沽—塘沽一带是守护北京和天津的要地，清末为了防范长毛贼的骚乱及外国在沿岸的侵略而被派来驻守此地。周公屯兵最早始于光绪三年（1876），这之前小店没有军营，是个荒芜不毛之地。周公管18个营，小站就有步兵的13个营，一个营500人。现在13个营各变成一个村庄，后来又多加了1个村庄，总共有14个村庄。周公祠所在地以前是周公营地，称安徽会馆，其他营以此地为中心散布。周公的部下南方人很多，南方人经常吃米饭，所以要开拓水田，每营70顷。周公后代就定居在北京、天津，周公同姓远亲有许多也分散在小店及周边。

周公于光绪初年开始驻扎此地，历史上这一带土地荒芜，生产粮食较少，为了兵粮自给，周公驻军开始一边屯兵，一边开垦水田。引水计划为：修建减河，并引运粮河水入减河，以减河水作为灌溉水源，将荒地开垦为水田。

减河的挖掘是从光绪初年（1874）分区间开工的，大致过程为：将海河水引向小站方向，接着开挖了月子河，还开挖了连接咸水沽和小站的河流，之后再开挖小站到九闸之间的河段。还有另外一种说法：光绪初年（1874）在潮宗桥（静海县）附近开工，然后逐渐地往海河方面开挖。直到光绪二十年（1893），日清战争时周家军从此地撤防调往东部，他们共开垦营地水田 500 余顷，并带动了周围的水田修建，日本人调查时当地水田的大部分是周公开垦。

2. 屯田的资金和劳动力

屯田开垦是一个大工程，由国库划拨主要资金。周公在屯田开始时以个人名义捐出了很多钱，也经常以个人名义出资发放开垦所用的农具。军队是土地开垦的主力，但屯田开垦是大工程，也雇了一般的民众，但不作为主力。

3. 营田的分配

周公曾买下减河和中耳河流域的田地，作为军队产业经营，买卖情况在九宜闸有石碑记载。被军队买下的产地，只分给在营地里居住的士兵，士兵都是独身，没有把家人带到屯所。分配时，每户分配一定的面积，据说将官分得多一些，普通士兵分得很少，但营产地所有权归军队。

4. 营田的经营

屯兵平时务农，每星期只到营地集中训练一次，结束之后返回自己的家里干农活。屯兵在开垦地共同劳作，有时可能会雇用普通人开垦土地。分配耕种的土地不是无偿的，会收取地租。

5. 营房

屯兵在周公终结时就没有了，后来都是纯粹的军队，兵营都建在小站西边。营房由于时局的变动，有时有，有时没有。在直隶总督和北洋大臣袁世凯时代有兵营，袁世凯的军队使用营房，不时会有顾问过来练兵。光绪二十年（1893）前后也有兵营，张之洞的时代也有兵营，民国初年（1912），袁军骑兵团的一个旅在此地驻扎，一共有 1500 多人马，民国四年（1915）营房被废弃。

6. 减河的管理

河务局建于光绪年间，那时有以通州作为本部的河务道台，一直持续到宣统年间，是河务局的前身。周公时期管理减河的部门是周家军。最初减河分成三段，分 3 队来监视减河，一队有二三十人。河兵之前，有闸夫管理闸口，闸夫会被分配到东闸口或九宜闸，闸夫平常都是农民，以种地为生，在需要用到闸的时候再来开关闸口。民国初年减河才开始与河务局有关系，日本人调查时减河有了第六段，段长在唐官屯，工巡夫总计五人，九宜闸到潮宗桥之间有两人，潮宗桥到海河之间由三人管理。

调查时期，农田局对于减河水的使用有较大一部分的决定权，但最终由河务局和农田局商量之后再做决定，即使是农田局的土地也不例外。但是像小站附近的农民在河边设立秸秆引水浇灌菜园，不需要河务局的许可，因为无论秸秆汲取了多少水，对于减河水量的影响都是微乎其微的。

在减河的干涸期，不需要掘土来疏通河道，因为河底都是泥土，无论堆积多少，都不会阻碍水的流动，因此没有掘土的必要。

7. 营产的管理

周家军驻扎期间有各营的住房，光绪二十年（1893）日清战争时，周家军全部被派往东边。战争结束后，很多人没有回来。之后各营的住房保持不变，光绪二十六年（1899），义和团事件发生前后成立了营产局，专门管理营地。营产局的上级部门有很多变动，民国初年营产隶属于津海道公署，直到民国十九年（1930）营产局都被称为营田局。民国十九年（1930），傅作义从天津警备司令的职位上离任时，曾委托熟人南开大学的校长张伯陵代为管理局产。之后一直到民国二十三年（1934），营产一直被作为大学直属的学校资产而由校田管理处管理。之后又归王哲元的冀察政务委员会所管理，被改称为营产营房管理局。事变发生的时候，一时之间无人看管，在这期间营产置于天津县公署的管理之下。直到民国二十七年（1938），营产由河北省公署建设厅直辖，日本人调查的前一年春天改名为农田局，事务系统处于建设厅商务科的治下。

8. 屯田的买卖

周公的屯兵撤退之后，如果原来的屯兵回来，营产局仍然让他耕作。如果不回来就卖给民间，实际上回来的人微乎其微，所以大部分屯田卖到了民间。

9. 周公祠

周公祠里供奉的是周武壮公和周刚敏，两人同时在此地任职，是远亲关系。周公祠是光绪十七年（1891）周公在世的时候十四营的人为了感谢他而修建的。附近人们举办庙会时，会到祠里来祭祀周公，因为依靠周公，这一带才开垦了水田，人们对此表示感谢，也会祷告商业繁荣，治愈疾病之类。祭拜这个祠堂的人主要是十四营的人，其他人也有，但很少。

周公是被作为农田的开垦者而被敬重的，祈雨等仪式都是在小站的老君堂举行。周公祠有很多，周家军治下的青县、静海县、沧县、苍台都有周公祠，在天津和保定也有。受访者所在的周公祠的管理者是一位周姓的第 19 任保长，祠堂的维持费用以前由周家人负责，后来由十四营出资。周公祠的祭日是三月二十八日和七月二十八日，其中之一是周公的生日。事变前举办祭祀活动时这里很热闹，有时会演戏。事变之后因为治安恶化，所以庙会不如以前热闹。

10. 祠堂土地

受访者所在的周公祠有附属的土地，在祠堂的附近，由石记的周家租赁。

11. 庙会

日本人在调查时看到过街头张贴的广告，调查当天的庙会是由小站商会主办的。以前在举办庙会之前，因为要演戏，所以要从军队那里获得演戏的许可。日本人调查时商会有权势的人们并不需要聚在一起讨论准备事宜，也不举行商会仪式。在庙会当天，不论职业、男女，大家都会来祭拜，人们聚集起来一起烧香叩头。调查时成立了农会，各村的保甲长都加入，会长们会带着保甲长们来祭拜。事变之前都是由个人随意来祭拜的，现在以团体来祭拜与警备和治安有关。

12. 道士

庙里住着一个老道士，其父亲是住在这里的居士，他留在这里当了道士。以前老道士会走访各个村庄，讨要生活费用。日本人调查时生活不景气，需要农会聚在一起商量，提供费用，不然谁都不会出钱。在调查当年的七月十五日鬼节，农会的保甲长们聚在一起商谈，由各村支付老道士的伙食费。这是根据个人的意愿来出钱，实在出不起钱的人也可以不出，一般人都会出一元左右。

13. 区田

区田是指农田局管理下的土地。在小站地区附近没有区田，军粮城有区田。区田都是水田，从海河引水灌溉，与普通的水田相比土质差不多，一般的水田按亩交纳租金，而区田以一整块地交纳租金，租金与一般水田差不多。

14. 荒场

荒场是指以前的放马场，只是军队的土地，在东大站的本局管理地的边界附近。一般是引不到水的碱性土地，没有水所以就连苇子都种不了，也就是除了秋草之外什么都不长。

15. 河埂

河埂是指那些在支流或耳河边挖土堆出的像堤坝一样的土地。荒废的河流留下来的堤坝，也被称为河埂，在河埂上面可以种豆子和麦子。

16. 苇坑、苇沟、鱼苇

苇坑和苇沟都是种植苇子的地方，前者是像圆形的池塘一样的坑；后者是指变成沟的地方。鱼苇是除了种植苇子外，还可以捕到鱼的地方（不是特意养鱼，而是捕那些自然地聚集在这里的鱼）。鱼苇是以前就能捕到鱼的地方，那是惯于捕鱼的人家（不叫渔户，还是佃户）经常去的地方。

17. 河沟

沟和河的区别只在于大小的不同，沟比河要小。在这些地方有种植苇子，也可以捕鱼。有些地方原先属于苇沟，也可以算是鱼苇。

18. 荒坑
荒坑是无人管理，让其自行生长植被的地方，可以用作采集牧草。

19. 打鱼的纷争
民国二十九年（1940）九月，花园村夏矩臣和后营的居民共同向当局提请禁止打鱼的方案。因为在上述两个村庄的上游，有时会有人把水堰住打鱼，他们为了防止这种情况而请愿。调查时，石柱子河、大道沟、北潮河一带原本禁止打鱼的区域还有打鱼的人。以前打鱼是要向当局缴纳费用才能获准，而且即使在被获准的情况下，也不可以把水堰住。把水堰住的人，一般是没有获得当局许可而打鱼。打鱼本身并没有什么错误之处，但把水堰住却是在做坏事，在当时人眼里，这样的人就跟土匪一样。后来因为治安环境变差了，为了防止出现其他问题，当局颁布了禁止打鱼的法令。一些人与新民会联系，获得打鱼的许可后，还是会打鱼。

20. 渔业许可和捕鱼范围
属于农田局管理的河流包括耳河和曳水沟等，不是由县政府而是由农田局颁发渔业许可证。拥有渔业许可的人家以前有二三十户，调查时有六七户，均用四个角的吊网捕鱼，户数减少是因为鱼的数量变少。但在事变之后，由于缺乏监管，除了获取许可的人之外，依然有其他人在捕鱼。属于农田局管理之下的人，不能随便设置捕鱼网，经农田局的许可后方可。另外减河属于河务局管理的范围，不在农田局的管理范围，而且减河流域鱼的数量很少。获得捕鱼许可之后，他们会被颁发对于租地的执照，在这块土地的范围内随便可以设置渔网，其他人不可以在那块区域里面捕鱼。渔网放置的地点一般是固定的，这些固定地点并非当局指定。

21. 官有土地的地租
地租是农田局的佃户向官方租赁土地，种植除了苇子之外的其他作物，比如水稻和谷物，然后向当局缴纳的土地租金。地租指的就是佃户缴纳的钱。地租根据土地种类不同而不一样，即使土地的种类相同，而质量不同时，地租也会有所不同。

22. 苇湖租
苇湖租是指苇地的副产货物的价格。苇湖租的总面积并不是很大，苇子地和水田面积一直没有变化。苇湖租和地租的规则相同，不会因为土地种类和缴纳租金的区别附带特别的条件。对于那些像稻田和苇坑必须要用到水的土地，交租也不会有特殊区别。苇子租额由于土地种类和土地规则不同也不一样。此外，捕鱼的家庭也还要缴纳租金。

23. 苇湖租金的减免

当局有保持苇湖水流动的义务，如果因为没有水导致无法收获苇子，可以申请减免租金，但如果没有向省公署提出申请，或获得许可的话，也不能减免。如果水田也发生供水不足的情况，水田会改种旱田的作物，这样不会减免租金。如果已经为种植水稻做好准备，而导致种不了旱田的作物，根据不同情况也会有所减免。水田的减免与苇子地的情况相同，并不会因为是水田或是苇子地就特殊对待。

24. 苇子地和水田的供水顺序

苇子地跟水田一样要供水，当局的方针是首先向水田供水，再把剩下来的水引向苇子地，但是具体实施时因为地势等原因不一定这样做。一般情况下，水田大多离减河较近，所以水会先会流经这里，不会为苇子地优先供水，但是在水流不到苇子地，而导致那里收不到苇子的情况下，会减免租金。

25. 水利费

水利费是对农田局管理范围外的民田供水的时候收取的费用。对于农田局管理下的土地不收取水利费。收取水利费的区域范围是距本局管理的土地边界两里范围内的土地，只限于从本局管理地引水过去的土地。对于那些用自家水的家庭，不收取水利费。从调查当年开始已经从两里范围增加到五里。对于规定范围以外的土地，局里的催租员会在收获期时前往调查，经调查后的土地收取每亩二角五，调查时变为每亩五角的租金。

26. 减免请愿及减免

减免请愿一般是农民自发进行的，以前有过受灾农户联合请愿的情况，但没有整村请愿的情况。如果有请愿的理由，可以向省政府提出申请。请愿发生时，农田局的职员要去现场调查，进行书面审议，如果情况属实就可以减免租金，手续十分烦琐。

27. 土地执照

日本人调查时，土地执照由农田局管理。土地名义变更以及土地纠纷时，佃户须拿执照到农田局办理变更，或者处理纠纷。有时会有佃户出示旧的执照，这些旧执照有光绪年间的，也有宣统年间的，但调查时不允许这么做。在民国初年以旧执照换新执照，以后旧执照数量极其稀少。

28. 永佃

周公原来开垦的屯田卖给普通民户后，所有权仍然属于国有，只是给予民户永佃的许可，取得永佃资格的人叫"佃户"或者"永佃户"。永佃资格的获得并没有地区的限制，但因为地价相对便宜些，所以很多天津人会购买。获得永佃资格的佃户要按时交纳租金，租金非常便宜，但不能由营田局出租金。佃户如果没有交纳租金，就会被撤去永佃的资格，但佃户没有交纳租金的情况很少，以前会给买土地的人发放执照，但在事变之后，佃户的管理主体发生了变化，为了方便管理，收回了旧的土地执照，发放新的执照，因此农民手上没有原来的执照。

29. 永佃地的让渡

一般情况下，佃户的土地转卖给他人，需要获得当局的批准，不允许不告知当局就私自将土地转卖给他人，调查时依然有这样的规定。在事变之后，土地政策处于紊乱期，有很多民众瞒着当局私自转让土地，对于这种情况的处理比较麻烦，而且需要花费很多的费用，所以当局并没有对这类情况进行制止。

永佃地的让渡又称"兑"。"兑"价为一亩地两三百元左右（根据调查者在省公署建设厅调查得知，藤井公司买下农产局旗下土地时，支付给佃户180元，支付给省政府140元）。在兑地时会订立契约，当事者只需要到农田局说明自己的情况，不需要在县公署办理税契的手续，也不需要村长的证明，如果其中没有问题，农田局会发给他们新的执照。

30. 永佃地过割

名义上土地交换的手续叫"过割"，过割一亩地收取两角的费用。当确认兑地的行为没有问题之后，买卖双方到场办理，双方当中只有一方到场也可以，双方都不到场，而由铺保（保证人）办理也可以，农田局会回收从前卖主的执照，然后发放新的执照。

31. 永佃地的出典

实际生活中经常发生佃户不经过农田局，直接将土地典当给他人的情况，由于当局本来禁止典当土地，所以农田局不知道典当土地具体价格，据说大概是200元左右。典当之后，有的承典者会以佃户的名义交纳租金，也有佃户本人交纳租金，具体是由双方商量之后决定。

32. 永佃地的押

佃户可以不经过当局同意进行抵押土地，抵押价格与典当的价格差不多，也可以不经过当局把土地给别人租种。

33. 小佃户

永佃户之下的租种人叫小佃户，小佃户不能再把土地租佃给别人。小佃户租价大概为下等地最低10元，最高有十三四元的。事变前最低3元，最高8元。农田局对于佃户们的住所都有所了解，但没有关于佃户住所的统计表。

天津附近只有少数的佃户把土地租佃给别人。佃户自己耕种土地和自己不耕种而转租给别人，这两种情况的比例大概是前者占十分之六到十分之七；后者占十分之三到十分之四。永佃户的耕作面积和小佃户的耕作面积的比例，大概是前者占十分之七到十分之八；后者占十分之二到十分之三。

永佃户将土地转租给别人一般只有口头契约，基本上一年签一次合同。土地转租后由永佃户缴纳地租，实际上也有小佃户以永佃户的名义来缴纳。永佃户不需交田赋，只需要交七角的亩捐，亩捐是事变后新设立的。县公署的摊款也与佃地相关。

永佃户实际支付了不少村庄摊款。比如，挖掘耳河等河流的费用，虽然由省公署认可后得到的资金，日本人调查的当年农田局在耳河动工有六千元经费，但实际上仅凭六千元是无法修理闸口的，所以挖土的钱由村庄支付的情况很多，实际上最后还是佃户来支付费用。

（五）农田管理设施及河务管理

本篇属于华北惯行调查资料第 91 辑，水篇第 10 号，调查对象是河北省天津县第七区，主要是调查农田水利设施。

1. 排水设施

耳河上为灌溉水田而建了一些设备，水经由曳水沟排向其他地方，肥水闸、东耳河、咸水河等都发挥排水的作用。管理范围之内的耳河被称为"三闸五耳河"。除"三闸五耳河"，还有南双闸、北双闸、北闸口、潮水闸、北小闸（大有桥附近）、南潮水闸等闸，只是这些闸规模很小。

在减河上游的新引河闸是为在每年七月到九月之间排水而修建的，大概是在周公的时代建造，原来有一个有五个孔的闸口，但是后来被破坏了，导致无法发挥涵洞的作用。这个新引河闸平常关闭，在水量上涨的七月到九月之间为了排水才开放。

这个闸的开启和关闭由河务局指示，在小站地区的用水期，擅自把这个闸打开会造成严重的后果。所以没有河务局的指示，在需水期时也不会有人随意打开闸。在水量上涨时，如果不排水会有泛滥的隐患。排水是第一目的，被排出去的水被附近的村庄用作饮用水，河务局和农田局对此都不会做出干涉（还有一说是，闸口的开启是由农田局来决定）。

2. 桥和闸桥

以前本区域内的桥都属于农田局管理，这些设施的维持费和修理费都是由农田局支付。在调查时只有与闸在一起的桥属于农田局管理，其余由县政府管理，比如不在闸的附近专门用作交通通道的桥，村庄或个人建造的非常小的桥除外。

这些由县政府管理的桥是调查近期移交给县政府的，主要是因为属于农田局的桥，农田局要支付修桥费用。农田局修桥时，需要向省里提出申请，省里办理认可手续时间较长。桥移交给县里后由县里向各村平摊劳动力和费用。

在修桥时，如果经费在省认可的范围之内，农田局会雇佣人来修理。但日本人调查的时候，农田局缺乏资金，没有对桥进行过修理。

另外，事变之前减河上有 10 座桥，现在只剩下西大桥（小站）。与农闸一样，下面是闸口，上面是道路的桥梁，是由河务局出资建造，属于河务局的管理。

3. 船

在小站地区有二三十艘船，但小站没有进行船只登记的机关，也没有形成特殊的协会［民国二十九年（1940）在天津成立了叫作船运工会的机构，致力于解决雇用船只的协商，但与此地没有任何关系］。小站的船只是把上游的杂货、木材、石炭、糖等输送到九宜闸附近的村庄。如果这些船不在上游装运货物就回去，农作物也不会在小站地区集散，只会经过津浦铁路输送出去。

4. 涵洞

涵洞是附近的村庄为了获得饮用水及苇地灌溉用水而修建。涵洞所在的村庄也不需向河务局缴纳租金。涵洞开启的时间有一定的惯例：小站用水地区的需水期大约是从小满前后开始，直到白露这一段时间。如果没有发大水，涵洞一直关闭，在那之后打开闸口引水。这个惯例在事变之前被极其严格的遵守，事变之后好像没有那么严格了。

在水田的需水期，用涵洞引水的村庄都有苦水井，所以会依靠那些井水。白露之后，就可以使用减河的甜水了。除此之外，苇地也会在发大水的时候引水，所以有很多办法可以解决水田需水期的饮用水问题。

5. 涵洞的设置

按照设计，涵洞的引水口，大都距河底一米以下，耳河的引水口比涵洞的引水口高一些。在引水口为同样高度的条件下，涵洞里的水可以顺利通过，但耳河里的水不能通过的情况时有发生。这样的涵洞在减河流域共有15处，基本上都是为附近村落提供饮用水。虽然没有详细的调查，但是还有很多破损之后无法使用的涵洞。

以前在上游地区设置涵洞，需要得到农田局或河务局的许可。很久以前在符合关于限制使用的附加条件的情况下，有过允许设置涵洞的先例。如果将涵洞的水给水田使用是绝对不被允许的，因为这关系到小站地区农民的生存问题，农民们会联合起来反对。

6. 围绕涵洞的纷争

事变之后旱灾频发，上游区域水田的开发由日本公司主导，这些水田都是从马厂减河引水，他们建造闸口，用马达来抽水，马厂减河的水量减少很多，下游的水量减少。在以前农田局的水田能得到优先引水的权利，但在事变之后失去了引水优先权，因此有时会产生关于涵洞的纠纷。

民国三十年（1941）农田局曾向省公署提交公文，介绍当时发生的中塘地区新建设闸口开垦水田的日本水田公司与下游农民关于涵洞的纠纷的情况，另外还向省里送去农民申请禁止新闸建设的呈文。

在这个呈文中，农民首先说明小站附近的水田有1100顷（官田500顷，民田600顷），都要从马厂减河引水。灌溉面积虽然每年有所浮动，但大致不变。在纠纷发生时［民国三十年（1941）］中塘地区由于日本水田公司新建设闸口开垦水田，导致距离马厂减河较远的共计百顷的官田土地及共计 400 顷的无水可用。

最后日本公司这一行为被禁止，并作出赔偿。在日本人调查以前经常发生村与村之间争水的事，水利情况不好的村庄会袭击那些富足的村庄，甚至曾有用铁炮的案件发生，也曾有因为争夺水最后被砍头的案例。事变之后关于用水的争夺没有具体数据，但这些纷争仍会被视为骚乱。

7. 涵洞的管理

河务局管理下的减河的大致范围为：河道及两侧堤坝之外的河流，到与之平行的耳河之间的面积，但耳河及耳河的闸口不属于河务局管辖范围。因此，减河下的涵洞是在河务局管理土地的下面。

对于涵洞的设置有较为严格的管理，不允许个人随意建造涵洞。在减河流域没有特别的排水河，不能改变减河正道的流向。如果随便建造涵洞，再从那些涵洞引水，最坏的情况是会引发洪水。设计涵洞的时候，需要使用河务局管辖下的土地，因此设置涵洞首先要获得许可。

8. 水池和井池的租

当局对于这些闸并不收取任何费用，在南运河附近地区，对于在河边建造水池和井池的土地要征收租税，但在当地没有对于建造其他设施征收租税的情况。

9. 房基租

沿岸的堤岸上的船户、做小买卖的人及其他贫民，要收取一间房四角的房基租。在小站没有收取房基租的情况。

10. 河滩地的租金

河滩地是需要收取租金的土地。租金为每亩地 1 元。因为这些土地水分充足，都很肥沃，可以种植高粱、谷子、玉米、白菜等作物。在耳河也有滩地，与减河的土地拥有同样的土质，价格也差不多。河滩地的租金先由各闸夫收集，再交给河务局。

11. 河滩地的改造

以前在河边，曾有河务局名下的房子，事变之后便不存在。实际上不经申请，不允许在河滩地或是耳河滩地上建造房屋，如果要建必须先获得许可。在当地，没有在减河岸边建造水井或把收房基租的土地改造成水田的情况。

12. 九宜闸及其管理

九宜闸是在光绪年间，周公开垦水田时建造的，民国六年（1917）左右改为现在的新式五孔式。民国六年（1917）之前也是五孔，但旧式的九宜闸，由人工手动升降闸板。新式的变为由机器来控制。当时周公为了修建减河，调节运河的水，建造了九宜闸，不仅是为了向水田地引水，只有运河多余的水才用于水田灌溉，所以灌溉用水不是最先考虑的问题。运河发挥着交通要道的重要作用，保障运河的水量是最重要的任务，灌溉仅是次要的作用。

闸是十分重要的设施，必须由河务局管理。九宜闸的直接管理者由河务局直辖，不由各段任命。这些管理员和事务员在唐官屯的第六段事务所办公，闸目和闸夫就住在能直接看到闸的地方。

日本人调查时管理员60多岁，民国十八年（1929）至民国十九年（1930）左右开始担任九宜闸的管理员，薪酬为60元，闸目和闸夫都是当地靳官屯和其他几个村庄的村民，事变前就开始当闸夫，薪酬分别为12元和7元。闸夫不是所有时间都要看管闸，平常是普通百姓，兼职看管闸的工作。闸夫每天都要去观测水位，然后向管理员汇报。

13. 运河水量及管理

（1）运河的水量。运河的水量在新历的七、八、九月最多，三、十月和十一月的时候，与九月相比水量有很大的减少，虽然每次都不同，但有过一次性下降半分高度的情况。四、五、六月大多时候水都很少，十二月到来年二月水面会结冰，在这段时间内不能航运。

七月到九月丰水期，闸夫要频繁地去测量闸附近水域的水位，在必要的时候把闸打开。如果把九宜闸的五个孔全部打开，减河的水量占七成，运河占三成。这样运河上航行和船只会有危险。在通常情况下，会关闭几个孔，具体关几个，上级没有相关规定。

（2）闸的开关。七月到九月丰水期，闸夫要根据管理员的指示开启和关闭闸，如果没有向管理员请示的时间，一般都会依据处置法的指导，适当地处理，原则上需要河务局的许可。冬天时大体上水量很少，而且也没有航运，所以会把闸关上。不开闸泄水，减河一带地区的饮用水也会严重不足，饮用水基本上都是用减河的水。

（3）水的调节。水田的用水期是芒种之后，新历的四月到五月。如果运河的水量充足时，在保证运河航运所必须水量的前提下，把剩下的水引向减河。在水量很少的时候，白天让水流向运河，晚上让水流向减河。需水期水量不足的时候，都会采用这种办法，日本人调查的当年旧历五月到七月也曾这么做，实际上不是上级没有规定，而是在这段时间里发生这种情况的次数较多，形成了习惯，一般从早上八点到晚上八点，把所有的水引向运河，而在其余时间，把水引向减河。

小站地区的水田需要用水，而运河夜间的航运也会停止，一般要把运河放在第一考虑的位置，不会使运河因缺水停航，如果运河因缺水面临停航，就不会向减河输水了。

时间段上，在芒种前后这几天开始向减河输送大量水，从小满、芒种开始一直持续旧历六月上旬左右。如果航运条件允许的话，会像上述提及的那样开始输送水，但是也不一定，之后通常会因为降水的缘故使得水量增加。

（4）开关九宜闸的请愿。在用水期，小站一带的农民一般让农会作为代表，在小满前后对开关九宜闸进行请愿。但是农会并不会召开农民会议来收集意见，因为春天需要用水，这是谁都懂得的道理，所以不必特别为此召开会议。

代表首先会向农田局、河务局、兴农闸的稽查员请愿，但九宜闸的人没有决定的权力，请愿只能在当局解决，向农田局的请愿会有很多次。除了向农田局或河务局的兴农闸的稽查员申请之外，还会多次向农田局发送请愿的文书。但向农田局请愿的时候，不会明确提出想要的水量、持续的时间，因为水量是由河务局决定，而且河务局会和各个机关商量，比如说建设总署或军队。

实际上即使不请愿，按照以往的惯例也会在小满前后打开九宜闸。但是农田局要考虑农民的想法，所以必须要进行这样的手续。

（5）开启的基准。事变前，在九宜闸的上游有标尺，如果那里的水位在 8.36 米（大沽标准）以上的话，就会开始向减河放水，8.36 米的高度可以保证运河的水位。但即使在需水期，水位没有达到 8.36 米，不会向减河送水，但在需水期时大体上水位会达到 8.36 米以上。

在事变前除了向水田引水，就不会再开启九宜闸。但是事变之后，军粮城军粮公司的船会来小站购买小站一带的稻米，船会从小站的槽场（在农闸的上游）逆流而上，如果没有水就无法航行，所以根据天津机关的指示，会打开九宜闸放水，调查当年三月之后有过这种情况。

（6）九宜闸的社会调查。九宜闸距车站约有 6 公里的距离，运河沿岸半里之内基本都是菜园，种植着大白菜、蒜、马铃薯等作物，河边用来引水之处，会在面对着河的地方掘土，将水汲取上来。

九宜闸附近有茶店，由一个闸夫经营，也兼做锻冶屋。根据调查员在茶店里的听闻，九宜闸有一位管理员、一位书记，但平常不会到场，他们居住在唐官屯。闸夫有 4 人，2 位是靳官屯的人，2 位是王千户屯的人。据说在他们中间有王千户村的闸目。

在闸畔的茶店里，从靳官屯的老百姓那里获知的信息如下：九宜闸是在距调查时 63 年前由周公建造的。最初是木闸，在民国六年或民国七年改为调查时的新式闸。

一是大王庙。在运粮河和减河交汇之地，减河北岸有一座大王庙，大王指的是龙王。庙宇的规模很大，调查时处于荒废状态，大王庙的匾额上有很多对以前水神的赞颂。正殿上供奉着龙王的雕像以及"靳官屯减河大王之神位"的木牌，在这个庙里面会举行这个地区的祈雨仪式。

二是碑文。大王庙庙内的一块碑文，记述了民国六年（1917）河务局各河管辖的由来，以及县长承办清理堵口的工程，另外还记载着一次下大雨的时候，在大王庙做法事后水灾减少的事迹。

在九宜闸附近还有两块碑，一个是在民国十五年（1926），由天津、青海、静海各县南运河一带的 40 多个村庄共同建立，以纪念直隶镇威第七方面军团第二师第一旅旅长干公的德政。碑文的大意是"以前，堤内的若干荒地招佃纳租之后得到开垦，上交的租交钱入国库，在河滩淤地上居住着数千户的人。在干公（山东人）驻屯的时候，对于两岸的河淤实行了'改佃为业'的政策。这是为民造福的政策，民众很欢迎这种甘霖普降的处置。另外这段时期里官淤由河务局经营，收取租款作为挖泥船的经费"。

另一块碑是民国十五年（1926）十月，由静海、天津、青县，南运河、减河两河 40

多个村庄共建，是直隶保安总局司令兼大将军的德政碑。碑上记载着："减河两岸的河淤地总共有数千百顷，收上来的租税不仅保护着减河，还保护着减河旁数千百万的民众，这是一个伟业。"还记述了开垦减河的历史："以前武庄公挖掘减河的时候，把高处挖平，填入沟渠，削高填凹，披荆斩棘，历经多年，终于建成一块一望无际的平原。"

14. 双闸的管理

在周公时代管理九宜闸与兴农闸的机关，以及之后的河务局是从何时开始管理九宜闸和兴农闸的，现在都已不可考。

虽然闸位于农田局的土地上，却由河务局来管理。因为由农田局来管理，只会向水田引水，经常会让闸里的水堰塞，造成九宜闸过来的水量过多，最后会导致泛滥，所以由河务局管理。

兴农闸的管理员是第六段段长，兴农闸与其他的主要闸一样在十多年前开始由河务局直辖，第六段的段长是兼任本闸的管理员，第六段的事务所位于唐官屯（第四段事务所也位于唐官屯）。第六段的管辖减河全部，但是九宜闸和兴农闸是在各闸管理员的管理之下。

（1）工巡夫。工巡夫就是指日本人调查时河务局的河兵，有些地方的工巡夫仍旧被称为河兵。光绪时代已有河兵，但他们不负责减河的监视防护。河兵主要的任务是对堤坝的管理，平时为了防止堤坝被破坏，监视堤坝，发大水的时候防止决堤。

工巡夫都是在河边的村庄里的村民，工巡夫的老李住在上游的十八户村。他是统率工巡夫的人，所以不用像苦力那样到处巡视。小马住在万家码头，小齐住在西小站，小车住在东大沽，这些村庄离河很近，所以在管理上较为便利。他们各自负责看管他们的居住地附近的地方，薪酬是七元。小齐在西小站保公所当扶役，但是小马和小车不在村公所工作。

（2）工巡夫的工作。工巡夫平常是普通的百姓，水量少的时候工巡夫可以不用工作，在河水有变化的时候，要去观察水量状况和有无河堤决溃的情况，并将这些事报告给上级，具体来说，有关潮宗桥以下地方的事情向河务局稽查员报告，其上游情况向第六段的人报告。

虽然名义上是由第六段来管理减河全部区域，实际上因为距离很远，加上并没有重要的事情要做，所以第六段基本只是看管从九宜闸到潮宗桥的这片区域，以及兴农闸和潮宗桥以下的河堤。具体由工巡夫巡查堤防，确定有无破损。工巡夫是类似于苦力的工作，与河有关的工作都要去做。

（3）稽查员。稽查员的主要工作是监督兴农闸的开启与关闭，还会对河水进行巡视（在水量多的时候会进行），并进行收租和其他的各种报告。稽查员是闸目和闸夫的上级。

（4）看闸、闸目、闸夫。闸目和闸夫是为了保证闸的安全看管闸口的人，在结冰期通常没有重要的事情要做，在小满前后几天开始忙碌起来。

调查时共有5个人看闸，其中一位为闸目，是闸夫的上级。闸目是闸附近王千户庄的村民，闸夫中有2人住在靳官屯，2人是王千户庄人。闸夫不是由村民选举，而是由河务局雇佣。

闸目和闸夫不是世袭制，但都是长年干这行的人。闸目需要有闸夫的长期经验，所以必须在拥有 7 年到 10 年经验的闸夫中挑选。对于闸目的地位、帮派、信仰情况已不可考。他们并不是在村中十分有权力的人。

闸夫的日常任务是把位于闸入口处标木上显示的水位汇报给唐官屯的管理员。管理员再与各个机关商量，对闸夫下达开关闸的命令。闸夫只用负责开关闸，这对于普通人有一定的难度，因此需要对他们进行培训。他们的候补是东闸村的小徐、小杨、小朱、小陈四人，在调查时四人正在接受开关闸的培训，一旦闸夫出现缺口，就会从他们中间选出新的闸夫。

闸目和闸夫与村民之间没有工作上的直接联系，如果需要征用民力，由稽查员联系县里的警察，从那里获得出动的许可，不允许直接从村庄里发出征发的命令。

除了河务局的薪酬之外，闸夫没有其他收入，也没有从局里或者村庄里获得特别的恩惠，工作特别忙的时候也不会发放津贴，水田地区的人们也不会给他们谢礼，但是村庄也许会给一些报酬，但数额很小。实际上，他们并不是很贫穷的人，就算什么都得不到也没关系，工资对于他们来说只不过相当于零用钱。闸夫的工作很困难，所以他们不是特别想干这行，但因为服务大家，不会有人抱怨。

不忙的时候，闸夫在兴农闸东岸休息的地方，在那儿必须有一人值班，其他人可以去做自己的事情，当值的人每天交换一次，闸目一天中必须在现场露面一次。

（5）闸目、闸夫的生活。闸目、闸夫住在兴农闸附近的东闸村，不过也可以是其他村庄的人。只是东闸村离闸近，所以闸目、闸夫都是这个村的人。这些人大概已经做了 20 多年闸目和闸夫，有很多人的祖辈也是闸夫。

清代时国家不会单独给闸夫发放土地，但闸夫老王有 50 亩土地；老岳没有土地，做短工的工作；老贾的情况不明；老朱有七八十亩土地；老刘也有七八十亩土地。老祁有 10 亩到 20 亩土地；贾凤祥有 7 亩土地。这些有五十亩到七八十亩土地的，在这个村庄里可以称得上中等阶层，其中一人为九宜闸的管理员做饭，另一人在闸畔的小屋经营茶店兼锻冶屋。闸目老孙情况不清，老孙当了 10 年的闸目，在调查前不久前辞职了，调查时的闸目是王德和。

（6）兴农闸的开启与关闭

兴农闸开启与关闭的时间不定，没有水或者水量很少的时候就关闭闸口，水量多的时候（大多是在七月到九月间）全部打开。开启与关闭的时间与每时每刻的水量紧密相关。减河是为了运河的排水修建的，所以决不允许将闸关闭妨碍排水。需水期会将九宜闸打开，为了把水堵住，要将兴农闸关上。

15. 民工的征用

实际上减河不会发生洪水，洪水只会从运河或者子牙河过来。一旦险情严重，河务局能征用减河沿岸 10 里内的居民，但没有发生过这种情况。工巡夫不能直接征用民工。如果要征用，需要遵照第六段或其他上级机关的命令。洪水期间，工巡夫需遵循河务局稽查员或者第六段的指示。征用民工时，一般由河务局支出征用的费用。河务局稽查员处理这件事时，要首先向河务局请示，再根据指示来行动，不能擅自处理。

后　　记

本书（以下简称《导读》）是我审读、校审《满铁农村调查（惯行类）》翻译初稿的意外成果。

2015年中国农村研究院启动了《满铁农村调查》的整理、翻译出版工作。李俄宪教授带领整个日语系的团队翻译。因为调查内容涉及很多农村经济、社会、文化和政治概念、话语和方言，特别是有些概念，需要专业人员校审，我便承担起了这个工作。我校审后交给张晶晶老师进行逐页、逐段的核实工作。

《满铁农村调查》能够出版得益于当时社科处的石挺处长，很早就以学校项目的名义支持李俄宪教授翻译团队，也得益于徐勇教授的前瞻性、战略性眼光，启动这项翻译工程，下决心将日本满铁调查的农村调查部分翻译成中文，并授权我来组织整个翻译和出版工作。所以，《导读》的出版首先要感谢石挺处长和徐勇教授。

《满铁农村调查》能够出版首要的功劳是李俄宪教授团队，1000多万字的翻译，没有他们的努力，不可能会有6卷本的出版。另外，《满铁农村调查》能够出版也离不开张晶晶老师认真、严谨的校译、核对，而且在我校审初稿时，经常与张晶晶老师讨论，很多概念、方言及计量单位都是与她讨论的结果。因此，要感谢李俄宪教授翻译团队和张晶晶老师，没有他们的工作，就没有《导读》这本书。

最初我只是初审、校核，确保其专业性，在第一卷本出版前，徐勇教授认为，对话录不方便阅读，建议写一个导读。当时只有我逐字、逐句阅读了初稿，只能由我来撰写。因此，我就承担起了这个任务。在撰写到第3卷的导读时，徐勇教授建议，可以将导读结集出版。徐勇教授的建议给我更大的鼓励，因此从第3卷到第6卷，我撰写导读的体系更完善，逻辑更清晰，概念更完整。当我将6卷的导读结集成册时，没有想到竟然有80多万字。所以，本书的出版既是一个意外成果，更是徐勇教授建议的结果。

我在撰写《导读》时，冯雪艳、彭茜、黄鑫希、焦方扬、宿党辉同学对第6卷的部分内容进行提炼，在此要表示感谢。石健、陈新泰、何婷、焦方扬、宿党辉、王柳青同学帮助我校对了《导读》的部分内容，在此一并表示感谢。感谢他们的劳动和付出。

《满铁农村调查》的阅读和出版对中国农村研究院的调查转型具有直接的推动和激励效果。一是我们下决心要进行全国性的历史调查，以便与《满铁农村调查》进行对比，弥补日本人只在台湾、东北和华北进行村庄调查的不足。二是《满铁农村调查》的提纲直接成为中国农村研究院村庄调查提纲模块，而且大部分的调查提纲来源于《满铁农村调查》。

因此,《满铁农村调查》及其《导读》促进了中国农村研究院的科学研究和农村调查工作。

  由于本人不懂日语,专业水平有限,特别是对华北平原地区的方言不太熟悉,《导读》会有很多错误的地方,在此表示歉意,请各位专家学者批评指正。

邓大才
2021 年 8 月 20 日